2013年度国家出版基金项目

国家出版基金项目
NATIONAL PUBLICATION FOUNDATION

中国文化发展史

总主编 龚书铎

民国卷

郑大华 主编

山东教育出版社

目　　录

导论
民国的政治、经济与文化

　　"一定的文化（当作观念形态的文化）是一定社会的政治和经济的反映，又给予伟大影响和作用于一定社会的政治和经济。"[①] 民国的文化是民国的政治和经济在观念形态上的反映，又给予伟大影响和作用于民国的政治和经济。因此，要研究和了解民国的文化，就必须研究和了解民国的政治和经济状况，研究民国的政治和经济对民国的文化的影响和作用，以及民国的文化对民国的政治和经济的反影响和反作用。换言之，也就是民国的政治和经济与文化的影响与反影响、作用与反作用的互动关系。

---

　　① 毛泽东：《新民主主义论》，见《毛泽东选集》第 2 卷，第 663 页，北京，人民出版社，1991。

一、民国的政治和经济

民国自建立到覆灭，前后虽然只存在 37 年，但内容却非常丰富和复杂，想用一章的篇幅来全面介绍民国的政治和经济状况，这是根本不可能的，对于本书来说也没有必要。所以，根据突出重点的原则，下面我们仅就民国历史的发展进程和民国的政治、经济的特点做一介绍。

（一）民国历史的发展进程

民国历史的发展，大致可分为四个时期。第一个时期从 1912 年 1 月 1 日中华民国诞生，到 1927 年国民党统一的南京国民政府成立。

1912 年 1 月 1 日，中华民国在辛亥革命的炮火声中诞生。中华民国的诞生，结束了清王朝 260 多年的统治和中国两千多年的君主专制制度，宣告了资产阶级民主共和国的成立。从此，中国历史进入了一个新的时期。然而，还当人们在为中华民国的成立欢欣鼓舞的时候，以袁世凯为代表的北洋军阀集团却在帝国主义的支持下，开始了篡夺革命果实的阴谋。1912 年 4 月，孙中山被迫正式辞去中华民国临时大总统职务，改由袁世凯继任，南京临时政府和临时参议院也被迫迁往北京。孙中山的去职和南京临时政府的北迁，标志着辛亥革命事实上已经失败。

袁世凯登上临时大总统的宝座后，即开始一步步破坏辛亥革命所取得的成果。他先派人刺杀了革命派重要领导人宋教仁，使国民党（1912 年 8 月同盟会联合其他几个小党派改组为国民党）建立"政党内阁"的计划胎死腹中；接着他调动大军镇压了孙中山为挽救共和而发动的"二次革命"，将革命党人在辛亥革命中所取得的权利剥夺殆尽；不久又下令解散国民党，进而下令解散国会，以所炮制的《中华民国约法》取代《临时约法》，公开实行专制独裁统治，并力图恢复帝制，想当洪宪皇帝。

1916 年 6 月袁世凯称帝不成，一命呜呼。但袁氏的败亡并没有改变北洋军阀统治的政治格局。段祺瑞、冯国璋、吴佩孚、曹锟、张作霖等人，继承袁氏衣钵，实行没有袁世凯的袁世凯政策，专制统治依然如旧。议会、内阁、总统这些革命党人经过流血牺牲才好不容易建立起来的共和制度，早已成为北洋军阀争权夺利、政治分赃的工具和玩物。议员、阁僚、甚至总统都可用武力取得，或用金钱购买。为争夺权力和地盘，北洋军阀各派系之间还不断发生战争，给人民的生命和财产造成无法估量的损失。所谓"民国"，这时仅剩下一个招牌。

袁世凯和北洋军阀的倒行逆施，遭到全国人民的反对。以孙中山为代表的革命党人，为维护民主共和，也与袁世凯和北洋军阀进行了不懈的斗争。继"二次革命"，他们又先后发动和领导了"护国战争"和两次"护法运动"，并在广州建立了与北洋军阀政府相对抗的军政府。护国战争虽然粉碎了袁世凯复辟帝制的阴谋，但两次护法运动则遭到失败，特别是1922年陈炯明的叛变，几乎使孙中山的革命事业陷于绝境。

就在孙中山为维护民主共和与袁世凯和北洋军阀进行着不懈斗争的同时，以陈独秀为代表的另一些先进的中国人则对辛亥革命失败的原因进行了认真的反思和总结，他们认为没有进行思想文化领域的革命，这是辛亥革命之所以失败的一个重要原因。于是以1915年9月陈独秀在上海创办《青年杂志》（从第二卷起改称《新青年》）为标志，他们发动了一场被称之为"新文化运动"的思想文化革命运动。新文化运动高举民主和科学的旗帜，批判封建专制主义和迷信愚昧思想，有利于人们的思想解放。

新文化运动兴起不久，俄国发生了"十月革命"。"十月革命一声炮响，给我们送来了马克思列宁主义"，马克思主义开始在中国传播。1919年中国在巴黎和会上收回山东的外交努力的失败，引发了伟大的五四爱国运动。五四运动推动了马克思主义在中国的广泛传播和与工人运动的结合，从而"在思想上和干部上准备了一九二一年中国共产党的成立"①。

中国共产党成立后，孙中山在共产党的帮助下，改组国民党，并于1924年1月在广州召开了中国国民党第一次全国代表大会，对"三民主义"做了新的解释，确立了联俄、联共、扶助农工的三大政策，国共实现了第一次合作。国共合作推动了国民革命的高涨。由于得到中国共产党和苏俄的支持与援助，

---

① 毛泽东：《新民主主义论》，见《毛泽东选集》第2卷，第700页，北京，人民出版社，1991。

孙中山开办了黄埔军校，建立起自己的党军，积极筹备北伐。1924年底，他应冯玉祥的邀请，北上共商国家统一大计。第二年3月12日，孙中山因劳成疾，在北京病逝。

孙中山的逝世是中国革命的巨大损失。全国人民化悲痛为力量，革命形势继续高涨。五卅运动和省港大罢工显示了工人阶级觉悟的提高。1925年7月1日，中华民国政府在广州成立，接着又组成国民革命军，统一了两广革命根据地。1926年7月9日，国民革命军誓师北伐。在全国人民的支持下，北伐军势如破竹，很快就打到了长江流域。然而就在北伐战争取得了决定性胜利的时候，以蒋介石为代表的国民党内的右派势力，得到帝国主义的支持，公开背叛了革命。1927年4月12日，蒋在上海发动政变，屠杀共产党员和革命群众。随后，武汉、广州也先后发生分共事件。轰轰烈烈的国民革命运动自此彻底失败。国民党内的各派政治势力在反共的基础上暂时达成一致，建立起统一的南京国民政府。统一的南京国民政府的建立，标志着北洋军阀政府统治的结束和国民党政府统治的开始。从此，民国历史进入了它的第二个时期。

第二个时期从1927年统一的国民党南京国民政府成立，到1937年"七七事变"发生，全面抗战开始。

国民党南京国民政府成立后，于1928年4月开始"第二次北伐"，北洋军节节败退。时任北京军政府大元帅的张作霖见大势已去，遂于是年6月发表"出关通电"，放弃北京，退回东北，途中被日本关东军炸死，北伐军顺利接收华北。是年底，继承父业的张学良不顾日本反对，宣布东北易帜，南京国民政府形式上统一了全国。

东北易帜后，蒋介石为了建立国民党的一党专政和个人的独裁统治，一方面实行和不断强化"训政"制度，另一方面则想方设法削弱国民党内其他新军阀和派系的势力，从而引起党内矛盾的激化，政潮、党争不断，并先后爆发了蒋与桂（李宗仁、白崇禧）、冯（冯玉祥）、阎（阎锡山）等各系之间的混战。由于得到帝国主义和江浙财团的支持，蒋介石在这些政潮、党争和战争中取得了胜利，初步建立起个人的独裁统治。

共产党方面，大革命失败后，及时召开"八七"会议，纠正了陈独秀右倾机会主义在中央的领导，确立了土地革命和武装反抗国民党统治的总方针，并于此前后发动了南昌起义、秋收起义和广州起义。1927 年 10 月，毛泽东带领秋收起义之后的队伍上了井冈山，创立了第一块革命根据地。此后，在毛泽东的中国革命必须走武装割据、以农村包围城市、最后夺取全国胜利的思想指导下，中国共产党在全国建立了十几块根据地，中央苏区也得到了大的发展，并于 1931 年 11 月宣布建立中华苏维埃共和国及其中央政府，各地工农红军到 1930 年已达到 10 万余人。

根据地的建立和发展，是对国民党一党专制制度和蒋介石个人独裁统治的沉重打击，因而引起南京国民政府的恐惧和仇视。从 1930 年起到 1934 年止，蒋介石先后共调动上百万大军，对根据地发动了五次"围剿"。在毛泽东正确的军事战略方针的指导下，前四次"围剿"不仅被粉碎，根据地和工农红军还得到了进一步的发展，到第五次"围剿"前，全国工农红军的总数已达 30 万人。然而 1933 年 10 月第五次"围剿"开始时，由于王明"左"倾机会主义路线的统治，毛泽东早已被调离了红军领导岗位，中央工农红军没有取得反"围剿"的胜利，最后不得不放弃苏区根据地，开始长征。1935 年 1 月在长征途中召开的遵义会议，结束了"左"倾机会主义在中共中央的统治，确立了以毛泽东为代表的中央领导核心，为长征的胜利和革命新局面的出现奠定了基础。之后在毛泽东的指挥下，中央红军冲破蒋介石和地方军阀的重重围堵，翻雪山，过草地，并挫败了张国焘分裂中央和红军的阴谋，胜利到达陕北。

就在蒋介石调动大军不断"围剿"根据地的时候，长期怀有征服中国野心的日本帝国主义加快了侵略中国的步伐。1931 年日军挑起"九一八事变"，随后又于 1932 年 1 月 28 日向上海中国驻军发动进攻。由于国民党南京政府实行"攘外必先安内"的反动政策，兵力主要用于"围剿"根据地，而对日本的侵略则不放一枪，采取妥协、退让的态度，致使东北全境于 1932 年初被日本占领，上海"一·二八"抗战最后也归于失败。南京国民政府的妥协、退让更进一步刺激了日本的侵略野心，它在占领东北全境之后，又把魔爪伸向了华北，不断制造事端，中华民族的生存危机空前严重。日本帝国主义的疯狂侵略，激起全国抗日浪潮的高涨，人们纷纷要求国民党停止内战，一致抗日，1935 年底北平学生掀起声势浩大的"一二·九"爱国运动。中国共产党为了推动抗日民族统一战线的形成，从民族大义出发，及时调整方针政策，并促成"西安事变"的和平解决，这就为国共第二次合作创造了条件。1937 年 2 月召开的国民党五届三中全会，基本确定了停止内战和国共合作原则。不久，日军冒天下之大不韪，制造"七七事变"。民国历史从此进入了它的第三个时期。

第三个时期从 1937 年的"七七事变"，到 1945 年 8 月 15 日本宣布投降，中国人民经过八年全国抗战，终于取得最后胜利。

"七七事变"发生后，日军大举入侵中国，并于 7 月 29 日和 30 日攻占平津，中日战争全面爆发。面对日本帝国主义的侵略，为挽救民族危亡，与日寇作殊死的决战，国内各阶级、阶层和政治势力开始结成广泛的抗日民族统一战线。"七七事变"发生后的第二天，中共中央即发表《中国共产党为日军进攻卢沟桥通电》，呼吁"全中国同胞、政府与军队，团结起来，建筑民族统一战线的巩固长城，抵抗日寇的侵掠！""国共两党亲密合作抵抗日寇的新进攻！"接着，中共中央又在 7 月 15 日向国民党递交《中共中央为公布国共合作宣言》，提出三项主张和四项保证。与此同时，其他在野党派和爱国人士也纷纷发表通电、宣言和谈话，要求全国团结一致，共同抗敌。在中国共产党和其他在野党派、爱国人士的推动下，8 月 11 日，国民党中央政治会议决定撤消五届二中全会和三中全会后组织的"国防会议"与"国防委员会"，而设"国防最高会议"为全国国防最高决策机关，并在其下设立咨询机构"国防参议会"，由国民党、共产党和其他在野党派的代表以及社会贤达人士组成。22 日，国民政府宣布改编红军主力为国民革命军第八路军，任命朱德、彭德怀为正、副总指挥。9 月 12 日，又改第八路军为第十八集团军。9 月 22 日，国民党发表中共中央递交的《中共中央为公布国共合作宣言》。次日，蒋介石发表谈话，承认中国共产党的合法地位。10 月，长江南北的工农红军游击队改编为国民革命军陆军新编第四军（简称新四军），叶挺任军长。共产党宣言和蒋介石谈话的发表，宣告了国共两党第二次合作的成立，以国共合作为基础的抗日民族统一战线也因此而最终形成。

攻占平津后，日军又兵分 3 路，继续攻占华北城镇和战略要地，并于 11 月 9 日攻陷太原。与此同时，8 月 13 日日军又向上海发动大规模进攻，遭到中国军民的顽强抵抗，但终因日军装备精良和我军处置失当，淞沪抗战失败，11 月 12 日上海失陷。接着日军乘胜进攻中国首都南京，12 月 13 日南京失落。

日军占领南京后，制造了震惊世界的大屠杀，30多万中国同胞惨死于日军屠刀之下。此后，日军又先后攻占了杭州、徐州、广州和武汉。自全面抗战爆发到武汉失守，中国虽然损失惨重，大片国土落入敌手，但也挫败了日军"速战速决"的战略企图，毙伤日军近40万人。从此，中国抗战由战略防御进入战略相持阶段。

在战略防御阶段，中国共产党领导的八路军、新四军和其他人民武装，除配合国民党军队正面抵抗日军的进攻外，还深入敌后，开辟敌后抗日战场，创建了晋察冀、晋西北、晋冀豫、冀南、山东、苏南、皖南、皖中和豫东等敌后抗日根据地。抗战进入战略相持阶段后，敌后根据地成为抗日战争的主战场。在中国共产党的领导下，根据地军民不仅粉碎了日军的多次"扫荡"，打退了国民党投降派和顽固派的数次进攻，而且使根据地得到了巩固和发展。到抗战胜利前夕，抗日根据地发展到19个。各抗日根据地都建立了各级抗日民主政权。

随着战略相持阶段的到来，日本的侵华政策出现变化，即对国民党以政治诱降为主，以军事打击为辅。英美等国从自身利益出发，也加紧了对国民党的劝降活动。在此背景下，国民党内部发生分化。亲日派首领汪精卫公开叛国投敌，成立伪"国民政府"。亲英美派蒋介石集团虽然仍坚持抗战，但随着正面战场军事压力的减轻，以及对共产党领导的抗日武装发展壮大的惧怕，开始消极抗战，积极反共。1939年1月国民党五届五中全会制定了"溶共、防共、限共、反共"的政策，设立"防共委员会"，接着又颁布了《限制异党活动法》和《共产党处置办法》，将抗战初期共产党和其他在野党派争得的一些民主权利一概取消，并且不断制造磨擦，先后掀起三次反共高潮，其最高峰是1941年初制造的"皖南事变"。共产党与之进行了有理、有利、有节的斗争。

国民党的倒行逆施，不仅使各党派联合抗日的局面受到严重威胁，同时也使介于国共两党中间的其他在野党派的处境日益艰难。为了推动抗战，其他在野党派和一些爱国民主人士一方面发动了声势浩大的民主宪政运动，要求国民党进行政治改革，实行民主，另一方面则积极谋求自身的联合，以形成介于国共两党之间的"第三者"力量。1939年10月，他们成立了"统一建国同志会"，1941年3月又在"统一建国同志会"的基础上成立了"中国民主政团同盟"（后改称为"中国民主同盟"，简称"民盟"）。

1941 年 12 月 8 日，日军偷袭美军在太平洋上的海军基地珍珠港，太平洋战争爆发。1943 年，世界反法西斯战争的形势发生根本性转折，反法西斯力量在各条战线上开始转入进攻或反攻。1945 年上半年，苏、美、英军在欧洲取得彻底战胜德、意法西斯的胜利。同年 7 月 26 日，美、英、中三国发表敦促日本无条件投降的《波茨坦公告》。8 月 6 日和 9 日，美国先后在日本本土扔下两枚原子弹。8 日，苏联向日本宣战。几乎同时，中国军民对日军展开了全面反攻。在中国人民和世界反法西斯力量的打击下，8 月 15 日，日本宣布无条件投降。至此，抗日战争胜利结束。此后，民国历史进入了它的第四个时期。

第四个时期从 1945 年 8 月 15 日日本投降，中国人民取得抗战最后胜利，到 1949 年 10 月 1 日中华人民共和国成立。

抗日战争胜利后，毛泽东应蒋介石的电邀，率中共代表团到重庆与国民党举行谈判。从 1945 年 8 月 29 日开始，经过四十多天的商谈，国共两党终于在 10 月 10 日签署了《会谈纪要》，即"双十协定"。根据"协定"，1946 年 1 月 10 日至 31 日在重庆召开了有国民党、共产党、民盟、青年党和社会贤达代表参加的政治协商会议，并通过了关于组织政府、施政纲领、军事问题、国民大会和宪法草案等五项决议。

然而，政协决议的墨迹未干，国民党就开始了对它的破坏。3 月 16 日，国民党六届二中全会通过《对政协报告之决议案》，将政协决议全部推翻。与此同时，它又积极策划反共内战，挑起东北军事冲突，形成"关外大打，关内小打"的局面。进入 7 月后，国民党更进一步向解放区发动进攻，全面内战爆发。1946 年 11 月 15 日，国民党又违背政协决议，单方面召开国民大会，共产党、民盟和无党派民主人士拒绝参加。这次国民大会的中心是制定宪法，故又称制宪国大。12 月 25 日，国民大会通过国民党单方面炮制的《中华民国宪法》，并宣布于 1947 年 12 月 25 日实施。共产党、民盟和无党派民主人士不承认这部宪法。在宪法实施前（1946 年 4 月 18 日），国民党对国民政府进行了改组，让出少部分部长或政务委员的席位给追随自己的青年党、民社党和个别社会知名人士。改组后的国民政府的主要任务，就是进行内战和召集行宪国大。

1948 年 3 月 29 日至 5 月 1 日，行宪国大在南京召开，选举蒋介石和李宗仁为正、副总统。行宪国大还应国民党的要求，通过《动员勘乱时期临时条款》，赋予蒋介石在"动员勘乱时期"以紧急处置之权，也就是赋予蒋氏独裁之权。

国民党发动内战，违背政协决议，单方面召集制宪国大和行宪国大，遭到全国人民其中包括以民盟为代表的民主党派的反对，政治上陷于孤立。同时军事上它也遭到严重失败。到 1948 年底，国民党的统治已面临绝境。在这种情况下，美国开始玩"换马"游戏。1949 年 1 月 21 日，蒋介石宣布"引退"，其职务由李宗仁代理。李宗仁上台后，派代表团与中共进行和平谈判，企图达到划江而治的目的。4 月 20 日，国民党代表团拒绝在共产党提出的《国内和平协定》上签字，和平谈判宣告破裂。21 日，解放军强渡长江，23 日，攻占南京。接着，解放军以摧枯拉朽之势，横扫国民党残余部队，解放了全国绝大部分地区。1949 年 10 月 1 日，毛泽东在天安门城楼上宣告中华人民共和国成立。中国历史从此进入一个新的时代。

（二）民国政治的特点

第一，民主与反民主的斗争异常激烈。1912 年 1 月 1 日中华民国诞生，成立了以孙中山为临时大总统的南京临时政府。南京临时政府采取的是资产阶级民主共和制度。它的组织是按照三权分立的政治原则，由立法、行政、司法机构构成。南京临时政府在其存在的短短 3 个月内，颁布过一系列带有民主和进步性质的政策法令，尤其最能体现南京临时政府民主性质的是它所制定和颁布的《中华民国临时约法》。《临时约法》规定：中华民国主权属于全体国民，国民有言论、出版、集会、结社的自由，有请愿、选举、被选举的权利。

然而，南京临时政府所建立的民主制度，随着袁世凯和北洋军阀的相继上台执政而被破坏殆尽。为了维护南京临时政府所建立的民主制度，以孙中山为代表的革命党人先后发动和领导过"二次革命"、护国战争和护法运动。与此同时，以梁启超为代表的一些原立宪党人，虽曾一度支持过袁世凯，然而当袁世凯公开背叛民国，企图复辟帝制时，他们则义无反顾地与之决裂，成为反袁阵营的重要力量之一。另外，辛亥革命虽然失败，但辛亥革命推翻帝制、建立民主政治的影响还在，民主共和观念早已深入人心。所以尽管袁世凯猖狂于一时，但当他阴谋复辟帝制时，则遭到全国人民的同声反对，最后在人民的唾骂声中死去。或许是吸取了袁世凯败亡的教训，在后来的北洋军阀(包括国民党)统治时期，除发生过短命的张勋复辟外，再也没有人敢公开抛弃民主共和的招牌。

1927年北洋军阀政府被国共合作的北伐军打倒，统治中国达16年之久的北洋势力退出历史舞台。然而取代北洋军阀对全国实行统治的国民党则背叛了孙中山的革命事业，实行的是一党专制和蒋介石的个人独裁，并和袁世凯一样，为了维护和巩固自己的统治，蒋介石也不惜使用绑架、暗杀等各种恐怖手段，残酷镇压中国共产党人和革命群众，乃至国民党内的反对派。如著名教授、爱国民主人士杨杏佛、李公朴、闻一多等人就先后死于国民党特务暗杀的枪口之下。

但也就是在国民党的统治时期，中国的民主运动最为波澜壮阔。这其中不仅有中国共产党领导的新民主主义革命，也有资产阶级及其政治代表要求民主、反对专制的斗争。国民党一党专制制度建立不久，以胡适为代表的一些资产阶级自由主义知识分子就发起过一场"人权运动"，公开批评国民党对人权的践踏，要求政府切实保障人权，保障人民有言论、出版、思想等自由。30年代初，又有以宋庆龄、蔡元培为首的民权保障同盟的成立。抗战期间，为推动中国的政治民主化进程，促使国民党早日结束训政，介于国共之间的其他在野党派和无党派民主人士先后发起过两次民主宪政运动，并于1941年3月在早先成立的"统一建国同志会"的基础上成立了"中国民主政团同盟"(后改称"中国民主同盟"，简称"民盟")。"同盟"的政治纲领之一，是要求实现政治民主化，保障人民的各种自由。抗战胜利后，国统区掀起过声势浩大的反内战、反饥饿、反迫害运动。以民盟为代表的民主党派也非常活跃，他们既反对国民党的一党专制，也不赞成共产党的人民民主专政，力图在中国建立西式的民主制度。为此，他们与国民党进行过斗争，并付出了血的代价，不仅不少民主党派的成员被逮捕、杀害，民盟也于1947年10月被国民党宣布为非法。血的代价终于使以民盟为代表的民主党派接受了共产党的领导。不久，国民党在大陆的统治被推翻，民主与反民主的激烈斗争最后以人民民主专政的建立而宣告结束。

第二，民族危机的深重与救亡运动的高涨。自1840年鸦片战争起，中华民族就始终面临着资本主义列强的侵略以及这种侵略所引起的民族危机。进入民国后，由于统治阶级的腐败无能和妥协退让，民族危机更加深重。如果说1895年之前中华民族最凶恶的敌人是以英国为首的西方资本主义列强，那么，1895年后尤其是进入民国之后，中华民族最凶恶的敌人则是亚洲的日本帝国主义。1915年日本以支持袁世凯称帝为条件，向袁政府提出了旨在灭亡中国的"二十一条"。袁世凯败亡后，它又扶植段祺瑞的北洋军阀皖系势力与得到英美支持的北洋军阀直系势力争夺对中国的统治权，同时在"府院之争"中支持段祺瑞与总统黎元洪对抗，并暗中支持张勋等复辟势力。1919年的"巴黎和会"上，日本又以退出和会相威胁，取得英美法帝国主义的退让和支持，从而使三国会议不顾中国代表的一再反对，于4月30日做出最后裁决，日本不仅可以继续占领它于第一次世界大战中从德国手中夺去的青岛，并将德国在山东的一切权益均让与日本。中国收回山东的外交努力彻底失败。此后，日本鉴于皖系势力的衰落，又转而扶植奉系势力，并于第一次大革命期间，支持奉系对抗北伐军，阻碍中国的统一，制造了震惊中外的"济南事件"①。

自甲午战争以来，日本就一直想征服中国，称霸亚洲。1929年的资本主义世界经济大危机发生后，日本加快了其扩军备战的步伐，决心再次发动侵略战争，向外寻找出路。1931年6月，日本陆军省和参谋本部联合制订了《解决满蒙问题方策大纲》，准备武力占领东北三省。7月，日本关东军在东北制造了万宝山事件和中村事件，掀起反华狂潮。9月18日晚，日本关东军自行炸毁沈阳北郊南满铁路的一段铁轨，反诬中国军队所为，并以此为借口，向中国东北军驻地大本营和沈阳城发动进攻，制造了举世瞩目的"九一八事变"。由于国民党南京政府实行不抵抗主义，1932年初东北全境陷落。这年1月28日，日军又向上海中国驻军发动进攻，中国驻军十九路军奋起抗击，这就是有名的"一·二八"抗战。"一·二八"抗战因南京政府的妥协退让而最后失败。此后，日军认为南京政府软弱可欺，于是得寸进尺，把侵略魔爪伸向华北，先

----

① 1928年5月初，日军为阻挡北伐军北上统一中国，在山东济南制造事端，并于5月11日攻陷济南，烧杀奸淫，无恶不作。据统计，在济南事件中，中国军民死亡6 123人，伤1 700多人，财产损失达2 957万元。

后强迫南京政府与它签订了《塘沽协定》、《秦土协定》和《何梅协定》，使中国丧失了河北和察哈尔省的大部分主权。到 1937 年，它认为征服中国的时机已经成熟，于是制造了"七七事变"，向中国发动全面进攻。中华民族的生存危机空前严重。

中华民族自古以来就有不畏强暴、反抗侵略的优良传统。1840 年后，面对西方列强的侵略，中国人民进行了坚决抵抗，掀起过无数次救亡爱国运动。进入民国，随着民族危机的加重，中国人民的救亡爱国运动更加高涨。1915 年日本向袁世凯政府提出"二十一条"，激起中国人民的强烈愤慨和反抗。各地纷纷罢工、游行、集会、示威，并迅速掀起遍及全国的抵制日货运动，仅这年的上半年，日本输华商品价值就比上年同期减少了 1 790 万美元。由于中国人民的坚决反对，使得"二十一条"虽为袁世凯所接受（除第五号各条）但未能付诸实行。1919 年 5 月初巴黎和会上中国收回山东权利的外交失败的消息传到国内，举国震惊，并引发了伟大的五四爱国运动。五月四日下午 1 时，北京大学、北京高师等 13 所学校的学生 3 000 多人，于天安门前集会和示威游行。他们高呼"外争国权，内惩国贼"、"取消二十一条"、"还我青岛"等口号，一致要求惩办参与"二十一条"谈判的卖国贼曹汝霖、章宗祥和陆宗舆。他们在《宣言》中与全国同胞立下两个信条："中国的土地可以征服而不可以断送！中国的人民可以杀戮而不可以低头！"学生们的爱国行动遭到北洋政府的镇压，但得到全国人民的支持。上海首先爆发了"六三"运动，工人罢工，商人罢市，学生罢课，声援爱国学生。爱国运动迅速扩展到全国 20 多个省的 150 多个大中小城市。其后，全国人民继续开展拒签和约的斗争。6 月 16 日，全国学生联合会在上海成立，即致电北京政府，表示誓不承认和约签字。20 日，山东各团体代表到新华门请愿，各省代表也纷纷来北京声援。27 日，旅法华工、留学生和华侨数百人前往中国政府总代表陆征祥所住医院，要求拒签和约。在全国人民的强烈要求下，28 日巴黎和约签字之日，中国代表团在最后努力被和会拒绝之后，随即"共同决定，不往签字"。历时 50 多天的五四爱国运动实现了它的直接斗争目标。

1925 年 5 月因日本资本家枪杀工人和租界英国巡捕屠杀游行群众而引发的五卅运动，是继五四运动后又一次全国规模的反帝爱国斗争高潮。据统计，当时全国有1 700多万人直接参加了运动,数十个城市发生过游行、集会、示威或三罢(罢工、罢市、罢课),其中影响最大、规模最大、时间最长的是广州、香港工人的大罢工,即省港大罢工。

"九一八事变"后,面对日本的侵华暴行和大片国土的沦丧,中国人民无比愤慨,抗日救亡运动蓬勃兴起。工农商学兵各界民众团体和知名人士纷纷发表宣言、通电或谈话,抗议日本的侵略行径,要求国民党政府抗日。许多大中城市举行各界抗日救国群众大会,其中上海、北平的群众大会参加人数达到十数万人。上海有3.5万多名码头工人罢工,拒绝给日本船只装卸货物。不少地方开展抵制日货运动。全国各地的近十万名青年学生汇集南京,向国民党中央请愿,要求抵抗日本侵略,并有三次大规模的请愿高潮。1935年华北事变发生,学生们惊呼"华北之大,已安放不得一张平静的书桌了!"12月9日,北平几千名大中学生举行声势浩大的游行示威,反对华北自治,要求国民党抗日,遭到当局镇压。次日,北平全市学生举行总罢课,抗议当局的暴行。16日,学生再次举行游行,又一次遭到镇压。学生们不畏强暴,继续斗争,全国各地学生也纷纷走上街头,投入轰轰烈烈的"一二·九"抗日救亡运动。

"一二·九"运动推动了全国抗日救亡运动的高涨。这年的12月12日,马相伯、沈钧儒、邹韬奋、陶行知等280多位上海文化界爱国人士联名发表《上海文化界救国运动宣言》。1936年6月1日,全国各界救国联合会在上海正式成立。7月15日,救国会以沈钧儒、章乃器、陶行知和邹韬奋四人的名义发表公开信,赞成中国共产党《八一宣言》中提出的"停止内战,一致对外"的政策,要求国民党立即抗日。11月23日,国民党在上海逮捕了救国会的沈钧儒等七人,制造了震惊全国的"七君子事件"。全国民众抗日救亡运动的高涨,也激发了国民党军队中广大爱国官兵的爱国热情,他们冲破国民党的种种阻挠,奋起抵抗日本的侵略,先后有东北义勇军的抗战,十九路军的"一·二八"抗战,热河失陷后的长城抗战,察哈尔民众抗日同盟军的抗战,等等,并最终爆发了1936年12月的"西安事变"。"七七事变"发生后,中国国民党和中国共产党为挽救民族危亡,实现了第二次合作。全国人民同仇敌忾,团结一致,浴血奋战,终于打败了日本帝国主义,取得了抗战的最后胜利。

第三,无产阶级登上政治舞台与革命性质的变化。中国的无产阶级是伴随着资本主义在中国的出现而产生的。但在民国以前，由于受外国资本主义和本国封建主义的双重压迫，民族资本主义发展非常缓慢，无产阶级的人数和力量都十分有限，还停留在自在阶级的阶段，他们虽然也参加过一些政治活动或斗争，但那是作为资产阶级的追随者而参加的。到了第一次世界大战期间，民族资本主义因西方主要资本主义国家忙于应付战争，暂时放松了对中国的经济侵略而获得发展，无产阶级的力量也因此有了壮大。据统计，中国工人总数从战前的 100 万猛增至 260 万。工人阶级队伍的壮大为马克思主义在中国的传播提供了阶级基础。所以当"十月革命一声炮响，给我们送来了马克思主义"后，马克思主义开始在中国广泛传播开来。而马克思主义的传播，特别是中国早期的马克思主义者，如李大钊、陈独秀、毛泽东等人在工人中传播马克思主义，则促进了工人阶级的觉悟，使他们迅速地从自在阶级转变为自为阶级，开始以独立的力量登上中国政治舞台。1919 年五四运动中上海工人举行政治大罢工，声援爱国学生，并成为五四运动的主力军，这是中国工人阶级以独立的力量登上中国政治舞台的标志。

中国工人阶级以独立的力量登上政治舞台后，尖锐复杂的政治斗争，使他们深切地感受到成立本阶级组织的必要性。同时，中国早期的马克思主义者也在尖锐复杂的政治斗争中逐渐认识到，要彻底改造中国，就必须有无产阶级政党的领导，于是，他们开始有计划、有组织地到工人中去开展宣传和组织工作。这促进了马克思主义与中国工人运动的相结合。而马克思主义与中国工人运动的相结合，则为中国共产党的成立做了思想上和组织上的准备。1921 年 7 月中国工人阶级的组织——中国共产党在上海宣告成立。

中国共产党的成立在中国革命史上具有划时代的意义。在此之前，中国革命的性质属于旧民主主义革命，革命的领导者是中国的民族资产阶级及其政党。中国民族资产阶级及其政党为了建立资产阶级的民主制度，扫除资本主义发展的障碍，挽救民族危机，使国家尽快富强起来，发动和领导过辛亥革命，以及为了维护辛亥革命的成果所进行的"二次革命"、"护国运动"和两次"护法运动"，但由于其自身的软弱性，加上其他方面的原因，上述的革命和运动最后都没有取得胜利。中国仍然是一个半殖民地半封建的社会，帝国主义的侵略和掠夺、封建专制与封建经济依然存在，民族资本主义没有获得它发展所需要的必要条件。中国共产党成立后，中国革命的性质则发生了变化，由旧民主主义革命转变成了新民主主义革命，革命的领导者是中国无产阶级及其政党——中国共产党。从此在中国无产阶级及其政党——中国共产党的领导下，中国人民经过20多年的艰苦卓绝的斗争，终于推翻了帝国主义、封建主义和官僚资本主义这三座长期压在中国人民头上的大山，取得了新民主主义革命的彻底胜利。

第四，多种政权分割并存，政治斗争异常尖锐激烈和错综复杂。清朝是一个中央集权的大一统国家。太平天国失败后，地方督抚的势力虽然有了增强，其离心倾向也越来越明显，但还没有发展成为能与中央分庭抗礼的割据力量。进入民国后，特别是袁世凯称帝不成败亡后，清朝的这种中央集权的大一统政治被打破，出现了各派军阀割据纷争的局面。先是皖系军阀控制中央政府，直系、奉系和西南军阀割据地方与之对抗。继是直系军阀控制中央政府，皖系、奉系和西南军阀割据地方与之对抗。后是奉系军阀控制中央政府，直系和其他派系军阀割据地方与之对抗。控制中央政府的军阀想以武力实现统一，而割据地方的军阀也想以武力夺取中央政权，因此相互间战争不断，其中大规模战争就有直皖战争和两次直奉战争。割据地方的军阀之间也为了争夺地盘不时发生混战。这些战争给人民生命财产带来了巨大灾难。1928年国民党完成北伐，推翻北洋军阀的统治，但只是在形式上实现了国家的统一。事实上地方割据势力依然存在，与中央的矛盾对抗乃至战争从未中断，直到抗战爆发，南京政府对新疆、云南、四川、山西、两广、青海等省从来都没有实行过真正的统治。抗战期间，由于军队调动频繁，中央政府和地方政府迁移无常，加上商家、难民四处转徙，地方军阀割据一方的现象才有所改变。

民国后之所以会出现军阀割据、混战的局面，大致说来有以下两个主要原因。首先，是帝国主义的操纵支持。近代中国是一个半殖民地的社会，是各帝国主义侵略掠夺的对象。在晚清，由于清政府还能对全国进行有效的统治，所以各帝国主义共同扶植它，以使它成为"洋人的朝廷"。进入民国后，特别是袁世凯败亡后，帝国主义失去了在华的共同统治工具，于是纷纷寻找和扶植自己的代理人，以扩张其侵略势力，从而使自己在与其他列强的竞争中处于有利的地位。实际上各军阀背后都有帝国主义的支持，他们之间的争斗是帝国主义之间争斗的反映。比如北洋政府时期，日本支持皖系，英美支持直系，直系与皖系的争斗是英美与日本为控制中国争斗的反映。其次，是经济状况决定的。民国经济的一个主要特点是资本主义发展不充分，封建经济在整个国民经济中仍占主导地位。而封建经济的特征是自给自足，一县一省或一个地区自成一个经济体系，可以不依赖于其他地区而存在。加上民国经济的另一特点是地区之间、城乡之间发展不平衡，一般来说，沿海沿江的一些大中城市及其邻近地区经济发展水平较高，而西南、西北及边疆地区发展水平较低，这些地区与经济发展水平较发达的地区缺少必要的经济联系。上述这两个经济特点使军阀割据成为可能。

除地方割据外，民国还出现过一些性质不同的政权。如北洋政府时期，先有梁启超等人为反对袁世凯复辟帝制而于护国战争中在广东肇庆成立的军务院，继有孙中山为反对北洋军阀破坏国会与约法而于护法运动中在广州成立的护法军政府，后有国共第一次合作时期国民党为领导大革命和北伐战争在广州成立的国民政府。南京国民政府时期，有中国共产党于1931年在中央苏区成立的中华苏维埃共和国，和1932年日本一手策划成立的伪满洲国。抗日战争时期，为了推动国共实现第二次合作，共同抵抗日本帝国主义的侵略，中国共产党于"七七事变"后主动将中华苏维埃共和国政府改称为陕甘宁边区政府，边区政府名义上虽然隶属于国民党的国民政府，是省一级的政权，但实际上是由共产党领导的独立的抗日民主政权。另外，还有日本扶植的以王克敏为头子的伪中华民国临时政府、以梁鸿志为头子的伪中华民国维新政府和以汪精卫为头子的伪国民政府等傀儡政权。解放战争时期，或民国走向灭亡的时期，有共产党在解放区建立的人民民主政权。多种性质不同的政权并存，这是民国政治的一个显著特点。

多种不同性质政权的并存，集中地反映了民国国内政治斗争的尖锐、激烈和错综复杂。概而言之，民国国内政治斗争主要是在三种政治力量之间进行的。北洋政府时期的三种政治力量，一是孙中山领导的国民党、中华革命党和改组后的国民党，以及1921年成立的中国共产党；二是北洋军阀及其依附者；三是梁启超为代表的原立宪党人以及后来以胡适为代表的资产阶级自由主义者。这三种政治力量之间，第一和第二种力量是矛盾的主要方面，第三种力量则依违于二者之间，当然第一和第二种力量内部也存在着矛盾和斗争。在国民党统治时期，三种政治力量，一是中国共产党，二是中国国民党，三是介于二者中间的其他党派和资产阶级自由主义者。共产党和国民党是矛盾的主要双方，其他党派和自由主义者则依违或游离于国共之间，但就其他党派和自由主义者的主体的主要倾向来看，1928 年前后支持国民党，"九一八事变"后开始越来越不满于国民党的统治，抗战时期在国共之间持中立立场，抗战胜利后则逐渐倾向于共产党，一部分或绝大一部分最后成了共产党的支持者。

（三）民国经济的特点[①]

民国经济的一个最显著特点，是多种经济并存，民族资本经济发展缓慢，封建经济在整个国民经济中仍占重要或主导地位。大致说来，民国经济按其性质可分为资本主义经济、新民主主义经济和封建主义经济三大部分，资本主义经济中又由在华外国资本经济、国家和官僚资本经济及民营或私人资本经济三部分构成。

在华外国资本经济：这是存在于中国土地上的外国资本主义经济。早在晚清，特别是 1895 年甲午战争以后，外国资本主义经济就开始在中国大量出现。进入民国，外国资本主义经济在中国得到了进一步发展。概而言之，在第一次世界大战以前，老牌帝国主义英国的资本经济在外国资本经济中占的份额最大。第一次世界大战中及战争结束后，没有受大战影响的美国特别是日本的资本经济在外国资本经济中占的份额明显增加。1931 年后，尤其是 1937 年后，由于日本先后侵占了中国许多地区，并在这些地区设厂制造，疯狂掠夺中国资源，其资本在外国资本中不仅份额最大，而且具有殖民地性质。抗战胜利到 1949 年民国灭亡，这一时期美国利用它与国民党政府签订的一系列条约、协定中所取得的特权，向中国大量倾销商品和投资，其在华资本在外国资本中独占鳌头。据统计，1948 年美对华投资额为 13.8 亿美元，占各国对华投资总额

---

① 该节内容参见郭飞平：《中国民国经济史》第一章"民国经济概述"，见《百卷本中国全史》第 19 卷，北京，人民出版社，1994。

的 45%，此外，它还有各种贷款、"美援"等共计约 47.09 亿美元。① 民国时期的在华外国资本利用本国政府与前清政府和国民党政府签订的不平等条约，享有许多特权，在与中国民族资本主义经济的竞争中居于有利地位，严重地阻碍着中国民族资本主义经济的发展。

国家和官僚资本经济：国家资本经济是国家政权通过资本手段或运用资本形式从事经营活动的经济形式。1927 年以前，国家资本经济虽然存在，但在国民经济中所占比重不大。1927 年南京国民政府成立后，国家资本经济得到迅速发展，并形成了对金融、重工业、交通运输业和对外贸易的垄断。首先为了控制全国经济，南京国民政府建立起了以中央银行、中国银行、交通银行、中国农民银行和邮政储金汇业局、中央信托局这"四行二局"为中心的较为完整的国营金融体系，实现了对全国金融的垄断。同时它通过没收、兼并、改组和投资创办等方式，实现了对重工业、有色金属工业以及全国铁路、公路、航空和对外贸易的垄断。抗战胜利后，通过接受日伪资产，国家垄断资本进一步得到膨胀。据统计，1949 年全国解放前夕，国家资本在工业产量中，电力占 67%，煤占 33%，石油占 100%，钢铁占 90%，有色金属占 100%，水泥占 45%，纱锭占 40%，织布机占 60%，糖占 90%，银行中资本占 59%，交通中铁路、公路、航空均占 100%，轮船吨位占 45%。② 中国经济已完全为国家资本所控制。这种具有垄断性质的国家资本经济，不利于民族资本主义和社会生产力的发展。

随着国家资本经济的发展以及对国民经济的垄断，官僚资本经济也迅速发展起来。以蒋、宋、孔、陈四大家族为代表的少数民国的统治者，利用他们手中的权力，将国家资本变为自己的私有资本，操纵和控制经济活动，损害国家和人民的利益，借此发展个人企业。如长期在国民政府中掌握财政、金融大权的孔祥熙、宋子文，以他们自己和家人名义创办、控制的企业就非常多，涉及金融、工业、商业诸方面。官僚资本是权力与资本畸形结合的产物，对民族资

---

① 吴承明：《帝国主义在旧中国的投资》，第 45、78 页，见郭飞平：《中国民国经济史》，第 203 页，北京，人民出版社，1994。
② 许涤新：《关于旧中国的国家垄断资本主义》，见《中国近代经济史论文选》下册，第 811 页，上海，上海人民出版社，1985。

本主义的发展起着严重的阻碍作用。

民营或私人资本经济：这是民间自办的资本主义经济，是中国近代新的生产力的主要代表之一。中国的民营或私人资本经济出现于 19 世纪的 70～80 年代，但由于受外国资本主义和本国封建主义的双重压迫，发展非常缓慢。据统计，1913 年前，中国近代工厂只有 689 家，资本总额为 33 082.4 万元。1914 年后，由于西方主要资本主义国家如英、法、德、意等忙于应付第一次世界大战，暂时放松了对中国的经济侵略，从而使中国民营或私人资本获得了前所未有的发展机会，到 1920 年，近代工厂增加到 1 759 家，资本总额达到 50 062 万元。① 其中以纺织、面粉、卷烟等轻工业发展的速度最快。如纺织业，1915 年只有纺织厂 15 家，纱锭 544 010 枚，到 1922 年纺织厂增至 64 家，纱锭增至 1 506 634 枚。② 面粉厂 1911 年只有 22 家，1921 年增至 117 家，资本总额达 1 500 万元。③ 然而，中国民营或私人资本发展的所谓"黄金时代"为期很短，随着第一次世界大战的结束，西方主要资本主义国家又卷土重来，加紧了对中国的经济侵略，中国民营工业于大战期间暂时取得的一些商品市场迅速丧失，利润下降甚至亏损。如大战中看好的面粉业，1915～1921 年是连年出超，但从 1922 年起由于洋面粉大量进口，充斥国内市场，则变为连年入超，仅 1923 年就入超 582.645 万担。再如一度发展最快的纺织业，1919 年每包纱可得 70.56 元的高额利润，但在外国纺织品输入和在华外资纺织企业产品的冲击下，1922 年每包竟亏损 20.63 元。④ 在此情况下，不少厂矿企业只好关门破产，或被外资兼并。

1928 年国民党统一全国后，由于南京国民政府采取了一系列发展民营或私人资本的政策、措施，再加上关税提高，各地抵制洋货运动的开展，民营资本主义工业有过一度发展，但为时很短。从 1931 年起，由于受世界经济危机和美国白银政策的影响，以及长期内战和连续几年自然灾害的打击，民营资本主义工业又开始举步维艰，生产出现严重萎缩。据当时中国银行经济研究室调

---

① 郭飞平：《中国民国经济史》，第 32 页，北京，人民出版社，1994。
② 严中平：《中国棉纺织史稿》，第 165～166 页，北京，科学出版社，1955。
③ 杨大金：《现代中国实业志》（上），第 630 页，上海，商务印书馆，1940。
④ 严中平等编：《中国近代经济史统计资料选辑》，第 165 页，见郭飞平：《中国民国经济史》，第 49 页，北京，人民出版社，1994。

查，如以 1931 年各行业营业额为 100，则 1933 年各行业营业额为：棉纺织业
44.9，面粉业 41.7，丝织业 56.2，卷烟业 69.5，机器制造业 58.4，染织业
64，针织业 50。[①] 1937 年日本发动全面侵华战争，更使中国民营资本主义工
业遭到空前浩劫，不少厂矿被战火摧毁。西南大后方的民营资本主义工业虽因
一些厂矿的内迁而有所发展，但其发展非常有限。抗战胜利后，受美国剩余产
品涌入的冲击、国家垄断资本的排斥、苛捐杂税的增多以及通货膨胀特别是内
战的影响，民营资本主义工商业的生产和经营十分困难，出现了大规模的关
闭、破产和停业的现象，仅 1946 年下半年到 1947 年，上海、重庆、汉口、广
州、天津等 20 多个城市倒闭、停业的民营工业商业就达 2 700 多家。到中华
人民共和国成立前夕，民营或私人资本已陷入绝境。

新民主主义经济：这是一种既非社会主义经济，也非资本主义经济，更不
是封建主义经济的特殊的经济形式，其中包括国营经济、集体经济、个体经济
等多种经济成分，但起主导作用的是国营经济。新民主主义经济最早产生于土
地革命时期共产党建立和领导的苏区根据地，尽管在当时它还十分微弱，但却
是中国先进的、适合中国国情的、代表着新的生产关系的经济形式。抗日战争
时期，新民主主义经济在共产党领导的抗日根据地得到进一步发展，对于抗日
根据地坚持持久抗战并取得抗战胜利，起过重要作用。解放战争时期，随着共
产党领导的解放区的不断扩大，新民主主义经济有了进一步的发展壮大，并最
后伴随着中华人民共和国的成立取得了全国胜利。

封建主义经济：民国时期，资本主义经济（包括外国资本经济、国家和官
僚资本经济以及民营或私人资本经济）虽然有一定发展，在国民经济中所占比
例有明显上升，但封建经济在国民经济中仍占主导或重要的地位。

民国经济的另一个显著特点，是地区之间、城乡之间经济发展的不平衡
性。一般来说，东部的沿海、沿江地区经济发展水平较高，中西部和边疆地区
经济发展水平相对较低；大中城市及其邻近地区经济发展水平较高，广大农村
地区经济发展水平相对较低。根据 1933 年的调查，除东北四省和甘、宁、青、
新、黔等边远省份，全国 17 个省共有工厂 2 435 家，其中冀、鲁、苏、浙、

---

① 朱斯煌主编：《民国经济史》，第 254 页，银行周报社，1948，见郭飞平：《中国民国经济
史》，第 102 页，北京，人民出版社，1994。

闽、粤等沿海 6 省有 2 241 家，占 92%；上海一地有 1 186 家，占 48.7%。[1]另据 1947 年对全国 20 个主要城市的调查，共有工厂 14 078 家，其中上海占54%，天津占 9%，青岛、广州各占 3%，这四个城市合计共占 69%。[2] 民国经济发展的这种不平衡性，对民国的政治和文化都产生过重要影响。

二、民国政治、经济对民国文化的影响

民国政治、经济对民国文化的影响是多层次、多方面的。不同层次、不同方面的文化受政治、经济影响的程度不完全相同。同时，由于政治、经济的性质不同，对文化影响的性质也不同。因此，人们可以从不同的层次、不同的方面、不同的性质来考察民国政治、经济对民国文化的影响。这里我们主要从民国文化的发展进程、民国文化的基本特点和民国文化的时代旋律等几个方面对民国政治、经济给予民国文化的影响做一考察。

（一）民国文化的发展进程

受民国政治、经济的影响，民国文化的发展进程大致可以分为三个时期。第一个时期从 1912 年到 1927 年。辛亥革命推翻了封建专制制度，建立起民主共和政体，但是，辛亥革命没有也不可能彻底铲除封建的生产关系及思想文化。因此，随着辛亥革命在政治上的迅速失败，思想文化领域也很快出现了一股尊孔复古的思想逆流。这股逆流的始作俑者是袁世凯和康有为。袁世凯登上临时大总统宝座后，即开始了尊孔复古的活动，并随着他复辟帝制阴谋的展开，其尊孔复古活动也愈演愈烈。袁世凯尊孔复古，得到了康有为的支持和响应。辛亥革命不久，康有为即指示其门人陈焕章发起组织孔教会。1912 年 10月 7 日孔教会在上海正式成立，其章程规定"以昌明孔教，救济社会"为目的。同年 12 月，孔教会的一些发起人上书袁世凯及教育部、内务部，要求准予立案，很快得到批准。教育部的批文称赞孔教会"阐明孔教，力挽狂澜，以

---

[1] 陈真编：《中国近代工业史资料》第四辑，第 17 页，北京，三联书店，1961。
[2] 陈真：《旧中国工业的若干特点》，见《中国近代经济史论文选》上册，第 22 页，上海，上海人民出版社，1985。

忧时之念，为卫道之谋"。于是在袁政府的支持下，孔教会组织得到迅速发展，全国大中城市乃至一些县镇都成立有孔教会的支会或分会。

孔教会成立后，出版《孔教会杂志》，大力宣扬孔教，提倡尊孔读经，并要求定孔教为"国教"，载入宪法。1913年8月第一届国会开会讨论宪法时，受康有为的指示，孔教会还向参众两院提交过要求定孔教为国教的请愿书。虽因多数议员反对，这次请愿未能成功，但孔教会要求立孔教为国教的活动并未因此而罢休。在袁政府的支持和孔教会的鼓动下，一些反动军阀、封建遗老也纷纷粉墨登场，掀起了一股颇具声势的尊孔复古逆流。

如同袁世凯政治上的复辟倒退遭到先进中国人的坚决反对一样，袁世凯、康有为思想文化上的尊孔复古也遭到了先进中国人的坚决反对。1915年9月，曾是著名革命党人的陈独秀出于对辛亥革命失败教训的反思，在上海创办了一份《青年杂志》（从第二卷起更名为《新青年》）。在其创刊号上陈氏发表《敬告青年》一文，阐明了民主与科学对中国的重要性。从此，以民主和科学为旗帜的新文化运动蓬勃兴起。新文化运动兴起后，以陈独秀、李大钊、鲁迅、胡适为代表的新文化派在宣传民主与科学的同时，针对袁世凯、康有为等人掀起的尊孔复古逆流，对孔孟儒学及传统文化进行了猛烈批判，指出孔孟儒学不符合现代生活，它"所提倡之道德为封建时代之道德，所垂示之礼教为封建时代之礼教，所主张之政治为封建时代之政治"，这种封建的道德、礼教、政治是为封建专制君主和少数封建贵族服务的，"于多数国民之幸福无与焉"。他们并剖析和批判了封建礼教"吃人"的本质。此外，新文化派还批判了鬼神迷信观念，以及旧文学、旧戏剧，并开展了以白话文取代文言文、以写实文学取代"文以载道"的"桐城""八股"的文学革命。

1918年第一次世界大战结束。在此前后，受当时兴起的"东方文化救世论"思潮的影响，以及新文化运动中一些过激言行的刺激，以杜亚泉、梁启超、梁漱溟、章士钊和《学衡》杂志主要成员为代表的一些人站在文化保守主义立场上，对新文化运动进行批评，并围绕东西文化比较、新旧文化关系和中国文化出路问题与新文化派展开激烈争论。虽然这时新文化派内部已出现分化，陈独秀、李大钊等人接受了俄国十月革命后、特别是五四爱国运动后在中国广泛传播的马克思主义，并成了中国早期马克思主义者和成立于1921年的中国共产党的领导人，而胡适、周作人等人仍坚持早年的自由主义和西化立场，但在反击文化保守主义者对新文化运动的批评上他们具有一致性。1923年又发生了"科学与人生观论战"，论战的双方是以张君劢、梁启超为代表的"玄学派"和以丁文江、胡适为代表的"科学派"，以陈独秀、瞿秋白为代表的中国早期马克思主义者介入了论战，对双方都有批评（主要批评的是玄学派），宣传了马克思主义的唯物史观。

1924年后国共合作领导的国民革命兴起。受时局的影响，新文化运动及文化论争开始走向低落，武器的批判逐步取代了批判的武器，这时人们关心的是中国的政治走向，而非东西文化谁优谁劣一类的文化问题。

第二个时期从1928年到1937年。国民党夺取全国政权，建立起统一的南京国民政府后，蒋介石集团为了维护和巩固自己的反动统治，在实行政治上的一党专制与个人独裁的同时，大力推行文化上的专制主义。南京政府成立不久，就下令取缔各种进步报刊和书籍。之后，南京政府和国民党中宣部又相继制定、颁布了《宣传品审查条例》、《出版法》、《危害民国紧急治罪法》和《图书杂志审查办法》，对报刊书籍的出版发行做了严格规定，违者予以严惩。据国民党中央宣传部印制的《中央取缔社会科学反动刊物一览》统计，仅1929～1936年，国民党就共查禁社会科学书刊676种，其中1929～1931年查禁366种，罪名是"宣传共产"、"宣传赤化"、"煽动阶级斗争"、"煽动暴动"、"诋毁本党"、"攻击现社会制度"，不仅郭沫若的《中国古代社会研究》、鲁迅的《鲁迅自选集》、茅盾的《茅盾自选集》、艾思奇的《哲学讲话》等进步作家的作品被查禁，就连上海天马书店出版的《拉丁化课本》、《拉丁化概论》，上海大学史地学会编写的《史地知识》，都或因"宣传汉文拉丁化"，或因"以唯物观阶级斗争立场来解释史地"而被划入查禁之列。① 国民党还在文化思想界实行白色恐怖，查禁、破坏进步文化机关，迫害、捕杀进步文化人士。如1929年，查封了革命文学团体创造社；1930年4月，关闭了陶行知创办的南京晓庄师范学校；同年秋，优秀的人民演员、左联成员宗晖在南京被暗杀；1931年1月，左联五作家柔石、胡也频、殷夫、李伟森和冯铿被秘密逮捕和

---

① 傅长禄：《中国现代文化史略》，第123～124页，长春，吉林大学出版社，1991。

杀害；1933 年 5 月，在上海绑架了著名作家潘梓年和女作家丁玲，并当场打死拒绝绑架的青年作家应修人；同年 11 月，捣毁了摄制进步影片的上海艺光影片公司和经售进步书刊的上海良友图书公司门市部；1934 年 11 月，暗杀了主张抗日的上海《申报》主笔史量才。另外，和袁世凯一样，蒋介石集团也大搞尊孔复古，并于 1934 年初发起了一个旨在以封建道德“礼义廉耻”来规范人民一言一行的所谓“新生活运动”，企图利用封建腐朽文化为自己的统治服务。

对于国民党的文化专制主义和尊孔复古活动，中国共产党和进步文化界人士与之进行了坚决斗争。在中国共产党的领导下，国统区革命的、进步的文化界人士组成了各种革命文化团体，如 1930 年 3 月成立的中国左翼作家联盟、同年 5 月成立的中国社会科学家联盟，以及中国左翼戏剧家联盟、中国左翼美术家联盟等，发起左翼文化运动。在文学艺术方面，鲁迅、瞿秋白、茅盾等努力翻译和介绍马列著作，宣传马克思、列宁的文艺理论，提倡革命现实主义和文艺大众化，批判国民党的文化专制主义和对左翼文化的“围剿”，积极从事文艺创作，涌现出一大批新作家和具有很高艺术价值的进步的文艺作品。在社会科学方面，李达、艾思奇等积极宣传辩证唯物论和历史唯物论，郭沫若的《中国古代社会研究》开拓了马克思主义史学阵地，吕振羽、侯外庐、翦伯赞、范文澜等用唯物史观研究中国历史并取得丰硕成果，钱俊瑞、孙冶方等成立经济研究会，研究和探讨中国经济问题。30 年代的社会性质论战中，《新思潮》的王学文、潘东周等肯定中国是半殖民地半封建社会，中国革命是无产阶级领导的反帝反封建革命。抗战前夕，一些党的理论工作者又针对国民党的尊孔复古活动，发动了一场颇具声势的新启蒙运动，高举新文化运动高举过的民主与科学大旗，“反对异族的奴役，反对旧礼教，反对复古，反对武断，反对盲从，反对迷信，反对一切的愚民政策”。

受当时激烈的政治斗争的影响，这一时期思想文化领域的斗争也非常激烈，各种论战或论争高潮迭起。在思想界，有中国社会性质和社会史的论战、唯物辩证法的论战、中国“本位文化”建设与“全盘西化”的论战、民主与独裁的论战等。在文艺界，以鲁迅为旗手的左翼阵营，围绕文学的阶级性等问题先后与“新月派”、“自由人”、“第三种人”展开过争论，并对国民党提倡的

"民族主义文艺运动"进行过批判。

中央研究院的创办，是这一时期文化建设上的一件大事。20年代后期，中国在形式上实现了统一。执政的国民党在政治上实行一党专制和在文化上推行专制主义的同时，从巩固其统治的立场出发也开始考虑文化建设问题。1927年5月召开的国民党中央政治委员会第九十次会议，采纳蔡元培的提议，决定成立中央研究院，作为全国最高的科学和学术研究机构，并推举蔡元培为筹备委员。经蔡元培的艰苦工作，1928年6月9日中研院成立，蔡元培任院长。到1930年初，中研院相继建立了物理、化学、工程、地质、天文、气象、历史语言、心理等研究所。1934年增设自然历史博物馆；社会科学研究所同北平社会调查所合并，翌年改称社会研究所。依据"以研究为中坚"的办院方针，一大批全国著名的科学家和学者被蔡元培聘请到中研院工作，他们在各自的研究领域都取得了成就，有的成就在世界上产生了影响。

第三个时期从1937年到1949年。"七七事变"后，国共实现第二次合作，建立起抗日民族统一战线。与此相一致，在中国共产党的领导下，文化界的统一战线也很快建立了起来。1938年3月，在武汉成立了自"五四"以来文艺界最广泛的统一战线组织——中华全国文艺界抗敌协会（简称"文协"）。不久，又成立了以郭沫若为厅长、阳翰笙任秘书的国民政府军事委员会政治部第三厅。日寇的侵略，激发了广大文艺工作者的爱国热情，他们积极投身到抗日救亡的伟大斗争中，用自己的笔，创作了不少无愧于时代的优秀作品，从而将中国文艺推向了一个新的发展阶段——抗战文艺时期，对推动抗战和支持抗战做出了巨大贡献。

抗战全面爆发后，为了保存中华民族的文化教育事业免遭日寇破坏，我国沿江沿海地区的文化教育设施，如高等院校、重要图书馆、博物馆等被迫徙逐内迁。由于内迁的方向是西南和西北地区，所以也称文化教育设施西迁。在文化教育设施内迁的过程中，高等院校的内迁规模最大，经历的时间也最长。广大爱国师生员工背井离乡，冒着种种危险，克服重重困难，投入内迁运动。"一迁再迁，甚至八迁，……虽颠沛流离，而弦歌不绝。"① 时任北大校长的蒋

---

① 《第二次中国教育年鉴》，第490页，见傅长禄：《中国现代文化史略》，第246页，长春，吉林大学出版社，1991。

梦麟在自传体《西潮》一书中，对内迁的艰难险阻和师生的爱国精神有这样的记述："内迁学校的许多师生往往不止穿越一道火线；有的乘黑夜偷渡敌人把守的桥梁或河流，被发现而遭到射击，或被逮捕杀头；有的穿越敌人的防线而几天吃不到东西，但阻止不住青年人摆脱敌人、向往学习的心。"① 北大、清华和南开从长沙临大到西南联大的历程，可算得上是这次高校内迁的一个缩影。"七七事变"后，三校师生辗转南下到湖南，共同组成长沙临时大学，并于 1937 年 11 月 1 日正式开课。长沙临大共设四个学院、17 个系，其校务由三校校长组成的常务委员会主持。长沙临大只进行了一个学期的教学工作，1938年 2 月，因战火逼近长沙，又奉国民政府教育部之命迁往昆明。到达昆明后，长沙临大正式更名为国立西南联合大学（简称西南联大）。西南联大的院系设置在长沙临大的基础上有所调整和发展，到 40 年代初，共设有 5 个学院 26 个系、两个专修科、一个先修班，全校学生达 3 000 人，"先后毕业学生二千余人，从军旅者八百余人"，成为当时国内最大的高等学府。文化教育设施特别是高等学校的内迁，是抗战时期的一件文化大事，它对于保存我国本不发达的文化教育事业，对支持长期抗战，对十分落后的西南、西北地区文化教育事业的发展，都具有十分重要的意义。

桂林文化城的出现，是抗战时期的另一件文化大事。1938 年 10 月，武汉、广州相继被日寇攻陷，继之长沙大火，原在武汉、广州和长沙的"第三厅"一部分文艺工作者转移到广西省城桂林，与先后从东北、华北、华东及湖南、广东、香港等地撤退到这里的文化界人士会合。当时桂林有文化人士千余人，各种文化团体百余个，大专院校和科研机构十余所，报纸、杂志数十种，书店、出版社近二百家，出版书籍上千种，戏剧美术等文艺事业也非常活跃。桂林文化城的形成与发展，历时五年，至 1944 年秋因日军攻占桂林而告结束。

到了 1940 年前后，随着抗战战略相持阶段的到来，国民党开始消极抗战，积极反共，除大力宣传"一个党，一个主义，一个领袖"外，还大力推行文化专制主义，打击迫害进步文化人士。1943 年，蒋介石又抛出《中国之命运》，提倡封建道德和愚民政策，反对共产主义和自由主义，并企图在中国建立法西

---

① 傅长禄：《中国现代文化史略》，第 246 页，长春，吉林大学出版社，1991。

斯主义统治。共产党人和进步文化界人士对蒋介石的观点进行了尖锐的批判。

1945 年 8 月日本投降，中国人民取得了抗战的最后胜利。不久，国民党发动内战，中国历史进入解放战争时期。这一时期也是共产党领导的新民主主义文化与帝国主义文化、封建主义文化结成的同盟军决战的时期。结果新民主主义文化随着解放战争的胜利进军而不断取得胜利，最后成了中国的主导文化。

（二）民国文化的特点

受民国政治、经济的影响，民国文化呈现出以下一些基本特点。

第一，新民主主义文化成了中国文化出路的选择和中国新文化发展的方向。中国文化向何处去？这是自鸦片战争以来中国人不断思考、探索和争论的一个问题。在民国之前，确切地说在五四运动之前，中国的先进分子认为，中国的文化出路在于向西方学习，用新的西方资产阶级近代文化批判、改造乃至取代旧的中国封建主义文化。为此，中国民族资产阶级在发动和领导旧民主主义革命的同时，也发动和领导过旧民主主义文化运动。然而，第一次世界大战在西方资产阶级近代文化发祥地欧洲的爆发，以及它给人类造成的巨大灾难，使人们不能不思考这样一个问题：中国还有学习这种已经暴露出严重弊端的文化的必要吗？这种已经暴露出严重弊端的文化还能成为中国文化出路的选择吗？正当人们对学习西方资产阶级近代文化的价值和必要性产生怀疑的时候，"十月革命一声炮响，给我们送来了马克思主义"。马克思主义开始在中国广泛传播。李大钊、陈独秀等一些曾醉心过西方资产阶级近代文化的先进中国人，经过认真地比较和选择，最后接受了马克思主义，并成了中国早期马克思主义者和 1921 年成立的中国共产党的领导人。中国共产党的成立是马克思主义与中国工人运动相结合的产物。从此，中国革命告别了民族资产阶级领导的旧民主主义革命，而进入无产阶级领导的新民主主义革命时期。随着革命性质的变化，无产阶级领导的新民主主义文化也取代资产阶级领导的旧民主主义文化成了中国文化出路的选择和中国新文化发展的方向。

所谓新民主主义文化，根据毛泽东的概括，就是民族的科学的大众的新文化，亦即人民大众反帝反封建的文化。在半殖民地半封建的旧中国，新民主主义文化是最进步、最有前途和生命力的文化。尽管它开始比较弱小，并受到反动统治者的残酷打击和封建主义文化、帝国主义文化的联合摧残，然而，这种打击和摧残不仅未能扼杀它的生命，相反在与反动统治者和封建主义文化、帝国主义文化的斗争中它得到了发展壮大，最后伴随着新民主主义革命在全国的胜利，新民主主义文化也取得了全国的胜利，成了国家的主导文化。

第二，多种文化并存，文化斗争异常尖锐、激烈和错综复杂。1840年之前，中国文化比较单一。1840年之后，由于中国逐步沦为半殖民地半封建社会，这种单一的文化存在格局被打破，除原有的封建主义文化外，又相继出现或产生了外国资本主义文化和本国资本主义文化。进入民国，随着无产阶级登上中国政治舞台，无产阶级领导的新民主主义文化又应运而生。毛泽东在《新民主主义论》中曾认为民国时期存在着三种性质不同的文化：（1）"帝国主义文化"，一切包含奴化思想的文化，如买办文化，都属于这一类；（2）"半封建文化"，凡主张尊孔读经，提倡旧礼教、旧思想，反对新文化、新思想的，都属于这一类；（3）"新民主主义文化"，即"无产阶级领导的反帝反封建的文化"。实际上除这三种文化外，民国时期还存在着"旧民主主义文化"和"殖民主义文化"。毛泽东本人在《新民主主义论》中，就以五四运动为标志，将中国的新文化分为"旧民主主义文化"和"新民主主义文化"两个部分，前者由资产阶级领导，属于世界资产阶级的资本主义文化革命的一部分；后者由无产阶级领导，属于世界无产阶级的社会主义文化革命的一部分。虽然"新民主主义文化"产生后，成了中国文化出路的选择和中国新文化的方向，但"旧民主主义文化"依然存在，在反对帝国主义文化和封建主义文化的斗争中，有时还是"新民主主义文化"的同盟军。"殖民主义文化"是伴随着日本帝国主义"九一八事变"后对东北三省的占领和"七七事变"后对中国的大规模侵略而出现的，它以灭绝中国文化为目的，所以殖民主义文化虽属帝国主义文化的范畴，但与一般意义上的帝国主义文化还是有区别的。这仅就其大端而言，如果做进一步的考察，在有的地区还存在有农奴制和原始公社制的残余。民国时期之所以会有这些不同性质的文化存在，是因为民国时期存在着不同性质的经济以及建立在这不同性质经济基础之上的不同性质的政权。

和民国时期的政治斗争一样，民国时期的文化斗争，也因多种文化的并存

孙中山

中华民国开国纪念币

29

宋教仁

《中华民国临时约法》

30

向眼觀天下
丹心報國家

宋教仁行书
五言联

陈独秀

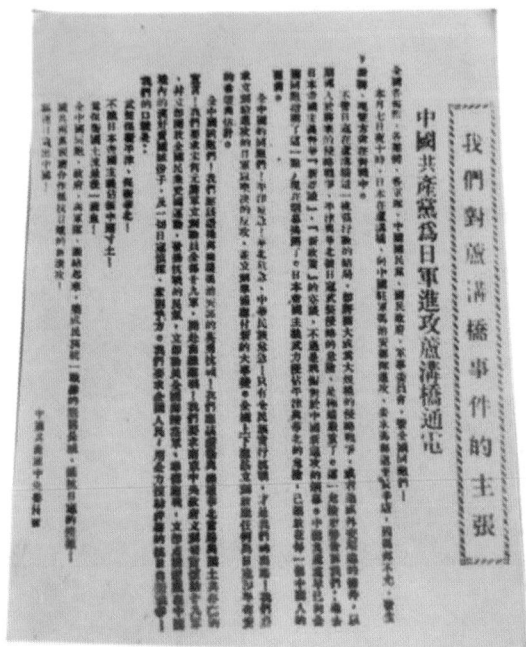

1937年7月8日《中国共产党为日军进攻卢沟桥通电》

1937 年 7 月 15 日《中国共产党为公布国共合作宣言》

南京大屠杀

闻一多

1938年西南联大蒙自分校原北大中文系部分师生在蒙自南湖菘岛合影

毛泽东

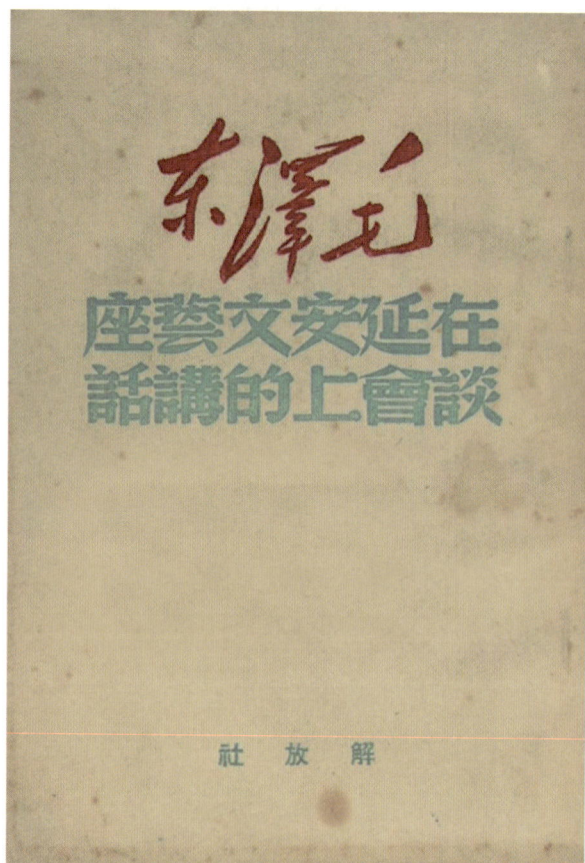

在延安文艺座谈会上的讲话

解放社

《在延安文艺座谈会上的讲话》

而异常尖锐、激烈和错综复杂。在新民主主义文化产生之前，斗争的主要双方是资产阶级领导的旧民主主义文化和帝国主义文化、封建主义文化结成的同盟军。新民主主义文化产生后，斗争的主要双方是无产阶级领导的新民主主义文化和帝国主义文化、封建主义文化结成的同盟军。毛泽东在《新民主主义论》中就曾指出："帝国主义文化和半封建文化是非常亲热的两兄弟，它们结成文化上的反动同盟，反对中国的新文化。"[1] 这时候资产阶级领导的旧民主主义文化，既和新民主主义文化存在着矛盾（有时为争夺对中国新文化的领导权、争夺对中国文化出路的选择矛盾还非常激烈），又和帝国主义文化、封建主义文化存在着矛盾，所以它有时和帝国主义文化、封建主义文化站在一起反对新民主主义文化，有时又是新民主主义文化反对帝国主义文化、特别是封建主义文化的重要友军。当以灭绝中国文化为目的的殖民主义文化出现后，为了中华民族和文化的生存与延续，新民主主义文化、旧民主主义文化以及某些封建主义文化结成了广泛的反对殖民主义文化的民族文化统一战线，当然在统一战线内部又存在着矛盾和斗争。民国时期文化斗争的尖锐、激烈和错综复杂，实际上是民国时期政治斗争尖锐、激烈和错综复杂在意识形态领域的反映。

第三，文化发展的不平衡性。我们在介绍民国时期的经济特点时已经指出，民国经济的一个重要特点是发展的不平衡，东部沿海沿江地区经济比较发达，中西部和边疆地区经济相对落后；大中城市及邻近地区经济比较发达，广大农村地区经济相对落后。受经济发展的这种不平衡现象的影响，民国文化也呈现出发展的不平衡性。一般来说，东部沿海沿江地区发展水平较高，中西部和边疆地区发展水平较低；大中城市及邻近地区发展水平较高，广大农村地区发展水平较低。水平发展较高的地区，是新旧文化并存，新的文化因素在不断增长，旧的文化因素在日益减少，甚至在有的地区近代新文化已逐步占据了主导地位，如上海，当时号称东方的纽约，新文化门类齐全，设施非常先进，电影院、音乐厅、赛马场、歌舞厅……这些西方国家所有的都应有尽有。而水平发展较低的地区，特别是内地农村和少数民族地区，近代新文化因素犹如晨星，旧的传统文化占据着绝对的统治或支配地位，不少地区到民国晚年还保存

---

① 《毛泽东选集》第 2 卷，第 695 页，北京，人民出版社，1991。

着蓄发、缠足、溺女、早婚等很多旧风陋俗。

除地区之间文化发展的这种不平衡外，民国时期文化发展的不平衡性还表现在各性质不同的政权之间文化发展的不平衡。与地区之间文化发展的不平衡不同，各性质不同的政权之间文化发展的不平衡主要不是表现为新旧文化的多少上，或新文化门类的齐全与否和文化设施的先进与否上，而是表现在占据主导地位的文化的性质上。概而言之，在国统区，占主导地位的文化是大地主、大资产阶级的文化，是帝国主义文化与封建主义文化结成的同盟军；在苏区、抗日根据地和解放区，占主导地位的文化是新民主主义文化；在日占区，占主导地位的文化是殖民主义文化。另外在西藏等个别少数民族地区还存在着农奴制文化和原始公社文化。

（三）民国文化的时代旋律

民国文化的时代旋律之一，是追求民主，崇尚科学。中国人追求民主、崇尚科学并非始自民国。鸦片战争结束不久，魏源在《海国图志》中就介绍过西方的议会制度，并提出了"师夷长技"，即学习西方坚船利炮的主张。洋务运动期间，介绍西方议会政治、民主政治的著作逐渐增多，同时人们也已认识到学习西方声光电化等科学技术的必要。戊戌维新时期，维新派不仅着力宣传过西方资产阶级的民权思想，而且也对科学知识、科学方法进行过提倡和介绍。进入 20 世纪后，由于辛亥革命的作用，民主思想得到进一步传播，科学的重要性也为越来越多的人所认识。

中国人追求民主、崇尚科学虽不始于民国，但只是从民国开始，确切地说是从五四新文化运动开始，中国人才将民主与科学作为近代新文化的核心观念或基本价值加以追求和崇尚，民主与科学也从此才逐渐深入人心，成为促进思想解放、社会变革的有力武器。将民主与科学作为近代新文化的核心观念或基本价值加以追求和崇尚，这也是五四新文化运动最伟大的历史功绩。1915 年 9 月，陈独秀在标志五四新文化运动兴起的《青年杂志》（从第二卷起改称《新青年》）创刊号上发表的《敬告青年》一文，就向国人疾呼："国人而欲脱蒙昧时代，羞为浅化之民，则急起直追，当以科学与人权并重。"不久，他又生动地将民主与科学称之为"德先生"与"赛先生"，并明确表示，"西洋人因拥护德、赛两先生，闹了多少事，流了多少血，德、赛两先生才渐渐从黑暗中把他们救出来，引到光明世界。我们现在认定，只有这两位先生可以救治中国政治上、道德上、学术上、思想上一切的黑暗。若因为拥护这两位先生，一切政府的压迫，社会的攻击笑骂，就是断头流血，都不推辞。"① 这样，民主与科学就成了五四新文化的两面旗帜。

五四新文化运动的发动，并以民主与科学为旗帜，有它多方面的原因。这首先与陈独秀的生活经历、知识学养等个人素质分不开。陈氏（1879～1942）是安徽怀宁人，从小受传统教育，1901 年到日本留学，不久投身反清革命。辛亥革命爆发后，出任安徽都督府秘书长。二次革命中，他主持宣布了安徽独立。二次革命失败后，出亡日本，协助章士钊办《甲寅》杂志。陈氏虽然是著名的革命党人，但他从未加入过同盟会和后来的国民党，政治上始终保持着超然独立的地位。他在从事革命的同时，对思想启蒙的重要性、特别是民主与科学的重要性也有深刻的认识，认为"一国非民智大开，民权牢固，国基总不能大安"。因此，早在 1903 年他在芜湖就创办过一份《安徽俗话报》，宣传科学与民主思想，批判封建专制与愚昧主义。陈氏早年的这种生活经历和知识学养决定了是他而不是别人在上海创办《青年杂志》，发动五四新文化运动，首揭民主与科学的旗帜。因为他既受过传统教育，又留学过日本，对中西文化都有比较系统的了解，深知其利弊优劣；也因他在政治上保持着超然独立的地位，从而能以冷峻的批判态度反省辛亥革命及其结果；更因他早就认识到了思想启蒙、特别是民主与科学的重要意义，并有一段创办报刊的经历，所以在辛亥革命已经失败，政治斗争前途未卜的情况下，能以比较健全的心态，重操旧业，从事思想启蒙、尤其是民主与科学的宣传工作。

当然，五四新文化运动的发动，并以民主与科学为旗帜，归根结底还是由当时的社会存在决定的，是中国历史发展的必然结果，或者说，除陈氏的个人原因外，还有它更深刻的社会原因。1922 年正当五四新文化运动凯歌猛进的时候，梁启超在其《五十年来中国进化概论》中，从文化上总结了近代中国历史的发展行程。他写道：

---

① 陈独秀：《独秀文存》，第 243 页，合肥，安徽人民出版社，1987。

"近五十年来，中国人渐渐知道自己的不足了。这点子觉悟，一面算是学问进步的原因，一面也算是学问进步的结果。第一期，先从器物上感觉不足……于是福建船政学堂、上海制造局等等渐次设立起来……第二期，是从制度上感觉不足……所以拿'变法维新'做一面大旗，在社会上开始运动……第三期，便是从文化根本上感觉不足。第二期所经过时间比较的很长——从甲午战役起到民国六七年止……革命成功将近十年，所希望的件件都落空，渐渐有点废然思返，觉得社会文化是整套的，要拿旧心理运用新制度，决计不可能，渐渐要求全人格的觉醒……所以最近两三年间，算是划出一个新时期来了。"

梁启超的这段文字大致说明了五四新文化运动发生的原因：中国近代文化之演化是按照自身结构所规定的逻辑进行的。因此，继物质(洋务运动)、制度(戊戌变法和辛亥革命)的变化之后，接着而来的必然是思想观念的变化("全人格的觉醒")。而辛亥革命失败后，政治上袁世凯实行的专制独裁，并阴谋复辟帝制，思想上出现的尊孔复古逆流，以及鬼神迷信思想在社会上的甚嚣尘上，又使人们认识到宣传民主与科学的重要性，认识到没有民主与科学的深入人心，并成为社会的普遍价值观念，以及由此引起的思想观念的变革或革命，物质、制度变化之成果就无法得到保证，西方资产阶级共和国在中国就不可能真正建立起来。

五四新文化运动将民主与科学作为近代新文化的核心观念或基本价值加以追求和崇尚，这不仅体现在它以民主与科学为自己的旗帜上，也体现在它对民主与科学的认识和理解上。就五四新文化运动对民主的认识和理解来看，首先，民主是一种个人独立自主的观念。陈独秀在《敬告青年》一文中称欧洲历史为"解放历史"，而所谓"解放云者，脱离夫奴隶之羁绊，以完其自主自由之人格之谓也"。那么，怎样才算"完其自主自由之人格"呢？据陈氏等人的解释，要有"人间百行，皆以自我为中心"的自我意识；"纵横一世，独立不羁"的自主精神；不迷信，不盲从，敢于怀疑的独立思考；勇于进取，敢担干系的负责态度。一句话，"我有手足，自谋温饱；我有口舌，自陈好恶；我有心思，自崇所信绝不认他人之越俎"，"一切操行，一切权利，一切信仰，唯有听命各自固有之智能"。胡适又称这种个人独立自主的观念为"健全的个人主义"。其次，民主贯穿于社会各个方面，体现了平等自由的精神。李大钊曾指出："现代生活的种种方面都带有 Democracy 的颜色，都沿着 Democracy 的轨辙。政治上有他，经济上也有他；社会上有他，伦理上也有他；教育上有他，宗教上也有他；乃至文学上、艺术上，凡在人类生活中占一部位的东西，靡不受他支配的。简单一句话，Democracy 就是现代唯一权威，现在的时代就是 Democracy 的时代。"① 五四时期的另一位思想家谭平山在《国民道德教育改造论》一文中也指出："今日时代思想的根本特质，就是民治主义，今日所谓民治主义的根本概念，就是平等自由两大观念。"② 至于五四新文化运动所认识和理解的科学，不仅仅是科学技术或科学思想，而更是一种广义上的世界观和方法论，一种与迷信、盲从、愚昧相对立的崇尚实证的理性精神。陈独秀在《敬告青年》中解释科学道："科学者何？吾人对于事物之概念，综合客观之现象，诉之主观之理性，而不矛盾之谓也。"不久，他又在《新文化运动是什么》一文中写道："我们中国人向来不认识自然科学以外的权威……我们要改去从前的错误，不但应该提倡自然科学，并且研究说明一切学问，都应该严守科学的方法，才免得昏天黑地乌烟障气的妄想胡说。"③

正因为五四新文化运动是将民主与科学作为近代新文化的核心观念或基本价值加以追求和崇尚的，再加上这种追求和崇尚又与对封建专制主义、迷信愚昧思想以及旧伦理、旧道德乃至整个传统文化的批判与反思联系在一起，因而它极大地促进了人们的思想解放，推动了思想文化的变革。同时，民主与科学从此也逐渐深入人心，并开始成为一种社会意识或价值观念。这具体表现在以下几个方面。

首先，追求民主、崇尚科学的运动和思潮继续向前发展。五四运动后，民主运动大致沿着两条轨迹向前发展：一是共产党发动和领导的人民民主运动；二是资产阶级及其政治代表——资产阶级自由主义者发动和领导的资产阶级民主运动，如 20 年代末胡适、罗隆基等人发动的"人权运动"，30 年代中宋庆龄、蔡元培发起成立的"人权保障同盟"和"赔偿冤狱运动"，抗战时期的两次民主宪政运动，抗战胜利后民主党派主张的第三条道路和民主建国运动等。

① 《李大钊文集》（上），第 632 页，北京，人民出版社，1984。
② 《谭平山文集》，第 160 页，北京，人民出版社，1986。
③ 《新青年》第 7 卷第 5 号，1920 年 4 月。

与此相一致，民主思潮的发展也分两个方向，共产党及其支持者认为，传统的资产阶级民主具有虚伪性，它虽标榜代表全体人民，但实际上代表的只是有产阶级自己，只有无产阶级领导下的新型的社会主义民主，才能真正代表广大劳动人民的利益和要求；而资产阶级自由主义者则坚持传统的资产阶级的民主理想，在科学方面，如经久不衰的"科学救国思潮"，30年代初至抗战全面爆发前夕的"科学化运动"，同时期的"新社会科学运动"等。

第二，民主与科学的追求和崇尚开始贯穿于社会的各个方面。比如，在教育方面，平民主义教育运动的兴起和发展，"启发式""个性化"教育方法的提倡和推广，科学知识、科学实验课程的设置和重视等；在学术研究方面，主张学术独立，要求思想自由，反对政治干预学术，提倡用科学方法整理"国故"，注重调查研究和理论与实际的结合等；在文学艺术方面，揭露和鞭挞封建专制主义与愚昧主义（如"启蒙主题文学"），追求文学形式的多样与自由，主张大胆地表现和张扬个性，以及30年代兴起的"大众语运动"等；在新闻出版方面，主张新闻出版自由，反对稿件送审和报刊书籍检查制度等。总之，五四新文化运动后社会的各个方面，都渗透着中国人对民主与科学的追求与崇尚。

第三，再没有人敢公开非难和反对民主与科学。由于民主与科学开始逐渐深入人心，并开始成为一种社会意识或价值观念，因此，再没有人敢跳出来公开非难和反对民主与科学。无论北洋军阀也好，国民党蒋介石也好，虽然实行的都是专制独裁，但他们在表面上还不得不保留中华民国的"共和"招牌，他们所制定的宪法（如1923年北洋军阀颁布的《中华民国宪法》、1946年国民党颁布的《中华民国宪法》）也不得不承认人民应享有种种民主自由的权利，而且每当他们的统治出现危机时，往往以许诺实行所谓民主或还政于民作为挽救危机的一种手段。三四十年代受国际思潮的影响，有些人鼓吹过法西斯主义，也发生过民主与独裁的论战，但法西斯主义的鼓吹者和独裁论的主张者，大都只是强调中国现在还不具备实行民主的环境和条件，或者说在当时实行法西斯主义或所谓新式独裁比实行民主更能应付国际国内的挑战，而很少有人从价值上否认民主，认为民主不如法西斯主义或所谓新式独裁。至于科学，虽然在五四运动前后，出现过对唯科学主义思潮的批判，并因此而引发过1923年的"科学与人生观论战"，但对科学本身则没有人敢冒天下之大不韪予以非难。

就是批判唯科学主义的人，他们在批判唯科学主义的同时，也不得不再三声明，他们并不反对科学。如梁启超在《欧游心影录》中宣布欧洲人的科学万能之梦已经破产，但同时他又自注道："读者切勿误会，因此菲薄科学，我绝不承认科学破产，不过也不承认科学万能罢了。"有些人搞复古倒退，甚至搞封建迷信，也要打科学的幌子，这样才有它的市场，才有人上当受骗。五四前后出现的宣扬鬼神的"灵学会"，为了达到欺骗群众的目的，就给自己披上了一件科学的外装，声称灵学"实为凡百科学之冠"。

当然，我们说经过五四新文化运动的宣传和提倡，民主与科学开始逐渐深入人心，并开始成为一种社会意识或价值观念，成为民国文化的时代旋律，这是与晚清比较而言的。就民国的情况来看，不民主或反民主、不科学或反科学的现象不仅存在，而且还十分严重，如政治上的专制独裁，思想上的封建迷信，学术上的政治干预，等等。也正因为严重存在着不民主或反民主、不科学或反科学的现象，也才会有民主与科学运动和思潮在五四新文化运动后的不断高涨，我们也才用"逐渐"和"开始"这样的限制词来描绘民主与科学在民国时期"深入人心"和"成为一种社会意识或价值观念"的状况，因为"逐渐"则意味着有一个过程，"开始"表明的是刚刚起步。

我们在本书本章的第一节中已经指出，民国时期的政治特点之一，是民族危机的深重与救亡运动的高涨。受此影响，以爱国主义为主流的民族主义也是浪潮汹涌，并构成民国文化的又一时代旋律。和民主与科学一样，以爱国主义为主要内容的民族主义也不是民国时才出现的。实际上1840年后，随着中国开始沦为半殖民地半封建社会，尤其是甲午战争后民族危机的加深，民族主义就已逐渐发展成为一种社会文化思潮。如孙中山先生的三民主义，其中就包括民族主义。当然，由于时代与环境的变化，与晚清时的民族主义比较，民国时期的以爱国主义为主流的民族主义又有新的发展。

首先，晚清时的民族主义既含有反对国外帝国主义侵略的内容，也含有反对国内满族统治者的民族压迫的内容，而且就当时民族主义的主要宣传和倡导者资产阶级革命派来看，他们把"反满"，亦即反对国内的民族压迫放在了更为重要的地位，同时他们"反满"，除反对满族统治者的民族压迫外，还具有民族复仇主义和大汉族主义的消极成分。而到了民国，由于清王朝已被推翻，国内的民族压迫至少在形式上已不复存在(事实上当然还存在),所以这时以爱国主义为主流的民族主义的主要内容是反对帝国主义、特别是日本帝国主义对中华民族的侵略。其次,晚清时的民族主义虽然含有反对帝国主义侵略的内容,但由于当时资产阶级(包括革命派)对帝国主义的侵略本质认识不足,不仅没有明确提出"反帝"的口号,甚至对帝国主义还存在着一些不切实际的幻想。这也是辛亥革命之所以失败的一个原因。而到了民国,由于无产阶级力量的壮大并作为独立的政治力量登上政治舞台,中国人民对帝国主义的认识有了质的飞跃。毛泽东曾经指出:"中国人民对于帝国主义的认识……第一阶段是表面的感性的认识阶段,表现在太平天国运动和义和团运动等笼统的排外主义的斗争上。第二阶段才进到理性的认识阶段,看出了帝国主义内部和外部的各种矛盾,并看出了帝国主义联合中国买办阶级和封建阶级以压榨中国人民大众的实质,这种认识是从一九一九年五四运动前后才开始的。"[1] 正是因为对帝国主义认识的这种变化,这时以无产阶级为领导的新民主主义革命不仅明确提出了"反帝"的口号,并且将反帝与反封建结合起来,从而赋予了民族主义新的内涵。再次,晚清时以孙中山为代表的资产阶级革命派虽然提出了"振兴中华"或"复兴中华"一类的口号,以及"五族共和"的主张,但由于受大汉族主义思想的影响,并没有人明确提出和使用体现国内各民族平等的"中华民族"这一概念。当时所讲的"中华",实际上指的是汉族。如同盟会纲领"驱逐鞑虏,恢复中华,创立民国,平均地权",这里的"中华"显然是"汉族"的代名词。"中华民族"这一概念的使用和流行是在民国时期。

受民族危机和救亡运动的影响,民国时期以爱国主义为主流的民族主义的发展呈现出明显的阶段性。1912 年 1 月 1 日中华民国成立到 1931 年"九一八事变"之前,尽管发生过日本提出"二十一条"、巴黎和会上中国收回山东权益的失败以及日英帝国主义枪杀中国工人和游行示威群众等事件,并由此引发的反对"二十一条"、五四爱国运动和五卅反帝运动,但总的来看这一时期是民国史上民族危机相对较轻的时期,至少没有面临帝国主义武力侵略的直接威胁。与此相一致,这一时期以爱国主义为主流的民族主义,除表现为政治上的

---

① 《毛泽东选集》第 1 卷,第 289 页,北京,人民出版社,1991。

救亡运动（如反对"二十一条"、五四爱国运动和五卅反帝运动等）和收回权益斗争（如收回教育权、收回租界、废除不平等条约的斗争等）的高涨外，更主要的是表现为在思想文化上通过对中国传统文化的反省，人们开始认识到近代以来中国之所以屡遭列强的侵略，民族危机日益加深，一个重要原因就是中国文化的落后，这种落后又导致了一系列政治改革和革命的失败。所以民族危机说到底既是政治危机，也是文化危机，是中国的传统文化不适应现代生活环境。既然民族危机是文化危机，那么，要解决民族危机的不二法门只能从文化上入手，谋求文化上的解决。这也是这一时期各种文化运动、文化思潮和文化论争此起彼伏、连绵不绝的一个重要原因。这一时期以爱国主义为主流的民族主义的另一重要表现，是大量的以歌颂祖国和期盼祖国富强为主题的文学作品的涌现，如郭沫若的长诗《凤凰涅槃》希望在帝国主义蹂躏下犹如"一座屠场"、"一座囚牢"、"一座坟墓"、"一座地狱"的祖国，也能像神话传说中的神鸟凤凰五百年后采集香木引火自焚复从死灰中更生一样，新的中国也能从旧中国的毁灭中诞生。郭的另一首诗《炉中煤》的副标题就叫"眷念祖国的情绪"，诗中作者把自己比作炽热燃烧着的炉中煤，"有火一样的心肠"，"我为我心爱的人儿/燃到了这般模样！"表达了诗人为祖国献身、为创造美好的明天而斗争的决心和愿望。刘半农的诗《教我如何不想她》用比兴的手法，抒发出远离祖国的游子对祖国的眷念之情。宗白华的诗《向祖国》以浪漫的笔调，表达了作者深厚的爱国主义情思。郁达夫的小说《沉沦》虽然写的是"一个病的青年的心理"和"现代人的苦闷"，但当主人公憎恨自己的沉沦而最后投海自杀时，却喊出了"祖国呀祖国，你快富起来，强起来吧！你还有许多儿女在那里受苦呢！"

1931年的"九一八事变"到1937年的"七七事变"爆发，是民国史上民族危机较为严重的时期，日本帝国主义先后发动"九一八事变"、"一·二八事变"和"华北事变"，中华民族与文化的生存受到严重威胁。受此影响，这一时期以爱国主义为主流的民族主义除继续表现为政治上救亡运动的高涨（如"一·二八抗战"、"一二·九运动"等）和歌颂祖国、期盼祖国富强的文学作品的涌现（如蒋光慈的长诗《哀中国》，闻一多的诗歌《红烛》、《太阳颂》、《死水》等）外，表现在思想文化方面是从原来的反省、批判传统文化转变为对传统文化的发掘和弘扬。因为面对日益严重的民族危机，首要的工作是如何团结人心，激发民族意识，以抵抗日本侵略，而作为中华民族数千年生活与斗争之结晶的传统文化，很自然地就成了人们鼓舞士气、增强民族自信心与凝聚力，以抵抗日本侵略的有力武器。熊十力在"九一八事变"后不久即指出："今外侮日迫，吾族类益危，吾人必须激发民族思想。念兹在兹。"① 科玄论战中玄学派主将、现代新儒家之一的张君劢于"九一八"后率先出版了《民族复兴之学术基础》一书。书中把民族主义视为立国的基本原则，认为近代欧洲国家所以强，原因就在于国民民族主义思想发达；中国近代以来所以弱，原因亦在于国民民族主义思想淡薄。而要发达中国人民的民族思想，就必须培养他们的民族意识，同时，要尊重、表彰本国历史和文化，以增强他们的民族自豪感和自信心。当时学术研究上出现了一个非常突出的现象，就是文化史学的蓬勃兴起，有关中国文化史的著作不断出现。据不完全统计，民国时期出版的有关文化和中国文化史著作大约50种，其中大部分出版于三四十年代。这正如有的学者所指出的那样："以文化史振奋民族精神，是这一时期尤其是30至40年代许多学者研究文化史的目的。"② 如王德华的《中国文化史要略·叙例》就这样写道："中国人应当了解中国文化，则无疑问，否则，吾族艰难奋斗、努力创造之历史，无由明了，而吾人之民族意识，即无由发生，民族精神即无由振起……兹者国脉益危，不言复兴则已，言复兴，则非着重文化教育，振起民族精神不可。本书之作，意即在此。"③ 文化史的研究外，与民族危机有关系的中国民族史和地理学研究、尤其是边疆史地研究在当时也受到学术界的普遍重视。如历来强调治史不求致用的著名史学家顾颉刚，在日本帝国主义侵略东三省、策划成立伪"满洲国"之后，即提出要加强中国民族史与地理学的研究，认为"改造中国历史，即可以改造一般民众的历史观念。第一部史应为民族史"。他除了在北京大学、燕京大学讲授"中国古代地理沿革史"的课程，还与一些同仁和同学创办了一份《禹贡》杂志。该杂志的创刊词表明了他们创刊的目的："这数十年来，我们受帝国主义者的压迫真受够了，因此，民族意识

---

① 《十力语要》卷一，第11页，1947年湖北印本。

② ③ 周积明：《本世纪上半叶中国文化史研究的特点》，载《光明日报》1997年10月14日"史学版"。

激发非常高，在这种意识之下，大家希望有一部《中国通史》出来，好看看我们民族的成分怎样，到底有哪些地方应当归我们的。""民族与地理是不可分割的两件事，我们的地理学既不发达，民族史的研究又怎样可以取得根据呢？"他们还特别强调研究历史地理是为了进行爱国主义教育，增强民族意识，指出：日本用"本部"呼我们十八省，暗示我们的边陲之地不是原有的，从而为他们的侵略制造历史根据。在此情况下，不研究历史地理，不使人们了解我们自己的历史，岂不是"我们的耻辱"。他们还成立了"禹贡学会"。按计划，他们先想做一些古代地理学研究的准备工作，但在"强邻肆虐，国亡无日"的情况下，"遂不期而同于民族主义旗帜之下；又以敌人蚕食我土地，四境首当其冲，则又相率而趋于边疆史地研究"①。随着日本侵略的进一步加剧，这一时期以抗日救亡为主题的文学作品也在不断地增多。

1937年"七七事变"到1945年8月15日日本投降，是民国史上民族危机最为严重的时期，也是中华民族从沉沦走向复兴的转折时期。日本帝国主义发动的侵华战争，使中华民族陷入了亡国灭种的危险境地。受此影响，这一时期以爱国主义为主流的民族主义旋律格外激越高亢，其突出表现是全民抗战。抗战爆发后，文艺界迅速掀起了抗战文艺运动，在"文章入伍"、"文章下乡"口号的鼓舞下，广大作家艺术家纷纷深入前线、民间，举行各种演出，宣传抗日救亡；召开各种座谈会，激励人民的抗战意志；积累各种素材，描写抗战现实，创作出了一大批高扬爱国主义和民族主义旗帜的优秀作品。如揭露日军暴行、歌颂士兵杀敌的独幕剧、街头剧《放下你的鞭子》、《最后一计》，描写台儿庄战役和淞沪抗战战斗场面、表现将士们英勇杀敌的报告文学《台儿庄血战经过》、《大场之夜》，赞美人民为抗击日寇不怕牺牲的爱国精神、抒发作者对祖国对人民深沉的爱的诗歌《向太阳》、《给战斗者》，描写战时中国农民的觉醒与斗争、歌颂抗战英雄为国捐躯的小说《差半车麦秸》、《刘粹刚之死》，表现中华民族自强不息的民族精神、激励中华儿女为保家卫国与日寇作殊死斗争的歌曲《黄河大合唱》、《到敌人后方去》，等等。一些以前不太关心社会与现实的文艺家，抗战爆发后也迅速改变了自己的文风，加入到抗战行列。如始终

---

① 《禹贡学会研究边疆计划书》，转引见刘俐娜：《中华民国思想史》，见《中国全史》第19卷，第207页，北京，人民出版社，1994。

将自己关闭在孤独烦闷"雨巷"中的"现代派"诗人戴望舒，于 1939 年元旦写出了《元旦祝福》一诗，用自然质朴的语言向在祖国大地上英勇抗击日寇的人民祝愿自由、解放，并表达了他对光明未来的希望。和文艺界一样，学术界同仁也于"九一八事变"后迅速投身到了抗战的洪流。不少学者为了增强人们的民族自信心和抗战必胜的观念，努力从事于弘扬和发掘中国文化与历史的工作，或在自己的研究和著作中突出爱国家、爱民族、激发民族精神的内容。如熊十力 1938 年入川，在颠沛流离之际不废讲学，与学生邓子琴等讲民族精神、种原及通史，砥砺气节，确信"日本人决不能亡我国家，亡我民族，亡我文化"，并作《中国历史讲话》，大讲五族同源，力图为各民族团结抗战提供历史依据。原来推崇乾嘉学派钱大昕的著名史学家陈垣，这时则转而推崇讲求经世致用的顾炎武，他于抗战期间所作的《明季滇黔佛教考》、《通鉴胡注表微》等著作，都"以言道、言僧、言史、言考据为托词，其实斥汉奸、斥日寇、责当政耳"[①]。有的学者的研究虽然不能直接为抗战服务，但也要想方设法使它有利于抗战。如著名哲学家冯友兰的名著《新理学》和著名逻辑学家金岳霖的名著《论道》都写于抗战爆发后随清华迁到南岳时期。冯友兰后来在回忆当时于资料极端缺乏、生活极不安定的状况下写作《新理学》的感受时说："金先生（即金岳霖——引者）的《论道》和我的《新理学》都是在那里形成的。从表面上看，我们好像不顾国难，躲入了'象牙之塔'，其实我们都是怀着满腔悲愤，无处发泄。那个悲愤是我们那样做的动力。金先生的书名为《论道》，有人问他为什么要用这陈旧的名字，金先生说，要使它有中国味。那时我们想哪怕只有一点中国味，也许是对抗战有利的。"[②] 就连向来讲求出世修行、戒杀生的和尚、道士，这时也表现出高度的爱国热情，积极参加了抗日工作。如弘一法师宣传"念佛不忘救国，救国不忘念佛"。圆瑛法师组织"僧侣战地救护队"、创办"佛教医院"，在上海"八一三"抗战中出生入死救护伤员。山东博县道教徒组成"道天堂"组织，平日务农，战时拿起刀枪打击日寇。江苏的茅

---

① 陈垣：《致友人书》，转引自刘俐娜：《中国民国思想史》，见《中国全史》第 19 卷，第 207 页，北京，人民出版社，1994。

② 冯友兰：《怀念金岳霖》，载《哲学研究》，1985（1）。

山道士帮助过新四军的抗日活动。①

抗战胜利之初，以爱国主义为主流的民族主义有所消退。但不久由于美国与国民党政府签订《中美商约》，恢复了不平等条约中的许多权利，特别是美国政府支持国民党发动内战，加上美国士兵奸污北大学生事件的发生，中国人民以爱国主义为主流的民族主义情绪又渐趋高涨，并形成全国性的反美风潮，最后随着中国新民主主义革命的胜利，美国势力被赶出了中国大陆。

需要指出的是，我们这里讲的民族主义是以爱国主义为主流或主要内容的民族主义。这种民族主义是一种进步的社会文化思潮。民族主义除表现为爱国主义外，还有其他多种表现，如一些文化保守主义者和顽固守旧分子打着民族主义旗号宣传尊孔复古思想及排外主义，国民党和一些反动政客文人以民族主义反对马克思主义，反对共产党领导的反帝反封建的革命运动，宣扬"国家主义"和"法西斯主义"，一些具有民族沙文主义思想的人以民族主义鼓吹大汉族主义，煽动民族仇恨、民族分裂，等等。诸如此类的民族主义无疑是错误或反动的社会文化思潮，它虽然不是民国时期民族主义的主潮，但影响极坏。对此，我们应有清醒的认识。

三、民国文化对民国政治、经济的反作用

和民国政治、经济对民国文化的影响一样，民国文化对民国政治、经济的反作用也是多层次、多方面的，不同层次、不同方面的政治、经济受文化反作用的程度不完全相同。同时，由于文化的性质不同，文化对政治、经济反作用的性质也不同。人们可以从不同的层次、不同的方面、不同的性质来考察民国文化对民国政治、经济的反作用。下面我们主要从反动政权对传统文化的利用、共产党人的文化斗争与建设、文化与民族独立和社会进步等方面对这一问题做一考察。

---

① 牟钟鉴、张践：《中国民国宗教史》，见《中国全史》第 19 卷，第 6 页，北京，人民出版社，1994。

（一）反动政权对传统文化的利用

民国时期反动政权利用传统文化来维护自己的反动统治、实现自己的反动目的的始作俑者是袁世凯。1912年9月，袁世凯就任中华民国临时大总统不久，即颁布了一个《整饬伦常令》，提倡封建礼教，号召尊崇伦常。他说："中华立国，以孝悌忠信礼义廉耻为人道之大经。政体虽改，民彝无改。"1913年6月，他正式登上大总统宝座后，复发布尊孔令，说什么"国家强弱存亡所系，惟此礼义廉耻之防"，"天生孔子，为万世师表"，其学说"放之四海而皆准"，有如"日月之无伤，江河之不废"，要求各省"根据古义，将祀孔典礼折衷至当，详细规定，以表尊崇而垂久远"。第二年1月24日，袁世凯的御用工具、北洋政府政治会议决议在全国祀孔，并作为大礼，沿用清朝礼仪；各地文庙一律规复尊崇，每县设祀奉官一名。同年9月25日，袁世凯再颁《祭孔令》，宣称：中国数千年来立国的根本在于道德，凡国家政治、家庭伦理、社会风俗，无一不是"先圣学说发皇流衍"。是以国有治乱，运有隆替，"惟孔子之道亘古常新，与天无极"。然而自民国建立以来，由于平等自由学说的传入和流行，导致"纲纪沦弃，人欲横流，几成为土匪禽兽之国"。为了改变这种状况，就必须恢复旧的礼俗制度。故此，告令宣布全面恢复清朝祀孔礼制，规定每年旧历中秋上丁，举行祀孔典礼。京师由大总统致祭，各省地方文庙，由各省长官主祭。3天后（1914年9月28日，亦即中秋上丁日），全国举行了民国以来第一次全国性的大规模的祀孔活动，袁世凯亲自率领文武百官到孔庙行三跪九叩大礼。在恢复了祀孔制度后，袁世凯又于1914年12月20日下令恢复中国封建王朝特定的祭天制度。23日(冬至)，他又在文武百官的簇拥下，穿着古怪的祭服，像古代帝王那样到天坛举行了祭天仪式。

在下令恢复祀孔、祭天制度的前后，袁世凯还颁发了几道提倡和维护封建纲常名教的告令。其中1914年3月11日颁发的《褒扬条例》，规定对"孝行节妇"，由政府给予匾额题字褒扬，允许受褒人及其家族自立牌坊。11月3日，他又颁布《箴规世道人心》告令，宣布"以忠孝节义四者为立国之精神"。

袁世凯下令恢复祀孔、祭天制度，大力宣扬、提倡孔子学说和纲常名教，其目的无非是想利用这些封建时代的礼仪制度和伦理纲常来维系人心，消除资产阶级民主共和思想的影响，以便于自己在政治上实行专制独裁，并复辟帝制。资产阶级革命派的领袖孙中山当时就一针见血地指出：袁氏"祭天祀孔，议及冕旒，司马之心，路人皆见"。所以，随着复辟帝制阴谋的进一步展开，袁世凯尊孔复古活动也愈演愈烈。1916年元月，根据袁世凯此前颁布的《中华民国约法》和《教育要旨》，教育部制定和公布了《国民学校令施行细则》、《高等小学令施行细则》、《修正师范学校规程》等法令，规定在中小学和师范学校增设读经课程，规定国民学校讲授《孟子》、《大学》，高等小学讲授《论语》，师范学校选读《论语》、《孟子》、《礼记》及《春秋左氏传》。小学的"读经要旨，在遵照教育纲要，使儿童熏陶于圣贤之理，兼以振发人民爱国之精神"。师范学校的"讲经要旨，在讲明吾国古先圣哲相传人伦道德之要，尤宜注意于家庭社会国家之关系，以期本经常之道，适应时世之需"。这样，被南京临时政府教育总长蔡元培明令废止的小学读经制度又被袁世凯政府恢复了。但是，就像袁世凯复辟帝制的阴谋遭到中国人民的强烈反对一样，他的尊孔复古尤其是小学恢复读经的倒行逆施也遭到了中国人民的反对。他败亡不久，上述教育法令即被废止。

继袁世凯之后，利用传统文化来为自己的反动统治服务的代表人物大概要算蒋介石了。和袁世凯一样，蒋介石在背叛孙中山的革命事业，建立起南京国民政府后，一方面实行文化专制主义，一方面也大搞尊孔复古。南京国民政府成立不久，他就跑到曲阜"朝圣"，并以"国民革命军总司令"的名义张贴布告，称颂孔子是"千秋仁义之师"，"万世人伦之表"，还说"欲为共产主义之铲除"，"非提倡固有道德智能，不足以辟邪说而正人心"。以后又宣扬以"礼"作为"做人立国之根本大道"，"剿匪"则是行"仁"。① 他还不断提倡所谓"四维八德"，即"礼义廉耻"和"忠孝仁爱信义和平"，并要求国民党各级党部、各级政府部门、各种民众团体都制作、书写和悬挂这些字样的牌匾。1934年7月，在他的建议下，南京国民政府规定每年的8月27日为国定"先师孔子诞辰纪念日"，届时全国各地学校须举行"孔诞纪念大典"。8月，在曲阜举行了首次"孔礼盛典"，据说，其"礼节之隆重，以视历朝盛典，殆有过之而

---

① 蒋介石：《军人教育之精义》，《蒋总统集》第1册，转引见丁守和：《中国文化研究七十年》，载《文史哲》，1990（2）。

无不及"①。鲁迅当时就指出："今年的尊孔，是民国以来第二次盛典，凡是可以施展出来的，几乎都施展出来了。"② 10 月，国民党要员戴季陶、陈立夫相继发表谈话和文章，从理论上论证尊孔复古的"合理性"。戴季陶强调："经书为我国一切文明之胚胎，其政治哲学较之现在一般新学说均为充实。"他"希望全国人士从速研究以发扬光大吾国固有之文化"。陈立夫在《中国文化建设论》中则盛赞中国传统文化"光芒万丈，无与伦比"，认为近代以来国势衰微的重要原因就在于传统文化的失范。因此，中华民族当前所面临的首要任务是建设文化。而要"建设文化，须先恢复固有的至大至刚至中至正的民族特性，再加以礼义廉耻的精神，以形成坚强的组织和纪律，……则民族之复兴，当在最近的将来"③。同年 11 月，国民党中央通过"尊孔祀圣"决议，任命孔子后裔为"大成至圣先师奉祀官"，给以特任官待遇。第二年初，又任命在浙江的孔子后裔为"大成至圣先师南宗奉祀官"，给以留任官待遇。这与历代封建王朝的做法如出一辙。蒋介石尊孔复古，无非是想利用孔子及其学说来维护自己的反动统治。宋庆龄在当时就针对蒋氏的尊孔活动指出：孔子及其学说"已完全失去了实际价值，只有那些头脑反动的人，才想恢复他"④。

为强化文化专制，将尊孔复古活动推向新的高潮，并配合对共产党领导的进步文化的反革命"围剿"，1934 年初，蒋介石还发起了一个旨在恢复中国固有道德的所谓"新生活运动"。这年的 2 月 19 日，正在南昌部署对中央苏区进行第五次军事"围剿"的他，在有国民党高级军政人员参加的"行营"扩大总理纪念周上，首次就"新生活运动"发表讲话。接着，他又在短短的两个月内，发表讲话或演说 6 次，解释"新生活运动"的要义，并亲自起草制定了《新生活运动纲要》、《新生活运动须知》等文件，为"新生活运动"定下调子。根据蒋氏的解释，所谓"新生活运动"，就是使全体国民的衣食住行全部生活都合乎民族固有道德"礼义廉耻"的运动。他说，"要一个国家和民族复兴，

<hr>

① 田炯锦：《尊孔平议》，载《公道》第 3 卷第 3 期，1935。
② 鲁迅：《不知肉味和不知水味》，见《鲁迅全集》第 6 卷，第 111 页，北京，人民大学出版社，1981。
③《文化建设月刊》第 1 卷第 1 期，1934。
④ 宋庆龄：《儒教与现代中国》，见丁守和：《中国文化研究七十年》，载《文史哲》，1990（2）。

不是只有怎样大的武力就行，完全在乎一般国民有高尚的知识道德"，其衣食住行"统统合乎礼义廉耻"，"过一种合乎礼义廉耻的新生活"。他特别强调"礼义廉耻"作为新生活运动"中心准则"的重要意义，指出新生活运动是"以中华民族固有之德性'礼义廉耻'为基准"的运动，亦就是"提倡'礼义廉耻'的规律生活，以'礼义廉耻'之素行，习之于日常生活——'衣食住行'四字之中"。他要求"无论家庭教育，学校教育，军队教育和社会教育，都要从衣食住行开始，都要使受教育的人一切生活合乎于礼义廉耻"，从而使全国国民的生活做到"整齐划一"，亦就是"能够彻底军事化"①。就蒋介石对所谓"新生活运动"的解释来看，他发动新生活运动的目的，是要通过提倡和推行"礼义廉耻"的封建道德，以禁锢人们的思想，统一人们的行为，使人们都成为老老实实的"顺民"、"良民"，一切都听从他的指挥，服从他的统治。

为推进新生活运动，1934 年 7 月 1 日，蒋介石在南昌成立了新生活运动促进会总会，他自任会长，宋美龄任指导长，并聘请何应钦、陈果夫、张群等 33 人为指导员。总会设有设计、调查二组，同时发行会刊《新运导报》，大肆制造舆论。在蒋介石的亲自指挥、督导下，新生活运动迅速推向全国。1934年度，成立新运组织的有南京、上海二市及湘豫等 15 省及江西省内 50 余县；1935 年度，又有 4 省 1 000 多个县成立新运组织；到 1936 年，全国共有 20 个省、4 个直辖市成立了新生活运动促进会，1 355 个县成立了分会，另外还有 13 个铁路分会和 10 个华侨促进会。

由于有蒋介石的亲自督导，新生活运动表面上搞得轰轰烈烈，但实际上并没有取得多少效果。蒋介石本人也多次承认，新生活运动"有退无进"，没有达到预期的目的。他在新生活运动三周年时总结其工作道："过去的工作在推行方面，标语多而工作少，方案多而实行少。在推行对象方面，只注意到社会的上层，而未及于下层，只注意通衢马路，而未及于街头巷尾……结果，只做到表面一时的更新，而未达到永远彻底的改革。"② 蒋氏把新生活运动收效不大的原因归之为工作人员工作的不深入，这是皮相之见。新生活运动收效不大的真正原因或根本原因，在于它的性质和目的。从性质上看，新生活运动是倒

---

① 《新运十年》第 3 卷，第 8 页，重庆，新生活运动促进总会，1944。
② 蒋介石：《新生活运动三周年纪念训词》，见《新运十年》第 3 卷，第 58 页。

退运动；从目的上说，新生活运动是反动运动。倒退，不符合历史进步潮流；反动，违背人民群众意志。不符合历史进步潮流和违背人民群众意志的运动，当然得不到人民群众的支持，也自然不会有好的结果。

袁世凯、蒋介石利用传统文化(确切地说是传统文化中的腐朽或落后部分)来维护自己的统治，实现其反动目的，这是文化对政治、经济反作用的典型案例(起的是一种反动的反作用)，它不仅表明袁、蒋二氏对这种反作用的认识与利用的自觉性，同时也表明中国的传统文化中确实包含有很多落后、腐朽甚至反动的东西。因此，袁世凯、蒋介石尊孔复古的目的虽然没有完全实现，但他们的倒行逆施却使人们特别是其中的先进分子认识到了对传统文化进行批判与改造、理清其精华与糟粕的重要性。所以，袁世凯(也包括民初康有为)的尊孔复古成为五四新文化运动兴起、并对以孔孟儒学为代表的传统文化进行猛烈批判的重要原因；而蒋介石的"新生活运动"以及其他一些尊孔复古活动(包括社会上的)，则导致了抗战前夕新启蒙运动的发生。

(二) 共产党人的文化斗争与建设

民国时期，各种政治势力对文化于政治、经济反作用的认识与利用都十分自觉，不仅代表反动政治势力的袁世凯、蒋介石是如此，代表革命和进步政治势力的中国共产党人也是如此。毛泽东在《新民主主义论》中就明确指出："革命文化，对于人民大众，是革命的有力武器。革命文化，在革命前，是革命的思想准备；在革命中，是革命总战线中的一条必要和重要的战线。而革命的文化工作者，就是这个文化战线上的各级指挥员。'没有革命的理论，就不会有革命的运动'，可见革命的文化运动对于革命的实践运动具有何等的重要性。"[①] 后来《在延安文艺座谈会上的讲话》中他又说："我们要战胜敌人，首先要依靠手里拿枪的军队。但是仅仅有这种军队是不够的，我们还要有文化的军队，这是团结自己、战胜敌人必不可少的一支军队。"[②] 正是由于对文化的这种反作用具有相当自觉的认识，中国共产党自成立之日起，在领导中国人民进行反帝反封建革命的时候，不仅十分重视政治上、军事上、经济上的斗争，

---

① 《毛泽东选集》第 2 卷，第 708 页，北京，人民出版社，1991。
② 《毛泽东选集》第 3 卷，第 847 页，北京，人民出版社，1991。

也非常重视文化上的斗争。

中国共产党成立之初，以李大钊、陈独秀、瞿秋白、恽代英为代表的共产党人，就先后参加过"东西文化论战"、"科学与人生观论战"以及与"国家主义"和"戴季陶主义"的论战。通过这些论战，批判了东方文化派、玄学派、国家主义派和戴季陶主义所散布的错误的文化思想或政治观点，宣传了马克思主义学说，扩大了马克思主义在中国的影响。在随后开展的轰轰烈烈的国民革命中，中国共产党人也非常重视文化斗争工作。他们认识到国民革命的主力军是工农群众，而要使工农群众成为革命的主力军，就必须唤醒他们的阶级觉悟，而唤醒他们阶级觉悟的最好方法，是使他们得到教育。1925 年 5 月在广州召开的第二次全国劳动大会通过的《工人教育决议案》指出："为使工人运动之发展，组织之坚固，斗争能力之强大，在工人中教育宣传是非常重要的"；实施工人教育的目的在于"促进阶级觉悟"和"训练斗争能力"，因此教育方针"一面自是注意他们的日常生活需要，如识字常识等。但最重要的是用这些……唤醒其阶级觉悟"。决议案还规定工人教育的办法，是"补习学校，工人子弟学校，工人阅书报社，化装演讲或公开演讲，游艺会等"，或"打入国家、资本家、青年会所举办的工人教育事业中去，转变他教育的性质"，即用各种公开或非公开的形式开展工人教育。决议案还指出在现存的社会制度之下，工人要想得到充分的知识，得到许多受教育的机会，是根本不可能的，这些都只有在工人阶级取得政权后才能办到，从而指明了工人教育与整个革命斗争的关系。于是，在党的领导下，争取工人受教育权的斗争在各地展开，出现了一个规模空前的工人教育运动。共产党领导下建立起来的各种工会组织，纷纷举办工人学校，许多地方的厂矿、铁路及各种手工业行业，先后设立了工人补习学校、工人子弟学校、工人俱乐部、阅书报处和图书馆等。这些学校在传授工人文化知识的同时，特别重视革命思想教育。如当时安源路矿工人补习学校自编的教材《工人读本》，主要内容讲的就是工人养活资本家，资本家剥削工人，工人应该团结起来与之斗争的道理。课文中说："资本家不做工，穿好的，吃好的，他们的衣食哪儿来的？劳动者的血汗。""独屋不能防屋倒，片瓦不能把屋造，个人人力很有限，团结起来力量好……万众一条心，仇人都打倒。"再如当时公开发行的工人教材《平民读本》有《约朋友组织农工联合会》一课，课文中有这样一段话:"世界上最辛苦的,莫过于我们的农工,虽拼命的创造一些东西出来,却自己享受不到一点,简直替人家作一生的牛马罢了。如果大家不赶快觉悟,团结起来,恐怕要埋在十八重地狱底下,永远没有翻身的日子。"① 这种浅显易懂、富有思想性和鼓动力的教材,对启发工人的阶级觉悟,具有重要意义。

在工人教育运动发展的同时,共产党领导下的农民教育运动也随着农民运动的开展而蓬勃兴起。1925～1926 年间,广东省两次农民代表大会都做出了农村教育决议案,指出国民革命的"最终目的是在经济上政治上文化上谋得完全解放之成功",并教育广大农民"成为有方法、有纪律、有组织的革命群众"。为此,决议案要求凡有农民协会的地方,都要办农民义务学校、农民子弟学校、农民俱乐部等,以使农民"提高知识,增进地位"。当时在农民运动开展得比较好的广东、两湖、江西等省,农民学校、农民夜校如雨后春笋,到处涌现。在湖南,平均每一乡农民协会有夜校一所。据 1926 年 11 月统计,湖南全省有农民协会6 867个,以每一农民协会办一所农民夜校算,全省当有农民夜校 6 867 所。这是一个惊人的数字。毛泽东在《湖南农民运动考察报告》中对此有过生动的记载:"农村里地主势力一倒,农民的文化运动便开始了。试看农民一向痛恶学校……如今他们却大办其夜学,名之曰农民学校。""农民运动发展的结果,农民的文化程度迅速地提高了。不久的时间内,全省当有几万所学校在乡村中涌出来,不若知识阶级和所谓'教育家'者流,空唤'普及教育',唤来唤去还是一句废话。"在湖北,党领导的农民运动委员会,为配合北伐战争,一面组织农民斗争,一面负责农民的宣传、教育工作,通过创办平民学校、农民夜校、农民书报社,以及新年节日等,对农民进行识字教育和科学演讲,同时给农民宣讲当时社会经济、政治制度的罪恶,激发农民的反抗斗争精神。经过对农民的教育,"在一部分的地方,各种迷信被打破,偶像的尊严失坠,人们比诸四书五经更要求政治报告,想知道天下国家的大事。同时,历来的文神武将等门神,以几多的革命的标语代替了;鸦片、赌博,由于农民

---

① 《中国现代教育史》,第98 页,见傅长禄:《中国现代文化史略》,第 106 页,长春,吉林大学出版社,1991。

协会的监视，不禁自绝了。总之，精神的方面，旧社会的基础已渐次粉碎"①。

轰轰烈烈的国民革命推动了工农教育运动的兴起，而工农教育运动的兴起，工农阶级觉悟通过教育得到启发和提高，又促进了国民革命的进一步发展，并成为北伐战争之所以能够迅速取得胜利的一个重要原因。当时工农教育运动开展得红红火火的地区，如广东、两湖，也是国民革命搞得最有声有色、工农支援北伐战争最为踊跃的地区。

1927年大革命失败后，中国共产党在从事土地革命战争，以革命的武装对付国民党的反革命武装的同时，又针对国民党推行的文化专制主义和对左翼文化的"围剿"，进行了卓有成效的文化斗争。1930年3月，为适应革命斗争形势的需要，团结广大进步的文化工作者集中力量对付国民党的文化"围剿"，根据中共中央的指示，经过潘汉年、冯雪峰、沈端先(夏衍)等人的联络、和解工作，原来内部存有分歧和争论的左翼文学团体创造社、太阳社和鲁迅以及在鲁迅影响下的作家实现了团结和联合，并发起成立了左翼文学统一组织——中国左翼作家联盟(简称"左联")。同年5月，为团结广大社会科学工作者，更好地学习、研究和宣传马克思主义，更有力地批判反动思潮，按照党的部署，又成立了革命社会科学工作者的统一组织——中国社会科学家联盟(简称"社联")。"左联"和"社联"都是中国共产党领导下的文化团体，领导机关内都设有党团组织，归党中央文化工作委员会领导。与此同时，中国左翼戏剧家联盟、中国左翼美术家联盟也相继诞生。在此基础上，为加强对左翼文化运动的领导，中共中央又通过文化工作委员会组成了中国左翼文化总同盟，作为各革命文化团体的联合组织，并创办了机关刊物《文化月报》。

左翼文化团体、特别是"左联"和"社联"的成立及其活动，是民国文化史上的一件大事。"左联"成立后，便明确宣布自己是无产阶级领导的革命事业的一翼，"与革命团体发生密切的关系"，积极参加反帝反国民党统治的革命斗争。为此，"左联"的不少书刊、书店和作品被查封、查禁，一些成员被捕、坐牢甚至被杀害。在投身革命斗争的同时，"左联"还同国民党发起的所谓"民族主义文艺运动"进行了坚决斗争。1930年6月，国民党纠集一批御用文

---

① 《北伐军占领武汉后的湖北农民运动》，见《第一次国内革命战争时期的农民运动》，第402页，见傅长禄：《中国现代文化史略》，第108页，长春，吉林大学出版社，1991。

人，在上海出版《前锋周报》和《前锋月报》，发表《民族主义文艺运动宣言》，攻击无产阶级文学，说什么"在中国目前鼓吹阶级斗争，实在不是中国所需要的"，并宣称中国文艺出现了严重的"危机"，而挽救"危机"的唯一出路，"是努力于新文艺演进进程中底中心意识底形成"，这"中心意识"也就是"民族主义"。在国民党的策划下，一批鼓吹"民族主义文学"的社团、刊物和散布反共、反苏及媚日作品纷纷出笼。针对国民党发起的"民族主义文学运动"，"左联"和它的文艺主将鲁迅、瞿秋白和茅盾以《文学导报》为阵地，先后发表了《"民族主义文学"的任务和命运》、《沉滓的泛起》、《中国文坛上的鬼魅》(鲁迅)，《屠夫文学》、《青年的九月》(瞿秋白)，《"民族主义文艺"的现形》(茅盾)等文章或杂文，从理论与作品的结合上对它进行了严厉批判，指出了它以民族主义为幌子，而骨子里则是反共媚日、维护国民党统治的反动本质。除此，就文学的阶级性等问题，"左联"还与"新月派"、"自由人"、"第三种人"展开过争论。"左联"也非常重视自身的理论建设和人才建设，翻译和介绍了许多马克思主义的经典著作和文艺理论，培养了一大批文学新人，同时也创作了不少无愧于时代的优秀作品，如茅盾的长篇小说《子夜》、短篇小说《林家铺子》、《春蚕》，夏衍的报告文学《包身工》，蒋光慈的中篇小说《咆哮了的土地》以及青年作家叶紫的小说《丰收》，来自东北的作家萧红的小说《生死场》和萧军的《八月的乡村》等。特别是茅盾的《子夜》，结构严谨宏伟，情节曲折动人，人物众多而有个性，无论思想性和艺术性都是民国时期的文学精品。

和"左联"一样，"社联"成立后也迅速投入到了反对国民党反动统治的斗争。1930年6月，"社联"通过决议，为拥护苏维埃政权而奋斗。同年9月，为反对国民党的文化专制主义，"社联"与"左联"、左翼剧联、左翼美联等十余个文化团体发表宣言，抗议国民党"封禁胁迫书店、封闭学校、禁止上演、恐吓作家等等白色恐怖政策"，决定9月1日至7日为反对国民党摧残压迫文化运动周。1933年"社联"发起组织了纪念俄国十月革命16周年和纪念马克思逝世50周年的活动。"社联"也非常重视培养青年社会科学工作者和马克思主义的理论人才，成立了社会科学研究会，举办了一些学校或补习班。与此同时，"社联"还积极宣传马克思主义，在出版条件十分困难的情况下，先后独自创办或合办了三十余种刊物，出版了一大批马克思主义的科学读物。"社联"成员还积极参加了"中国社会性质"和"中国社会史"论战，批判了托派和"新生命派"否认中国是半殖民地半封建社会、否认中国革命的性质是反帝反封建的资产阶级民主革命的观点；参加了"唯物辩证法"论战，批判了张东荪、叶青对唯物辩证法的攻击，宣传了唯物辩证法的基本原理；在论战中还出版了一批具有很高学术价值的马克思主义的学术和理论著作，如郭沫若的《中国古代社会研究》、吕振羽的《史前期中国社会研究》、侯外庐的《中国古代社会与孔子》等，特别是郭书开创了马克思主义新史学。全面抗战前夕，一些党的理论工作者又针对国民党的尊孔复古和社会上出现的复古逆流，高举五四新文化运动高举过的民主与科学的旗帜，发起了一场新启蒙运动。

党领导下的以"左联"、"社联"为中坚的左翼文化运动，冲破了国民党的文化"围剿"，扩大了马克思主义和革命文化的影响，有力地配合和支持了党领导下的苏区军民的反国民党军事"围剿"的斗争。

到了抗战时期，由于共产党经过与"左"、"右"倾机会主义路线的数次斗争而逐渐走向成熟，特别是毛泽东思想开始形成，党对文化工作的重要性也有了更深刻的认识，认为它作为反帝反封建革命的一部分，对于整个革命的取得胜利是不可或缺的，对于这项工作的领导也更加熟练。全面抗战爆发不久，毛泽东就提出"文武两方面"的工作思想，即从"文"的方面去说服坚持内战者，去宣传教育全国民众团结抗日；从"武"的方面去迫使内战者停止内战。这一思想后来发展成"文武两个战线"的思想，即文化战线和军事战线的思想。中共中央也曾专门指示国统区的党组织必须清醒地认识到，广泛发展抗日文化运动"在目前有头等重要性，因为它不但是当前抗战的武器，而且是在思想上干部上准备未来变化与推动未来变化的武器。因此在国统区的党（敌占区大城市亦然）应对发展文化运动问题特别提起注意，应把文化运动的推动、发展及其策略与方式等问题经常放在自己的日程上"①。为了加强对国统区文化工作的领导，代表党中央领导国统区和沦陷区各项工作的南方局，特别成立了文化工作委员会，并在周恩来的直接领导下开展工作。

---

① 中共中央书记处编：《六大以来》下册，第819页，北京，人民出版社，1981。

抗战初期，党领导下的文化斗争，主要是随着以国共合作为基础的抗日民族统一战线的建立，在文化界建立起广泛的抗日统一战线组织。1938年3月，在汉口成立了中华全国文艺界抗敌协会（简称"文协"）。"文协"几乎汇集了全国知名的文艺家，它的成立，充分显示了文艺界在抗日旗帜下的空前团结。继"文协"之后，戏剧界、电影界等也相继成立了全国性的抗敌协会，作为统一战线的组织形式。在此前后，以郭沫若为厅长的国民政府军事委员会政治部第三厅（简称第三厅）也正式组成，因它汇集了众多的党派、无党派的文化人士，被人称之为"人才内阁"或"名流内阁"。这些统一战线组织都是在党领导或指导下成立的，为加强对这些组织的领导，这些组织内都建立有党的地下组织。如第三厅由周恩来直接总负责，领导干部党小组成员有郭沫若、阳翰笙、杜国庠、董维键、冯乃超和田汉；冯乃超任第三厅地下党特别支部书记。党领导下的文化界抗日统一战线组织的成立，推动了抗战初期抗战文艺运动的兴起和发展，广大文艺工作者在"文章下乡，文章入伍"口号的鼓舞下，"到战场上去，到游击队中去，到伤病医院去，到难民收容所去，到一切内地城市乡村中去"①，创作了一大批群众喜闻乐见的以抗战为题材的文艺作品，为全国团结抗战做出了重大贡献。

　　1940年前后，随着抗战战略相持阶段的到来，国民党开始消极抗战，积极反共，并先后掀起三次反共高潮。与此相一致，国民党开始打击迫害共产党领导的文化界抗日统一战线组织和进步文化事业。1940年夏，国民党强令第三厅将其领导的"全国慰劳总会"和"全国寒衣委员会"移交社会部，取缔了第三厅在全国各地的战地文化服务处。不久，国民党又强令第三厅人员集体加入国民党，并于1940年8月"改组"第三厅，免去郭沫若的厅长职务，让他当一个挂名的部长委员。郭沫若和第三厅共产党员及进步文化人士以辞职相抗议。这样，为抗战文艺运动做出过重大贡献的第三厅被国民党无端解散。这时，"文协"和它的分支机构虽仍在活动，但已阻力重重，无法正常开展工作。此外，不少进步书刊遭到查禁，左翼文化人士受到迫害，言论、创作和思想自由受到严重限制。面对国民党的打击迫害，共产党领导进步文化界与之进行了

---

　　①《全国文艺界抗敌协会宣言》，载《新华日报》1938年3月27日，转引见傅长禄：《现代中国文化史略》，第226页，长春，吉林大学出版社，1991。

坚决斗争。郭沫若退出第三厅后，于同年 11 月在重庆另组了一个文化工作委员会，继续在党的领导下从事国统区的抗战活动和文化斗争。一些文艺工作者创作了不少揭露国民党消极抗战、积极反共和国统区种种黑暗现实的文艺作品，如茅盾的《腐蚀》、陈残云的《风沙的城》、张恨水的《魍魉世界》等。郭沫若则从 1941 年起，巧妙地运用浪漫主义的艺术手法，借古讽今，创作了六部历史剧，揭露国民党消极抗战、积极反共的本质，宣传坚持团结抗战，反对妥协反对专制的思想。其中《屈原》一剧在重庆公演时，轰动山城，收到了非常好的效果。阳翰笙也于此时创作了《天国春秋》、《草莽英雄》等历史剧，古为今用，控诉国民党发动皖南事变的罪行。一些党的理论工作者，还对当时出现的法西斯主义思潮和复古主义思潮进行了批判。党领导的这些文化斗争，对打退国民党发动的反共高潮、坚持抗战反对投降起了一定的积极作用。

抗战胜利前夕，中国社会又发展到了一个关键时期，中国向何处去的问题，再一次提到了中国人民面前。这时，蒋介石抛出《中国之命运》一书，阐明他对中国历史文化的看法及对三民主义的解释，继续鼓吹"四维八德"、"尽全忠全孝"的复古主义和愚民政策，反对马克思主义和自由主义，企图在中国建立法西斯主义的专制统治。该书出版后，在思想界产生了极为恶劣的影响。官方控制的舆论工具连篇累牍地发表文章，吹捧宣传，并被官方指定为全国各界的必读书。中共中央对《中国之命运》的出版以及所反映出的斗争动向高度重视，并为此召开专门会议进行部署。在中共中央的直接领导下，党的理论工作者和进步的社会科学工作者撰写发表了大量的批判文章，揭露蒋介石要在中国建立法西斯主义专制统治的反动实质，驳斥他对马克思主义和中国共产党的诬蔑，指出建立新民主主义社会是中国唯一光明的前途。其中由毛泽东亲自审阅修改的《评〈中国之命运〉》一文，分五个部分全面批判了该书的反动观点，尤其是第三部分重点批判了蒋氏对近代以来，特别是五四以来各种新思想、新文化的攻击，揭露了他一贯反科学、反民主的本质，充分肯定了五四新文化运动的伟大意义。文章还指出，在中国历史文化中始终存在着两种传统：一种是民众的、革命的、光明的传统；一种是反民众的、反革命的、黑暗的传统。在近代，前一种传统的代表是太平天国和孙中山，后一种传统的代表是曾国藩、叶德辉和一切反共分子。共产党是太平天国和孙中山的继承者，包括蒋介石在内的一切反动派则是曾国藩、叶德辉的继承者。《评〈中国之命运〉》于1943年7月21日在《解放日报》发表后，中共中央宣传部立即发出通知，要求各级党团组织广为宣传，认真讨论，并要求将它"散发到沦陷区人民中去"，"散发到国民党军队中去"。

中国共产党在重视文化斗争的同时，也非常重视文化建设。中共"一大"就明确提出反对两种错误观点：即主张把共产党变成知识分子研究马克思主义的学术机关、只办学校和报刊进行宣传教育的合法马克思主义观点和反对从事资产阶级革命及任何合法公开的工作、甚至反对知识分子参加共产党的左倾冒险主义观点，主张对工人阶级进行民主主义教育，以唤醒他们的阶级觉悟。中共"二大"不仅提出了党的最高纲领和最低纲领，也具体提出了党的教育纲领，分析了帝国主义出版报纸、设立学校的掠夺目的，强调了"改良教育制度"，从事文化建设的重要性。国民革命兴起后，党在领导轰轰烈烈的工农运动的同时，开展过以传授知识、特别是以启发阶级觉悟为目的的工农教育运动。土地革命战争时期，随着土地革命的深入和革命根据地的发展，党又把创造苏维埃文化提上了工作日程。1931年第一次全国苏维埃代表大会通过的《中华苏维埃共和国宪法大纲》第十二条规定："中华苏维埃以保证工农劳苦民众有受教育的权利为目的。在进行革命战争所能做到的范围内，应开始施行完全免费的普及教育，首先应在青年劳动群众中施行，并保证青年劳动群众的一切权利，积极引导他们参加政治的和文化的革命生活，以发展新的社会力量。"1934年1月，毛泽东在第二次全国苏维埃代表大会上所做的报告中又明确指出："为着创造革命的新时代，苏维埃必须实行文化教育的改革，解除反动统治阶级所加在工农群众精神上的桎梏，而创造新的工农的苏维埃文化。"他还提出了创造苏维埃文化的总方针和中心任务，其总方针是：以共产主义的精神来教育广大的劳苦大众，使文化教育为革命战争与阶级斗争服务，使教育与劳动联系起来，"使广大中国民众都成为享受文明幸福的人"；中心任务是：厉行全部的义务教育，发展广泛的社会教育，努力扫除文盲，创造大批领导斗争的高级干部。①

---

① 《苏维埃中国》，第285页，见冯开文：《中国民国教育史》，《中国全史》第20册，第96～97页，北京，人民出版社，1994。

根据上述的总方针与中心任务，苏维埃文化的创造工作取得了一定的成效。以教育为例，党领导的苏维埃政权不仅创办了各种类型的学校，而且在各地普遍设立夜校、识字班、读报组、俱乐部、列宁室、巡回图书馆等，利用多种形式扫除文盲，推行义务教育，使得教育在很短的时间内有了大的发展。如兴国县，当时每村至少有一所夜校，在校学生 15 740 人，其中女生 10 752 人，占 69%；全县有识字班 3 337 个，参加者 22 529 人，其中女子占 60%；儿童入学率达 60%，而在国民党统治时期不到 10%。据统计，1934 年江西、广东两省苏区共有识字班 32 388 个，参加群众 1 505 711 人；江西、福建、广东三省苏区共有俱乐部 1 656 个，工作人员 49 678 人。[①] 苏区教育的这种变化，连国民党也不得不予以承认。1934 年 11 月，国民党军队攻占中央苏区宁都县后曾进行过社会调查。调查记载，在成为苏区前，全县有中学 1 所，小学 15 所，还有许多私塾。成为苏区后，"对于教育，似更积极"，全县"遍设列宁小学及俱乐部，尤以消灭文盲运动为更积极，每家悬挂一识字牌，联合四五家派一识字者，担任教授，各通衢街口，亦是悬有识字牌，其余如文化展览室、书报所、夜校、消灭文盲协会等，到处皆是"。到 1933 年 8 月止，全县除划设为长胜、洛口两县的地区外，83 乡共设列宁小学 184 所，夜校 368 所，识字班 5 861 个。这种情况使调查者也颇为感慨，认为苏区教育的"办理精神足资仿效"[②]。除教育外，苏区的出版事业发展也很快。据不完全统计，从 1930 年到 1934 年，先后创办报刊 130 多种，出版书籍 180 多种。其中《红色中华》从 3 000 份增至 40 000 份。[③]

　　抗战时期，党对文化建设在整个反帝反封建革命中的重要地位有了进一步的认识。1938 年 10 月毛泽东在《论新阶段》中指出："伟大的抗战必须有伟大的抗战教育运动与之配合。"1944 年 10 月 30 日他在陕甘宁边区文教工作者会议上又说："我们的工作首先是战争，其次是生产，其次是文化。没有文化的军队是愚蠢的军队，而愚蠢的军队是不能战胜敌人的。"要求共产党人加强

　　① 冯开文：《中国民国教育史》，第 100～101 页，北京，人民出版社，1994。
　　② 何友良：《中国苏维埃区域变动史》，第 116 页，见黄楠森、龚书铎、陈先达主编：《有中国特色社会主义文化研究》，第 268～269 页，济南，山东人民出版社，1999。
　　③ 蒋伟：《中央革命根据地书报通览》，见《有中国特色社会主义文化研究》，第 269 页，济南，山东人民出版社，1999。

对报纸、学校、艺术、卫生等文化建设工作的领导。毛泽东特别强调在文化建设中要建立广泛的统一战线，要大量吸收知识分子参加，要充分发挥他们的积极性。他指出当时陕甘宁边区 150 万的人口中，文盲就有 100 万以上，还有 2 000 个巫神，仅破除迷信这一项文化建设工作，就不能不有广泛的统一战线。文化建设中统一战线的任务之一，就是联合一切可以联合的力量，破除封建和迷信，解放群众思想；另一项任务是用民族民主思想和科学知识武装群众头脑。在建立统一战线的过程中，既要反对投降主义，又要反对宗派主义，要"联合一切可用的旧知识分子、旧艺人、旧医生，而帮助、感化和改造他们。为了改造，先要团结"。1939 年他在为中共中央起草的《大量吸收知识分子》的决定中又指出："共产党必须善于吸收知识分子，才能组织伟大的抗战力量，组织千百万农民群众，发展革命的文化运动和发展革命的统一战线。没有知识分子的参加，革命的胜利是不可能的。""一切战区的党和一切党的军队，应该大量吸收知识分子加入我们的军队，加入我们的学校，加入政府工作。"他还提出一方面要教育、带领知识分子，在长期的斗争中"逐渐克服他们的弱点，使他们革命化和群众化"，另一方面要"切实地鼓励工农干部加紧学习，提高他们的文化水平"，从而"使工农干部的知识分子化和知识分子的工农群众化，同时实现起来"。① 不久，他又进一步指出，在文化建设中"应容许资产阶级自由主义的教育家、文化人、记者、学者、技术家来根据地和我们合作，办学、办报、做事。应吸收一切较有抗日积极性的知识分子进我们办的学校，加以短期训练，令其参加军队工作、政府工作和社会工作；应该放手地吸收、放手地任用和放手地提拔他们"② 。

　　由于党对文化建设工作的重视，特别是对文化建设中知识分子作用的重视，加上以延安为中心的陕甘宁边区和其他抗日根据地实行的抗日民主政策对广大青年学生和进步文化人士具有巨大的吸引力，因此全国抗战爆发后，成千上万的青年学生和进步文化人士跋山涉水，冲破重重阻拦，历尽千辛万苦来到延安和其他抗日根据地。抗战最初几年，仅平、津、沪等沦陷区的青年学生到达延安的就有四五万人。大批文化工作者和青年学生的到来，使抗日根据地原

---

①②《毛泽东选集》第 2 卷，第 618～620 页，第 768 页，北京，人民出版社，1991。

来非常落后的文化面貌发生了深刻变化，文化建设工作取得了巨大进步。以陕甘宁边区而言，因地理环境的影响，抗战前这里的文化十分落后，被称作"一块文化教育的荒地"，全区只有120所小学，文盲占总人口的98％。此后短短几年这里则建立起了高等教育（包括各种干部学校）、中等教育、小学教育和群众教育配套齐全的教育体系，文盲人数显著减少。高等教育（包括各种干部学校）主要有中国人民抗日军政大学（1936年创办于瓦窑堡，后迁延安）、陕北公学（1938年创办于延安）、鲁迅文学艺术学院（简称"鲁艺"，1938年成立于延安）、中国女子大学（1939年成立于延安）、延安大学（1941年由陕北公学、中国女子大学和泽东青年干部学校合并而成）、华北联合大学（1938年成立于延安，后迁晋察冀根据地）、延安自然科学院（1940年创办于延安）和中央研究院。此外，延安的高等学校还有行政学院、医科大学、军政学院、俄文学院、民族学院等。中等教育主要有鲁迅师范学校和边区中学两种形式。鲁迅师范学校成立于1937年。边区中学创办于1938年，到1941年发展为7所，其中5所是师范学校，学生达1 000多人，自1943年起又附设地方干部班。小学教育发展最快，从原来的120所发展到1938年的773所、1940年的1 341所、1945年的2 297所，增加了19倍。社会教育形式多样，主要有冬学、夜校、识字班（组）、半日校以及剧团、俱乐部、救亡室、秧歌队等。1938年共有夜校208处，学生1 917人；半日校61处，学生919人；识字组5 834个，组员39 983人；冬学600处，学生达10 000余人。以后各种形式都有发展，其中冬学是最主要的形式。① 和陕甘宁一样，其他抗日民主根据地的教育也有大的发展。如晋察冀根据地，1939年小学有7 000余所，小学生达40余万人，几乎每个较大的自然村都有初等小学，每个行政区都有中学，并创办了华北联合大学和抗战学院。②除教育外，其他文化事业，如出版发行、新闻通讯等也发展很快。当时延安已逐步建立形成了综合编、印、发业务的出版机构，不仅出版发行了大量的社会科学著作和中外文艺作品，还出版了数百种杂志、报纸，其中著名的有《解放日报》、《新中华报》、《今日新闻》、《边区解放报》、《八路军军政杂志》、《大众文艺》、《中国青年》、《中国工人》、《中国妇女》、

①② 冯开文：《中国民国教育史》，第167～171页，第163页，北京，人民出版社，1994。

《共产党人》、《中国文化》、《大众习作》、《前线画报》等。

　　1942 年 5 月，中共中央召开延安文艺座谈会，毛泽东在会上发表重要讲话。他依据马克思主义的基本原理，从中国革命的实际需要出发，明确地阐述了文艺为人民大众首先是为工农兵服务和如何服务的问题，从而奠定了文艺为人民大众首先是为工农兵服务的方向。同时他还阐述了文艺与政治的关系以及文艺的评论标准等一些原则问题，阐明了革命文艺在整个革命事业中的地位。延安文艺座谈会后，延安和各根据地的革命文艺工作者，遵照文艺为人民大众首先是为工农兵服务的方向，深入工农兵和实际斗争，推陈出新，创作出了一大批群众喜闻乐见的优秀的文艺作品，从而使各抗日根据地和解放战争时期各解放区的文化建设、尤其是文艺界呈现出了一派崭新的景象。

　　和文化斗争一样，作为整个反帝反封建革命的一部分，共产党领导下的文化建设对于教育广大工农群众，启发他们的阶级觉悟，动员他们参加国民革命、土地革命、抗日战争和解放战争，对于开辟、发展和巩固苏区、抗日民主根据地和解放区，甚至对整个革命的胜利都起了十分重要的作用。因为中国革命"首先是一个农民革命"①，是以农民为主力的革命战争，农民的积极参加与否是革命能否取得胜利的根本保证。而农民作为小生产者，一般来说比较胆小、怕事、自私、散漫、缺少组织性，要动员他们参加革命，就必须对他们进行教育，启发和提高他们的阶级觉悟，这也是共产党领导下的文化建设的主要或中心内容之一。以教育为例，无论是国民革命时期，还是土地革命时期，无论是抗日战争时期，还是解放战争时期，共产党领导下的教育除传授工农群众文化知识外，更主要的是启发他们的阶级觉悟，动员他们积极参加共产党领导的反帝反封建的革命。如土地革命时期的苏区教育，其目的是"紧密结合革命及战争的需要，用共产主义精神去造就身强体壮忠实于无产阶级的'战斗员'，首先教育工农，培养'参加苏维埃革命斗争的新后代'"；其内容是"把阶级分析的方法教给学生和广大工农群众，揭露剥削阶级的本相，指出工农的革命特性，及对知识分子引导和改造的方法，以启发阶级觉悟和革命热情，指明摆脱

---

　　①《中国共产党为蒋介石屠杀革命民众宣言》，见丁守和：《中国现代史论》，第 484 页，北京，中国社会科学出版社，1980。

剥削和压迫的道路"①。抗战时期的根据地教育，是干部教育重于群众教育，成人教育又重于儿童教育。为什么要这样? 1944 年 3 月 2 日《解放日报》发表的社论《论普通教育中的学制与课程》对此作了说明。社论指出，干部教育所以要重于群众教育，"因为干部是群众的先锋，他更需要培养和提高，他们的培养提高的目的是为着群众的"，也就是说，干部提高后则能更好地领导群众进行革命斗争; 成人教育所以要重于儿童教育，因为"农村中的成人，是目前紧张的战斗与生产任务的首要担负者……他们提高一步，战争与生产即可提高一步，正如立竿见影，不像儿童受了教育，其应用尚有若干限制"②。1946 年陕甘宁边区政府就解放战争时期的教育发布的战时教育方案，明确提出解放战争时期的教育目的，是动员人民群众积极参战，因此在教育内容上要"注重时事教育; 应用战时活的教材去教育广大群众; 根据不同情况，对巩固区、边缘区、敌占区、新解放区采取不同的工作方式"③。正因为党领导下的文化建设始终把启发工农阶级觉悟、动员他们参加反帝反封建革命作为自己的一个主要或中心内容，亿万工农群众所蕴藏的革命热情被极大地焕发了出来，中国共产党领导的新民主主义革命也因此而取得了最后胜利。

(三) 文化与民族独立和社会进步

自 1840 年中国开始沦为半殖民地半封建社会起，历史就给中华民族提出了必须完成的两大任务: 一是实现民族独立，二是实现社会进步。这两大任务相辅相成，要实现社会进步，必须有民族独立; 而要实现民族独立，必须有社会进步。为了完成这两大任务，中华民族的先进分子前赴后继，付出了巨大的努力和牺牲，但直到民国建立这两大任务仍未完成。民国时期，实现民族独立和社会进步仍是中华民族头等重要的大事。对这两件头等重要的大事民国文化都产生过重要而深远的影响。

首先，从民国文化对民族独立的影响来看。民国时期为实现民族独立，挽救民族危亡，中华儿女曾掀起过无数次救亡爱国运动，最著名的有"五四运动"、"一二·九运动"和抗日战争。五四运动是在新文化运动方兴未艾之际爆

①②③ 冯开文:《中国民国教育史》，第 103 页，第 163 页，第 187 页，北京，人民出版社，1994。

发的。它的爆发与发展和新文化运动的关系非常密切。新文化运动自 1915 年 9 月兴起后，便高举民主与科学这两面旗帜，猛烈批判传统文化尤其是孔孟儒学，大力提倡人格独立和个性自由，这极大地解放了人们的思想。而人们思想的解放，有利于他们投身到救亡爱国运动的行列。所以，五四运动的发动者、领导者和基本力量大都是深受新文化运动影响的青年学生。五四运动首先就是由北京学生发动的，而它的领导者之一是新文化运动中颇负盛名的"新潮社"的主要成员罗家伦（起草著名的《北京学界全体宣言》，并担任五四游行示威的总指挥）、傅斯年（担任五四游行示威的指挥）和"国民社"的主要成员许德珩（起草北京学界的文言文宣言，并担任五四游行示威的总指挥）。新文化运动的领导者李大钊也参加了这次游行，并几乎被捕。"五四运动发生后，全国各地学生纷纷起而响应援助，罢课游行的潮流自北至南，沿京津线而津浦线而宁沪线，终抵广州。上海学生所起作用极为重大，六月一、二、三日北京政府正在连日大捕讲演学生，上海学生想尽方法动员罢工罢市，终于获得先施永安两大公司的同情出而领导罢市，于是上海全市罢工罢市，而罢工罢市的潮流遂自南至北，沿沪宁线而京浦线，到了天津罢市，北京政府大为震动，深恐北京罢市旦夕实现，只得下令罢免曹章陆三人。"① 五四爱国运动取得阶段性胜利。另外，新文化运动大力提倡和推广的文学革命及白话文运动，对动员广大市民和下层群众参加五四反帝爱国运动也起了重要作用。因为不同于文言文，白话文通俗易懂，适合于广大文化水平不高的下层群众。所以，由罗家伦用白话文起草的《北京学界全体宣言》发表后，立即不胫而走，广为刊登传抄："现在日本在万国和会要求并吞青岛，管理山东一切权利，就要成功了！他们的外交大胜利了！我们的外交大失败了！山东大势一去，就是破坏中国的领土！中国的领土破坏，中国就亡了！所以我们学界今天排队，到各国公使馆去要求各国出来维护公理，务望全国工商各界一律起来设法开国民大会，外争主权，内除国贼。中国存亡，就在此一举了！今与全国同胞立两个信条：中国的土地可以征服而不可以断送！中国的人民可以杀戮而不可以低头！国亡了！同胞起来呀！"这救国的呼号，民族的呐喊，通过浅显易懂的文字，在社会上产

---

① 许德珩：《五四运动在北京》，见《五四运动回忆录》，第 211 页，北京，中国社会科学出版社，1979。

生了巨大的影响和煽动力。对比许德珩用文言文起草的另一份宣言，尽管也写得文情并茂，但它在社会上的影响则要小得多。当时用白话文写的有关标语、传单、通讯、报道和文章，也同样对社会发生了很大的影响。或许正是五四运动使人们发现了白话文的社会价值，五四后"白话报纸风起云涌，各地学生团体的小报纸……至少有四百种。白话的杂志也出了不少，如《少青中国》、《解放与改造》、《新中国》……还有许多日报的副刊也都改登白话作品，较为重要的，北方有《晨报副刊》，南方有《民国日报》的《觉悟》，《时事新报》的《学灯》"①。

如果说新文化运动的兴起和发展为五四反帝爱国运动"提供了思想、人才和队伍"②，那么，全面抗战爆发后文艺界掀起的抗战文艺运动则为动员全国人民投身抗战发挥了重要作用。我们在前一节中已经写道，全面抗战爆发后，广大文艺工作者在"文章下乡"、"文章入伍"口号的鼓舞下，开赴前线，深入农村、工厂、街道、兵营，进行抗战宣传和文艺演出，仅第三厅就派出了10个抗敌演出队、10个电影放映队、4个抗敌宣传队、1个漫画宣传队和由上海难民收容所部分小朋友组成的"孩子剧团"，并创作了一大批群众喜闻乐见的优秀戏剧节目。如《放下你的鞭子》，描写父女两人因日本侵略者占领了东北家乡，被迫流亡关内，靠卖艺为生。老汉穿着破棉袍，头戴旧毡帽，女儿香姐梳一条粗辫，愁眉苦脸地坐在担箱上。在老汉的一再催促下，香姐起身边演边唱起"九一八小调"，那如泣如诉的歌声，感动得观众热泪滚滚。这时老汉又要香姐表演鹞子翻身，可香姐实在太累了，当她勉强支起身子后又猝然倒在地上，老汉暴躁地用鞭子抽打香姐。观众忿忿不平，一位预先安排在观众之中扮演青年工人的演员这时跳入场内，高呼："放下你的鞭子！""打这个不讲理的老头子！"不料香姐反为老汉求情，并悲恸地说："他是我的爸爸！""他也是没法子呀！"这样引出香姐对日本侵略军占领东北、使她一家家破人亡、父女离乡背井的血泪控诉。于是，观众齐呼"打倒日本帝国主义"的口号。③ 这出街

---

① 周阳山编：《五四与中国》，第612页，见李泽厚：《中国现代思想史论》，第16页，北京，东方出版社，1987。

② 李泽厚：《中国现代思想史论》，第15页，北京，东方出版社，1987。

③ 《中国现代文学作品选》下册，第246～256页，天津，天津人民出版社，1984。见傅长禄：《中国现代文化史略》，第237～238页，北京，人民出版社，1994。

头剧演出所到之处，都引起强烈的社会反响，观众的抗日情绪被极大地激发起来。和《放下你的鞭子》一样，《三江好》、《最后一计》等宣传抗日的戏剧节目也都在观众中产生了很好的鼓励和教育效果。当时参与领导抗战文艺运动的剧作家田汉就曾指出："中国自有戏剧以来，没有对国家民族起过这样伟大的显著作用。抗战以前，戏剧尽了推动抗战的作用；抗战以后，戏剧尽了支持抗战鼓动抗战的作用。"① 除戏剧外，其他如音乐、美术、诗歌、小说等也都为"支持抗战鼓动抗战"做出过自己的贡献。以音乐而言，吕骥的《武装保卫山西》、《毕业上前线》，贺绿汀的《干一场》、《保家乡》、《游击队歌》，郑律成的《八路军进行曲》，舒模的《武装上前线》、《叮叮当》，张达观的《军队和老百姓》，冼星海的《到敌人后方去》、《在太行山上》等抗日歌曲，曾在人民群众中广为传唱，对推动他们参加抗战发挥过重要作用。尤其是人民音乐家冼星海创作于 1939 年 3 月的《黄河大合唱》，以中华民族的母亲河黄河为背景，热情地歌颂了伟大祖国悠久灿烂的历史文化，歌颂了中华民族不屈不挠的斗争精神，揭露了日本侵略者的残暴和给中国人民造成的苦难，最后展现了人民群众拿起武器为保卫家乡、保卫黄河、保卫全中国与日寇英勇奋战的壮丽场面。整个作品自始至终洋溢着激动人心的感情力量和雄浑的气魄。作品在全国演出后，获得了极大的成功，产生了巨大的反响，"在延安——边区和在大后方及全国各地的人听着这部大合唱的时候，都为中国有这样的音乐而自豪"②，也都为音乐的爱国主义所激动、所鼓舞，不少人就是在它的激励和鼓舞下走上抗日战场的。

　　民国文化对民族独立的影响不仅体现在唤起千百万群众投身救亡运动上，同时更体现在对实现民族独立道路的选择上。自 1840 年鸦片战争中国开始沦为半殖民地半封建社会起，中国人民就开始了争取民族独立的斗争，先后发生过太平天国、戊戌变法、义和团运动和辛亥革命，但这些运动和革命并没有使中华民族实现独立，帝国主义对中国的侵略和掠夺依然存在，中华民族依然面

---

① 田汉：《关于抗战戏剧改进的报告》，见傅长禄：《中国现代文化史略》，第 238 页，北京，人民出版社，1994。

② 《延安文艺丛书·文艺史料卷》，第 56 页，长沙，湖南文艺出版社，1987。见傅长禄：《中国现代文化史略》，第 242 页，北京，人民出版社，1994。

临着严重的民族危机。这些运动和革命之所以会失败，没有达到实现民族独立的目的，原因就在于受历史条件的限制，当时先进的中国人没有找到一条能够实现民族独立的正确道路。太平天国和义和团运动的领导者是农民，农民作为小生产者不代表新的生产力。戊戌变法和辛亥革命的领导者是民族资产阶级，中国的民族资产阶级虽然是新生产力的代表者，但由于它与封建主义和帝国主义的千丝万缕的联系，具有天生的软弱性和不彻底性。到了民国，具体地说，到了1919年前后，中国无产阶级伴随着资本主义的发展而壮大起来，并以独立的政治力量登上了历史舞台。中国无产阶级既是新的生产力的代表者，又因身受帝国主义和封建主义的压迫最深而具有反帝反封建的彻底性。此时正好俄国发生了十月社会主义革命。"十月革命一声炮响，给我们送来了马克思主义"。清末民初，中国人虽然已经知道马克思、恩格斯和他们的学说，但并没有把他们的学说作为解决中国问题、实现民族独立的思想武器。而此时一些先进的中国人则从俄国革命中看到了中国的未来道路，于是他们迅速由原来的向西方学习而转为研究、接受和宣传马克思主义，认定"马克思主义是世界改造原动力的学说"[1]，开始用无产阶级的宇宙观、世界观来观察国家的命运，重新考虑中国的问题。马克思主义在中国得到广泛传播，开始与工人运动结合起来，结果产生了中国无产阶级的政党——中国共产党。中国共产党以马克思主义为自己的指导思想，以俄国十月社会主义革命为中国未来道路的选择。从此，中国革命发生了翻天覆地的变化，并最终取得了反帝反封建革命的胜利，实现了民族的独立。可以说中国人接受马克思主义、选择十月革命的道路是中国历史发展的必然结果，但马克思主义作为一种先进的无产阶级文化一旦为中国人所接受，又必然会对中国历史的发展产生无法估量的巨大影响，这是中华民族所以能够最终实现民族独立和伟大复兴的最根本的原因之一。

其次，就民国文化对社会进步的影响而言。所谓"社会进步"，虽然包含的内容很多，但民主与科学是衡量一个社会进步与否的重要尺子。我们在本章前一节中已经写道，受中国近代文化发展历程的制约和民国政治、经济的影响，经过五四新文化运动的洗礼，民主与科学开始逐渐深入人心，开始成为一

---

① 李大钊：《我的马克思主义观》，载《新青年》第6卷第5、6号，1919年9月、11月。

种社会意识或价值观念。而民主与科学一旦开始逐渐深入人心,开始成为一种社会意识或价值观念,它又必然会对政治、经济产生巨大的反作用,从而促进社会进步。比如,在政治方面,它对维护国家形式上的民主政体,推动社会的民主化进程起了重要作用。虽然民国时期,无论是北洋政府,还是国民党政府,实行的都是专制统治,但除了袁世凯和张勋短命的帝制复辟外(而且这两次复辟都发生在五四运动之前,亦即新文化运动的高潮之前),民国的共和政体在形式上一直维持着。尽管这只是一种形式,然而它的意义却非同小可。有这种形式存在,不仅统治者在进行统治时必有所顾忌,而不敢为所欲为(如曹锟想当总统,他只能通过"贿选"这一扭曲了的民主程序),同时也给人民提供了反对专制主义和尊孔复古思想、要求实行民主政治的"合法"武器。如陈独秀反对将孔教列入宪法,其理由就是认为孔教与民主共和政体不符;胡适发动"人权运动",也是认为共和政体下的国民其人权应该受到保护;南京国民政府建立后,自由主义者要求国民党结束一党专制的呼声一浪高过一浪,同样是以一党专制违背了共和政体的基本原则为主要理由。共和政体在形式上的存在,也时刻激励着人们为争取实现真正的民主共和而奋斗。这也是民国时期民主主义思潮与运动之所以不绝如缕的原因之一。尤其重要的是,与晚清比较,民国时期的社会民主化进程有了很大的进步,人们对民主的追求已渗入到社会的各个方面,不民主或反民主的现象虽然严重存在,但这种现象的本身在绝大多数人看来是错误或反动的,因而往往会遭到社会舆论的普遍反对和谴责。在科学方面,民国时期已经突破了晚清时讲科学主要是指自然科学或科学技术的局限,社会科学作为科学的地位得到了人们的普遍承认与重视,尤其是马克思主义至少在共产党人和部分进步的文化人那里已被视为一种科学的真理。和民主一样,科学这时也已渗入到社会的各个方面,并已开始成为评价某种行为对错的一种标准。与晚清比较,自然科学和技术这时也有了很大的发展,所取得的一些研究成果已被广泛应用于工农业等生产部门,它不仅创造了可观的经济效益,同时也对社会进步起了巨大的推动作用。

民国文化对社会进步的作用,还表现在社会生活的各个方面。比如,在五四新文化运动所提倡的男女平等、妇女解放思想的影响下,妇女的社会地位与晚清时比较有了某种程度的提高,在城市中特别是知识分子中男女不平等的现象有所改变，妇女走出家门，担任社会职务，自由恋爱结婚，参与社会或政治活动，也不再是个别现象，而已成为一种社会常态，民国时出现了一大批女教授、女医生、女律师、女作家、女学者、女政治家、女科学家、女艺术家……其中不乏杰出人物。同时也受新文化的影响，早婚、溺女、蓄发、缠足等旧风陋俗虽然还存在，甚至在一些边缘地区和农村还十分严重，但与晚清时比较还是有了较大的进步，不少地方都开展过移风易俗活动，如二三十年代兴起的乡村建设运动，移风易俗是其重要的内容之一，并取得了一定的成效。① 由于打破了清王朝的封建壁垒和儒学一统天下的地位，西方文化以空前的广度和深度涌入中国，各种带有西方文明特色的现代文化教育事业如雨后春笋般地兴起，人们，特别是文化比较发达的地区如上海、南京、广州等大中城市的人们，享受现代文化教育事业的程度，无论是量，还是质，都已远远超过晚清。

---

① 郑大华：《民国乡村建设运动》有关章节，北京，社会科学文献出版社，2000。

第一章
文化思潮的历史考察

民国时期的文化思潮甚多，但能影响文化发展并具有重要地位的主要有三大思潮，即西化思潮、文化保守主义思潮和马克思主义思潮。在整个民国时期，这三大思潮虽互有消长但都有不衰的生命力，相互间展开过错综复杂的斗争，这种斗争反映了当时世界发展的潮流与国内政治力量的对比。民国时期一些重大思想文化争论与斗争，基本上都是在这三大思潮间进行的。

一、西化思潮的历史考察

西化思潮不是中国的"土特产"，而是伴随着西方列强的殖民扩张出现的一种具有世界意义的文化现象。一方面，西方列强为了按照自己的面貌改造世界（马克思语），他们在殖民地、半殖民地国家和地区经济、政治和文化侵略的同时，强劲推行他们那一套物质文化、制度文化和精神文化，企图使这些国家和地区西而化之，永远成为他们的隶属或附庸。就此而言，所谓"西化"，也就是"殖民地化"。另一方面，对于遭受西方列强侵略的国家和地区的人民来说，西方列强的物质文化、制度文化和精神文化的侵略，客观上为他们提供了一个反观本民族文化的价值参考系统，他们中的有识之士开始认识到，自己的国家和民族之所以受列强的侵略和威胁，原因就在于物质文化、制度文化和精神文化的落后。因此，要自强图存，免遭侵略，争取国家的独立和社会进步，就必须承认自己落后，向侵略自己的侵略者学习，用毛泽东的话说，就是"要救国，只有维新，要维新，只有学外国"①。这可以说是包括中国在内的一切落后国家的志士仁人为挽救民族危亡经过艰苦探索而取得的一点基本共识。而在十月社会主义革命成功以前，所谓"学外国"，只能是学西方。因为：第一，当时殖民地半殖民地或其他落后国家的志士仁人，主要是用西方文化作为价值参考系统来反观自己的民族文化的，西方文化理所当然也就成了他们所追求的理想和目标；第二，西方近代文化曾是世界上最先进的文化，是落后国家的志士仁人反观自己民族文化的唯一参照系统。学习西方，引进西学，用西方近代文化批判、改造乃至取代本民族文化，这就是所谓"西化运动"。从这个意义上说，"西化"是等同或近似于"向西方学习"的一个概念。近代史上的日本、伊朗和土耳其等国都先后发生过程度不一的"西化运动"。本书所讨论的"西化"，指的就是后一含义。

（一）西化思潮在晚清的兴起

从发生学的角度看，中国的西化思潮的最早源头可追溯到晚清。它是对鸦片战争后凭借其坚船利炮来到中国的西方文化以及由此引起的中国文化危机的回应，是近代中国的志士仁人对中国文化出路的一种选择。

众所周知，自周秦以降，中国虽然有过印度佛教文化的传入和阿拉伯文化的东来，但由于当时的中国是以文物教化声被四海，只闻以夏变夷、未闻以夷

①《论人民民主专政》，见《毛泽东选集》第4卷，第1470页，北京，人民出版社，1991。

变夏的"天朝上国",其经济、文化的发展居于世界领先地位,加上佛教的传入和阿拉伯文化的东来又基本上是以平和的方式进行的,因此也就没有引起中国人对本民族文化传统的怀疑,更不用说什么文化危机的问题。然而到了1840年鸦片战争后,随着西方资本主义列强对中国政治、经济和文化侵略的加剧,仍停留在前资本主义阶段的中国文化在已进入资本主义发展时期的西方近代文化的进攻下很快败下阵来,出现了"三千年未有之大变局",中国文化面临着前所未有的严重危机。为了寻求国家的富强,摆脱落后挨打的境遇,一批批志士仁人受历史演化和文化结构所规定的逻辑推动,先是把中国的失败归之于器物文明的落后,继之又认为政治制度的僵化是中国遭受侵略的根本原因,并因此而学习西方,引进西学,先后搞了旨在引进西方工艺技术以改造中国物质文化的洋务运动,和旨在引进西方之政治制度以改造中国制度文化的戊戌变法和辛亥革命,但结果都归于失败。于是人们又开始从文化的深层结构上进行反思,得出了中国文化的思维方式和价值体系与现代生活的格格不入是造成中国失败的结论,因而又有旨在引进西方文化之民主与科学精神,彻底批判和改造中国精神文化——传统文化及其核心儒学——的新文化运动的发生。中国的西化思潮就是在这样的历史背景下出现在中国思想文化舞台上的。

当然,作为一种文化思潮,它有一个逐渐演化的过程。由于所处历史环境和思想认识过程的不同,各个时期以及各个时期的每一位西化思潮的代表人物或西化派对于中西文化的认识,对于中国文化出路的选择,都存在着或大或小的个体差异,但作为同一思潮的同一文化流派,他们又有着基本一致的思想内容和文化心态。也正因此,人们才可能用同一概念"西化派"来规范和称呼他们。笔者认为,作为一个西化派,他必须:(1)承认西方文化比中国文化优越,承认中国文化不如人;(2)对中国传统文化持批判乃至否定的态度;(3)既反对复古主义,也反对"中体西用"式的折衷调和论,而主张用西方文化来批判、改造乃至取代中国文化,实现以西方文化为主体的中西文化结合或全盘西化。

如果上述标准能够成立的话,那么,中国西化思潮的最早代表人物大概要算严复了。严复是中国近代最著名的启蒙思想家,毕生都从事西学的翻译和介绍工作。正是通过他对《天演论》等八大西方学术名著的翻译,西方近代文化才比较系统地被介绍到中国来,从而使进化论、实证主义哲学和资产阶级的民主、自由、平等思想成了中国人民救亡图存、批判封建主义文化的锐利武器。他也是第一个全面认真地比较中西文化之不同特点的中国人,通过比较他得出了无论是科学技术,还是政治制度,无论是学术思想,还是思维方式,中国都远不如西方的结论。譬如,他指出,在历史观上,"中之人好古而忽今,西之人力今以胜古","好古而忽今",使人安于天命、天数,不思进取,泥守陋习,"力今而胜古",使人不信天命、天数,积极进取,日进无疆;在政治制度上,"中国最重三纲,而西人首倡平等","重三纲"权归于私人,"于刑政则居公以为私","倡平等"权属于国民,于刑政则居私以为公;在学术思想上,中国的儒学既"无用"又"无实",西方的科学则"黜伪而崇实";在思维方式上,中国重演绎,西方重归纳,而演绎法具有二弊:一是往往从臆造的前提出发,无法得出正确的结论,二是易使人迷信古人的权威,有碍对新的知识的吸取。严复还最先对洋务派的"中学为体,西学为用"模式提出了严厉批评,认为它就像"以牛为体,以马为用",把马脚安在牛身上,既希望它能"负重"又能"致远"一样的荒谬可笑。在严复看来,中国文化的出路只能是向西方文化学习,"以(西方文化的)自由为体,民主为用"。

严复对中西文化的上述比较以及所得出的结论,无疑成了中国西化思潮的滥觞。到20世纪初,所谓"欧化"、"欧化主义"这一类表示"西化"的名词在报刊上已屡见不鲜。1907年6月由吴稚晖、李石曾创办的《新世纪》周刊,既是革命派内部一个宣传无政府主义的刊物,也大力宣传提倡过所谓"欧化主义"。该刊认为,中国这个数千年老大帝国的所谓"国粹",已成了"陈尸枯骨",虽欲保存,但其"臭味污秽,令人掩鼻作呕",只能起阻碍青年吸收新理新学的作用,而不会有其他任何积极意义。西方新的文明既已诞生,那么,已成为"陈迹"的中国过去的一切历史文化,自然"当在淘汰之列","醉心欧化"才是中国文化出路的唯一选择。

西化思潮虽然发端于晚清,并在20世纪初年已有一定发展,但其影响还十分有限,还不是当时的主要文化思潮,当时的主要文化思潮是"中学为体,西学为用"。所谓"中学为体,西学为用",就是以儒学的四书五经及其所阐述的伦理纲常为根本,吸收西方文化中的器械、科技、教育为辅助,又简称为

"中体西用"论。它最早是由地主阶级改革派思想家冯桂芬于19世纪60年代提出来的，后来被曾国藩、李鸿章等洋务派官员所接受，并成了洋务运动的指导思想。"中体西用"论在开始时对打破封闭的社会坚冰，引进西学起了一定的积极作用。但随着向西方学习进程的不断深化，它则逐渐成了限制、阻碍西学进一步传播的障碍，成了文化保守主义的文化纲领。20世纪初年的文化保守主义的文化团体"国粹派"就是"中体西用"论的拥护和倡导者。

（二）五四新文化运动的性质

进入民国后，特别是到了五四新文化运动时期，发端于晚清的西化思潮兴盛起来，并与文化保守主义思潮、马克思主义思潮一道，成了活跃于中国现代思想文化舞台上的主要文化思潮。新文化运动的不少倡导者，如陈独秀（新文化运动前期）、胡适、钱玄同、鲁迅、周作人、毛子水、常燕生等，都是西化思潮的代表人物。前期的五四新文化运动，在某种意义上，也可以称为"西化运动"。

西化思潮在五四新文化运动时期的兴盛，并成为主要的文化思潮之一，有它深厚的社会和历史背景。辛亥革命的失败，以及由此引起的对辛亥革命失败原因的反思，使陈独秀等人认识到了实现"伦理的觉悟"的重要意义。因为通过反思，他们认为，辛亥革命所以失败，原因就在于革命仅仅停留在社会政治界的表层，而未触及伦理道德及人的精神界，后者才是问题的症结所在。故此，陈独秀指出："继今以往，国人所怀疑莫决者，当为伦理问题。此而不能觉悟，则前之所谓觉悟者，非彻底之觉悟，盖犹在惝恍迷离之境。吾敢断言：伦理的觉悟，为吾人最后觉悟之最后觉悟。"[1] 而要实现"伦理的觉悟"，在陈独秀等人看来，就必须向西方学习，发动一场对传统文化的批判运动，用新的伦理道德取代旧的伦理道德，建立新的以西方近代文化为依据的价值系统。

新文化运动的倡导者陈独秀（运动前期）、胡适等人虽然主张"西化"，是那个时期西化思潮的代表人物，但他们并不像有的学者所指责的那样，是中国"全盘西化"论的始作俑者。以陈独秀为例，他主张"欧化"，并用了一个非此

---

[1]《独秀文存》，第41页，合肥，安徽人民出版社，1987。

即彼的二元价值判断把"新输入之欧化"与"中国固有之孔教"完全对立起来，但他并没有全盘肯定西方文化和要全盘引进西方文化。譬如，他对西方民主制度可谓倾心之极，但他又认为，这种制度"去完全真正共和尚远"。对于西方资本主义的伦理关系，他在充分肯定其价值的同时，又指责它"未尝无刻薄之嫌"。在输入西方学理方面，他并不赞成不加选择地盲目输入，而主张"应该看我们的社会有没有用他来救济敝害的需要"①，有则输之，无则抛弃之。就他本人的实践来看，五四时期他着力介绍的主要是西方的民主与科学精神。故此，30年代那位真正主张全盘西化的陈序经也认为："陈氏所需要的西化不外是民主主义与科学，除此以外别没所有。那么，陈先生所需的西化却非全部的西化，而是部分的西化。"② 至于五四新文化运动时期的胡适，就更难说他是一位"全盘西化论者"。1917年他在用英文写的博士论文《中国古代哲学方法之进化史》（1922年上海亚东图书馆以英文印行，1983年12月学林出版社以中文出版，更名为《先秦哲学史》）中，就明确反对用西方所谓"新文化"来全盘取代中国的"旧文化"。他指出："如果对新文化的接受不是采取有组织的吸收的形式，而是采取全然替代的形式，因而引起旧文化的消亡，这确是全人类的一个重大损失。"故此他认为，中国人当时在文化上面临的"真正的问题"，不是什么"全盘西化"，而是应当"怎样才能以最有效的方式吸收现代文化，使它能同我们的固有文化相一致，协调和继续发展"，从而"成功地把现代文化的精华与自己的文化精华结合起来"，"在新旧文化内，在调和的新的基础上建立我们自己的科学和哲学"。为此，他就中西哲学的结合问题提出了三点具体主张。其一，使中国哲学"从儒学的道德伦理和理性的枷锁中得到解放。这种解放不能只用大批西方哲学的输入来实现，而只能让儒学回到本来的地位"；其二，使非儒学派得到恢复，"因为在这些学派中可以找到移植西方哲学和科学最佳成果的合适土壤。……新中国的责任是借助于现代西方哲学去研究这些久已被忽视了的本国的学派"；其三，"用现代哲学去重新解释中国的古代哲学，又用中国固有哲学去解释现代哲学，这样，也只有这样，才能使中

---

① 《独秀文存》，第590页，合肥，安徽人民出版社，1987。
② 陈序经：《东西文化观》，第184页，台北，牧童出版社，1976。

国的哲学家和哲学研究在运用思考和研究的新方法与工具时感到心安理得"①。不久，胡适在《中国哲学史》卷上（1919 年出版）中继续坚持了上述主张。他指出，今日的哲学思想有两个源头，一是汉学家给我们的古书，二是西方的哲学学说。中国所面临的就是中西这两大哲学系统的"互相接触，互相影响"，有可能，也应该通过对中古哲学之精华的吸取、融合，建立起一种"中国的新哲学"，"中国若不能产生一种中国的新哲学，那就真辜负了这个好机会了"②。最能说明五四新文化运动时期的胡适不是一个全盘西化论者的是 1919 年他发表的《新思潮的意义》一文。此文开宗明义就把"输入学理"与"整理国故"作为"再造文明"的两个缺一不可的前提条件提了出来，这反映了胡适既要向西方学习，引进和吸取西方近代文化（"输入学理"），又要整理和研究中国固有文化（"整理国故"），以创造中华民族新文明（"再造文明"）的思想和主张。而且在实践上，胡适也是按照自己的主张去做的，在大力介绍和提倡杜威的实用主义和易卜生主义——个人主义的人生观的同时，他在整理国故方面也做了大量的工作，并取得了一定的成就。他整理国故所使用的方法，即所谓"大胆的假设，小心的求证"之"十字法则"，也不像有的人所认为的那样，是对杜威实用主义哲学方法的简单搬用，而是实用主义方法、西方的近代科学方法和中国传统治学方法特别是乾嘉学派的考据方法相沟通结合的产物。

　　和"全盘西化"相联系，陈独秀、胡适等新文化运动的倡导者还被人指责为"全盘性的反传统主义"。如美籍华裔学者、美国威斯康辛大学林毓生教授在他的《中国意识的危机——五四时期激烈的反传统主义》一书中开宗明义就指出："20 世纪中国思想史的最显著特征之一，是对中国传统文化遗产坚决地全盘否定的态度的出现与持续"，它的"直接历史根源，可以追溯到本世纪中国现代知识分子起源的特定性质，尤其可以追溯到 1915～1927 年五四运动时代所具有的特殊知识倾向"。正是由于五四时期"反传统主义"是非常激烈的，"所以我们完全有理由把它说成是全盘的反传统主义。就我们所了解的社会和文化变迁而言，这种反崇拜偶像要求彻底摧毁过去一切的思想，在很多方面都是一种空前的历史现象"。基于上述认识，林教授分别考察了五四新文化运动

---

① 胡适：《先秦名学史》，中译本，第 8～9 页，上海，学林出版社，1981。
② 胡适：《中国哲学史大纲》卷上，第 8～10 页，北京，商务印书馆，2011。

的三位主要倡导者陈独秀、胡适和鲁迅的"全盘性反传统主义"的表现与实质，认为"在胡适的意识中占统治地位的是他的以全盘西化主张为基础的全盘性的反传统主义"。①

要判定陈独秀、胡适等人有或没有"全盘性反传统"，其关键是看他们究竟反了哪些传统。根据学者们的研究，五四新文化运动时期的陈独秀、胡适等人反对的主要是儒学，特别是它的核心礼教。就是那些认为陈、胡等人是"全盘性反传统主义"的学者，也主要是从他们的激烈反儒学、反孔教来立论的。比如林教授批评陈独秀全盘性反传统的依据是说他全面反孔教。他在《中国的意识危机》中写道："我们必须把陈独秀对孔教的整体攻击，看作代表他的整体性的反传统主义。"②这里有两个问题必须搞清楚：第一，陈、胡等新文化运动的倡导者为什么要反儒学、反孔教？第二，反儒学、反孔教是否就等于全盘性的反传统？

陈、胡等人所以要反儒学、反孔教，有其深刻的思想认识根源和社会历史根源。就思想认识根源而言，首先，在陈、胡等人看来，儒学是中国传统文化的核心，是封建专制制度的理论基础，是"历代帝王专制之护符"，正是儒学和孔子造成了今日中国的落后。因此，要推翻封建专制制度，谋求祖国的富强，实现平等自由，就必须反儒学、反孔教。其次，孔子生活于封建时代，其所提倡之道德，垂示之礼教，主张之政治，皆封建时代之道德、礼教、政治，"所心营目注，其范围不越少数君主贵族之权利与名誉，于多数国民幸福无与焉"，因而不适应现代生活。基于前两点认识，陈、胡等人又得出了第三点认识：儒学特别是它的核心礼教，与西方近代文化之民主和科学精神格格不入，要引进后者就非批判反对前者不可。用陈独秀的话说，孔教之"根本的伦理道德，适与欧化背道而驰，势难并行不悖。吾人倘以新输入之欧化为是，则不得不以旧有之孔教为非。倘以旧有之孔教为是，则不得不以新输入之欧化为非。新旧之间，绝无调和两存之余地"③。

就陈、胡等人的上述三点认识来看，尽管其中有一些不妥之处，比如把新

---

①② 林毓生：《中国意识的危机——五四时期激烈的反传统主义》，增订再版本，第 2、6、119 页，第 140 页，贵阳，贵州人民出版社，1987。

③《独秀文存》，第 660 页，合肥，安徽人民出版社，1987。

旧看成是完全对立的两极，认为它们"绝无调和两存之余地"，否认了文化发展的连续性，然其基本见解是正确的(虽不全面)，其分析也有理有据，特别是他们能从发展的观点说明儒学和孔子的现世作用，既较深刻，又令人信服，体现了五四新文化运动的理性精神。

从社会历史根源来看，五四新文化运动时期的陈、胡等人反儒学、反孔教，与辛亥革命后袁世凯之流借尊孔搞帝制复辟、康有为要求北洋政府"以孔子为大教，编入宪法"之孔教运动也颇有关系。胡适曾指出："孔教的问题，向来不成什么问题；后来东方文化与西方文化接近，孔教的势力渐渐衰微，于是有一班信仰孔教的人妄想用政府法令的势力来恢复孔教的尊严；却不知道这种高压的手段恰好挑起一种怀疑的反动。因此，民国四、五年间的时候，孔教会的活动最大，反对孔教的人也最多。"① 陈独秀在分析五四新文化运动的激烈反儒学、反孔教的原因时也认为："学理而至为他种势力所拥护所利用，此孔教之所以一文不值也。此正袁氏执政以来，吾人所以痛心疾首于孔教而必欲破坏之也。"② 由此可见，陈、胡等人于五四新文化运动时期激烈地反儒学、反孔教，有其历史的合理性及其意义。

陈、胡等人虽然反儒学、反孔教，但对于孔子本人及其全部学说并没有采取简单地全盘否定的态度，他们批判的主要是儒学的现实价值，而非历史价值，对于后者，他们还是承认的。胡适自己就说过："有许多人认为我是反孔非儒的。在许多方面，我对那经过长期发展的儒教的批判是严厉的。但是就全体来说，我在我的一切著述上，对孔子和早期的'仲尼之徒'如孟子，都是相当尊敬的。"③ 陈独秀在当时也一再声明，"我们反对孔教，并不是反对孔子个人，也不是说他在古代社会无价值。不过因他不能支配现代人心，适合现代潮流，还有一班人硬要拿他出来压迫现代人心，抵抗现代潮流，成了我们社会进化的最大障碍"。他并针对一些复古守旧人士对《新青年》批孔的攻击，强调指出："本志诋孔，以为宗法社会之道德，不适于现代生活，未尝过此以立论

---

① 葛懋春：《胡适哲学思想资料选》上册，第128页，上海，华东师范大学出版社，1981。
② 《独秀文存》，第678～679页，合肥，安徽人民出版社，1987。
③ 葛懋春：《胡适哲学思想资料选》下册，第265～266页，上海，华东师范大学出版社，1981。

也。"①

假如我们不囿于儒家中心主义的成见，不把儒学看成是唯一传统，更不把儒学之礼教与儒学、与传统等同起来，而是承认传统只是历史的沿袭，是我们先辈们所创造、吸取并发展至今的一切文化形式，包括有文字记载和无文字记载的，好的和坏的，进步的和落后的，有生命力的和陈旧腐朽的，……那么显而易见，五四新文化运动时期的陈独秀、胡适等人并没有"全盘性的反传统"。

五四新文化运动时期的陈独秀、胡适等人虽然不是"全盘西化论"的倡导者和主张者，也没有"全盘性反传统"，但五四新文化运动时期确实存在着一种"全盘西化"和"全盘性反传统"的思想倾向或社会现象，如钱玄同主张废除汉字，一些激进青年受西化思潮的影响，极端蔑视中国传统，盲目肯定西方文化，唯"西化"是效，认为西方文化的一切都是好的，中国都应无条件地吸取和接纳，有的甚至要求废除中国姓氏，否认父子关系，身着奇装异服，改取西人名姓……但这些不是五四新文化运动的主流，不能依此来判定五四新文化运动的性质。

五四新文化运动后期，新文化派内部发生分化，陈独秀、李大钊、瞿秋白等早期曾醉心过"西化"的新文化运动的倡导者，受俄国十月革命的影响，开始放弃"西化"主张，而选择了"俄化"，并成了中国早期的马克思主义者。以胡适、周作人为代表的另一些新文化运动的倡导者则依然坚持其"西化"立场，以西方近代资本主义文化为中国文化出路的唯一选择。所以，如果说五四新文化运动的前期在某种意义上可以称之为"西化运动"的话，那么到了五四新文化运动后期，其运动的性质则无论如何也不能用"西化"加以概括。因为除"西化"外，"俄化"也是后期新文化运动文化选择的重要方向。

（三）"全盘西化"论的提出

当历史进入到 30 年代，西化思潮又有了一些新的引人注目的发展，这就是"全盘西化"论的提出。从目前所发现的资料来看，"全盘西化"一词最早出现于 1929 年。那一年胡适用英文写了篇《中国今日的文化冲突》，发表在

---

① 《独秀文存》，第 660 页，合肥，安徽人民出版社，1987。

《中国基督教年鉴》上。在文中，胡适明确反对变相的折衷论，而主张"wholesale westernization"和"wholehearted modernization"。文章发表后，引起社会学教授潘光旦的注意，潘于是在英文《中国评论周报》上写了篇书评，指出胡适用的那两个词，前一个可译成"全盘西化"，后一个可译为"全力现代化"或"一心一意的现代化"、"充分的现代化"。他本人赞成"全力现代化"，不赞成"全盘西化"。

胡适虽然是第一个使用"全盘西化"的人，但就他前后发表的文章来看，他主张的是"充分西化"或"充分的现代化"，而非"全盘西化"。譬如，就是在1929年，胡适在《新文化运动与国民党》一文中主张，应该"承认中国旧文化不适宜于现代的环境而提倡充分接受世界新文明"。1930年他在《介绍我自己的思想》一文中又提出，为了救中国，"无论什么文化，凡可以使我们起死回生、返老还童的，都可以充分采用，都应该充分吸收"。1933年他在《建国问题引论》中再次强调：中国文化的出路"不完全是'师法外国'的问题。因为我们一面参考外国的制度方法，一面也许可以从我们自己的几千年历史里得着一点有益的教训"，而是"集合全国的人力智力，充分采用世界的科学和方法，一步一步的作自觉的改革"。显然，胡适的上述主张与我们所说的"全盘西化"不可同日而语。30年代主张"全盘西化"的代表人物陈序经，在他那本《中国文化的出路》（1934年出版）的第五章"全盘西化的理由"中据此也认为，"胡先生所说的西化，不外部分的西化，而非全盘的西化"。

30年代"全盘西化"论的真正代表人物是时任广东岭南大学教授的陈序经。陈序经的"全盘西化"主张是在他的《中国文化的出路》一书中提出来的。此书写于1932年，1933年底他在中山大学作过演讲。讲演稿后来发表在广州《民国日报》副刊《现代青年》上，结果在广州"引起了一场很热烈的文化讨论"。1934年该书由商务印书馆正式出版。在此书的"绪言"中，陈认为中国文化的出路不外三条：一是复古，二是折衷，三是全盘西化。他经过认真的比较后得出结论："折衷的办法既办不到，复古的途径也行不通"，"我们的唯一办法，是全盘接受西化"。此后陈又陆续发表了许多鼓吹"全盘西化"的文章。

陈序经于这时提出"全盘西化"的主张，与30年代出现的那股尊孔复古

严复

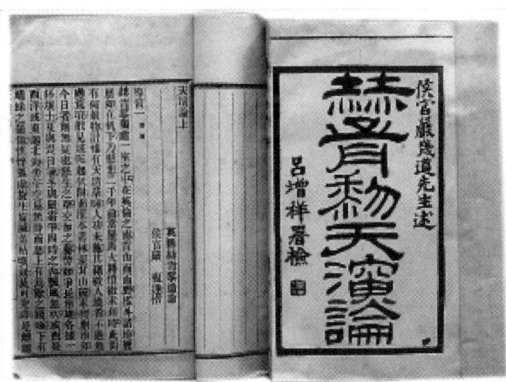

《天演论》

中国文化的出路

陈序经

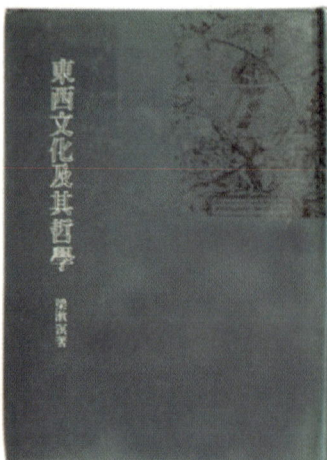

東西文化及其哲學

梁漱溟

熊十力

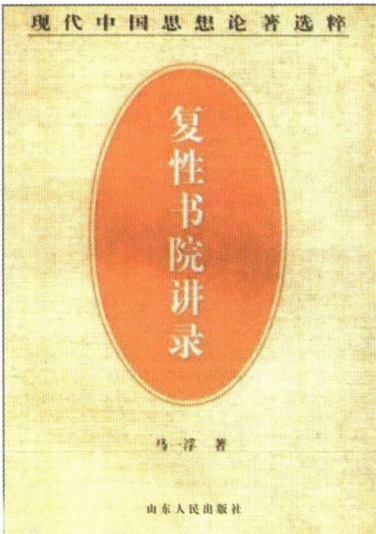

马一浮

К. Маркс и Ф. Энгельс

МАНИФЕСТ
КОММУНИСТИЧЕСКОЙ
ПАРТИИ

馬克思　恩格斯　合著

共產黨宣言

（依俄新譯）

時代出版社

《共产党宣言》

李大钊

逆流的泛滥不无关系。

30年代出现的那股尊孔复古逆流的始作俑者是蒋介石国民党政权。1927年蒋介石建立起南京国民党政权后，为加强其统治，他一方面疯狂镇压一切革命斗争和爱国进步运动，另一方面则大力鼓吹尊孔复古，企图用封建的伦理纲常来规范人们的行为和思想。1934年，他又在南昌搞所谓"新生活运动"。按他本人的解释，新生活运动的目的是要使"一般国民衣食住行能整齐、简单、朴素，过一种合乎礼义廉耻的新生活"。因此，新生活运动实际上是地地道道的"旧生活运动"。也就是这一年，经蒋介石和南京国民政府考试院院长戴季陶等人的提议，国民党中央通过决议，规定每年8月27日为国定"先师孔子诞辰纪念日"，届时全国各地学校须举行"孔诞纪念大典"。这样自民国元年(1912年)被当时南京临时政府教育总长蔡元培废除了的"纪念孔子诞辰典礼"，终于又由南京国民政府恢复了。8月，国民党政府在曲阜举行恢复后的首次"孔礼盛典"，据说，其"礼节之隆重，以视历朝盛典，殆有过之而无不及"[①]。10月，国民党要员戴季陶、陈立夫相继发表谈话和文章，从理论上论证尊孔复古的"合理性"。11月，国民党中央又通过"尊孔祀圣"决议，任命孔子后裔为"大成至圣先师奉祀官"，给以特任官待遇。1935年初，又任命在浙江的孔子后裔为"大成至圣先师南宗奉祀官"，给以留任官待遇。这与历代封建王朝的做法如出一辙。在蒋介石、国民党政权的支持下，一些蛰居久日的尊孔复古分子纷纷粉墨登场，为尊孔复古摇旗呐喊。湖南的何键、广东的陈济棠等地方军阀甚至明文规定，属下臣民必须尊孔读经，复古气焰极为嚣张。30年代尊孔复古逆流的泛滥，激起了包括西化派在内的主张向西方学习的人们的反击。"矫枉过正"，正是在反击复古逆流的过程中，陈序经针锋相对地提出了"全盘西化"的过激主张。

陈序经主张"全盘西化"虽然有它的历史背景，对反击尊孔复古逆流也有某些积极意义，但就主张的本身而言，则又是错误的。他所提出的"全盘西化"的三条理由，即（一）中国文化一切不如人，（二）西方文化是现代世界文化，（三）文化是一整体不能分开。每一条都似是实非，不能成立。首先就

---

① 田炯锦：《尊孔平议》，载《公道》第3卷第3期，1935年3月。

第一条而言，我们承认西方近现代文化在整体上、在时代性上比中国传统文化优越，因为西方近现代文化在时代性上属于资本主义文化，中国传统文化则是古代社会(奴隶社会和封建社会)的产物，但承认中国传统文化落后，并不等于说中国文化一切都不如人，这里有一个整体与个体、文化之时代性与文化之民族性的辩证关系问题。陈序经片面夸大了前者，忽略或不承认后者，借用毛泽东的话说，犯了形式主义的错误。陈主张"全盘西化"的第二条理由，反映了他的西方中心主义的文化观。实际上世界文化是丰富多彩的，各个民族都有自己的文化，西方文化只是世界文化的一个组成部分，不能与世界文化画等号。资本主义文化在当时也已不是世界文化唯一的发展趋势，因为在陈主张"全盘西化"的前十五年，世界上已出现了第一个社会主义国家——苏俄，从此世界文化就始终是沿着资本主义、社会主义以及非资本主义非社会主义的趋向向前发展的。把资本主义文化说成是世界文化发展的唯一趋势，而无视社会主义文化和非资本主义非社会主义文化的存在，这只能说明陈序经的文化偏见。至于"全盘西化"的第三条理由，当时就有人指出，"这种说法只含有部分的真理"。因为有些文化单位是有联系关系不可分的，但有的文化单位并没有什么必然的联系而是可分的。陈序经只看到文化是一有机的系统，各个文化单位之间有着密切联系的一面，而没有看到各个文化单位之间还有层次不同、联系疏密不同的一面，片面地强调了文化的联系性、系统性。

除陈序经外，当时赞成全盘西化主张的还有哲学家郑昕、冯恩荣等人。胡适虽然也于1935年使用"全盘西化"表示过自己对中国文化出路的选择，但就他使用"全盘西化"一词的前后背景以及他对"全盘西化"的解释来看，他不像人们所认为的那样是名副其实的"全盘西化派"。

先是1935年1月10日，王新命、陶希圣等十教授发表了一个《中国本位的文化建设宣言》，提出以中国文化为本位实现中西文化的折衷调和。2月24日，吴景超在胡适主编的《独立评论》上登出《建设问题与东西文化》一文，依据对中西文化的态度分人们为三派，即折衷派、全盘西化派和复古派。吴自称是折衷派，着重批评了陈序经的"全盘西化论"，并引胡适一年前在《建国问题引论》中对于中国文化的主张，认为胡适与十教授一样，"对于东西文化的保存与采用，采取的(也是)一种折衷的态度"，属于折衷派。吴文登出后，陈序经写了《关于全盘西化答吴景超先生》一文作为回应。他虽然也同意吴对胡适的看法，但又认为胡适的"整个思想虽不能列为全盘西化派，乃折衷派之一支流"，可是若以为胡适对于中国文化出路的主张与回到"中学为体，西学为用"的"十教授宣言"一样，"好像未免有点冤枉"。因此，他希望"胡先生来给我们一个解答"。

本来胡适一直是主张西化，反对中西文化之折衷调和的，并为此与梁漱溟等人展开过论战。可是，现在这样一位西化派主将竟被人说成是与十教授一样的"折衷派"，这就不能不迫使他公开声明自己的主张。因此，就在刊有陈序经文章的这期《独立评论》的"编辑后记"中，他迫不及待地声明："我很明白的指出文化折衷论的不可能，我是主张全盘西化的。"同时他又指出："文化自有一种'惰性'，全盘西化的结果自然会有一种折衷的倾向，……现在的人说折衷，说'中国本位'都是空谈。此时没有别的路可走，只有努力全盘接受这个新世界的新文明。全盘接受了，旧文化的'惰性'自然会使他成为一个折衷调和的中国本位的新文化。"① 在作了上述声明后的半个月，胡适又发表了《试评所谓"中国本位的文化建设"》一文，对"十教授宣言"提出严厉批评，以示自己与十教授不同，不是折衷派。特别值得注意的是，在这篇文章和以后的文章中，胡适再也没有使用过"全盘西化"。

尽管胡适是在那特定的场合下（即为了表明自己不是折衷派）声明自己是"主张全盘西化"的，并且之后再也没有使用过"全盘西化"，但是以他当时在中国思想界的重大影响，他那"主张全盘西化"的声明，无疑是对全盘西化论者的有力声援，同时也自然引起了反对全盘西化论者的激烈批评。胡适自己不久也觉得"全盘西化"在提法上有些不妥，同时也不太符合自己本来的思想。因此这年6月，他写了《充分世界化与全盘西化》一文，重新解释并修正了"全盘西化"的提法。他说：

"（全盘西化）这个名词的确不免有一点语病。这点语病是因为严格说来，'全盘'含有百分之一百的意义，而百分之九十九还算不得'全盘'。……至少我可以说我自己的原意并不是这样。我赞成'全盘西化'，原意只是因为这个

---

① 《独立评论》第142期，1935年3月。

口号最近于我十几年来'充分'世界化的主张；我一时忘了潘光旦先生在几年前指出我用字的疏忽，所以我不曾特别声明'全盘'的意义不过是充分而已，不应该拘泥作百分之百的数量的解释。"

他又说：

"数量上的严格'全盘西化'是不容易成立的。文化只是人民的生活方式，处处都不能不受人民的经济状况和历史习惯的限制，这就是我从前说过的文化惰性。你尽管相信'西菜较合卫生'，但事实上决不能期望人人都吃西菜，都改用刀叉。况且西洋文化确有不少的历史因袭成分，我们不但理智上不愿采取，事实上也不会全盘采取。你尽管说基督教比我们的道佛教高明的多，但事实上基督教有一两百个宗派，他们自己就互相诋毁，我们要是哪一派？若说'我们不妨采取其宗教的精神'，那也就不是'全盘'了。"①

故此，他表示愿意放弃"全盘西化"，而改用"充分世界化"的提法，认为用"充分世界化"代替"全盘西化"有三个好处：第一，可以免除一切琐碎的争论；第二，可以容易得着同情和赞助；第三，可以避免"全盘西化"所遇到的严格数量上的困难。

其实，胡适在这里所说的"世界化"也就是他一再倡导的"西化"。当时就有人一针见血地指出，胡适是把"西化"和"世界化"同样看待的，"在适之先生必以为世界都在西化了，我们跟着全世界的西化而去西化，结局也就是我们的世界化。西化已成了世界的趋势，我们跟着西化的这个趋势而去世界化，结局也就是我们的西化"②。所以，胡适所说的"充分世界化"，也就是"充分西化"。而"充分"一词的含义，据胡适的解释，"在数量上即是尽量的意思，在精神上即是用全力的意思"。因此，他有时又称"充分西化"为"全力西化"。

30年代的陈序经等人虽然主张"全盘西化"，全盘西化论也曾得到"三五个人的同情和支持"，产生过一些社会影响，但由于其理论本身的错误，并没有为广大中国知识分子所接受，甚至没有成为西化派的共识。就绝大多数西化

① 天津《大公报》，1935 年 6 月 21 日。
② 许崇清：《西化、世界化的中国本位》，见《中国本位文化讨论集》，等 404 页，台北，台湾帕米尔书店，1980。

派而言，他们和胡适一样，是不赞成全盘西化之主张的。因此，陈序经的"全盘西化"论提出后，不仅遭到社会舆论的广泛抨击，同时也受到了包括胡适在内的多数西化派的批驳和诘难。可以这样说，全盘西化论在当时并没有成为西化思潮的主流。我们不能主观地夸大"全盘西化"论的存在和影响，也不能不加区别地将胡适与陈序经并称为"全盘西化论者"。

1937年"七七事变"发生，抗日战争全面爆发。全面抗战时期，由于大半河山已沦入敌手，中华民族面临着前所未遇的严重危机，摆在全国人民面前的首要任务是抵抗日本侵略，保存文化传统和实现民族复兴，因此当时思想文化潮流的总的趋势是认同民族，认同传统，弘扬中华民族之文化与历史，以增强民族自信心和凝聚力，但西化派如陈序经仍主张"全盘西化"，并有小范围的论争。

抗战胜利后，接着又是三年国共内战。当时人们关心的热点问题是建立一个什么样的国家，也即政治问题，文化问题虽然有人提及，但没有引起人们的重视和讨论。1949年中华人民共和国成立，马克思主义成了国家的指导思想或意识形态，西化思潮从此销声匿迹几十年，直到80年代随着国门的打开，又才开始出现在中国思想文化舞台上。

二、文化保守主义思潮的历史考察

和西化思潮一样，文化保守主义思潮也不是中国的"土特产"，而是一种具有世界性的文化现象。如果说西化思潮是西方列强殖民扩张的伴随物，那么，据美国学者艾恺的研究，文化保守主义思潮则是西方现代化运动的伴随物。它最早出现在现代化的发祥地西方世界，其代表人物主要有德国的哈曼（1773—1878）、谢林（1775—1854）、赫德（1744—1803）、斐希特（1767—1814）、希洛克（1876—1924），英国的柏克（1729—1797）、科柏特（1763—1835）、柯尔雪基（1772—1843），法国的梅斯特（1753—1827）、托克维尔（1803—1859）等人。这些人虽然其出身、经历和具体见解各不相同，但他们"都以各种传统形式（或理想化）的社会当作社会完善的试金石"。对于个人的物质私利，他们"有深刻的厌恶，唯恐它会毁坏所有建基于道德原则的所有的人群关系。他们对工业化的结果不是心存疑惧，就是彻底仇恨，特别是现代都市生活及其病态与非人性化。他们强调社会重于个人，有机的群体关系高于法律关系及法定权利；除了重视有机社会外，渴望共有的道德价值和对真理的共同认识与分享。最重要的，他们高度评价人类存在的非理性、非功利方面——艺术、宗教等等。最后，因为他们全都面对启蒙运动的腐蚀性的批判的理性主义，它的本质对所有道德与宗教的信仰与价值都是破坏性的；这些思想家虽然不否定理性，却常亟思建立一种认识论，为道德价值提供一个基础"①。随着现代化运动从西方向非西方地区的拓展，作为现代化运动伴随物的文化保守主义思潮也在非西方地区活跃起来。如果说西方文化保守主义者面临的只是现代化所引起的人的异化问题，那么，除人的异化问题外，非西方地区的文化保守主义者还面临着一个外来文化与本土文化的关系问题。因此，非西方地区的文化保守主义者往往采取一种维护本民族文化的形式，用所谓"国粹"或"民族精神"来和西方文化的"普遍价值"分庭抗礼。如印度的辨喜（1863—1902）、泰戈尔（1861—1943）、甘地（1869—1949），日本的冈仓觉三（1862—1914）、北一辉（1894—1937）、桥孝三郎（1893—?）、柳田国男（1865—1962）以及各式各样的中国文化保守主义者。

（一）清末民初：文化保守主义思潮的形成

文化保守主义思潮也有一个逐渐演化的过程。由于所处历史环境和思想认识的程度不同，各个时期以及各个时期的每一个文化保守主义者对于中西文化的认识，对于中国文化出路的选择，和西化派一样，也都存在着或大或小的个体差异，但作为一个文化派别，他们又有着基本一致的思想内容和文化心态。概而言之，他们虽然也承认中国文化还有不如西方文化的地方，但在总体上则认为中国的精神文化比西方的精神文化优越；虽然也反省、批判中国传统文化，但这种反省、批判是以认同和维护为其前提的；虽然也不反对引进西学，但这种引进必须以中国文化为主体，为本位，实现"中体西用"式的折衷调和，具体来说，就是中国的精神文明加西方的物质文明。

---

① 艾恺：《世界范围内的反现代化思潮——论文化守成主义》，第76～77页，贵阳，贵州人民出版社，1991。

在这里我们有必要对文化保守主义思潮与顽固守旧思潮做一区别。粗略地说，顽固守旧者与文化保守主义者既认同、维护传统，又不失其反省、批判传统的意识，既批判、否定西方，又主张有条件地向西方学习，实现以中国文化为主体的中西文化的折衷调和不同，他们具有"唯古是尚"，对古圣先贤无条件地顶礼膜拜的自卑心态。因此，在顽固守旧者看来，古圣先贤创造的中国文化，无论是总体，还是部分，都远优于西方文化，只能认同固守，不能批评抛弃，外来文化，不管其本末，都是"奇技淫巧"，必须坚决拒斥，否则便是"用夷变夏"，使中国不再成其为中国。19世纪中后期的倭仁、徐桐、李鸿藻、王先谦、叶德辉之流就是这种顽固守旧者。他们因循守旧，盲目排外，反对一切外来文化的成分和对传统进行任何形式的改革。1867年因同文馆内添设天文算学馆，招收翰林、进士、举人、贡生及正途出身的五品以下京外各官入天文馆学习而引起的倭仁与洋务派大臣奕䜣、李鸿章的争论，以及戊戌变法期间王先谦、叶德辉等人在湖南对维新运动的攻击，就是这种顽固守旧心态的反映。虽然在19世纪中后期，顽固守旧思潮曾活跃于一时，给洋务运动和戊戌变法带来了不小的阻力，但终因食古不化而为历史潮流所淘汰。当历史进入到20世纪，特别是民国后，就很难再找出有影响的顽固守旧思潮的代表人物了。长期以来我们习以为常的那种视文化保守主义者为顽固守旧分子的观点，是不妥当的。

我们也不能把文化上的保守主义与政治上的保守主义等同起来。对于民国时期的文化保守主义者来说，他们的文化取向与政治取向的联系是历史的而非逻辑的，一个文化取向上的保守主义者没有任何理由也必然是政治上的保守主义者。换言之，文化取向上的保守主义者，在政治取向上既可能是自由主义者，也可能是保守主义者。如张君劢，因在《人生观》的演讲中反对科学对人生观的支配，而提倡复"新宋学"，挑起过"人生观与科学论战"，是现代新儒学的主要代表人物之一，文化取向无疑是保守的，但他一生以在中国建立西方的民主宪政制度为职志，先后组建或参与组建过中国国家社会党、中国民主政团同盟和中国民主社会党，参加过两次民主宪政运动，政治取向为自由主义。再如熊十力，曾亲身参加过辛亥革命，对封建专制制度深恶痛绝，对民主革命始终向往情深，是一位坚决反帝反封建的志士仁人，但他的文化取向则又保守，是新儒家的重镇。造成民国时期文化保守主义者的文化取向与政治取向不完全一致的根本原因，就在于现代化过程所引起的传统之一元化网络的解体，导致了文化道德与政治秩序的分离，从而"使得人们把民族的政治秩序当为一个可以独立于由社会习俗以及帝国主义所表征的伦理精神信仰和相互交织的网脉之外而存在的东西。基于此，文化的问题与政治的问题势必被区分开来"①。这样人们完全可以以一种纯文化的态度对待中西文化取激进或保守的立场，而与其政治取向是否自由、激进或保守毫无关系。因此，长期以来习以为常的那种把文化取向与政治取向混为一谈，把文化保守主义者说成是旧的政治秩序的维护者的观点是错误的。我们将张君劢、熊十力等人称之为"保守主义者"，仅指他们的文化取向而言，并不表明他们的政治取向，也未包含有任何褒贬的意义。

从发生学的角度看，和西化思潮一样，民国文化保守主义的源头亦可追溯到晚清。如果说严复是西化思潮最早的代表人物，那么，由章太炎、刘师培等人组成的国粹派则是第一个保守主义的文化团体。1905 年受日本明治维新后由三宅雪岭、贺志重昂提出的"保存国粹，可以强国"思想的影响，刘师培和邓实、黄节在上海发起成立了以"研究国学，保存国粹"为宗旨的"国学保存会"，不久又刊行《国粹学报》，开办国学讲习会、藏书楼和神州国光社，出版《国学教科书》和《国学丛书》，积极从事国学的研究和倡导。1906 年章太炎来到日本，在东京留学生举行的大会上他号召人们"以国粹激励种性，增进爱国热肠"，把对传统文化的认同和弘扬与破坏现存社会秩序的反清革命结合起来。经过他的活动，"国学讲习会"和"国学振起社"在东京相继开办成立。他还利用自己主编同盟会机关刊物《民报》的有利条件，改变其编辑方针，使之成了深奥难懂的国学刊物。当时的东京和上海是国粹派活动的两个中心。

国粹派提倡保存国粹，基于的是这样一种认识，即国粹是立国之本，保存了国粹就能保国家，救民族。故此，他们从民族、历史、语言、文字和地域的有机联系出发，界定"国粹"，发掘中国文化之独特价值。尽管国粹派对于"国粹"的具体界定各有不同，或认为"国粹者，国家之特别之精神也"，或认

---

① 傅乐诗：《现代中国保守主义的文化与政治》，见《近代中国思想人物论——保守主义》，第 42 页，台北，台湾时报出版公司，1985。

为"蕴藏于国民之原质且具一种独立思想者，国粹也"，但有一点他们是相同的，即认为国粹是一种"民族精神"或"国家精神"，而这种精神又蕴含于古代的典章制度和文学遗产之中。故此，他们致力于经传的章句训诂、历史典籍的考订和语言文字的研究，并将它与欧洲的文艺复兴等量齐观，欲从复兴中国的"古学"入手，实现中国文化的复兴。

国粹派虽然提倡国粹，维护传统，但并未因此失去对传统文化的反省意识。他们区分中国文化为"国学"和"君学"，认为"国学"是"不以人君之是非为是非者"，其中蕴含有丰富的爱国主义传统和民族主义、民主自由的内容；"君学"是"以人君之是非为是非者"，是统治者用来宣传封建迷信、功名利禄和纲常名教，实行专制统治的工具。他们进而指出，正是这种"君学"造成了我国"自宋至今五六百年国破家亡，外祸迭起，坐令中区瓦解鱼烂而不可救药"。所以他们对"君学"持激烈的批评态度。他们还通过提高自汉代以来就一直受压抑排斥的先秦诸子百家的地位，以破除人们对儒学的尊崇和对孔子的迷信。他们提出，儒学不过是百家中的一种，孔子也只是诸子中的一子，他册定的"六经"只是一些史书，不是也不应该是千秋万代永恒不变的教条。

不唯反省中国文化，对西方文化国粹派也进行了反省。在他们看来，西方文化虽然在征服自然方面取得了巨大成就，创造出了"物质文明"，然而它的功利主义态度却导致了社会进化、工业化与文化价值和道德理性的背反，导致了物质生活与精神生活的分离，结果成了物质享受丰富，而精神生活痛苦。这正好和中国文化形成鲜明对照，中国人是物质享受上不如西方人，但精神生活上远比西方人幸福。

基于对中西文化的上述认识，国粹派既反对脱离中国文化生命机制的"欧化"主张，也不赞成一味顽固守旧。他们认为，中国文化的根本出路，就在以中国文化为本位实现中西文化的调和，具体来说就是中国的精神加西方的物质。国粹派对中西文化所持的这种态度——双重反省中西文化，一方面在维护的前提下批判传统，另一方面又在批判的基础上学习西方，主张以中国文化为本位、为主体的中西文化折衷调和——形成了民国文化保守主义的思想进路。

进入民国，文化保守主义的最早表现是康有为的孔教运动。康有为的孔教思想实际上由来已久，早在戊戌变法期间，他就开始积极鼓吹设立孔教，并企图将它变为维新变法的重要内容。然而由于各方面的原因，他的打算未能如愿。戊戌变法失败后，特别是进入民国后，他继续为设立孔教而四处活动。在他的活动下，1912 年国内开始出现各种名目的孔教组织，并逐渐变成了一场颇具声势的孔教运动。和国粹派一样，康有为也主要是把他所珍视的那部分传统文化——孔教，作为文明的象征和立国之本加以认同的，他力图通过设儒教为国教，立孔子为教主，来保存和弘扬传统文化，并借此来挽救中华民族的危亡。所以他一再强调，人们欲不保中国则已，若欲保中国，则不可不保"国魂"之孔教，要是孔教不保，国魂丧失，那么"一切文明随之而尽也，即一切种族随之而亡"。据此，我们赞同论者的看法："孔教运动在本质上不是一场宗教运动，而是一场保守的民族主义文化运动。"①

康有为虽然要求设立孔教，对传统文化采取维护和弘扬的态度，但他并没有一概拒绝向西方文化学习。他不仅主张采取西方政教分立的原则，以保持儒学的相对独立性，从而使中国也像西方各国那样政治与宗教如"双轮并驰，以相救助，俾言教者，极其迂阔之论以养人心；言政者，极其时势之宜以争国利，两不相碍，两不相失也"，而且认为中国也有学习西方物质文明和政治制度之必要。但这种学习必须以维护其"国魂"——孔教之功用为基础，为前提，用他的话说，只有"国魂不亡，国形乃存。然后被以欧美之物质，择乎欧美之政治"②。也就是中国的"形而上"之德教加西方的"形而下"之物质，"夫欧美自有其美者，形而下之物质，诚不可少也，采取其长可也；中国也有其粹者，形而上之德教，诚不可少也，补其短可也。"③不言而喻，康有为的这种在维护中国"形而上"之德教的前提下学习西方"形而下"之物质的主张，是"中体西用"在新形势下的运用，反映了他保守主义的文化心态，加上他又把孔教运动与帝制复辟阴谋搅合在一起，力图借用帝制复辟势力使孔教列入宪法，成为国教，因此孔教运动刚一出台，就立即受到了社会舆论特别是《新青年》的猛烈抨击。

---

① 房德邻：《康有为与孔教运动》，载《北京师大学报》，1988 年第 6 期。
②③《康有为政论集》下册，第 729 页，第 804 页，北京，中华书局，1981。

（二）五四时期：文化保守主义思潮的兴盛

1915 年《新青年》的创刊标志着五四新文化运动的兴起。从此，文化保守主义思潮的演化进入了一个新的时期。这一时期文化保守主义思潮的代表人物众多，主要有《东方杂志》主编杜亚泉及其后继者钱智修，作者陈嘉异，《欧游心影录》作者梁启超，《东西文化及其哲学》作者梁漱溟，《学衡》杂志骨干、东南大学教授吴宓、梅光迪、胡先骕、刘伯明，《甲寅杂志》主编主撰章士钊，以及科学与人生观论战中的玄学派主将张君劢等。由于这些人反对五四新文化运动向西方学习的主张，而大力提倡东方文化，因此有时人们又把他们（有时不包括《学衡》）统称为"东方文化派"。

这一时期的文化保守主义思潮活跃的背景是：第一，辛亥革命已经失败，人们开始反思辛亥革命失败的原因。和陈独秀等人把辛亥革命的失败归因于革命没有触及旧的伦理道德不同，在杜亚泉等人看来，西方物质文明和"权力竞争"学说的输入，导致的人心不古，伦理道德的普遍失范，使人们争利于市，争名于朝，毫无是非善恶可言，只要能得到权利，"专制政治可也，共和政治可也，新道德新宗教新风习可也，旧道德旧宗教旧风习可也"，尤其是那些武人、政客，翻手为云，覆手为雨，"昨为民党，今作官僚，早护共和，夕拥帝制"，这是造成社会解体，共和政治"未易成立"的主要原因，因此只有认同传统，高扬道德，才是"救国之良剂"①。第二，第一次世界大战在西方文明发祥地欧洲的爆发和它所造成的巨大灾难，使人们（包括西方一些人士）对久已羡慕的西方文化产生了怀疑和失望之感，开始重新认识东方文化特别是中国儒家文化的意义，并在西方兴起了一股"东方文化救世论"思潮。这一思潮认为西方文化已出现严重危机，只有东方文化才能解救其弊。梁启超在他的《欧游心影录》中对此有过生动描绘。有一次一位名叫赛蒙氏的美国记者和梁闲谈，他问梁回到中国干什么事，是否要把西方文明带些回去。梁回答说"这个自然"。赛蒙氏不无感叹道："唉，可怜。西方文明已经破产了。"梁启超问赛蒙氏他回到美国准备干什么。赛蒙氏答，"我回去就关起大门老等，等你们把

---

① 伧父（杜亚泉）：《国民今后之道德》，载《东方杂志》第 10 卷第 5 号。

中国文明输进来救我们"。梁启超初听这些话，还以为别人是奚落他，"后来到处听惯了，才知道他们许多先觉之士，着实怀抱无限忧危，总觉得他们那些物质文明，是制造社会险象的种子，倒不如这世外桃源的中国，还有办法，这是欧洲多数人心理的一斑了"。在这种心理的支配下，西方思想界出现了一股东方文化热，其"最近哲学名著，所不于四子书或五千言，撷拾一二以自壮者弥罕"①。受这种思潮的影响，部分中国知识分子产生了一种民族虚荣心和自大感，他们将昔日对中国文化的"悲观之观念完全扫清"，"精神得以振作"，真的以为西方文明不行了，只有东方文明才能解救其弊，成为新的世界文化。有的人提出了"中学西被"的问题。就是原来主张向西方学习的新派人物，在这种思潮的影响下也放弃了原来的西化立场，成了文化保守主义者。如梁启超和张君劢就是在欧洲跑了一圈后，成为文化保守主义者的。第三，以陈独秀、胡适为代表的新文化派对传统文化的激烈批判引起思想界震荡，传统文化有无存在的价值成为人们关切思考的焦点，同时，新文化派的西化言论，尤其是个别人激烈的西化言论（如钱玄同主张废除汉字）和社会上出现的唯西化是效的现象，也使不少人感到忧虑和不满。梁漱溟后来曾谈到他当年在北京大学时的感受："民国六年，我应北京大学校长蔡子民先生之邀入北大教书，其时文科教授有陈独秀、胡适之、李大钊、高一涵、陶孟和诸先生。陈先生任文科学长。兹数先生即彼时所谓新青年派，皆是崇尚西洋思想，反对东方文化的。我日夕与之相处，无时不感压迫之严重……问题之不可忽略。"② 所以，从某种意义上说，五四时期文化保守主义思潮的活跃是对这一时期更为活跃的西化思潮的一种回应。

五四时期的文化保守主义者和西化派虽然在文化取向上相互对立，前者认同传统，后者反对传统；前者主张保守，后者主张西化，但由于他们生活在相同的文化氛围和历史背景之下，因此颇有一些相似之处。譬如，在年龄构成上，除杜亚泉、梁启超、陈独秀等个别人外，一般都是1890年前后出生，经历过戊戌变法、义和团运动和辛亥革命，五四时刚好30岁左右。在求知经历

---

① 孤桐（章士钊）：《原化》，载《甲寅》第 1 卷第 12 号，1925 年 10 月。

② 梁漱溟：《我的自学小史》，见《我的努力与反省》，第 66～67 页，桂林，漓江出版社，1987。

上，大都出过国，留过学，有的还取得过硕士、博士学位，就是像梁漱溟这样从未出过国门的人，从小受的也是新式教育。在社会职务上，他们多是大学教授或报刊编辑，是精神文明的生产者。就分布来看，西化派主要集中在北大，而文化保守主义者则以清华学校和东南大学为主要基地。在知识构成上，他们一般都有较深厚的中学功底，对西学也有较深的了解，可称得上是学贯中西。无论西化派，还是文化保守主义者，都是在西方思想中寻找自己的理论依据的。西化派接受的主要是达尔文的进化论和实证主义哲学（包括实用主义哲学），文化保守主义者接受的主要是尼采、叔本华的唯意志论，柏格森的生命哲学和白璧德的新人文主义。正因为文化保守主义者和西化派的年龄构成、求知经历、社会职位和知识结构都相去不远，所以借用史华慈的话说，他们往往是在同一框架中运思、争论和提出他们激烈的西化和文化保守主义之主张的。具体来说，他们运思和争论的主要是东西文化之差异比较、新旧文化之关系看待和中国文化之出路选择这样三个问题。概而言之，在东西文化之比较方面，西化派重在中西文化之时代落差的分析，以说明中国传统文化比西方近代文化落后，文化保守主义者则重在中西文化之民族差异性的比较，以证明中国传统文化之所以能够存在的特殊价值；在新旧文化之关系方面，西化派重在揭示文化发展过程中的"质变"和"飞跃"，以说明文化发展、文化建设是"新陈代谢"、"弃旧图新"，文化保守主义者则重在揭示文化发展中的"量变"和"渐进"，以强调文化发展、文化建设是"新旧杂糅"、"存旧立新"；在中国文化之出路选择方面，西化派重在揭露和批判中国传统文化的阴暗面，以此说明中国有向西方学习，用西方文化批判、改造乃至取代中国文化的必要性，文化保守主义者则重在揭露和批判西方文化之种种弊端，以此证明学习西方文化不能照抄照搬，必须以中国文化为本位、为主体。

（三）三四十年代：文化保守主义思潮的发展

到了 30 年代，文化保守主义思潮又有了一些新的、引人注目的发展。首先是 1935 年 1 月，在国民党官方的支持和授意下，王新命、何炳松、陶希圣、黄文山、萨孟武等十教授联名发表了一个《中国本位的文化建设宣言》，认为近代以来的几次文化运动，特别是五四新文化运动"轻视了中国空间时间的特殊性"，导致了中国文化的失落，"中国在文化领域中是消失了；中国政治的形态、社会的组织和思想的内容与形式，已经失去它的特征。由这没有特征的政治、社会和思想所化育的人民，也渐渐地不能算得中国人"。为了改变这种状况，他们提出中国的文化建设原则应是"不守旧，不盲从，根据中国本位，采取批评态度，应用科学方法来检讨过去，把握现在，创造将来"。所谓"不守旧"，就是"淘汰旧文化，去其渣滓，存其精英，努力开拓出新的道路"；"不盲从"，就是"取长舍短，择善而从，在从善如流之中，仍不昧其自我的认识"；"中国本位"，就是"特别注意于此时此地的需要，此时此地的需要，就是中国本位的基础"①。表面看来，十教授提出的上述中国本位文化建设原则不偏不倚，但实际上正如胡适所批评的那样，"正是'中学为体，西学为用'的最新式的化装出现"②。就是向来以温和著称的蔡元培在复何炳松的信中也一针见血地指出，十教授的主张有如"张之洞'中体西用'的标语，梁漱溟'东西文化'的玄谈"③。

《中国本位的文化建设宣言》发表后，立即引起了思想文化界的讨论。以胡适、陈序经为代表的西化派纷纷发表文章，对《宣言》进行批判。他们在理论上批评《宣言》是"中体西用"的翻版，同时一针见血地指出，《宣言》得到国民党官方的支持，"是今日一般反动空气的一种最时髦的表现"。由于西化派和社会舆论的批判，更由于《宣言》强烈的官方色彩和保守主义的文化取向，使所谓的"本位文化建设运动"未能坚持多久就平息了下去。"本位文化"没有成为三四十年代文化保守主义的主潮。

成为三四十年代文化保守主义主潮的，是发端于五四新文化运动时期的现代新儒学。第一部对现代新儒学的思想方向的发展具有定位意义的著作是梁漱溟1921年讲演和出版的《东西文化及其哲学》。此书对中、西、印文化的比较，对文化之民族性和历史继承性的强调，对孔子儒家学说之生命智慧的肯定，对陆王心学的推崇，对唯科学主义的批判，对中国文化道路之中体西用式

---

① 樊仲云：《中国本位文化建设讨论集》，第14～15页，上海，文化建设月刊社，1936。

② 胡适：《试评所谓"中国本位的文化建设"》，载《大公报》，1935年3月20日"星期论文"。

③ 《蔡元培全集》第6卷，第484页，北京，中华书局，1988。

的选择，以及援西学入儒，努力结合西方柏格森生命哲学与中国儒家哲学的尝试，都在不同程度上对后来的现代新儒家产生过影响。五四时期另一部对现代新儒学的思想方向的发展具有定位意义的论著，是1923年张君劢在清华学校作的《人生观》演讲。张在《人生观》中提出的科学与哲学的分途，科学不能解决人生观问题，只有心性哲学才能揭示形上真理的基本主张，成了后来的新儒家学者所共同遵循的思想方向。

现代新儒学虽然发端于五四时期，但其长足发展则是在三四十年代，特别是贞下起元、民族复兴的抗战期间。这期间出现了大量融会中西、平章华梵、弘扬传统的哲学、历史著作，如张君劢的《民族复兴之学术基础》、《明日之中国文化》，熊十力的《新唯识论》（文言本和语体本），冯友兰的《新理学》、《新事论》等"贞元六书"，钱穆的《国史大纲》、《中国近三百年学术史》，贺麟的《文化与人生》、《儒家思想的新开展》，马一浮的《宜山泰和会语》，梁漱溟的《中国文化要义》。这些著作对中西文化及其哲学的认识与理解，对于中国文化出路的思考与选择，无论其深度还是广度，都是此前文化保守主义者（包括五四时期的梁漱溟和张君劢）自叹不如的，并形成了熊十力的"新唯识学"、冯友兰的"新理学"和贺麟的"新心学"这样博大精深的新儒家哲学体系。这说明现代新儒学自五四新文化运动时发端，经过多年的理论准备，到这时已发展到比较成熟的阶段。

三四十年代现代新儒学的发展还表现在现代新儒家的活动上。1939年和梁漱溟、熊十力一起被称为"现代儒家三圣"的马一浮在四川乐山乌尤寺办复性书院；次年，梁漱溟在重庆北碚金刚碑主持勉仁中学和勉仁书院；张君劢在云南大理创办民族文化书院。这三大书院的宗旨都是弘扬中国传统文化，培养现代新儒家的后备人才，实际上是他们对宋明儒自由讲学精神的一次实践。在创办书院的同时，这期间现代新儒家及其同情者还先后创办了一些刊物，或利用已有的刊物宣传自己的文化主张。如1941年由浙江大学张其昀、谢幼伟等人创办的《思想与时代》，1947年1月由熊十力弟子牟宗三和钱穆弟子姚汉源在南京创办的《历史与文化》，同年4月由已成为熊十力新儒学信徒的徐复观在南京创办的《学原》，1948年由熊十力弟子程兆熊创办的《理想、历史、文化》。

1949 年中华人民共和国成立，中华民国寿终正寝。此后，现代新儒学的发展基地转移到了台湾和香港，其代表人物有熊十力的学生牟宗三、唐君毅、徐复观以及老一辈新儒家张君劢。1958 年唐君毅、牟宗三、徐复观和张君劢联名发表的《为中国文化敬告世界人士宣言——我们对中国学术研究及中国文化与世界文化前途之共同认识》（又名《中国文化宣言》），被学术界认为是"研究当代新儒家性格及基本方向的最重要文件"。进入 80 年代，现代新儒学发展到一个新的时期。如果说在此之前，现代新儒学的影响还仅限于中国学术思想界，其活动空间也不外中国的大陆（1949 年前）和台港地区（1949 年后），那么，自 80 年代起，由于属于中华文化或儒家文化圈的日本及新加坡、韩国、中国台湾和香港等"四小龙"现代化的成功，为现代新儒学受到世界特别是西方学术界的重视创造了一些前所未有的机缘，现代新儒学开始走出中国的范围，在世界文化的交流和对话中获得了一席之地，"现代（当代）新儒家与中国现代化"成了近年来海内外多次学术会议的主题。这说明现代新儒学的影响正在日益扩大，在国际学术界得到了越来越多的回应。

三、马克思主义思潮的历史考察

马克思主义是无产阶级的科学思想体系。它产生于 19 世纪 40 年代的欧洲。1848 年马克思和恩格斯合著的《共产党宣言》发表，标志着马克思主义学说的诞生。半个世纪后，马克思及其学说开始零星片断地介绍到中国。"十月革命一声炮响"，马克思主义在中国广泛传播开来，并战胜形形色色的资产阶级和小资产阶级理论，成了中国人民革命斗争的指导思想，成了现代新文化发展的方向和主流，成了民国时期最主要的文化思潮之一。

（一）中国人对马克思学说的认识

中国人最早知道马克思及其学说是在 19 世纪末 20 世纪初。1898 年由传教士主办的广学会出版了一本名为《泰西民法志》的书，其中讲到社会主义，讲到马克思及其学说，称马克思"是社会主义史中最具有势力的人物"。第二年广学会发行的《万国公报》又刊登了一篇名为《大同学》的文章，它是英国进化论者颉德的著作《社会的进化》前四章的节译，文中称马克思为"百工领袖"，"主于资本者也"。尽管上述译书和译文对马克思及其学说的介绍根本谈不上全面和准确，传教士介绍马克思及其学说的目的也是为了宣传基督教"救世"教义，但它毕竟破天荒地使中国人在马克思主义诞生半个世纪后第一次知道了马克思的名字。

进入 20 世纪初，介绍马克思及其学说的文字逐渐增多起来。中国人最早介绍马克思及其学说的是梁启超。1902 年他在《新民丛报》第 18 号上发表《进化论革命者颉德之学说》，说马克思是德国人，"社会主义之泰斗"。稍后，他又在《二十世纪之巨灵托拉斯》和《中国之社会主义》中提到马克思，称马克思是"社会主义鼻祖"。不久，马君武在《社会主义与进化论比较》一文中也对马克思及其学说做过介绍，说社会主义发源于圣西门、傅立叶，极盛于马克思。"马克思者，以唯物论解历史之人也。马氏尝谓阶级竞争为历史之钥"。文章最后提出社会主义是今世一大问题，"最新论理，皆在其内，不可不讲究也，"并在"介绍其党巨子所著最有名之书"中，列有马克思、恩格斯的《英国工人阶级状况》、《哲学的贫困》、《共产党宣言》、《政治经济学批判》、《资本论》等书。据研究，马氏的这篇文章是最早提到《共产党宣言》的中国人著作。同时期的《近世社会主义评论》一文，在介绍马克思及其学说时，认为社会主义发生的原因，"即社会的不平而贫富之悬隔，迥如天壤，苦心之士，乃为之发世界大不平之理，哀诉困苦"①。《新社会之理论》还对共产主义与无政府主义做了区别，指出共产主义以德国埋哈司（即马克思——引者）为代表，主张废除私有制，而归于国有；无政府主义以法人帕洛吞（即蒲鲁东——引者）、俄人勃宁（即巴枯宁——引者）为代表，主张绝对自由，废除国家，其手段为"剑也，铳也，暴烈也，阴谋也"②。

1905 年同盟会成立后，以孙中山为代表的革命派在积极宣传资产阶级民主革命思想的同时，也介绍过马克思主义。同盟会机关报《民报》创刊不久，即发表了朱执信的《德意志社会革命家小传》，其中比较详细地介绍了马克思、恩格斯的生平，及《共产党宣言》的要点和"十条纲领"，并对《资本论》做

---

① 《新世界学报》第 12 号，1903 年。
② 《浙江潮》第 8 期，1903 年。

了评述，指出马克思"欲以阶级斗争为手段，而救此蚩蚩将以饿殍之齐氓"。《民报》还发表过宋教仁、叶夏声等介绍马克思及其学说的文章。除《民报》外，革命派主办的《中国日报》、《鹃声》、《晋乘》等也介绍过马克思及其学说。另外，1908 年在日本东京出版的无政府主义刊物《天义报》第 15 期，刊登有马克思 1888 年为英文版《共产党宣言》所写序言的译文，第 16～19 期还译载了《共产党宣言》的第一章《资产者与无产者》。

中国民主革命的伟大先驱孙中山也对介绍马克思及其学说做过贡献。早在 1905 年，他就访问过设在布鲁塞尔的第二国际书记处，并请求加入该组织。其后，他又多次提出要"毕其功于一役"，防止西方资本主义弊病在中国重演。1912 年 10 月 14～16 日，他在上海应中国社会党本部的邀请，以《社会主义之派别及其批评》为题，连续演说三天，其中称赞马克思"研究资本问题垂三十年之久，著为《资本论》一书，发阐真理，不遗余力，而无条理之学说，遂成有系统之学理。研究社会主义者，咸知所本，不复专迎合一般粗浅激烈之言论矣"。

总之，清末民初马克思主义学说开始传入中国，先是外国传教士，后是资产阶级改良派、资产阶级革命派和无政府主义者都对马克思主义学说做过介绍。但由于当时中国民族资本主义在帝国主义和封建主义的双重压迫束缚下发展缓慢，无产阶级力量还十分弱小，还未成为自为阶级登上政治舞台，加上封建主义思想的禁锢，马克思主义并没有得到广泛传播，形成思想运动。马克思主义在中国广泛传播则是在五四运动前后。

（二）马克思主义在中国的传播

马克思主义于五四运动前后在中国得到广泛传播，决非偶然，有其深刻的历史根源和思想背景。

辛亥革命虽然推翻了清王朝，结束了长达两千多年的君主专制统治，但曾几何时，革命的果实就被袁世凯所窃取，他摇身一变，从封建军阀变成了民国总统，资产阶级革命派浴血奋战好不容易建立的"议会"、"宪法"、"内阁"等民主共和制度也都成了军阀官僚政客手中的玩物和争权夺利的工具，所谓中华民国只剩下一块招牌。革命的失败，使不少曾为之奋斗过的有识之士产生了一种悲观失望情绪。鲁迅就说他"见过辛亥革命，见过二次革命，见过袁世凯称帝、张勋复辟，看来看去，就看得怀疑起来，于是失望、颓唐得很"①。

正当悲观、失望情绪在一部分中国人中滋长之时，西方文明的发祥地欧洲又爆发了一场称为"第一次世界大战"的战争。这场历时四年之久的战争给人类带来了巨大灾难。据统计，因战争而死伤的人员达3 000多万，各国经济损失达2 700亿美元，许多城市和乡村变成了废墟。"如果说共和制度建立后，人们的失望彷徨之情，主要出于对民国共和真伪问题的疑虑的话，那场遍及欧洲大陆的战火，则把自由平等正义撕了个粉碎，使中国人第一次看到自己先生的奥秘，开始对资产阶级制度产生怀疑"②。人们不得不追问这样一个问题：在西方已百孔千疮的资产阶级民主制度应不应该搬到中国来？它能不能够救中国？

与此同时，中国社会出现了两个显著变化：第一，由于帝国主义忙于应付战争，暂时放松了对中国的经济侵略，从而使中国民族资本主义获得了所谓"黄金"的发展机会。随着民族资本主义的发展，中国无产阶级的队伍也壮大起来，据不完全统计，到五四运动前夕，中国的产业工人已达200多万人。无产阶级队伍的壮大，为马克思主义的传播准备了阶级基础。第二，1915年兴起的新文化运动，以民主和科学为旗帜，批判封建专制主义和封建愚昧主义，极大地解放了人们的思想。思想的解放，使人们接受马克思主义成为可能。

就是在这样的历史背景下，马克思主义开始在中国传播开来。马克思主义在中国传播大致可以分为三个阶段。③

从十月革命到五四运动前夕，这是马克思主义开始在中国传播阶段。正当一些先进分子在彷徨、困惑中艰苦地探索着中国未来前途的时候，"十月革命一声炮响"，使他们看到了世界文明的"新曙光"和民族解放的新希望、新出路，并开始接受和宣传马克思主义。李大钊是第一个这样的先进分子。从1918年下半年起，他先后发表了《法俄革命之比较观》、《庶民的胜利》、《布尔什维主义的胜利》等热情宣传十月革命和马克思主义的文章，指出"他们的

---

① 《鲁迅全集》第4卷，第455页，北京，人民文学出版社，1981。

② 丁守和：《马克思主义在中国一百年·绪论》，第12页，合肥，安徽教育出版社，1997。

③ 高军等主编：《中国现代政治思想史》，第31～39页，北京，华夏出版社，1989。

107 / 第一章
文化思潮的历史考察

主义，就是革命的社会主义；他们的党，就是革命的社会党；他们是奉德国社会主义经济学家马客士（Marx）为宗主的"。他认为俄国革命的胜利标志着改造世界"新纪元"的到来，中国人民今后一定要走俄国革命的道路，并相信"劳工主义"一定能战胜"资本主义"。李达也在十月革命后积极从事于马克思主义的宣传工作。从 1918 年开始，他先后翻译和出版了《唯物史观解说》、《社会问题总览》、《马克思经济学说》等书，较系统地介绍了马克思主义的各个组成部分。与此同时，一些宣传新文化的刊物也开始宣传马克思主义。1919年 4 月 6 日出版的《每周评论》刊登了《共产党宣言》第二章《无产者和共产党人》后面属于纲领的一段。这是《共产党宣言》最重要的一段，它论述了无产阶级专政的思想。

从五四运动爆发到 1920 年 8 月上海共产党组织的建立前夕，这是马克思主义广泛传播的阶段。1919 年四五月间，中国在巴黎和会上收回山东权益的外交努力的失败，彻底粉碎了此前一些人对美国总统威尔逊宣扬的"公理战胜强权"的幻想，"先生总是侵略学生"这一无情的事实，终于使中国人民认识到帝国主义"都是一类不讲公理的强盗"，于是爆发了伟大的五四反帝爱国运动。五四运动的爆发，促进了马克思主义的广泛传播。这主要表现在以下几个方面。首先，全国各地出现了一大批宣传马克思主义的刊物，据不完全统计，当时全国有 400 多种刊物宣传或介绍过马克思主义，其中著名的有：《新青年》——它于十月革命后最早刊登宣传马克思主义的文章。五四运动后，它经李大钊的编辑，最先出版"马克思主义研究"专号（第 6 卷第 5 号），发表李大钊的《我的马克思主义观》，并从第 8 卷 1 号起又开辟了"俄罗斯研究"专栏，较为全面地介绍了十月革命后苏俄的情况。《国民》杂志——它自 1919 年底开始，先后刊登《共产党宣言》第一章、《马克思资本论自叙》和《马克思历史唯物主义》等译文，还发表了《苏维埃俄国的经济组织》和《苏维埃俄国的新农制度》等介绍苏俄情况和一定程度上接受或宣传马克思主义的文章。北京《晨报》副刊、上海《民国日报》副刊《觉悟》和《时事新报》副刊《学灯》——它们被称为五四时期宣传马克思主义的"三大副刊"。如《晨报》副刊于 1919 年 5 月在李大钊的帮助下首辟"马克思研究"专栏，刊登过马克思的《劳动与资本》、考茨基的《马氏〈资本论〉释义》、共产国际"一大"宣言

《新共产党宣言》以及一些介绍马克思、列宁生平和俄国革命的文章。此外，毛泽东主编的《湘江评论》，少年中国学会南京分会编辑的《少年世界》，瞿秋白、郑振铎主编的《新社会》，戴季陶编辑的《星期评论》，张东荪主编的《解放与改造》等刊物都发表过不少宣传马克思主义的文章。其次，是全国各地出现了不少宣传和研究马克思主义的团体。1920年3月，在李大钊的倡导下，由邓中夏、高君宇、刘仁静、罗章龙等人发起，北京大学成立了"马克思学说研究会"，后来发展到会员二三百人，其中包括唐山、郑州等地的工人。1920年5月，陈独秀在上海发起组织了"马克思主义研究会"，除陈氏外，主要会员还有李汉俊、李达、陈望道、杨明斋等，1920年8月，其中一些会员建立了上海共产党组织。在湖南，有毛泽东创办的以传播马克思主义为目的的"文化书社"。在湖北，有恽代英、林育南等人组织的"利群书社"。在天津，有周恩来等人组织的"觉悟社"和"马克思主义研究会"。再次，马克思主义著作被大量翻译出版。1920年新青年社出版了《共产党宣言》的第一个中文全译本，与此前后，马克思、恩格斯的《社会主义从空想到科学的发展》、《雇佣劳动与资本》、《〈政治经济学批判〉导言》、《资本论自序》和《反杜林论》的一部分，列宁的《苏维埃政权当前的任务》、《无产阶级专政时代的经济和政治》等也被译成中文。

　　从1920年8月上海共产党组织的创建到1921年7月中国共产党的成立，是马克思主义与工人运动相结合，建立无产阶级政党的阶段。在马克思主义广泛传播的基础上，上海的早期马克思主义者，首先于1920年8月成立了共产党发起组，宣布要为在中国"按照共产主义理想，建立一个新社会"而斗争，不久，发起组把《新青年》改组成党的机关刊物，并出版半秘密性的《共产党》月刊，加强马克思主义的宣传。接着，北京、武汉、长沙、广州、济南等地都建立了共产党小组。为使马克思主义与工人运动相结合，各地党组织还出版工人刊物，组织劳动补习学校，积极在工人中宣传马克思主义，进行组织工作。经过一系列的准备，1921年7月，各地的共产党小组代表在上海开会，宣布中国共产党成立。中国共产党的成立是开天辟地的大事变。从此，中国革命和文化发展都进入了一个新的时代。

（三）马克思主义与中国新文化的发展

五四新文化运动的兴起，为马克思主义在中国的广泛传播创造了条件，而马克思主义的广泛传播，又"丰富了新文化运动的内涵，并使之具有了新的发展方向"①。我们知道，在马克思主义广泛传播以前，或者说在新文化运动的前期，新文化派所理解和要求建立的新文化是西方资产阶级的文化，所以，前期的新文化运动也可以称之为"西化"运动。但当李大钊、陈独秀等人接受了马克思主义，并成为中国早期的马克思主义者后，他们所理解和要求建立的新文化则已是与西方资产阶级文化性质不同的社会主义文化。早在 1919 年 5 月，李大钊在《我的马克思主义观》中就系统地阐述了马克思主义的三个组成部分，即科学社会主义、经济学特别是剩余价值学说和"唯物史观及其阶级斗争说"，并明确指出："马克思的唯物史观有二要点：其一是关于人类文化的经验的说明；其二即社会组织进化论。"所以，"我们主张以人道主义改造人类精神，同时以社会主义改造经济组织。不改造经济组织，单求改造人类精神，必致没有结果。不改造人类精神，单求改造经济组织也怕不能成功。我们主张心物两面的改造，灵肉一致的改造"。不仅仅以对社会的文化改造为己任，而主张经济改造、政治改造和文化改造同时进行，并且认为社会改造的最终目标不是资本主义，而是社会主义和共产主义，"很明显，这是当时兴盛的新文化运动发展的质的飞跃"②。不久，陈独秀、瞿秋白等人也相继指出，中国的前途只能是社会主义，建设社会主义新文化才是现代中国文化发展的正确方向。

中国共产党成立后，党又自觉地把实现社会主义社会和建设社会主义新文化作为自己的奋斗目标。1922 年 7 月党的第二次全国代表大会发表的《中国共产党第二次全国代表大会宣言》，根据历史唯物主义分析中国国情，指出中国社会的性质是半殖民地半封建社会；当前革命的性质是资产阶级民主主义革命，即反对帝国主义和封建主义的民族民主革命；革命的动力包括工人阶级、

---

① 黄楠森、龚书铎、陈先达主编：《有中国特色社会主义文化研究》，第 256 页，济南，山东人民出版社，1999。

② 黄楠森、龚书铎、陈先达主编：《有中国特色社会主义文化研究》，第 284 页，济南，山东人民出版社，1999。

农民阶级、小资产阶级和民族资产阶级；党的最低纲领是打倒封建军阀，推翻帝国主义，建立独立的民主共和国；最高纲领是"建立劳农专政的政治，铲除私产制度，渐次达到一个共产主义社会"。为了实现"二大"提出的反帝反封建的民主革命纲领，中国共产党成功地实现了与国民党的第一次合作，共同发动和领导了轰轰烈烈的大革命运动。同时在思想文化领域，李大钊、陈独秀、瞿秋白等党的领导人继"问题与主义论战"、"社会主义论战"和"无政府主义论战"后，又先后参加了"东西文化论战"、"科学与人生观论战"以及与"戴季陶主义"、"国家主义"的论战。通过这些论战，扩大了马克思主义的影响。作为一支文化新军，中国的马克思主义者开始活跃于思想文化斗争的舞台上。

1927年大革命失败后，中国的思想文化界围绕中国的社会性质问题又展开了一场持续近十年之久的大论战。当时中国的托派以《动力》杂志为阵地公开宣扬托洛茨基的观点，否认中国的社会性质仍是半殖民地半封建社会，中国的革命性质仍是反帝反封建的资产阶级民主革命，而认为中国资产阶级革命已经取得胜利，封建势力已经成为残余。与此同时，国民党内以陶希圣为代表的"新生命"派（因以《新生命》杂志为阵地而得名）为了达到反对中国共产党领导的反帝反封建革命的目的，也与中国的托派分子相唱和，否认中国是半殖民地半封建社会。在此背景下，党指导下的"新思潮派"（因以《新思潮》杂志为阵地而得名），运用历史唯物主义的科学武器，对中国社会和中国革命问题进行阐释，批驳了托派和"新生命派"的观点，并由此引发了一场大论战。论战主要在"新思潮派"和宣扬托派观点的"动力派"（因《动力》杂志而得名）以及"新生命派"之间展开，其争论的焦点是如何估价帝国主义、封建主义和民族资本主义的地位及相互关系，中心问题是对中国社会性质的判定，即中国是半殖民地半封建社会还是资本主义社会。

论战在其发展过程中，又引发了中国社会史问题的论战，并于1932年前后达到高潮。论战的一方是以郭沫若、吕振羽、翦伯赞为代表的马克思主义史学工作者，另一方是由"新生命派"和托派分子组成的联合战线，论战主要围绕亚西亚生产方式、中国古代社会的性质和历史分期等问题进行，其关键则是马克思主义关于社会发展普遍规律的学说是否适合中国社会历史发展的国情。此后，对中国社会性质的讨论又逐渐深化为对中国农村社会性质的讨论。以党领导下的"中国农村派"（因以《中国农村》杂志为阵地而得名）为代表的左翼社会工作者通过对中国农村社会现状的调查，以不可否认的事实批驳了托派和"新生命派"的观点，进一步论证了中国半殖民地半封建的社会性质。

几乎与社会史问题论战的同时，哲学战线也在进行一场"唯物辩证法论战"，又叫"哲学论战"。通过论战，以艾思奇、胡绳、邓云特为代表的马克思主义哲学家批驳了张东荪、叶青等人对唯物辩证法的攻击，阐述了唯物辩证法的基本原理，使唯物辩证法得到了更为广泛的传播和发展，这对于促进马克思主义哲学与中国革命的具体实践深入结合，具有十分重要的意义。

共产党不仅重视思想文化战线的斗争，而且也非常重视思想文化领域的建设。"在革命根据地，党和苏维埃政府先后通过了一系列的决议，提出了党的文化方针和政策，阐明了文化工作在中国革命中所具有的重要地位，并且设立了苏维埃文化委员会，专门负责苏区的文化建设。在国统区，中共中央文化工作委员会和党的一些地方组织，也在极端困难的条件下，积极开展工作，进行了诸多富有创造性的探索"[1]。在党的领导下，1930年3月，上海成立了中国左翼作家联盟。同年5月，又成立了中国社会科学家联盟。中国左翼戏剧家联盟、中国左翼美术家联盟也于此不久相继诞生。以此为基础，中央通过宣传部文化工作委员会组成了中国左翼文化总同盟，作为各左翼文化团体的联合组织，并创办了机关刊物《文化月报》。与此同时，一些从事思想文化工作的共产党员和接受党的领导或影响的进步知识分子，面对国民党的白色恐怖和"文化围剿"，在极端困难的条件下，创作出了许多优秀的思想学术著作和文学作品，如郭沫若的《中国古代社会研究》、吕振羽的《史前期中国社会研究》和《中国政治思想史》、侯外庐的《中国古代社会与老子》、李达的《社会学大纲》、艾思奇的《大众哲学》、茅盾的《子夜》、巴金的《家》、曹禺的《雷雨》等。

抗日战争全面爆发后，中国共产党根据变化的国际国内形势，及时地调整了文化政策，推动了文化统一战线的形成。1938年3月中华全国文艺界抗敌协会在汉口宣告成立，作为文艺界的统一战线组织，它几乎包括了全国著名的

---

① 黄楠森、龚书铎、陈先达主编：《有中国特色社会主义文化研究》，第262页，济南，山东人民出版社，1999。

文学家和艺术家。不久，以郭沫若为厅长的军委会第三厅正式组成，由于它汇集了众多党派和无党派的文化人士，因而被人称之为"人才内阁"或"名流内阁"。在共产党的领导和推动下，抗日救亡的文化运动在国统区内广泛兴起。广大的文化工作者在"文化下乡，文章入伍"口号的鼓舞下，深入到社会基层，以各种民众喜闻乐见的文艺形式进行宣传；大批救亡报刊、书籍出版发行，反映抗战的小说、诗歌、戏剧、音乐、美术等作品大量涌现。与此同时，针对抗战时期出现的专制复古倾向，一些从事思想文化工作的共产党人和进步的知识分子先后发起了"大众语运动"和"新启蒙运动"，对专制复古倾向进行批判，进一步申明和捍卫了五四新文化运动的发展方向。

抗日战争时期，以延安为代表的抗日民主根据地，虽然条件十分艰苦，但在共产党的领导下，文化事业仍获得了很大发展。作为中共中央所在地，延安成了这一时期全国革命文化的中心，文化团体和刊物大量涌现，其中鲁迅艺术学院的成立和《中国文化》杂志的创办，对推动中国现代新文化的发展意义重大。广大文艺工作者经过延安整风、特别是认真学习了毛泽东1942年的《在延安文艺座谈会上的讲话》，进一步提高了政治认识，明确了文艺为人民服务的正确方向，以极大的热情创作出了一大批为群众喜闻乐见的优秀作品；如小型秧歌剧《兄妹开荒》，新歌剧《白毛女》，短篇小说《小二黑结婚》，中篇小说《李有才板话》，长篇小说《太阳照在桑乾河上》、《暴风骤雨》，长篇叙事诗《王贵与李香香》等。这些作品在现代中国文学史上有其重要地位。

（四）新民主主义文化理论的形成

自五四前后马克思主义大规模地传入中国起，中国早期的马克思主义者，如李大钊、陈独秀、瞿秋白等人就开始了马克思主义文化理论的探索。中国共产党成立后，党在领导中国人民进行反帝反封建斗争的同时，也非常重视文化理论的建设工作。但由于受"左""右"倾机会主义路线的影响和干扰，在相当长的时期内，党并没有系统地提出符合中国国情和新民主主义革命实践的文化理论。这一理论的提出是在1940年。

这年初，毛泽东在延安《中国文化》杂志的创刊号上发表《新民主主义的政治与新民主主义文化》（收入《毛泽东选集》时改为《新民主主义论》）一文，第一次系统地阐述了有关中国新民主主义革命的理论，尤其是新民主主义的政治、经济和文化问题。在谈到新民主主义的文化时，毛泽东指出，所谓新民主主义文化，首先是"民族的。它是反对帝国主义压迫，主张中华民族的尊严和独立的。它是我们这个民族的，带有我们民族的特性"。其次是"科学的。它是反对一切封建思想和迷信思想，主张实事求是，主张客观真理，主张理论和实践一致的"。第三是"大众的，因而即是民主的。它应为全民族中百分之九十以上的工农劳苦民众服务，并逐渐成为他们的文化"。总之，"民族的科学的大众的文化，就是人民大众反帝反封建的文化，就是新民主主义的文化，就是中华民族的新文化"，就是中国文化发展的方向。

要建设"民族的科学的大众的"中华民族的"新文化"，毛泽东提出，"中国应该大量吸收外国的进步文化，作为自己文化食粮的原料"。"凡属我们今天用得着的东西，都应该吸收"。但是这种吸收不是无批判、无选择地生吞活剥，照搬照抄，更不是"全盘西化"，而必须经过一番"消化"的工夫，"把它分解为精华和糟粕两部分，然后排泄其糟粕，吸收其精华"。也就是说，外来先进文化，必须"和民族的特点相结合，经过一定的民族形式，才有用处"。在吸收外来先进文化的同时，毛泽东进一步指出，我们还必须认识到，"中国现时的新政治新经济是从古代的旧政治旧经济发展而来的，中国现时的新文化也是从古代的旧文化发展而来的。因此，我们必须尊重自己的历史，决不能割断历史"，必须对古代文化进行清理和继承，任何民族虚无主义的观点都是十分错误的。但是，"尊重"历史，"是给历史以一定的科学的地位，是尊重历史的辩证法的发展，而不是颂古非今，不是赞扬任何封建的毒素"；"继承"文化，"决不能无批判地兼收并蓄。必须将古代封建统治阶级的一切腐朽的东西和古代优秀的人民文化即多少带有民主性和革命性的东西区别开来"，"剔除其封建性的糟粕，吸收其民主性的精华"。

接着，张闻天也在《中国文化》第二期上发表了《抗战以来中华民族的新文化运动与今后任务》一文，进一步就"中华民族新文化的内容与实质"、"中华民族的新文化与旧文化"、"中华民族的新文化与外国文化"诸问题做了阐述。他指出，中华民族的新文化必须是"民族的"、"民主的"、"科学的"和"大众的"。所谓"民族的"，即"抗日，反帝，反抗民族压迫，主张民族独立与解放，提倡民族的自信心，正确的把握民族的实际与特点的文化"；所谓"民主的"，即"反封建，反专制，反独裁，反压迫人民自由的思想习惯与制度，主张民主自由、民主政治、民主生活与民主的作风的文化"；所谓"科学的"，即"反对武断、迷信、愚昧、无知，拥护科学真理，把真理当作自己实践的指南，提倡真能把握真理的科学与科学思想，养成科学的生活与科学的工作方法的文化"；所谓"大众的"，即"反对拥护少数特权者，压迫剥削大多数人，愚弄欺骗大多数人，使大多数人永远陷于黑暗与痛苦的贵族的特权者的文化，而主张代表大多数人民利益的、大众的、平民的文化，主张文化为大众所有，主张文化普及于大众而又提高大众"。他并强调指出，"上述新文化的四个要求是有机的联系着的。真正民族的，必然是民主的，科学的，大众的。但任何一种主义，一种学说，只要是对于上述要求中的一个要求或一个要求中的一点要求有所贡献，即可成为新文化的一个组成部分。任何一个主义，一种学说，包办新文化的企图，都是有害的"。

在谈到"中华民族的新文化与旧文化"的关系时，张闻天指出，由于旧中国是一个半殖民地半封建的国家，因此，"它的统治的文化也是半殖民地半封建的。换句话说，即是买办性的封建主义的文化"。这种"买办性的封建主义的文化"，对外善于投降妥协，含诟忍辱，对列强充满恐怖心、依赖心、侥幸心，缺乏民族的自尊心与自信心，夸张封建主义的道德为民族美德；对内则提倡封建的旧道德、旧思想、旧制度，主张复古，尊孔读经，保存国粹；反对科学，提倡迷信、愚昧、无知、独断、盲从，提倡反对大众、远离大众、拥护少数独裁特权者利益的贵族文化，反对解放大众、接近大众的平民文化，提倡古文文言文，反对今文白话文。对于这种"买办性的封建主义的文化"，我们应给以"彻底的破坏和致命的打击"，用全力加以彻底的"扫除"。"新文化是这种文化的彻底的否定"。当然，除了"买办性的封建主义的文化"外，"旧文化中也有反抗统治者、压迫者、剥削者，拥护被统治者、被压迫者、被剥削者，拥护真理与进步的民族的、民主的、科学的、大众的文化因素"。这些文化因素"是过去我们的祖先留给我们的宝贵的遗产"，"是值得我们骄傲的"东西。"对于这些文化因素，我们有从旧文化的仓库中发掘出来，加以接受、改造与发展的责任。这就叫'批判的接受旧文化'。所以新文化不是旧文化的全盘否定，而是旧文化的真正'发扬光大'。新文化不是从天上掉下来的奇怪东西，而是过去人类文化的更高的发展"。

张闻天进而指出，中华民族的新文化，不仅要"批判的接受旧文化"，还"应该充分的吸收外国文化的优良成果，而成为世界文化中优秀的一部分"。但这种"吸收"，决不是完全抄袭外国文化的所谓"全盘西化"，外国文化中的反动文化（如主张侵略，反对民族解放，主张独裁与法西斯主义，反对民主与自由，主张宗教迷信，反对科学真理，拥护压迫剥削，反对大众，反对社会主义的文化），是应该坚决排斥的；"也决不像'中学为体，西学为用'的'中国本位文化'论者那样，只吸收外国的自然科学，来发展中国的物质文明"。相反，"它要吸收外国文化的一切优良成果，不论是自然科学的、社会科学的、哲学的、文艺的"，凡能够满足我们建设新文化需要的，"我们都应吸收过来。我们要在大胆吸收外国的优良的养料中，使我们的新文化长大起来"。这种对外国文化"大胆的与批判的接受"，也就是鲁迅的"拿来主义"。

毛泽东和张闻天的以上论述，不仅为中国新文化的建立指明了方向，而且科学地回答了文化建设中的形式与内容、吸收和继承这些不少中国人其中包括西化派和文化保守主义者都试图回答而又未能回答的问题，这表明经过长期探索，符合中国国情和新民主主义革命实践的文化理论，即新民主主义文化理论终于形成。从此，新民主主义文化理论成了中国现代文化建设的指导纲领。

四、三大思潮的互动关系

我们以上分别考察了西化思潮、文化保守主义思潮和马克思主义思潮在民国的演化过程。西化思潮、文化保守主义思潮和马克思主义思潮虽然在文化取向上彼此对立，西化派主张西化，文化保守主义者维护传统，马克思主义者努力将马克思主义的普遍真理与中国革命的具体实践结合起来，以实现马克思主义的中国化，但由于生活在同一历史时代，面临着相同的"前现代"传统的内容和具体的历史处境，因此，他们又有着许多相同或相似之处。譬如，在文化问题上，他们思考和企图解决的问题大致相同，即如何对待传统，如何引介西学，和如何建设新文化的问题，换言之，也就是如何处理"西学"与"中学"、

"传统"与"现代性"和"西化"与"现代化"的关系问题。他们也都具有强烈的民族主义意识。因为中国自 1840 年鸦片战争后，就逐步丧失了国家的独立和主权，始终存在着亡国灭种的现实危险。与此相适应，民族主义十分高涨，弥漫并支配着中国近代以来的各种文化思潮及其演化过程。振兴中华，救亡图存，是摆在每一个炎黄子孙面前的首要任务。西化思潮、文化保守主义思潮和马克思主义思潮也不例外，它们的形成和发展始终是与民族主义联结在一起的。实际上，西化派也好，文化保守主义者也好，马克思主义者也好，在本质上都是民族主义者。西化派的否认、批判传统，主张"西化"，文化保守主义者的维护、认同传统，主张"中体西用"式的折衷调和，马克思主义者批判地继承传统，主张吸取西方一切优秀文化，就其思想动机来看，都是出于振兴民族，救亡图存，为中华民族选择一条强国富民的文化出路的考虑，就是陈序经的"全盘西化"，胡适的"充分西化"或"尽力西化"，也并非是要把中国变为西方的附庸或殖民地，而是认为只有如此才能使中国富强起来，才能使中华民族立于世界民族之林。当然，其主张在客观上的正确与否另当别论。他们也都不反对中国实现现代化，只是各自选择的方向和道路有所不同而已。西化派主张照抄照搬西方的经验，走西方工业文明即西方资本主义发达国家的老路；文化保守主义者认为中国的现代化应是中国传统的"精神文明"加西方近代的"物质文明"，到现代新儒家的第二代代表人物那里，更明确地提出以"儒家资本主义"为中国现代化道路的选择；马克思主义者则坚持社会主义现代化的方向和道路，并在实践探索中把"中国特色"放在了越来越重要的地位。

当然，这不是说西化思潮、文化保守主义思潮和马克思主义思潮之间就不存在矛盾和斗争。实际上，由于它们的文化取向的不同，尤其是对中国现代化道路或中国前途、命运的选择不同，它们之间的矛盾与斗争是十分尖锐的。马克思主义思潮自五四前后传入中国起，就遭到了西化思潮和文化保守主义思潮的拼命反对。以发表《欧游心影录》、提倡东方文化而成为文化保守主义者的梁启超就声称，马克思主义的科学社会主义学说对于缓和阶级矛盾可能是一帖"救时良药"，但"若要搬到中国……我头一个反对"[1]。梁漱溟也在他的《东

---

① 梁启超：《欧游心影录》，见陈崧：《五四前后东西文化问题论战文选》，第 369 页，北京，中国社会科学出版社，1985。

西文化及其哲学》中指责马克思主义的唯物史观只能解释文化产生的"缘"，而不能说明文化产生的"因"。胡适则挑起问题与主义的论战，反对马克思主义对中国问题的根本解决。可以说，马克思主义思潮是在与西化思潮、文化保守主义思潮和其他种种非马克思主义思潮的斗争中发展起来的，而西化思潮、文化保守主义思潮和其他种种非马克思主义思潮也始终想遏制马克思主义思潮的发展。因此，西化派和文化保守主义者尽管其文化取向不同，但反对马克思主义则是他们的共同特征。他们反对的主要是马克思主义的唯物史观、马克思主义的阶级斗争学说和以马克思主义为指导思想的中国共产党领导的反帝反封建的革命斗争。所不同的是，文化保守主义者把马克思主义作为外来文化加以反对，而西化派则把本属于西方文化之重要组成部分的马克思主义排斥出了西方文化之外。同时，在西化派和文化保守主义者之间也因其文化取向的彼此不同而时常发生争吵。西化思潮、文化保守主义思潮和马克思主义思潮的这种矛盾、冲突和斗争，推动着民国时期中国文化的发展进程。

马克思主义思潮虽然是在与西化思潮、文化保守主义思潮和其他种种非马克思主义思潮的斗争中发展起来的，但在中西文化观上，马克思主义者没有陷入简单化的中西对立、体用二元的思维模式，对中西文化均持弃其糟粕、取其精华、批判继承、综合创新的态度，既反对西化派的西化主张，也不赞成文化保守主义者提出的以中国文化为本位、为主体的中西文化调和，但在与西化派和文化保守主义者斗争的同时，又部分地肯定和接受了他们提出的某些合理的思想观点，如西化派对文化保守主义者之保守主义的文化取向、泛道德主义的价值取向和对中国文化出路之"中体西用"式的选择的批评，文化保守主义者对西化派的民族文化自卑心理、盲目崇拜西洋近代文化、以及"西化等于现代化"观点的批评，这些在马克思主义者看来，都有合理的因素，值得借鉴。实际上，马克思主义者的文化观就包含着对西化派和文化保守主义者之文化观的扬弃。同样，西化派和文化保守主义者在相互争吵时，也在自觉或不自觉地吸收对方的一些提法和思想。

正因为西化思潮、文化保守主义思潮和马克思主义思潮之间存在着上述的不同（文化取向的不同）和相同（在一些具体问题上相同）的关系，所以，它们既有斗争（这是主要的），又有联合（这是局部和暂时的）；既有马克思主义者与西化派和文化保守主义者之间的斗争，也有西化派与文化保守主义者之间的斗争；既有西化派与文化保守主义者联合起来反对马克思主义，也有马克思主义者与西化派结成暂时联盟批判文化保守主义。民国以来发生的多次文化思想论战，就主要是在西化派、文化保守主义者和马克思主义者之间进行的。

第二章

波澜起伏的文化论争

民国时期曾发生过多次文化论争，这些论争主要是在西化派、文化保守主义者和马克思主义者之间展开的，它们反映了这三派之间因文化取向的根本不同和对个别问题的看法相同所形成的那种既斗争又联合之错综复杂的关系，反映了当时世界发展的潮流和国内阶级力量的对比。1919 年的问题与主义论战，论战的双方是中国早期马克思主义者李大钊和西化派代表人物胡适，而当时的文化保守主义者是站在胡适一边的。五四前后的东西文化大论战，论战的一方是杜亚泉、梁启超、梁漱溟、章士钊等文化保守主义者，另一方是由胡适、常燕生、毛子水等西化派和陈独秀、李大钊（陈、李二人在五四前期属于西化派阵营）、杨明斋、瞿秋白等中国早期马克思主义者所组成的新文化派，尽管在新文化派内部围绕中国文化出路是"西化"还是"俄化"也存有争论。

1923年的"科玄论战",玄学派的主将是现代新儒家先驱人物张君劢,支持张的有梁启超、张东荪、林宰平,科学派的主将是丁文江,支持丁的有胡适、吴稚晖、王星拱,中国早期马克思主义者陈独秀、邓中夏也介入了这场论战,他们虽然对双方都有批评,但不是各打五十大板,而是更多地支持和肯定了科学派的进步主张。20世纪30年代的中西文化大论战,主要是在以"中国本位文化派"为代表的文化保守主义者和以胡适、陈序经为代表的西化派之间展开的,中国共产党人由于当时正忙于武装反抗国民党统治的斗争加上国民党对白区马克思主义者和进步人士的镇压、迫害、以及民族危机的空前严重,马克思主义者没有全面参加论战,但从他们在事中或事后所发表的一些文章来看,他们既反对"中国本位文化派"的文化主张,也不赞同陈序经的"全盘西化"和胡适的"充分西化"论,对两者均持批评的态度。30~40年代,熊十力、冯友兰、贺麟等现代新儒家先后创立了"新唯识学"、"新理学"和"新心学"哲学体系,另一位历史学家钱穆则公开鼓吹历史复古主义,马克思主义理论家胡绳、艾思奇、侯外庐等曾著文同他们辩论,主要是批评他们的唯心主义的宇宙观、历史观和方法论。下面我们对民国时期几次比较大的文化论争做一介绍。

一、五四前后的东西文化论战

五四新文化运动时期,中国思想界围绕东西文化问题发生过一场大的论战。这场论战始于《新青年》创刊的1915年,直到20年代后期才因国民革命的武器批判压倒了思想战线上的批判武器而逐渐沉寂下来,前后延续了约十年之久。参与论战的双方主要是以陈独秀、李大钊、胡适为代表的新文化派(五四前期新文化派主要是西化派,到了中后期中国早期马克思主义者开始登上历史舞台,成为新文化派的一部分,在反对文化保守主义者的文化主张上他们是西化派的同盟军,但对中国文化出路的选择他们与西化派又大相径庭,存在争论)和以杜亚泉、章士钊、梁漱溟为代表的文化保守主义者。这场论战其时间之长,参与论战的人数之多,涉及的问题之广,影响之重大和久远,都是此前所发生的一切类似论战无法比拟的。

（一）论战的大致过程

五四前后东西文化论战始于 1915 年《青年杂志》(《新青年》)的创办。在其创刊号上，陈独秀就旗帜鲜明地提出要中国"改弦更张"，向西方学习，走民主与科学的道路，并对中国旧思想，特别是孔孟之道进行了批判。他还对中西文化进行了比较，结论是以儒家思想为核心的中国传统文化是理应被淘汰的"古之遗"，而西洋近代文化才是真正的有存在和发展价值的"近世文明"。同期还发表有汪叔潜的《新旧问题》一文，认为中国固有文化是"旧"文化，西洋近代文化是"新"文化，二者性质极端相反，彼此不能并存。《青年杂志》创刊号发行后，在中国思想文化界引起巨大反响。不久，陈独秀又在《青年杂志》上发表《东西民族根本思想之差异》一文，进一步比较了东西方文明的不同特点，认为"东西洋民族不同，而根本思想亦各成一系，若南北之不相并，水火之不相容也"。与此同时，李大钊、胡适、常燕生、鲁迅、周作人、毛子水等也先后在《新青年》和其他刊物上发表文章，或批判中国传统文化，主张向西方文化学习；或通过对东西方文化的比较，得出了东方或中国文化落后于西方文化的结论。

《新青年》对中国传统文化的批判，以及关于中国文化比西方文化落后的观点，引起了顽固守旧分子和文化保守主义者的不满。但由于顽固守旧分子思想过于陈旧，在思想文化界已没有多少市场，当时在思想文化界有一定影响力的是文化保守主义者。最早起来发表文章与《新青年》展开论争的是《东方杂志》主编杜亚泉。早在 1913 年，杜氏就发表过《论社会主义运动之趋势与吾人处世之方针》一文，认为中国对西方的物质文明可以吸取，国体政体也可参考西方进行改革，但中国固有的道德、文学、宗教以及社会风俗、家族制度则比西方的好，不宜也不应改变。《青年杂志》创刊后，他成了新文化派的重要论敌。从 1916 年起，他以伧父为笔名，连续在《东方杂志》上发表文章，反对陈独秀等人的观点和主张。如他发表在《东方杂志》第 13 卷第 10 号的《静的文明与动的文明》一文，将东西文化差异的实质归结为"静"与"动"的不同，只承认东西文化有"性质"之异，而无"程度"之别，公开和陈独秀等人的观点唱反调。他发表在《东方杂志》第 14 卷第 4 号上的另一篇文章《战后东西文明之调和》，认为第一次世界大战已使西洋文明破绽百露，中国人不应对它再抱崇信的态度，更不要受西洋物质文明的"眩惑"，忽视科学思想传入带来的"害处"，作为东洋社会之代表的中国，"当此世界潮流逆转之时，不可不有所自觉与自信"，"确信吾社会中固有之道德观念，为最纯粹最中正者"，主张"以科学的手段，实现吾人经济的目的。以力行的精神，实现吾人理性的道德"。1918年春夏之交，杜氏更利用自己为《东方杂志》主编的条件，先后发表了他自己的《迷乱之现代人心》（第15卷第4号）、钱智修的《功利主义与学术》（第15卷第6号）和平佚的译文《中西文明之评判》（第15卷第6号）。杜文的大意，是说西方文化的大规模输入造成了中国国是的丧失和精神界的破产，其挽救之道，在于用儒家思想来"统整"西方文化中对我"可用者"，从而使中国文明发扬光大。钱文认为，西方文明对中国影响最大的是功利主义，对中国文化学术事业危害最大的也是功利主义，故"功利主义不去，则学术必无精进之望"。《中西文明之评判》一文，主要是介绍台里乌司等三位西方学者对辜鸿铭于欧战前后在德国刊行的两本德文著作的评论。辜氏的书，一本叫《中国对欧洲思想之辩护》，另一本是《中国国民之精神与战争之血路》，其主要内容是说以孔子伦理为代表的中国文明，实优于基于物质主义的西方文明。台氏对辜氏的上述观点表示赞同。《东方杂志》发表这三篇文章，无疑是向《新青年》公开挑战。

面对《东方杂志》的公开挑战，陈独秀作《质问〈东方杂志〉记者——〈东方杂志〉与复辟问题》一文，发表在《新青年》第5卷第3号上，就《东方杂志》的三篇文章提出16条质问，其中驳《中西文明之评判》9条，驳《功利主义与学术》6条，驳《迷乱之现代人心》1条，但这一条最长，其中又包括7点，主要内容是驳杜氏的"统整"说，他质问杜亚泉：中国学术文化之发达，是以儒家统一以后的汉魏唐宋为盛，还是以儒家统一以前的晚周为盛？欧洲中世纪，耶教统一全欧千余年，文艺复兴之后的文明呈混乱矛盾，但比之中国和欧洲中世纪，优劣如何？西洋文明于物质生活以外，是否也有精神文明？中国所谓精神文明，是否指的是儒家的君道臣节名教纲常？除儒家的君道臣节名教纲常之外，是否绝无其他文明？陈氏坚决反对把"儒术"当作中国不可动摇的"国基"，把儒家的君道臣节纲常名教当作永不可变的"信条"，他并指出民主共和与功利主义有其一致性，《东方杂志》记者反对功利主义，企图用"儒术"来"统整"人心，这与帝制复辟有必然的思想联系。

陈文发表的时间是1918年9月。12月，杜亚泉在《东方杂志》第15卷第12号上发表《答〈新青年〉杂志记者之质问》，全面回答陈文的驳难，并进一步阐述了自己保守主义的文化主张，坚持认为："君道臣节名教纲常为基础之固有文明，与现实之国体，融合而会通之，乃为统整文明之所有事。"他在文中还为钱智修的《功利主义与学术》一文辩护，公开表示赞同辜鸿铭的观点。针对杜氏的辩解，次年2月，陈独秀在《新青年》第16卷第2号上再发表《再质问〈东方杂志〉记者》，继续批驳杜氏的"统整"论，指出杜氏以卫护学术思想之统一为名，要求实行学术"统整"，这有害于文明进化，是一种妨碍学术自由发展的专制行为；相反，标新立异，乃是文化发展兴隆之道。陈氏也承认，中国的固有文明在古代有它"相当的价值"，但它属于"古代文明"，"不足以支配现代社会"。

在陈独秀和杜亚泉争论的同时或前后，李大钊、吴敬恒、傅斯年、陈嘉异等也纷纷发表文章，参与论战。李大钊等人支持陈独秀，陈嘉异则站在杜亚泉一边。1918年6月，李大钊发表《东西文明根本之异点》一文，从字面上看，他和杜氏一样，把东西文明的特性，概括为"动的文明"和"静的文明"，但结论则与杜氏相反，认为西方近代文化比中国传统文化优越，中国文化的出路，就在"以彻底之觉悟，将从来之静止的观念，怠惰的态度根本扫荡，期与彼西洋之动的世界观相接近，与物质的生活相适应"①。

陈独秀与杜亚泉的论战，拉开了五四时期东西文化论战的帷幕。不久，五四运动爆发。五四运动猛烈地冲击了中国的旧文化，新文化派与文化保守主义者之间的文化争论也由此而进一步深入展开。如果说五四运动前争论主要围绕东西文化差异的比较和杜氏的"统整"说进行（当然亦涉及到其他问题），那么，五四运动后双方争论的主要是新旧文化的关系问题。1919年9月，章士钊在寰球中国学生会发表演说，针对新文化派提出的"新"与"旧"在性质上极端相反，两者不能并存，要开"新"就不能守"旧"的观点，鼓吹新旧调

---

① 李大钊：《东西文明根本之异点》，载《言治》季刊，第3册，1918年7月。

和，认为宇宙的进化是"移行"的，而不是"超越"的，世间物种不论进化到何种阶段，都是"新旧杂糅"，"新旧杂糅"就是"调和"。他并进而以欧洲第一次世界大战后的情况为例，论证"物质上开新之局，或急于复旧，而道德上复旧之必要，必甚于开新"，公开主张复兴旧道德。章氏的演说词发表后，立即遭到张东荪的批评。这年的 10 月 1 日，张氏在《时事新报》上发表《突变与潜变》一文，指出生物的变化只有突变与潜变两种，前者是变的表现，后者是变因的发生，所以调和论是站不住脚的。10 月 10 日，《新闻报》又登出章士钊的《新思潮与调和》文章，答辩张东荪的批评，坚持认为世上的一切事物都是新旧"杂存"。两天后（10 月 12 日），《时事新报》又有张东荪的《答章行严君》发表，认为章氏所说的新旧"杂存"只是新旧"共存"，"新的逐渐增加，旧的逐渐汰除"，所以"共存"不是"调和"。他并严正声明，自己不赞成"新旧调和论"。

章张二人的观点，分别得到了一些人的支持。陈嘉异、杜亚泉等支持章士钊，1919 年 11 月，陈在《东方杂志》第 16 卷第 11 号上发表《我之新旧思想调和观——为质张君东荪与章君行严辩论而作》，从事物区别的相对性立论，论证新旧事物间的"自然调和"，反驳张东荪的新旧不可调和、新旧变异是突变的观点。当时支持张东荪的主要有蒋梦麟、罗家伦、毛子水、常乃德（即常燕生）。蒋梦麟和杜亚泉之间还就新旧思想的调和问题展开过辩论。1919 年 10 月，蒋氏于《时事新报》发表《新旧与调和》一文，批评调和论，认为不讲新旧之争而讲"调和"，就是等于让"新"的停止活动，等于反对社会进化。11 月，杜氏作《何谓新思想》一文刊于《东方杂志》第 16 卷第 11 号，反驳蒋氏的观点，并对蒋文中之"新思想"的定义提出质疑，批评新文化派揭橥的反传统之"新思想"并不是"新"，也不是"思想"，而只是出于感性的一时冲动。不久，蒋氏于《时事新报》再撰《何谓新思想》，反诘杜氏的批评，指出新思想和旧思想分别代表着"向进化方面走"还是"向旧有文化安乐窝走"这两种不同的"态度"，新旧不能调和。翌年 2 月，《东方杂志》第 17 卷第 2 号转载蒋文，并附杜氏评论，以回应蒋文。

新文化派的领袖们也积极撰文参与新旧文化关系的论战。1919 年 12 月，陈独秀在《新青年》第 7 卷第 1 号发表《调和论与旧道德》一文，批评章士钊等提出的"物质上开新，道德上复旧"的"新旧调和"论，认为无论东洋西洋一切民族的社会上不良现象，都是旧道德所造成的，都在革除之列。同月，李大钊也在《新潮》第2卷第2号有《物质变动与道德变动》一文发表，他运用刚刚学来的唯物史观，对"物质上开新，道德上复旧"的"新旧调和"论进行了唯物主义的剖析，指出：道德的性质和状况是与经济的性质和发展状况相适应的，经济变动是道德变动的根本原因，所以"物质既不复旧，道德断无单独复旧的道理；物质既须急于开新，道德亦必跟着开新"，"断无自相矛盾、自相背驰的道理"。

五四时期的东西文化论战是一波未平，一波又起。1920年初，《晨报》副刊连载刚访欧归来的梁启超撰写的访欧游记《欧游心影录》，梁在文中以亲历者的身份描绘了战后西方的破败景象和西方一些人士对中国文化的赞颂和期待，主张以中国古代文明为主体，吸收一些西方文明，来构成新的文明，并号召中国青年以"孔老墨三位大圣"和"东方文明"去拯救西方文明。这年秋，梁漱溟开始在北大作"东西文化及其哲学"的演讲，其部分演讲稿陆续刊载在《少年中国》上。1921年暑假，他又应邀到山东演讲"东西文化及其哲学"，是年底，演讲稿整理出版。这是他出版的第一部有重大影响的著作。在此书中，梁"评判东西文化各家学说，而独发挥孔子哲学"，从文化渊源和人生哲学上对五四新文化运动做了全面清算。他开宗明义就指出，当时中国急迫要解决的问题是文化向何处去？有三条道路可选择，即西方化、东方化和中西文化折衷调和，他明确表示反对西方化，折衷调和他认为也不可能，唯一选择是东方化。他在书中还比较了东西文化的差异，认为东西方文化走的是三种不同的文化路向，西方文化走的是以"意欲向前要求为根本精神"的第一文化路向，东方的中国文化走的是以"意欲自为调和持中为根本精神"的第二文化路向，印度文化走的是以"意欲向后要求为根本精神"的第三文化路向，它们之间的差异是源于所走文化路向的不同。

《欧游心影录》和《东西文化及其哲学》的理论与主张，无疑是宣布新文化运动选错了方向，中国不应走西方文化的道路。而当时正值第一次世界大战刚刚结束，一股具有世界意义的"东方文化救世论"思潮正在兴起，因此，《欧游心影录》的发表，尤其是《东西文化及其哲学》的出版，在思想文化界产生了巨大反响。李石岑在《民铎》发表的文章中写道："《东西文化及其哲学》一书出版一年，销售十余万册，有近百篇论文和十几本小册子同他辩论，大打笔墨官司，翻译成了十二国文字，东西两半球的学者闹个无宁日。"李氏所讲的情况或许有些夸张，但《东西文化及其哲学》引起了巨大社会反响则是无疑的，并围绕此书的评价形成了五四东西文化论战的又一高潮。一些文化保守主义者虽然不太赞同梁氏的某些具体观点，特别是他那武断、主观的态度，但他们一致喝彩梁对五四新文化运动的全面清算，甚至认为《东西文化及其哲学》是"继绝世，开太平"的大发明，是"救济二十世纪之文化共通事业"的"开宗明义第一章"。文化保守主义者还纷纷发表鼓吹东方文明的文章，呼应梁提出的中国应走东方化道路的主张。陈嘉异于 1921 在《东方杂志》第 18 卷第 1~2 号上发表了一篇《东方文化与吾人之大任》的长文，公开声明自己是东方文化的崇拜者，反对一切赞扬西方文化的言论和观点。他认为东方文化具有西方文化所不具有的四大优点：第一，它（主要是中国文化）是独立的，创造的；第二，它具有调和精神生活和物质生活的优越性，而且能够用精神生活统御物质生活，使二者"熔冶为一"；第三，它能调节民族精神和时代精神，而尤以民族精神为其根柢，使其能得到"运用发展"；第四，它有由国家主义而达世界主义的优越性，而尤以世界主义为归宿，能够成为世界文化。柳诒徵甚至提出了中国文化的西被问题。1924 年他在《学衡》第 27 期上发表了《中国文化西被之商榷》，认为中国文化是"极中和之道德，极高尚之文学"，"在今日世界具有研究之价值"，也是西方世界迫切所需要的。

在新文化运动方面，尽管当时新文化派已发生分化，胡适、吴稚晖、常燕生等人仍坚持其西化立场，而陈独秀、李大钊、瞿秋白等人则接受了马克思主义，成了中国早期的马克思主义者，但在反击文化保守主义者对新文化运动的清算这一点上他们又有一致性。西化派胡适、吴稚晖、常燕生和早期马克思主义者瞿秋白、恽代英、杨明斋都纷纷挥笔上阵，批判梁漱溟和其他文化保守主义者的文化观点。1923 年 3 月，胡适在《读书杂志》第 8 号上发表《读梁漱溟先生的〈东西文化及其哲学〉》一文，就梁书的主要观点提出了批评。他首先批评了梁的"文化路向说"，认为它是"主观的文化哲学"，"犯了笼统的大病"，因为它用"整齐好玩"的公式来规范"繁多复杂的文化"，结果只能是主观和武断的"闭眼瞎说"。在批评梁说的基础上,胡提出了自己的文化理论:"有限的可能说",认为各民族文化走的都是一条"本能"的路,只是有快慢的不同。中国早期马克思主义者杨明斋1924年出版了一本批判专著《评东西文化观》,全书分为四部分:第一部分评梁漱溟的《东西文化及其哲学》,第二部分评梁启超的《先秦政治思想史》,第三部分评章士钊的《农国辩》,第四部分是总解释,属通论性质。杨氏依据马克思主义理论,从宏阔的文化背景和具体的历史事实出发,对梁漱溟等人的文化观点和主张作了逐章逐段的批驳,并阐述了一种新的文化观。

这里需要指出的是,新文化派中的西化派与中国早期马克思主义者虽然在批判文化保守主义者的文化观点和主张上是同盟军,但他们之间对于中国未来文化应走什么样的道路又存在着争论,西化派当然主张中国应走西化的道路,而中国早期马克思主义者则认为"俄化"才是中国文化道路的唯一选择。1923年瞿秋白在主持《新青年》季刊时,就连续发表了《东方文化与世界革命》、《现代文明的问题与社会主义》等文章,认为落后于时代的封建宗法文明和资产阶级文明都在淘汰之列,代之而起的是"通过世界革命"而建立的"社会主义文明",这种社会主义文明"以扩充科学的范围为起点,而进于艺术的人生",是一种"艺术性的技术文明"。①

(二)论战的主要问题

五四前后的东西文化论战涉及的问题非常广泛,但就其整个论战的过程而言,主要争论的是东西文化的差异比较、新旧文化的关系看待和中国文化出路的选择这三个问题。

东西文化存在差异,这是五四新文化运动时期人们的普遍共识。但这种差异的实质何在?东西文化孰优孰劣?对此,人们的认识又大相径庭。

一般而言,新文化派认为是"古今之别"。新文化派中首先把东西文化说成是"古今之别"的是陈独秀。1915年他在《青年杂志》第1卷第1号发表的《法兰西与近世文明》一文中,依据进化理论,把人类的文明划分为古代与近

---

① 瞿秋白:《现代文明的问题与社会主义》,载《东方杂志》第21卷第1号,1924年1月。

代两个时期，并从思想上对其特征作了说明："古代文明，语其大要，不外宗教以止残杀，法禁以制黔首，文学以扬神武。此万国之所同，未可自矜其特异者也。""近代文明之特征，最足以变古之道，而使人心社会划然一心者，厥有三事：一曰人权说，一曰生物进化论，一曰社会主义。"以此特征来观察东西文化，陈氏认为，东方的印度和中国这两种文明"虽不无相异之点，而大体相同，其质量举未能脱古代文明之窠臼"。因此，尽管在生物时间上它们也属于"近世"，但从文化进化的程度而言，"犹古之遗也"，是古代文明。真正可称为"近世文明者，乃欧罗巴人之所独有，即西洋文明也，也即欧罗巴文明。移植亚美利加，风靡亚细亚者，皆此物也"。陈独秀对人类文明史的分期以及对古代和近代文明之特征的认识，并不完全正确，但他第一次从文化之时代性上说明了东西文化之差异的实质就在文明程度的不同，前者是"古之遗"，而后者已进入"近世文明"，这在东西文化比较史上是一个飞跃。因为在此之前，各种主张采纳或学习西方文化的人，持的是"西学中源"说，认为近世之西方文化不过是古代中国文化失遗的"古礼"而已，中国学习西方，并非是"以夷变夏"，只是使遗失的"古礼"重新返回中国。

继陈独秀之后，胡适也对东西文化之差异的实质作了"古今"的说明。如前所述，他的《读梁漱溟先生的〈东西文化及其哲学〉》一文，在批评了梁氏的"三大文化路向说"后，提出了自己的"有限的可能说"。他指出，梁氏把文化界定为"民族生活的样法"，这我们可以承认，但"民族生活的样法"并不像梁氏说的那样走的是不同的"路向"，而是"根本大同小异"的。为什么呢？因为生活只是生物对环境的适应，而人类生理的构造根本上大致相同，故在大同小异的问题之下，解决的方法也不出那大同小异的几种。这个道理叫作"有限的可能说"。譬如，饥饿的问题只有通过"吃"才能解决，而吃的东西无非是饭、或面包、或棒子面，而总不出植物与动物两种，决不会吃石头。居住的问题，自穴居到广厦层楼，"根本上也只有几种可能"。御寒问题，从赤身裸体到穿皮毛大衣，"也不出那有限的可能"。其他如家庭组织、社会关系、精神生活、语言文字以及文学、美术、舞蹈、音乐等等，莫不如是。故此，胡氏不同意梁漱溟所谓东西文化走的是不同的"文化路向"的观点，而认为人类走的都是"生活本来的路"。"我们拿历史眼光去观察文化，只看见各民族都在那

'生活本来的路'上走，不过因环境有难易，问题有缓急，所以走的路有迟速的不同，到的时候有先后的不同"。比如，现在的欧洲民族，在历史上也曾有过一千年的黑暗时代，也曾十分迷信宗教，也曾极力压抑科学，也曾为卫道的热心烧死了不少科学家和独立思想的人，只是近三百年来，"受了环境的逼迫，赶上了几步，在征服环境的方面的成绩比较其余各民族确是大的多多"，成就了今日的特点：民主与科学。而中国和印度的落后，"也不过是因为缺乏那些逼迫和鞭策的环境与问题"，并不是因为如梁氏所说，他们的生活方式上有什么持中和向后的根本毛病，或他们的生活上有直觉和观现量的根本区别。胡适由此要人们相信，东西文化的差异不是什么类型或"路向"的不同，而是"时间上、空间上的一种程度的差异"，是发展速度的差异，是时代性的差异，是"古今之别"。

把东西文化之差异的古今性质表达得再清楚不过的大概要算常燕生了。1920 年他在《国民》第 2 卷第 3 号发表《东方文明与西方文明》。在文中他将人们所列举的种种东西方文明的不同特征列了一张表：

东方文明的特色	西方文明的特色
重阶级	重平等
重过去	重现在
重保守	重进取
重玄想	重实际
重宗教	重科学
重退让	重竞争
重自然	重人为
重出世	重入世

常氏认为，人们所举的东西文化之上述不同特色并没有错，"但这两个关系是前后的，不是对峙的"。东方和西方不是自古以来就存在着这种种差异，实际上"所谓东洋文明的几种要素，往往在古代西洋诸国里也可以找出来"。如"重宗教"，是古代民族所同有的，其他如重阶级、重过去、重保守、重玄想、重退让、重自然、重出世，无论东方还是西方，在古代"全是一样，并没有分别"。只是由于西洋文明已从古代进入现代，因而具有了上表所列的种种新的

特色，而"东方文明从古以来并没有改变。我们现在所勉强可以叫做东方文明的一点东西，仍然就是几百年几千年以前的那点东西。所以古代文明所有的特质现在仍然保存"。据此，常燕生得出结论："一般所谓东洋文明和西洋文明之异点，实在就是古代文明和现代文明的特点。"人们之所以会把这两种文明的差异说成是"东西之别"，一个重要的原因是，他们一方面"误以近代文明的特质当作西方文明的特点"，另一方面又"误以古代文明的特质当作东方文明的特点"。

与新文化派把东西文化的差异归结为"古今之别"不同，文化保守主义者则认为东西文化是"中外（类型）之异"。1916 年，针对陈独秀把东西文化归之为"古今之别"的观点，杜亚泉在《东方杂志》第 13 卷第 10 号上著文，将东西文化概括为"静的文明"与"动的文明"。他在文中首先就中西社会及其差异做了一番比较，指出，一、西洋社会"由多数异民族混合而成"，因此民族之间的对抗和纷争始终存在；中国民族虽非统一，言语风俗亦有不同，但"发肤状貌大都相类，不如欧洲民族间歧异之甚"，故没有发生西方那种民族之间的对抗乃至战争。二、西洋社会发达于地中海沿岸，"交通便利，宜于商业，贸迁远服，操奇计赢，竞争自烈"；中国社会发达于内陆及黄河流域，"土地沃衍，宜于农业，人多自给，安于里井，竞争较少"。正由于中西社会之民族构成和地理环境的不同，导致了中西文化之间的多种差异：西方"以自然为恶"，"注重于人为"，"一切以人力经营治之"；中国"以自然为善"，"注重于自然"，"一切皆以体天意，遵天命，循天理为主"。"西洋人之生活为向外的"，以个人为中心；"我国人之生活为向内的"，"勤俭克己，安心守分"。西方"有种种之团体，若地方，若阶级，若国家，若民族，皆为一团体而成一种之人格，对于他团体为权利义务之主体"；中国"无所谓团体"，城镇乡，是地理上的名称，省道县，是行政上的划分，国家是封建时代的遗物，均"无人格的观念存于其间"。西方社会"既以竞争胜利为生存必要之条件，故视胜利为最重，而道德次之。且其道德之作用，在巩固团体内之各分子，以对抗他团体，仍持为竞争之具。而所谓道德者，乃从人与人关系间规定其行为之标准，故多注意于公德。而于个人行为，则放任自由"。中国社会则"往往视胜利为道德之障害，故道德上不但不崇拜胜利，而且有蔑视胜利之倾向。道德之作用在于消灭竞争，而以与世无争，与物无竞，为道德之最高尚者。所谓道德，即在拘束身心，清心寡欲，戒谨于不睹不闻之地，为己而不为人，故于个人私德上兢兢注意"。西方以"战争为常态，和平其变态"，"无时不在战争之中"，就是和平时期也是为下一次战争做准备；中国以"和平为常态，战争其变态"，有时虽然也发生战争，战争的目的是为了恢复和平。……凡此种种，在杜亚泉看来，不外"动"与"静"的区别。故此，他写道："综而言之，则西洋社会为动的社会，我国社会为静的社会。由动的社会，发生动的文明，由静的社会，发生静的文明。两种文明各现特殊之景趣与色彩。"①

　　梁漱溟的《东西文化及其哲学》的第二、第三章"如何是东方化？如何是西方化？"主要讲的也是东西方文化的差异问题。他认为，所谓文化"不过是一民族生活的样法"，而"生活就是那没尽的意欲(will)……和那不断的满足与不满足罢了"。于是他从"意欲"的可能满足与不满足着眼提出了人生的三大问题：第一大问题是人对物的问题，只要人们不断努力和不断积累经验和知识，意欲——对物的要求——总会得到满足；第二大问题是人对人的问题，由于"我意欲向前要求时为碍的在有情的'他心'为全在我的宇宙范围之外，能予我满足与否是没有把握的"，所以意欲——对他人的要求——的满足与否无法肯定；第三大问题是人与自身生命的问题，无论人们如何努力都无法改变"人老要死"这种不可抗拒的因果必然之势，意欲——对自己生命的要求——是无论如何也不能得到满足的。与这三大问题相适应，便产生了三种不同的"生活样法"或"文化路向"。第一大问题处理的是物我关系，这只有依赖于意欲向前追求，征服自然，因此第一大问题产生的"生活样法"或"文化路向"是"向前面要求"；第二大问题处理的是人我关系，为只能于意欲向内用力，反求诸己，以求得内心的和谐与满足，因此第二大问题产生的"生活样法"或"文化路向"是"对于自己的意欲变换调和持中"；第三大问题处理的是身与心、灵与肉、生与死的关系，他既不能向外追求，也不能反求诸己，只能通过禁欲主义的修炼，使自己从内在自我和外部世界存在的虚幻中解脱出来，因此它所产生的"生活样法"或"文化路向"是"反身向后去要求"。依据为"三

---

① 伧父：《静的文明与动的文明》，载《东方杂志》第 13 卷第 10 号，1916 年 10 月。

个不同的路向"，梁漱溟分别考察了东西文化的不同"彩色"，并得出结论：西方文化、中国文化和印度文化其"彩色"所以会有不同，其原因就在于它们走的文化路向不同，西方文化走的是意欲"向前面要求"的第一文化路向，中国走的是"对于自己的意欲变换调和持中"的第二文化路向，印度文化走的是"反身向后面去要求"的第三文化路向。这三种不同的文化路向导致了西方文化、中国文化和印度文化"根本精神"的不同或根本差异。所以，他认为中西文化差异的根源就在它们是"一中一外"，中国的落后不是由于中国文化比西方文化走得慢，少走了几十里路，而是它走的不是与西方同一条文化路向。

除上述这两种观点外，文化保守主义者当时提出的另一颇有影响的东西文化是"中外或类型之异"的理论，是所谓东方是精神文明，西方是物质文明的东西文化比较论。梁启超就认为："东方的学问，以精神为出发点；西方的学问，以物质为出发点。""东方的人生观无论中国、印度，皆以物质生活为第二位，第一位就是精神生活。物质生活仅视为补助生活的一种工具。"① 张君劢在他 1923 年于清华学校所作的《人生观》的讲演中也指出：中国"自孔孟以至宋元明之理学家，侧重内心生活之修养，其结果为精神文明。三百年来之欧洲，侧重以人力支配自然界，故其结果为物质文明"。

依据他们对东西文化差异之性质的不同认识，新文化派和文化保守主义者对东西文化的优劣也作出了相反的评判。在新文化运动前期，由于新文化派把东西文化的差异看成是"古今之别"，是不同历史时期的文化之间的差异，而根据进化理论，今是胜于古的，因此他们符合逻辑地认为，已进入近代的西方文化比仍停滞在古代的东方文化具有不可比拟的优越性。到了新文化运动的中后期，新文化派内部发生分化，其中的西化派仍然认为西方近代资本主义文化是人类文化的归宿，而中国早期马克思主义者则认为西方近代资本主义文化和东方古代封建主义文化一样，也已落伍过时，属于应被淘汰的文化，只有社会主义的新文化才充满生命力，代表人类文化发展的方向。和新文化派不同，在文化保守主义者看来，既然东西文化是"中外之异"，所以就无法判定它们孰优孰劣。杜亚泉就认为，东西文化犹如异地并生的两种草木，殊科异类，各具

----

① 梁启超：《东南大学课毕告别辞》，见《梁启超哲学思想论文选》，第 434 页，北京，北京大学出版社，1984。

特色，彼此无优劣之分。以"发生之效果论"，动的文明，冒险进取，生活虽"日益丰裕"，但"身心忙碌"；静的文明，内部节约，生活尽管"日益贫啬"，然而身心安闲。"以个人幸福论，丰裕与安闲孰优孰劣，殊未易定"，二者都有存在的价值和理由①。不唯如此，文化保守主义者在比较东西方文化时，还得出了东方的"精神文明"、"静的文明"和第二、第三文化路向优于或高于西方的"物质文明"、"动的文明"和第一文化路向的结论。

和东西或中西文化之差异的比较相关联的是如何看待新旧文化的关系问题。在这一问题上新文化派和文化保守主义者也存在着尖锐对立。新文化派认为，第一，"所谓新者无他，即外来之西洋文化也。所谓旧者无他，即中国固有文化也"。而这两种文化的性质是"极端相反"的，如果认为"新"者为适，那就必须排斥"旧"者，反之亦然。"旧者不根本打破，则新者绝对不能发生，新者不排除尽净，则旧者亦终不能保存，新旧之不能相容，更胜于水火冰炭之不能相入也"②。第二，中国的旧文化在古代虽然有它的价值，但到了现代则成了过时的东西，已失去存在的价值和意义，用常燕生的话说："我们诚然记得周秦的学术，汉唐的文章，宋元的技艺，都是文明界上伟大的出产。但这是过去的，过去的文明只应和过去的文明并论。汉唐宋明的文明，纵然在当时超越一切，但现在已经不是汉唐宋明的那个时代了。陈年的流水账，救不了现在的饥荒。我们怎么就能拿汉唐宋明的老牌号来遮掩目前的丑态呢？"③ 据此，西化派从新胜于旧、今胜于古的前提出发，反对新旧调和，反对保存旧的文化传统，而主张"破旧立新"、"以新代旧"或"弃旧图新"。

不同于西化派，文化保守主义者则反对将西方文化和中国文化与新旧文化等同起来，认为新旧是一个历史的范畴，其含义因时、因地和内容的变化而异，"昨以为新，今日则旧"。如戊戌时期，"主张仿效西洋文明者为新，而以主张固守中国习惯者为旧"。但欧战以后，时移势异，西洋文明破绽百出，弊端丛生，西方劳动阶级正谋创造新文明，因此"吾人若因时代之关系而以新旧二字为之标志，则不能不以创造未来文明者为新，而以主张维持现代文明者为

---

① 伧父：《静的文明与动的文明》，载《东方杂志》第 13 卷第 10 号，1916 年 10 月。
② 汪叔潜：《新旧问题》，载《青年杂志》第 1 卷第 1 期，1915 年 9 月。
③ 常乃德：《东方文明与西方文明》，载《国民》第 2 卷第 3 号，1920 年 10 月。

旧"。与此相应，在中西文化关系上，"则不能不以主张刷新中国固有文明贡献于世界者为新，而以主张革除中国固有文明同化于西洋者为旧。故现时代之所谓新旧，与戊戌时代之所谓新旧，表面上几有倒转之观"①。而且人们对新旧的看法也各不相同，有的人视之为新的东西，在另一些人的眼里可能是旧的，如西化论者以为新而大力输入、宣传的西方达尔文的进化论和实证主义哲学，其实在西方早已是过时的东西了。所以对文化之优劣的评判，不能仅仅以新或旧为标准，"旧者不必是，新者未必非，然反是则尤不可"，更何况人文科学与自然科学不同，不完全以新旧作为价值判断的依据。《学衡》的重要成员、留法学生李思纯引用斯宾格勒在《西方的没落》一书所提出的文化演化四阶段——"生""任""异""灭"——的理论，认为中国今日的文化就不见得好于过去的文化，过去的文化有它继承的价值。② 吴宓更是明确指出："物质科学，以积累而成，故其发达也，循直线以进，愈久愈详，愈晚出愈精妙；然人事之学，如历史、政治、文章、美术等或来于社会之实境，或由于个人之天才，其发达也，无一定之轨辙，故后来者不必居上，晚出者不必胜前。"③

文化保守主义者还进一步论证道，就文化演化的趋向而言，也是新中有旧，旧中有新，是一个由新而旧、由旧而新的递嬗过程，新旧不能也无法分开，新是旧的发展，旧是新的根基，没有旧也就没有新。"新也，旧也，不过一程度问题"。章士钊举了一个例子，以说明"新""旧"是不能截然"析疆分界"的。他说，胡适提倡白话文，"在一定范围以内，其说无可驳者"。可是胡适一定要提倡"说话须说现在的话，不说古人的话"，那就行不通了。因为"不说古人的话"，现在不就"无话可说"了吗？现在的话是从古人那里承续来的④。《学衡》的吴芳吉也反诘胡适、陈独秀道：你们提倡"古人有古人之文学，今人有今人之文学"，离开了"古人之文学"，又从哪儿生出"今人之文学"呢？因为"文学乃由古今相孳而成也"⑤。所以，文化保守主义者认为，西化派以"新胜于旧"、"今胜于古"为理由，反对新旧调和、反对继承传统文

---

① 伧父：《新旧思想之折衷》，载《东方杂志》第16卷第9号，1919年9月。
② 李思纯：《论文化》，载《学衡》第22期，1923年10月。
③ 吴宓：《论新文化运动》，载《学衡》第4期，1922年4月。
④ 章士钊：《新时代之青年》，载《东方杂志》第16卷第11号，1919年11月。
⑤ 吴芳吉：《三论吾人眼中之新旧文学观》，载《学衡》第31期，1924年7月。

化的观点是根本站不住脚的。章士钊在《新时代之青年》中指出："凡欲前进，先必自立于根基。旧者，根基也。不有旧，决不有新；不善于保旧，决不能迎新；不迎新之弊，止于不进化，不善保旧之弊，则等于自杀。"① 杜亚泉在《接续主义》一文中也认为："有保守而无开进，复何所谓其接续乎？若是则仅可谓之顽固而已。……反之，有开进而无保守，使新旧间之接续截然中断，则国家之基础必为之动摇。"故此，文化保守主义者不同意西化派提出的"破旧立新"、"以新代旧"或"弃旧图新"的主张，而赞同"新旧杂糅"、"新旧调和"或"存旧立新"。

当然，无论是比较东西文化差异，还是说明新旧文化关系，其目的都是为了对中国文化的出路作出选择。在新文化运动前期，新文化派的一致看法是：既然中国固有文化是旧文化，根本不适应现代需要，西方近代文化是新文化，比中国固有文化优越，那么，中国文化的出路只能是"西方化"，而不是"东方化"或"中西文化调和"。将这一思想表达得最清楚不过的是陈独秀的一段话。他说："无论政治学术道德文章，西洋的法子和中国的法子，绝对是两样，断断不可调和牵就的。这两样孰好孰夕，是另外一个问题，现在不必议论，但或是仍用中国的老法子，或是改用西洋的新法子，这个国是不可不首先决定。若是决计守旧，一切都应采用中国的老法子，不必白费金钱派什么留学生，办什么学校，来研究西洋学问。若是决计革新，一切都应采用西洋的新法子，不必拿什么国粹，什么国情的鬼话来捣乱。"② 陈氏当然是要"决计革新"，采用"西洋的新法子"，用西方文化来取代中国文化的。所以有的研究者称新文化派的主张为"文化取代论"。到了新文化运动的中后期，如前所指出，中国早期马克思主义者开始走上思想文化舞台，他们虽然在反击文化保守主义者方面与新文化阵营内部的西化派结成了同盟军，但在中国未来文化选择问题上他们和西化派又有争论。他们反对中国走"西方化"的道路，认为"俄化"，亦即走俄国十月社会主义革命道路才是中国文化的正确选择。

文化保守主义者则认为，当时的西方文化和中国文化都出现了严重的危机，西方虽然成就了辉煌的物质文明，但精神生活却十分贫乏和痛苦。中国正

---

① 章士钊：《新时代之青年》，载《东方杂志》第 16 卷第 11 号，1919 年 11 月。
② 《独秀文存》，第 152 页，合肥，安徽人民出版社，1987。

章士钊

東方雜誌

杜亚泉

137

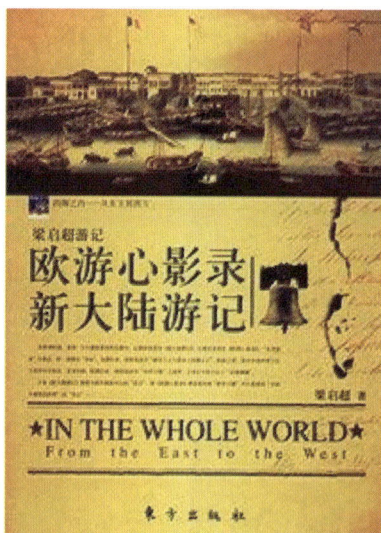

梁启超

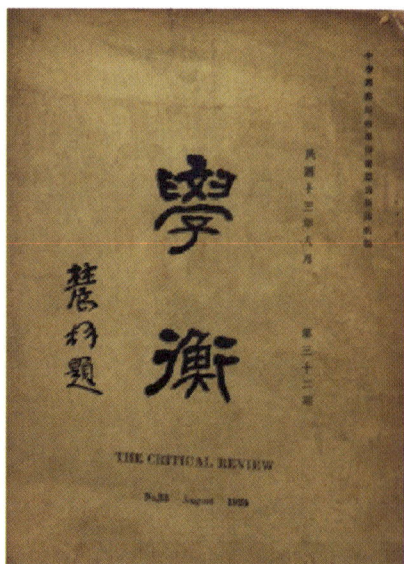

吴稚晖

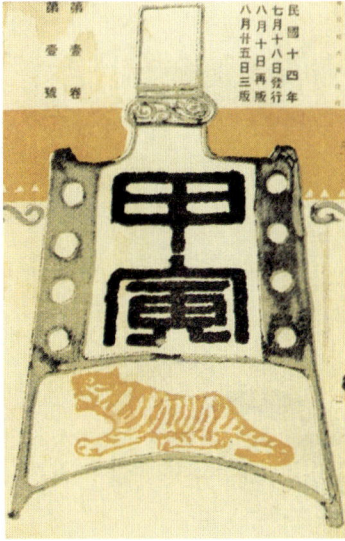

吴宓

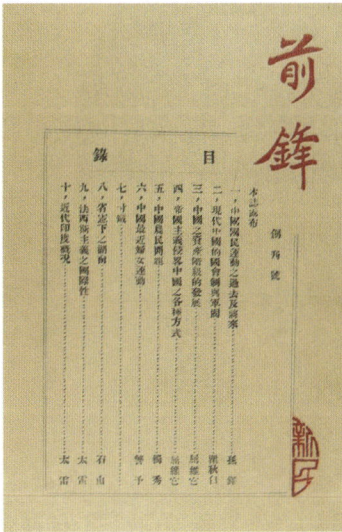

瞿秋白

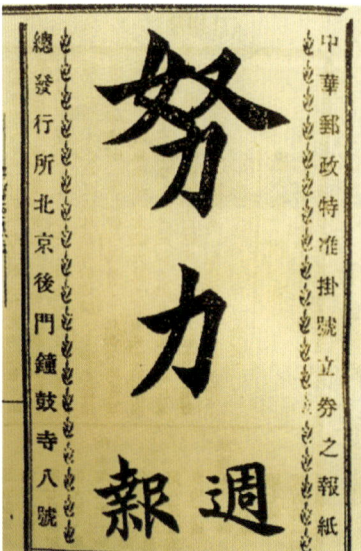

努力週報

中華郵政特准掛號立券之報紙

總發行所北京後門鐘鼓寺八號

丁文江

好相反，精神生活丰富和幸福，而物质文明则相当落后。因此，中国文化的出路既不是"西化"、"俄化"，也不是顽固派所主张的固守传统，而是"一面开新，一面复旧"，取西方文化物质文明发达之长，补中国文化物质文明落后之短，实现中国的精神文明与西方物质文明的折衷调和。所以有的研究者称文化保守主义者的主张为"文化调和论"。杜亚泉就指出，中国文化的出路在一面"统整吾国固有之文明，其本有系统者则明了之，其间有错出者则修整之；一面尽力输入西洋学说，使其融合于吾国固有文明之中。西洋之断片的文明如满地散钱，以吾国固有文明为绳索一以贯之"①。吴宓也认为："今欲造成中国之新文化，自当并取中西文化之精华而熔铸之，贯通之，昌明之，发挥而光大之；而西洋古今之学术、德教、文艺、典章，亦当研究之，吸取之，译述之，了解而采用之。"② 梁启超则主张"拿西洋的文明来扩充我(国)的文明，又拿我(国)的文明去补助西洋的文明"。为此，他提出了著名的"四步论"："第一步，要人人存一个尊重爱护本国文化的诚意；第二步，要用西洋人研究学问的方法去研究他，得他的真相；第三步，把自己的文化综合起来，还拿别人的去补助他，叫他起一种化合作用，成了一个新文化系统；第四步，把这新系统往外扩充，叫人类全都得着他的好处。"③ 梁漱溟虽然在理论上赞同陈独秀的新旧文化、中西文化无法调和的观点，然而在实际上主张的也是"对西洋文化是全盘接受而根本改过"，同时"批评地把中国原来态度重新拿出来"这一"中体西用"式的调和模式。文化保守主义者相信，只有实现以中国文化为主体的中西文化的调和，中国才能"国粹不失，欧化亦成，所谓造成新文化，融合东西两大文明之奇功，或可企致"④。

（三）文化理论的得与失

就五四时期东西文化论战所争论的三个主要问题的实质而言，是要不要向西方(后来包括俄国)学习、如何学习以及如何对待中国传统文化的问题。在这

---

① 伧父：《迷乱之现代人心》，载《东方杂志》第 15 卷第 4 号，1916 年 4 月。
②④ 吴宓：《论新文化运动》，载《学衡》1922 年第 4 期，1922 年 4 月。
③ 梁启超：《欧游心影录》，见《五四前后东西文化问题论战文选》，第 371～374 页，北京，中国社会科学出版社，1985。

个问题上，新文化派与文化保守主义者比较，他们的文化观点和主张显然更符合历史的要求一些，因而具有进步的意义。也正是在这点上，我们应充分肯定新文化派的历史功绩。但这是就价值或历史的评价立论，如果从学理上来分析，新文化派也好，文化保守主义者也好，他们的文化观点和主张又都具有片面性。

首先，就新文化派和文化保守主义者对东西或中西文化差异性质的不同认识来看，实际上，新文化派所说的"古今之别"和文化保守主义者所说的"中外之异"，指涉的是文化的时代性和民族性。所谓文化的时代性和民族性是文化的两种属性。文化的时代性，是指为社会发展特定历史阶段上的一般状况所决定的文化之时代特征，它反映的是世界各民族在相同的时代或相同的社会发展阶段上的文化之共同要求。文化的民族性，是指体现在特定民族文化类型中、并作为基本内核而存在的民族文化心理素质的特征，它是形成民族文化的基础，具有与民族共存亡的超时代性。民族性是不能作善恶之价值判断的，各民族文化之民族性没有高下优劣之分，都有存在的理由和意义。时代性是可以并应该作出价值之善恶判断的，文化的性质由时代性所决定，处于不同时代和历史发展阶段的民族文化因此而划分出先进与落后、优越与低劣。作为文化的两种属性，时代性与民族性既彼此联系，又相互依存。任何文化形态，既是一定时代的文化，又是一定民族的文化；既是特定民族在一定时代的文化，又是一定时代的特定民族文化，是时代性与民族性的集合体。

以文化的这两种属性分析东西或中西文化，从文化的时代性来看，中国传统文化在性质上是古代，特别是封建时代的文化，而西方近代文化是近代资本主义文化，它们是一古一今，在时代性上后者比前者具有不可比拟的优越性；但就文化的民族性来考察，中西文化体现的是两种不同民族的文化特征，彼此并无高下优劣之分。如前所述，文化是时代性与民族性的集合体，所以东西或中西文化既是"古今之别"，又是"中外(类型)之异"。

然而新文化派和文化保守主义者却不作如是观。新文化派虽然正确地认识到中西文化是"古今之别"，认识到它们分属于不同的历史时代，但拒不承认它们同时又是"中外(类型)之异"，体现的是两种不同民族的文化特征。常燕生就一再声明："我对于世界文化问题的意见，向来主张世界上并没有东西文化之区别。现今一般所谓东西文化之异点，实即是古今文化之异点，所以拿东西文化来作对称的研究，实在根本不成理由。"因为在他看来，一切文化根本都是向着"利用厚生"的目的而发展的，只有"量"的不同，而绝无"质"的不同①。文化保守主义者则反是。他们虽然正确地指出了中西文化是"中外（或类型）之异"，是两种不同民族的文化，但又否认它们是"古今之别"，属于不同的历史时代。杜亚泉在《静的文明与动的文明》一文中就认为，东西文化"乃性质之异，而非程度之别"。所谓"性质"，也就是常燕生说的"质"，指的是文化的民族性；所谓"程度"，也就是常燕生说的"量"，指的是社会发展水平，亦即文化的时代性。梁漱溟后来在《中国文化要义》中也批评西化派道："有人认为中西思想、学术不同，只不过是古今之别，并无中外之异，显见其不然。……在学术上，在文化上，明明是东西流派之分甚早，岂得看作一古一今？"

由于新文化派和文化保守主义者对文化之时代性和文化之民族性及其相互关系缺乏全面、正确的认识，所以在比较东西或中西文化时，往往各执一端，无法沟通对话，所争问题也始终得不到解决。新文化派一般都十分重视中西文化的时代落差，但对中西文化的民族特征很少领会，以时代性的比较取代了民族性的分析。因此，他们往往把中西文化之间时代性的差别，说成是整个文化的差别。如陈独秀在《东西民族根本思想之差异》一文中，比较系统地比较了东西文化之间的差异："（一）西洋民族以战争为本位，东洋民族以安息为本位"；"（二）西洋民族以个人为本位，东洋民族以家族为本位"；"（三）西洋民族以法制为本位，以实利为本位，东洋民族以感情为本位，以虚文为本位"。具体而言，西洋民族是"彻头彻尾个人主义之民族"，举一切伦理、道德、政治、法律、社会之所向往，国家之所祈求，拥护个人之自由权利与幸福而已。思想言论之自由，谋个人之发展也。法律之前，人人平等也。个人之自由权利，载诸宪法，国法不得而剥夺之，所谓人权是也。人权者，成人以往，自非奴隶，悉享此权无所差别。此纯粹个人主义之大精神也。东洋民族则处于"宗法社会"，"以家庭为本位，而个人无权力"，"尊家长，重阶级，故教孝"。"国

---

① 常燕生：《东西文化问题质胡适之先生》，载《现代评论》第 4 卷第 90～91 期，1926 年 8 月。

家组织，一如家族，尊元首，重阶级，故教忠。忠孝者，宗法社会封建时代之道德"。其"恶果"有四："一曰损坏个人独立自尊之人格；一曰窒碍个人意思之自由；一曰剥夺个人法律上平等之权（如尊长卑幼同罪异罚之类）；一曰养成依赖性，戕贼个人之生产力。"西洋民族"重视个人自身之利益"，所以"以法治实利为重"，"不独国政为然，社会家庭，无不如是。商业往返，对法信用者多，对人信用者寡，些微授受，恒依法立据"。"父子昆季之间，称贷责偿，锱铢必较，违之者不惜诉诸法律；亲戚交游，更无以感情违法损利之事"。"以法治实利为重者，未尝无刻薄寡恩之嫌；然其结果，社会各人，不相依赖，人自为战，以独立之生计，成独立之人椟，各守分际，不相侵渔。以小人始，以君子终；社会经济，亦因以厘然有叙"。东洋民族则因"重家庭，轻个人"，于是"亲养其子，复养其孙"，"事畜之外，兼及昆季"，乃至"累代同居"，结果"外饰厚情，内恒愤忌，以君子始，以小人终，受之者习为贪惰，自促其生以弱其群"，"貌为家庭和，实则黑幕潜张，而生机日促"，对家庭及社会都带来了较大的危害①。显而易见，陈独秀在这里比较的主要是中西文化之时代性。中西文化的上述种种差异，根源就在它们所处时代的不同：个人本位、法治本位是资本主义社会的产物，而家庭本位、感情本位则是封建社会之宗法关系和小农经济的本质特征。然而，由于陈独秀不懂得任何文化都是时代性与民族性的集合体，中西文化除时代性的不同外，还有民族性的差异。因此，他误以为中西文化之时代性的不同，就是整个中西文化乃至中西民族的不同。于是他把这篇主要比较中西文化之时代性区别的文章冠以《东西民族根本思想之差异》的题名，并多次指出文中所列中西文化之种种差异，就是整个中西文化或"东西民族根本思想之差异"。在陈氏这里，文化的时代性与文化具有同一涵义。

　　与新文化派相反，文化保守主义者则过分看重中西文化之间的类型差异，或文化之民族性的不同，非常珍惜中国文化之民族特征，不赞成把中国文化的民族性等同于落后性，把中国文化的特点等同于缺点，但没能理会中西文化之间的时代差异，以民族性的比较取代了时代性的分析。因此，他们往往把中西文化之间的时代性差别，说成是民族性的差别，是中西文化不同的民族特征。

---

　　① 《青年杂志》第 1 卷第 4 号，1915 年 12 月。

以上引杜亚泉的《静的文明与动的文明》为例。杜氏从比较东西方民族思想观念入手，认为由于社会成立历史和地理环境的不同，形成了东西方不同的民族特征，即：西方"有团体"，东方"无团体"；西方"有人格"，东方"无人格"；西方"尚竞争"，东方"贬竞争"；西方"重公德"，东方"重私德"；……实际上，杜亚泉在这里所列举的东西方文化的种种特征，不少是东西方文化之时代性不同的反映，前者是近代资本主义社会的内容，后者是古代封建社会具有的特征。在欧洲的中世纪，也没有现代意义上的团体和人的自由与解放，有的只是神权（宗教）、政权（统治者）对人的压迫与束缚。但由于杜亚泉不懂得文化具有民族性和时代性这两种既相互联系、又各自独立的属性，不懂得一定的文化是一定社会形态的产物，文化的基本内容是随着社会形态的发展而变化、进步的，由此产生的文化特征是文化的时代性，而非文化的民族性。因此，他把中西文化的时代性差异一律视之为不同的民族特征，并因此而得出了中西文化乃性质之异，而非程度之别的结论。梁漱溟也是如此。他在《东西文化及其哲学》中津津乐道、大力提倡的所谓中国文化的"民族性"：知足、寡欲、乐天、安命、无争的人生态度，其实是中国封建社会以一家一户为特征的小农经济的产物，体现的是中国传统文化的时代特征。

把中西文化之差异的实质归结为"古今之别"，这有助于人们发现中国传统文化与西方近代文化的时代差距，从而认识到向西方学习的必要性和紧迫性，但它又容易导致人们对本民族文化的全盘否定，因为在时代性上，中国传统文化几乎比西方近代文化落后了整整一个时代。一些西化派（如胡适、陈序经）也正是通过中西文化之时代性的比较而得出中国传统文化百不如人之结论的。反之，把中西文化之差异的实质归结为"中外之异"，这有助于人们发现中国文化存在的价值和意义，从而增强民族自豪感和自信心，但它又容易促使人们滋长消极的文化自满情绪，拒不承认中国固有文化的落后，反对用西方近代文化对中国传统文化进行批判、改造和变革。一些文化保守主义者就是以文化之民族性的不同为理由反对五四新文化运动提出的向西方文化学习的主张的。

在五四时期真正能从文化之时代性和民族性两个方面考察东西或中西文化之差异的只有李大钊。1918 年他在《言治》季刊第 3 册发表《东西文明根本之异点》一文。一方面，他和杜亚泉一样，从地理环境论出发，将东西文化归结为"静的文明"与"动的文明"，并通过比较东西文化的种种差异得出结论："平情论之，东西文明互有长短，不宜妄为轩轾于其间。"另一方面，他又与杜亚泉不同，他对东西文明之"静"与"动"以及种种差异的比较，则是以肯定东方文化在时代性上落后于西方文化为前提的。文中写道："今日立于东洋文明之地位观之，吾人之静的文明、精神的生活已处于屈败之势。彼西洋之动的文明、物质的生活虽就其自身之重累而言，不无趋于自杀之倾向，而以临于吾侪则实居优越之域。"当然由于历史和自身的原因，李大钊对东西文化之"静""动"的概括和种种差异的比较，也有不准确之处，特别是他把一些时代性差异，说成是东西文化的民族特征。

和他们对东西文化之差异的认识一样，新文化派和文化保守主义者对新旧文化之关系的认识也是正确与谬误并存。因为人类文化的演进是一变革与承续、间断性与连续性相对立统一的辩证过程。一方面，文化是随着时代的前进而发展的。既然文化随着时代的前进而发展，那么，在发展的过程中就必然会出现变革，出现间断性，也正是这种变革和间断性才带来了文化在时代性方面的质变，带来了文化的全面飞跃，从而使奴隶时代的文化有别于原始时代的文化，封建时代的文化有别于奴隶时代的文化，资本主义时代的文化有别于封建时代的文化，社会主义时代的文化有别于资本主义时代的文化。另一方面，文化之发展又具有连续性。以往的文化积累是一切新文化赖以产生的基地和母体，新的文化只能从旧的文化中发展而来，新旧之间存在着一种连绵不断的承续关系。那种所谓纯粹的新文化在现实社会中是根本找不到的，就是新文化派视之为"新文化"的西方近现代文化，其实也是从西方古代文化发展而来的。列宁在批评"无产阶级文化派"否认文化之连续性，而主张抛弃一切旧文化，重建所谓无产阶级"新文化"的论调时指出："应当明确地认识到，只有确切地了解人类全部发展过程所创造的文化，只有对这种文化加以改造，才能建设无产阶级的文化，没有这样的认识，我们就不能完成这项任务。"他又说："无产阶级文化应当是人类在资本主义社会、地主社会和官僚社会压迫下创造出来的全部知识合乎规律的发展。条条大道小路一向通往而且还会通往无产阶级文化。"① 新文化派虽然正确认识到文化演进过程中变革的性质及其意义，认识到只有变革传统文化，才能实现文化发展中的飞跃，才能医治中华民族经济上的落后、政治上的腐败和精神上的愚昧，从而使她立于世界民族之林，但他们却忽略了文化演进过程中的连续性（陈独秀就视文化演进中的连续性为"劣等民族"的"惰性"、"恶德"所造成的"一种不幸的现象"，而"不可说是社会进化上一种应该如此的道理"②），加上他们认为中国固有文化是封建时代文化，在今天已失去了其存在的价值和意义，故此他们主张"破旧立新"。他们甚至从中国传统文化是"旧文化"，西方近现代文化是"新文化"这一认识前提出发，错误地认为文化的变革不是本土文化的更新，而是外来文化的"移植"，是用外来"新文化"取代本土"旧文化"的所谓"以新代旧"或"弃旧图新"。

如果说对新旧文化关系的认识，新文化派强调了文化演进中的"变革"和"间断性"，而忽略了"继承"和"连续性"，那么，文化保守主义者则正好相反，强调了文化演进中的"继承"和"连续性"，而忽略了"变革"和"间断性"，他们提出的"新旧调和"、"新旧杂糅"或"存旧立新"的主张，和新文化派提出的"破旧立新"、"以新代旧"或"弃旧图新"的主张一样，也是一种片面的文化理论。因为：

第一，他们不懂得文化变革的性质及其在文化演进过程中的伟大意义。辩证唯物主义认为，发展就是对立面的斗争，事物发展的根本原因在于事物内部的矛盾运动。"新"与"旧"作为矛盾的双方存在于同一体中，彼此互相依存。就矛盾的同一性而言，"新"与"旧"的确不能分开，也可以说没有"旧"就没有"新"。但是，矛盾的同一性是相对的，其对立与斗争则是绝对的，在一定的条件下矛盾的双方互相转化，打破原有的同一性，从而在新的基础上达到新的同一，事物就呈现出质的变化，并非"旧"事物的再现与重复。因此，从根本上说，事物的进化是以"新"战胜"旧"为前提的。文化保守主义者提出的"新旧调和"、"新旧杂糅"或"存旧立新"的主张，则片面夸大、凝固了

---

① 列宁：《青年团的任务》，见《列宁选集》第4卷，第285页，北京，人民出版社，1995。
② 《独秀文存》，第563～564页，合肥，安徽人民出版社，1987。

"新""旧"的同一性，而否定了它们之间的斗争性；只主张事物的"量"变，而反对或不承认事物的"质"变；只主张文化的"渐进"，而反对或不承认文化的"飞跃"。因此，他们一再强调新中有旧，旧中有新，不能保守便不能开新，新旧是一个连续不断的过程，而不承认事物在矛盾斗争基础上的发展，不承认文化发展的间断性。杜亚泉就提倡"接续主义"："盖接续云者，以旧业与新业相续之谓也。""往过去，来者续，接续者如斯而已。"他甚至把新旧斗争看作是人们"利欲与意气"的结果，而加以全盘否定。① 吴宓也认为："新旧乃对待之称，昨以为新，今日则旧。旧之有物，增之损之，修之琢之，改之补之，乃成新器。举凡典章、文物、理论、学术，均就已有者，层层改变递嬗而为新。"不承认文化有"质变"、"飞跃"的可能。② 章士钊则声称，社会历史的演变，"乃是移行的而非超越的"，"既曰移行，则今日占新面一分，蜕旧面亦只一分"，因此，在任何"乍占乍蜕"阶段都是处在"新旧杂糅"的状态中。③

第二，他们否认"新""旧"之间有质的规定性，认为"新也，旧也，不过是一程度问题"，其涵义"或由知识之差违，或由情感之特异"而定，文化本身并无"新"与"旧"的分别。④ 吴宓就认为："何者为新？何者为旧？此至难判定者也。原夫天理、人情、物象，古今不变，东西皆同。盖其显于外者，形形色色，千百异状，瞬息之顷，毫厘之差，均未有同者，然其根本定律则固若一。"譬如天上云彩，早上和晚上的形状各异，但都是水蒸发而成云，凝降而成雨，这并没有什么区别。"故百变之中，自有不变者存。变与不变，二者应兼识之，不可执一而昧其他"。他据此得出结论："天理、人情、物象，既有不变者存，则世中事事物物，新者绝少。所谓新者，多系旧者改头换面，重出再见。常人以为新，识者不以为新也。"⑤ 章士钊批评新文化派那种认为历史"有所谓畜牧时代，有所谓农业时代，有所谓军国民时代"，文学"有所谓周秦文学，两汉文学，唐宋元明清文学，而唐时又分初、盛、晚"的观点，

① 伧父：《接续主义》，载《东方杂志》第 11 卷第 1 号，1914 年 7 月。
②⑤ 吴宓：《论新文化运动》，载《学衡》第 4 期，1922 年 4 月。
③ 章士钊：《新时代之青年》，载《东方杂志》第 16 卷第 11 号，1919 年 11 月。
④ 伧父：《再论新旧思想之冲突》，载《东方杂志》第 13 卷第 4 号，1916 年 4 月。

"皆是杜撰，毫无标准"。因为在他看来，"盖所谓初与盛、及盛与晚之分，果在何年，年定何月，月定何日，日定何时，时定何分，分定何秒，此不能言，即无时代可分"。依此诡辩，章氏认为，"新云旧云，皆是执著之言"，实际上，所谓"新"时代，"旧"时代，"新"事物，"旧"事物，"新"文化，"旧"文化……都是无法确定的，人们根本不可能区分什么是"旧"，什么是"新"①。

第三，正因为新文化派和文化保守主义者对文化之变革与继承、间断性与连续性的辩证关系都缺乏全面认识，所以他们对待中国传统文化是各执一端：新文化派力图"变革"彻底，而文化保守主义者则唯恐"连续"中断。与此相联系，新文化派反传统非常激烈，而文化保守主义者则维护传统十分积极。

对于中国文化出路的选择，新文化派主张向西方学习，走"西方化"的道路，亦即用西方文化取代中国文化，文化保守主义者则主张"中西文化调和"。向西方学习当然是正确的，但"西方化"非常错误。因为如我们已指出的那样，文化是时代性与民族性的统一体。首先，从时代性来看，我们承认西方近代文化比中国传统文化进步，承认中国有向西方学习的必要性，但这不能得出必须用西方文化取代中国文化的结论。第一，时代性的表现是多方面的，有的反映的是统治阶级的意志，有的反映的是被统治阶级的愿望，有的反映的是社会生产力和科学技术进步的共同要求……既然时代性是多方面的，那么，我们在学习西方近代文化和变革中国固有文化时，就应根据不同情况区别对待。第二，时代性与民族性共存于一体之中，必然会打上民族性的烙印，表现为特定时代的文化所具有的民族特色。西方文化亦是如此，它具有自己的民族特色。这种民族特色并不见得完全适合中国的民族性格和历史环境。因此，我们在引进西方文化时必须使它与中国文化结合起来，成为民族新文化的一部分。其次，就民族性而言，各民族文化虽因所处历史时代的不同而有先进与落后的区别，但就其自身所形成的特质或赖以整合的模式机制而言，却具有同等的价值，根本不存在谁取代谁的问题。正因为"西方化"的理论本身是错误的，所以新文化派在与文化保守主义者争论时，不能正确回答文化保守主义者提出的中西文化究竟各自有无长短，彼此能否调和的问题。

---

① 章士钊：《进化与调和》，载《甲寅周刊》第 1 卷第 15 号，1925 年 10 月。

至于文化保守主义者提出的"中西文化调和"主张，不过是早年洋务派的"中体西用"论的翻版和复活。因为文化保守主义者的主张是建立在中西文化各有所长、也各有所短之认识基础上的。具体来说，中国文化所长、西方文化所短者是旧伦理、旧道德（精神），西方文化所长、中国文化所短者是生产力的发达和科学技术的进步（物质），前者成就了中国的精神文明，后者成就了西方的物质文明。所谓中西文化调和，亦就是"物质上开新，道德上复旧"，以中国的旧伦理、旧道德（精神文明）为基础，为本位，吸取西方的先进生产力和科学技术（物质文明）。用杜亚泉的话说，"道德为立国之本，经济为治国之用"，引进西方先进的生产力和科学技术，必须以中国旧伦理、旧道德为本位，"一以贯之"。[①] 洋务运动失败的历史已经证明：在旧伦理、旧道德的土壤上，成长不了现代生产力和科技之花。

二、1923 年的科学与人生观论战

　　在五四前后的"东西文化论战"方兴未艾之时，1923 年中国思想界又掀起了一场"罕见的大波澜"。这年 2 月，张君劢在清华学校给出国留学生作了一场题为《人生观》的演讲，宣称科学不能解决人生观问题，引起他的朋友、地质学家丁文江的不满。丁于是年 4 月在《努力周报》上撰文反驳张的观点。随后其他一些学者纷纷上阵，或支持张君劢，或拥护丁文江，并由此掀起了一场民国思想文化史上著名的"科学与人生观论战"，又称"科学与玄学论战"，简称"科玄论战"。

（一）论战发生的背景

　　实际上，在五四前后的东西文化论战方兴未艾之时爆发这样一场科学与人生观论战，决非偶然，有其深刻的思想和社会根源。

　　我们知道，启始于 1915 年的五四新文化运动，是以民主和科学，亦即"德先生"和"赛先生"为旗帜的。然而，一如他们把民主看成是医治中国政

[①] 伧父：《迷乱之现代人心》，载《东方杂志》第 15 卷第 4 号，1916 年 4 月。

治的万灵药方一样，新文化派也把科学作了唯科学主义的理解。所谓唯科学主义，据郭颖颐在《中国现代思想中的唯科学主义》一书中的解释，"是一种从传统与遗产中兴起的信仰形式，科学本身的有限原则，在传统与遗产中得到普遍应用，并成为文化设定及该文化的公理。更严格地说，唯科学主义可定义为是那种把所有的实在都置于自然秩序之内，并相信仅有科学方法才能认识这种秩序的所有方面（即生物的、社会的、物理的或心理的方面）的观点"[①]。因此，在新文化派眼里，科学的方法是万能的，是放之四海而皆准的普遍真理，"一切社会人事的问题"，乃至宇宙间的万事万物，全都可以用万能的科学方法进行研究，求得它们之间的因果关系。胡适就这样说过："我们也许不轻易信仰上帝的万能了，我们却相信科学的方法是万能的。"[②]

当然，在中国把科学理解成为唯科学主义，并不始于五四新文化运动时期的新文化派。实际上早在19世纪末，在资产阶级维新派严复的思想中就能找到其倾向。严复在《原强》中曾指出："不为数学、名学，则吾心不足以察不佞之理，必然之数也；不为力学、质学，则不足以审因果之相生，切效之互待也。"很明显，严复这里所讲的数学、力学（物理）、质学（化学）已经逾越其自然科学的本分，而具有了普遍的方法论意义。达尔文的进化论，经过严复的诠释，也从本来意义上的生物进化规律而变为普遍的宇宙法则，成了救亡图存的思想武器。只是由于历史处境的不同，在19世纪末，把科学理解成为唯科学主义，仅限于严氏个人，而没有成为整个资产阶级维新派的价值取向。然而到了五四新文化运动时期，"一方面，由于辛亥革命后袁世凯、张勋之流一再盗用儒教符号公开复辟帝制，人们越来越远地疏离传统价值中心体系；另一方面，一大批留学生纷纷回国，西方哲学，特别是实证主义哲学在科学的名义下竞相传入。这两个方面相互作用，遂使更新一代的知识分子以前所未有的热心去宣传科学，以前所未有的态度去理解科学。在他们的心目中，科学不仅仅是一种认识方法，同时还是一种新的人生观、世界观，一种完全可以用来取代传

① 郭颖颐：《中国现代思想中的唯科学主义》，第17页，南京，江苏人民出版社，1990。
② 胡适：《我们对于近代西洋文明的态度》，见《胡适哲学思想资料选》（上），第313页，上海，华东师大出版社，1981。

统价值体系的新的观念系统"①。这样，把科学理解成唯科学主义则成了整个新文化派的共同特征。与此同时，科学也取得了"无上尊严的地位"，得到"全国一致的崇信"，"无论懂与不懂的人，无论守旧和维新的人，都不敢公然对它表示轻视或戏侮的态度"，更"没有一个自命为新人物的人敢公然毁谤'科学'的"。②

但进入20世纪20年代后，情况发生了很大变化。第一次世界大战及其造成的人类空前规模的互相残杀，终于使一些人，特别是那些亲眼目睹过战后欧洲破败景象的人发现，科学的功用原来并不是万能的，也不是纯粹的善，它既能为人类造福，也能给人类造祸，加上受战后兴起的"东方文化救世论"和非理性主义思想的影响，科学的功用和价值开始在中国受到怀疑和挑战。1920年梁启超游历欧洲回国不久，就在他的《欧游心影录》中发出了西方"科学万能之梦"已经破产的惊呼，并抨击了唯科学主义对人类意志和道德的威胁。他指出，依着科学家的新心理学，所谓人类心灵这件东西，只不过是物质运动现象的一种，精神和物质的对待，根本不能成立；所谓宇宙大原则，是要用科学的方法试验得来，不是用哲学的方法冥想得来的。这些唯物派的哲学家，托庇科学宇下建立一种纯物质的纯机械的人生观，把一切内部生活、外部生活，都归到物质运动的"必然法则"之下。这种法则，其实可以叫作一种变相的运命前定说，这种前定说否认人类的意志是自由的。"意志既不能自由，还有什么善恶的责任？我为善不过那'必然法则'的轮子推着我动，我为恶也不过那'必然法则'的轮子推着我动，和我什么相干！如此说来，这不是道德标准应如何变迁的问题，真是道德这件东西能否存在的问题了"③。

继梁启超的《欧游心影录》后，梁漱溟在他1921年演讲并出版的《东西文化及其哲学》中也对那种逾越本分的科学概念表示出了严重的不安，认为科学本身就含有有害的生命观、粗糙的功利主义和过度的行动主义，如果不对它加以必要的节制，相反如同新文化派所主张的那样，把科学的功用无限放大，

---

① 赵德志：《现代新儒家与西方哲学》，第12页，沈阳，辽宁大学出版社，1994。
② 胡适：《科学与人生观·序》，见《胡适哲学思想资料选》（上），第282页，上海，华东师大出版社，1981。
③《饮冰室合集》专集之二十三，第11页，北京，中华书局，1989。

乃至用它的方法来指导和解决包括精神生活在内的一切宇宙人生问题，涵盖文化的各个层面，那么，其结果不仅会破坏人与自然的和谐，造成二者的紧张，自然被人征服，而人又成了自然的奴隶，甚而会使人放弃对生存意义和道德价值的追求，导致人性的丧失，本来富有情感的人，将变成一味追求物欲的动物。他指出，近代西方文化所暴露出来的那些贫富不均，人情淡薄，"谁同谁都要算账，甚至于父子夫妇之间也是如此"的等等弊端，从某种意义上说，就是这种唯科学主义所造成的苦果。

梁启超和梁漱溟都是具有一定社会地位和影响力的学者，特别是梁启超自戊戌变法以来就一直以他那敏锐的思想和生花的文笔执思想文化界之牛耳，在知识分子尤其是青年学生中颇有号召力，因此他们对科学功用与价值的怀疑和挑战，就自然地会引起社会的一定反响。胡适在谈到《欧游心影录》的社会影响时曾指出："自从《欧游心影录》发表之后，科学在中国的尊严就远不如从前了。一般不曾出国门的老先生很高兴地喊着：'欧洲科学破产了！梁任公这样说的。'"[1] 这种反响又与对五四新文化运动的批评、与对传统文化的回归和认同交织在一起，于是形成了一股势力不小的对科学功用与价值怀疑和挑战的思潮。

对科学功用与价值的怀疑和挑战，无疑违背了新文化派对科学的重视与理解，也必然激起他们的不满与反对。因此，当张君劢借《人生观》演讲再次向科学的功用与价值提出怀疑和挑战时，一场大规模的论战便不可避免了。

（二）论战的概况

科学与人生观论战自1923年2月张君劢在清华学校演讲《人生观》开始，至1923年底基本结束[2]，大致可分为开始、扩大和总结几个阶段。

1. 论战的开始

张君劢在清华学校演讲的题目，源于德国哲学家倭伊铿的一本书《大思想

---

① 胡适：《科学与人生观·序》，见《胡适哲学思想资料选》（上），第284页，上海，华东师大出版社，1981。

② 此后，《中国青年》、《新青年》等刊物先后发表了陈独秀、邓中夏、瞿秋白等人的文章，代表了中国早期马克思主义者的看法。

家的人生观》，其主题思想是要说明科学并非万能的，由于听讲者是即将赴美学习科学的留学生，所以他开宗明义就提醒他们不要以为天下事像二加二等于四那样都有公例，都受因果律的支配，实际上人们习以为常的人生问题就没有一个是非真伪的统一标准。因为虽然同为人生，但由于彼此观察点不同，得出的意见也就必然各异，故"天下古今之最不统一者，莫若人生观"。

为了进一步说明人生观没有公例可循，他指出："人生观之中心，是曰我。与我对待者，则非我也。"我与亲族，我与异性，我与财产，我对社会制度之激渐态度，我的内在心灵与外在物质，我与所属之全体，我与他我，我对世界的希望，我对世界背后有无造物主之信仰，都有种种区别。"凡此九项皆以我为中心，或关于我以外之物，或关于我以外之人，东西万国，上下古今，无一定之解决者，则以此类问题，皆关于人生，而人生为活的，故不如死物质之易以一例相绳也"。

在说明了人生观何以没有公例可循的原因之后，张氏对科学与人生观的特点进行了一番比较，认为科学与人生观有五个不同特点：第一，科学为客观的，人生观为主观的；第二，科学为论理的方法所支配，人生观则起于直觉；第三，科学的方法为分析，人生观则为综合；第四，科学受因果律所支配，人生观则是自由意志的；第五，科学起于对象之相同现象，人生观则起于人类的单一性。正因为科学与人生观的特点不同，"故科学无论如何发达，而人生观问题之解决，决非科学所能为力，惟赖诸人类之自身而已"。否定科学对人生观的指导作用，强调主观意志的绝对自由，宣扬和提倡自由意志的人生观，这就是张氏演讲《人生观》的要旨所在。他后来在总结这场论战时也曾明确指出：这场论战"若去其外壳，而穷其精核，可以一言蔽之，曰自由意志问题是矣！"[1]

张君劢的这篇演讲刊载在《清华周刊》第 272 期上。他的好友、地质学家丁文江读后不禁"勃然大怒"，以为科学如果像张君劢说的那样不能支配人生观，那科学还有什么用处？两人面对面地辩论了两个多小时，但谁也没有说服谁。于是，为了"玄学的鬼附在张君劢身上"，更为了"提醒没有给玄学鬼附

---

① 张君劢：《人生观之论战·序》，见《人生观之论战》（上），第 12 页，上海，上海泰东图书局，1928。

上身的青年学生"，丁文江先后在《努力周报》发表了《玄学与科学——评张君劢的"人生观"》和《玄学与科学——答张君劢》两篇长文，反驳张氏观点。首先，反驳了张氏所宣扬的科学不能支配人生观的观点。他指出，"所谓科学方法，不外将世界上的事实分起类来，求它们的秩序，等到分类秩序弄明白了，我们再想出一句最简单明白的话来，概括这许多事实，这叫做科学的公例"。诚然，由于事实比较复杂，科学目前对人生的一些问题还不能"分类"，求得它的"秩序"，找出一个"概括的公例"，但这并不能说明科学方法"不适用于人生观"，因为科学认识有一个发展过程，目前还不能认识的，随着认识的发展，总有一天会得到认识，"我们现在所已知道有限，将来所知道的无穷"。所以张氏以科学现在还不能完全认识复杂的人生问题为由，认为科学不能支配人生观的观点似是实非，科学完全可以支配人生观。其次，反驳了张氏对科学功用的责难。他针对张氏所宣扬的科学的特点是向外的、物质的、机械的观点，指出，"科学不但无所谓向外，而且是教育同修养最好的工具"，因为科学的目的是要破除个人主观的陈见，求人人所能共认的真理，这不仅可以使学科学的人有求真理的能力，而且也有爱真理的诚心。在反驳了张君劢对科学的责难之后，丁文江进一步阐述了"在知识里面科学方法万能"的观点，并主张推广科学的势力范围，将它从自然界推广扩充到人事界，"使它做人类宗教性的明灯"。第三，反驳了张氏对宋明理学家以及宋明理学是所谓"精神文明"的肯定，指出这种连国家都不能保的"精神文明"是不配拿来做招牌，攻击科学的。

面对丁文江的反驳，张君劢又撰《再论人生观与科学并答丁在君（丁文江字在君——引者)》的长文，刊于北京《晨报》副刊上，就他的自由意志的人生观作了进一步的阐述。首先，为了论证科学与人生观的区别，他采纳德国构造心理学家翁特对科学的分类法，即分科学为物质科学和精神科学，认为精神科学没有如同物质科学那样的"牢固不拔"、"一成不变"的"公例"可求。既然精神科学没有"公例"可求，那么，与精神科学"相表里"的人生观就更是"不可测度"的了，不能为科学的因果律所支配。科学不能支配人生观，那什么能支配人生观，解决复杂的人生问题呢？他认为，"科学决不能支配人生，乃不能不舍科学而别求一种解释于哲学或玄学中"①。张氏所说的"玄学"包括两方面内容：一是中国传统的儒家人生观，特别是宋明理学家的心性之学；二是19世纪以来西方的柏格森、倭伊铿、詹姆士等人的"新玄学"。他还将孔孟思想、特别是宋明理学家的心性之学与柏格森、倭伊铿等人的"新玄学"进行了一番比较，认为二者颇多吻合之处，如柏格森的"直觉主义"、倭伊铿的"精神哲学"，都"与我先圣尽性以赞化育之义相吻合"。故此，他得出结论："吾则以为柏氏、倭氏言有与理学足资发明者，此正东西人心之冥合，不必以地理之隔绝而摈弃之。"② 由此可见，张君劢所说的"玄学"其实质是中国的孔孟儒学，特别是宋明理学家的心性之学与19世纪以来的西方柏格森、倭伊铿等人的"新玄学"的混合物。他又称这种混合物为"新宋学"。

2. 论战的扩大

就在张君劢和丁文江你来我往，围绕科学与人生观的问题展开激烈论战的时候，学界的其他名流也纷纷介入战斗，论战进一步扩大。站在张君劢一边的主要有梁启超、林宰平、张东荪，支持丁文江的主要有吴稚晖、王星拱、唐钺和胡适。

1923年5月，梁启超以"暂时局外中立人"的身份在《时事新报》上发表宣言，声称科学与人生观问题，"是宇宙间最大的问题"，关于这个问题的论战，"是我国未曾有过的论战"。为了使论战能为"彻底的讨论"，从而使双方的意见"发挥尽致"，同时为以后类似的思想论战树立一"模范"，他拟定了两条"战时国际公法"，希望大家遵守。第一，讨论的问题集中于一点，而且要针锋相对，剪除枝叶。倘若因一问题引起别问题，宁可别为专篇，更端讨论。第二，措词要庄重恳挚，万不可有嘲笑或谩骂语。倘若一方偶然不检，他方不要效法。③ 不久，他又发表了《人生观与科学》一文。尽管他在文中一再声明，说由于论战的双方都是他的好朋友，他两边都不加入，也不想"斡旋两造

<hr>

① 张君劢：《再论人生观与科学并答丁在君》，见《人生观之论战》（上），第33～34页，上海，上海泰东图书局，1928。
② 张君劢：《再论人生观与科学并答丁在君》，见《人生观之论战》（上），第94页，上海，上海泰东图书局，1928。
③ 梁启超：《关于玄学科学论战之战时国际公法》，见《人生观之论战》（下），第1～2页，上海，上海泰东图书局，1928。

做'调人'",然而就其文章的主要内容来看,很明显他是站在张君劢一边的。他虽然认为科学方法可以解决一部分人生问题,但又强调人生问题的"最重要的部分是超科学的",并明确表示赞成"君劢尊直觉尊自由意志"的观点,不相信科学能统一人生观,同时批评丁文江过信科学万能,其反驳张君劢的文章很像专制宗教家口吻,殊非科学家的态度。他断言,无论社会如何进步,科学如何发达,作为"生活的原动力"的"情感"之表现形式"爱"和"美"都不会改变,都将"永远保持它们那种'上不臣天子下不友诸侯'的身份"①。

和梁启超一样,林宰平也是张君劢和丁文江两人的好朋友,在论战中也是明显地站在张君劢的一边的。1923年6月,他在《时事新报》刊出《读丁在君先生的〈玄学与科学〉》一篇长文,把丁文批驳得几乎体无完肤,从而为玄学派"放了一鸣惊人的响炮"②。他首先指出,丁文的题目叫《玄学与科学》,但所批判的却是张君劢的人生观,这使人感到奇怪,因为玄学与人生观不是一回事。接着,他对丁氏的科学万能论提出了批评,认为丁氏主张以科学来统一人生观,统一一切,这不是科学家的态度,而是"学者的野心"。至于丁氏说"科学不在他的材料,而在他的方法",在林氏看来,这是"主张科学与科学方法不分","其结果必至天地间无一不是科学",从而使科学一语"变成滥套"。③

作为著名哲学家,张东荪主要是从探讨科学与哲学的关系立论,对丁文江提出批评的。他指出,"本体论与宇宙论为玄学",可见玄学就是哲学,不过范围较狭而已。丁氏表面上似乎在用科学攻玄学,但实际上"只是采取与自己性质相近的一种哲学学说来攻击与自己性质相远的那种哲学学说"。丁氏虽然口口声声要打"玄学鬼",却从来没有给玄学下一个明确的定义,对于玄学与哲学的关系也始终没有论及,甚至"对于科学的真正性质(都)没有说明白"。因为根据丁氏的解释,凡对于经验的事实,分类以求其秩序就是科学,凡用科学方法的都是科学。但实际上"科学乃是对于杂乱无章的经验以求其中的'比

---

① 梁启超:《人生观与科学》,见《人生观之论战》(中),第88~89页,上海,上海泰东图书局,1928。

② 张东荪:《科学与哲学》,载《东方杂志》第22卷第2号。

③ 林宰平:《读丁在君先生〈科学与玄学〉》,见《人生观之论战》(上),第113页,上海,上海泰东图书局,1928。

较不变的关系'"。他还批评丁氏将科学与汉学的考据混为一谈，认为如此宣传科学"有害无益"。因为科学方法不是汉学家的考据，"科学注重在实验，考据不过在故纸堆中寻生活"①。总而言之，他认为丁氏对科学的宣传和解释是"不懂科学"和"劳而无功"。

被胡适誉为科学与人生观论战中科学派"压阵大将"的吴稚晖，先后发表《一个新信仰的宇宙观及人生观》和《箴洋八股化之理学》两篇参战文章，全面阐述了他的"漆黑一团"的宇宙观和"人欲横流"的人生观。他指出，张君劢所以主张"自由意志"，其原因就在于他没有认识到宇宙是"漆黑一团"的宇宙，其演变和发展的秩序是"先有意志，才起变动"，但这个"意志"不是人的主观精神，而是物质自身运动的方式。张君劢所以认为科学不能支配人生观，也在于他不懂得什么是人、人生和人生观。什么是人、人生和人生观呢？"人便是外面只剩两只脚，却得到了两只手，内面有三斤二两脑髓，五千零四十八根脑筋，比较占有多额神经系质的动物"。"所谓人生，便是用手用脑的一种动物，轮到'宇宙大剧场'的第亿垓八京六兆五万七千幕，正在那里出台演唱。请作如是观，便叫做人生观"。吴氏把自己的人生观概括成三句话，即"（甲）清风明月的吃饭人生观；（乙）神工鬼斧的生小孩人生观；（丙）覆天载地的招呼朋友人生观"②。他又称之为"人欲横流"的人生观。这种人生观，皆可以由科学来支配。吴稚晖还以进化论为武器批判了张君劢"复活新宋学"的主张。

科学派方面发表参战文章最多的是心理学家唐钺，论战期间他一共发表文章六篇，主要从心理学角度对玄学派进行批判。他首先批判了张君劢的自由意志论，指出一切心理现象都是有因的，都受因果律的支配，人的意志虽然自由，但这种自由"与得正当了解的因果性完全没有冲突的；自由不得超越法律的支配"。现实中就根本不存在"与过去未来没有因果关系的孤立的意志，假

---

① 张东荪：《劳而无功》，见《人生观之论战》（上），第 157 页，上海，上海泰东图书局，1928。

② 吴稚晖：《一个新信仰的宇宙观及人生观》，见《人生观之论战》（下），第 48 页，上海，上海泰东图书局，1928。

如真有，就是意志的错乱；不！就是心灵生活的完全破坏"①。他也不赞成梁启超提出的情感绝对超科学的观点，认为情感中并不存在什么神秘的力量，"爱"和"美"这两种情感形式既可分析也可理解。比如，他举例说，中国有句俗话，叫做"情人眼里出西施"，以为爱是"玄之又玄"的。但实际上并非如此。"有些男人爱上一个在普通人以为很丑的女人，大家就讲这是不可理解的。自心病学者看来，就知道这个女人一定有某点——如多发，或凸目，或特种的口音之类——可以使那个男人喜欢，而这个男人所以喜欢这一点又是因为他小时对于这点曾感受极大愉快的缘故。这些事情，本人往往自己不知道；但是，用某种方法，可以证明这种因果关系"②。唐氏还为丁文江辩护，反驳了玄学派对丁氏的指责。他在《科学的范围》一文中写道："自丁在君先生发表'凡是用科学方法的研究都是科学'的意思以后"，玄学派大起恐慌，以为这样一来学术界的地盘都被科学占尽了。但实际上从丁氏的文章中并不能演绎出这种结论。丁文的意思是说"天地间无一不是科学的材料"。这话并没有错。因为科学与科学的材料是有区别的，说天地间所有现象都是科学的材料，并不意味着天地间一切都是科学。如天地间有人，就有人类学；有艺术，就有艺术学；有宗教，就有宗教学。但"说艺术、宗教的科学的研究是科学，不是说艺术、宗教就是科学，同说鱼的科学研究是科学，不是说鱼就是科学一样"③。

胡适是科学派的重要人物，始终关心着论战的进程。但由于他当时身体不好，大半时间在南方养病，因此只写了一篇《孙行者与张君劢》的参战文章。文中指出，张君劢的"自由意志论"不过是柏格森哲学的翻版，"是柏格森的高徒的得意腔调"。文中还指出张氏论断中有三个自相矛盾的地方，这说明尽管"张君劢翻了二七一十四天的筋斗，原来始终不曾脱离逻辑先生的一件小小法宝——矛盾律——的笼罩之下"④！

---

① 唐钺：《心理现象与因果律》，见《人生观之论战》（中），第 105 页，上海，上海泰东图书局，1928。

② 唐钺：《一个痴人的说梦》，见《人生观之论战》（中），第 112 页，上海，上海泰东图书局，1928。

③ 唐钺：《科学的范围》，见《人生观之论战》（下），第 5 页，上海，上海泰东图书局，1928。

④ 胡适：《孙行者与张君劢》，见《人生观之论战》（下），第 4 页，上海，上海泰东图书局，1928。

3. 论战的总结

论战进行到 1923 年底，已接近尾声。这年 11 月，上海亚东图书馆主人汪孟邹打算将收集到的近 25 万字的论战文章结集出版，并约请他的两位好朋友、也是安徽小同乡的胡适和陈独秀分别为文集写一篇序言。几乎同时，上海泰东图书局也准备出版论战文集，并约请张君劢为之写序。1924 年和 1925 年，上海亚东图书馆的《科学与人生观》和上海泰东图书局的《人生观之论战》相继问世。《科学与人生观》分上、下两册，收集的论战文章共 29 篇。《人生观之论战》分上、中、下三册，收集的论战文章也是 29 篇，除少收王星拱一文，多收屠孝实一文外，其余各篇均与《科学与人生观》同。如果说这两本文集的编辑出版标志着这次论战的基本结束，那么，胡适、陈独秀和张君劢分别为这两本文集所写的序言，则是科学派、中国早期马克思主义者和玄学派对这次论战的初步总结。

胡适首先批判了梁启超、张君劢所散布的"欧洲科学破产论"，坚信"那光焰万丈的科学，决不是这几个玄学鬼摇撼得动的"。同时充分肯定了科学派为科学辩诬，要求发展科学、发展科学教育的现实意义，肯定了科学派对玄学派的批判。他指出当时中国的科学还十分落后，"这遍地的乩坛道院，这遍地的仙方鬼照相，这样不发达的交通，这样不发达的实业"，都说明中国所面临的根本任务是发展科学，而不是"排斥科学"，"中国此时还不曾享着科学的赐福，更谈不到科学带来的'灾难'"。至于人生观，他认为当时只有做官发财的人生观，只有靠天吃饭的人生观，只有求神问卜的人生观，只有《安士全书》的人生观，只有《太上感应篇》的人生观，"中国人的人生观还不曾和科学行见面礼"。但在中国"正苦科学的提倡不够，正苦科学的教育不发达，正苦科学的势力还不能扫除那迷漫全国的乌烟瘴气"的情况下，玄学派却在那里散布"欧洲科学破产"的谬论，放肆菲薄科学，历数科学家的人生观的罪状，反对用科学来支配人生观，这就不能不激起信仰科学的人的批判。这种批判是完全正当和必要的。

在肯定科学派批判玄学派之正当性和必要性的同时，胡适也指出了科学派的批判所存在的错误，即"人人都在那里笼统地讨论科学能不能解决人生问题或人生观问题，几乎没有一个人明白指出，假使我们把科学适用到人生观上去，应该产生什么样子的人生观"。他认为造成这一错误的原因有两个，第一，是张君劢的原文不曾明白地指斥科学家的人生观，只是笼统地说科学不能解决人生观问题，这就引导科学派也只在科学能不能解决人生观问题上做文章；第二，科学派虽然都抽象地承认科学可以解决人生问题，但却不愿公然承认那具体的"纯物质、纯机械的人生观"为科学的人生观。幸好有吴稚晖把他的"漆黑一团"的宇宙观和"人欲横流"的人生观提出来做个"压阵大将"，否则，这场论战就真正成了"一场混战"。

为了弥补科学派的这一错误，胡适在对吴稚晖的"漆黑一团"的宇宙观和"人欲横流"的人生观加以"扩充和补充"的基础上，提出了一个包括十点内容的"科学的人生观"，即：

（1）根据天文学和物理学的知识，叫人知道空间的无穷之大。

（2）根据地质学及古生物学的知识，叫人知道时间的无穷之长。

（3）根据一切科学，叫人知道宇宙及其中万物的运行变迁皆是自然的。

（4）根据生物科学的知识，叫人知道生物界的生存竞争的浪费与残酷。

（5）根据生物学、生理学、心理学的知识，叫人知道人不过是动物的一种，他和别种动物只有程度的差异，并无种类的区别。

（6）根据生物的科学及人类学、人种学、社会学的知识，叫人知道生物及人类社会演进的历史和演进的原因。

（7）根据生物及心理的科学，叫人知道一切心理的现象都是有因的。

（8）根据生物学及社会学的知识，叫人知道道德礼教是变迁的。

（9）根据新的物理化学的知识，叫人知道物质不是死的，是活的；不是静的，是动的。

（10）根据生物学及社会学的知识，叫人知道个人——"小我"——是要死灭的，而人类——"大我"——是不死的，不朽的；叫人知道"为全种万世而生活"就是宗教，就是最高的宗教；而那些替个人谋死后的"天堂""净土"的宗教，乃是自私自利的宗教。

他强调指出，他的这种"科学的人生观"是建筑在二三百年的科学常识之上的一个大假设，因此，也可以叫做"自然主义的人生观"①。

陈独秀的序主要宣传了马克思主义的唯物史观，对科学派和玄学派都有批评，但不是各打五十大板，主要批评的是张君劢的"自由意志论"，并对丁文江等人的观点给予了一定的支持。他首先肯定了科学派的进步性，但同时又指出，科学派表面上好像取得了这场论战的胜利，然而实际上并没有攻破玄学派的大本营，究其原因就在于科学派不懂得唯物史观，他们批判玄学派唯心论的武器也是唯心论，"是以五十步笑百步"。接着他运用唯物史观对张君劢的"自由意志的人生观"进行了分析和批判。张氏在《人生观》的演讲中列举了九种人生观的不同表现，如大家族主义和小家族主义，男尊女卑与男女平等，私有财产制与公有财产制，守旧主义与维新主义，物质文明与精神文明，个人主义与社会主义，为我主义与利他主义，悲观主义与乐观主义，有神论与无神论，以此说明人生观是主观的，起于直觉的、综合的、自由意志的，起于人格之单一性的，而不为客观的、论理的、分析的、因果律的科学所支配。但陈独秀运用唯物史观的分析则得出结论：这"种种不同的人生观，都为种种不同客观的因果所支配，而社会科学可一一加以分析的论理的说明，找不出那一种是没有客观的原因，而由于个人主观的直觉的自由意志凭空发生的"。即使是梁启超所讲的古代那些超科学的神秘的情感行为，如程婴杵臼代人而死，田横乃木自杀，也无所谓优不优，合理不合理，有价值无价值，它不过是农业的宗法社会封建时代所应有之人生观。"这种人生观乃是农业的宗法社会封建时代之道德传说及一切社会的暗示所铸成"，在工业的资本主义社会是没有这种举动，没有这样的感情，没有这样的自由意志的。

在批判了张君劢的"自由意志论"后，陈独秀也指出了丁文江的两点错误：第一，沿袭赫胥黎、斯宾塞诸人的谬误，自号存疑的唯心论，即"承认宇宙间有不可知的部分而存疑"，这就为玄学派宣扬自由意志的人生观提供了口实。实际上我们对于暂时尚未发现的物质固然可以存疑，但对于玄学派所讲的超物质而独立存在并且可以支配物质的什么心、什么神灵与上帝，则已无疑可存。第二，玄学派把欧洲文化破产的责任归到科学家和物质文明身上"固然十

---

① 胡适：《科学与人生观·序》，见《科学与人生观》（上），上海，亚东图书馆，1925。

分糊涂"，但丁文江反其道而用之，把这个责任归到玄学家、教育家和政治家身上也"离开事实太远"。欧战的爆发是资本主义发展的必然产物，是英德两大工业资本争夺世界市场的必然结果。所以，丁氏对欧战原因的解释虽与张君劢不同，但实质一样，都"离了物质即经济的原因"，来解释历史现象，是一种唯心主义的历史观。总之，陈氏强调指出："只有客观的物质原因可以变动社会，可以解释历史，可以支配人生观。"①

张君劢的序除了进一步阐述自己的"自由意志的人生观"外，主要是反驳陈独秀的"唯物史观"和胡适的"科学的人生观"。他否认社会发展有规律可循，尤其反对马克思主义唯物史观中的社会存在决定社会意识的理论。在他看来，不是社会存在决定社会意识，相反是社会意识决定社会存在，推动社会发展变化的不是生计条件，而是人类的心思才力。因此，他不接受陈独秀的批评，认为陈氏用唯物史观，用社会存在决定社会意识的理论，分析解释他《人生观》演讲中所举的九项人生问题是不对的，因为这九项问题皆起于"人类之自由意志"，不受科学的因果律所支配。"故独秀虽能举尽社会家言以难吾九端之列举，然吾之根本主张，仍是一丝一毫不能动摇也"。

张君劢进一步指出，由于推动社会发展变化的是人的心思才力，因此所谓社会科学，不过"粗疏的事实之贯串耳！意见之争持耳！说明的性质之分类与总括耳！"职是之故，他明确表示不能接受马克思主义的唯物史观，认为个人心理与社会生活都超于科学之外，是不能用"客观的原因"加以说明的。

在批评了陈独秀的"唯物史观"后，张君劢对胡适的"科学的人生观"提出了批评。他指出，科学与人生观的性质完全不同，科学有一定的公例，而人生观则可以人类意志左右其间，所以将二者合为一名，不仅完全错误，甚至"真可谓之不词而已"。但胡适却在他的《科学与人生观·序》中列举所谓"科学的人生观"十大条，每条之中皆由根据某某科学，叫人知道某某事，企图以科学之力，造成一种新的人生观。就此，张氏反问胡适道："科学家之所教人者，其为不变之公例乎？其为个人对世界万物之态度乎？……若科学所教人者，仅得一人生观，则第一条根据天文学与物理学叫人知道者，非天文、物

---

① 陈独秀：《科学与人生观·序》，见《科学与人生观》（上），上海，亚东图书馆，1925。

理学之公例，而为天文学、物理学的人生观矣，是可通乎？第二条根据地质学、古生物学之公例，而为地质学与生物学人生观矣，是可通乎？"张氏认为，胡适的论战文章只做了一个"破题"，还不曾做到"起讲"，只拿出一个"教授科目表"，而没有拿出"人生问题之科学来"。

张氏认为，科学所以不能解决人生问题，原因就在于科学之大原则，曰有因必有果，故视此世界为一切具在，而于此一切具在中求其因果之相生，于是有天文、地理、物理、化学之公例发现。与此相反，"人生之总动力，为生之冲动，就心理言之，则为顷刻万变之自觉性；就时间言之，则为不断之绵延"。此"生之冲动"，人各得其一部，故一人有一人之个性，因个性之异，而各人之人生观也就各不相同。假如像胡适说的那样，尽去其他教材，而代之以种种科学，但个性既不统一，代之以种种科学又有什么用处呢？就此，张氏写道："虽然，吾知之矣，自由创造，适之（胡适字适之——引者）所欲也，科学亦适之所欲也，二者不可兼，适之将奈之何？"

张氏认为，此次论战涉及的问题虽多，但其争论的核心，是意志自由问题。在他看来，人事之所以进而不已，皆起于意志，意志如果是自由的，则人事之变迁自为非因果的、非科学的；意志如果是不自由的，则人事之变迁自为因果的、科学的。然而"人类活动之根源之自由意志问题，非在形上学中不能解决"[1]。贬低科学，反对理性，提倡形上，崇尚意志，这就是张君劢主张自由意志人生观的自然结果。

（三）论战的评价

这场被胡适称之为"空前思想的大笔战"，主要是围绕科学方法是否万能、能不能支配人生观这一问题展开的。[2] 就玄学派和科学派所争论的主要问题来看，发生在五四新文化运动后期的这场论战，实际上是现代西方以科学——逻辑为重心的实证分析哲学和以人文——历史为指向的人本哲学这两大哲学思潮

---

[1] 张君劢：《人生观之论战·序》，见《人生观之论战》（上），上海，上海泰东图书局，1928。

[2] 中国早期马克思主义者介入论战后，则成了马克思主义唯物史观与资产阶级唯心史观的论战，但那是在1923年底以后，此时论战已接近尾声。

的争论在中国的延伸和继续。但由于种种原因，其争论的水平远远没有达到同时代西方有关争论的高度，双方除了直接引用、介绍或转述西方近代现代思想家的思想外，并没有提出什么新的见解和理论创见。这正如张君劢所说的那样："今国中号为学问家者，何一人能真有所发明？大家皆抄袭外人之言耳。"①

尽管科学派和玄学派围绕科学方法是否万能、能不能支配人生观的问题争论十分激烈，但由于他们抄袭的都是"外人之言"，玄学派主要抄袭的是柏格森、倭伊铿的生命哲学，科学派主要抄袭的是马赫主义和实验主义，而无论生命派哲学，还是马赫主义和实验主义，本质上都是开始走向没落的欧美资产阶级意识形态，同时作为中国资产阶级及其知识分子的一员（有人认为玄学派代表封建地主阶级，这值得商榷，因为无论其出身，经历，社会地位和政治倾向，他们与科学派并无本质区别），他们共同面对的是日益壮大和觉醒起来的中国无产阶级，因此他们在以下两个方面有着惊人的一致性：首先，他们都是唯心主义者。上引陈独秀的《科学与人生观·序》就明确指出，科学派"主将丁文江大攻击张君劢唯心的见解，其实他自己也是以五十步笑百步"。因为他所使用的武器，也是唯心主义的。用唯心主义批判唯心主义，是这场论战的一个显著特征。在这个意义上，我们同意论者的如下评价："从本质上说，这场论争并非科学与玄学的论战，而是一派玄学唯心论与另一派玄学唯心论的争吵。"② 其次，他们都反对马克思主义的唯物史观。比如，陈独秀的《科学与人生观·序》发表后，不仅张君劢在《人生观之论战·序》中对陈氏所宣传的马克思主义的唯物史观进行了批判与攻击，胡适也写了《答陈独秀先生》一文，批评陈独秀宣传马克思主义的唯物史观，并公开声称："我们虽然极欢迎'经济史观'来做一种重要的史学工具，同时我们也不能不承认思想知识等事也都是'客观的原因'，也可以'变动社会，解释历史，支配人生观'。所以我个人至今还只能说，'唯物（经济）史观'至多只能解释大部分的问题。"③

① 张君劢：《再论人生观与科学并答丁在君》，见《人生观之论战》（上），第45页，上海，上海泰东图书局，1928。

② 冯契主编：《中国近代哲学史》（下册），第643页，上海，上海人民出版社，1989。

③《胡适哲学思想资料选》（上），第300页，上海，华东师大出版社，1981。

当然，这并不是说科学派与玄学派的争论就毫无意义。事实上，在当时中国科学十分落后、封建主义文化非常盛行的情况下，科学派对玄学派贬低科学方法，反对科学教育，颠倒物质文明与精神文明的关系，提倡复古主义，要求复兴"玄学"或"新宋学"进行批判，起而捍卫科学尊严，提倡科学精神，宣传理性主义，主张"科学的人生观"，无疑有利于科学技术的发展和人的思想启蒙。这也是科学派在论战中所以能得到广大知识青年的支持或同情的重要原因。正如有的学者在评价这场论战时所指出的那样："科学的、理性的人生观更符合当时变革中国社会的需要，更符合向往未来、追求进步的人们的要求。承认身、心、社会、国家、历史均有可确定可预测的决定论和因果律，从而可以用以反省过去，预想未来，这种科学主义的精神、态度、方法，更适合于当时中国年轻人的选择。不愿再'反求诸己'回到修心养性的'宋学'，也不能漫无把握、不着边际地空喊'意志自由'、'直觉综合'；处在个体命运与社会前途休戚相关的危机时代，倾向于信仰一种有规律可循、有因果可寻从而可以具体指导自己行动的宇宙——历史——人生观，是很容易理解的事。18、19世纪西方近代的科学及其精神和方法，对落后的中国，还是新鲜的和先进的东西，人们欢欣鼓舞地去接受它，是很自然的。"① 因此，尽管这场论战最后没有人判定谁输谁赢，但实际上是科学派打赢了这场战争。和科学派得到广大知识青年的同情或支持相反，玄学派则被人们唾骂为"玄学鬼"。日后成为现代新儒家的徐复观晚年曾回忆说："忆余年少时在沪购一书曰《人生观之论战》，于京沪车中总读一过，内容多不甚了了，唯知有一派人士斥君劢、东荪两位先生为'玄学鬼'，玄学鬼即系反科学、反民主，罪在不赦。自此，'玄学鬼'三字深入脑际，有人提及二张之姓名，辄生不快之感。"②

　　张君劢及其支持者虽被人唾骂为"玄学鬼"，但他们在论战中提出的一些问题并非完全没有学术价值。从当时中国社会发展的趋向上看，从发展社会生产力，引进西方科学技术，实现国家现代化这一历史的要求上看，他们的基本主张和观点无疑是错误的，落后的，甚至于是反动的。但"如果纯从学术角度

---

① 李泽厚：《中国现代思想史论》，第 59 页，北京，东方出版社，1987。

② 转引见江勇振：《张君劢传》，见《张君劢传记资料》（五），第 140～141 页，台北，天一出版社，1981。

看，玄学派所提出的问题和所作的某些（只是某些）基本论断，例如认为科学并不能解决人生问题，价值判断与事实判断有根本区别，心理、生物特别是历史、社会领域与无机世界的因果领域有性质的不同，以及对非理性因素的重视和强调等等，比起科学派虽乐观却简单的决定论的论点论证要远为深刻，它更符合于 20 世纪的思潮"①。实际上，随着科学技术进步所造成的工具理性与价值理性的严重分离，人们越来越认识到，无论科学如何发展，也无论科学方法如何完善，人和人生问题始终都是一个独特的领域，它不是科学发展所能完全解决得了的，人的情感的慰藉，也不可能于科学中求得，世界上没有也不可能像科学派所认为的那样有一种"万能"的方法，所谓"科学方法万能"只不过是人们的一种主观愿望而已。而这些正是张君劢及其支持者在人生观论战中着力论证的东西。

这场由张君劢在清华学校的演讲而引起的科学与人生观论战，在现代中国思想文化史上有着重要的影响和地位。首先，它是唯科学主义思潮和人本主义思潮在中国的第一次正面交锋，在交锋中科学与人生观问题被凸现了出来。此后，中国资产阶级哲学明确区分为两大阵营，两条路线，一方走的是科学的、实证的道路，另一方则走的是人本的、形而上学的道路。其次，由于中国早期马克思主义者的介入，以及他们对玄学派、科学派的批评和对马克思主义唯物史观的宣传，扩大了马克思主义的影响，人生观论战后，马克思主义在青年中得到更广泛的传播。第三，它是现代新儒学发展历程中的一件大事，张君劢的演讲以及他后来的参战文章，从某种意义上说，形塑了现代新儒家的致思方向，张本人也因此而成了现代新儒学的"开启者"之一。

三、30 年代的"本位文化"与"全盘西化"论战

五四前后的东西文化论战，到 20 年代后期逐渐沉寂下来，因为国民革命的武器批判压倒了思想战线上的批判武器。但仅过几年，文化争论又烽火四起。先是 1934 年 1 月广州《民国日报》副刊《现代青年》专栏发表岭南大学

---

① 李泽厚：《中国现代思想史论》，第 59 页，北京，东方出版社，1987。

教授陈序经于上年底在中山大学的演讲：《中国文化之出路》，并由此在广州思想文化界引发了一场规模不大的文化论争。接着，1935 年 1 月，王新命、何炳松等十教授联名发表《中国本位的文化建设宣言》，于是继五四东西文化论战和科学与人生观论战之后，又一场大规模的文化论战在全国展开。但这次论战没有持续多久，到 1936 年春夏之交就基本结束。论战的双方主要是以十教授为代表的本位文化派和以胡适、陈序经为代表的西化派，同时西化派内部围绕"全盘西化"也有争论。

（一）"中国本位的文化建设"的提出

1935 年 1 月 10 日，王新命、何炳松等十教授联名在《文化建设月刊》第 1 卷第 4 期上发表了一个《中国本位的文化建设宣言》（以下简称《宣言》）。《宣言》是经过几个月的酝酿准备写成的。内容分为三部分：1. 为什么要提出本位文化建设？《宣言》的回答是：中国在文化领域中已经消失，已失去它的特征，"要使中国能在文化的领域中抬头"，使它失去的特征得到恢复，就"必须从事中国本位的文化建设"。2. 检讨过去。《宣言》认为，中国文化曾在古代"大放异彩"，在世界上占有过"很重要的位置"，但从汉代起，特别是鸦片战争和五四运动后，却逐渐走向衰落，发生了严重的生存危机。近代以来的几次文化运动，包括五四新文化运动，不仅没有使危机得到解决，相反还造成了中国在文化领域中的消失。3. 如何从事本位文化建设？《宣言》只笼统提出"不守旧，不盲从，根据中国本位，采取批评态度，应用科学方法来检讨过去，把握现在，创造将来"，并没有提出任何切实可行的具体方案。[①]

十教授于此时联名发表这样一个文化宣言，决不是偶然的，而有其深刻的时代和政治背景。1924～1927 年的大革命，不仅没有解决中国社会的根本矛盾，相反大革命后建立起来的国民党政权，对内实行独裁，疯狂镇压一切革命和民主运动；对外妥协退让，听任日本的侵略，致使阶级矛盾和民族矛盾日益尖锐，各种思潮汹涌澎湃。为了维护自己的反动统治，国民党一方面调动大军，对共产党的苏区进行"围剿"，同时在全国实行白色恐怖；另一方面加强

---

① 王新命等十教授：《中国本位的文化建设宣言》，载《文化建设月刊》第 1 卷第 4 期，1935 年 1 月。

思想控制，剥夺人民的言论思想自由，并于1934年成立了统治思想文化界的重要机构——"中国文化建设协会"，以 CC 派首领陈立夫为理事长，发行《文化建设月刊》，鼓吹"中体西用"的文化建设主张，希望以此统一整个思想文化界。十教授的《文化宣言》反映的就是国民党的这种加强思想统治的要求。当时有一个国民党人就直截了当地将十教授发表《宣言》的政治目的讲了出来。他说："最近一两年来，党政当局有感于国民意志的不统一，无法集中民族的力量，因此对于支配国民思想的文化界，认为有加以统制的趋向。"可是，这种文化统制工作的进展并不理想，"各种纷乱的思想纷乱如故"，于是决定除"消极的排拒工夫"外，还须加强"积极的理论建设"。《中国本位的文化建设宣言》"这个以三民主义为最高标准的文化运动，虽由十位教授以在野的地位来发起，用虚心的态度征求全国人的同情，而在党政方面自然渴望其成功，以补救目前中国文化界纷乱无序的缺憾，这是无庸加以怀疑的。因其如此，这一运动很有与现实政治相配合的可能，而发生伟大的实力。其所以值得大家重视，原因无非在这个地方"①。还有个叫王西徵的国民党人，在评论十教授的《宣言》时也指出："十教授《宣言》之最重要的意义"，就是"根据中国此时此地的需要"，将孙中山的"三民主义"，发展到只有"民生"与"民族"，而没有"民权"的"二民主义"。因为《宣言》讲的"中国此时此地的需要"，只包括两项内容，一是"充实人民的生活，发展国民的生计"，这是孙中山的"民生主义"；二是"争取民族的生存"，这是孙中山的"民族主义"。故此，他认为"中国本位文化"之"较为简单浅显的解释"应是"不同于德意的、中国的、独裁的、国家社会主义文化"，或"二民主义文化"②。上述国民党人的解释，可谓一语道破了十教授提出"中国本位的文化建设"主张的"天机"。实际上十教授都是国民党党员，不少人从事过党务，是国民党内有名的笔杆子。《宣言》从酝酿、发表，到发表后引起讨论，也都是在国民党、特别是陈立夫的策划下进行的，得到了"中国文化建设协会"的大力支持。《宣言》首先就是发表在该协会的机关刊物《文化建设月刊》上的。《宣言》发表后，该协会即函告各地分会，要求它们对本位文化建设主张"作广大深切之宣传与

---

① 陈柏心：《中国本位文化建设运动的展望》，载《半月评论》第 1 卷第 3 期，1935 年 6 月。
② 王西徵：《中国本位文化要义》，载 1935 年 5 月 25 日天津《大公报·星期论文》。

研究"。十教授自己也对国民党统治集团给予他们的大力支持供认不讳。他们曾得意地声称："自从《宣言》发表以来,不但全国各界领袖表示同情……就是当局方面,亦因我们这种运动,纯以学术为出发点,给我们一种自由发表的机会。"①

在国民党集团和陈立夫所控制的"中国文化建设协会"的大力支持下,《宣言》发表后立即引起了巨大的社会反响,并形成所谓"中国本位文化建设运动"。各种官方报刊竞相发表社评、社论和文章,大力推崇、宣扬《宣言》的观点和主张。"中国文化建设协会"在各地的分会,相继组织召开所谓"中国本位文化建设座谈会",讨论、学习、宣传《宣言》。1935 年 1 月 19 日,上海"中国本位文化建设座谈会"首先召开,参加者有大学教授、新闻机构负责人及政府官员等二十多人。3 月,"文化建设协会"北平分会发起举办了旨在宣传本位文化建设的"大学生文化讲演竞赛会"。"文化建设协会"河北分会不仅组织了保定"中国本位文化建设座谈会",而且还创办了《文化前哨》杂志,出专刊宣传十教授的本位文化建设主张。4 月,十教授在《文化建设月刊》上发表启事,就本位文化建设问题,举办有奖征文,以"集思广益……就教于国内鸿博"。国民党的御用文人们纷纷挥笔上阵,为十教授助威呐喊。一些文化保守主义者也非常欣赏《宣言》的保守主义的文化立场,欢呼它对五四新文化运动的清算,认为《宣言》提出的以"中国为本位"的文化建设原则,为中国未来文化建设指明了方向。更有人将《宣言》的发表说成是"国民睡梦中的一声警钟,众生迷路时的一个指针,国家民族危急存亡之际的一条出路","实为今日救国之要途"。② 据不完全统计,自 1935 年 1 月 10 日《宣言》发表到 5 月10 日十教授登出《我们的总答复》,仅 5 个月时间内,发表的支持、称赞、宣传和配合《宣言》的大小文章就达 100 多篇。

当然,《宣言》发表后也立即遭到了包括西化派在内的不少人的抨击。3月 31 日,西化派的主要代表人物胡适在天津《大公报》上发表《试评所谓"中国本位的文化建设"》一文,对十教授的主张提出了严厉批评。接着,陈序经、张佛泉、张熙若、严既澄、常燕生、梁实秋、熊梦飞、李麦麦等也相继发

---

① 见《文化建设月刊》第 1 卷第 6 期。
② 许性初:《从五四运动说到〈一十宣言〉》,载《文化建设月刊》第 1 卷第 5 期。

表文章，批评《宣言》。从这些文章的内容看，胡适一些人对《宣言》的批评主要集中在两方面。一是批评它的保守主义的文化取向，指出十教授所提出的"中国本位的文化建设"的主张不过是早年洋务派"中体西用"论的翻版（这方面的具体情况详见下一节）。二是批评它的政治目的，即反映了国民党人加强思想统治的要求。如张熙若的《全盘西化与中国本位》一文在引述了王西徵对《宣言》的解释后便一针见血地指出："中国本位文化的要义就是取消'民权主义'！取消'民权主义'是'三民主义向更高阶段的发展'！更透彻的讲，中国本位文化建设运动就是独裁政治建设运动！"[1] 燕京大学副校长刘廷芳就《宣言》的政治目的提出如下三个问题要求十教授公开回答，即（1）此次中国本位文化建设运动有无政治背景？（2）诸位对于文化统制问题取何种态度？（3）此次运动最后的目的是什么？

面对胡适一些人的批评，十教授纷纷撰文作答，并于 1935 年 5 月 10 日抛出了一个《我们的总答复》。他们一方面以进为退，抓住西化派、特别是陈序经的"全盘西化"论不放，狠批"全盘西化"的理论错误；另一方面他们又以退为进，一再声明自己"不仅反对守旧和盲从，就是所谓'中体西用'也在我们摈弃之列"，因为"中体西用"论者将中国说成是"精神文明"，将西方说成是"物质文明"，要以中国"精神文明"为"体"，吸取西方"物质文明"之"用"，但实际上"物质和精神是一个东西的两方面，根本不能分离"，体用也是一样，"有什么体便有什么用，有什么用便有什么体"，所以说"中体西用"是不通的理论。然而，十教授们在声明自己不赞成"中体西用"论的同时，却又坚持认为"今后的文化建设应以中国为本位"，而"中国本位的基础"就是中国此时此地"特殊的需要"。"应着这种特殊需要而产生的文化，当然和闭关时代的中国文化或世界列强的文化不同，而我们所揭橥的中国本位文化建设，就应以这种特殊需要为基础"[2]。显而易见，十教授的保守主义的文化立场并未改变。另外，他们的回答也回避了批评者对《宣言》的政治目的的批评。

尽管十教授的《宣言》因得到官方的支持而轰动一时，但由于它的保守主义的文化取向，特别是为国民党文化统制服务的政治目的，使它失去人心，得

---

① 张熙若：《全盘西化与中国本位》，载《国闻周报》第 12 卷第 23 期，1935 年 4 月。
② 王新命等十教授：《我们的总答复》，载《文化建设月刊》第 1 卷第 8 期，1935 年 5 月。

不到思想文化界绝大多数人的同情和支持，再加上胡适等人对它大张旗鼓的批判，它的影响日益缩小，因它而起的所谓"中国本位文化建设运动"到1936年春夏之交就草草收场了（当然这与民族危机的空前严重也有关系）。

（二）关于"本位文化"的争论

前已论及，十教授的《中国本位的文化建设宣言》发表后，立即引起了西化派的反击，并就《宣言》提出的"本位文化"建设与以十教授为代表的本位文化派，亦即文化保守主义者进行了激烈论战。概而言之，论战主要围绕以下几个问题展开：

第一，对中国实情的分析。十教授提出"本位文化"建设的一个重要理由，是认为中国文化的落后和中国社会的落后是中国自身文化的丧失造成的。他们在《宣言》中写道："中国在文化的领域中是消失了；中国政治的形态、社会的组织和思想的内容与形式，已经失去了它的特征。由这没有特征的政治、社会和思想所化育的人民，也渐渐的不能算得中国人。""在文化的领域中，我们看不见现在的中国了。中国在对面不见人形的浓雾中，在万象蜷伏的严寒中，没有光，也没有热。为着寻觅光与热，中国人正在苦闷，正在摸索，正在挣扎。有的虽拼命钻进古人的坟墓，想向骷髅分一点余光，乞一点余热；有的抱着欧美传教士的脚，希望传教士放下一根超度众生的绳，把他们吊上光明温暖的天堂。但骷髅是把他们从黑暗的边缘带到黑暗的深渊，从萧瑟的晚秋导入凛烈的寒冬；传教士是把他们悬在半空中，使他们在上不着天下不着地的虚无境界中漂泊流浪，憧憬摸索，结果是同一的失望。""我们可以肯定的说：从文化领域去展望，现代世界里面固然已经没有了中国，中国的领土里面也几乎已经没有了中国人。"但在西化派看来，中国今日的"大患"不在中国文化的丧失，"中国特征的丧失"，而在"中国旧有种种罪孽的特征"保存得"太多"、"太深"。"政治的形态，从娘子关到五羊城，从东海之滨到峨眉山脚，何处不是中国旧有的把戏？社会的组织，从破败的农村，到簇新的政党组织，何处不具有'中国的特征'？思想的内容与形式，从读经祀孔，国术国医，到满街的性史，满墙的春药，满纸的洋八股，何处不是'中国的特征'？"正是由于"中国的特征"保留得"太多"、"太深"，"所以无论什么良法美意，到了中国都成了逾淮之橘，失去了原有的良法美意"①。

由于对中国实情的认识不同，西化派和本位文化派对于五四新文化运动的评价也是大相径庭。本位文化派认为，"中国在文化的领域中"之所以会"消失"，原因就在于近代的几次文化运动，特别是五四新文化运动，"轻视了中国空间时间的特殊性"，其结果不仅未能解决中国文化的存在问题，相反导致了中国文化的失落。与本位文化派否定五四新文化运动相反，西化派则充分肯定五四新文化运动的历史功绩。他们指出，新文化运动的功绩之一，是认识到观察中国文化是否发展，"必须依着国际水平来测量"，而不能只从中国的传统中去寻求；功绩之二，是认识到只承认西洋文化的"器"或"用"，而不承认它的"道"或"体"，或只承认它的"物质"，而不承认它的"精神"这种二元论调的错误；功绩之三，是认识到中国固有文化不符合现代生活和社会环境，中国要进步，就必须把所谓"中国文化的特征"，如多妻制、束胸、缠足、男女不平等、迷信、安命、保守、忠孝、贞操等统统"扔到厕所去"。他们还一针见血地指出，十教授现在要为"被有革命意义的'五四'新文化运动扔到厕所去了"的这些"中国文化的特征"而惋惜，并要把它们重新拾起来，这"不是（对）'五四'文化运动的否定么？不是回到'皮毛的和改良的''中学为体，西学为用'时代去了么？"②

第二，对中西文化的认识。本位文化派认为，绵延数千年的中国传统文化尽管有其不足，有其糟粕，但精华是主要的。王新命在反诘西化派对中国传统文化的批判时就曾指出，"中国固有的文化，能延长中国数千年的历史，能结成以四万万人为一族的世界最大民族"，决非偶然。西化派"如果不能肯定中国几千年的历史，和以四万万人为一族的民族是完全出于偶然，那就应该肯定中国固有的文化也有其可存的精英"③。何炳松甚至要求人们"时刻认清自己是世界上一个程度很高的民族，决不和非洲内地和太平洋诸岛上的土著相同"④。他们认为，正是由于中国文化是精华多于糟粕，中国历史才得以延续

---

① 胡适：《试评所谓"中国本位的文化建设"》，载《独立评论》第145号，1935年3月。
② 李麦麦：《评〈中国本位的文化建设宣言〉》，见《中国本位文化建设讨论集》，第99页，上海，文化建设月刊社，1936。
③ 王新命：《全盘西化论的错误》，载1935年4月3日《晨报》。
④ 何炳松：《中国文化建设讨论集·序》，上海，龙文书店，1935。

数千年，才形成四万万人的大民族，中华民族也才能在历史上屡仆屡起，始终以一个文明古国而屹立在世界东方。因此，中国传统文化不能一概否定，而且还应发扬光大，使之成为今天中国新文化建设的根基。对于中国传统文化之精华的存在，除个别人外，西化派一般都是肯定的。但他们又认为，不能夸大中国文化精华的量，从整体上说，中国传统文化已不适应现代社会的需要，不适应现代生活的环境，是创造新文化的障碍，不应像本位文化派主张的那样去发扬光大。他们还进一步指出，中国固有文化之精华的保存，"这要在我们的文化已经欧化、近代化之后才有可能，这犹之数千年来的中医虽保有一部分医药的经验，但要发扬这一部分医药经验却非待中国的新医学发达之后不可。不这样，而强使现在的文化建设'具有中国的特征'，定会阻止中国走向近代文明之路"[1]。故此，西化派认为现阶段的文化运动不是中国传统文化为新文化的建设的根基，而是"明白的表示必须欧化、近代化。肯定地说，便是中国需要资本主义化"。

与上一问题相联系的是如何看待西方文化中的糟粕。无论本位文化派，还是西化派，一般都承认西方文化中确实有糟粕存在，如历史的"惰性"、"拜金主义"、"性史、春药、洋八股"等，他们对这一问题的争论主要集中在两点上：一是西方文化之"糟粕"的量的估价。本位文化派把西方文化之"糟粕"说得十分严重，甚至认为它已陷入了"慢性的恐慌"。但在西化派看来，西方文化的"糟粕"并不像本位文化派说得那么严重，与中国文化的"糟粕"相比，是微不足道的。有人还宣称，西方文化中不好的东西，也要比中国传统文化中最坏的东西好千百倍。[2] 二是如何吸收西方文化。本位文化派认为，既然西方文化有"糟粕"，那么，我们在吸收西方文化时就应"取长舍短，择善而从"。但西化派认为，"在这个优胜劣败的文化变动的历程之中，没有一种完全可靠的标准可以指导整个文化的各个方面的选择去取"的。他们问道："西洋现代文化，何者是长处？何者是短处？'择善而从'的'善'，究竟谁配作评判

---

① 李麦麦：《评〈中国本位的文化建设宣言〉》，见《中国本位文化建设讨论集》，第99页，上海，文化建设月刊社，1936。

② 陈序经：《关于全盘西化答吴景超先生》，见《中国本位文化建设讨论集》，第208页，上海，文化建设月刊社，1936。

员?"因此,在西化派看来,引进西方文化就不能先存一个"精华"与"糟粕"的区分,而应让它与中国文化自由接触,经自然选择的作用,淘汰其"糟粕",存留其"精华"。

第三,中国文化的出路是中国本位,还是西化?这是西化派与本位文化派争论的焦点。我们已经指出,十教授提出的文化建设原则就是以中国为本位。对于十教授的这一主张,西化派予以了严厉抨击。3月31日,胡适在天津《大公报》"星期论文"专栏上发表《试评所谓"中国本位的文化建设"》一文,文章一开头就指出,十教授提出的本位文化建设原则是早年张之洞的"中学为体,西学为用"主张"最新式的化装出现",无一句不可以用来替顽固反动军阀"何键、陈济棠诸公作有力的辩护的"。因为何、陈也不主张八股小脚,也不反对工业建设,他们所谓的新政建设标榜的也是"取长舍短,择善而从",而他们的读经祀孔也正可以挂在"'去其渣滓,存其精英'的金字招牌之下,他们所要建立的也正是中国本位的评论经"。陈序经在《评〈中国本位的文化建设宣言〉》中也指出,虽然十教授标榜"不守旧","不复古",但就其主张的实质来看,它"仍是一个复古与守旧"的宣言。即使不说它完全守旧,那也是三十五年前张之洞的"中学为体,西学为用"的翻版。李麦麦的《评〈中国本位的文化建设宣言〉》首先就"中国本位"提出了批评,认为它存在着"二律相背"的矛盾。他指出:"'中国本位'四字,除了作合乎中国需要解释外,它还有第二种绝然不同的解释,这就是中国文化为'本'和'中国的政治、社会和思想都具有中国特征'的解释。也就是我所谓《宣言》的'基本'精神'二律相背'的地方。"如果作第一种解释,其结论应是对"中国的社会、政治、经济作彻底的改造",亦即使中国文化欧化、近代化;假如作第二种解释,其结论就是使"中国的政治、社会和思想都具有中国的特征",亦即使中国保留东方文化。李氏进一步指出,十教授要是真的像他们标榜的那样主张"不守旧","'对中国社会、政治、经济作彻底改造',那么,那种中国为'本'和'使中国的政治、社会和思想都具有适中的特征'的思想,不但不应该,亦且不可能"。熊梦飞则批评十教授"虽然否认了'中体西用'的老话,却建立了'中主西奴'的新语,以'亲生骨肉'看待中国文化,以'干儿子''入赘婿'

看待欧美文化"①。除胡适、陈序经、李麦麦、熊梦飞外，张佛泉、沈昌骅、严既澄等也先后发表文章，批评十教授对中国文化出路的选择。西化派在批评本位文化派的同时，也提出了自己对中国文化出路的主张。他们虽都认为"我们四万万人如果想继续在这世界上生存，便非西化不可"，但在具体的提法上却存有不同。归纳起来有以下几种提法：

一是"充分西化"说。这是胡适提出来的，并得到严既澄等人支持。他们主张"虚心接受这个科学工艺的世界文化和它背后的精神文明，让那个世界文化充分和我们的老文化自由接触，自由切磋琢磨，借它的朝气锐气来打掉一点我们的老文化的惰性和暮气"②。

二是"根上西化"说。提出这一主张的是张佛泉。他在《西化问题之批判》一文中写道："我所主张的可以说是从根上或说是从基础上的西化论。"有许多皮相枝节问题，如是打桥牌好，还是打麻将好，他认为可以不去讨论它。在他看来，目前最主要的工作，就是整个地改造中国人的头脑，将中式的头脑换成一个西式的头脑，将《论语》式的头脑换成一个柏拉图《共和国》式的头脑。因为有许多旧的基本观念，深入中国人的头脑如此之深，已成了创入而固定的条纹、沟渠。中国人的思想与活动已整个地被这些沟渠给限制住了，不动则已，一动便会立即滚入到这些沟里去。如果不换头脑，不彻底地从根上改造，中国人是永远也逃不开那些陈旧却很有力的窠臼的。所以，"从根上西化才是我民族的出路"③。

三是"全盘西化"说。陈序经是这一说的代表人物。赞同这一说的还有郑昕、冯恩荣等人。陈氏在批评十教授的主张时指出，十教授的错误就在于"不明白文化是人类的适应时境以满足其生活的努力的结果和工具。时境变了，文化也变。我们既可以放弃我们祖宗的'穴居野处，茹毛饮血，结绳纪事，知母不知父'的文化，我们也可以放弃我们今日所谓'固有'的文化，而采纳现代的文化"。所谓"现代文化"，据陈氏的解释，就是西方文化，或西方资本主义文化。由于陈氏认为文化是一有机系统，不可分开，要么全盘接受，要么全盘

---

① 熊梦飞：《谈"中国本位文化建设"之闲天》，载《文化建设月刊》第1卷第9期。
② 胡适：《试评所谓"中国本位的文化建设"》，载《独立评论》第145号，1935年3月。
③ 张佛泉：《西化问题之批判》，载天津《国闻周报》第12卷第12期。

拒绝，因此，他指出："我们要吸收西洋的科学，我们就不得不连西洋文化的其他方面……也都吸收过来。"这"其他方面"，当然也包括"很不容易除去的渣滓"。既吸收科学，也吸收渣滓，这就是"全盘西化"。[①]

四是"西体中用"说。这是熊梦飞在《谈"中国本位文化建设"之闲天》中提出来的，他并把它具体分解成"四大原则"，即：（一）全盘的吸收西洋文化之根本精神；（二）局部的吸取西洋文化之枝叶装饰；（三）运用西洋文化根本精神，调整中国固有之优美文化，剔除中国固有之毒性文化；（四）中西文化动向一致之条件下，保留中国民族特征，加以中国民族创造，成为一种新文化。

针对西化派的批评、诘难，本位文化派亦纷纷作文，除为自己的本位文化建设主张辩解外，他们集中地批评了西化派的西化主张，特别是陈序经的"全盘西化"论。他们认为西化道路在中国根本走不通。因为，第一，西方有西方的时地背景，中国有中国的时地背景，由于时地背景不同，中国不可能西化。譬如，中国现在是"农村经济破产，社会百业凋零"，而英美"已完全进到工业时代"，梦想以工业时代的文化"来洗涤中国"，是根本不可能的。[②] 第二，所谓"西化"，其实质就是资本主义化，而"十九世纪标举个人自由的大旗的资本主义，在工业后进的中国不能通用"。中国通用的是"三民主义"[③]。

至于"全盘西化"，在本位文化派看来，更不可能成为中国文化出路的选择，因为它"有一个共同点，就是中国固有的文化纵有可存，也不应存；西方文化纵有可舍，也不应舍"。具体来说，他们认为"全盘西化"论有以下几方面的错误：（1）忘记了中国几千年历史，四万万人民也是文化的产物；（2）忘记了全盘西化的结果会把西方人垃圾箱中的垃圾来代替中国人饭碗中的白米饭；（3）忘记了聪明相等的民族纵有其不相如的地方，而在文化的创造上，决不会甲种民族的创造完全是构成天堂的材料，乙种民族的创造完全是构成地狱的材料；（4）只看到西洋的好处，没看到美国一方有人主张火焚麦棉，一方有

---

① 陈序经：《评〈中国本位的文化建设宣言〉》。

② 陈希圣：《对〈中国本位的文化建设宣言〉的几点补充意见》，见辽宁大学哲学系编：《中国现代哲学史资料汇编》第2集第6册，第76页。

③ 陶希圣：《为什么否认现在的中国》，见《中国本位文化建设讨论集》，第243页，上海，文化建设月刊社，1936。

一千二百万失业者为着请求救济饥饿而饱尝流泪瓦斯的滋味；（5）忘记了（中国）性史、春药、洋八股的流行，正是无条件接受西化的中毒状态[①]；（6）忘记了西方现存文化的自身也不是统一的整体，存在资本主义与社会主义的矛盾，全盘西化，到底是全盘接受资本主义？还是全盘接受社会主义？抑或两者都全盘接受？总之一句话，"全盘西化"论是"反客为主"，"自甘毁灭"。[②]

（三）关于"全盘西化"之争

我们在本书第二章已经指出，"全盘西化"一词的最早提出者是胡适。但从胡适前后的言论和主张来看，他并不是真正的"全盘西化"论者。真正的"全盘西化"论者是时任广东岭南大学教授的陈序经。1933年底陈在中山大学作《中国文化之出路》的演讲，主张全盘西化，不久演讲稿刊登在广州《民国日报》副刊《现代青年》专栏上，并由此在广东引发了一场规模不大的文化论战。当时参加论战的除陈本人外，还有许地山、谢扶雅、张磬、陈安仁、张君劢、卢观伟、吕学海、冯恩荣等。1934年初商务印书馆又出版了陈序经的《中国文化之出路》一书。该书的主要内容是批评文化上的复古派和折衷派，进一步阐述"全盘西化"的理由和主张。到1935年十教授发表《中国本位的文化建设宣言》，陈序经以"全盘西化"论与之论战。但陈氏的主张一提出，却遭到了不少人的批评，这些批评成了30年代文化大论战的一个组成部分。当时批评"全盘西化"论的意见非常庞杂，归纳起来，大致可分为两类：一类是以十教授为代表的本位文化派，亦即文化保守主义者；一类是反对"本位文化"主张、并与十教授展开激烈论战的西化派（当然也包括那些并不明确主张西化的人，如吴景超）。关于本位文化派对"全盘西化"论的批评，我们在前一小节中作过介绍，这里我们主要介绍西化派的批评以及批评与被批评双方围绕"全盘西化"问题展开的争论。从当时的实际情况来看，对"全盘西化"论真正作出有理论深度批评的也是西化派，而不是保守的本位文化派。概而言之，西化派内部的批评与争论主要围绕陈氏提出的"全盘西化"的理由展开。

---

① 王新命：《全盘西化的错误》，载1935年4月3日《晨报》。
② 王新命、何炳松等十教授：《我们的总答复》，载《文化建设月刊》第1卷第8期，1935年5月。

陈序经主张"全盘西化"的理由之一，是认为文化是一个整体，分开不得，它表现出来的各方面都有连带及密切的关系。如果因内部或外来势力的冲动使某一方面发生变更，那么，其他方面也必然会受其影响，发生变更。它不像一间屋子，屋顶坏了，可以购买一些新瓦来补好。"所以我们要格外努力去采纳西洋的文化，诚心诚意的全盘接受他，因为他自己本身上是有种系统，而他的趋势，是全部的，而非部分的"①。但在吴景超看来，陈氏的"文化本身是分开不得"的说法只含有一部分的真理。他承认火车头与轨道这两种文化单位是分不开的，男女同学与社交分开这两种文化单位也是分不开的，人们不能一方面采纳西洋的火车头，一方面还保存中国的土路；一方面采纳西洋的男女同学，一方面还保存男女授受不亲的封建礼教。但从以上这两个例子中，不能推导出所有的文化的各个部分都分开不得的结论。譬如，我们采纳了西洋的电灯，不一定要采纳西洋的跳舞；采纳了西洋的科学，也不一定要采纳西洋的基督教。故此，吴氏认为，"文化的各部分，有的分不开，有的分得开。别国的文化，有的我们很易采纳，有的是无从采纳"的，因而"全盘西化"的理论，根本上"不能成立"。② 张佛泉也批评陈序经的观点"未免太过"，他指出：如果像陈氏所说的那样，采取旁人的文化必须"批发"，不能"零售"，采其一端就必须取其整体，牵一发就不能不动全身，"那么接受文化岂不倒变成了极简单的一件事了吗？文化既是这样机械（或说是这样有严密的组织）的，岂不是只学了其中任何一样，便立刻可以得到其整个文化了吗？比如依这种看法，是不是学了打扑克，其他任何西洋东西都'自动地'就学到了呢？"③ 张熙若则批评陈氏的理论是"根本不通"的"单位定命论"。④

认为"西洋文化的确比我们进步得多"，中国文化一切都不如人，这是陈序经主张"全盘西化"的又一条主要理由。他在《中国文化之出路》的演讲中强调：西洋近代的文化的确比我们的进步得多，它的思想也的确比中国的思想来得高。西洋文化无论在思想上，艺术上，科学上，政治上，教育上，宗教

---

① 转引见吴景超：《建设问题与东西文化》，载《独立评论》第 139 号，1935 年。
② 吴景超：《建设问题与东西文化》，载《独立评论》第 139 号，1935 年。
③ 张佛泉：《西化问题之批判》，载《国闻周报》第 12 卷第 12 期，1935 年 4 月。
④ 张熙若：《全盘西化与中国本位》，载《国闻周报》第 12 卷第 23 期，1935 年 4 月。

上，哲学上，文学上，都比中国的好。就是衣、食、住、行的生活上头，我们也不及西洋人的讲究。后来在《关于全盘西化答吴景超先生》一文中他又指出：我们"不能不承认中国文化无论在那一方面都比不上西洋文化"。"从东西文化的程度来看，我们无论在那一方面都没有人家的那样进步……从东西文化的内容来看，我们所有的东西人家统统有，可是人家所有的很多东西，我们却没有。从文化的各方面的比较来看，我们所觉为最好的东西，远不如人家的好，可是我们所觉为坏的东西，还坏过人家所觉为最坏的千万倍"。既然西方文化各方面都比中国文化好，那么陈氏的结论自然是："我们为什么不全盘彻底的采纳（西洋文化）?"① 对于陈序经的这一观点，绝大多数的西化派是不赞成的。张熙若就批评陈氏对西方文化和中国文化都缺乏"充分的认识和深确的了解"，其观点"过于笼统过于武断"，因为西洋好的东西虽然很多，但并不是"什么都好"；中国要不得的东西确实不少，但也不是"什么都要不得"。比如，他举例说，中国的艺术造诣就向来极高，在许多方面比之西洋都毫不逊色，就是今天有教养的西洋人见了也佩服得五体投地。另外，中国的坛庙宫殿式的建筑也很有特色，能够将美丽与庄严两个原则配合到天衣无缝的圆满境界，如北京的故宫，世界上就没有其他建筑能与之媲美。如此等等，说明中国文化并不像陈序经认为的那样一切都不如西洋文化。② 梁实秋在《自信力与夸大狂》一文中也认为："'全盘西化'是一个不幸的笼统名词，因为似是认定中国文化毫无保存价值，这显然是不公平的。"在梁氏看来，中西文化互有短长，尽管西方文化优长者多，中国文化优长者少，但这并不能得出中国文化各方面都不如西方文化的结论。③

陈序经主张"全盘西化"的第三条主要理由，是认为"西方文化是世界文化的趋势。质言之，西洋文化在今日就是世界文化"。他在《东西文化观》一书中写道："所谓西洋文化，可以叫做现代文化，或是世界文化。她是世界文化，因为世界任何一国都是采纳这种文化。她是现代文化，因为世界任何一国，都是朝向这种文化。简单的说，西洋的文化，是现代世界的文化。"正因

① 陈序经：《中国文化之出路》，载广州《民国日报》，1934年1月15日。
② 张熙若：《全盘西化与本位文化》，载《国闻周报》第12卷第23期，1935年4月。
③ 梁实秋：《自信力与夸大狂》，载《文化建设月刊》第1卷第10期，1935年。

为西洋文化是现代世界文化，所以中国如果要做现代世界的一个国家，就"应当彻底采纳而且必须全盘适应这个现代世界的文化"①。把西方文化说成是世界文化，这显然是一种西方中心主义的文化观。因为除西方文化外，世界上还有许多其他民族或地区的文化，如中国文化，印度文化，非洲文化，印第安人文化，等等，西方文化仅仅是世界文化的一个组成部分。认为西方文化就是世界文化，这不仅是陈序经，也是绝大多数西化派的基本共识，是他们主张西化的理论出发点之一。所以西化派在批评陈序经的"全盘西化"论时，很少有人对此进行批评。他们只是指出，西方文化内容复杂，其中"包含许多互相冲突、互不两立的文化集团。独裁制度是西化，民主政治也是西化；资本主义是西化，共产主义也是西化；个人主义是西化，集团主义也是西化；自由贸易是西化，保护政策也是西化"。所谓"全盘西化"，究竟是化入独裁制度，还是化入民主制度呢？是化入资本主义，还是化入共产主义呢？由此可见，"西方文化本身的种种矛盾，是主张全盘西化者的致命伤"②。

面对吴景超、张佛泉等人的诘难，陈序经先后作《关于全盘西化答吴景超先生》、《再谈全盘西化》、《从西化问题的讨论里求得一个共同信仰》等文，为自己的"全盘西化"的理由辩护。关于第一点，他坚持认为文化是不可分的，各个部分存在着一种"互有连带的关系"。人们有时把文化的各部分（如精神，物质）分别开来，这纯粹是为了研究上的便利起见，而不能说明文化各个部分不是统一的整体。关于第二点，他承认西洋文化在今日还没有达到"完美至善的地位"，中国文化也有它的优长之处，但就整体而言，"中国文化根本上既不若西洋文化之优美，而又不合于现代的环境与趋势，故不得不彻底与全盘西化。全盘西化，也许免不去所谓西洋文化的一些短处，可是假使我们而承认西洋文化之长为百分之六十，中国文化之长为百分之四十，我们若能全盘西化，则我们至少有了二十分的进步"③。关于第三点，他也承认西方文化内容复杂，"五光十色，斑驳陆离"，但"总而观之"，他又认为西方文化"有共同的基础，共同的阶段，共同的性质，共同的要点"，所以"全盘西化"的结果，

① 陈序经：《东西文化观》，第166～176页，台北，牧童出版社，1876。
② 吴景超：《建设问题与东西文化》载《独立评论》第139号，1935年。
③ 陈序经：《关于全盘西化答吴景超先生》，载《独立评论》第142号，1934年3月。

不会出现无法克服的矛盾①。

除"全盘西化"的理由外，陈序经与胡适还就"文化惰性"和"全盘西化"的含义问题发生过争论。先是 1935 年 3 月，胡适为了辩驳自己不像吴景超所说的那样是"文化折衷派"，于《独立评论》第 142 期的"编辑后记"中发表声明，说"文化折衷论"是"不可能"的，自己"完全赞成陈序经先生的全盘西化论"。但同时他又指出："文化自有一种'惰性'，全盘西化的结果自然会有一种折衷的倾向。……现在所说的折衷，说'中国本位'都是空谈。此时没有别的路可走，只有努力全盘接受这个新世界的新文明。全盘接受了，旧文化的'惰性'自然会使它成为一个折衷调和的中国本位新文化。"胡适的上述声明表明，他只是把"全盘西化"作为引进西方文化的一种手段，在结果上他又认为"全盘西化"是不可能的。陈序经对胡适声明赞同自己的"全盘西化"论表示欢迎，但对胡氏所说的"文化惰性"以及这种"惰性"必然会把文化的变革控制到折衷调和路上去的理论又甚为不满。因为在他看来，文化虽有"惰性"，然而全盘西化后，文化的惰性就会消失，而文化惰性的消失，也就是中国固有文化的消失，全盘西化的实现。为反驳胡适的观点，他专门写了篇《再谈全盘西化》。文中他指出："我不否认文化是有惰性的。然而正是因为这种惰性成为西化的窒碍物，所以主张全盘西化。全盘西化论，在积极方面，是要使中国的文化能和西洋各国的文化立于平等的地位，而'继续在这世界上生存'；消极方面，就要除去中国文化的惰性。所以若能全盘西化，则惰性自然会消灭。"因为所谓"惰性"，无非就是所谓"中国固有的文化"。反而言之，这种惰性若不消灭，则全盘西化无从实现。故此，他指出，胡适所讲的"文化的惰性自然会把我们拖向折衷调和上去"的现象，只能当作东西文化接触以后的一种过渡时期的畸形的现象。这种现象的存在，在时间上或许很久，但其趋势，则是在全盘的路上。②

关于"全盘西化"的含义，胡适批评"全盘西化"有一点语病，因为严格说来，"全盘"含有百分之百的意思，百分之九十九还算不得"全盘"，而百分之百的"全盘"是根本不可能的。这也是他后来建议以"充分西化"或"尽量

---

① 陈序经：《关于全盘西化答吴景超先生》，载《独立评论》第 142 号，1934 年 3 月。
② 陈序经：《再谈全盘西化》，载《独立评论》第 147 号，1934 年 4 月。

西化"代替"全盘西化"的一个主要原因。但在陈序经看来，"充分"或"尽量"具有"可伸可缩"、"可多可少"的性质。比如，一个朋友托自己办事，自己对这件事做得十分妥当，可以说已"尽量"，但如果只做了一点，同样也可以说"尽量"了，因为"尽量"与否没有一个判定标准。以此类推，在文化上主张"全盘西化"可以说是"尽量"，主张"中体西用"亦可以说是"尽量"。因此他反对胡适的建议，认为"全盘西化"不仅可能，而且也不存在胡适所说的语法上的"毛病"。因为，虽然从严格意义上说百分之百才能称"全盘"，但从普通意义上说百分之九十九，甚至百分之九十五亦可称"全盘"。他举了这样一个例子：他和他的几位同事，有好几次都因故没有参加学校教职员工的"全体"合影，但挂在墙上的照片依然写的是"本校职员'全体'摄影"。至于他本人，他"相信百分之一百的全盘西化不但有可能，而且是一个较为完善较少危险的文化的出路"[1]。

（四）论战的总结

发生于 20 世纪 30 年代的这场文化大论战，就其论战双方的身份和争论的主要问题来看，无疑是五四前后东西文化大论战的发展和延伸。但由于时移势异，与五四前后的东西文化大论战比较，30 年代的这场文化大论战在以下几个方面认识有了进步。

首先，是对文化之民族性和时代性的认识。我们已经指出，文化是民族性与时代性的集合体。但在五四前后的东西文化大论战中，无论是西化派，还是文化保守主义者，对文化的民族性和时代性都缺乏全面、正确的认识。西化派一般比较强调文化的时代性，而忽略甚至不承认文化的民族性；文化保守主义者则一般比较强调文化的民族性，而忽略甚至不承认文化的时代性。但到了30 年代的这场文化大论战，这种现象有了一定改变。西化派面对十教授提出的《中国本位的文化建设宣言》，尤其是《宣言》对五四新文化运动轻视了"中国时间空间的特殊性"的批评，他们在强调文化的时代性的同时，不得不思考和回答"新文化应不应有民族性，应该有什么样的民族性，这种民族性又

---

[1] 陈序经：《全盘西化的辩护》，载《独立评论》第 160 号，1935 年 7 月。

如何和时代性相适应，这样一些文化建设中更深刻的问题"①。除个别人外，多数西化派并不否认未来的中国新文化应具有中国的民族特征。如熊梦飞的《谈"中国本位文化建设"之闲天》一文提出了"西体中用"的"四大原则"，其中第四条是："中西文化动向一致之条件下，保留中国民族特征，加以中国民族创造，成为一种新文化。"文中并就这第四条原则作了进一步的说明，指出："一国有一国的特征，犹之乎'人心之不同，各如其面'。"此种特征由三个方面构成：一是自然环境；二是生理遗传；三是历史文化。外来文化的引进"必须与（这）三者相适应"，"而后（才）能树立巩固之基础"。这也就是所说的"文化之民族的色彩"。具体而言，如引进西方的机器工业到中国，发动是用汽力，还是用水力或电力？是先引进重工业，还是轻工业？这就要看中国的自然环境来决定。又如学习欧美法令规定中国学龄和婚龄，就不能抄袭任何一国成法，而要根据中国人生理发育情况来决定。如此等等。该文还特别强调了引进外来文化要考虑中国民族特征，亦即所谓"国情"的重要性，认为"中国六十余年，维新变法革命之所以失败，由于不明国情，欧化者'削足适履'，以致'橘过淮南为枳'，欧美议会政治，搬到中国就成为猪仔政治"。和西化派一样，本位文化派面对西化派的复古主义的责难，也不得不思考和回答"发扬自己固有的文化要不要使其具有时代性的问题"②。十教授在《我们的总答复》中就声明，他们反对复古，相信文化的形态应随着时地的需要而变动、而发展，"倘认现代的中国人不容再营封建时代的生活，那就不应当持保守的态度来阻止文化的演进，还必须扶着时代的大轮，努力踏上日新又日新的前程"。文化之民族性和时代性及其关系被凸现出来并得到讨论（尽管讨论还不充分），这是20世纪30年代文化大论战的一个进步。

其次，是对中国文化和西方文化的认识。在五四前后的文化大论战中，论战双方大多持一种僵硬的、形而上学的文化观，好就一切都好，坏就一切都坏，不是全盘肯定，就是全盘否定。但到了30年代的文化大论战，虽然持这种文化观的人还有，然而已是少数，多数人能够程度不同地采取分析的态度。以西化派为例，除陈序经等极个别人外，其他人（如张佛泉、张熙若、梁实

①② 陈崧：《30年代关于文化问题的论争》，载《历史研究》，1991年第2期。

秋、熊梦飞，甚至包括胡适）都能在充分肯定西方文化的同时，又指出它存在的问题，如历史的惰性，生活的奢侈，拜金主义，人与人的不平等……有人甚至称现代西方的阶级斗争、国际斗争之残酷为"西方文化之癌"；在激烈批判中国固有文化的基础上，又承认它还具有某些精华，不能简单抛弃。正是由于能对中西文化持分析的态度，所以西化派中的绝大多数人不赞成陈序经的"全盘西化"论，认为西方文化的内容非常复杂，既有各种不同的甚至相对立的主义、学说和流派，也有各种不同性质、不同层次的组成部分，引进西方文化要有选择，有取舍（当然他们选择、取舍的标准不尽相同），并主张根据不同性质的西方文化，采取不同的引进方法。如吴景超就把西方文化分成四部分，对于第一部分的西方文化，"我们愿意整个的接受，而且用它来替代中国文化中类似的部分"，如西方文化中的自然科学、医学等等；对于第二部分西方文化，"我们愿意整个的接受，但只用以补充中国文化中类似的部分"，如哲学、文化等等；对于第三部分西方文化，"我们愿意用作参考，但决不抄袭"，如资本主义的大生产方法是可取的，然而其唯利是图的动机则要抛弃；对于第四部分西方文化，"我们却不客气地要加以抛弃"，如迷信的宗教、儿戏的婚姻等等。[1]熊梦飞、张佛泉等也主张对不同的西方文化不同对待。正如有的研究者指出的那样，对西方文化作如此区分，虽然不见得科学，但它至少说明"30年代中国知识界对'西方文化'的了解比以前具体深入了"[2]。

第三，是对西化和现代化的认识。在五四前后的文化大论战中，没有人使用过"现代化"或"近代化"的概念，论战双方在争论中国文化的出路时主要围绕"东方化"（"中国化"）还是"西方化"展开。但到了30年代的文化大论战，不仅提出了"现代化"的概念，而且已有人主张用"现代化"取代"西化"和"中国化"，并对"现代化"和"西化"作了初步的界定和区分。如张熙若的《全盘西化与中国本位》一文在批判了"全盘西化"论和"中国本位文化"论后写道："我们今日大部分的事物都应该'西化'，一切都应该'现代化'。如此说来，现代化是与西化有分别的了。当然为讨论方便计，我们不妨说，西化差不多是抄袭西洋的现成办法，有的加以变通，有的不加变通。现代

---

① 吴景超：《答陈序经先生的全盘西化论》，载《独立评论》第147号，1935年4月。
② 陈崧：《30年代关于文化问题的论争》，载《历史研究》，1991年第2期。

化有两种：一种是将中国所有西洋所无的东西，本着现在的知识、经验和需要，加以合理化或适用化……另一种是将西洋所有，但在现在并未合理化或适用的事情，与以合理化或适用化，例如许多社会制度的应用和改良……比较起来，第一种的现代化比第二种的现代化在量的方面一定要多些，但第二种的在质的方面或者要重要些。若是有人愿拿'现代化'一个名词包括上文所说的'西化'，那当然也可以，不过不要忘记：现代化可以包括西化，西化却不能包括现代化。这并不是斤斤于一个无谓的空洞名词，这其中包含着许多性质不同的事实。复杂的社会情况是不容许我们笼统的。"接着，文章就中国现代化的努力方向提出了四条具体主张：第一，发展自然科学，这是现代文化的根本基础，这个基础若不巩固，一切都是无源之水，不能发扬光大；第二，促进工业发展，一个国家若无现代工业，平时无法生活，战时无法应战，国家也因此无法生存；第三，提倡现代各种学术，没有现代学术也不能成为一个现代国家；第四，思想方面的科学化，以使我们的思想、态度和做事的方法都现代化、效率化和合理化。尽管张氏对"现代化"和"西化"的界定及其关系的区分有不太准确的地方，但他认识到"现代化"不等于"西化"，这不能不说是认识上的一大进步。刘契敖的《中国本位意识与中国本位文化》一文也认为："'科学化'与'近代化'并不同'欧化'同义，所以我们虽科学化近代化而不必欧化。"[1]

　　除上述这些认识外，20世纪30年代的文化大论战还讨论了在五四前后的东西文化大论战中没有或很少讨论过的文化能否选择？有无选择的标准？文化的模仿与创造，文化与民族意识等问题。另外，"全盘西化"论一提出来就遭到猛烈批判，实质上主张"中体西用"的十教授面对人们的批评不得不声明反对"中体西用"论。这些都说明与五四时期比较，中国思想文化界对文化问题的认识与探索有了一定的进步。

---

① 刘契敖：《中国本位意识与中国本位文化》，载《文化建设月刊》第1卷第9期，1935年6月。

第三章

传统文化在民国的命运

　　中国古代，以儒学为主流，与诸子学、佛学共同铸就了辉煌灿烂的传统文化。步入近代特别是民国以后，传统文化在外来西方文化的剧烈冲击下，渐渐失去文化的主导地位，并不断融入西学的内容，成为民族文化遗产的一部分。传统文化在民国的历史命运，从一定程度上说就是中国文化现代化的写照。

一、儒学在民国的命运

　　民国时期，儒学地位发生了根本变化，失去了官方哲学和"一尊之学"的统治地位。南京临时政府的成立和《临时约法》的制定，首次在制度上宣布儒学作为国家指导思想的终结；五四新文化运动对儒家纲常名教的猛烈冲击，彻底宣告儒学在中国社会"独尊"地位的终结。从此,儒学进入新的发展时期。现代新儒家对儒学的继承和发展,国民党对儒学的改造和利用,马克思主义者对儒学的批判继承,既表明了各派力量对儒学的不同态度,又较为全面地展示了儒学在民国的命运。

(一)五四新文化运动与儒学独尊地位的终结

1. 辛亥革命后儒学地位的变化

辛亥革命的爆发,不仅使中国社会制度发生了巨变,也使以儒学为代表的中国传统文化出现了重大转折。1912 年元旦,以孙中山为首的中华民国临时政府成立,结束了中国长达两千多年的封建专制主义统治。同年 3 月 11 日由中华民国临时参议院颁布的《中华民国临时约法》,则以根本大法的形式从法律上否定了封建君主专制制度。《临时约法》规定:"中华民国的主权属于国民全体";"中华民国以参议院、临时大总统、国务员、法院行使其统治权";"中华民国人民,一律平等",并享有人身、财产、言论、集会、结社等自由权利。资产阶级的自由、平等学说,开始作为中国人民的政治权利,并用法律形式规定了下来。虽然,中华民国临时政府仅仅存在了三个月时间,但它所颁布的以《临时约法》为代表的系列法律法规,它所采取的共和政体和民主主义政策,对于两千多年来一直作为封建王朝专制统治的官方哲学和精神支柱的儒学所产生的冲击力还是巨大的,使儒家学说两千多年来第一次丧失了官方学说的垄断地位,第一次丧失了在国家政治生活中的指导地位。

中华民国的成立,还结束了儒学在学校教育中的垄断地位。忠君、尊孔是儒学教育的宗旨和方针。1912 年 2 月,临时政府教育总长蔡元培发表《对于新教育之意见》,指出"忠君与共和政体不合,尊孔与信教自由相违",主张废除清朝的封建主义教育宗旨,代之以军国民主义教育、实利主义教育、公民道德教育、世界观教育、美感教育。依据这一指导方针,1912 年 10 月教育部颁布《大学令》,规定取消经科,将其并入文科;同时要求小学废除读经科,初等小学校男女同校。这样,儒学及其典籍彻底丧失了在中国学校教育中的特殊地位,对于儒学的传播,可以说是致命的打击,在儒学发展史上也是一个带根本性的转折点。伴随儒学教育的削弱,儒学的社会影响力大大缩小自是必然了。

辛亥革命虽然使儒学的地位受到了前所未有的冲击，但这并不意味着儒学的社会影响力变得无足轻重。恰恰相反，由于长期以来儒学与中国封建主义紧密结合，根深蒂固，旧的思想文化不可能因一场政治风暴而消失殆尽，在一定历史条件下，又成为封建势力复辟的工具。袁世凯就任临时大总统不久，便利用儒学大搞复辟阴谋。

在中国，要复辟就要尊孔，只有尊孔才能复辟，两者谁也离不开谁。袁世凯为了达到复辟帝制的目的，在思想领域通过尊孔复古为复辟帝制大造舆论。1912 年 9 月，袁世凯发布《整饬伦常令》，宣布："中华立国，以孝、悌、忠、信、礼、义、廉、耻为人道之大经"；儒教"八德"乃"人群秩序之常"；命令全国人民"恪循礼法，共济时艰"①。1913 年 6 月，袁世凯发布《尊孔祀孔令》，宣扬孔子是"万世师表"，其学说"放之四海而皆准"，命令全国"尊孔祀孔"，"以正人心，以立民极"②，在全国掀起了尊孔之风。

1913 年下半年，袁世凯尊孔活动进一步猖獗起来，在全国各地成立了各种形式的孔教会组织。虽然袁世凯尊孔复古、复辟帝制的丑剧到 1916 年 6 月伴随袁氏的死去而结束，但说明了这样一个问题，即：近代儒学与政治有着密切的关系。袁世凯的复辟，既是封建君主制灭亡的最后挣扎，也是儒学与封建政治结合共同挽救君主专制的一次表演。这股尊孔崇儒逆流的出现预示着，儒学的正统和垄断地位虽然失去，但中国社会文化走向民主科学的过程将是长期而复杂的。

2. 五四新文化运动对儒学的批判

提起五四新文化运动，人们自然会想到"打倒孔家店"③。尽管目前学界

---

① 《袁大总统文牍类编》，见《评孔纪年》，第 5 页。
② 《政府公报》1913 年 6 月 23 日，见《评孔纪年》，第 18 页。
③ 关于"打倒孔家店"一词的来源，参见宋仲福：《关于"打倒孔家店"的历史考察》，载《孔子研究》，1992 年第 2 期。宋文认为，五四时期并不存在"打倒孔家店"的说法，最早使用"打倒孔家店"概念始自"全盘西化"的学者，致使后人从不同意义上使用该词作为新文化运动的代名词。

对五四新文化运动与儒学的关系有不同看法①，但五四新文化运动对儒学的激烈批判和强烈冲击是大家都能承认的历史事实。

1915 年 9 月，陈独秀创办《青年杂志》，以"民主"与"科学"为旗帜，掀起了轰轰烈烈的新文化运动。1916 年，《新青年》连载了被称为反孔第一炮的易白沙（1886—1921）的《孔子平议》一文，向孔子和孔教发难。接着，陈独秀、李大钊、胡适、吴虞等人连续发表批判孔教和儒学的文章，形成了声势浩大的思想解放运动。概括说来，五四新文化运动的领导人对儒学的批判主要集中在以下几方面。

其一，五四新文化运动批判最为猛烈的是儒学所宣扬的封建礼教。儒学是中国封建社会的一统之学，内容涵盖面广。儒学与封建礼教既有联系又有区别，但儒家的纲常理论无疑是封建礼教的核心基础。新文化派的成员大都从礼教层面或对儒学的礼教内核展开激烈批判。陈独秀在《新青年》发表文章明确指出，批判儒学的重点是三纲五常及与此相联系的礼教等伦理学说。因为"近世西洋之道德政治，乃以自由、平等、独立之说为大原"②，而"儒家三纲之说，为一切道德政治之大原。君为臣纲，而民于君为附属品，而无独立自主之人格矣；父为子纲，则子于父为附属品，而无独立自主之人格矣；夫为妻纲，则妻于夫为附属品，而无独立自主之人格矣。率天下之男女，为臣、为子、为妻，而不见有一独立自主之人格，三纲之说为之也。缘此金科玉律之道德名词，曰忠、曰孝、曰节，皆非推己及人之主人道德，而为以己属人之奴隶道德也"。他号召全国男女青年，"其各奋斗以脱离此附属品之地位，以恢复独立自主之人格"③。吴虞在《吃人与礼教》等系列批判儒学的文章中，抨击了礼教对社会的危害，指出"孝"是孔子伦理学说的起点，是"二千年来专制政治与家族制度联结之根干"④。鲁迅借狂人之口，淋漓尽致地揭露了封建礼教"吃

---

① 欧阳军喜在《五四新文化运动与儒学：误解及其他》（见《历史研究》，1999 年第 3 期）一文中指出，学界把五四新文化运动当作一次反儒学运动是对历史的误解，五四新文化运动并没有把儒学当作一种死去的东西而抛弃，而是力求用新方法来阐释儒学的现代意义。

② 陈独秀：《吾人最后之觉悟》，载《新青年》第 1 卷第 6 号，1916 年 2 月。

③ 陈独秀：《一九一六》，载《新青年》第 1 卷第 5 号，1916 年 1 月。

④ 吴虞：《家族制度为专制主义之根据论》，见《吴虞集》，第 63 页，成都，四川人民出版社，1985。

人"的本质。

其二，五四新文化运动把批判儒学与批判封建专制主义政治相联系，大力宣扬了民主、科学思想，具有很强的现实性。陈独秀在《新青年》撰文曾明确表示："要拥护那德先生，便不得不反对孔教、礼法、贞节、旧伦理（忠、孝、节）、旧政治（特权人治）。要拥护那赛先生，便不得不反对旧艺术（中国戏）、旧宗教。要拥护德先生又要拥护赛先生，便不得不反对国粹和旧文学。"[1] 吴虞从多方面论述了儒学利于专制、不利于共和的三大弊端：尊先祖与隆君师并称，尊君尤甚；持宠固位，取媚于上，同于妾妇，去公仆之义绝远；实行愚民政策，不开民智。孔学与共和是绝不相容之物，提倡孔学必背共和，信仰共和必排孔学。批判封建君主专制，提倡资产阶级民主共和，代表了先进知识分子的心声。因此，他们批判儒学的原因之一，就是要在中国实现民主共和。

其三，如我们在第二章中已分析过的那样，五四新文化运动对儒学的批判主要是批判其中与近代民主、科学思想相悖逆的东西，批判与封建专制主义相一致的东西，而不是要彻底打倒儒学、否定传统，更不是要"全盘反传统"。

3. 儒学独尊地位的终结

儒学在中国封建社会一直处于独尊地位，是统治阶级的官方哲学和意识形态。辛亥革命后，帝制被推翻，共和政体确立，儒学赖以存在的政治基础根本动摇。儒学赖以依托的政治基础虽然动摇了，但儒学的正统地位并没有完全丧失，儒学作为中华民族的文化心理和封建社会的意识形态，根深蒂固，依然深刻地统治着人们的生活。真正从理论上、从思想观念上标志着儒学独尊地位终结的，则是五四新文化运动。

第一，五四新文化运动根本动摇了儒学在政治、伦理道德诸领域中的统治地位。这是儒学正统地位丧失的主要标志。中国传统伦理道德与封建专制制度有着内在的必然联系，它是封建专制制度得以存在和延续的精神支柱，起着意识形态的作用。五四新文化运动以民主、科学、自由、个性解放取代迷信、盲从与专制，从国民性改造角度重塑中国人的精神。五四新文化运动把个体人的自由作为重估一切价值的标准，这就把对封建伦理道德的批判推向了前所未有

---

[1] 陈独秀：《本志罪案之答辩书》，载《新青年》第 6 卷第 1 号，1919 年 1 月。

的深度。同时，又把个人主义纳入民主与科学的理性轨道，使民主与科学的观念深入人心，避免了个人本位导向极端个人主义和无政府主义，从而使整个民族开始走向不同于古代中国的崭新的文明境地。以五四新文化运动为标志，封建专制主义道德伦理、儒家的纲常名教失去了正统地位，民主、自由、科学逐渐成为人们追求的目标，在政治生活领域、伦理道德领域占据主导地位。

第二，五四新文化运动所形成的"百家平等，不尚一尊"的思潮，标志着儒学在学术领域独尊地位的终结。五四新文化运动作为一场空前的思想解放运动，它对孔子和儒学的批判，破除了历代统治阶级罩在儒学身上的神秘光环，主张以科学的态度研究儒学，从而使儒学丧失了在学术思想领域的独尊地位。这主要表现在：首先，五四新文化运动彻底清除了历史上附加在孔子和儒学身上的封建迷信色彩。其次，破除了传统的国学思维模式，提倡用史学、哲学、文学等多种方法研究儒学，使儒学由一尊之学变为客观的历史之学。再者，五四新文化运动后，各种主义、学说同潮共涌，呈现百家平等、各自争鸣的局面，儒学不再是一统之学，而沦为诸学科中的一门。

需说明的是，我们说五四新文化运动标志着儒学独尊地位的终结，并不意味着儒学地位的无足轻重、儒学的消灭。恰恰相反，儒学作为中华民族几千年文化的积淀，很长时期内在正反两方面依然深刻影响着人们的生活；儒学在一定时期内还会被某些反动势力（如蒋介石政权）利用来作为专制统治的工具。

（二）儒学的新开展：现代新儒学的兴起

五四新文化运动宣告儒学独尊地位的终结，只是标志着经学时代的结束，标志着传统儒学独占政治、思想、学术、伦理等领域统治地位的终结，并不意味着儒学退出历史舞台。1941年，贺麟在《思想与时代》发表《儒家思想的新开展》一文，公开提出"新儒家"概念，并对五四运动以后儒家思想的新开展进行了宣言式概括。他认为，儒家思想的新开展，就是"吸收、转化、利用、陶熔西洋文化以形成新的儒家思想、新的民族文化……儒家思想的新开展，是在西洋文化大规模的输入后，要求一自主的文化，文化的自主，也就是要求收复文化上的失地，争取文化上的独立与自主"①。可以说，现代新儒家是西方文化大规模输入后，以儒家学说为主体为本位，以服膺宋明儒学为主要特征，寻求不同于西方模式的中国现代化道路的保守主义文化流派。

现代新儒学是对"五四"以来新儒家代表人物思想学说的总称。根据现代新儒家的观点，儒学发展一般说来经历了三个阶段：先秦以孔、孟、荀为代表的儒学，是儒学发展的第一阶段，称为原始儒学；援佛入儒后哲理化的宋明儒学是儒学发展的第二阶段；"五四"以后，一批知识分子面对中国传统伦理和价值系统的崩溃、西方帝国主义的入侵和马克思主义在中国的传播，欲图在吸收西学的基础上复兴儒家文化，以适应时代潮流，是为儒学发展的第三阶段，亦即所谓的现代新儒学。②

1. 现代新儒学兴起的文化契机

19世纪中叶以来，中国在西方帝国主义的侵略和压迫下，经济、政治、军事和社会的状况日趋恶化，"师夷制夷"的多次努力相继失败，这就使中国先进的知识分子逐渐意识到，为了找到中国从传统走向现代化的正确道路，就必须进行文化和社会的全面改造，特别是要对支配整个社会意识形态的传统文化进行反思。于是，学术思想界出现了以打倒孔教迷信、提倡"科学""民主"为特征的新文化运动，同时出现了否定传统的全盘西化派，固守传统的保皇、保教和国粹派，以及各种形式的折衷调和派。现代新儒家就是在此文化冲突背景下出现的文化派别。

现代新儒家的出现与五四新文化运动关系密切。不可否认，五四新文化运动是一次彻底的不妥协的反对封建主义的思想解放运动，它的划时代意义在于它给国民建立了一个追求现代化的价值系统，但同时也给人们留下了许多待以解决的问题。一个突出的问题就是如何处理中国传统文化与现代化的关系问题，或者说文化的民族性与时代性问题。五四新文化运动是以西方文化作参照系来批判和重建中国新文化的，因此，只看到传统文化的时代性，而看不到它的民族性，以文化的时代性排斥文化的民族性，没有处理好民族文化的连续性

---

① 贺麟：《儒家思想的新开展》，载《思想与时代》第1期，1941年8月。

② 这一节在写作过程中参考了方克立的《现代新儒学与中国现代化》（天津，天津人民出版社，1997）、郑家栋的《现代新儒学概论》（南宁，广西人民出版社，1990）等有关著作。

和继承性问题。此外,诸如功利与伦理、发展与道德、科学与人生、社会与个体、精神与物质等方面都给人们留下了思考的空间。

从国际环境讲,第一次世界大战使西方资本主义社会的矛盾和危机更加表面化、尖锐化,从而深深地暴露了西方资本主义文明的弱点。西方思想界陷入混乱,甚至有一种流行的观点认为,"一战"标志着西方文明的破产,标志着科学的破产。一些人对西方文明失掉信心,企图到"东方文明"中寻找精神慰藉和解决社会问题的方案。这股思潮对中国思想界影响很深,一些有识之士力图寻找一条不同于西方而适合于中国的救国之路。现代新儒学便是这一大环境下产生的一个流派。

在上述背景下,20世纪20年代的东西文化论战、"科玄论战"和关于古史问题的论战为现代新儒学的兴起提供了契机。三次论战分别凸显了文化、哲学和学术方法三个不同层面,现代新儒家的理论活动也是以这三个方面为引子。

作为一种文化思潮,现代新儒学是作为"全盘西化"理论的对立面出现的。同西化论者注重中西文化的时代差异相反,现代新儒家看重文化的民族性,强调不同的文化传统之间不能简单替代,中西之争不能仅仅归结于古今之争。他们致力于发掘儒学传统中具有普遍意义的思想因素,认为儒家思想所包含的具有普遍意义的"恒常之道"和"人文睿智",一方面不为特定的历史时期和社会政治形态所限定,另一方面它也不只是民族的,同时是世界的。

作为一种哲学思潮,现代新儒学是作为科学主义、实证论哲学的对立面出现的。如果说新儒家在文化方面采取了政治与文化两分的思考方式,那么在哲学领域则采取科学与哲学两分的思考方式。五四时期的科学思潮是与救亡图强的热切期望关联在一起的。现代新儒家充分肯定科学作为知识系统在认识自然、改造人类生存的客观环境方面的效用,但他们认为,科学主义者并不能根本解决精神生活和人文世界的问题。他们认为,哲学所探求者乃是科学的事实世界以外的价值世界、意义世界,依靠与道德实践融为一体的直觉体悟,可以解决上述问题。

作为一种学术思潮,现代新儒学是作为新考据学派的对立面出现的。五四时期,胡适、顾颉刚等人倡导依据科学的实证原则"整理国故",他们认为,中国的文化遗产不过是一些有待考证的材料，完全可以依靠科学的客观方法加以整理研究。现代新儒家则认为新考据学派的方法或许可以重建传统的外观，却不能把握历史传统的真实意义，只有采取一种主观的、直觉的、综合的道路，才能深契于历史文化的内在生命。因此，他们主张对历史文化不能采取客观的研究方法，而必须怀有"同情"和"敬意"。

2. 现代新儒学的发展历程

目前学界较为普遍地认为，现代新儒学发端于20世纪20年代，大革命失败后有了进一步发展，三四十年代进入成熟阶段。民国时期的主要代表人物有梁漱溟、张君劢、熊十力、冯友兰、贺麟、马一浮、钱穆等。

梁漱溟（1893—1988）被公认为是现代新儒家开创山林的人物，他的新儒学思想突出表现为他所创立的"新孔学"思想体系。1921年，梁氏出版了《东西文化及其哲学》一书，在五四新文化运动批判儒学的大势下异军突起，独树一帜，公开维护和提倡孔子儒家的学说，特别是孔子的人生哲学和道德伦理学说。该书首次把中国文化纳入世界文化架构中平等地加以系统讨论，认为中、西、印三大文化系统是根源于人类生存"意欲"之发用流行，而表现为三条不同的路向：西方文化是以"意欲"向前要求为其根本精神的；印度文化是以"意欲"反身向后要求为其根本精神的；中国文化是以"意欲"自为调和持中为其根本精神的。他特别指出，在今天，只有以孔子为代表的中国文化所表现的人生态度才最适合于现实，才是东西方社会发展最可取的道路。他断言说："世界未来文化就是中国文化的复兴"[1]，中国人和西洋人都导向"至美至好的孔子路上来"。

在西化思潮声势日高的形势下，梁氏敢于肯定中国文化和东方文化的价值，肯定孔子儒家学说的生命和智慧，这就确立了现代新儒家尊孔崇儒的精神方向。牟宗三称赞他说："在新文化运动中反孔顶盛的时候，……他独能生命化了孔子，使吾人可以与孔子的真实生命及智慧相照面"，同时，"他开启了宋明理学复兴之门，使吾人能上接宋明儒者之生命与智慧"[2]。梁氏不仅开启了通过宋明理学而遥契先秦儒学的方向，而且开创了"用一种西方哲学的观点对

---

① 梁漱溟：《东西文化及其哲学》，第199页，北京，商务印书馆，1992。
② 牟宗三：《生命的学问》，第112页，台北，三民书局，1970。

于中国的文化作一同情的理解"①的思想进路。因此，他所提倡的孔学、儒学，已不是历史的本来面目，而是用西方哲学改造后能容纳"民主"、"科学"等现代观念的新儒学。

继梁漱溟之后，张君劢（1887—1969）以参与1923年的科学与人生观论战而开启了现代新儒学的另一重要方向。五四新文化运动时期，"民主"与"科学"是高扬的旗帜，而张氏则站在人本主义立场上来反对科学万能论、反对唯科学主义。他主张用柏格森、倭伊铿的唯意志哲学与宋明理学相结合，来发扬光大儒学，解决人生问题，用他的话说："心性之发展，为形上的真理之启示，故当提倡新宋学"；"诚欲求发聋振聩之药，惟在新宋学之复活。"②他进一步明确了新儒学的方向，并拓宽了新儒家的进路。

进入三四十年代，民族危机和民族救亡的呼声唤醒了人们的民族精神，现代新儒学得到进一步发展的有利条件，现代新儒学的理论体系走向深化、系统、成熟。

熊十力（1885—1968）是现代新儒学理论体系的成熟构建者。梁漱溟、张君劢虽然开启了现代新儒学的精神方向，但是他们并没有为这个学派构建起一套精致的哲学体系。这一任务首先是由熊氏的《新唯识论》完成的。"新唯识论"的核心是"体用不二"的本体论，把"心"、"性智"、"觉悟"当作一切事物的本体，认为一切事物的本体不是客观存在的物质，而是超越客观世界的性智或人们的觉悟。"性智"也就是"本心"。"本心"是宇宙的本体，物质宇宙则是"本心"的表现和功用，"本心"借助"翕"的功用物化为物质宇宙，又借助"辟"的功用使物质宇宙向自己复归，也就是所谓"体用不二"，"吾心与万物本体，无二无别"。③这显然是承接陆王心学而来的。与他的本体论学说相联系，他认为"本心"也是人生道德的源头。由于现实生活中人们拘于"量智"（即一般人所讲的知识或"理智"），把世界看成是物质的，被"习心"蒙蔽了"本心"，道德价值的源头难以凸显，所以便出现了善与恶。他主张用

---

① 冯友兰：《四十年的回顾》，第81页，北京，科学出版社，1959。

② 张君劢：《再论人生观与科学并答丁在君》，见《科学与人生观》，第9页，上海亚东图书馆，1923。

③ 熊十力：《新唯识论》，第252页，北京，中华书局，1985。

"性智"（即直觉体悟）的方式，去体认"本心"，以树立"内圣"的道德价值观，然后再通过"外王"体现出来，达到"内圣外王"的目的。他的思想和著作极具感召力，有人说他是此后新儒家的实际的精神领袖。

冯友兰（1895—1990）创造的"新理学"体系和贺麟（1902—1992）创造的"新心学"体系，在现代新儒学发展史上占有不可抹煞的重要地位。冯友兰的代表性著作是在抗战时期写作出版的《新理学》、《新事论》、《新世训》、《新原人》、《新原道》、《新知言》六本书，统称之为"贞元之际所著书"。他标出自己的"道统"，自命继承了正统中国哲学的精神，认为他的"新理学"是"接着"程朱理学讲的，而非"照着讲"的。他所讨论的主要还是理念、道器（他称为"真际"和"实际"）一类的传统哲学问题，但在理论深度和研究方法上大有改进。受西方逻辑学、西方哲学特别是新实在论的影响，他的哲学融合中西、强调逻辑论证。

贺麟的"新心学"，从主要方面说，是站在新黑格尔主义的立场来承接、发挥陆王心学的理论。他认为，"心为物之体，物为心之用；心为物的本质，物为心的表现"；"知永远决定行"，"行永远为知所决定"。[1] 也就是说，心是本质、主宰、是唯一的实体。在伦理方面，他提倡"儒者气象"、"儒者风度"，主张由"重忠孝仁义信爱和平的道德儒商儒工"出来"作社会的柱石"。在文化观上，他主张"以儒家思想为本体，以西洋文化为用具"，断言新儒学是中国现代思潮的主流，现实社会正在蔚成一个新儒学运动。

钱穆（1895—1990）是在史学领域高举现代新儒学旗帜、反对"尽废故常"的历史虚无主义、维护中国历史文化的代表。他以宋明理学为指导编纂历史，以叙述历史的方式阐发宋明理学的基本思想。他认为孔子是中国的大圣，"孔子心教"（即宋明理学）是中国社会屹立不摇的支柱，宋儒所提倡的"为天地立心，为生民立命"、以天下为己任的精神才是中国历史的真精神。他的《中国近代儒学之趋势》、《国史大纲》都是从史学角度阐发其现代新儒学思想的代表著作。

3. 现代新儒学是中国儒学的新发展

---

① 贺麟：《近代唯心论简释》，第 3、66 页，北平，独立出版社，1942。

现代新儒学一方面继承儒学的传统思想，一方面结合时代需要加以发展和改造，从而使现代新儒学在中国儒学史和现代文化史上独树一帜，自具特色。概括说来，现代新儒学至少在以下几个方面显示了它在民国文化史和中国儒学史上的特征和地位。

其一，现代新儒学的文化基点和文化路向选择既是对传统儒学的继承和发展，又与西化思潮和马克思主义思潮鼎立为三，一起构成民国文化史的新格局。现代新儒学作为西化思潮的对立面而出现，注重文化的民族性，从而避免了民族虚无主义。但他们又不局限于文化的民族性和地域性，而是注重于挖掘传统文化中具有普遍意义的"恒常之道"和"人文睿智"，从而避免了顽固保守的弊端。还有，现代新儒学振兴民族文化的自信和努力，对于唤起国民对传统文化的价值认同、树立民族的自信心、纠正西化派的思维偏失，意义不可低估。

其二，现代新儒学注重吸收西方文化，不仅是对中西文化融合的促进，更是对传统儒学的超越。新儒家认为，中国文化具有很强的实用性和同化力，中西文化可以融合，中国文化应该吸纳西方文化中有益的东西，以培养出现代意义的中国文化。依此原则，梁漱溟把柏格森的生命哲学与儒家正统哲学融合，创立了新孔学思想体系；冯友兰把西方新实在论与程朱理学融合，创立了新理学体系；贺麟把新黑格尔主义与陆王心学融合，创立了新心学体系。不仅在哲学体系上，而且在政治思想上，他们也注重吸收西方进步的思想观念。他们吸收西方民主与科学思想，主张实行资本主义，反对封建主义。可以说，西学的吸收是使他们的思想体系成为新儒学的关键。

其三，现代新儒学对科学主义、理性主义等现代性观念提出一定程度的批评，强调人生哲学、直觉、非理性，达到了较高的理论水平。他们继承了儒学重视道德建设、强调道德教化的传统，反对科学万能说，认为道德问题不可能由科学来解决，而儒学则提供了解决这一问题的智慧源泉。他们十分强调人生问题，视儒家哲学为生命哲学，儒家之道为生生之道。他们大都主张用儒家的直觉、顿悟方法来阐明孔、孟、程、朱、陆、王的心性之学，挺立道德主体性，培养自立、自信、自主的人格，从而使人的生命流畅，进而使民族的大生命富有朝气。由于他们的着眼点放在阐扬儒学的人道主义和生命价值的提升上，因此，其理论水平达到了一个新的高度。

其四，现代新儒学留下了三个系统的现代儒家唯心论哲学体系，即熊十力重建儒家心性本体论的"新唯识论"哲学体系、冯友兰重释程朱理学的"新理学"哲学体系以及贺麟重释陆王心学的"新心学"哲学体系。这是用现代哲学方法来诠释、发扬传统儒学精神的重要成果，可以说是民国时期在哲学体系上对传统儒学最具有创造性的发展。

总之，现代新儒学以承接传统儒学的道统自任，从哲学、人生观、价值观等方面融入了时代特色，极大地发展了儒家精神和传统文化，把儒学推进到一个全新的阶段。

（三）国民党政府对儒学的利用

1912年中华民国建立以后，特别是五四新文化运动以后，儒学已失去作为官方哲学的政治基础，但一些反动势力并不甘心。为了达到争权夺利和反对中国共产党的目的，国民党政府挖掘、利用儒学中的封建专制主义内容，并加以改造，使之与法西斯主义相结合，作为进行专制统治的官方哲学。国民党政府的统治思想是资产阶级、法西斯主义和儒学的大杂烩，儒学在其中不占主导地位，但透过国民党政府对儒学的利用，我们可以较为全面地认识儒学在民国时期的历史命运。儒学被利用改造为国民党官方哲学的一部分，肇端于戴季陶，而后由陈立夫、蒋介石系统完成。

1. 戴季陶的"孔孙道统论"

戴季陶（1891—1949），一生思想多变。1925年孙中山逝世后，他以弘扬孙中山哲学的名义，先后发表了《孙文主义之哲学的基础》、《国民革命与中国国民党》两本小册子，编织了一个孔孙道统论，把孙中山说成是继承和发扬孔子之道的"集大成者"和"继往开来的大圣"。他形式上好像是拥护孙中山的三民主义，复活传统儒学，实质上是借弘扬儒学为名，歪曲革命的新三民主义，从思想上反对马克思主义，从政治上排斥共产党。他的这套为在中国建立和巩固以官僚资本主义为基础的独裁统治的反革命理论，时人称之为"戴季陶主义"。其具体内容有以下一些。

一是歪曲孙中山的思想，把孙中山孔子化，用儒家的仁义道德反对马克思主义的阶级和阶级斗争学说。

戴季陶歪曲孙中山的思想，把孙中山的思想分为"能作"与"所作"两部分。能作的部分，是关于道德的主张，是继承中国古代儒家正统的伦理思想，在这一方面，孙中山"不创作"，只继承。所作的部分，是由现代世界的经济组织、国家组织、国际关系等种种制度上面着眼，孙中山创造出新理论。按照戴季陶的解释，孙中山的"能作"部分的思想是"所作"部分以至一切思想的基础，也就是说，儒家的伦理思想是他整个思想的基础，或用戴氏的话说："中山先生的思想，完全是中国的正统思想，就是继承尧舜以至孔孟而中绝的仁义道德的思想。"[①] 这样，孙中山就由近代伟大的资产阶级革命家变为一个代表封建道德文化的圣人。戴季陶之所以曲解孙中山的思想，把孙中山的思想说成是"继承尧舜以至孔孟而中绝的仁义道德思想"，其中一个重要原因，就是他企图以儒学中关于仁、仁义、仁爱的学说反对马克思主义的阶级和阶级斗争学说。他认为，"仁爱是人类的生性"，"仁爱是革命道德的基础"，"阶级的差别，并不是绝对能够消灭人类的仁爱性的"，"各阶级的人，要抛弃他的阶级性，恢复他的国民性，抛弃了他的兽性，恢复他的人性"[②]，因此，国民革命是联络各阶级的革命，农民阶级、工人阶级反对军阀、地主、资本家的革命也就没有必要了。

二是歪曲孙中山的三民主义，把三民主义儒学化，用"民生哲学"来对抗唯物史观。

戴季陶提出，孙中山的三民主义理论来源于孔子的"民生哲学"。他说：两千多年前的孔子就"组织了一个民生哲学"，这个理论，就是两千数百年后孙中山所继承的理论。他认为，孔子的理论系统，主要包含在《大学》、《中庸》两部书中。书中所述"孔子的思想，注意全在民生"，"就孔子的基本原理来说，就是天下之道达五（指君臣、父子、夫妇、兄弟、朋友），所以行者三：

[①] 戴季陶：《孙文主义之哲学的基础》，见《戴季陶先生文存》，台北，"中央"文物供应社，1959。

[②] 戴季陶：《国民革命与中国国民党》，见《戴季陶先生文存》，台北，"中央"文物供应社，1959。

智、仁、勇三者"，孙中山的三民主义即由此递嬗而来。① 这就把孙中山的三民主义与孔子学说混淆在一起了。

以此为基础，他又提出儒家仁爱论是民生的基础，认为仁爱是一切种族、一切阶级共有的永恒的先天本性，是各个阶级都具备的与阶级性相对立的国民性。他还把这种先天的仁爱本性，视为一切社会变革活动的直接源泉，认为人类的一切无不从"仁爱"出发，由"仁爱"而派生，而又以"仁爱"为归宿。这样，戴季陶就把孙中山的民生观建立在先验唯心的"仁爱"基础上了，从而形成了与唯物史观根本不同的哲学立场。

从历史上看，戴季陶主义的出现，为国民党内以蒋介石为代表的新右派叛变国民革命提供了舆论工具。他构造的"民生哲学"实际上起到了国民党官方哲学的作用。后来相继出现的陈立夫的"唯生论哲学"和蒋介石的"力行哲学"都吸取了"民生哲学"的观点，就此而言，戴季陶主义利用儒学开启了国民党官方哲学的先河。

2. 陈立夫的"唯生论"

20世纪30年代初至40年代，陈立夫提出一套"唯生论"理论，从本体论方面，把孙中山哲学的基础进化论唯物主义自然观演变为神秘主义的唯生论宇宙观。其中，儒学是他用以曲解孙中山哲学思想的重要工具。

孙中山的自然观，主要是在吸收19世纪西方自然科学特别是生物进化论和细胞学说成果的基础上形成的。这一理论存有一些缺陷，如主张"生元有知"，认为构成生物的基本单位细胞（"生元"）具有与人类同样的意识活动等。但从总体上说孙中山自然观的基础是唯物主义的，而且高于一般的机械唯物主义。但陈立夫则出于政治需要，把物理学的元子论与孙中山的生元观念等同起来，进而把孙中山的"生元有知"论曲解成"万物有知"论，以生元作为世界统一的基础。这样，孙中山的唯物主义便被他改造成了唯心主义。

陈立夫在改造孙中山唯物主义学说的过程中，把儒学中的"诚"引入了宇宙观。"诚"在陈立夫的哲学里，是元子的另一称呼，也就是宇宙的本体。"诚是宇宙的主宰"，又是"一切精神的原动力"。他在《唯生论》中说："诚即指

---

① 戴季陶：《三民主义之哲学的渊源》，见《戴季陶先生文存》，台北，"中央"文物供应社，1959。

许多乱动的元子，即生命的本质或本位。"他认为，宇宙万物都有生命，生命的始终也就是万物的始终。生命的始终，不过生、长、衰、化四个过程，也就是《中庸》中所谓"诚则形，形则著，著则明，明则动，动则变，变则化"这六个阶段。诚是事物或生命的第一阶段，即许多无组织的元子在混沌的乱动状态，"诚者物之终始，不诚无物"。这里"诚"好像具有物质性，其实不然。接下来他又说，诚在本质上是原子的动能，是宇宙间生命的动力，"宇宙之诚即宇宙之主宰，即宗教家所称之上帝"。"诚"成为宇宙万物的本质，成为上帝，成为神秘主义的东西。

以此为基础，陈立夫提出了唯生论的道德观，提出为人处事、尽职负责要遵守儒家的五伦之道。他把儒家的君臣关系"臣事君以忠，君使臣以礼"，修改为"上须对下以礼，下须对上以敬"；父子、兄弟间要做到"父慈子孝"、"兄友弟恭"；把"夫为妻纲"改为"和顺"，男子居于发起之位，女子居于顺从地位。可以说，陈立夫的五伦观基本上是儒家纲常名教的翻版。

经过陈立夫的如此曲解，孙中山的三民主义哲学已消失殆尽，而代之的则是儒家哲学与儒家伦理。

3. 蒋介石的"力行哲学"

蒋介石的力行哲学与戴季陶的民生哲学、陈立夫的唯生哲学一样，也是唯心主义的，也是对孙中山哲学的歪曲和篡改。不同的是，力行哲学侧重在知行问题上"修正"孙中山的哲学。

"力行哲学"又叫"行的哲学"，是以蒋介石为代表的国民党右派集团的人生哲学。蒋介石把"知"分为两类，一种是天赋之知，一种是科学知识之知。天赋之知是与生俱来的，即不待学而先能，不待教而先知；科学之知是由学问思辨工夫而来。蒋介石的思辨即是"心功"，也是主观精神的活动。因此他的"知"，是典型的主观唯心论。至于行，蒋介石认为有两方面含义：一者，"行就是人生"；再者，"'行'为'性'之表，与生俱来"。在他看来，人生是天然的本性，宇宙的运行是无意识的"冥行"，是冥冥之中所决定的。在知行关系上，他把孙中山的"知难行易"与王阳明的"知行合一"等同起来，认为有知方有行，有真知方才易行，要打破"知难"的局面，就需要去"致良知"。他把王阳明的"致"曲解为"行"，打破"知难"的困境，就要实实在在去做，也就是去"力行"。进而，他把"行"的动力归为"诚"，而他的"诚"是发乎天性的东西。这样，他要求人们去破除"知难"的"力行"，实际上是建立在"诚"基础上的"力行"，成为主观意志主义，是一种典型的法西斯主义唯意志论。与此一致，他强调，"行"的目的，就是行"仁"，就是要达到智、仁、勇，就是要人们在不训不知之中盲目地做到为法西斯杀身成"仁"、舍身成"仁"，为维护和巩固法西斯专政去卖命。由此可见，蒋介石的力行哲学，理论基础是唯心主义，实质则是法西斯主义。

蒋介石力行哲学的政治实践，颇具典型的要算"新生活运动"。

1934 年 2 月，蒋介石在他的南昌行营发动了所谓的"新生活运动"，成立了"新生活运动总会"，自任会长，并聘请何应钦、陈果夫、张群等 33 人为指导员。新生活运动的主要内容就是推行"礼义廉耻"的思想教育和"尊孔读经"的复古教育。而新生活运动的理论基础就是力行哲学。他认为，只有"力行"，做到"诚"、"仁"，才能贯彻好"礼义廉耻"的生活准则。蒋介石所制定的《新生活运动纲要》和《新生活须知》规定："礼"是规规矩矩的态度，也就是要忠诚于蒋介石政权；"义"是正正当当的行为，也就是做蒋介石的顺民；"廉"是清清白白的辨别，也就是要分清敌我，分清"赤匪"与"民众"的界限；"耻"是切切实实的觉悟，要从思想深处坚定立场。蒋介石所宣扬的新生活，就是要全国国民忠于蒋介石政权，实行军事化生活，发扬精神，提倡节约，同"赤匪"展开斗争。其实质是要用儒家的纲常伦理来统一人们的思想和行动，以反对共产主义运动。

综上所述，国民党的官方哲学，从戴季陶的民生哲学、陈立夫的唯生论，到蒋介石的力行哲学，其核心都是以儒学或儒学化的三民主义来歪曲孙中山的哲学，把儒学和法西斯主义机械地糅合在一起，作为实行专制统治、压迫人民的工具。

（四）马克思主义者对儒学的批判继承

1921 年后，伴随无产阶级革命队伍的不断壮大，马克思主义理论家毛泽东、刘少奇、郭沫若等人对传统文化特别是儒家学说进行了认真总结和研究。他们对儒学的态度既不同于现代新儒家，更迥异于国民党的官方哲学，而是卓然一家，自成特色。

1. 毛泽东"批判与继承"方针的提出

1940 年，毛泽东在延安发表了纲领性论著《新民主主义论》。书中系统论述了建立新民主主义文化的任务，提出了对待中国文化遗产"批判与继承"的总方针。依据这一方针，他对孔子和儒学作了许多具体的分析和论述，从一个侧面体现了马克思主义与中国文化相结合实现中国文化现代化的特点。这主要表现在以下三个方面。

其一，毛泽东以马克思主义为指导，择取儒学中一些有生命力的命题、思想、概念，给予改造重释，形成适合中国国情的马克思主义——毛泽东思想的内容之一。人们熟知的"实事求是"路线便是一例。"实事求是"一词，源于汉代班固《汉书·河间献王德传》：刘德"修学好古，实事求是"。唐代颜师古注："务得实事，每求真是也。"从此，实事求是成为儒家的学术精神。其内涵，起初是指治学态度，指详细占有资料基础上得出正确结论；后来发展为"经世致用"，强调学术面向现实，务实致用。毛泽东继承了"实事求是"这个命题的基本精神，并加以发挥改造，与中国新民主主义革命结合起来。他在总结中国共产党领导中国革命的经验教训时认为，马列主义的普遍真理与中国革命的具体实践相结合是取得中国革命胜利的必要条件。也就是说，为实现中国革命的胜利，必须树立马克思列宁主义学风，端正思想态度，即有目的地去研究马列主义理论，应用马列主义的理论和方法对周围环境作系统的调查研究，使马列主义的理论和中国革命的实际运动结合起来。毛泽东说："这种态度，就是实事求是的态度。'实事'就是客观存在着的一切事物，'是'就是客观事物的内部联系，即规律性，'求'就是我们去研究。我们要从国内外、省内外、县内外、区内外的实际情况出发，从其中引出其固有的而不是臆造的规律性，即找出周围事变的内部联系，作为我们行动的向导。"[1] 这样，毛泽东就把传统儒学中关于治学方法的命题，改造成为马克思主义辩证唯物主义认识论的一个基本命题，成为人们认识世界、改造世界的根本方法，成为中国共产党思想路线最科学、最概括的表述。

---

① 毛泽东：《改造我们的学习》，见《毛泽东选集》第 3 卷，第 801 页，北京，人民出版社，1991。

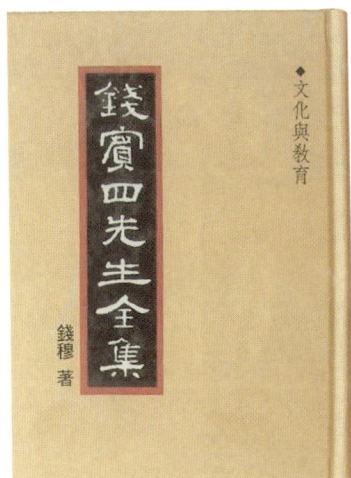

钱穆

郭沫若

欧阳渐

许地山

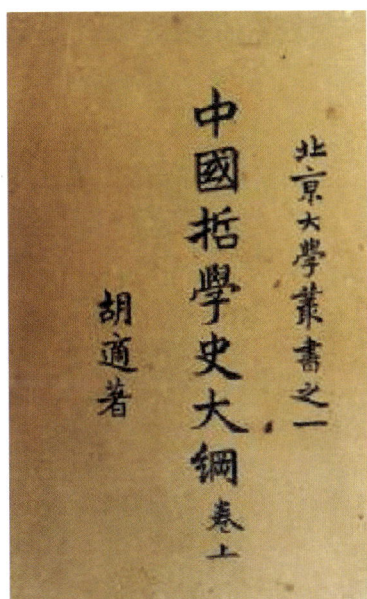

胡适

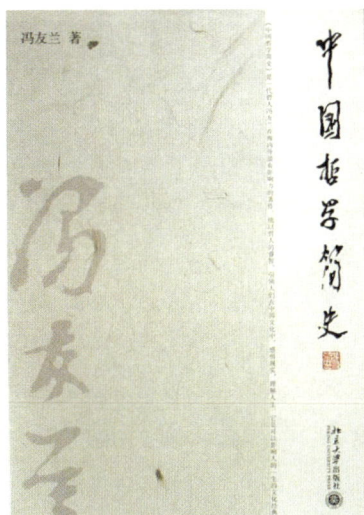

冯友兰

中國政治思想史

〔第二分册〕　呂振羽著

東北書店印行

呂振羽

208

其二，毛泽东对儒学中既含有合理因素，又带有历史局限性的思想，进行了具体的科学的分析，吸取其精华、剔除其糟粕，表现出辩证地对待儒学的思想方法，如毛泽东对"中庸之道"的批判继承。"中庸之道"是儒学的一个重要命题。毛泽东上升到认识论角度，去其糟粕，取其精华，并加以合理的解释。他在给艾思奇的《哲学选辑》批注里指出："中庸思想本来有折衷主义的成分，它是反对废止剥削又反对过分剥削的折衷主义，是孔子主义即儒家思想的基础。"① 但他并未因此对"中庸"所含积极因素全部否定，相反，却对"中庸"做了适当的发展，引导出新的含义。他说："'过犹不及'是两条战线斗争的方法，是重要思想方法之一。一切哲学，一切思想，一切日常生活，都要作两条战线斗争，去肯定事物与概念的相对安定的质。"② 在此基础上，他进一步阐释说："'过'的即是'左'的东西。'不及'的即是右的东西。依照现在我们的观点说来，过与不及乃指一定事物在时间与空间中运动，当其发展到一定状态时，应从量的关系上找出与确定其一定的质，这就是'中'或'中庸'，或'时中'。说这个事物已经不是这种状态而进到别的状态了，这就是别一种质，就是'过'或'左'倾了。说这个事物还停止在原来状态并无发展，这是老的事物，是概念停滞，是守旧顽固，是右倾，是'不及'。"③毛泽东把"中庸"思想所含有的唯物辩证法因素挖掘出来，并施之于政治实践，可谓是一大创举。

其三，对儒学中的封建性糟粕或错误的思想观点，毛泽东主张进行全面深刻的批判，但这种批判不是简单的抛弃，而是通过分析说理，在批判基础上证明中国革命的必要性与马克思主义的正确性。如他批判宗法制度和礼教制度时严肃地说：封建的"政权、族权、神权、夫权，代表了全部封建宗法的思想和制度，是束缚中国人民特别是农民的四条极大的绳索"④。中国人民通过革命斗争，摆脱这四条绳索，完全是革命的行动。他把批判封建纲常名教、反对封建主义与中国革命结合起来，很有说服力。

---

① 中共中央文献研究室：《毛泽东哲学批注集》，第 364 页，北京，中央文献出版社，1988。
②③《毛泽东书信选集》，第 145～146 页、146～147 页，北京，人民出版社，1983。
④ 毛泽东：《湖南农民运动考察报告》，见《毛泽东选集》第 1 卷，第 31 页，北京，人民出版社，1991。

毛泽东关于对中国历史文化遗产进行"批判与继承"的理论和实践，对于马克思主义者的儒学研究在立场、观点、方法上都产生了深远的影响。

2. 刘少奇对儒家伦理思想的批判继承

刘少奇以马列主义理论为指导，对儒家伦理思想在批判继承的基础上加以新的诠释，赋予时代内容，形成了有中国特色、适合中国实际的马克思主义道德学说。概括说来，主要有以下几点：

一是吸取儒家伦理学说的精华，来论证共产主义的道德观。1939 年 7 月，刘少奇在延安马列主义学院所作的题为《论共产党员的修养》的讲演中，在强调共产党员进行道德修养的必要性时，曾举例说："孔子说：'吾十有五而志于学，三十而立，四十而不惑，五十而知天命，六十而耳顺，七十而从心所欲，不逾矩。'这个封建思想家在这里所说的是他自己修养的过程，他并不承认自己是天生的'圣人'。"像孔子这样的"圣人"都要经历磨炼和修养的过程，一个共产党员要去掉旧意识、旧习惯，成为一个真正的革命者，更应该自觉进行道德修养。接下来，他又引用孟子的话说："在历史上担当'大任'起过作用的人物，都经过一个艰苦的锻炼过程，这就是'必先苦其心志，劳其筋骨，饿其体肤，空乏其身，行拂乱其所为，所以动心忍性，增益其所不能。'"共产党员所担负的是前所未有的改造世界的重任，所以必须加强自身的修养和锻炼。

二是批判地继承儒家道德修养的传统和方法。如刘少奇强调，共产党员应该有人类最伟大、最高尚的美德，同时也要具有严格而清楚的无产阶级立场，即党性和阶级性。共产党员应该具有为党、为阶级、为民族的解放，为人类的解放和社会的进步，为人类的最大多数的利益而牺牲的精神。"舍身取义"，"杀身成仁"，在必要时对党员来说应被视为是理所当然的事。这里，刘少奇把儒家的"舍身取义"、"杀身成仁"作了新的阐释，要求党员发扬这种精神。在修养方法上，他举例说："在中国古时，曾子说过'吾日三省吾身'，这是说自我反省的问题。《诗经》上有这样的诗句：'如切如磋，如琢如磨'，这是说朋友之间要互相帮助，互相批评。"这些方法都是强调主观的内在的人格修养，值得共产党员借鉴。像这样的例子，在《论共产党员的修养》一书中是较多的。

当然，刘少奇对儒家的道德修养也有批评与否定。他认为，共产党员的道德修养，是同革命群众的伟大实践相结合的，而儒家道德修养的形式和方法，"许多是我们所不能采用的。因为这些大都是唯心的、形式的、抽象的、脱离社会实践的东西。他们太夸大了主观能动性的作用，以为在脱离社会的革命的实践的情况下，只要保持一般'善良之心'，只要有默祝和祈祷，就可以改变现实，改变社会与改变自己。这当然是虚妄的"①。

从上述事例不难看出，刘少奇以马克思主义为指导，结合中国当时的革命实际，在论述共产党员的道德学说时与批判继承中国传统道德学说的结合是有机的、成功的。

3. 郭沫若的儒学研究

郭沫若的儒学观前后变化较大，其中，他于 20 世纪三四十年代所撰写的论文较具代表性和影响力。这些论文后分别收编在《青铜时代》和《十批判书》两本论集中。书中的《孔墨的批判》、《儒家八派的批判》、《荀子的批判》等篇，基本上反映了郭沫若对孔子及先秦主要儒家派别的评价。

首先看郭沫若对孔子及其思想的考察。郭沫若从春秋战国是中国历史大变革时期的观点出发，认为"孔子是由奴隶社会转变为封建社会的那个上行阶段中的前驱者"。具体说来，"孔子的立场是顺乎时代的潮流，同情人民解放的"。孔子大体上"是站在代表人民利益的方面的，他很想积极地利用文化的力量来增进人民的幸福。对于过去的文化于部分地整理接受之外，也部分地批判改造，企图建立一个新的体系以为新来的封建社会的韧带"②。

在确定孔子的基本立场基础上，郭沫若对孔子思想做了比较深入的论述。他认为，"仁"是孔子思想体系的核心，具有"高度的人道主义"，"仁的含义是克己而为人的一种利他的行为。简单一句话，就是'仁者爱人'……'人'是人民大众，'爱人'为仁，也就是'亲亲而仁民'的'仁民'的意思了"。他认为，"礼"也是孔子思想体系中的重要范畴。孔子也往"礼"的旧形式中灌注了"仁道的新精神"。他解释说：孔子说"克己复礼为仁"，就是要人们除掉一切自私自利的心机，养成为大众献身的精神，视、听、言、动，都要合乎

① 刘少奇：《论共产党员的修养》，北京，人民出版社，1949 年单行本。
② 郭沫若：《孔墨的批判》，见《郭沫若全集·历史编第二卷·十批判书》，北京，人民出版社，1982。

礼。关于"命",郭沫若解释说,孔子"把命强调得相当厉害,差不多和他们主张的仁,站在同等的地位"。他指出:孔子的"命","看起来很像一片神秘的宿命论",但孔子"既然否定或怀疑人格神的存在,那么他所说的命不能被解释为神定的命运","不能解释为神所予定的宿命,而应该是自然界中的一种必然性"。

郭沫若还分析了孔子以后儒家学派的分化,并对孔子以后的儒家做出进一步考察。一般认为,孔子死后,儒分为八。郭沫若在他的《儒家八派的批判》中,把孔子以后的儒家则分为七派。关于"子夏氏之儒"一系,郭沫若认为,"八派中把子夏氏之儒除外了,这里有一个重要的关键。这是韩非承认法家出于子夏,也就是自己的宗师,故把他从儒家中剔除了"①。"子张氏之儒"是孔门里面的过激派,"偏向于博爱容众这方面的",把民众看得很重要。"子思之儒"、"孟氏之儒"、"乐正氏之儒"同属"子思之儒"一派。他们主张性善论,含有禁欲主义倾向。"颜氏之儒"指颜回一派,有避世倾向,后来演为庄子一派的师表。"漆雕氏之儒"是孔门中任侠的一派,主张人性有善有恶说。郭沫若认为,孔门中有三个漆雕氏,但其中能构成一个学派的当是漆雕开。"仲良氏之儒",估计为陈良一派,屈原或许"出于他的门下"。"孙氏之儒"即荀子一派。这是战国末期儒家的大家,是"子弓的徒属"②。为论述荀子的思想,他专门写有《荀子的批判》一文,肯定荀子是先秦诸子的"最后一位大师",不仅集儒家之大成,而且"集了百家的大成",差不多融会贯通了百家学说。他认为,"这种杂家的面貌,也正是秦以后的儒家的面貌。汉武以后学术思想虽统于一尊,儒家成为了百家的总汇,而荀子实开其先河"③。

郭沫若对儒学的评价并不止于此,内容是较为丰富的。他曾把自己的评价标准总结为"人民本位"的原则,从上述也可以看出这一点。尽管郭沫若对儒学的评价存有许多可供商榷之处,但在总体上,郭沫若把马克思主义的社会发展学说和阶级斗争理论较为全面地引入儒学、历史、文化的研究当中,将儒学

---

①② 郭沫若:《儒家八派的批判》,见《郭沫若全集·历史编第二卷·十批判书》,北京,人民出版社,1982。

③ 郭沫若:《荀子的批判》,见《郭沫若全集·历史编第二卷·十批判书》,北京,人民出版社,1982。

代表人物、典籍，都与时代、阶级属性联系起来进行分析和评价，这对后来儒学研究的指导思想和方法论都产生了很大影响。

二、民国时期的佛学

近代中国社会遭受了亘古未有的剧烈震荡，至民国而尤剧。在外来文化的撞击下，文化传统的基本框架分崩离析。从一定程度上说，民国初年正统儒学的崩溃为佛学复兴留下了广阔的空间。民国时期的佛学继晚清佛学而在深度、广度上继续发展，并表现出鲜明的时代特点。

（一）救世与救心：佛学经世思潮的进一步发展

佛学原为出世哲学，近代以来，却转向经世入世。这一转向的根本动因，主要是救亡图存的政治使命、中西文化冲撞下儒学地位的削弱、近代文化民族主义勃兴合力作用下的结果。自魏源率先以佛经入世开启了佛学经世致用之路后，谭嗣同、康有为、梁启超、章太炎等都是佛学入世的主张者。民国以后，各行各派的思想家，政治取向虽不同，但出于改造道德人心和救亡图存的需要，宣扬佛学救心救世的仍不乏其人，他们思考问题的深度较晚清时期的思想家又有深入发展。

民国时期主张以佛学经世的思想家像梁启超、蔡元培等人都堪称代表。梁启超把治世的着眼点放在挽救道德的危机上。他痛感当时中国社会"哀莫大于心死"，麻木、诈伪，因此主张以"国学的第二源泉"、"世界文化的最高产品"、最完善的"德性学问"佛学为精神武器，摆脱"心为形役"、甘作自己奴隶的麻木状态，"把精神方面的自缚解放净尽"①，充分发挥个人的天赋良能。这也就是他常讲的"新民德"，以此作为改良政治的基础。平民教育论、文化救国论便是他治心主义思想主旨的产物。他认为，只有经过治心的"新民"，

---

① 梁启超：《治国学的两条大路》，见《饮冰室合集》文集之三十九，第 119 页，北京，中华书局，1989。

才能够做到完全的自由，才能够"人人各用其所长，自动的创造进化"①。梁启超还说，用佛学改造道德、人生、社会，则人生之苦不攻自破，社会罪恶则无生长存在之根基。佛教所宣扬的出世涅槃境界，被梁氏改造为济世救民的道德理想。尽管梁氏的佛学救国论含有强烈的理想、空想成分，却反映出佛学入世转向理论的日趋完善。

寺僧中主张佛学经世的首推太虚的人生哲学。他认为，佛教的根本出路在于实行佛学的革命，实现佛教的入世转向。他所主张的人生哲学，首先要"完成人生应有的善行"，"发达人性中潜有的德能"，"恶止善行"，"进德增善"，进而达到"圆满福慧的天上正觉"。以此基础，他号召要把佛教改造为"人间佛教"，让佛教承担济人利世、消弭灾害，实现民主、平等、自由等政治理想的责任。他一生矢志于推行佛教利益人生的事业，明显表现出寺僧佛学的经世倾向。有关于此，下一章将展开论述。

一些政治家也利用佛学作为治世的工具之一。民主革命的先行者孙中山虽然主张政教分离，但要求"融摄世间一切善法，甄择进行，以求世界永久之和平及众生完全之幸福为宗旨"，强调佛教在发扬宗风的同时，要"亦裨世道"。他还借佛教宣传民主革命思想："佛教讲平等，重博爱，余之致力于国民革命，亦是讲平等，重博爱，慈悲救世，主旨正复相同。"② 把佛教的某些主张与民主革命思想联系起来。

从总体上说，佛学经世的转向既是佛学适应现代社会发展的产物，又是佛学自身复兴的主要表现。经世佛学，一方面融入了时代的内容，如革命、民主、自由、平等等政治观念，另一方面，佛学在被改造为入世理论的过程中，吸收了儒学、西学的内容，从而使其在转化中赢得了新生。

（二）大乘起信论真伪之争与唯识学的勃兴

经世致用是佛学在近现代这一特定历史时期受外在环境影响的结果，仅能说是佛学的外在表现。而佛学自身内在的发展，则是围绕有关大乘起信论真伪

---

① 梁启超：《欧游心影录节录》，《饮冰室合集》专集之二十三，第24页，北京，中华书局，1989。

② 麻天祥：《反观人生的玄览之路》，第141页，贵阳，贵州人民出版社，1994。

的辩论和唯识学的勃兴而展开的。

唯识学是大乘佛教思想中最富有思辨性、理论逻辑严密且具有完备的认识论体系支撑的一派，也是被认为较适合近代社会需要的一脉。欧阳渐的弟子王恩洋曾说："今日非纷乱危急之秋乎？（第一次世界大战中）强凌弱，众暴寡，武力专横，金钱骄纵，杀人动以千万计。阴惨横烈，祸乱极矣。虽然，此犹非所最痛，亦非所最危。所谓最痛最危者，则人心失其所信，竟无安身立命之方。"① 要救济世道人心，王恩洋所找到的妙方良药就是佛教，就是佛教的唯识学。

早在此前，唯识学经杨文会发掘，章太炎等阐扬，已在学林赢得一席之地。第一次世界大战后"西方文明没落"的宣传和东方文化复兴的呼声，使得唯识学研究一时在中国学术界形成高潮。

在南京，欧阳渐承接杨文会的办学传统，于1918年起着手筹办支那内学院，获得章太炎、梁启超、沈曾植、陈三立等著名学者的支持。1922年该院正式开办，主要讲授唯识学，吸引了吕澂、熊十力、梁漱溟、汤用彤等一批高水平的佛学研究者。杨文会另一高足梅光羲倾十年之功于1920年出版了《相宗纲要》一书作为唯识学的入门读物，风靡一时。

在北京，张克诚最早在寺院开讲唯识论，后多次被邀至北京大学、中国大学演讲授课。1921年，韩德清与徐森玉等发起组织"法相研究会"，主讲《成唯识论》，吸引了大批中青年知识分子。在四川，刘洙源率先在成都佛学社宣讲唯识学。在沪、杭、苏、锡等地，范古农也四处传播唯识学理论。

在上述学者中，以欧阳渐声名最著。欧阳渐，字竟无，江西宜黄人，佛学思想深刻独到，被尊称为"宜黄大师"。他治学专注于唯识法相，上继唐代玄奘、窥基所创慈恩宗，远承印度无著、世宗的大乘唯识论，体系严整。

欧阳渐认为，佛法既非宗教也非哲学。佛法不同于哲学，在本体论、认识论、宇宙观方面存有明显的差别，佛法也不同于宗教，宗教皆为有神论。他还认为，唯识论与法相学是两种学，"法相糅古，唯识创今"；"法相广大，唯识

---

① 王恩洋：《佛法为今日所必需》，载民国十一年（1922）广州即庐印行《佛法非宗教非哲学》。

精纯"①;"法相广于唯识,非一慈恩宗所可概"②。这些观点虽未被佛学界广泛接受,但其深入的研究、独到的见解足资启发。由此出发,欧阳渐还对一系列佛学概念、范畴从唯识论角度作了界定,从而奠定了唯识、法相之学在近代学术史上的地位,使之成为佛学研究的主流,并深深地影响了现代新儒学研究。

欧阳渐还提倡"结论后之研究",认为不能用世俗眼光看待佛教教义,对唯识法相学的基本结论不容怀疑。为了树立佛经的权威地位,他对一些佛经典藏进行了重新考证,结果,他把乃师杨文会崇信的也是自己学佛的入门书——《大乘起信论》与《楞严经》定为了伪经。可以说,围绕《大乘起信论》真伪问题的辩论正是在此唯识学研究高潮中出现的。

《大乘起信论》属于佛教性宗的著作,旨在说明清净本然的"真如"(或如来藏)因受到净染而产生了不同的认识,因之众生有真、妄二心,众生就是要去掉妄染,恢复体性清静的"真如"。该书作者向来被认为是印度高僧马鸣。素有"近代中国佛教复兴之父"的杨仁山居士便以大乘起信论为本,积极传教。然而,在清末民初今文经学怀疑古经思潮和东瀛日本佛经辨伪之风的双重影响下,杨文会门下弟子欧阳渐、李证刚等,以及曾流亡日本的梁启超、章太炎等国学大师,却对《大乘起信论》的真伪问题产生了争辩。1915 年,章太炎针对日本佛学界对此书的怀疑,发表《大乘起信论辨》,认为该书确系印度高僧马鸣所作。1922 年,梁启超撰《大乘起信论考证》,断定该书并非印度著作,而是南朝梁、陈间中国人的佛学著作。由于《大乘起信论》对中国佛教影响极深,如确证它并非如向来所认为的那样属于印度佛学正宗,将不仅仅是学术考证问题,无疑还会动摇一些人的信仰,牵涉到一些人的宗教感情。同在1922 年,杨文会的门下也背向师说,先是支那内学院创始人欧阳渐发表《唯识抉择谈》,认为《大乘起信论》主张的"真如缘起说","立论粗疏,远逊后世",仅是一部小乘的论书,并不能代表大乘佛学的真正水平。接着,欧阳渐的弟子王恩洋发挥乃师思想,直斥该书是一部"外道论,非佛法也"③。欧阳

---

① 欧阳渐:《支那内学院院训释》,见《欧阳竟无集》第75 页,北京,中国社会科学出版社,1995。

② 欧阳渐:《与章行严书》(1925 年 8 月 15 日),见《欧阳竟无集》,第184 页,北京,中国社会科学出版社,1995。

③ 王恩洋:《大乘起信论料简》,载《学衡》第 17 期。

渐的另一位弟子吕澂撰写了《起信与禅——对于〈大乘起信论〉来历的探讨》一文，将该书与魏译《楞伽经》作了对比，断定它不是从梵本译出，只是依据魏译《楞伽经》加以引申发挥，由于《楞伽经》本身就有不少错误，所以《大乘起信论》只能是错上加错。支那内学院的观点立即遭到佛教徒的反攻。以太虚大师为首的武昌佛学院的一些人激烈批驳内学院学者的观点，认为《大乘起信论》的观点是符合佛法的，因为它确实再现了体用一如的"真如缘起"的佛法观。

自《大乘起信论》发生争论后，一系列关于佛经真伪的论辩一发而不可收。1929年，胡适发表了有关《六祖坛经》的系列考证，认为《坛经》系释神会而非六祖慧能的著作。此论一出，立即引出学界争论。钱穆根据历史考证的逻辑，杨鸿飞依据该书思想渊源及其流变，各执一端，相持不下。后释澹思引用日本学界的观点，认为《坛经》的作者本是慧能，只是经过神会一系的改窜。印顺则在《神会与〈坛经〉——评禅宗史的一个重要问题》中断言：《坛经》绝非神会或神会门下所造，且神会门下补充了《坛经》传宗这一部分。接下来，学者们对第一部传来中土的佛经《四十二章经》、第一部由中国人撰写的佛教论著《牟子理惑论》等也产生了怀疑。而后由梁启超发端，吕澂等把被尊为大乘佛教"经中之王"的《楞严经》斥为"伪经"，认为《楞严》非译自梵文，进而声称《仁王》、《梵网》、《起信》、《圆觉》、《占察》都是伪经。

本来，佛经辨伪对于厘清中国大乘佛教源流及印度佛教传入中国后的变化，以及评估中印文化交流等，都很有意义。然而，由于受同时代疑经风潮影响，以法相学者为主体的辨伪思潮又走向另一极端，从独尊法相出发，有否定佛教中国化的全部历史、否定除法相以外的中国大乘佛教其他宗派、割裂佛教文化传统的倾向。

当然，尽管欧阳渐、吕澂等从事辨伪的主观意图存有偏颇，但总体上说近代佛学辨伪思潮对中国佛学的近代化，客观上不无助力。他们主张恢复佛经的本来面目，用古印度经典贬低中国所谓的"黄金时代"，一定程度上冲击了封建复古思想，冲击了言必称"古德"的传统观念。他们主张用更可靠的、流传依据确切的经典代替不那么可靠的经典权威，一定程度上褪去了对佛经的盲从，恢复了佛学固有的理性精神。

这里，还要提及一个唯识学研究不可忽视的人物——熊十力。正当唯识学者对唯识学思想体系的构造无比精致赞不绝口之时，熊十力却看出了其中的破绽。

熊十力作为现代新儒家的代表人物，与佛学也曾有不解之缘。辛亥革命后他一度专心研究张载、王夫之等人的著作，研究《周易》等儒家典籍。后受章太炎影响，于1918年刊行第一部著作《子真心书》，开始推崇佛学。他的唯识学观点虽与章太炎不尽一致，但受章氏影响却十分明显。1920年他赴南京内学院师从欧阳渐专攻唯识，于1922年撰成《唯识学概论》。以后被聘至北京大学主讲唯识学，经多次修改，于1932年出版了他的代表作《新唯识论》(文言文本)。

《新唯识论》反映了熊十力由儒入释，又由释返儒的思想转变。多年的讲学和研究唯识学使他逐步认识到，印度诸大师之学有悬空构画之病，唯识学有诸多疑处和不足，于是返观儒典，转以儒学解佛。该书分明宗、唯识、转变、功能、成色、明心六章，运用唯识论的分析组织方法，构建了以《易传》的阴阳翕辟为主、体用一如的独特思想体系。该书一问世，即在佛学界引起轩然大波。内院刘定权著《破〈新唯识论〉》，指斥熊氏为毁佛背师的叛逆。由于《新唯识论》不仅评判护法等阐发的唯识体系，还涉及了佛教根本教义，太虚、印顺等也纷纷著文批评。熊十力却不以为然，发表《破〈破新唯识论〉》、《尊闻录》、《十力论学语辑略》、《原儒》、《体用论》、《明心篇》等，一面辩难答疑，自我辩护；一面继续做深入探讨，发展自己的思想学说——"于佛根斩断更绝，于儒典相契更深"①，成为新儒家的著名代表人物。

熊十力由儒入释，复由释返儒，反映了第一次世界大战后儒学、佛学、西学融合的时代潮流，代表了佛学近代化的一个重要路向。

(三) 中国佛教史研究的新局面

佛学界对佛经真伪的辩论必然牵涉中国佛教史的研究。虽然中国古代佛教史籍极其丰富，凡儒家史书所有体裁，佛家无不具备，儒家著史的传统也被佛

---

① 熊十力：《〈佛家名相通释〉撰述大意》，北京大学，1937年印行本。

家所借鉴，但是，若以近代眼光审视，传统的佛教史研究仍不免有形式陈陈相因、内容狭隘晦涩之嫌。这种局面，直至20世纪20年代，梁启超引入近代研究方法研究佛教史，中国学者从事的具有近代性质的本国佛教史研究才真正改变。

梁启超从事佛教史研究主要始于1917年底他受北洋军阀排斥，不得已辞去各种政治职务之后，专心从事社会教育与学术研究事业。他曾先后从林宰平、欧阳渐问学，其佛学著述丰富，有：《印度史迹与佛教之关系》、《佛教之初输入》、《千五百年前之中国留学生》、《翻译文化与佛典》、《佛教与西域》、《中国佛法兴衰沿革说略》、《汉明求法说辨伪》、《关于玄奘年谱研究》、《佛教教理在中国之发展》等。这些研究，广泛深入，成就斐然。在方法上，他采用史论结合的方法，把教理、历史事实、逻辑分析结合起来；在内容上，把时代特征和文化背景结合起来，丰富了佛教的历史研究；在思想上，他提出了进化、循环上升的佛教发展史观。他的研究方法和指导思想大量吸收了近代西学的内容，对中国佛教史研究有开时代风气之贡献。

继梁启超开启中国佛教史研究之风不久，1928年，蒋维乔据日本境野黄洋《支那佛教史纲》增补撰成国内第一部《中国佛教史》，其中第四部分，即清代至民国部分完全是他的新作。第二年，李证刚出版了《西藏佛教略史》。进入30年代，中国佛教史研究者日渐增多，汤用彤在北京大学、陈垣在辅仁大学、陈寅恪在清华大学、黄忏华在复旦大学，相继着力研究中国佛教史。陈垣著有《明季滇黔佛教考》、《释氏疑年录》、《清初僧诤记》、《中国佛教史籍概论》等，成为民国时期中国宗教史研究的重要开拓者。陈寅恪也撰有不少论著，就中国古代佛教与政治、文学各方面的关系做了系统考察。他在研究了佛教在中国的传播与发展以及敦煌唐写本的多种佛经后，得出了宗教与政治不能绝然分开、中国古代小说已基本被佛教化了等结论，使人们大开眼界。黄忏华参考日本宇井伯寿所著《支那佛教史》撰成的《中国佛教史》，打破以朝代分期的旧史体例，把整个中国古代佛教史分为肇始、进展、光大、保守四个时期，对前两期衍生发展的佛教宗派的论述尤其详尽，并着重于佛教思想的演变，与蒋维乔的《中国佛教史》恰可互为补充，成为民国时期国内仅有的两部中国佛教通史。

汤用彤是民国时期中国古代佛教史研究领域最有成就的学者。《汉魏两晋南北朝佛教史》和《隋唐佛教史稿》是他最负盛名的代表作,在海内外享誉甚高。这两部著作堪称中国学者完全独立地运用近代学术观点,系统地清理自佛教从印度传入至隋唐佛教中国化整个过程的巨著。其一,在佛教研究的价值取向上,他立意高远,力图通过研究佛教中国化的过程,为中西文化的交流和融合寻找一条适合中国的道路,这就在指导思想上高人一着。其二,他把佛教的传入及各宗派的兴衰都放在当时社会的大背景下考察,不再就佛教论佛教,视野开阔,因此有许多超越前贤的真知灼见。例如,他认为:"佛教史之分期,盖据势力之盛衰而言。势力之消长除士大夫之态度外,亦因帝王之好恶。""宗教与政治社会之关系,固甚重要。"① 这里,他把社会政治制度的变迁通过帝王、士大夫阶层的反映与佛教思想的传播发展结合起来,深化了研究。其三,受白璧德人文主义思想影响,他的研究注意广搜精求,多维比较。他非常重视佛道两家的关系,认为魏晋玄学与佛学的相互影响与融合,是佛教中国化的渊源。如他以充分的史料说明,《牟子理惑论》使佛学与黄老玄学结合起来,奠定了汉末佛教在中国传播的基础,并成为日后儒、释、道融合的出发点。其四,他深入分析了印度佛学对中国佛教各宗形成独具特色的理论体系及其交互影响融合。其五,他对中国佛教史特别是汉唐间主要人物思想发展的轨迹,做了深入剖析。可以说,汤用彤从微观到宏观,比较清晰地论述了中国佛教发展和佛教中国化的历程,这对于中国佛教史学术研究、对于中国佛教近代化都具有重大推进作用。

民国时期中国佛教史研究经梁启超等提倡,再经蒋维乔、汤用彤深化发展,已成规模,初步奠定了中国佛教史的框架结构,基本厘清了中国佛教史的历史脉络。以这些学者的研究成果为基础,吕澂、许地山等学者,后继前行,又开辟出新的治学途径,取得了更新的研究硕果。

吕澂,字秋逸,1896 年生于江苏丹阳。民国初年入金陵刻经处研究部,从欧阳渐学佛。他不仅精通佛学,而且钻研美学,尤以语言文字学见长,通晓藏、梵、巴利文,得入藏、梵、巴利文原典之堂奥。佛学著作主要有《佛学研

---

① 汤用彤:《隋唐佛教史稿·绪言》,北京,中华书局,1982。

究法》、《印度佛教史略》、《西藏佛学原记》、《中国佛学源流略讲》、《印度佛学源流略讲》、《佛典泛论》、《因明纲要》等。他对佛教文化最突出的贡献集中为三：一是佛典的辨伪和勘别。他从"译者的辨伪"入手，校勘了《四十二章经》、《牟子理惑论》、《瑜伽师地论》等重要佛学经典。二是完成了《藏要》和《新编汉文大藏经目录》的编撰，为以后编更完善的《大藏经》创造了有利条件。三是因明学研究成果突出。此外，他对法相、唯识学也有许多创见。吕澂的研究注重吸收近代社会科学的观点，擅长运用缜密细致的分析来整理中印佛学遗产，从而获得超越前人的巨大成果，开辟出一条与传统判然有别的研究新途径。

许地山，笔名落花生，1893年生于台湾。他在就学时即受到严格的近代比较宗教学训练，并将其移植用于研究中国宗教。他曾在燕京大学神学院攻读宗教学，并获得神学学士学位，后又在美国哥伦比亚大学、英国牛津大学继续研究宗教史与比较宗教学。他还于1925、1933年两度赴印度专攻梵文及佛学，从而达到相当高的造诣。他的比较宗教研究是从道教研究开始的。当时，他鉴于国内外对中国道教的研究比较薄弱，中国化的佛教又与道教影响分不开，于是从比较宗教研究的角度先后撰写了《云笈七签校异》、《中国道教史（上卷)》、《扶箕迷信的研究》等，精辟地指明道教与佛教的异同，连学识广博的陈寅恪读到其论著时也自叹弗如。此后，他又编写出《佛藏子目引得》，著成《印度文学》。前者是皇皇巨制汉文《大藏经》第一部采用近代形式的索引工具书，它为佛学学者提供了极大方便。后者对佛教与印度文学发展的相互关系做了详尽阐述。同时，他还撰写了《陈那以前中观派与瑜伽派之因明》，指出佛学辩论与因明逻辑发展之间的相互推动作用。他的《大乘佛教之发展》则力求纠正一般佛教史就教论教的偏向，注重把大乘佛教的发展史放在当时具体历史条件下进行分析，强调印度佛教所受当时政治与其他宗教的影响。许地山所开创的比较宗教学研究，对于推动佛学研究、对于后来中国比较宗教史的发展都具有重大影响。

从总体上说，民国时期的佛学研究受当时文化转型、学术转型的影响，从研究方法到指导思想都表现出了迥异于传统的现代风格，或者说，一定程度上体现出了传统文化现代化的历史特征。

三、民国时期的诸子学

先秦时期的百家争鸣，造就了儒、墨、名、道、法等众多学派，诞生了诸子学。汉代"独尊儒术"以后，儒学（经学）成为学术主流，其他学派沦为附庸。清代以降，特别是晚清以来，随着社会历史条件的深刻变化和西学东来，非儒学派再度受到研究者的重视，诸子学研究渐趋繁荣，弘扬非儒学派蔚然成风气，出现了被一些人士称作"诸子学复兴"的局面。

（一）五四新文化运动与民国诸子学新局面的开展

1912 年中华民国的建立宣告君主专制在中国已走到历史尽头。此后袁世凯之流甚嚣尘上的尊孔复辟逆流也没能挡住浩浩荡荡的历史潮流。1915 年，陈独秀等先进分子在上海创办《青年杂志》（《新青年》），高举"科学"与"民主"的大旗，发动了轰轰烈烈的五四新文化运动。五四新文化运动开辟了中国历史的新纪元，也开启了诸子学的新时代。

五四新文化运动提出"重新估定一切价值"，对诸子学的文化价值做了重新评定。先秦诸子在春秋战国时期曾平等争鸣，自成体系，从而创造了辉煌的古代文化。当时，儒、道、墨、法诸家学说无分轩轾。但自汉以后，经过改造了的儒学一家独尊，成为历代统治者"治国安邦"的根本理论，并逐渐演变成一种政治说教，其地位也被拔高到无以复加的程度，而不居正统的诸子学派则遭到压抑和贬斥。晚清以来，随着封建主义政治走上瓦解，孔子和儒学逐渐从正统的神圣宝座上跌落下来，这样，重新评价儒学和非儒学派的思想价值和文化地位已成历史必然。

五四时期，儒学由于与封建主义有着千丝万缕的联系，遭受到空前激烈的批判。而非儒学派由于与先秦儒家有异，且多处于对立方面；在漫长的封建社会中，非儒学派与儒家更演变为文化正统与异端的对立，这使得一切具有进步思想和平等精神的知识分子在激烈批判儒学的同时，大都自觉不自觉地站在了支持和褒扬非儒学派的立场上。当然，非儒学派以其自身迥异于儒学的特殊价值，为中国未来路向的重新选择适时地提供了参照，尤其是适时地填补了因儒学遭受激烈批判所产生的精神和心理空白，这也是人们重新估定非儒学派的一个重要原因。

五四时期对非儒学派的重新评判主要是对其文化价值的重估和对其现代意义的发掘。从严格意义上讲，诸子学本身并不具备现代性价值观念，但其中的确含有一些具有意义恒久的文化价值因素。五四时代的知识分子抓住了这一点，对诸子学做了完全现代意义上的阐释。如，他们认为墨学所讲的"平等"、"兼爱"含有社会主义思想。不少人认为："墨子在政治思想史所占的地位，拿现代的话说，是应归入社会主义的范畴里面。"[①] 有的论者专门撰文阐述墨学与社会主义的关系，认为："倘若我们要在中国的思想史上，找出一种类似近世社会主义的思想，而发之远在二千年以前的，那我们一定推举墨家学说了……（墨家）把'利'的问题看得非常重要，只言'利'应如何分配，如何生产……可见墨学的出发点，与近世社会主义的出发点根本相同。"[②] 有的学者阐述墨子的"社会主义"时，采用了"劳农主义"这一具有时代感的名词，张纯一指出：墨子的劳农主义包括"平等观"、"互助论"、"尚勤劳"、"均贫富"四个部分，并认为"此即近世马克思主张之要义"[③]。尽管说法不一，但认为墨学含有社会主义思想则是一致的。在民国时期，许多人把社会主义作为一种美好理想而加以宣扬，为了增强说服力，一些人力图从古学中寻找出历史根据，五四前后对墨学现代价值的发掘便是一例。

民国年间，不少学者从老庄思想中发掘出民主、自由思想。研究道家的陈柱认为："老子之学，盖一极端自由平等之学也。"[④] 他还把道家学说与无政府主义联系起来："道家之学凡数变。始为革命家，再变而为打倒君主政体者，三变而为无政府主义者。"在他看来，《老子》所描绘的"小国寡民"的社会理想，"颇似无政府主义矣。其后庄子之徒衍之遂大倡"[⑤]。民国时期把道家学说与无政府主义相提并论的大有人在，如郎擎霄《老子学案》一书专辟一章"无

---

① 朱偰：《墨学与社会主义》，载《现代评论》第 4 卷第 84 期，1926 年。
② 陈启修：《叙墨子的政治哲学》，见陈顾远《墨子的政治哲学》，上海，上海泰东书局，1921。
③ 张纯一：《墨子劳农主义之源流》，《墨子间诂笺·附录》，1922。
④ 陈柱：《老学八篇·自序》，第 1 页，上海，商务印书馆，1930。
⑤《道家之源流》，载《大陆杂志》第 1 卷第 12 期。

政府主义"，认为老子是无政府主义者，"老子无政府主义思想影响于中国历代以来甚大，继老而后者庄子、许行"①。朱谦之是五四后期卓有影响的思想家和哲学家，他把西方自由、民主思想与老庄思想相结合创立了"无元哲学"，他指出：庄子所说的"在宥"，"就是人民绝对的自由的意思"②。道家作为中国文化中主张自由、平等精神的学派，二三十年代人们把它与无政府主义等现代思想比附、会通、融合在一起，从而提出了具有创见性的见解，但实事求是地讲，道家的"自由"、"平等"、"无为而治"等社会理想与西方的无政府主义所主张的绝对自由平等只是表面相似，实则有着根本性质的不同，因而，随着研究的深入，到40年代，钱穆、李聘之等人明确反对把二者比附、等同起来。

民国年间还出现了把法家学说与西方法治主义会通的言论。如尹桐阳在《诸子论略》中提出："孟德斯鸠倡三权分立之说，风行欧美"，而"韩子《扬权》即今之三权分立"③。有人认为韩非之学"集刑名法术之大成，揭橥法治主义"④。有的论者指出，"自来我国倡法制主义之说者，颇不乏人。管仲、申、商、慎、尹、韩非等，不胜枚举。要之，当以韩非集其大成，而独立成为一有系统的法制主义之基础"。他并且指出，法家的法治主义还具有"平等性"、"唯物主义"、"威吓主义"等思想。这些论述还不深入，有的还明显存有牵强之处，但在一定程度上却顺应了法制化建设的历史潮流，反映了民国诸子学研究的趋向。

与对非儒学派现代意义的发掘相辅相成，非儒学派的思想学说还担当起批判以儒学为代表的封建主义的重任，成为新文化闯将批判封建主义旧文化的工具。而正是在文化批判中，诸子学得以重新评价，非儒学派的思想价值得以凸显。胡适指出："非儒学派的恢复是绝对需要的"，"中国哲学的未来似乎大有赖于那些哲学学派的恢复。这些学派在中国古代一度与儒家学派同时盛行"⑤。陈独秀也十分重视非儒学派的价值："旧教九流，儒居其一耳。阴阳家的历象，

---

① 郎擎霄：《老子学案》，第107～109页，上海大东书局，1928。

②《谦之文存》，204页，上海，泰东图书局，1926。

③ 尹桐阳：《诸子论略》卷二，第16页，1927。

④ 全世垣：《韩非学说之研究》，载《光华大学半月刊》第2卷第6期。

⑤ 胡适：《先秦名学史·导言》，见《胡适学术文集·中国哲学史》下册，第773页，北京，中华书局，1992。

法家非人治，名家辨名实，墨家有兼爱节葬非命诸说、制器敢战之风，农家之并耕力食，此皆国粹之优于儒家、孔子者。"①

吴虞对非儒学派普遍推重，他对诸子的评价比较典型地反映了新文化阵营"抑儒扬子"的倾向。五四新文化运动的重心之一是伦理革命，因而，批判旧道德成为吴虞贬斥儒学、重释诸子的主题，他总是把诸子学说当作批判儒学的思想工具。他认为，儒家是维护旧道德的，而墨、道、法则恰恰相反。"老子所著的书大概讲的是个人的道德。讲那家族和社会的道德，却是极少，至于儒家注重的是君臣父子夫妇等五伦的教，老子实在少说"。"庄子益深概道德之困人，不为幸福，反而痛苦了"。"既勘破旧道德的坏处，他便以旧道德为桎梏，主张放弃"。至于法家，"商君认定社会的变迁、道德的进步，都是因时制宜，没有一定的规则"；"韩非以为孔子本来知孝悌忠顺之道……又仁义若慈惠，旧道德家都以为善，韩非却极端反对"。墨子"更要废去儒家所主张的阶级制度，把尊君卑臣、崇上抑下的礼教，一扫而空"。总之，道、墨、法都反对儒家维护的旧道德，各有自己的积极面。

五四新文化阵营在"民主"与"科学"精神的昭示下，以西方文化为参照，"重新估定一切价值"，对传统文化和封建政治进行了深刻批判和反思，重新认定诸子的文化地位和思想价值，使诸子学由长期湮而无闻的异端之学转化为具有现代意义的新文化，从而实现了传统文化的现代转型。这是应当肯定的。五四新文化阵营赋予先秦诸子的新义中，有两点值得特别注意。一是他们以西学阐释子学，以子学比附、会通西学，其中尽管有牵强之处，但却开启了诸子研究的新思路，同时也有力地促进了西方文化的中国化。二是以现代价值观念"民主"与"科学"来批判儒学为代表的封建主义的同时，用非儒学派的学说作为重要的思想批判工具，既继承了传统文化，又完成了诸子学的现代转型，从而避免了割裂传统。而这些，对于诸子学来说，都是划时代的、革命性的。

五四新文化运动不仅改变了以往对非儒学派的总体评价，实现了对诸子学的价值重估，而且进一步深入到具体学术研究中，开辟了民国时期诸子研究的

---

① 陈独秀：《宪法与孔教》，《独秀文存》卷一，第74页，合肥，安徽人民出版社，1987。

新思路。在学术风格上，诸子学研究由中国传统的考据学为主转向以义理学为主。20世纪以前的诸子学研究主要是考据学，以王念孙、俞樾、孙诒让为代表的考据学家基本上只是运用乾嘉学术方法校勘、训释子书的文字，着眼点在"以子证经"，而很少阐述其思想体系和社会价值。20世纪初期，章太炎、刘师培、梁启超等开始把诸子学的重心从"考据"转移到"义理"。到五四新文化运动时期，义理之学成为诸子学的中心，已是民国诸子学区别于传统诸子学的明显特征。从学术独立性而言，由于义理之学的凸显，民国诸子学彻底摆脱了经学附庸的地位，也摒弃了"以子证经"的学术传统。诸子学已从传统的经史之学中获得了独立的地位。就学术的思想价值和社会意义而言，义理之学的发展使诸子学更加丰富起来，这一点前已详述。

在方法论上，西方现代学术方法成为诸子学研究的重要手段。这时阐述诸子思想学说的重要著作无不采取西方学术框架和学术方法，使诸子思想材料融入西学系统之中。如胡适诸子学的代表作《中国哲学史大纲》（卷上）便是一例。这部著作不仅把诸子学纳入了西方哲学史框架，而且渗透着丰富的西方哲学思想。正如胡适所说："是借鉴和借助于现代西方哲学去研究这些久已被忽略了的本国学派。"① 胡适正是利用了杜威的实证主义哲学方法，才成就了现代诸子学名作《中国哲学史大纲》（卷上）。梁启超对此曾总结道："吾侪受外来学术之影响，采彼都治学方法以理吾故物，于是乎昔人绝未注意之资料，映吾眼而忽莹，昔人认为不可理之系统，经吾手而忽整，乃至昔人不甚了解之语句，旋吾脑而忽畅。"② 像梁启超的《先秦政治思想史》、陆懋德的《周秦哲学史》都是20年代以西学系统为框架、以西学方法为指针而成功的诸子学著作。

在指导思想和价值取向上，诸子学以西学为指导。前已述及，五四时期对诸子的评判以西学为参照，以"民主"、"科学"为价值判断的准绳。如胡适对《墨经》科学价值的发现、对墨学逻辑内容的发现都与此紧密相关。由于西学指导思想和价值取向的引入，传统学术史所探讨的论题和价值重心如性理、体

---

① 胡适：《先秦名学史·导论》，见《胡适学术文集·中国哲学史》下册，第774页，北京，中华书局，1992。

② 梁启超：《先秦政治思想史》序论、第三章，见《饮冰室合集》专集之五十，第13页，北京，中华书局，1989。

用等退居次要地位，反映时代精神的"民主"、"科学"等从诸子思想中凸显出来。

义理之学发展成为民国诸子学主流的同时，考据学没有裹足不前。研究者由传统考据学的"甄明诂故，掇拾丛残"，转向以实证主义等西学方法为指导的考据学。在这一方面胡适就很有代表性。胡适是"整理国故"的倡导者，他在阐发诸子学说义理的过程中，本着"大胆的假设，小心的求证"的原则做了大量考证。他的《诸子不出王官论》尽管有失武断之处，但对于诸子学术源流的考证却奠定了他诸子学体系的基础。他的《中国哲学史大纲》中考证文字达三分之一。但他的考证不是为考证而考证，而是考证始终贯穿着思想理念，也就是说他的考据有一个"魂"，考据是为义理服务的。胡适从历史事实出发对老子年代的考据，不仅引发了20世纪学术史上一场持久的老子年代之争，而且掀起了一股疑古辨伪思潮，直接促成了"古史辨"派的崛起。

从上述不难看出，诸子学在五四时期已出现全新的局面。如果说晚清时期是诸子学说在中国社会和文化格局中发生变化的时期，那么，经过民国初年的发展，到五四时期诸子及其学说的现代命运基本定型，诸子学的学术形态由传统的"考据之学"已转移到"义理之学"上来，西学已成诸子研究不可或缺的指导思想和研究方法。

（二）民国时期的道家研究

同儒学相比较，道家在民国时期既不曾正式卷入激烈的政治思潮，又无须担当起众多历史问题、社会问题的主要责任，从而得到相对公平的评价。西方文化中国化与传统文化现代化是民国文化的主潮，在此大的学术背景下，民国时期对道家及其学说的研究取得了长足进展。

1. 对先秦道家学统的重新审视

有关先秦道家学说的讨论，最为激烈的是围绕老子年代的考证。因为老子年代与庄子年代、孔子年代直接相关，不仅关系道家的学统，而且涉及儒家的学统。并且，这一问题的讨论涉及到批判儒学、疑古信古等现实问题。

有关老子年代考证问题的论争最早是由胡适引发的。历代关于老子及其著述的记载甚少，且缺少强有力的论证。清代崔述、汪中等皆对《史记》所载老子其人发生怀疑，这一观点正与民国疑古思潮相合拍。但一贯勇于"疑古"的胡适却仍旧采用《史记》中《孔子世家》、《老子列传》以及《礼记·曾子问》的记载，沿袭传统观点，在《中国哲学史大纲》中断定老子生于周灵王初年，早于孔子。由于此书出版正值五四新文化运动批判孔教之时，且学界"疑古""趋新"思潮正盛，因此不久即遭到了批评。

1922年梁启超发表《评胡适之〈中国哲学史大纲〉》一文，首先对胡适提出的老子年代提出质疑，而把老子其人其书的年代定在战国末年。梁启超采纳崔述及日本学界的看法，对上古史料持怀疑态度。梁文发表后，虽遭到张煦的批驳，但却得到顾颉刚、张寿林、罗根泽等一批"疑古派"学者的支持。1923年夏秋之际钱穆撰成《关于〈老子〉成书年代之一种考察》、1931年冯友兰出版《中国哲学史》，从思想系统考证出《老子》后于《庄子》，孔子问礼者与《老子》作者系两人，目的是抬高曾受五四新文化运动冲击的儒学及孔子的地位。胡适始终坚持自己的观点，先后发表《与冯友兰先生论〈老子〉问题书》、《与钱穆先生论〈老子〉问题书》、《评论近人考据〈老子〉年代的方法》等文加以辩驳。钱、冯二氏稍后也皆作文章回应胡适的批评。一时间，老子其人其书问题成为争论热点，前后发表文章达40余篇，这些论文大都被收录在《古史辨》第四册和第六册中。

相对于老子年代的讨论，民国时期有关列子、杨朱、庄周的研究要少得多。1910年蔡元培在其《中国伦理学史》一书中沿用日本学者久保天随的说法，主张杨朱即庄周。唐钺从"杨朱"、"庄周"声训的角度否定了蔡元培的说法。王树荣则改用义训的方法，提出《庄周即子莫说》。这些观点失之牵强，在当时就鲜有认同者。

2. 对先秦道家经典与人物的考证

无论是疑古还是信古，在当时的历史背景下都需要扎扎实实的实证功夫。民国时期对道家经典及老、庄生平事迹的考证性著作也不在少数。这些著作的作者大都承继传统学术的考据方法，注重训诂、注释，治学皆从小处着眼，注重史实的考证，风格也不同于顾颉刚、钱穆等人的大开大合。

20年代初，马其昶撰《老子故》、奚侗著《老子集解》，皆是对道家要籍《老子》进行注释。从形式上看，这两部著作都带有传统的"集注"的特点，在方法上颇注意"以子证子",在训诂方面多本《说文》、《广雅》,体现出扎实的小学功底和严谨的学风。20年代以后,陈柱的《老子集训》、蒋锡昌的《老子校诂》、严灵峰的《老子章句新编》相继问世。其中,严氏《老子章句新编》以协韵同文义相比较,对《老子》书的章句、错简、脱文、衍误详加校订,并依"道体"、"道理"、"道用"、"道术"四目重新厘定全书,不乏学术创见。

高亨的《老子正诂》是这一阶段的重要学术著作。《老子正诂》初稿完成于1929年,后于1943年以《重订老子正诂》名出版。作者以"忧患之心"而"沉浸陈篇","校勘则折其中,训诂则循其本,玄旨则阐其要"。[①] 全书开篇有"老子通说",所论关涉老聃学术的基本范畴,大体皆精当。他从十个方面论"道",颇具诠释学的深度。在校勘、训诂方面,全书重在"以朴释玄",以王弼注本为主,博采历代善本及注本,于同时代的著作亦择善而从,于字句之考核、文法之疏通,多有创获。该书的缺点是为求文从字顺而有轻易增字改经现象。

此外,杨树达的《老子古义》从史学角度考释《老子》大义,钱基博的《老子〈道德经〉解题及读法》深入浅出,吕思勉的《经子解题》平正通达,这三部书各具特色,也是研究《老子》的重要著作。

民国时期有关《庄子》的注释、整理工作相对逊色。主要著作有马其昶的《庄子故》、支伟成的《庄子校释》、胡远濬的《庄子诠诂》、朱文熊的《庄子新义》、杨明照的《庄子校证》、马叙伦的《庄子义证》、叶国庆的《庄子研究》、王叔岷的《庄子校释》等,这些著作稍嫌简单,内容上不如考释《老子》的著作那么深刻丰富。稍精审的,有刘文典的《庄子补正》,长处在文字训诂功力深厚。顾实的《庄子天下篇讲疏》是一部精心结撰的专著,资料搜罗宏富,皆择精采用,以考索先秦学术史为主旨,多有新义。

此外,罗焌的《诸子学述》、吕思勉的《先秦学术概论》也是民国时期论道家的上乘之作,但却不为时人所重。

3. 对道家思想的现代诠释

前已述及,中西会通、以西学阐释诸子是民国学术的一大特征。对先秦诸

---

① 高亨:《重订老子正诂》,第3页,开明书店,1949。

子的义理做现代阐释是民国诸子学的一个重要方向。胡适著《中国哲学史大纲》，转用西方"哲学"的"本体论"、"认识论"来解析先秦诸子倡导的义理。该书出版后，梁启超撰写《评胡适之〈中国哲学史大纲〉》一文进行批评，指出胡著"总不免怀着一点成见，像是戴一种著色眼镜似的，所以强古人以就我的毛病，有时免不掉"①。但梁氏本人也未脱这种毛病。1921年，梁氏撰《老子哲学》一书，开篇即讨论"本体论"，并以佛学来论道，含混之处颇多。尽管如此，这两部书却奠定了以西方哲学基本范畴来阐释中国哲学的基本格局，"道家哲学"成为道家研究的重要内容。

1930年，冯友兰出版《中国哲学史》，内中有专论先秦诸子哲学思想的部分。冯氏以新实在论为根基，分宇宙论、人生论、知识论三方面来探讨诸子思想，认为道家出自"隐者"之流，并对"道"、"德"等哲学范畴重作界定："道为天地万物所以生之总原理，德为一物所以生之原理。"② 在他建立自己哲学体系的重要著作《新原人》中的"天地境界"观，实际上是融合儒、道两家思想的结晶。

哲学史著作中，1934年商务印书馆出版的由钟泰撰写的《中国哲学史》是一部重要著作。该书在讨论先秦道家哲学时也多涉"本体"，但他的"本体"系承自宋明理学而来的，而非西方哲学的"本体论"。钟泰认为，"本体"即"一"，"在人心曰命，在宇宙曰道"。也就是说，"道"即"宇宙之本体"，亦即"吾心之本体"。总的看来，该书对道家哲学多所会真，其归纳也比较简要、得当。

专门性的研究著作还有王力的《老子研究》，郎擎霄的《老子学案》、《庄子学案》，蒋锡昌的《庄子哲学》等，大都写于30年代。

从总体上说，民国时期对道家思想的阐释基本上是在西方哲学的框架下进行的，依违于胡适《中国哲学史大纲》或冯友兰的《中国哲学史》，成就不多。

（三）民国时期的法家研究

论及民国时期的先秦法家研究，也要从胡适谈起。他的《中国哲学史大

---

① 《梁启超哲学思想论文选》，第354页，北京，北京大学出版社，1984。
② 冯友兰：《中国哲学史》上册，第222页，北京，中华书局，1986。

纲》卷上首开以法理学参酌法家学说的风气，认为中国古代根本没有什么法家学说，"只有法理学"、"法治的学说"。他依据西方法理学的标准，断定法家鼎盛发达期在"西历前三世纪"，也就是中国战国中后期。胡适认为，"尹文是中国古代一个法理大家"，其法理学大旨可概括为"正名主义"；慎到的法理学大旨则是"客观主义"；法家法治思想的基本理念是"平等主义"。这些论断都是前人所未曾说过的，但偏失之处较多，对早期法家的理论建树的否定显得太为轻率。

梁启超的《先秦政治思想史》是较早系统地把法家学说作为政治思想史的对象来加以研究的著作。梁启超认为，法家思想"以'唯物观'为出发点，常注意当时此地之环境，又深信政府万能，而不承认人类个性之神圣，其政治论主张严格的干涉主义，但干涉须以客观的'物准'为工具，而不容主治者以心为高下，人民惟于法律容许之范围内，得有自由平等"，也就是说法家主张法治主义的政治学说。与儒家、道家、墨家相比，梁启超认为法家学说是中国古代政治思想中最有组织的、最有特色的、较为合理的学说。梁启超标榜先秦法家为"法治主义"，目的在于把西方的资产阶级法制与中国旧有的法治传统糅合起来，让国人了解"本国政治思想"的价值。

30 年代中后期出版的杨鸿烈著的《中国法律思想史》，虽不是专门研究先秦诸子的论著，但其中对先秦法家学说的研究则是集前人之大成、抒一己之学说的成功之作。该书把"儒墨道法诸家对立的时代"确认为中国法律思想史上的"黄金时代"，并指出"法家的法律思想"是那个时代的巨擘、处于支配的地位，由此可见他对先秦法家学说在整个中国法律思想史上地位的重视。在学术观点上，他博采梁启超、胡适、丘汉平、吴经熊、梅谦次郎、泷川政次郎等人思想观点之长，并继承历代考据成果，从《汉书》、《吕氏春秋》等古籍到钱穆的《先秦诸子系年考辨》、王时润的《先秦三名学诂目录》、《尹文校释》等，无不择精取长。书中对法家法律思想的起因、法家学派的形成、法家各派学说的特点及其在法律学说体系中的地位，法家法律思想的理论来源，法家法律思想的优劣短长及其在中国法律思想史上的地位，法家学说的历史影响等等，皆有系统论述。可以说，该书是对 20 年代以来以法理学范畴研究法家学说成果的一个总结。

30年代杨幼炯的《中国政治思想史》和40年代中后期萧公权出版的同名作，是从政治学说史研究先秦法家的重要著作。杨著认为，"法家之产生，乃当时实际政治使然"。春秋战国"政治之趋势，系由贵族政治趋向君主专制政治，由人治礼治趋向于法治"，法家便产生在这一历史转折时期。从当时的历史看，"礼治"向"法治"的转折，主要表现为以荀子为代表的"礼治之终端"向以管子为代表的"法治之始端"的转变，前者"以儒家而近法"，后者"以法家而近儒"，说明了"礼"、"法"交替过程中礼治趋弱、法治走强的大势。杨著认为，"法家以管子"为宗，他的政治思想具有浓重的"国家主义"和"干涉主义"，法治目标对内是"富国强兵"，对外是"尊王攘夷"，二者合为"霸道"。其后继者商鞅、申不害、慎到、韩非都大大发展了管子的思想。杨幼炯对上述法家人物都有详细论述且不乏独到之处。总体上看，杨著虽亦有纰漏，但比梁启超的《先秦政治思想史》却大大前进了。

萧公权的《中国政治思想史》推陈出新，从大处着眼，对先秦法家多有新论。萧著认为，法家学说以"富国强兵，尊君重令之学说"为核心。"儒墨拥护已就崩溃之封建天下，法家预想行将出现之君权一统，道家则否定历史上之一切制度"①。萧氏认为，"君"、"民"在政治思想中所占地位之轻重，是"区分儒法对立"的基本标志，"儒家贵民，法家尊君。儒家以人民为政治之本体，法家以君主为政治之本体"②。关于法家诸子的前后发展脉络，管子为"商韩学术之先驱"，其"取法家君本位之观点以论政，而犹未完全脱离封建与宗法历史背景之影响"，而严格意义上的法治思想，"俟商鞅而后成立"，韩非则"综集大成，为法家学术之总汇"。萧公权对先秦法家的论述是在梁启超、杨幼炯学术基础上的总结和发展，且提出了不少引人注目的创见，代表了民国时期以政治学说范畴研究先秦法家思想的较高水平。

民国时期，先秦法家研究相对活跃，著述较多。当时的报刊《法学季刊》、《清华学报》、《珞珈》、《国论》等都曾大量刊登过这一方面的论文。如《国论》杂志，仅陈启天一人在三四十年代就先后发表有《先秦法家的国家论》、《先秦法家的政府论》、《韩非及其政治学》、《韩非政治学中的哲学论》等系列文章。

①② 萧公权：《中国政治思想史》，第7页，第183页，上海，商务印书馆，1945。

这些文章同上述论著一起，形成了民国先秦法家研究的主流——以法理学和政治学说为主体的研究系列，并且呈现由零散走向系统，由简单走向深入的特点。学术研究的指导思想，也由以新文化阐释旧文化批判旧文化转变为中西文化的融会，转变为对中国文化的建设，立场、观点、方法论都较民国以前发生了根本性变化。

民国时期，有关先秦法家著作的考证性论著也不少见。如支伟成的《管子通释》、石一参的《管子今诠》、朱师辙的《商君书解诂定本》、尹桐阳的《韩子新释》、陈启天的《商君书校释》与《韩非子校释》、钱穆的《先秦诸子系年考辨》等，都是校释考证先秦法家的重要著作，不仅在考据上有所深入，而且增添了西学义理的内容。

(四) 民国时期的墨家研究

墨家是先秦时期的重要学派，《孟子》云"墨翟之言盈天下"，《韩非子》称儒墨皆为当世之显学。墨学辉煌于先秦，自汉"独尊儒术"后，沉寂、中绝达两千年，至清代随着考据学兴起而复活，到民国时期重又走上兴盛局面。民国时期墨学的"复兴"主要表现在以下三个方面：

一是对《墨子》及其篇章作者的校注考证。这是民国时期墨学研究的基础。对《墨子》篇章作者的考订是墨学研究的起始点。关于墨子的生平里籍，梁启超在《墨子学案》等著作中据《吕氏春秋·慎大篇》认为，"墨子鲁人之说，当为近真"。至于墨子的生卒年代，他据墨子的交游之士推断"墨子之生，最晚不能幼于公输般三十岁"，"墨子之卒，最早不能早于郑繻公被弑之后三年（前390），最晚不能晚于吴起遇难之年（前381）"[1]。胡适在《中国哲学史大纲》卷上等著作中认为，墨子不曾见吴起之死，墨子大约生于公元前500～490年，死于公元前425～416年。钱穆在《先秦诸子系年考辨》中以墨子止楚攻宋之事为据，把墨子生卒年代较梁说提前10年。诸家之说虽有异，但均认为墨子是战国时期人。至于墨子里籍，多数学者持鲁人说。30年代，胡怀深在《墨子为印度人辨》中提出异议，认为墨子为印度人。梁启超在《墨子学

---

① 《饮冰室合集》专集之三十九，第2、82页，北京，中华书局，1989。

案》中认为全书既有墨子自撰的篇章，又有其弟子及后人的作品。胡适在《中国哲学史大纲》卷上中首先把今本《墨子》五十三篇分为五部分，认为其中有七篇非墨家言。

民国时期校勘考订《墨子》的论著繁多，成就斐然。举其主要者，有尹桐阳的《墨子新释》、叶瀚的《墨经诂义》、张之锐的《新考证墨经注》、胡韫玉的《墨子经说浅释》、支伟成的《墨子综释》、张纯一的《墨子集解》、于省吾的《墨子新证》、吴毓江的《墨子校注》、岑仲勉的《墨子城守各篇简注》等。其中，张纯一的《墨子集解》和吴毓江的《墨子校注》是民国时期较为完备的《墨子》注本。民国时期还出现了一些专门补正孙诒让《墨子闲诂》的著作，如杨嘉的《墨子闲诂校勘》、张纯一的《墨子闲诂笺》、李笠的《定本墨子闲诂校补》、刘昶的《续墨子闲诂》、陈柱的《墨子刊误》、孙人和的《墨子举正》等，这些著作校正了《墨子闲诂》的一些错误，促进了墨学的发展。

二是对墨家思想学说的阐释。民国时期以现代人文社会科学的学理与方法来阐释《墨子》、开现代墨学义理研究之端绪的无疑是梁启超与胡适。自20世纪初至五四时期，梁启超先后写出了《子墨子学说》、《墨子之论理学》、《墨子学案》和《墨经校释》，率先采用西方现代学术分类方法，从政治学、经济学、宗教学和伦理学等方面阐释《墨子》学说，别开生面，标志着墨学研究新的开始。胡适的名著《先秦名学史》和《中国哲学史大纲》卷上，用很大篇幅讨论墨学，把现代西方学术规范运用于墨学研究，实现了墨学研究方法的现代化。胡适首次平夷儒墨，把墨学著作看作一个发展演进的过程，分《墨子》和《别墨》两部分来加以考察，认为墨子时代的墨学为"宗教的墨学"，"别墨"叫做"科学的墨学"。胡适认为，墨学中含有丰富的现代思想、科学价值和逻辑内容，并把墨家的哲学方法归纳为"应用主义"。这些都是在墨学研究中的创见。

20年代以后先后涌现出陈顾远的《墨子政治哲学》（1922年）、王桐龄的《儒墨之异同》（1922年）、张纯一的《墨学分科》（1923年）、郎擎霄的《墨子哲学》（1924年）、陈柱的《墨学十论》（1926年）、蒋维乔的《杨墨哲学》（1927年）、钱穆的《墨子》（1929年）等著作。1930年，冯友兰的《中国哲学史》出版，第一次把墨家分为前期墨家和后期墨家，这一提法深受后来者重视。冯友兰与梁启超的观点相同，均把"兼爱"作为墨学的中心概念。他还认为，儒墨代表的阶级有着很大不同，孔丘基本上是奴隶主阶级的思想家，而墨翟则是手工业主的代表。1935 年，方授楚出版的《墨学源流》一书，深入解说了墨学的整个思想体系，提出"非攻"是墨子学说的出发点，而"兼爱"则是"非攻"的理论根据。该书还有力论证了墨子学说的平民性质。此书堪称是墨学史上的一部力作。

三是对《墨辩》的研究。《墨辩》复兴是民国墨学复兴所取得的最大成就。在重新研究和评价墨家学术思想的过程中，《墨辩》被认为含有许多未被前人发现的宝贵思想，而这些思想，特别是辩学和科学思想，被认为与"西学"更为相近，是"移植西方哲学和科学最佳成果的合适土壤"①。梁启超的《墨经校释》和胡适的《中国哲学史大纲》卷上，与《墨辩》研究热潮的兴起息息相关。此后，先后涌现出一批代表性成果，有伍非百的《墨辩解故》（1923 年）、张之锐的《墨子大取篇释义》（1923 年）、邓高镜的《墨经新释》（1931 年）、张其锽的《墨经通解》（1931 年）、郭湛波的《先秦墨学辩》（1932 年）、栾调甫的《墨辩讨论》（1926 年）、鲁大东的《墨辩新注》（1933 年）、谭戒甫的《墨经易解》（1935 年）、顾实的《墨子辩经讲疏》（1936 年）、杨宽的《墨经哲学》（1942 年）等。其中，栾调甫有关墨经的见解被梁启超誉为"石破天惊"的"发明"，伍非百的《墨辩解故》则对中国逻辑史的发展作出了贡献。

就问题而言，《墨辩》研究集中于对其辩学和科学思想的阐释上。各家尽管都承认墨家确有自己的辩学，但对墨家辩学的认识却不尽相同。梁启超、胡适在前述论著中认为墨家辩学就是西方逻辑，这一观点在民国学术界居于主导地位。在研究方法上，梁启超等居于主流的学者基本上是"据西释中"，"以欧西新理比附中国旧学"②。发现墨家有关科学知识方面的贡献，始自 19 世纪后半叶邹伯奇、陈澧等人的相关论著。民国时期对《墨辩》科学思想的研究成就主要集中于两个方面：一是对《墨辩》中科学知识条文的解释，二是把《墨辩》研究与中国科技史研究相结合。《墨辩》研究开辟了墨学研究的新领域，特别是从西学角度对其中辩学、科学价值的发掘，是先秦其他诸子思想中所没

---

① 胡适：《先秦名学史》，第 9 页，上海，学林出版社，1983。

② 梁启超：《子墨子学说·附墨子之论理学》，《饮冰室合集》专集之三十七，第 55 页，北京，中华书局，1989。

有的，《墨辩》研究反映了民国时期墨子研究所达到的深度与广度。

（五）马克思主义学者的诸子学研究

在民国学术舞台上，马克思主义学者的队伍不断扩大，其中像郭沫若、杜国庠、侯外庐、吕振羽等人以唯物史观为指导，在诸子学领域作出了富有开创性的贡献。代表性著作有郭沫若的《十批判书》、吕振羽的《中国政治思想史》、侯外庐的《中国古代思想学说史》、杜国庠的《先秦诸子思想概要》、嵇文甫的《先秦诸子与古代社会》等。这些学者由于个人的经历、学识、知识结构的差别，他们的学术重心并非一致，对诸子的评价也是仁智各见。如杜国庠的研究重点在墨家和名家，对墨家评价较高，而郭沫若则对墨家持否定态度，较多肯定儒家。但是，由于他们的指导思想是唯物史观，因而在诸子研究方面又表现出一定的共性。

首先，从社会文化的变化分析诸子学说的兴衰。五四时期研究诸子的学者如胡适等人主要从学说本身来分析诸子兴衰，而不注意诸子思想与当时历史变化的关系，因而不能说明社会存在与社会意识的关系。吕振羽、嵇文甫以唯物史观为指导，从社会历史背景分析了诸子兴衰变化的原因。吕振羽指出：随着生产力的发展，"初期封建经济秩序的本身，由确立而获得发展并开始暴露其矛盾，从而建筑于其上层的各种形态的东西，也自必随之而发展，以满足其新的情势的要求……'集大成'的孔夫子的封建统治阶级的哲学，便在这种条件下产生出来了"。儒学"到孟轲时代，适应于新兴地主的兴起和阶级对立情势之渐形剧烈的情况下，便转化而为温和主义的调和论"。后随着新兴地主阶级渐次取得经济上的支配权，儒家的学说便演化为适应于新兴地主之政治要求的荀卿哲学。"随着社会内部敌对矛盾的发展，便反映到意识形态上之敌对矛盾的发展，……便产生了被统治阶级的哲学"，即墨翟、许行哲学。[1] 嵇文甫也一再强调，"一切思想学说，都是当时社会实际生活的反映"，考察先秦诸子的思想，"必须注意他们和当时整个社会局面的关系"[2]。

---

① 吕振羽：《中国政治思想史》，第6～8、47～48、65、91、137、190页，上海，生活书店，1947。

② 嵇文甫：《嵇文甫文集》（上），第380页，郑州，河南人民出版社，1985。

其次为善于运用马克思主义阶级和阶级斗争学说来分析诸子学说。马克思主义学者凸显了诸子学说的阶级性，认为诸子学说具有不同的阶级性，分别代表了不同阶级。如吕振羽认为，老子学说"恰恰合于春秋末期没落贵族的身份言论"，反映了没落的"若干中小领主"的呼声；孔子的思想"是封建统治阶级之哲学的政治理论体系"；而"墨翟的政治学说——为农民阶级意识形态的表现"；商鞅的学说是作为"封建地主阶层在政治上初步表演"；韩非的思想代表了"商人阶层的要求"①。

第三是注重以唯物、唯心为标准来判别诸子思想的哲学性质。马克思主义哲学把思维与存在即意识和物质的关系问题作为哲学的基本问题，并把全部思想划分为唯物主义与唯心主义两大阵营。民国时期的马克思主义学者的诸子研究也是以此为指导的。如1937年吕振羽出版的《中国政治思想史》一书，是马克思主义学者对包括法家在内的先秦诸子的研究的开拓性著作之一。该书坚持用马克思主义的历史观和方法论来研究先秦法家学说，用历史唯物论、阶级和阶级斗争的论点来指导研究，打破按学派划分先秦诸子的传统，而是把他们的思想归为统治阶级的思想、没落阶级或阶层的政治思想和被统治阶级的政治思想三类，并划入唯心主义与唯物主义两大阵营，从中发现他们的政治思想和政治使命。他认为，管仲、子产、邓析、慎到、商鞅、韩非等法家先驱人物的学说是"新兴地主——商人政治思想的萌芽"。从代表"较进步的生产力和生产关系"的特征看，吕振羽认为先秦法家学说具有进步性。由于输入的学理不同，吕氏的观点在当时是新颖的，对后来马克思主义学者的先秦法家学说研究产生了影响。再如杜国庠认为："公孙龙的哲学是一种多元的客观唯心主义。"② 可以说，从唯心主义、唯物主义两个阵营来分析诸子思想学说的性质是当时马克思主义学者的重要学术特色。

第四是注重评判诸子学说的价值和历史作用。马克思主义学者较为辩证地分析了先秦诸子学说的历史价值。如嵇文甫认为，老庄是小农的思想代言人，"他们痛恨封建制度的箝制约束，他们渴望自由解放"，这是进步的；"他们对

---

① 吕振羽：《中国政治思想史》，第6～8、47～48、65、91、137、190页，上海，生活书店，1947。

② 《杜国庠文集》，第125页，北京，人民出版社，1962。

于当时的新兴文化，比较进步的社会潮流，极力表示其反感，而怀恋其自然的简单的原始生活。从这方面看，他们是反动的"①。吕振羽也以类似标准判定诸子思想的性质，他指出："墨翟的民主主义，在今日看来是落后的，然而他在两千余年前发明这种理论，却是伟大的，同时在今日，也还有其积极的进步因素。"② 韩非的"利己主义或功利主义的思想，虽则对于社会主义的集体主义来说，是落后的、反动的；然对于封建的保守主义或奴隶主义以至今日的法西斯主义来说，却是进步的；在他的当时，也是一种进步的思潮"③。

　　从上述不难看出，民国时期马克思主义学者的诸子学说研究已有相当成就，并形成了不同于以往任何学派的学术特色。唯物史观开始取代进化论等其他西方理论，成为诸子学研究的主要指导思想。

---

①《嵇文甫文集》（上），第 232 页，郑州，河南人民出版社，1985。

②③ 吕振羽：《中国政治思想史》，第 108 页，第 205 页，上海，生活书店，1947。

第四章

民国时期的学术研究

民国时期在中国学术发展史上占有重要地位。一是中国传统学术发生了根本性转变，即完成了从传统的"四部之学"向现代的"七科之学"的转变。二是中国现代学术经历了形成发展的过程，开始走上成熟并取得了辉煌的学术成就，学术名家成批涌现，各门学科纷纷建立。三是马克思主义开始与中国的学术研究结合起来，并逐渐在中国学术界占据主导地位。这一章，我们主要论述民国时期人文社会科学的学术概况。

一、学术研究的现代转型

中国文化发展到近代，异质文化的介入，使其产生了根本性的转折。而作为文化核心内容之一的学术研究，在文化转型的大背景下也走上了现代化之路，开始接受和吸纳国外学术研究理念和方法，调适自己原有的学术研究之路。

如果追溯中国学术的现代转型，自然需从晚清时期说起。中国传统学术形态向现代学术形态转变的重要标志之一，即从"四部之学"向"七科之学"转变。所谓"四部之学"，指"四部"之内的经学、史学、诸子学、辞章学等传统学术门类，这是就中国学术研究范围而言的（研究范围主要集中于经、史、子、集"四部"之内）。所谓"七科之学"，指"七科"（文、理、法、农、工、商、医）之内的数、理、化、文、史、哲、政、经、法、地、农、工等诸多现代学术门类，也是从学术研究的范围来划定的。从"四部之学"到"七科之学"的转变，实际上就是从中国文史不分讲求博通的"通人之学"向近代分科治学的"专门之学"的转变。

在晚清，由于西学的传播，逐渐改变了原来的"四部之学"。1902 年，张百熙负责制订的《钦定京师大学堂章程》，将大学分为政治、文学、格致、农业、工艺、商务、医术等七大学科三十科目。到中华民国成立时，现代学术门类已大致成形。1913 年初，教育部公布《大学令》、《大学规程》，明确规定了大学开设的学科门类，即文科、理科、法科、商科、医科、农科、工科等七种，文科分为哲学、文学、历史学和地理学四门，法科分为法律学、政治学和经济学三门，商科分为银行学、保险学、外国贸易学、领事学、关税仓库学、交通学等六门，医科分为医学和药学等二门，农科分为农学、农艺化学、林学、兽医学等四门，工科分为土木工学、机械工学、船用机关学、造船学、造兵学、电气工学、建筑工学、应用化学、火药学、采矿学、冶金学等十一门。至此，以注重通、博的中国传统"四部之学"，在形式上最后完成了向现代学科性质的"七科之学"的转变。

正是在从"四部之学"向"七科之学"的演化过程中，中国现代意义上的自然科学各学术门类及人文社会科学各门类相继创立。但是到 20 世纪初现代学术门类的建立还仅仅限于形式，真正意义上学术转型的完成则是在民国时期，直到 20 世纪 30 年代初才算最终完成。

（一）民国时期学术转型的文化契机

众所周知，五四新文化运动的意义至少有两点不容置疑：其一是民主与科学大旗的高扬，其二是"输入学理，再造文明"和"评判的态度"、"重新估定一切价值"。为了解决时代难题，五四时代从思想家到学者，都千方百计地寻找中国向何处去的答案，各种新思潮、新学说如雨后春笋般地从国外输入中国。

五四前后，各种学说、各种思潮、各种主义纷至沓来，学理色彩较浓、影响较大的如孔德、斯宾塞的实证主义，尼采、叔本华的唯意志论，柏格森的生命哲学，马克思的历史唯物论等，形成了近代以来中国空前规模的"学理输入"。其中对中国 20 世纪学术发展影响最大的当属实证主义与马克思主义。

实证主义是最早传入中国的西方资产阶级哲学思潮之一。在中国传播的实证主义，主要是杜威一派的实用主义学说，五四时期多译作实验主义或试验主义。杜威于 1919～1921 年间和 1931 年曾两度来中国讲学。胡适等人曾把杜威在华期间的讲演，分别整理为《社会哲学与政治哲学》、《教育哲学》、《思想之派别》、《现代的三个哲学家》以及《伦理讲演》等小册子，广为流传。

实证主义在中国的广为传播，深深影响了中国学者的学术研究乃至思想发展。如作为中国现代学术奠基人之一的胡适就自称："杜威教授当然更是对我有终身影响的学者之一。"[1]"杜威先生教我怎样思想，教我处处顾到当前的问题，教我把一切学说理想都看作待证的假设，教我处处顾到思想的结果。"[2]实证主义在当时的影响并非仅局限于哲学界，而是广泛深刻地几乎影响了一切学术领域。教育学、历史学、考古学、社会学等学科的研究方法和指导思想无不受它影响，蒋梦麟、陶行知、刘伯明等学者的学术思想也深深带上实证主义的烙印。

实证主义学风对中国当时的学术转型、对中国现代学术的建立起了推动作用，在民国初年的历史环境下显得尤为突出。民国建立以后，儒学一直是中国人思想上的紧箍咒，弄得思想界因循保守，死气沉沉。《新青年》大倡科学、民主，打开了儒学的一个突破口，但缺乏强有力的哲学批判武器；五四前后虽然已有马克思主义哲学的介绍，但在当时既未形成完整体系，而且大多数人也没有认识到它的巨大批判威力。因此，在学术界，"胡适所标榜的实验主义占

---

[1]《胡适哲学思想资料选》（下），第 103 页，上海，华东师范大学出版社，1981。
[2]《介绍我自己的思想》，见《胡适文存》四集，第 453 页，合肥，黄山书社，1996。

了一时代的上风，其他的哲学思潮自然未尝没有介绍，但对于传统的推翻，迷信的打破，科学的提倡，是当时的急务，以'拿证据来'为中心口号的实验主义被当时认作典型的科学精神"①。

马克思主义对中国学术转型的影响力度，大大超过了实证主义，完全可以说是革命性的。马克思主义在民国时期不仅彻底改变了人们的世界观，为中国革命指明了崭新的方向，而且对于中国学术由传统向现代转变有着直接作用。像早期的马克思主义者李大钊、瞿秋白等人，他们在运用马克思主义革命学说作为政治斗争武器的同时，还身体力行地直接把马克思主义运用到学术研究中去，从而形成了迥异于前人的学术风格，创立了以马克思主义为指导的学术研究典范。李大钊的《自然的伦理观与孔子》、《由经济上解释中国近代思想变动的原因》、《唯物史观在现代史上的价值》等，不仅是著名的政论著作，而且是在学术界具有振聋发聩、导引未来的重要作品，对历史学、政治学、哲学、经济学、社会学等诸多领域的研究产生了根本性影响。瞿秋白不仅写了许多阐述马克思主义哲学的专著，从学理上丰富和发展了中国的马克思主义哲学研究，而且把马克思主义与社会学、政治学等学科的学术研究结合起来，写了《社会哲学概论》、《现代社会学》、《社会科学概论》等著作，既传播了马克思主义，又促进了学术研究的深入发展。可以说，民国初期西学特别是马克思主义的广泛传播，从根本上改变了中国学者的治学思想与治学路数，从而才有了中国学术的现代转型。

西学的大规模传入和马克思主义在中国的广泛传播，开阔了中国知识界的眼界，为中国学术的现代转型提供了必备的条件。

（二）学术转型的历程

民国时期，除西方的自然科学成批移入中国外，人文社会科学也大踏步走上了现代化历程，或是新学科不断崛起，或是传统学科实现转化。从五四时期到二三十年代，"社会科学"一词已经流行，有关社会科学的理论和方法论一类的著作不断问世，以"社会科学"命名的学术期刊相继出现。本章我们所讨

① 艾思奇：《二十二年之中国哲学思潮》，见《艾思奇文集》第 1 卷，第 57 页，北京，人民出版社，1981。

论的学术转型，也主要是指人文社会科学在民国时期的变化。有关自然科学的研究情况，后面有专章论述。

民国时期学术转型的学科，大致而言有两类：一类是"移植之学"，即直接将西学门类移植到中国来的学术，主要指那些中国传统学术中缺乏或落后的学术门类，如自然科学中的数、理、化、生、地、动植物学等门类，及社会科学中的政治学、经济学、社会学、逻辑学、法学等；另一类是"转化之学"，即从中国传统学术中演化而来的学术，这主要是那些中国传统学术中固有的学术门类经过"创造性转化"的学术门类，如历史学、考古学、哲学、语言文字学。而这两类学科，或者说这两类学科的学术转型方式是紧密结合的。传统学术的现代化与西方学术的中国化，是中国传统学术向现代转型不可分割的两个方面；而这方面的工作完成之时，才能称得上中国现代学术的建立。

与中国思想文化的主潮大体一致，从民国建立到五四时期这段时间，中国学术文化界有的是大规模的外来文化输入，而缺乏对移入文化的精雕细刻、咀嚼消化，因此这一时期只能称作是现代中国学术建立的准备期或起步。

这一时期，人文社会科学的现代学术分科已经基本上出现，就形式而言，各大学或有些研究机构所开设科目也大都是新式学科，但是就各学科本身的建设而言，却远远不够。对哲学来说，"'五四'时代的文化精英多的是文化类型、差异、优劣的比较，少的是文化深层和内核的哲学探索"。从实用主义、生命哲学，到逻辑实证主义、唯意志论，直至马克思主义哲学历史唯物论，各种思想各种学说还只是处于介绍阶段，真正的哲学交锋尚未展开，五四新文化运动至多只是为 20 世纪中国哲学的创立作了思想和理论的准备。[①] 就史学而言，尽管早在 20 世纪初年梁启超、章太炎、夏曾佑等人所揭橥的资产阶级"新史学"已登上历史舞台，但一枝独秀不是春，作为中国现代史学主流的马克思主义史学在五四时期还仅仅为少数人所知，能够把唯物史观运用到历史研究中去的更属凤毛麟角。至于语言学，早在 1906 年，国学大师章太炎就宣称："小学"要改称"语言文字学"。但小学向现代语言文字学的转变真正起始要从《新青年》所倡导的白话文运动算起。1917 年，胡适、陈独秀、钱玄同、鲁迅

---

① 方松华：《20 世纪中国哲学与文化》，第 23～24 页，上海，学林出版社，1997。

等人，在"文学革命"的口号下，同形形色色的文言维护者展开斗争，发起了轰轰烈烈的白话文运动。1922年，钱玄同、赵元任等人借白话文运动之风提出汉字拼音化动议。1925年，刘复、钱玄同、黎锦熙、赵元任等人反复研究、讨论，拟定《国语罗马字拼音法式》。这一法式后由国语罗马拼音研究委员会议决通过，1928年被作为国音字母正式公布。至此，现代语言文字学才算初步建立。此外，像政治学、经济学、法学、社会学、伦理学、逻辑学等，在五四以前也基本上是处于一种介绍阶段，在当时的中国学界还基本上谈不上研究，更不用说走上成熟和定型。

五四新文化运动后，传入的西方文化在中国经历了大约10年的消化、吸收、磨合，特别是经受了东西文化论战、科学与玄学论战、中国社会性质与社会史问题论战、马克思主义中国化的洗礼，终于形成了具有中国特色的现代学术。

"科玄论战"成为中国现代哲学形成的标志。之所以以"科玄论战"为标志，是因为论战所讨论的问题的时代性和民族性展示了中国哲学的世界意义。在这场论战中，以张君劢、梁启超为代表的"玄学派"，以丁文江、胡适为代表的"科学派"，以陈独秀为代表的"唯物史观派"都登台亮相，不仅基本体现出中国现代哲学的格局，而且更为重要的是，在东西文化大交汇的时代背景下，这场论战体现了20世纪国际反理性主义与理性主义哲学思潮在现代中国的回响。中国哲学界开始穿透"科学"、"民主"以及对"人"的一般理解，上升到哲学的高度，用自己民族的思维特性来省察、探讨一系列带有20世纪世界意义的哲学问题。

科学与玄学论战所讨论的问题主要由科学主义与人本主义的分野而引起，涉及科学与人学、理性与非理性、科学价值与人文价值等内容，科学主义和人本主义由混沌一团到泾渭分明，这是民国时期中国哲学发展的一大成就。此外，论战中对科学本质的反思、对科学价值与人文价值、科学与知识、科学与人生、科学与哲学关系的探索，都极具时代意义。所有这些，都为中国现代哲学之建立确立了界标。

传统史学向现代史学过渡的完成大体以20世纪二三十年代的中国社会性质问题的论战、中国社会史问题的论战为标志。在论战中，代表大地主大资产阶级的"新生命派"和"动力派"与代表马克思主义的由中国共产党领导的"中国社会科学家联盟"进行了公开交锋。通过交锋，基本弄清了中国社会的半殖民地半封建性质，认清了帝国主义、封建主义、资本主义的阶级本质。由于弄清中国社会的性质事关中国革命的性质、对象、动力、任务和前途，事关中华民族的命运和前途，因此，这场论战已远远超出史学的范围，实质上是一场政治斗争。从这场论战的参加者、论战的深度、论战的重要意义看，论战已与中国现代历史命运紧密相关，其历史使命不再是旧史学所能胜任的。

从狭隘的学术角度看，大论战锻炼和培养了马克思主义史学队伍，参加论战的郭沫若、吕振羽、何干之、翦伯赞等都成为著名的马克思主义史学家；论战催生了中国的马克思主义历史学，其标志便是 1930 年郭沫若《中国古代社会研究》的出版。正是通过论战，马克思主义史学家初步对原始社会、奴隶社会、封建社会和近代半殖民地半封建社会进行了通贯性的考察，并在此基础上理出了中国历史的发展规律。正是经过论战，一批马克思主义史学家由社会史等大论战中所涉及的问题拓展开去，研究的领域扩大到原始社会史、商周史、经济史、史学理论和史学方法论等史学领域的诸多方面，马克思主义真正同中国的历史实际结合起来。

之所以以中国社会性质的论战为标志，除考虑到形成了 20 世纪中国现代史学主潮的马克思主义史学外，还在于，到这一时期，中华民国的史学学术格局基本铸成。1928 年，中国历史上第一个专业史学研究机构——中央研究院历史语言研究所正式成立。历史语言研究所从指导思想、内部分工到研究方法，都完全是按照现代史学的要求实行的。此外，20 世纪史学界最为著名的史学大师陈寅恪、陈垣等人也正是在这一时期走上中国史学的讲坛，他们代表不同于马克思主义史学家的另一类中西贯通的现代史学家而共同铸立了中国现代学术建立的丰碑。

中国现代政治学，也大体形成于这一时期。现代意义上的政治学，清末民初开始从西方传入中国，五四以后大量传播开来，至 20 年代后期 30 年代初，政治学在中国已基本形成独立学科。标志便是张慰慈的《政治学大纲》、高一涵的《政治学纲要》、杨幼炯的《政治学纲要》、邓初民的《政治科学大纲》等一批由中国学者自己撰写的政治学著作的问世。这些著作虽然是大学教材，但却开始建构自己的政治学科体系。张慰慈的《政治学大纲》，1930年由商务印书馆出版，较详细地说明了政治学的基本问题，被称作中国现代资产阶级政治学的奠基之作。邓初民则是马克思主义政治学的奠基者，他于1929年出版的《政治科学大纲》，以马克思主义的世界观和方法论论述了阶级、国家、政府、政党、革命等政治范畴的基本原理，并系统阐述了政治学的性质、概念、研究方法及其在社会科学中的地位。20年代末30年代初，政治学研究已深入到各分支学科，涌现出《政治形态论》（沈敬铭著）、《政治地理学》（韩道之著）、《政治心理学》（邹谦著）等一批专门性著作。同在这一时期，1932年9月，中国政治学会在南京成立，会员有80多名。这是一个全国性的政治学组织。它的成立，从组织上和规模上积极促进了中国政治学的发展。

经济学是从晚清时期开始传入中国的，称呼不一，1912年，孙中山在上海讲演时主张统一使用"经济学"一词。五四以后，"经济学"一词开始广为人们接受。在民国初期，经济学最初附属于商科，后来又与政治学合并，出现了一些"政治经济学"系，经济学独立、经济学系纷纷成立则是在20年代末30年代初。20年代末30年代初期，中国的经济学拥有了自己的学会组织和研究机构，如中国经济学社、中国农村经济研究会、中央研究院社会科学研究所、北平社会调查所、南开大学经济研究所等。民国时期经济学在理论上缺乏独立建树，主要是吸收和传播西方近代资产阶级经济学说，并以此来观察、分析和研究中国的经济问题，开始建立自己的经济学学科体系。

中国出现社会学，始于上海文明译书局出版严复译斯宾塞的《群学肄言》的1903年。而中国学界开始系统建设自己的社会学，则始于30年代初期。李剑华在《中国社会学的四个时期》、杨堃在《社会学大纲》中曾明确表明这一点。

其一，经过民初以来特别是五四以来西方社会学向中国的传播，中国已具备建立社会学体系的条件。1921年，厦门大学创办社会学系，成为中国人自办大学设立社会学系的开端。此后，燕京、复旦、清华、武汉大学都开办了社会学系。中国共产党创办的上海大学也重视社会学研究，并开设了社会学系。五四以后，还成立了社会学团体中国社会学社，并出版了《社会学杂志》、《社会学界》等杂志。到30年代初，中国已具备建立自己社会学的组织基础，

1930 年，中国社会学社发展成为真正意义上的全国性社会学社，并召开了第一届全国理事会。

其二，到 30 年代，中国涌现出一批中国学者撰述的社会学著作。从 1927 年到 1935 年，社会调查报告达 9 027 个之多①，较有影响的调查成果如陈翰笙的《现今中国之土地问题》（1933 年）、李景汉的《北平郊外之乡村家庭》（1929 年）和《定县社会调查》（1933 年）、陶孟和的《北平生活费之分析》（1930 年）等。在社会学体系和基本理论的建设方面，有著名社会学家孙本文著的《社会学原理》、《社会心理学》、《社会学上之文化论》等，采择欧美各家学说之长，使社会学成为一个有机体系。瞿秋白的《现代社会学》、李达的《现代社会学》、许德珩的《社会学讲话》等则对马克思主义社会学理论作了深入探讨。此外，这一时期对人口社会学、家庭社会学、农村社会学、城市社会学都作了深入探讨，出版了一些高质量的著作。

其三，1927 年至 1937 年间，中国思想学术界掀起三次有意义的论战：中国社会性质问题论战、中国社会史论战和中国农村社会性质论战。尽管有着深刻的政治性，但就讨论的方式而言，却基本是遵循严正的学术立场的。从这三次论战所讨论的理论深度和时代性看，中国社会史研究达到了新的水平。

到 20 年代末 30 年代初，初步奠定学科基础的还有中国民俗学。民国民俗学起源于北京大学的歌谣征集活动。1918 年，刘半农、沈兼士等发起组织了歌谣研究会，明确提出要把民俗学作为重点工作去抓。1927 年前后，顾颉刚在厦门大学也组织成立了厦门大学风俗调查会。通过民歌民俗调查，获得了大量民俗学资料。1923 年，胡朴安出版的《中华全国风俗志》，是我国第一部全国风俗志，是中国民俗研究的重要学术著作。从 1927 年底开始，中国民俗学正式进入新时期，其标志是中山大学民俗学会的成立。这年 11 月，顾颉刚、容肇祖、钟敬文、董作宾等发起成立该会，隶属语言历史研究所，主席为容肇祖，宗旨为"调查、搜集及研究本国之各地方、各种族之民俗"。随后积极开展民俗学活动，先后出版了《民间文艺周刊》、《民俗周刊》、《民俗》季刊三种学术刊物，中国民俗学研究走上正轨。

---

① 参见王康主编：《社会学史》，第 278 页，北京，人民出版社，1992。

民族学作为一门独立的学科，在中国正式诞生于 1926 年，其标志是蔡元培发表《说民族学》一文。该文首次在中国提出民族学定义。1928 年，他在中央研究院内专设民族学组，兼任系主任，开始组织有关民族学的调查和研究活动。1930 年、1934 年，他分别发表《社会学与民族学》、《民族学上之进化观》两文，比较系统地阐述了对民族学的见解。除了中央研究院内设置了民族学研究机构外，中山大学于 1927 年设立了人类学组，探究民族问题。中央大学、金陵大学、清华大学、燕京大学、辅仁大学、中法大学、华西大学、岭南大学等校都相继开设了民族学课程。1934 年，由杨堃等人发起成立了中国第一个民族学学术团体中国民族学会。

此外，文化学、教育学、心理学等学科经过民国初年的引进与传播，到 30 年代前后也在中国建立了自己的学科体系。

从上述不难看出，尽管各门学科建立现代学术体系的时间不尽相同，但从总体上说，基本上萌芽于清末民初，然后经过五四前后一段时间的发展，到 20 年代末 30 年代初各学科初步形成了自己的学术体系。由于受到当时政治思潮的影响，民国时期的学术大体可分为以西方各种资产阶级学说和以马克思主义为指导的两大流派。不过，不论哪个流派的学者，都经历过一段较长时间仿效西方学说的阶段，然后再逐渐将西方学说（或马克思主义学说）同中国的社会现实相结合，努力建设适合于中国实际的中国学术。

二、从传统走向现代的历史学

史学是中国传统学术的一大门类，中国自古以来，就形成了自己的一套修史治史的传统。但伴随西学东来，中国的传统史学开始产生变化，到民国，完成了从传统学术向现代学术的过渡，走上了一个崭新而又重要的发展阶段。

民国时期的历史学科是一个成就卓越、名家辈出的学术领域。有人曾称，民国时期"史学界成果丰硕，人才辈出，如梁启超、王国维、章太炎、陈垣、胡适、陈寅恪、郭沫若、顾颉刚、范文澜、钱穆、翦伯赞都是大师级人物，仅 20 世纪前期，这样的大师出现十几位。中国号称历史学发达国家，同时期产生这么多历史名家也不多见。司马迁死后一百多年才产生班固，班固死后一百几十年才产生陈寿。18世纪乾嘉时期史学家很多，但也只有钱大昕、王鸣盛、赵翼、全祖望、章学诚、崔东壁几位大家。像20世纪产生这样多的杰出史学家是史无前例的。这应该是史学界的骄傲"①。上述十几位学术大师，他们的史学成就大多数是在民国时期取得的，由此可见民国时期史学研究的繁盛。

民国时期的史学明显带有近代社会新陈代谢的过渡特征，一方面是旧史学走向衰落，另一方面是新的史学推陈出新。民国初年，封建主义旧史学迎合袁世凯复辟潮流，一些守旧文人顽固地坚持按封建正统观念和旧史法编写史书，其典型是《清史稿》的编修，但由于与时代主潮相去径庭，不久即成为新文化阵营批判的对象。新兴史学呈现双水竞流的局面，一是资产阶级史学得到长足发展，二是马克思主义史学的形成和发展。

（一）资产阶级新史学的学术成就

资产阶级新史学大体形成于20世纪初年，由梁启超、夏曾佑、章太炎等人发轫。中华民国建立后，新史学得到进一步发展，并取得了极为丰硕的学术成就。

1. 民国时期梁启超、胡适的史观与史著

梁启超一生勤奋笔耕，著述如林。1918年访问欧洲后，他的学术生涯进入巅峰期，在史学方面著有《春秋载记》、《战国载记》、《中国历史研究法》、《历史统计学》、《中国历史研究法（补编）》、《中国文化史·社会组织篇》、《地理与年代》、《近代学风的地理分布》等，就历史学的对象、方法、体例、史观等作了系统论述。他还计划写一部多卷本的《中国通史》，准备"别为秦以前文物制度志略一卷，以后，则两汉、三国为一卷，宋、元、明为一卷，清为一卷……"②。此外，他还撰写了一批学术史、思想史等著作，如《清代学术概论》、《中国近三百年学术史》、《先秦政治思想史》，以及研究孔、老、墨等诸子百家思想的著作。

在上述著作中，他的学术思想受西方"实验主义"、"生命哲学"、"唯意志论"思想影响较大。在《中国历史研究法》等著作中，梁启超对"实验主义"

---

① 戴逸：《继往开来　前程似锦》，载《光明日报》，1997年10月14日。
② 丁文江、赵丰田编：《梁启超年谱长编》，第864页，上海，上海人民出版社，1983。

和"生命哲学"作了介绍。他认为，第一次世界大战后，西方资本主义世界陷入思想危机，社会上满是怀疑、沉闷、凄凉的景象，西方资产阶级为挽救思想危机提出了"实验主义"与"生命哲学"。他对这两种思想的代表人物詹姆士和柏格森推崇备至，称他们的思想为资本主义的"丈夫再造散"，是资本主义起死回生的"灵丹妙药"。在《中国历史研究法》等著作中，梁启超认为社会心理、自由意志、历史人格是历史发展规律的决定者。

民国时期，梁启超进一步全面提出了革新史学的主张。他认为当时史学的发展有两大特征：一是客观资料的整理。这表现在对史料的重新估价和发掘上，如以往不认为是史料的，现在则归为史料，那些被散佚的历史事实记载，须通过各种方式各种渠道"钩稽"出来。二是主观观念的革新。史学应从"一人一家之谱录"的狭隘范围中解脱出来，成为社会的史学。

他认为史学所面临的任务是在对旧史学作一番总体评价的基础上建立新的客观的史学。什么是客观的史学？他提出了六个方面的标志：第一，把为封建帝王服务的贵族史学改造成为"国民"、"民族"服务的史学；第二，把以死人为本位的史学改造为以生人为本位的史学；第三，重新规定史学的范围；第四，强调历史的"客观性"、"真实性"，反对"明道"、"经世"、"为尊贤者讳"；第五，既要取资于旧史又要对旧史重新估价；第六，建立公认的史学方法。他认为，建立客观史学必须具备史德、史学、史识、史才四方面条件。史德即忠实于历史事实，持论公正；史学即善于挖掘、搜集史料，"贵专精不贵杂博"；史识指史家的观察力；史才为史学文章的构造、文采等。梁启超对新史学的对象、目的、方法等的规定，对改革旧史学无疑开拓了人们的思路，具有进步意义。

在史料编纂方面，梁启超也提出许多值得重视的见解。他说："史料为史之组织细胞，是过去人类思想行事所留之痕迹，有证据传留至今日者。"[①] 他将史料分为两大类：一为文字记录之史料，包括旧史，一切关系史迹之文件，史料以外的群籍、类书、古逸书、金石文等；二为文字记录之外的，如实物、口碑、古文物等。他认为史学研究不能简单地罗列、堆积史料，而要进行筛

---

① 梁启超：《中国历史研究法》，《饮冰室合集》专集之七十三，第36页，北京，中华书局，1989。

选，以科学的方法搜集史料，然后加以辨伪、鉴别。他在《中国历史研究法（补编）》中提出了整理史料的五种方法，即：（1）钩沉法：从日记或生人中钩出史料；（2）正误法：核对史料；（3）新注意法：从常人不注意的事情中搜寻史料，如诗歌、故事等；（4）搜集排比法：对史料排比以发现问题；（5）发现联络法：对历史事实的前因后果联系观察。此外，梁启超还在《古书真伪及其年代》中对史料真伪的鉴定作了论述。梁启超的史料鉴别编纂方法是对古代特别是清代治学方法的总结和发展，在历史编纂学史上有着重要地位。

在史学研究的方法论上，梁启超主张中西兼采，他认为中国治学的辨伪、考据等可与西方近代的归纳、演绎法结合运用。他强调用科学的方法来研究史学，认为历史学也是一门科学，主张不同学科的研究方法互相补充，如统计学可以运用于史学研究，自然科学中的"假设"也可以运用于史学研究。此外，民国时期梁启超对专门史、方志学等都有精彩论述。梁启超的史学论著及其观点在民国时期以至今日都有着较大的影响。有人认为他采用了西方的"新说"，形成清晰的条理，他与同时代的李大钊、何炳松、吴贯因等是"国人不断的努力于建设新史学的表现"①。对于梁启超在史学理论特别是方法论上的贡献，马克思主义史学家翦伯赞曾评论说："在中国最初企图以科学的方法整理历史的是梁启超，他在其所著《中国历史研究法》的著作中，主张把历史联系到一切其他的自然科学与社会科学，如政治学、经济学、民俗学、地质学、考古学……等等的科学去研究，这样的历史研究法，在梁启超的主观上已经是尽力在应用实验主义的科学方法，虽然他并没有圆满地完成这一愿望……"② 这一评论是中肯的。

胡适是民国思想文化界卓有影响的历史人物，他的史学思想及史学研究方法在当时有着重要地位。他的历史观直接来源于19世纪末在中国流行的社会进化论，又以杜威的实验主义作为补充，是进化论与实验主义的结合。如，胡适从杜威的"经验就是生活"这一观点出发，对历史现象作随意性解释，把历史发展的决定性因素归结为主观的、偶然的。他曾说："实在是我们自己改造过的实在。在这个实在里面含有无数人造的分子。实在是一个很服从的女孩

① 卢绍稷：《史学概要》，第98页，上海，商务印书馆，1930。
② 翦伯赞：《历史哲学教程·绪论》，北京，北京大学出版社，1990。

子，他百依百顺的由我们替她涂抹起来。"他所说的"实在"就是人主观观念中的实在，他反对经济基础作为"最后之因"即决定因素，提出"思想"、"知识"是社会变动的原因，都可以"支配人生观"。

胡适认为史学包括两方面内容："一方面是科学的，重在史料的搜集与整理，一方面是艺术的，重在史实的叙述与解释。"① 所谓科学的搜集、整理史料就是要有精密的、求真的判断史料的功夫；艺术的就是要有高远的想象力以架起历史的系统。二者之间的关系又是不可分的，太注重考证的精确功夫，忽视理解和解释，结果是"只有校史者而无史家，只有校注者而无著作"。反之，如果仅注意解释和理解，忽视史料的考订，就会造成："一失了各家学说的真相，二乱了学说先后的次序，三乱了学脉相承的系统。"② 在如何处理史料和史论的关系上，胡适进一步提出了史学研究的方法：一是用历史演变的眼光来追求传说的演变，二是用严格的考据方法来评判史料③。

在研究方法上，胡适提出了他的"大胆的假设，小心的求证"之"十字真言"，说"假设"和"求证"就是科学的评定史料和大胆想象力的结合。具体说来，分为五步：（1）疑难产生；（2）指出疑点；（3）假定；（4）假定试用；（5）证明。胡适认为："假设越大胆越好，要富于想象力，特别是当史料有一段，无一段，又有一段的时候，就不得不靠史家的想象力来填补缺损的部分。""大胆的假设，小心的求证"是在疑古思想的基础上产生的，要求"假设"必须与严密的"求证"结合起来，把传统疑古、考证的思想方法与西方实验主义思想方法结合起来。

胡适在学术研究上提倡疑古，对古史研究提出了不少新的见解。如，他主张，中国古史凡是缺乏可信资料的，都可以先放过。他在给顾颉刚的信中说："现在先把古史缩短二三千年，从《诗》三百篇做起，将来等到金石学、考古学发达上了轨道以后，然后用地底下掘出的史料，慢慢地拉长东周以前的古

① 胡适：《介绍几部新出的史书》，见《古史辨》第 2 册下编，上海，上海古籍出版社，1982。
② 胡适：《中国哲学史大纲·导言》卷上，上海，商务印书馆，1920。
③ 胡适：《介绍我自己的思想》，见《胡适论学近著》第 1 集，上海，商务印书馆，1935。

史。至于东周以下的史料，亦需严密评判。'宁疑古而失之，不可信古而失之'。"① 胡适这种摒弃以往古史中某些荒诞神话与传说、主张以真材实料写史的思想，是对传统的封建史学的一种冲击，对顾颉刚等人影响较大，直接促进了"古史辨"派的产生。

胡适提倡写传记，一生所写传记、年谱或传记性文章约 40 篇，其中学术价值较高的有《章实斋年谱》、《菏泽大师神会传》。对《水经注》的研究是胡适对历史、地理和历史名著研究的一大成就，反映了他细密的考证功夫，把《水经注》的研究向前推进了一大步。

胡适的史学研究反映了民国初期资产阶级史学的发展及其存在的某些缺点。在研究方法上他遵循着"无征不信"的观点，提倡怀疑，不迷信，这对民国初期的学术界有较大影响。但胡适的研究工作没有形成具有全面系统性的课题。

2. 顾颉刚与"古史辨"派

顾颉刚（1893—1980）是民国时期重要的史学家之一。他远受中国古代郑樵、姚际恒、崔述等疑古惑经传统的影响，近受章太炎、康有为、胡适、钱玄同等人思想的影响，积极主张疑古、辨伪。1923 年初，顾颉刚在《与钱玄同先生论古史书》一文中，集中地向学术界发表了他推翻伪造的古史体系的系统观点——"层累地造成的古史说"。其主要观点有三：（1）对传说中的古史演变过程加以考辨，即可发现"时代愈后，传说的古史愈长"。如，周代人心目中最早的帝王是禹，到孔子时有尧、舜，到战国时有黄帝、神农，到汉以后有盘古。（2）"时代愈后，传说中的中心人物愈放愈大"。如舜，在孔子时只是一个无为而治的圣君，到《尧典》就成为一个"家齐而后国治"的圣人，到孟子时代则成为一个孝子的模范了。（3）"我们在这上，即使不能知道某一事件的真确状况，但可以知道那件事在传说中的最早的状况"，如我们不知道东周时的东周史，但可以知道战国时的东周史；我们不能知道夏、商时的夏、商史，但可以知道东周时的夏、商史。②

---

① 胡适：《自述古史观书》，见《古史辨》第 1 册，第 22、23 页，上海，上海古籍出版社，1982。

②《古史辨》第 1 册，第 42、43 页，上海，上海古籍出版社，1982。

顾颉刚的文章发表后，得到了钱玄同、周予同、胡适、傅斯年、罗根泽等人的支持，这批史学家被称作"古史辨"派或疑古派。钱玄同对顾颉刚的学说"欢喜赞叹"，称其"精当绝伦"，希望顾氏"常常考察，多多发明，廓清云雾，斩尽葛藤，使后来学子不再被一切伪史所蒙"①。胡适则说，"层累地造成的古史"，"真是今日史学界的一大贡献"，并指出，"用历史演进的见解来观察历史上的传说"，是顾颉刚在古史讨论中的根本观念和根本方法，这个根本观念是颠扑不破的，这个根本方法是愈用愈见功效的。而守旧学者则对"古史辨"派的观点展开了猛烈的批评。南京学者刘掞藜、胡堇人、柳诒徵则指责顾颉刚歪曲六经，"想入非非，任情臆造"，"穿凿附会，牵就己意"。顾颉刚、钱玄同等人对旧派学者的责诘进行了回复和答辩，进一步申明了他们的古史观。1926年，顾颉刚将这次古史辩论的有关文章、通信编成《古史辨》第 1 册出版，这标志着在民国史学史上卓有影响的"古史辨"派的正式形成。

以顾颉刚为代表的"古史辨"派主张打破旧的古史体系，是同五四时代反封建的大潮流相一致的，也是推动史学现代化的重要一步。郭沫若曾经明确肯定地说："顾颉刚的'层累地造成的古史说'，的确是个卓识。……到现在自己研究了一番过来，觉得他的识见是有先见之明。……旧史料中凡是作伪之点大体被他道破了。"② 杨向奎也论述说："如果说'古史辨'派在扫荡不科学不合实际的古史传说上作出了贡献；那么王国维则在建设可信的古史系统上作出了成绩。他们是一破一立，同时存在。"但是，"古史辨"派也有缺点，他们"在怀疑和抨击古史方面有时过头，乃至玉石俱焚，比如《左传》是一部好的古代史，但他们怀疑它是一部伪作，这给当时的古史研究者添加了许多麻烦，以致有人用了很大力气证明《左传》不伪"③。

3. 傅斯年与"科学史学派"

"科学史学派"是民国时期颇有影响的一个史学派别，因其提倡"以自然

① 钱玄同：《答顾颉刚先生书》，见《古史辨》第 1 册，第 67 页，上海，上海古籍出版社，1982。

② 郭沫若：《中国古代社会研究》，见《郭沫若全集》历史编第 1 卷，第 304、305 页，北京，人民出版社，1982。

③ 杨向奎：《论"古史辨派"》，见《中华学术论文集》，第 90、82 页，北京，中华书局，1981。

科学看待历史语言之学"，故有人称之为"科学史学派"。又因其主张"史学本是史料学"，故又有"史料学派"之称。这个学派的主要代表人物是傅斯年(1896—1950)，中心是傅斯年领导下的中央研究院历史语言研究所。

傅斯年青年时受过五四运动的洗礼，创办《新潮》杂志，宣传新文化。他受当时流行的科学主义思潮的影响，立下"科学救国"的志向，自称"科学迷"。1927年，他从欧洲留学归国，即与顾颉刚等人在中山大学创办了"语言历史研究所"。他的研究目标是"以自然科学看待历史语言之学"，途径有两条：一是"扩充材料"，二是"扩充工具"（研究手段和方法）。他于1928年所写的《历史语言研究所工作之旨趣》集中反映了他的史学主张。"保持亭林、百诗的遗训"是他的第一条治史宗旨。傅斯年认为，他们以毕生精力搜集、考订、辨正史料，以史料纠正旧载，"不著史而成就了可以永远为法式的辨史料法"，他们这样对待历史学和语言学，"是最近代的"。第二条宗旨是"扩张研究的材料"。"西方人作学问不是去读书，是动手动脚到处寻找新材料，随时扩大旧范围，所以这学问才有四方的发达，向上的增高"。这是中国人应当效法的。第三条宗旨是"扩张研究的工具"。也就是说要运用自然科学的方法来研究历史。"现代的历史学研究，已经成了各种科学的方法之汇集。地质、地理、考古、生物、气象、天文等学，无一不供给研究历史问题者之工具"。他断言，若干历史学的问题非有自然科学方法之帮助，则无从解决。简言之，他治史的核心主张即："近代的历史学只是史料学，利用自然科学供给我们的一切工具，整理一切逢得着的史料。"[①] 从上述看，傅斯年的"科学史学观"不外乎两个方面：一是重视扩张史料，所谓"上穷碧落下黄泉，动手动脚找史料"，"有一分材料出一分货，有十分材料出十分货，没有材料不出货"。对任何史料"存而不补"，"证而不疏"。二是重视扩张研究的工具，尽可能运用自然科学的方法，"要把历史语言学建设得和生物学地质学等同样"。这两项主张都具有片面性，但在当时又有其积极的一面。就历史学而言，史料无疑十分重要，不考辨好史料的真假，立论就立不住，不去发现新史料，历史学就难以取得长足进展。傅斯年强调史料的重要性，强调史学的实证性、客观性，对于清除旧史家

---

① 傅斯年：《历史语言研究所工作之旨趣》，见《中央研究院历史语言研究所集刊》第1本第1分册，1928。

任情褒贬和当时一些人存在的凭主观论史的弊病，自有其意义。

傅斯年创立的史语所，采取不同于个人孤立研究的"有规模的系统研究"。1929 年史语所迁往北平，调整为历史、语言、考古三组。历史组对于史事、文献作了大量考证性工作，其成绩反映在《史语所集刊》发表的数百篇论文和许多专刊、专著中。语言组对全国各地的方言、文字、制度和风俗作调查，以及整理明清档案。考古组在 1928～1937 年，对安阳殷墟遗址进行了 15 次发掘，共出土甲骨文约 2.5 万片。史语所集中了当时一大批著名学者，如顾颉刚、陈垣、徐仲舒、岑仲勉、董作宾、李济、罗常培、刘半农等人，又培养出一批史坛新秀，如陈乐素、严耕望、陈述、丁声树等。该所开创了中国历史上集体研究的新形式。

4. 王国维、陈寅恪、陈垣与新考证学派

新考证学派是在继承中国传统史学特别是乾嘉史学考证传统的基础上发展起来的。新考证学派在民国时期的勃然兴起，得缘于两个方面：一是西方新学理的输入，形成了中西学术的交融。自 19 世纪末 20 世纪初以来，特别是五四新文化运动以来，在史学范围内，西方新学理被广泛输入和运用，除进化论外，还有科学主义思潮、实证主义方法、历史演进法、逻辑方法、重视社会学和考据学成果的运用等。这些具有近代科学意义的西方新学理，经由有识见、有创造性的史学家之手，与中国传统学术（如乾嘉学派的考据）相交融，成为民国时期新考据学派实证学风形成的重要因素。新考证学派兴起的另一重要因素，是 20 世纪初年四大新史料（殷墟甲骨文、汉晋简牍、敦煌文书、明清内阁大库档案）的发现。这些新史料的大量发现，为刚刚出现势头的新史学提供了丰富的第一手资料，提出了许多新的研究课题，从而有力地促进了新考证学的发展。

王国维（1877—1927）是新考证学派成就突出的史学家。他在 20 世纪初年主要以治文学、哲学为主，1912 年以后，转向以研究经史为主。王国维的史学研究方法是他在《古史新证》中所总结的"二重证据法"。《古史新证》是他在清华国学研究院的古史讲义。王国维在其中专门讲了他研究古史的方法是将充足的地上、地下资料结合起来互相印证。他不否认"古史辨"派的疑古思想，但又与疑古思想有所不同："其于怀疑之态度及批判之精神不无可取，然

金岳霖

艾思奇

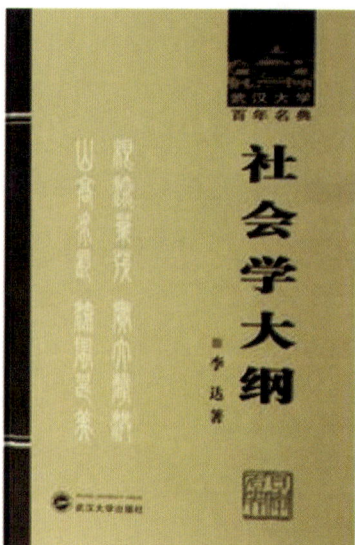

李达

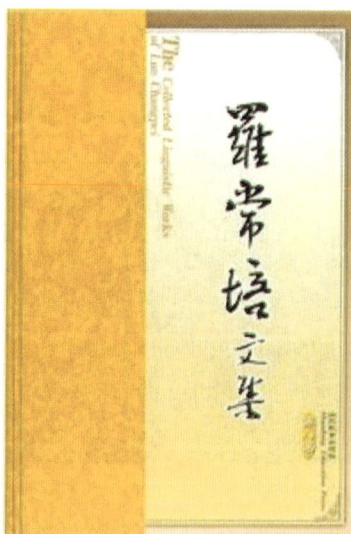

罗常培

侯外庐

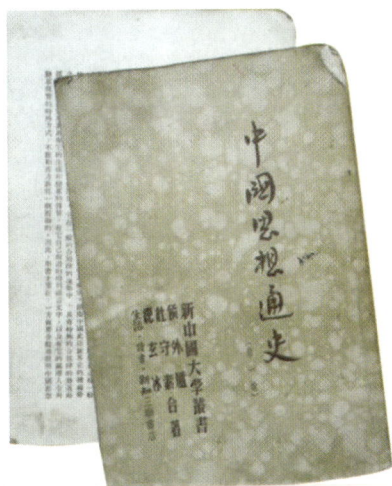

顾颉刚

范文澜

惜于古史材料未尝的充分之处理也。吾辈生于今日，幸于纸上之材料外，更得地下之新材料，由此种材料，我辈因得据以补正纸上材料，亦得证明古书之某部分全为实录，即百家不雅驯之言，亦不无表示一面之事实。此二重印据法惟在今日始得为之，虽古书之未得证明者，不能加以否定，而其已得证明者，不能不加以肯定可断言也。"① 王国维的方法是建立在对历史求真求实的立场上的，他既不"墨守自封"也不轻易疑古，真正做到靠充分的地上、地下证据说话，以过去的经籍为基础，充分运用当时新发现的历史资料，使这种"求证"达到完善的程度。陈寅恪曾将王国维的治学方法概括为三条：（1）取地下之实物与纸上之遗文互相释证；（2）取异族之故书与吾国之旧籍互相补证；（3）取外来之观念与固有之材料互相参证。从王国维的治史方法看，他的确做到了中西方法的会通，既以发展辩证的观点强调有充足资料的互证，又承继传统的考据方法进行考证，比较全面地反映了当时新史学的学术水平。

王国维民国时期的史学著作主要收集在《观堂集林》二十二卷、别集二卷，还有《国朝金文著录表》六卷、《古史新证》以及与罗振玉合编的《流沙坠简》中。王国维在古史方面的成就首先是在殷商世系上作出重大成绩，写出了《殷卜辞中所见先公先王考》与《续考》，发现"王亥"、"王恒"为殷商先公先王，进而排出殷商世系，说明《史记》、《尚书》、《竹简纪年》等古史不能轻易否定。他古史方面的另一成就是在厘清殷商世系的基础上又进一步考察了殷周制度。在《殷周制度论》中，他精辟地指出"中国政治与文化之变革，莫剧于殷周之际"，并深刻地分析了殷周制度的变化。② 此外，王国维对古代都邑、郡县的研究，对简牍、金文的研究考证，对元史的研究，都具有重大学术价值。

陈寅恪（1890—1969）是 20 世纪学贯中西的史学家。他是在 20 世纪初新史学思想影响下从事史学研究的，研究方法深受王国维影响。他治学主张顺应时代潮流，曾说："一时代之学术，必有其新材料与新问题。取用此新材料，以研究问题，则为时代学术之新潮流。"③ 陈寅恪的研究领域与王国维不同，

---

① 王国维：《古史新证》，来薰阁影印本。
② 王国维：《殷周制度论》，见《观堂集林》卷十，第 451 页，北京，中华书局，1959。
③ 陈寅恪：《金明馆丛稿二编》，第 236 页，上海，上海古籍出版社，1980。

王氏主攻的是上古史，而陈氏在《陈垣元西域人华化考序》中则称他的研究集中于"中古以降民族文化之史"。他的治学既采撷了近代西方学者所重视的语源学、比较研究、民族文化关系、因果关系等"外来观念"和方法，又与本国文献和乾嘉学者的考据方法结合起来；既善于钩稽史料、抉幽阐微，又有超出先辈的学术目光，从而在比较和联系中探求到一个历史时期带全局性的大事。

民国时期他的主要学术成就集中在魏晋南北朝和隋唐史方面。他于1940年完成的《隋唐制度渊源略论稿》，系统论述了从汉魏以来隋唐各种制度的来源和演变。他于1941年完成的《唐代政治史略稿》，以大量史料分篇论述了唐代统治集团的形成与贵族集团的升降过程，并论述了唐代衰亡的原因。这两部书是陈寅恪隋唐史研究的开拓之作。他于1947～1948年的讲授记录《陈寅恪魏晋南北朝史讲演录》，对魏晋南北朝有精深研究，该书开始从阶级关系、政治集团来分析魏晋时期的政治情况。

陈垣（1880—1971）是与陈寅恪齐名的新考证学大师。他在宗教史、元史研究领域做出重要开拓，在文献学方面有非凡建树。在宗教史研究方面，1917年陈垣撰成的近代宗教史名著《元也里可温考》，是元代基督教史研究的拓荒之作。据陈垣研究，基督教入华史可分为唐代景教、元代也里可温教、明代天主教、清代耶稣教四期。这一成果深受海内外学者重视。继此之后，他又于1918年撰成《记大同武州山石窟寺》、1919年撰成《开封一赐乐业教考》、1922年撰成《火祆教入中国考》、1923年撰成《摩尼教入中国考》等"古教四考"。1938～1945年全面抗战时期，他又写成被称作"宗教三书"的《明季滇黔佛教考》、《南宋初河北新道教考》、《清初僧诤记》，以及《中国佛教史籍概述》等。

在元史研究方面，陈垣于1924年撰成《元西域人华化考》，对元代西域人接受儒学的过程进行了考证，受到中外学者称誉。他十分重视对《元典章》的研究，著有《沈刻元典章校补》、《元典章校补释例》，不但为元史学界提供了比元刻本更佳的《元典章》，而且为校勘学提供了范例。

在历史文献学方面，陈垣在目录学、史源学、校勘学、避讳学、年代学上都有造诣，有《元秘史译音用字考》、《中历岁首表》、《西历岁首表》、《二十史朔闰表》、《中西回日历》、《史讳举例》、《通鉴胡注表微》等。这些著作，对中国历史文献学的发展起了巨大推动作用。

此外，钱穆在文化史、学术史方面，萧一山、孟森在清史方面，连横在台湾史方面，陈恭禄、郭廷以在近代史研究方面，都取得了重要的学术成果。

（二）马克思主义史学的崛起

马克思主义与中国的学术研究相结合，以唯物史观指导中国的历史学研究，从而形成了中国的马克思主义史学或唯物史观派。民国时期，马克思主义史学队伍从无到有、从小到大，涌现出李大钊、郭沫若、范文澜、翦伯赞、吕振羽、侯外庐等一批杰出的马克思主义史学家，他们异军突起，逐渐形成 20世纪中国历史学的主潮。

1. 马克思主义唯物史观的传播及其与史学研究的初步结合

十月革命的胜利和五四新文化运动推动了马克思主义在中国的传播。1918年 11 月，李大钊在《新青年》上发表《庶民的胜利》和《布尔什维主义的胜利》，歌颂十月革命的胜利是社会主义与劳工斗争的胜利。随后，他即发表了《我的马克思主义观》，详细阐述了"马克思独特的唯物史观"。这是中国人系统介绍唯物史观的开始。

从 1920 年起，李大钊开始运用马克思主义唯物史观来指导历史研究。他不仅在北京大学等高等院校开设"唯物史观研究"、"史学思想史"、"史学要论"等课程，而且先后发表了《由经济上解释中国近代思想变动的原因》、《史观》、《唯物史观在现代史学上的价值》、《今与古》、《研究历史的任务》、《原人社会于文字书契上之唯物的反映》、《大英帝国主义侵略中国史》、《马克思的中国民族革命观》等，并出版了史学专著《史学要论》。在这些论著中，李大钊认真阐释了唯物史观的基本原理，并将其要点归结为二："一是说人类社会生产关系的总和，构成社会经济的构造。这是社会的基础构造……凡是精神上的构造，都是随着经济上的构造变化而变化。""二是说生产力与社会组织有密切的关系。生产力一有变动，社会组织必须随着它变动。"① 李大钊还提出了唯物史观派的治史方法：一是基本方法，即将唯物史观的基本原理运用于历史研

---

① 《李大钊选集》，第 185、186 页，北京，人民出版社，1959。

究之中；二是具体方法，包括怎样搜集、编制、整理材料，怎样编写史书、绘制图表，等等。此外，这些论著还指出了唯物史观对于史学和人生的重要意义。如《史学要论》中专有一章《现代史学的研究及于人生态度的影响》，强调"现代的史学告诉我们以有生命的历史不是这些过去的记录。有生命的历史，实是一个亘过去现在未来的全人类的生活"。在此进步中，"只应该欢天喜地的在这只容一趟过的大路上向前行走，前途有我们的光明，将来有我们的黄金世界。这是现代史学给我们的乐天努进的人生观"[①]。李大钊的这些论述，虽然带有早期传播马克思主义阶段的种种痕迹，但毕竟为中国马克思主义史学的建立奠定了第一块基石。

继李大钊之后，蔡和森在《社会进化史》一书中系统论述了人类社会的演进变化，以及家族的起源与进化、财产的起源与进化、国家的起源与进化。该书是我国第一部运用唯物史观写成的社会发展史。

五四前后刚刚生成的中国马克思主义史学，在理论上还较为粗糙，基本上以传播唯物史观为主，带有不成熟性，但却表现出很大的生命力。

2. 马克思主义史学形成期的学术成就

从 1927 年到 1937 年在民国史上被称为"十年内战时期"，正是与此大体相当的从 20 年代末到 30 年代中期的这段时间，马克思主义史学独立地登上了学术舞台，肩负起历史学的时代使命。

大革命失败后，中国革命转入低潮。为了探索中国的出路，必须认清中国所处的社会阶段与社会性质，认清中国的历史与现状。1928 年 6 月，中共六大正确地指出现阶段中国是半殖民地半封建社会，革命性质是反帝反封建的资产阶级民主革命。不料这一论断遭到国民党御用文人陶希圣、周佛海等人与托派文人严灵峰、任曙、李季等的强烈反对，于是革命的"中国社会科学家联盟"成员纷纷撰文反驳，从而基本认清了中国社会的半殖民地半封建主义性质，基本认清了帝国主义、封建势力、民族资本主义在中国经济中所处的地位与关系。

但是中国社会性质的论战，必然深入到中国历史的讨论才能认清问题，于

[①]《李大钊选集》，第 506 页，北京，人民出版社，1959。

是又围绕中国社会史问题展开了论战。除了一些专著和刊物登载这一方面的文章外,《读书杂志》从 1931 年至 1933 年 4 月相继出版《中国社会史的论战》专辑四辑,论战达到高潮。这一论战主要围绕以下三个问题展开。一是关于亚细亚生产方式问题。1928 年,郭沫若发表《〈诗〉〈书〉时代的社会变革与其思想上之反映》一文,认为马克思所讲的亚细亚生产方式就是指原始共产主义,承认中国大体存在一个类似奴隶制社会的发展阶段。这一观点得到王亚南、吕振羽等人的赞同,却遭到李季、胡秋原等人的批判,后者强烈反对马克思主义关于社会发展的普遍原则适用于中国。二是关于中国历史上有没有奴隶制问题。郭沫若首先在《中国古代社会研究》等论著中作了肯定,继此,吕振羽、翦伯赞等马克思主义史学家也撰文论证中国存在奴隶制社会。三是关于中国社会性质问题。在论战中,陶希圣等人竭力否认鸦片战争之前的封建社会性质,提出了所谓"商业资本主义"和"前资本主义"的说法。李季、梅思平等人也极力论证秦以后中国绝对不是封建社会。他们的观点受到郭沫若、吕振羽等人的批评。郭沫若、吕振羽等马克思主义史学家虽对于中国封建社会的开始期存有分歧,但对于奴隶社会以后直到鸦片战争以前中国社会是封建社会这一点的看法却是一致的。

这场论战不仅解决了长期困扰中国革命的许多现实问题,如中国社会的性质等,而且从学术史的角度看,这场论战催生了马克思主义史学。一方面,通过论战使得中国历史研究真正置于马克思主义指导之下,解决了中国古史、近现代史上许多根本性的理论问题;另一方面,论战锻炼和培养了马克思主义史学队伍,参加讨论的郭沫若、吕振羽、何干之、翦伯赞等都成为著名马克思主义史学家。

郭沫若(1892—1978),是民国时期著名的史学家和文学家,马克思主义史学最为重要的奠基者之一。郭沫若从 20 年代初期开始学习马克思主义。1927 年北伐战争失败后,郭沫若发表了震惊中外的战斗檄文《请看今日之蒋介石》,揭露国民党右派叛变革命、屠杀工农的暴行。此后,郭沫若流亡日本,开始把史学研究看作是革命事业的重要组成部分。在社会史论战中,郭沫若发表了《〈周易〉的时代背景与精神生产》、《〈诗〉〈书〉时代的社会变革与其思想上之反映》、《中国社会之历史的发展阶段》、《卜辞中之古代社会》、《周代彝铭中的社会史观》，他把唯物史观贯彻到史学研究中，取金文、甲骨文与文献进行对证，根据物质资料的生产方式来阐明古代历史，首次把鸦片战争以前的中国历史分为原始社会、奴隶社会、封建社会。这些论文结集成《中国古代社会研究》，于 1930 年出版，对中国史学的发展产生了久远的影响。

首先，这部论著开创了中国马克思主义史学的新局面。尽管学界对郭沫若评价不一，但有一点是共识，即他的《中国古代社会研究》以唯物史观为指导，将地上的古代文献资料和地下的甲骨文、金文资料"熔冶于一炉，创造出一个唯物史观的中国古代文化体系"。该书成功地证明了中国古代存在着奴隶制社会，揭破了否认中国有奴隶制社会阶段以达到否认马克思主义对历史研究指导意义的论点。

再者，该书针对"中国国情不同"的说法，对中国历史发展的过程进行了一次全新的"清算"，跳出"国故"的范围，认清国学的真相，"就中国的思想，中国的社会，中国的历史，来考验辩证唯物论的适应度"，证明在当时的历史条件下，中国社会只有走马克思主义所指明的道路，舍此别无他途。

仅从以上两点足可以看出，郭沫若及其《中国古代社会研究》在马克思主义史学史上的地位。郭沫若《中国古代社会研究》的出版，标志着中国马克思主义史学的开始形成。

吕振羽（1900—1980），是民国时期乃至 20 世纪又一成就卓著的马克思主义史学家。吕振羽著述丰富，早期的史学代表作是《史前期中国社会研究》、《殷周时代的中国社会》、《中国政治思想史》。《史前期中国社会研究》是在中国社会史论战高潮中印出的，吕振羽称这部书为《中国社会史纲》的第一分册，撰写此书的目的一是要批评否认上古史的疑古派，二是要批评歪曲中国社会性质的"新生命派"和"动力派"。吕振羽在书中运用出土资料，结合神话传说、民间习俗探求中国史前社会的特征，认为尧舜时代为"母系氏族社会"、夏代为"父系本位的氏族社会"，填补了中国原始社会史研究的空白；他以殷代为奴隶制社会，以青铜器的使用为奴隶社会的重要依据。吕振羽对殷代奴隶制的研究成果，对中国历史研究产生了较大影响。1936 年，《中国社会史纲》第二册出版，即《殷周时代的中国社会》。此书以马克思主义经济基础与上层建筑的理论为指导，先从殷代社会"经济的诸构造"来分析殷的社会性质，说明殷代存在私有制，已产生国家制度，进一步证明了殷代是具有东方特点的"亚细亚"的奴隶制。在《殷周时代的中国社会》中他提出的另一重要论点是西周为中国封建社会的开始。吕振羽的西周封建论在史学界产生了深远影响，范文澜、翦伯赞、吴泽、杨向奎等人都支持他的观点并作了发挥。此外，吕振羽在40年代还著有《简明中国通史》上下卷、《中国民族简史》、《中国社会史诸问题》。吕振羽是与郭沫若并肩战斗的著名史学家，他的《史前期中国社会研究》与《殷商时代的中国社会》成为马克思主义史学形成期的奠基之作。

3. 马克思主义史学的发展与初步繁荣

20世纪40年代，是马克思主义史学在中国深入发展的10年，形成了区别于其他各种史学流派的基本框架，并初步走上成熟。

毛泽东虽不是专门从事学术研究的史学家，但他从30年代末至40年代初发表的一系列有关学习历史遗产、研究历史与现状的重要讲话，对于中国马克思主义史学的发展却具有巨大推动作用。

1938年，毛泽东在《中国共产党在民族战争中的地位》一文中明确提出研究历史的目的和意义："学习我们的历史遗产，用马克思主义的方法给以批判的总结，是我们学习的另一任务……今天的中国是历史的中国的一个发展；我们是马克思主义的历史主义者，我们不应当割断历史。从孔夫子到孙中山，我们应当给以总结，承继这一份珍贵的遗产。"接着，他在1939年发表的《中国革命和中国共产党》一文中简明扼要地叙述了中华民族的历史，总结了封建社会的主要矛盾是农民阶级和地主阶级的矛盾，农民起义和农民战争是历史发展的真正动力，并对近百年的中国社会作出了科学的分析。1941年，毛泽东在《改造我们的学习》中又高屋建瓴地指出，"不注重研究历史"，是"极坏的作风"，批评党内对"鸦片战争以来的中国近百年史，真正懂得的很少"，因此，他号召："凭客观存在的事实，详细地占有材料，在马克思列宁主义一般原理的指导下，从这些材料中引出正确的结论。""对于近百年的中国史，应聚集人才，分工合作地去做，克服无组织的状态。应先作经济史、政治史、军事史、文化史几个部门的分析的研究，然后才有可能作综合的研究。"

毛泽东对于历史的有关论述，对于三四十年代的马克思主义史学沿着正确方向发展，无疑有巨大的推动和指导作用。

这一时期，马克思主义史学家推出了一批通史著作。1941年，吕振羽最先出版了《简明中国通史》上册，1944年又写成下册，下限到鸦片战争。这部通史的写法与以前的通史著作都不同，以人民为主体，兼顾各个民族，把中国史作为一个发展的过程来把握。这在我国是运用唯物史观为指导原则编写中国通史的最早尝试，作者提出的一些编写中国通史的基本原则，尤其是关于各民族的历史及其相互作用的原则，积极推动了我国马克思主义史学的发展。

范文澜自1940年8月至1941年底，在集体编写的基础上，完成《中国通史简编》上册（五代以前）、中册（宋代至鸦片战争），于1941年、1940年分别出版。这部通史著作，初步建立起一个新的通史体系，用历史唯物主义的观点和方法给中国古代史划出了一个基本轮廓。这个"轮廓"主要有两方面内容：一是说明中国古代社会的发展规律，与世界上其他民族一样，曾经历了原始公社制社会、奴隶社会和封建社会诸阶段，并无亚细亚特殊之说。二是说明在明、清时期，中国资本主义的萌芽是存在的，但远不曾发展到足以破坏封建社会的程度。鸦片战争以前，中国还是完整的封建社会，其中并无封建制崩解之说。为了把古代史与近代史联结起来，形成真正意义上的通史，范文澜继《中国通史简编》上册、中册之后，于1946年出版了《中国近代史》（上册），时间断限起自鸦片战争止于义和团运动。该书是范文澜中国通史著述的重要组成部分，奠定了中国近代史研究的基本格局，具有前驱先路的巨大功绩。

这两部通史，代表了40年代中国马克思主义史学通史编写的最高水平，为此后通史的撰写奠定了基础。

这一时期，马克思主义社会史研究也取得丰硕成果。1938年，何干之出版的《中国社会史问题论战》一书，对论战进行了认真总结。进入40年代，邓初民先后出版了《社会史简明教程》、《中国社会史教程》。这两部书把中国社会进化分为原始共产主义社会、古代社会、封建社会、资本主义社会各阶段，在体系上把人类的主要社会生活分为经济的、政治的、精神的意识形态三方面，以探求各个发展阶段的特点。1942年，吕振羽出版《中国社会史诸问题》一书。1943年，侯外庐出版《中国古典社会史论》。他们先后对社会史论战进行了重新审视，从学术上深化了中国古代社会史研究。

进入40年代，马克思主义史学在中国思想文化史方面取得了大的突破，其代表人物是侯外庐（1903—1987）。侯外庐在思想史研究和撰著方面独树一帜，先后出版有《中国古代思想学说史》（1944 年）、《中国近世思想学说史》（1946 年）、《中国思想通史》第一卷（1949 年）等。《中国古代思想学说史》起于殷代，止于战国，是一部先秦思想史专著。《中国近世思想学说史》是以马克思主义史学观点指导研究 17～20 世纪初思想史的拓荒之作。他与杜国庠、赵纪彬合写的《中国思想通史》第一卷于 1949 出版，第二、三卷也于 1949 年前定稿，与 1949 年后编写完成的第四、五卷，共同形成了一个比较完整的学术体系。

思想史方面的重要论著还有郭沫若的《青铜时代》和《十批判书》（1945 年）、何干之的《近代中国启蒙运动史》（1938 年）和《三民主义研究》（1941 年）、杜国庠的《先秦诸子思想概要》（1944 年）等。

在民族史研究方面，以吕振羽 1948 年出版的《中国民族简史》为代表。这是第一部应用马克思主义关于民族和社会形态的理论撰写的中国民族史专著，书中论述了中国汉、蒙、回、藏、维、苗等族的起源、发展过程，驳斥了西方学者所持的中国人种西来说，否定了蒋介石在《中国之命运》中宣扬的大汉族主义，是我国马克思主义民族史研究的开篇之作。

此外，在中共党史、中国革命史研究方面，也涌现出不少学术成果。

经民国几十年的发展，到 40 年代末，以郭沫若、吕振羽、范文澜、翦伯赞、侯外庐为代表的马克思主义史学家已初步成熟，分别推出各领风骚的一批历史新著，共同铸成了中国马克思主义史学的基本框架，并影响此后几十年史学的发展。

三、内容繁杂的现代哲学

民国时期的哲学是在中西古今哲学的冲突、融合中形成的，可谓流派众多，学说纷繁。其中，三民主义哲学、现代资产阶级新哲学、马克思主义哲学地位突出。

（一）三民主义哲学的发展与演变

三民主义哲学是孙中山创立的哲学体系。以孙中山为代表的资产阶级民主主义者，将近代进化论哲学与中国传统的唯物主义思想结合，创立了三民主义哲学体系。民国时期，孙中山撰写了《心理建设》、《军人精神教育》、《知难行易》、《三民主义》等哲学著作，形成了一套新的学说，即以"以太"为宇宙本源的进化观、以"行"为"知"的基础的"知难行易"学说和以"民生是历史的重心"的民生哲学。

进化论是孙中山革命三民主义哲学的基础。在民国初年，尽管他的自然进化论带有一定的唯物主义成分，但总体上唯心主义色彩浓厚。他认为，"进化之时期有三：其一为物质进化之时期，其二为物种进化之时期，其三则为人类进化之时期"①，而一切元素与地球万物的进化皆源于"以太"的运动。正是由于"以太"的运动，"物种由微而显，由简而繁，本物竞天择之原则，经几许优胜劣败，生存淘汰，新陈代谢，千百万年，而人类乃成"。在人类进化时期，"则与物种之进化原则不同：物种以竞争为原则，人类则以互助为原则。社会国家者，互助之体也；道德仁义者，互助之用也。人类顺此原则则昌，不顺此原则则亡"②。在此基础上，孙中山提出"以人为的文明进化，易天然的野蛮进化"，以道德消弭竞争。他在互助的原则下，最终把民权社会归为互助社会，把历史的发展归为人心造成的，从而使他的进化观最终落在了唯心史观的窠臼里。到20世纪20年代，孙中山才基本上形成唯物主义进化论的思想，认为世界是由气体等物质进化而来的，人是由动物进化的结果③。

孙中山哲学思想中最有特色的内容之一是"知难行易"学说。在认识论上，他认为人类正确的认识过程应该是"以行而求知，因知以进行"④，肯定人类是有认识能力的，肯定"行"是"知"的源泉。在知的过程上，他认为人们的知必须在行的过程中进一步发展和修正，不断接受行的检验，为行服务。这些都与唯物主义认识论相一致。当然，孙中山提出知难行易说，最主要的还是出于革命斗争的需要。他认为，中国传统的"知易行难"思想阻碍了数千年中国社会的进步，影响了近代中国社会的变革，中国革命之所以屡遭失败，就是因为革命党人思想上受了"知易行难"的毒害，对革命缺乏充分的认识和思

---

①② 孙文：《心理建设》，见《孙中山选集》，第155页，156页，北京，人民出版社，1981。
③④《孙中山选集》，第693～694页，第160页，北京，人民出版社，1981。

想觉悟。

孙中山的民生史观正式形成于 20 年代。他认为："民生为社会进化的重心，社会进化又为历史的重心。""民生就是政治的中心，就是经济的中心和种种历史活动的中心，好像天空以内的重心一样。""要把历史上的政治和社会经济种种中心都归之于民生问题，以民生为社会历史的中心。""民生问题者才可说是社会进化的原动力。"① 孙中山从 20 世纪初提出民生主义到 20 年代把民生问题看作社会进化的原动力，这是理论认识的深化，体现着他力图为民生主义奠立牢固的理论基础。民生史观从经济领域去寻找社会发展的推动力量，把民生看作其他社会现象的根源，这表明他是从客观存在的社会经济生活而不是社会意识去说明人类社会及其发展的，一定程度上体现了唯物主义倾向。

进化论的自然观和知难行易的唯物主义认识论，是孙中山哲学思想的精华，但其中也包含了唯心主义成分。因此，孙中山的三民主义哲学体系既有合理的精华，又有消极的一面。孙中山去世后，蒋介石篡夺了国民党领导权，三民主义哲学也发生了变化。戴季陶、陈立夫、蒋介石打着三民主义的旗号，先后把孙中山的三民主义哲学改造为"民生"哲学、"唯生论"、"力行哲学"，最终变成了极端的唯心主义，成为腐朽没落的空洞理论。

（二）中国现代资产阶级新哲学体系的建构与发展

中国现代资产阶级新哲学体系的建构和发展，是民国哲学的一项重要内容。伴随形形色色的西方哲学传入中国，中国的资产阶级学者逐渐形成两条治学路向。一条是沿着中国传统哲学的路线，在继承儒家传统的基础上，同时吸收和借鉴西方近现代哲学思想和方法，对儒家思想进行现代阐释、改造和转换，从而使儒家哲学进入了一个全新的发展阶段。这一路向是现代新儒学的致思方向。梁漱溟、马一浮、熊十力、贺麟、冯友兰等人建立的哲学体系及他们取得的学术成就，都是这一方面的代表。由于前面对现代新儒学已作介绍，这里不再赘述。另一条以胡适、张东荪、金岳霖等人为代表，他们紧跟现代西方哲学的发展潮流，在介绍、接受和消化西方哲学的基础上，努力移植于中国，

---

① 《孙中山选集》，第 812、825、819 页，北京，人民出版社，1981。

力图通过西方哲学与中国社会实际的结合来建构中国现代哲学体系。

胡适（1891—1962）是民国著名的哲学家、思想家，是实验主义哲学在中国的主要传播者。胡适受赫胥黎的进化论和杜威的实验主义影响较大。他的哲学理论主要集中于他对实验主义的介绍和解释上。胡适认为实验主义有三种意义：第一表现在方法论上，就是科学方法在哲学上的应用，具体说来就是"大胆的假设，小心的求证"；第二是一种真理论，胡适从"世界即经验，经验就是生活，生活即是应付环境"这一基本观点出发，提出了"有用即真理"的论点；第三是一种实在论，胡适说："实在是我们自己改造过的实在。这个实在里面含有无数人造的分子。实在是一个很服从的女孩子，他百依百顺的由我们替他涂抹起来，装扮起来。实在好比一块大理石到了我们手里，由我们雕成什么像。"① 胡适的实验主义是一种"创造实在论"，虽强调了人的主观对客观实在的能动作用，但实则完全否定了实在的客观性，从而带有明显的唯心主义色彩。胡适的哲学思想主要是信奉和宣扬实验主义，他在学术上的主要成就则体现在其《中国哲学史大纲》（上册）一书中。该书以传统的考据学为基础，又以新文化运动的立场来评论各家学说，尤其是将儒家与诸子学说平等相观，对墨家等诸子学说多有考订新证，从而开辟了用新方法研究和整理固有学术的新路。胡适的实验主义哲学在 20 年代产生了广泛影响。

张东荪（1886—1973）是民国时期著名的哲学家、政论家和社会活动家。五四时期，任《时事新报》和《解放与改造》杂志主编，宣扬基尔特社会主义，与当时的马克思主义者之间进行关于社会主义问题的论战。论战失败后，他转而专门从事哲学研究，出版有《哲学 ABC》、《精神分析学 ABC》、《西洋哲学史 ABC》、《人生观 ABC》、《道德哲学》等专著。他的哲学沿着康德的方向以认识论为哲学体系的基点和核心，建构了"多元认识论"，又在"多元认识论"的基础上引出架构论和层创进化论的宇宙观。他的"多元认识论"认为，主观与客观必须共同作为认识的基础，既不能把主观消融于客观，也不能把客观消融于主观，人的认识是由感觉、条理、范畴、设准、要领五种基本因素交互作用而产生的。在宇宙观上，张东荪依据西方的层创进化论提出"架构

---

① 胡适：《实验主义》，载《新青年》第 6 卷第 4 期，1919 年 4 月 15 日。

宇宙观"，认为宇宙是由物质、心灵、生命、时间和空间组成的空架结构，整个宇宙在总体上是无数结构的总称；而宇宙作为这样一个架构又是由简到繁进化的，而复杂到某种程度便因缔结的样式不同而突然创生出新种类，即所谓的"层创进化"。张东荪试图在西方的唯用论、新实在论、批评的实在论、相对论、层创的进化论基础上创立一个新的哲学体系。他的学术成就对中国乃至西方哲学界都产生了很大影响，被人称为 30 年代中国哲学界唯心主义阵营中的领袖人物。

金岳霖（1895—1984），民国时期的著名哲学家和逻辑学家。他于 1938 年出版的《逻辑》一书是国内第一本较系统地介绍西方数理逻辑的著作。他的哲学思想主要体现在《论道》和《知识论》两书中。在中国现代哲学史上，金岳霖以对知识论和方法论的深入研究瞩目于世。金岳霖在《知识论》中较系统地探讨了近代西方认识论的基本问题，他从经验出发，承认知识起源于经验，同时强调理性的重要，实现了对经验主义和唯理主义两大思潮的综合，从而将哲学认识论的研究推进了一步。在《论道》一书中，他通过对道、式、能、可能等几个哲学范畴的分析，建立了一个完整的形而上学体系。

论述中国现代资产阶级新哲学体系的建构和发展时，不可不提及中国哲学会。中国哲学会是中国第一个全国性的哲学学术团体。在北京、南京、广州先行设立哲学分会的基础上，1934 年由贺麟、金岳霖、冯友兰、黄子通等着手筹备；次年召开中国哲学首次年会，推举 12 人组成筹委会；1936 年 4 月举行的哲学讨论会上正式宣告成立。学会的领导为 15 人的理事会，冯友兰、金岳霖、祝百英、宗白华、汤用彤担任常务理事。1937 年在南京召开第二次年会，编辑哲学大辞典，同时向教育部提出 3 项要求：增设哲学课程；国立大学办哲学系；中央研究院添设哲学研究所。学会分"西洋哲学名著"和"中国哲学"编辑委员会，出版了数十部译著和研究专著，并创办会刊《哲学评论》，延请国外学者来华讲学，开展中外哲学交流活动，对推动当时哲学研究的繁荣具有不可忽视的作用。

（三）马克思主义哲学

在民国时期众多的学派中，马克思主义哲学最适合中国社会发展的需要，到 30 年代，辩证唯物论已成为中国哲学界的主潮流，其他任何哲学派别都难以与之相匹敌。毛泽东思想则代表了中国现代哲学的发展，代表了马克思主义与中国革命实际相结合的最高成就。

在中国马克思主义哲学形成的过程中，在马克思主义哲学中国化的过程中，除早期马克思主义者陈独秀、李大钊、瞿秋白等人作出了重大贡献外，艾思奇、李达的理论功绩不可磨灭。

艾思奇（1910—1966），是马克思主义哲学家、理论家。艾思奇对马克思主义哲学进行了通俗性宣传，这是他的主要贡献。他撰写的《大众哲学》一书，1935 年出版后，到 1948 年 12 月，先后印行了 32 版，是中国马克思主义者把马克思主义哲学通俗化、大众化的代表作和范例。书中对马克思主义哲学的本体论、认识论、辩证法作了深入浅出的解说。该书以通俗的体裁和理论联系实际的学风，为马克思主义哲学的广泛传播开辟了更加广阔的空间，在人民群众中产生了深远的影响，对于培养革命青年用科学的世界观和方法论武装群众，有着不可磨灭的历史贡献。由于《大众哲学》是一本通俗化的读物，书中存有一些简单之处和附会之处是在所难免的。此外，艾思奇还陆续出版了《如何研究哲学》、《实践与理论》、《哲学与生活》等通俗读物，为马克思主义哲学的中国化作出了重大贡献。

李达（1890—1966）对马克思主义哲学的系统传播起了主导作用。从 1929 年到 1932 年，他先后翻译出版了《社会科学概论》、《现代世界观》、《马克思主义经济学基础理论》、《理论与实践的社会科学根本问题》、《辩证唯物主义教程》等五种马克思主义著作。这些译著对马克思主义哲学的系统传播作出了重要贡献。他于 1929 年撰述出版的《中国产业革命概观》、《社会之基础知识》和《民族问题》等三部著作对中国革命问题的深刻论证，是当时对马克思主义哲学的精当应用，充分体现了李达对于马克思主义理论的深刻领悟和对中国革命的远见卓识。他的《社会学大纲》不仅是一部社会学著作，而且是中国马克思主义哲学史上的名著。该书集中国马克思主义哲学著作之大成，对马克思主义哲学作了系统的全面的论述，在体系的严整和内容的深刻性方面超过了当时我国翻译出版的包括苏联、日本学者在内的马克思主义哲学家所写的同类著作。这不仅是中国人自己写的第一本马克思主义哲学教科书，而且规模宏大、结构严谨，对马克思主义哲学的认识和把握达到了前所未有的水平。

毛泽东（1893—1976）是中国共产党的创始人之一，伟大的无产阶级革命家和军事家，也是著名的思想家和哲学家。毛泽东哲学思想的形成是一个具体的历史的过程。第一次国内革命战争时期，毛泽东写出了《中国社会各阶级的分析》和《湖南农民运动考察报告》等著作，科学地运用马克思主义的矛盾分析方法和阶级分析方法，正确地分析了中国社会各阶级的经济地位和政治态度，指出农村革命是农民阶级推翻封建地主阶级权力的革命，这为以后新民主主义路线的形成打下了坚实的基础，标志着毛泽东哲学思想的产生。1928～1930年，毛泽东撰写的《中国红色政权为什么能够存在?》、《井冈山的斗争》、《星星之火，可以燎原》等文，以马克思主义的科学世界观和方法论为指导，全面地分析了中国当时社会所存在的各种矛盾，分析了中国社会的国际环境和国内各阶级的状况，科学地预测了中国革命的新形式，提出了以农村包围城市、武装夺取政权的中国革命道路。这是毛泽东及中国共产党人运用马克思主义哲学原理，深入地研究中国的实际问题，并实现两者结合的第一次历史性飞跃。1930年，毛泽东写了《反对本本主义》一文，从认识论角度指出主观主义产生的根源，从哲学上对中国共产党的斗争经验进行了总结，这是毛泽东首篇专门性的哲学著作。在该文中，毛泽东提出了一个著名的论断："没有调查就没有发言权。"他把调查研究纳入认识论，在系统阐述调查研究这一唯物辩证法的工作方法过程中，批判了本本主义的唯心主义实质，在中国共产党历史上首次提出了从实际出发、理论联系实际的唯物主义思想路线，为毛泽东思想的形成迈出了重要一步。1936年，毛泽东运用辩证唯物主义原理，写出了《中国革命战争的战略问题》，系统地论述了有关中国革命战争的战略方面的一些重要问题，是毛泽东后来写作的《实践论》与《矛盾论》的主要论点的雏形。1937年，毛泽东相继发表《实践论》和《矛盾论》，紧紧抓住认识与实践、主观与客观等认识论的根本问题，抓住对立统一这一辩证法的核心问题，把唯物论、认识论和辩证法有机地统一起来，不仅对中国革命的实践经验从认识路线和思想方法的高度进行了全面的概括和总结，而且提出了许多新的理论观点和思想，为马克思主义哲学的发展作出了多方面的理论贡献。"两论"的发表，是马克思主义哲学在中国运用和发展的一个里程碑，是马克思主义哲学中国化进程的重大突破，表明一种符合新的时代需要、带有鲜明的中华民族特色的马克思主义哲学——毛泽东思想的正式形成。

四、其他学科的学术成就

民国时期的新兴学科较多，有政治学、经济学、社会学、文化学、民族学、心理学、教育学等等。这些学科从名称上、从学科分类上看是中国传统学术中所没有的，尽管有些学科如哲学中国自古以来有一套相关的内容。这些学科在民国大都经历了一个从传播西方相关理论到逐步建立、发展的过程。由于当时中国特殊的社会历史环境，大多数学科在民国还处于草创阶段，多数学术成果处于将西方学术理论与中国实际相结合的阶段，还缺乏原创性、体系化。这里仅拣择学术成就较为突出的语言文字学、社会学、文化学作介绍。

（一）语言文字学

中国现代文字学学术成就的取得，主要是在民国建立以后。中国第一本语言学理论著作《国语学草创》，于 1913 年从胡以鲁的手下诞生。文字改革的初步成果《注音字母》的制定，也是在 1913 年。文体改革的重要标志，则是 1915 年以陈独秀主编《青年杂志》肇始的白话文运动。

民国语言文字学的第一项成就，当是以"言文一致"相号召的语言改革运动。这场运动的主题是文体改革、文字改革。1917 年，在胡适、陈独秀、钱玄同、鲁迅等人的倡导下，掀起了轰轰烈烈的白话文运动。白话文运动是在"文学革命"的背景下发动的，以北京大学进步师生为主力，同文言维护者展开了激烈的论争。在白话文运动中，胡适发表《文学改良刍议》、《建设的文学革命论》，陈独秀发表《文学革命论》，刘半农发表《我之文学改良观》等，较为系统地提出了以白话文代替文言文的主张。其主要内容有三：一是白话为文学之正宗；二是要让白话文成为唯一的通用书面语；三是白话文要以现代中国人的口语为源泉。这三点分别提供了打倒文言文正统的历史根据，提出了推行白话文的奋斗目标，指明了建设白话文的正确方向，从而推动了白话文运动的深入发展。

在白话文运动凯歌行进的同时，钱玄同、赵元任等人在1922年《国语月刊》"汉字改革"号上，提出汉字拼音化的动议，并拟出了罗马字方案。1925年，刘复、钱玄同、黎锦熙、赵元任、林玉堂（林语堂）、汪怡等人经过一年的讨论，九易其稿，拟定《国语罗马字拼音法式》。后由国语罗马字拼音研究委员会议决通过，1928年教育部作为国音字母第二式正式公布。第一式是在1918年公布的《注音字母》。

1934年，为推动白话文运动的全面开展，回击文言复兴的逆流，陈望道、胡愈之、叶圣陶、陈子展、乐嗣炳、黎烈文等在上海发起大众语运动。运动得到了鲁迅的大力支持。他们主张，书面语不能以"明白如话"为止境，更要进一步做到"话文合一"。而大众语是大众的语言，要达到大众"说得出，听得懂，写得来，看得下"①，做到为大众所有、为大众所需、为大众所用。

同年10月，叶籁士发表《大众语·土语·拉丁化》一文，正式介绍了吴玉章等人以瞿秋白拟定的《中国拉丁化字母方案》为基础制定的《中国拉丁化新文字方案》。于是，围绕大众语与汉字、拉丁化新文字的关系问题，引发出拉丁化新文字运动。较多人认为拉丁化新文字比汉字更容易做到"话文合一"，新文字是大众语最理想的书写工具，因而主张废除汉字。鲁迅在《门外文谈》、《中国语言的新生》、《论新文字》等文中明确指出：促使书面语同口语相一致的关键是实行汉字拼音化。在汉语拼音方案里，国语罗马字虽"精密"而又"太繁"，有些妨碍普及，而拉丁化新文字有"简而不陋"的特色，便于大众掌握，从国语罗马字向拉丁化新文字发展，就可使拼音方案从"研究室或书斋的清玩"变为"街头巷尾的东西"。在鲁迅等人的倡导下，拉丁新文字的推广掀起了一个高潮，一直持续到50年代。

民国时期以文体改革、文字改革为旗帜的语文运动，到中华人民共和国成立后终于形成为国家的语言政策，普通话成为国家法定的标准语言，并正式公布了《汉字简化方案》和《汉语拼音方案》。从语言学研究的角度讲，民国时期的语文运动推动了语言研究基点的转移，即从研究文字和书面语研究转移到活的语言上来。

---

① 陈望道：《大众语论》，《陈望道文集》第3卷，第87页，上海，上海人民出版社，1981。

就实质而言，语文运动是对传统语言学的改造，在学术上的表现之一，就是突破传统的小学体系转向现代语言学。在这一方面，微观语言学的学术成就更为突出。

在文字学研究方面，由以《说文》为中心，逐渐地转移到古文字研究为重点。民国时期形成了一支实力雄厚的古文字专家队伍，出现了罗振玉、王国维、董作宾、郭沫若、于省吾、唐兰、陈梦家、容庚、胡厚宣、商承祚等著名学者。郭沫若的《卜辞通纂》、《两周金文辞系考释》、《甲骨文字研究》、《殷周青铜器铭文研究》，于省吾的《双剑誃殷契骈枝》、《甲骨文字释林》，唐兰的《古文字学导论》等，都是现代古文字研究的名著。

在音韵学方面，主要进步表现为由音类的考证进展到音值的构拟。章太炎和黄侃在古韵分部的研究方面成就斐然，但多限于传统学术的影响。五四以后，中国音韵学研究大体有两条路子，一条是以钱玄同、汪荣宝、魏建功为代表。他们既有传统音韵学的深厚功底，又接受了一些新的语言学观念，能够承上启下，开创新境。钱玄同的《文字学音篇》、汪荣宝的《歌戈钱虞模古读考》、魏建功的《古音系研究》，都是这方面的力作。另一条路子以罗常培、王力、李方桂、陆志韦、张世禄等人为代表。他们更多地接受了现代语言学研究的理论和方法，并在不同程度上予以修正补充，对音韵学上一些重要问题有独到的见解。如，罗常培的《汉语音韵学导论》、《唐五代西北方音》，王力的《中国音韵学》，陆志韦的《释中原音韵》，张世禄的《中国音韵学史》等。

在训诂学方面，沈兼士对段玉裁的“以声为义说”作了发展，著有《右文说在训诂学上之沿革及其推阐》。在训诂史方面的著作，以胡朴安的《中国训诂学史》为代表。训诂学理论方面的专著，有齐佩瑢的《训诂学概论》等。

在方言学方面，章太炎的《新方言》既是传统方言学的集大成之作，也标志着传统方言学的终结。而赵元任在实地调查的基础上写成的《现代吴语的研究》，则被称为现代方言学的开山之作。此外，罗常培的《厦门音系》、《临川音系》，也是在实地调查的基础上写成的。实地调查成为方言学研究的重要手段。

在语法学方面，研究的重心较多地放在构建各自的语法体系，以及对一些具体语法事实的分析上，同时对汉语语法理论进行了探讨。语法学是民国语言学研究中最活跃的领域之一，取得了可喜成绩。章士钊的《中等国文典》、陈承泽的《国文法草创》、黎锦熙的《新著国语文法》、杨树达的《高等国文法》对《马氏文通》作了修正和发展，其中黎锦熙的《新著国语文法》开辟了以现代汉语为研究对象的新路。三四十年代，语法学研究得到进一步发展，出现了我国第一部比较完整意义上的汉语语法理论专著，即何容著的《中国文法论》。1936 年，王力发表著名论文《中国文法学初探》，吹响了文法革新的号角。1938 年，陈望道在上海发起了文法革新的讨论，提出要建立中国自己的文法体系。这次讨论，直接促成了 40 年代汉语语法研究的新收获，建构了三套新的汉语语法体系。这三套理论体系分别体现在吕叔湘的《中国文法论》、高名凯的《汉语语法论》、王力的《中国现代语法》等著作中。

修辞学真正成为一门独立的学科始于民国建立以后。现代修辞学是在西洋修辞学、日本美辞学的影响下建立的。1923 年，唐钺的《修辞格》，虽仿照英国纳斯菲尔的《高级英文作文学》，但已结合汉语特点、总结修辞方法，成了科学的修辞论的先声。王易的《修辞学》、《修辞学通诠》，张弓的《中国修辞学》，金兆梓的《实用国文修辞学》，董鲁安的《修辞学讲义》等书的出版，表明修辞学研究渐趋成熟。1932 年陈望道《修辞学发凡》的问世，标志着中国修辞学研究进入一个新的阶段，是中国第一部有系统的兼顾古文白话的修辞学专著。继《修辞学发凡》之后，出现了杨树达的《中国修辞学》、张弓的《现代汉语修辞学》等著作，这些著作自成一家之言，大大拓宽了修辞学研究的门径。

民国时期的宏观语言学研究主要是取法欧美语言学。1912 年，胡以鲁著《国语学草创》，首次较为全面地运用现代语言学理论对汉语各个领域的理论问题作了探讨，奠定了民国语言学理论研究的基础。此后，陆续出版了黎锦熙的《国语学讲义》、沈步洲的《言语学概论》、张世禄的《语言学原理》等著作。这些著作对国外各种语言学流派作了介绍，并使用汉语事实说明和补充外国现代语言学理论，取得了一定成绩。

（二）社会学

社会学在中国作为一门专业的知识、专门学科，始于民国建立以后，尽管此前西方社会学在清末已有所传播。

民国初期，中国社会学尚处于起步阶段，基本上以介绍西方社会学理论为主，中国人自己拟定的社会学著作可谓凤毛麟角。1915 年，陶孟和、梁宇皋合著的《中国乡村与都市生活》一书正式出版，这是中国社会学者第一次用英文发表的研究中国社会的书，也是中国学者所著的第一本社会学专著。1918年，陈长蘅著的《中国人口论》由商务印书馆出版，这是一本最早论及中国人口的社会学著作，也是使用统计图表讨论社会问题的第一本书。书中提倡节制生育，主张适度人口，反对非自然的节育论。

五四运动特别是 20 年代以后，一批国外攻读社会学专业的留学人员陆续回国，国内各大学纷纷成立社会学系，中国社会学研究走向高潮。除传播西方社会学的译著不断出版，中国人自己编著的社会学著作相继问世。代表性的著作如，1922 年陶孟和出版的《社会与教育》，该书开创了中国社会学研究的分支领域之一——教育社会学；还有李达的《现代社会学》、常乃德的《社会学要旨》、许仕廉的《社会与教育》、顾复的《农村社会学》、马超俊的《中国劳工问题》、孙本文的《社会学上的文化论》等。同时，涌现出一批社会调查的杰作，著名的有：《北京：一种社会调查》（1924 年）、《中国农村经济》（1924年）、《华南农村生活》（1925 年）。而毛泽东的《中国社会各阶级的分析》更是这一方面的代表作。

1927 年以后的十年，是中国社会学的正式形成期，社会学的各种理论竞相出现，应用社会学等社会学分支迅速发展，社会调查的广度深度大有提高，并出现了一批著名社会学家。

在社会学理论方面，较有成就的有李达、许德珩、孙本文、陈达等人。李达、许德珩是著名的马克思主义社会学家。李达 1926 年出版的《现代社会学》一书，系统阐述了唯物史观和科学社会主义的基本原理，论述了中国革命和世界革命的基本问题，明确指出中国是一个半殖民地社会。他于 1937 年出版的《社会学大纲》是马克思主义社会学的代表作，无论在革命根据地还是在国民党统治区都有广泛的影响。许德珩除于 1925 年出版了译著《社会学方法论》外，还撰有《社会学讲话》等书。

孙本文（1891—1979），是我国社会学最为重要的开拓者之一，长期从事社会学的教学和科研工作，著述丰厚。其中较著名的有：《社会学上之文化论》《社会学 ABC》《人口论 ABC》《社会学的领域》《社会的文化基础》《社会变迁》《社会学原理》《中国社会问题》《现代中国社会问题》《社会心理学》《社会思想》《近代社会学发展史》《社会学大纲》《社会学名词》《当代中国社会学》等。上述著作从文化社会学、心理社会学、行为社会学、普通社会学等多角度探讨了社会学的基本理论及中国的社会问题。其中，《社会学原理》出版于 1935 年，是民国时期最为重要的社会学代表作之一。该书资料丰富，结构严谨，在文化社会学的基础上博采欧美各家学说之长，使社会学知识成为一个有机体系，对社会因素、社会过程、社会组织、社会控制、社会变迁作了认真分析说明，但对马克思主义社会学存有诸多误解。

陈达是我国人口普查实验的先驱者之一，是民国时期中国人口研究的权威人物。主要著作有：《中国劳工问题》《人口问题》《南洋华侨与闽粤社会》《现代中国人口》等。他的著作资料扎实，立论有据，充满了实事求是的科学精神。

这一时期较著名的社会学著作还有潘光旦的《中国之家庭问题》、柯象峰的《中国贫穷问题》、杨开道的《农村社会学》、言心哲的《农村社会学概论》、冯和法的《农村社会学大纲》、吴景超的《都市社会学》、李景汉的《实地社会调查方法》等。

1937 年以后，中国社会加快了"社会学中国化"的进程。除孙本文等人在社会学理论建设方面不断取得成就外，社区研究特别是少数民族的社区研究成为新的研究重点。

社区研究，又称社区分析、社会学调查。30 年代首先由燕京大学社会学系吴文藻为首的一帮师生们发起。所谓社区，即 community，是费孝通等燕大学生译出的，后来成为中国社会学的通用语。所谓社区研究，即应用社会学的一般理论，以文化社会学的观点，文化人类学功能主义的调查研究方法，深入一个有限制的地域社会内，进行整个社会的性质和问题的分析研究。它不仅注重了社会的静态分析，还要探索其变迁态势，强调社区之间的文化和制度比较，以动态地把握社会的总体结构。吴文藻及其弟子费孝通、李安宅、林耀华等是这一方面的力行者。他们的主要成果有：费孝通 1939 年出版的在伦敦经济学院写成的博士论文《中国农民生活》。该书以江苏省吴江县开弦弓村的调查研究为基础，论述了中国农民的消费、生产、分配和交易等问题，引起了国际社会人类学的重视。此后，他接替吴文藻主持云南大学社会研究室的工作，率领研究人员集中调查了禄村、易村和玉村，将其部分成果结集为《乡土中国》于 1945 年出版。

民国时期，社会学家往往兼及文化人类学和民族学。从 30 年代起，吴文藻等人就十分重视少数民族的社区调查。代表性著作如：费孝通与王同惠合著的《花兰瑶社会组织》，林耀华著的《凉山夷（彝）家》，林惠祥著的《台湾番族调查报告撮要》和《台湾番族之原始文化》，何联奎著的《畲民问题》和《畲民的图腾崇拜》，吴定良著的《水西苗调查纪要》，陶云逵著的《大寨黑夷之宗族与图腾制》等。有关少数民族的社区调查中，尤以对苗族的调查最多。这些调查与研究报告促进了汉族人民对少数民族历史文化的了解，也促进了社会学、民族学的进一步发展。

此外在 20 世纪三四十年代战争不断的环境下，社会行政和社会服务的活动增多。为适应社会要求，社会学者加强了这一方面的研究，并撰写出大量著作，代表性的有：言心哲著的《现代社会事业》和他主编的《社会事业与社会建设》、马宗荣著的《社会事业与社会行政》、王克著的《中国社会服务事业》、曾友松著的《战时社会行政研究》、吴榆珍著的《社会个案工作方法概要》等。

（三）文化学

文化学是从西方传入的一门新学科。"文化"一词，在中国古代意思是"文治教化"。现代意义上的"文化"一词，乃清末从日本引进的，是对"Culture"的意译。"文化学"这一名词至少在 1924 年即已出现，李大钊该年在《史学要论》中指出，特殊历史学当称人文学或文化学。到 20 年代末 30 年代初，"文化学"这一概念被广泛使用，独立的文化学学科开始建立起来。

五四新文化运动的开展，标志着现代文化意识在中国蔚然兴起，人们开始空前关注起文化问题来。五四时期，有关中西文化比较、评论的文章大量发表，并出现了像梁漱溟《东西文化及其哲学》这样专门性的论著。人们围绕中国文化的发展道路，就文化的内涵、起源、结构、特性、变迁的规律等问题开展了讨论。到 20 年代末 30 年代初，有关文化学的论著陆续出版，主要有：谢颂羔《文化的研究》，孙本文的《文化与社会》和《社会的文化基础》，许仕廉的《文化与政治》，叶法无的《文化评价 ABC》和《文化与文明》等。谢颂羔在其《文化的研究》中提出文化学应包含八个方面的内容，即：哲学——科学，美术，伦理，社会学的惯例，政治与法律，宗教，社会的安宁与幸福，人生的极致。

1933 年，朱谦之撰成《文化哲学》一书，由商务印书馆出版。该书运用所谓文化的"历史研究法"，对文化的结构进行了独特的分析。他认为，文化内容因本质的不同而表现为宗教、哲学、科学和艺术，又因进步程度不同而表现为层次不同的宗教的文化、哲学的文化、科学的文化、艺术的文化。其中，宗教的文化以印度为代表，哲学的文化以中国为代表，科学的文化以西洋为代表。而所有的文化又都趋向于艺术的文化。

三四十年代，文化学研究卓有成就的还有黄文山、阎焕文、陈序经、余天休等人。黄文山曾在广州中山大学参与发起成立中国文化学学会，并于 1938 年 2 月以该会名义出版了《文化学论文集》一书，对文化学的建设、方法、法则以及中国文化建设的理论问题作了专门探讨。阎焕文著的《文化学》、余天休著的《社会文化研究法》，也是文化学学科建设的代表作。

陈序经是民国时期文化学界较为活跃的学者，是全盘西化论的代表人物。他先后出版有《中国文化的出路》、《东西文化观》、《南北文化观》、《文化学概观》等论著。《文化学概观》于 1947 年出版。在该书中，他先是论述了文化的分类、意义、文化与文明的关系、文化学发展的历史，并从伦理、宗教、政治、经济四个方面分析了文化的内涵。然后，他就文化形成的环境基础、文化的空间性和时间性等问题作了阐明。最后，他从一致与和谐、回顾与前瞻、自由与平等、模仿与创造、个人与社会、国家与世界、东方与西方、南方与北方等八个方面，对文化的特性、发展、转换、地域性等问题进行了全面阐述，从而建立起一个内容丰富、逻辑严密、框架庞大的文化学体系，基本代表了民国文化学研究的水平。该书缺陷在于把文化的整体不可分割性强调到极致，这是他的"全盘西化"论的理论依据。

三四十年代，文化学的各分支学科也相继出现，有些还取得了一定成绩。

在文化人类学、文化社会学、文化教育学、文化历史学、文化统计学以及文化生态学等领域，均有论著出现，如林惠祥的《文化人类学》、蒋径三的《文化教育学》、杨杏庭的《文化教育学概论》、钱穆的《文化与教育》、朱谦之的《文化社会学》、林同济的《文化形态史观》等。

民国时期，国外的文化学著作也不断地被译介到中国来，较有影响的著作，主要有：爱尔乌德的《文化进化论》、西村真次的《文化移动论》、马凌诺夫斯基的《文化论》、史密斯的《文化传播辩论集》等。

第五章
民国时期的西学东渐和中学西传

一、西学东渐的特点

西学传入中国，最早是在明末清初，当时以利玛窦为代表的西方传教士在向中国人传播上帝福音的同时，也曾介绍过一些西方自然科学知识。但由于种种原因，那时的西学并没有在中国植根，也没有产生任何重大影响。不久，即因清朝统治者实行闭关锁国政策，西学的传入被迫中止。西学再次卷土重来则是在 1840 年鸦片战争之后。到了民国，西学东渐更进入到一个新的时期。与晚清时期比较，民国时期的西学东渐具有以下几个特点。

（一）内容的丰富

晚清时期的西学东渐，大致可分为两个阶段。第一阶段从 1840 年到 1894 年，即从第一次鸦片战争到中日甲午战争前。这一阶段传入的西学除宗教外，主要是自然科学，如数学、天文学、物理学、化学、动植物学、地质学、地理学、医学等基础科学，与工业制造有关的冶炼、造船、化工、开采、纺织、驾驶、军械等应用科学都有大量和系统的介绍，单项学科的引进也很全面，如介绍的物理学中就包括了力学、电学、声学、水学、热学等分支学科。社会科学在这一时期虽然也有一些介绍，但这种介绍是附带的、零星的，无论在数量上，还是质量上，都远远无法与自然科学的介绍相比。"可以说，自然科学的大量引进，是西学在这个时期传播的重要特征。"① 据研究者统计，1860～1900 年四十年间，共出各种西书 555 种，其中自然科学 162 种，占总数的 29%，应用科学 225 种，占总数的 41%，两者合计 387 种，占总数的 70%，而社会科学只有 123 种，占总数的 22%，其他 45 种，占总数的 8%。②

这一阶段传入的西学之所以以自然科学为主，主要是由当时人们对西学的认识决定的。作为近代中国最早睁眼看世界先进人物之一，魏源在鸦片战争后所编的《海国图志》中，主张"师夷长技以制夷"，而他所认识的"夷长技"，不外"一战舰，二火器，三养兵练兵之法"，即所谓的西方"技艺"。1861 年，冯桂芬撰《校庐抗议》，提出改革主张，其中一篇是《采西学议》，认为"算学、重学、视学、光学等，皆得格物至理"，而算学是西学的基础，"一切西学，皆从算学出"。正因为冯氏所认识的西学仅限于自然科学，所以他主张"以中国伦常名教为原本，辅以诸国富强之术"。这后来成了"中学为体，西学为用"之文化主张的滥觞。60 年代开始的洋务运动，前后历时 30 年，但人们对西学的认识，始终与冯桂芬的认识相差无几。如被时人称为最通洋务的李鸿章，便认为"泰西之学，格致为先，自昔已然，今为尤盛。学校相望，人才辈

---

① 史革新：《十九世纪六十至九十年代西学在中国的传播》，《北京师范大学学报》，1985 年第 5 期。

② 熊月之：《西学东渐与晚清社会》，第 11～12 页，上海，上海人民出版社，1994。

出，上有世业，故能人人竞于有用，以臻于富强"①。另一位洋务派大员奕䜣同样将自然科学与西学等同起来，认为"洋人制造机器、火器等到件，以及行船行军，无一不从天文算学中来"。即使是对洋务运动持批评态度的早期维新思想家，也大多认为西学主要是自然科学，或者说自然科学是西学的基础。郑观应在《盛世危言西学》篇中就写道："泰西之学，派别条分，商政、兵法、造船、制器，以及农、渔、牧、矿诸务，实无一不精，而皆导源于汽学、光学、化学、电学。"②

甲午战争中清政府的惨败，特别是北洋海军的全军覆灭，是号称"自强"的洋务运动彻底失败的标志。洋务运动的失败，使人们对西学的认识发生了变化。比如严复，在甲午战争后连续发表文章，反省洋务运动失败的原因，强调"大讲西学"的重要性，批评洋务派对西学的片面认识，指出："今之称西人者，曰彼善会计而已，又曰彼擅机巧而已。不知吾今慈之所见所闻，如汽机兵械之伦，皆其形下之粗迹，即所谓天算格致之最精，亦其能事之见端，而非命脉之所在。其命脉云何？苟扼要而谈，不外于学术则黜伪而崇真，于刑政则屈私以为公而已。"③ 在他看来，商政、兵法、造船、制器，乃至天文、算学、格致，都不是西学的根本，西学的根本在"于学术则黜伪而崇真，于刑政则屈私以为公"，亦就是我们所讲的科学与民主。梁启超在《戊戌政变记》的"上谕恭跋"里说："甲午以前，我国士大夫言西学者，以为西人之长不过在船坚炮利，机器精奇，故学知者亦不过炮械船舰而已。此实我国致败之由也。己未和议成，士夫渐知泰西之强由于学术。"中国与人们对西学认识的这种变化相一致，晚清西学东渐也进入到了它的第二个阶段。

晚清西学东渐的第二个阶段，从1895年甲午战争到1911年辛亥革命。这一阶段传入的西学，除自然科学外，社会科学日益增多起来。西学传入的这种变化，可以从《西学书目表》、《东西学目》和《译书经眼录》所收的书目看出。梁启超1896年所著的《西学书目表》共收西学书目352种，其中自然科学259种，占总数的73.6%，社会科学93种，占总数的26.4%。徐维则1899

① 《（西学启蒙十六种）序》，见龚书铎：《近代中国与文化抉择》，第78页，北京，北京师范大学出版社，1993。

② 夏东元编：《郑观应集》上册，第274页，上海，上海人民出版社，1982。

③ 严复：《论世变之亟》，见《严复集》第1册，第4页，北京，中华书局，1986。

年出版的《东西学书目》收书目537种，其中自然科学387种，社会科学126种，报章21种，就自然科学书目与社会科学书目比较，前者占75.2%，后者占24.8%。两者的比较与《西学书目表》反映的情况大致相符。所以梁启超在《西学书目表》的"序例"中说："在西学书中格致诸书，虽非大备，而崖略可见；惟西政各籍，译者寥寥。"① 这种情况在《译书经眼录》中有了根本改变。《译书经眼录》收1900年至1904年所译书目491部，其中自然科学164部，占总数的33.4%，社会科学327部，占总数的66.6%。另据《日本译中国书综合目录》一书的统计，从1868年至1895年，中译日文书8种，几乎全是自然科学，1896年至1911年中译日文书958种，其中自然科学（含应用科学）172种，约占总数的18%，社会科学786种，约占总数的82%。② 这里需要指出的是，第二阶段传入的社会科学，虽然包括了哲学、历史、法学、文学、经济、政治、社会学等学科，但主要以政治和法学类为主。有学者在研究了20世纪初"西学从东方涌来"后指出：当时中国人翻译来自日本的西书，"法学、政治学方面，译作最多，成效最大"③。

进入民国，特别是到了五四新文化运动期间，西学传播的内容进一步丰富。如果说1894年前传播的主要是西学中的"艺学"，亦即自然科学，1895年后是"政艺兼学"，而以"政学"亦即社会科学为主，那么，自五四新文化运动时期开始，几乎所有的西学门类，如政治、经济、军事、法律、哲学、宗教、心理学、地理学、史学、文学、美学、语言、文字、艺术、科技、医学、教育，以及各种各样的思潮、学说、观念都先后传入到了中国。比如，西方哲学虽然自戊戌变法时期起就已开始传入我国，但真正对西方哲学进行全面系统的介绍，则是在五四新文化运动及其之后。"这一时期学术界对西方哲学的输入，较之以前，有两个极为显著的特点。这就是：第一，规模宏大，西方哲学的所有流派，几乎于同一时期一并涌入中国；第二，全面系统，超出了以往零星种贩式的介绍。"④ 艾思奇就曾指出："在清政府崩溃以前，即有种种的自由

① 转引见胡思庸：《西方传教士与晚清的格致学》，载《近代史研究》，1985年第6期。
② 转引见龚书铎：《晚上清西学约议》，见龚书铎：〈近代中国与文化抉择〉，第79～80页，北京，北京师范大学出版社，1993。
③ 熊月之：《西学东渐与晚清社会》，第658页，上海，上海人民出版社，1994。
④ 赵德志：《"五四"后西方哲学东渐及其影响的再认识》。

思想之输入，严复的翻译，《新民丛报》等类出版物之介绍，虽然说不上哲学，至少可以作为资本主义型新思想之最初的具体表现。——但资本主义型思想之突飞猛进的成长及新哲学思潮的正式成立，是在民国三年以后五四运动中的事。"[①] 其他学科也与哲学类似。

这里特别需要指出的是，民国时期，马克思列宁主义和苏俄无产阶级文化成了西学的重要组成部分。众所周知，中国人最早知道马克思是在 19 世纪末 20 世纪初，但马克思主义在中国广泛传播则是在十月革命之后，亦即五四新文化运动时期，并从此成了中国革命的指导思想和斗争武器。与此同时，十月革命后苏俄无产阶级文化也大规模地传入到中国，对中国社会和文化产生了重大而深远的影响。如果说，在此之前，所谓西学，还是欧美资产阶级文化的一统天下，那么，于此之后，苏俄无产阶级文化则异军突起，受到中国人民的热烈欢迎。

（二）主体的变化

晚清西学东渐的主体，在 1895 年以前，主要是外国传教士，1895 年以后，主要是一些对西学有一定了解的中国士大夫。

早在第一次鸦片战争结束不久，来华的传教士就在通商口岸创办了一些报刊、学堂和出版机构，不过为数很少。第二次鸦片战争后，随着西方列强侵略权益的进一步扩大，外国传教士取得了在各地自由传教的特权。为配合传教，他们到各处大量建立各种文化设施，如学堂、报馆、学会和翻译出版机构等。就报刊而论，"中国各报除京报外，自始自今（19 世纪 90 年代初—引者），共有七十六种，大抵以西人教会报为多"[②]。学会方面最著名的是由英国传教士韦廉臣、李提摩太等人主持的广学会。它 40 多年中仅编译出版的书籍就达 2 000 多种，还发行有《万国公报》、《大同报》等十几种中文报刊。洋务运动兴起后，洋务派创办了一些洋务学堂、译书机构，如同文馆、江南制造局的翻译馆等。由于当时中国人中很少有精通甚至接触过西学者，因此不少传教士被

---

① 艾思奇：《二十二年来之中国哲学思潮》，见《艾思奇文集》第 1 卷，第 57 页，北京，人民出版社，1981。

② 薛福成：《出使日记续刻》卷一，见史革新《十九世纪六十至九十年代西学在中国的传播》，载《北京师范大学学报》，1985 年第 5 期。

洋务派官员请到这些洋务学堂和译书机构担任教习或译员。他们或单独、或与中国学者合作翻译了不少西方书籍。如英国传教士傅兰雅在任江南制造局翻译馆的译员期间，先后译书 77 种，占全馆译书三分之一以上，比其他任何人都多。除为江南制造局译书外，他还为 1877 年成立于上海的益智书局译书 30 多种。据统计，傅氏一生共译西书 129 种，涉及基础科学、应用科学、军事科学、社会科学等各个方面。其中，基础科学 57 种，应用科学 48 种，军事科学 14 种，社会科学 10 种。① 其他传教士，如林乐知、丁韪良、李提摩太、韦烈亚力等也译书不少。梁启超的《西学书目表》收录鸦片战争后到 1896 年的西学译书 341 种，其中传教士译 139 种，传教士与中国学者合译 123 种，中国学者译 38 种，不著译者姓名的 41 种。中国学者，如李善兰、徐寿、华蘅芳等人也曾与传教士合作翻译过不少西书，对西学的传播作出过重要贡献，但总的来看，1895 年之前西学传播的主体是西方传教士。

1895 年后，这种情况有了变化。一方面由于门户开放，对外交往的不断扩大，另一方面由于洋务运动中派遣的留学生陆续学成归国，中国人中掌握外国语言文字和科学知识的人日益增多起来，他们为了向西方寻找救国救民真理，积极传播西学，并逐渐取代传教士成了西学东渐的主体。以译书为例，据梁启超《西学书目表》所收 1896 年前西学译书书目统计，传教士译书或与中国学者合译书占总译书的 76％，中国学者译书只占总译书的 11％。而据顾燮光《译书经眼录》所收 1900 年至 1904 年 526 种西文和日文的译书统计，外国人译 35 种，中外合译 33 种，中国学者译 415 种，不著姓名的 43 种，外国人译书和外国人与中国人译书占总译书的 11％，中国人译书占总译书的 76％。比较《西学书目表》和《译书经眼录》，外国人译书和外国人与中国学者合译书与中国人译书的百分比正好颠倒。当时就有人撰文谈到这前后两个阶段译书人身份的变化："前译书之人，教会也，朝廷也；前译书之目的，传教也，敷衍也。后译书之人，士夫也，学生也；后译书之目的，谋公利也，谋私利也。"② 这表明，自 1895 年后中国人已逐渐成为西学传播的主体。而这些传播西学的中国人，其身份虽然各异，有外交官、政治家、学堂教习、新旧学者，

---

① 熊月之：《西学东渐与晚清社会》，第 573～575 页，上海，上海人民出版社，1994。
② 张静庐主编：《中国出版史料补编·译书略论》，第 62 页，转引见龚书铎：《晚清西学约议》，载《近代史研究》，1991（2）。

但总的来看都是一些曾接触过西方文化、对西学有相当或一定了解的开明"士大夫",如严复、梁启超、章太炎、蔡元培、马君武、黄遵宪、王国维、伍光健、张相文、丁福保、林纾、孟森等。尽管这些人中有的曾留学过欧美日本,有的在欧美日本生活过,但严格说来,无论知识结构,还是社会身份,他们不能算为百分之百的新式知识分子,他们的地位,有些类似意大利文艺复兴初期的但丁,既是旧时代最后一位诗人(士大夫),又是新时代的第一位诗人(知识分子),是新旧过渡时期承上启下的人物。其中严复的影响和贡献最大,他翻译的《天演论》、《原富》、《群学肄言》、《群己权界论》、《社会通诠》、《法意》、《穆勒名学》和《名学浅说》等八大西方名著,特别是《天演论》曾风云一时,影响过整整一代人。梁启超在他主编的《清议报》和《新民丛报》上对众多西方政治家、思想家和哲学家之学说的介绍,林纾与人合作对众多西方文学家之文学作品的翻译,也都对西方文化学术的东渐起过重要作用。

进入民国,随着留学生的大量回国,西学东渐的主体再次发生变化。据最保守的估计,清末至民国我国官费或自费到欧美日本留学的学生至少在 10 万人以上(有学者估计是 30 万人)。[①] 这 10 多万留学生除少数人滞留未归外,绝大多数学成后都回到了国内。[②] 由于留学生接受过系统的新式教育,又有长期国外生活的经历,无论是对西方(包括日本)语言文字的掌握,还是对西方文化学术的了解,都是清末的士大夫们所不能比拟的,因此,他们"在引介西方哲学、社会科学及人文学说方面",便很快取代严复、梁启超、林纾辈"扮演了'盗火者'的角色"[③],成为传播西学的主体。以哲学为例,民国时期有影响的西方哲学流派,几乎都是留学生首先或主要介绍到中国来的。如杜威实验主义哲学的主要介绍者是留美的胡适,柏格森生命哲学、倭伊铿精神哲学、杜里舒生机主义哲学的主要介绍者是留德的张君劢,黑格尔哲学的主要介绍者是留美留德的贺麟,罗素新实在论哲学的主要介绍者是留法的张申府。再如外国文学的翻译,据研究者统计 1987 年出版的《民国时期总书目(外国文学)》,

---

① 李华兴主编:《民国教育史》,第 750 页,上海,上海教育出版社,1997 年版。
② 1937 年的《清华同学录》,收录留学生 1 152 人,其中学成归国者 1 131 人,回国率达 98%以上。见汪一驹:《中国知识分子与西方》,第 170 页,转引见王奇生:《中国留学生的历史轨迹》,第 180 页,武汉,湖北教育出版社,1992。
③ 李华兴主编:《民国教育史》,第 755、753 页,上海,上海教育出版社,1997。

1911～1949 年间共出版外国文学译著（包括重译本）3 994 种，"留学出身的译者占了其中的大部分"①。1915 年由留美学生赵元任、胡明复、杨杏佛等人发起成立以攻读自然科学的留学生为主要会员的中国科学社，对传播和介绍西方现代自然科学作出过巨大贡献。据统计，该社主办的《科学》月刊，自1915 到 1950 年，共出版 32 卷，发表介绍、研究西方自然科学的长短论文或译文 3 000 多篇，约 2 000 多万字，内容涉及自然科学的各个方面。除《科学》月刊外，该社还出版有《科学画报》、《论文专刊》、《科学丛书》和《科学译丛》。该社还多次派代表参加国际科学会议，同时又邀请不少国外学者来中国讲学，法国物理学家朗之万、美国生物学家尼登等都曾应邀来中国作过讲演。根据1935 年的一项调查，当时全国有自然科学类学术团体 40 多个，这些团体与"中国科学社"一样多以留学生为主要成员，它们"在气象学、地质学、农业学、医学、植物学、冶金学等各个领域，在古今中外科学的汇聚、研究和科技汉译新名词的审定、推行等各个层面，都作出了重大贡献"②。民国时期著名的思想家、文学家、教育家、科学家和社会科学家，大多数都是留学生出身。如思想家鲁迅、胡适、陈序经、冯友兰、贺麟，文学家郭沫若、梁实秋、闻一多、林语堂、徐志摩，教育家陶行知、张伯苓、蒋梦麟、晏阳初、梅贻琦、陈鹤琴，科学家李四光、竺可桢、吴有训、严济慈、周培源、苏步青，社会科学家金岳霖、陈寅恪、汤用、谢钟书、傅斯年等。据国民政府教育部统计，1941年 2 月～1944 年 3 月这三年中，经审查合格的全国专科以上学校任职教授、副教授者共 2 448 人，中有归国留学生 1 913 人，占总数的 78％以上。③ 1948年中国最高研究机构中央研究院，首次从全国 402 名著名科学家和社会科学家候选人中选出院士 81 人，其中留学生出身者 76 人，占总数的 93.8％。④这些著名的思想家、文学家、教育家、科学家和社会科学家，也都是西学东渐的有力推动者。

　　民国时期，留学生成了传播西学的主体。但对于如何学习西学，不仅在一般中国人中，就是在留学生中也存在着不同的看法和主张。概而言之，民国时

　　① 王奇生：《中国留学生的历史轨迹》，第 322 页，武汉，湖北教育出版社，1992。
　　② 李华兴主编：《民国教育史》，第 755、753 页，上海，上海教育出版社，1997。
　　③④ 见王奇生：《中国留学生的历史轨迹》，第 271 页，第 302～308 页，武汉，湖北教育出版社，1992。

期对于西学主要有以下几种主张：一是中体西用，华化、儒化西学，这可以文化保守主义者（如五四时期的"东方文化派"、30年代的"本位文化派"以及现代新儒家）为代表；二是西化或全盘西化，胡适、陈序经等西化派或反传统主义者是这一主张的代表人物；三是拿来主义，拿来之后，"或使用，或存放，或毁灭"，主权在我，鲁迅是这一主张的提出者；四是洋为中用，区分精华与糟粕，前者引进，后者排斥，这是毛泽东为代表的共产党人对待西方文化的态度。民国时期关于西学的论争，主要就是上述主张之间的论争。这与晚清时期不同，晚清时期的西学论争，要不要学习西学是其主要的问题之一，当时以倭仁和王先谦、叶德辉为代表的顽固派反对学习西学，认为学习西学是以夷变夏，会破坏夷夏大防。为此，他们反对旨在引进西方科学技术的洋务运动和旨在引进西方政治制度的戊戌变法。从晚清时的要不要学习西学，变为民国时的如何学习西学，这说明随着西学的不断传播，中国人对西学的认识也在与时俱进，有了长足的进步。

（三）途径的多样性

晚清时期的西学东渐，其主要途径，是翻译西书（包括来自日文的西书）。据统计，从1811年马礼逊在中国出版第一本中译西书，到1911年清朝被推翻的100年间，中国共翻译、出版西学书籍2 291种。[1] 晚清翻译西书，在相当长的时间内，至少在1895年之前，采取的是"西译中述"的基本模式。因为当时中国缺乏翻译人才，西书的翻译者主要是传教士，传教士虽通一点中文，但仅皮毛，所以他们只好与中国学者合作，由他们先将西书的意思口译成中文，然后由不通西文的中国学者润色加工，条理成文。这种译书模式带来两种不好结果：其一，传教士不是科学家，缺乏专业知识，他们所选择的科学方面的书籍，大多数不是第一流的著作，不足以代表西方科学发展水平；其二，"中西文化本属不同文化系统，长久隔阂，翻译更为不易；以仅通中文大意、难解个中奥蕴的西人口译，已经打了一个折扣；加上不通西文、难得西方文化真谛的中国学者的笔述，又打了一个折扣。这样三转两折，以中文印刷符号呈现在读者面前的西方文化，已经加进了不少中国文化成分"。特别是社会科学

---

① 熊月之：《西学东渐与晚清社会》，第14、17页，上海，上海人民出版社，1994。

方面的译著，存在的问题比较严重。如当时就把西方民主国家的 president（总统），译成"皇帝"①。1895 年后，特别是到了 20 世纪初，曾对西学东渐起过重要作用的"西译中述"译书模式，逐渐被"梁启超式"的译书模式所取代（林纾与人合作翻译西方文学作品是个例外）。所谓"梁启超式"的模式，即通过日本转口输入西学，而且这种输入因译者急功近利和对西学缺乏全面系统的了解，是"本末不具，派别不明，唯以多为贵"，无论内容和准确性都存在着不少问题。梁启超在《清代学术概论》中写道："戊戌政变，继以庚子拳祸，清室衰微益暴露。青年学子，相率求学海外，而日本以接境故，赴者尤众。壬寅、癸卯间，译述之业特盛，定期出版之杂志不下数十种。日本每一新书出，译者动数家。新思想之输入，如火如荼矣。然皆所谓'梁启超式'的输入，无组织，无选择，本末不具，派别不明，惟以多为贵，而社会亦欢迎之。盖如久处灾区之民，草根木皮，冻雀腐鼠，罔不甘之，朵颐大嚼，其能消化与否不问，能无召病与否更不问也，而亦实无卫生良品足以为代。"

进入民国，翻译西书仍是西学东渐的重要途径。但与晚清不同，民国时期译书的主体是归国留学生。他们既精通西方语言文字，又对西方文化学术有比较深入的了解，因此，他们不仅彻底抛弃了"西译中述"的模式，同时也远远超越了"梁启超式"的译书水平。作为某一学科领域的专家，他们的翻译克服了"梁启超式"的模式"在文献形态上，翻译和介绍性的文章占绝大部分，深刻论述与评价的论著十分稀少；就是这些介绍性的文章，也多是根据国外流行的哲学史书籍进行的转述。即使这样，其中不少观点与被传播对象的观点也存在不少的距离"的毛病②，本末皆具，派别分明，内容丰富而准确。比如，西学哲学原著的翻译和出版，是西学东渐的一项重要的基础性工作。但长期以来，限于翻译者的水平和胆识，有关这方面的译著可谓是凤毛麟角。张申府曾经指出："现在中国是怎样地受到西洋文明的影响，但是真正知道西洋文明的确实不多。许多人谈西洋文明，差不多都隔靴搔痒。"他认为造成这一现象的

---

① 熊月之：《西学东渐与晚清社会》，第 14、17 页，上海，上海人民出版社，1994。

② 王守常主编：《20 世纪的中国：学术与社会（哲学卷）》，第 32 页，济南，山东人民出版社，2001。

原因之一，是"西洋的许多名经巨典没有翻译到中国来"①。但到了五四新文化运动时期，特别是进入三四十年代后，这种状况有了很大的改进，"西方哲学发展过程中一些主要思潮有代表性哲学家的著作，都有选择地被翻译过来"②。据学者研究，仅在 1927 至 1949 年间，被翻译的古希腊罗马哲学家的著作，有《柏拉图五大对话》、《柏拉图对话六种》和《巴门尼德篇》，亚里士多德的《形而上学》、《大伦理学》、《政治学》，《赫拉克利特哲学思想集》、《赫拉克利特哲学道德集》等；被翻译的经验派与理性派的著作，有培根的《新工具》、《道德哲学论文集》，洛克的《人类悟性论》，巴克莱的《哲学对话三篇》、《人类知识原理》和《视觉新论》，休谟的《人类理解研究》、《人性论》，笛卡尔的《方法论》、《哲学原理》和《沉思集》，爱尔维修的《精神论》，狄德罗的《哲学原理》，霍尔巴赫的《自然之体系》，孔狄亚克的《认识论起源》，斯宾诺莎的《伦理学》、《致多篇》和《论知性之改进》，莱布尼兹的《形而上学论》等；被翻译的德国古典哲学家的著作，有康德的《实践理性批判》、《纯粹理性批判》，费希特的《对德意志国民讲演录》，黑格尔的《逻辑学大纲》等；现代西方哲学著作被翻译的就更多，达到 60 多部，"五四运动前后得到传播的实用主义、罗素哲学与唯意志论，不但仍然是传播的重心所在，而且其中有的著作还有几个译本"③。

除直接翻译西书外，著书介绍也是民国时期西学东渐的一条重要途径。晚清时，由于人们对西学的认识还处于初级阶段，因此不仅介绍西学的著述较少，就是这些较少的介绍著述，也存在着不少问题，甚至错误。王国维就曾批评梁启超在《新民丛报》上对康德哲学的介绍"其纰缪十且八九也"④。到了民国，这种情况有了根本改变，很多对西学有相当了解和研究的思想家和学者加入到了著述介绍西学的行列。如胡适、蒋梦麟、陶行知等人对杜威实验主义哲学的介绍，张君劢、瞿世英、李石岑等人对倭伊铿精神哲学、柏格森生命哲学和杜里舒生机主义哲学的介绍，张申府、张东荪、王星拱、杨端六等人对罗

---

① 张申府：《笛卡尔方法论》，《清华学报》第 11 卷第 1 号，转引见王守常主编：《20 世纪的中国：学术与社会（哲学卷）》第 60 页。

②③ 王守常主编：《20 世纪的中国：学术与社会（哲学卷）》，第 60 页，第 62 页，济南，山东人民出版社，2001。

④ 王国维：《论近年之学术界》，见《王国维遗书》第 3 册，523 页，上海，上海书店，1996。

素数理逻辑和社会主义学说的介绍，丁文江、王星拱等人对马赫主义学说的介绍，沈志远、严群、李石岑、陈康等人对古典西方哲学的介绍，张铭鼎、范寿康、郑昕等人对康德哲学的介绍，瞿世英、张君劢、周谷城、贺麟、郭本道等人对黑格尔哲学的介绍，杨人梗、倪青原等人对胡塞尔现象学的介绍，洪谦对维也纳学派的介绍，朱光潜对克罗齐哲学的介绍，张君劢对汤恩比文化哲学的介绍，吴宓、梅光迪等人对白璧德新人文主义的介绍，李大钊、李达、艾思奇等人对马克思主义哲学的介绍，茅盾、孙席珍等对西方文艺思潮的介绍，等等。这些介绍对西学东渐起过非常重要的作用。比如，杜威的实验主义哲学之所以能成为对民国时期中国思想界和学术界影响最大的西方哲学思想之一，就与胡适等人的大力宣传、介绍与提倡有很大关系。

邀请西方学者来华讲学，这是民国时期西学东渐的又一重要途径。仅五四时期，应邀来华讲学的西方学者就有美国著名哲学家杜威、英国著名哲学家罗素、德国著名哲学家杜里舒等人。杜威于 1919 年 4 月底到达上海，第二年 7 月离去，前后在中国逗留了 1 年零 3 个月，到过 11 个省市，发表讲演 100 多场。全国各大报刊对杜氏的讲演活动和讲演内容作过大量报道。后来这些讲演经过整理又由知新书店以《杜威五大讲演》为书名正式出版。通过杜氏的讲演和胡适等人的积极介绍与宣传，杜氏的实验主义哲学在中国得到广泛传播，成为民国时期对中国社会产生过重大影响的西方哲学思想之一。罗素访华期间（1920 年 9 月到达上海，第二年 7 月离去），先后在北京、长沙、上海等地就数理逻辑、哲学问题、物的分析、心的分析和社会问题发表系列讲演，向当时渴求新知的中国知识界系统地介绍了相对论、量子论、精神分析说、数理逻辑等崭新的科学知识，受到热烈欢迎。杜里舒在华讲学期间，除介绍康德哲学外，主要是向中国知识界宣讲和介绍他的生机主义哲学，当时不少报刊发表过他的讲演稿，有的讲演稿又经整理，被收入不久出版的《杜里舒讲演录》之中。除杜威、罗素和杜里舒外，民国时期到中国从事过讲学或文化交流活动的西方学者还有伯希和、萧伯纳、海明威、爱因斯坦、魏特夫等人。西方学者来华直接向中国知识界介绍和传播西学，这是民国时期西学东渐的一个重要特点。另外，邀请西方文化艺术团体来华交流演出，也是西学东渐的途径之一。

民国时期，西学东渐的途径不仅具有多样性的特点，其传播工具比之晚清也更为先进。晚清时，传播工具主要是书和报刊。到了民国，由于科学技术的进步，除图书和报刊的规模更大外，广播、电影等也成了西学东渐的重要工具。

二、西学东渐的概况

我们在前面已经指出，民国时期西学东渐的一个重要特点是内容丰富，几乎所有的西学门类，如政治、经济、军事、法律、哲学、宗教、心理学、地理学、史学、文学、美学、音乐、语言、文字、戏剧、艺术、科学、技术、工程、医学、教育，以及各种各样的思潮、学说、观念差不多都于这一时期或先或后被介绍到了中国，并对中国社会和文化产生了广泛而深远的影响。由于西学本身是精华与糟粕并存，神奇与腐朽共生，因此，这种影响也包括两个方面：一是积极的影响，促进了中国的进步；① 二是消极的影响，阻碍了中国的

---

① 一位研究者在谈到五四时期西方哲学的传播对中国社会的影响时指出："在我们看来，五四时期西方哲学纷至沓来，是新文化运动的一个重要特征和主要表现。如果否定除了马克思主义哲学以外其他西方哲学的影响，实际上便会导致对整个新文化运动的否定。因为新文化运动在当时社会生活中所以起了震古烁今、振聋发聩的作用，主要是依靠引进西方哲学，其中有马克思主义哲学，也有其他西方哲学作为理论武器进行的。因此，肯定新文化运动的启蒙作用，就应该包括传播西方哲学的积极意义在内。"具体来说，这位研究者认为，五四时期西方哲学传播的积极影响主要表现在三个方面：第一，在思想启蒙方面，由于西方哲学的大量引进，它以体现民主和科学精神的一系列理论、观点，从政治思想、伦理道德、科学教育、文学艺术等意识形态领域对中国的封建传统观念进行了猛烈的攻击，对蒙昧主义进行了坚决的斗争。其结果，一方面使旧的封建传统观念在广大青年心目中开始发生动摇，另一方面体现现代化的科学与民主精神的许多新的思想观念在他们的头脑里开始建立起来，从而促使他们不仅在思想上发生了深刻变化，其价值观念、思维方式、审美情趣、道德情操、生活习俗和民族性格等到文化心理状态开始踏上了现代化途径，而且还把思想上的这些进步转变为行为模式，表现出强烈要求个性解放的倾向。第二，在科学研究方面，由于西方哲学的大量引进，新的思想观念和思维方式得到广泛传播，旧的思想观念和思维方式不断发生动摇，人们开始用西方近代科学精神和方法，去反省过去，预测未来。其结果，在旧的封建思想影响下形成的传统学说及其研究方法越来越受到怀疑，而从西方引进的新的研究方法则得到广泛运用。不少教育家、文艺家和学者由于在自然科学和人文社会科学的教学和研究中运用了从西方引进的新的研究方法，取得丰硕成果，为中国学术研究和科学事业的繁荣作出了重要贡献。第三，在推动社会进步方面，五四运动在思想上表现为新文化的启蒙运动，在政治上表现为救亡反帝，它们相互结合，相互促进。从启蒙推动反帝来说，由于西方哲学的大量引进，民主与科学精神成为人们追求的理想，从而使新文化运动以披荆斩棘之姿，雷霆万钧之势，对于中国几千年的封建传统展开了激烈的批判，极大地改变了国人的思想面貌。因此，当救亡性的反帝运动发生后，原先的启蒙工作便为新的救亡运动奠定了思想基础，提供了人才和队伍（王守常主编：《20世纪的中国：学术与社会（哲学卷）》第52～54页）。实际上，不仅是五四时期的西方哲学，五四时期的西方其他人文社会科学、文学艺术、自然科学的传入，乃至整个民国时期西学的传入，同样对推动我国的思想启蒙、学术发展和社会进步作出了积极的贡献。

发展。但总的来看，是积极大于消极，利益多于弊端，特别是马克思主义的传入及其中国化，引导中国人民取得了新民主主义革命的伟大胜利，开创了中国历史的新纪元。下面我们拟分三个时段，即 1912～1927 年、1927～1937 年、1937～1949 年，主要就西方人文社会科学、文学艺术和自然科学的东渐概况作一介绍。

（一）1912～1927 年的西学东渐

1912 年中华民国的成立和孙中山领导的南京临时政府所颁布的一系列政策和法令，为西学在中国的进一步传播创造了条件。1915 年 9 月兴起的新文化运动，高举民主和科学的旗帜，反对旧文学，提倡新文学；反对文言文，提倡白话文；反对旧道德，提倡新道德；在批判中国封建主义文化的同时，积极输入西方"学理"，以"再造"中华文化的"新文明"。这又进一步为西学的广泛传播开辟了广阔前景。因此，进入民国后，特别是新文化运动兴起后，西学以前所未有的速度和规模传入到中国。

首先，在社会思潮方面，除晚清已传入的民主主义、自由主义、改良主义、无政府主义等得到继续的传播外，随着十月社会主义革命的胜利和新文化运动的深入，"出现了一个介绍和宣传社会主义的热潮"。当时的许多刊物，如《新青年》、《每期评论》、《新潮》、《星期评论》、《湘江评论》、《少年中国》、《新生活》、《新社会》、《国民日报》副刊《觉悟》、《时事新报》副刊《学灯》、北京《晨报》副刊等，差不多每期都有一篇或几篇介绍和宣传社会主义的文章发表。当时被介绍到中国来的社会主义思想和流派繁多，除马克思的科学社会主义外，还有施蒂纳的"无政府主义"、蒲鲁东的"社会无政府主义"、巴枯宁的"团体无政府主义"、克鲁泡特金的"无政府共产主义"和"无政府工团主义"，潘蒂、罗素等人的"基尔特社会主义"，伯恩斯坦、考茨基的"民主社会主义"，以及武者小路实笃的"新村主义"、欧文等人的"合作主义"、托尔斯泰的"泛劳动主义"，等等。在这些思想和流派中又以克鲁泡特金的"无政府主义互助论"，武者小路实笃的"新村主义"和托尔斯泰的"泛劳动主义"影响最大。还有人建立"新村"、组织"工读互助团"，进行过社会主义的试验。如此众多的社会主义思想和流派于同一时期被介绍到中国来，说明那时的中国思想界还没有形成自己的主体意识和信仰，人们还在对各种社会主义进行讨论、比较和选择。这正如瞿秋白在 1920 年时所指出的那样："社会主义的讨论，常常引起我们无限的兴味。然而究竟如俄国十九世纪四十年代的青年思想似的，模糊影响，隔着纱窗看晓雾，社会主义流派，社会主义意义都是纷乱，不十分清晰的。"经过讨论、比较和选择，马克思的科学社会主义开始逐渐为更多的人、尤其是经过五四运动洗礼过的青年学生所接受，并成为他们的信仰和行动指南。结果是马克思的科学社会主义与中国工人运动相结合，诞生了中国共产党。

这一时期，人文社会科学仍是西学传播的主要内容。在哲学方面，从古代希腊到当时流行的一些哲学思想和流派，都得到了不同程度的传播。"以现代西方哲学来说，从新实在论到唯意志主义、国家主义、生命哲学、马赫、孔德以及英美的经验主义、实用主义，从资产阶级启蒙时代的民主主义、自由主义、个人主义到马克思主义哲学，都无不输入进来了。"[1] 其中实用主义哲学、唯意志论和生命哲学、马克思主义哲学以及罗素哲学的传播最为广泛，对中国社会和文化的影响也最大。在传播实用主义哲学方面，胡适用力最多，他写的《实验主义》、《杜威哲学的根本观念》和《杜威的教育哲学》对推动实用主义哲学成为当时对中国社会影响最大的西方哲学思潮之一起过非常重要的作用。对于唯意志论和生命哲学的传播，李石岑、瞿世英、张君劢、张东荪等人作出过重要贡献，李石岑的《尼采思想之批判》和《柏格森哲学之解释与批评》、瞿世英的《柏格森与现代哲学的趋势》、张君劢的《法国哲学家柏格森谈话记》都是介绍唯意志论和生命哲学的重要文章，而张东荪于 1919 年翻译出版的《创化论》，则是柏格森最早也是重要的中文译著。对马克思主义哲学在中国的传播，李大钊的贡献最大，他除了在《晨报》副刊开辟"劳动节纪念专号"和"马克思研究"专栏和将《新青年》6 卷 5 号编为"马克思主义研究专号"，以宣传马克思主义外，还写了《我的马克思主义观》，认为马克思主义的理论体系由历史论（也称社会组织进化论）、经济论（也称资本主义经济论）和政策论（也称社会主义运动论）组成，并第一次对马克思的唯物史观作了比较详细的介绍。除了李大钊，陈独秀、李达、瞿秋白、蔡和森、杨匏安等人对马克思主义哲学在中国的传播也起过重要作用，李达的《现代社会学》、瞿秋白的《社会哲学概论》和《现代社会学》、蔡和森的《社会进化史》都是这一时期介绍马克思主义哲学的重要著作，如李达的《现代社会学》系统阐述了生产力与

① 王守常主编：《20 世纪的中国：学术与社会（哲学卷）》，第 37 页，济南，山东人民出版社，2001。

生产关系、经济基础与上层建筑、阶级和国家、社会革命、社会意识以及群众和个人在历史上的作用等唯物史观的基本原理，"是一部系统阐述唯物史观和科学社会主义的专著，也是马克思主义哲学在中国传播由中国知识分子自己编写的一部规模较大、独成体系的著作"①。瞿秋白的《社会哲学概论》和《现代社会学》"第一次向中国人民介绍了唯物辩证法（他译为'互辩法'或'互辩律'）的基本特征及其基本规律"②。蔡和森的《社会进化史》依据摩尔根的《古代社会》、恩格斯的《家庭、私有制和国家的起源》以及列宁的《国家与革命》等著作提供的原理，"较为集中地论述了家庭、财产制度的发生，国家的起源，以及人类社会进化的普遍规律"③。在传播罗素哲学方面，张申府是主要代表。1920年他在《新青年》第8卷第2号上发表的《罗素》，是中国第一篇比较全面介绍罗素哲学思想，特别是其科学方法的文章。该文认为"罗素是现代世界至极伟大的数理哲学家"，是近世思想史上科学方法的集大成者。正是在张申府的带动下，中国学者后来在传播罗素哲学时，他的科学方法是研究和介绍的重点。这一时期，一些有影响的报刊，像《新青年》、《民铎》、《东方杂志》、《新教育》以及《时事新报》副刊《学灯》、《民国日报》副刊《觉悟》等，都竞相刊载宣传、介绍西方哲学的文章和译作。据不完全统计，当时发表在各种报刊上宣传、介绍西方哲学的文章近300篇。有的报刊还开辟专号或专栏，对西方某一哲学思潮或流派作集中、系统的介绍，如《民铎》1卷6期出过《现代思潮号》，2卷1期出过《尼采号》，3卷1期出过《柏格森号》，6卷4期出过《康德号》；《新教育》1卷3期出过《杜威号》；《东方杂志》20卷8号出过《杜里舒号》；《学艺》6卷5期出过《康德号》等等。杜威、罗素和杜里舒的应邀来华讲学，直接向中国思想和学术界讲述他们的哲学思想，更把这一时期西方哲学在中国的传播推向到了一个新的高潮。

和哲学一样，西方史学理论和史学成果在这一时期也得到了传播。首先是马克思主义的唯物史观得到了传播，并被中国早期马克思主义者、共产党人和进步知识分子用来研究、解释中国历史和社会现象，从而推动了史学研究的进步。比如李大钊"曾将他所理解的唯物史观理论尝试性地初步运用于中国社会

①② 王守常主编：《20世纪的中国：学术与社会（哲学卷）》，第271页，第269页，济南，山东人民出版社，2001。

③ 蒋大椿：《20世纪中国马克思主义史学》，见《20世纪的中国：学术与社会（史学卷）》第140页，济南，山东人民出版社，2001。

历史的考察。他在北京大学史学系开设'唯物史观研究'课程，其中的《原人社会于文字书契上的反映》，是以唯物史观探索中国古代历史的开始。《中国古代经济思想的特点》则运用新的观点，探索了东西方经济思想发展的不同途径。他以唯物史观原理由经济上解释中国近代思想变动的原因等"①。当时被翻译出版的关于唯物史观的著作很多，其中著名的有芬兰郭泰的《唯物史观解说》、日本河上肇的《唯物史观研究》和德国考茨基的《伦理与唯物史观》。在唯物史观传播的同时，西方其他各式各样的史学理论和方法，如"生理的史观、心理的史观、人种地理学的史观、经济学的史观、天文学的生物学的地质学的史观"等，也由于一些西学史学理论著作的翻译出版，如美国学者鲁滨逊的《新史学》（何炳松译，上海商务印书馆1924年出版），法国学者朗格诺瓦和瑟诺博思合著的《史学原理》（李思纯译，上海商务印书馆1926年出版），美国学者塞利格曼的《经济史观》等，或先或后地传入到中国。这些史学理论和方法同样对中国的史学研究产生了重要影响，比如曾留学美国威斯康辛大学和普林斯顿大学攻读史学和政治学的何炳松，不仅在《新史学》中文版的导言中对鲁滨逊及其新史学派的观念备加推崇，而且1917年在北大历史系讲授史学原理和历史研究法时，课本采用的就是鲁滨逊的《新史学》，1920至1922年给北大学生讲授欧洲史，使用的也是鲁滨逊编订的讲义。正是在西方史学理论直接或间接的影响下，中国史学家写出了一批有影响的史学理论著作，如梁启超的《中国历史研究法》(1922年) 和《历史统计法》(1922年)、杨鸿烈的《史地新论》(1924年)、李泰芬的《史学研究法大纲》(1926年)、朱谦之的《历史哲学》(1926年)、何炳松的《通史新义》和《历史研究法》(1927年) 等。

西方文学艺术的大量传入，也是这一时期西学东渐的重要内容之一。《新青年》自第一卷开始，就大量译刊屠格涅夫、托尔斯泰、龚古尔、王尔德、契诃夫、易卜生等各式西方作家的作品，目的是要"通过翻译作品来介绍外国文艺思潮，向闭塞的中国文坛吹进新鲜的现代气息"。于是在《新青年》的带动下，翻译西方文艺作品的活动迅速展开，"其规模和声势超过了近代任何时期"②。当时几乎所有的新文化和新文学运动的发起者、参加者和同情者，如

---

① 蒋大椿：《20世纪中国马克思主义史学》，见《20世纪的中国：学术与社会（史学卷）》第139页，济南，山东人民出版社，2001。

② 韩毓海主编：《20世纪的中国：学术与社会（文学卷）》，第137页，济南，山东人民出版社，2001。

鲁迅、胡适、周作人、刘半农、沈雁冰、瞿秋白、郑振铎、耿济之、田汉、郭沫若等，都是西方文艺作品的积极翻译者；几乎所有的新文学团体，如文学研究会、创造社、未名社、语丝社、莽原社、浅草社等，都以引进西方文艺作品为己任；几乎所有的新文化和新文学报刊，如《新青年》、《新潮》、《少年中国》、《小说月报》、《文学周报》、《晨报》副刊、《时事新报》副刊、《国民日报》副刊等，都大量刊载过西方的文艺作品。一些刊物还编辑专号、专刊，如《俄国文学研究》、《法国文学研究》、《德国文学研究》、《被损害民族文学专号》、《非战文学专号》以及易卜生、拜伦、安徒生、雪莱、罗曼·罗兰、莫泊桑、法朗士、陀斯妥耶夫斯基等专号、专刊，比较集中发表某一国家、某一作家或某一类型的作品和研究论文。如1918年6月《新青年》第4卷的《易卜生专号》，刊载有胡适的《易卜生主义》、罗家伦与胡适合译的《娜拉》、陶履恭译的《国民之敌》、吴弱男译的《小爱友夫》和袁振英的《易卜生传》，比较全面、系统地介绍了易卜生的生平思想和主要剧作。《小说月报》开辟的"小说新潮"、"海外文坛消息"等专栏，每期都刊载外国文学译作，报道西方文艺思潮和文艺动态，介绍西方著名作家的生平事迹及其创作活动，对西方文艺作品的传播起过很重要的推动作用。除报刊刊载的作品外，这一时期还有大量的西方作家的文艺作品以单行本的形式被翻译出版，如俄国果戈理的《外套》、《钦差大臣》，奥斯特洛夫斯基的《贫非罪》、《罪与愁》，普希金的《甲必丹之女》，契诃夫的《三姊妹》、《樱桃园》、《伊凡诺夫》、《万尼亚舅舅》、《海鸥》、《三年》，托尔斯泰的《复活》、《父与子》、《新时代》，安特列夫的《人的一生》、《黑假面人》、《往星中》、《狗的跳舞》，阿尔志跋绥夫的《血痕》以及《屠格涅夫散文诗集》、《普希金短篇小说集》、《托尔斯泰短篇小说集》、《近代俄国小说集》；法国都德的《磨坊文札》、《小对象》，小仲马的《茶花女》，弗罗贝尔的《波华荔夫人传》，莫泊桑的《髭须》，莫里哀的《悭吝人》，法朗士的《蜜蜂》、《友人之书》、《堪克宾》以及《莫泊桑短篇小说选集》、《近代法国小说集》、《法国名家小说集》；德国歌德的《少年维特之烦恼》、《史维拉》、《克拉维歌》，霍甫得曼的《火焰》、《獭皮》、《异端》，海涅的《哈尔次山旅行记》，席勒的《威廉·退尔》、《强盗》，尼采的《查拉图斯屈拉钞》；英国卡洛尔的《爱丽丝漫游奇境记》，高尔斯华绥的《银盒》、《法网》、《长子》、《鸽与轻梦》、《斗争》，萧伯纳的《不决意的戏剧》，王尔德的《狱中记》、《沙东美》、《同名异娶》，莎士比亚的《哈姆雷特》以及雪莱的诗歌集等。据不完全统计，仅 1918 年至 1923 年的五年间，先后就有 30 多个国家的 170 多位作家的文学作品被翻译介绍到中国，其中以俄国作家的作品最多，其次为法国、德国、英国、印度和日本的作家作品。大量西方文艺作品的被翻译发表，不仅给闭塞的中国文坛吹进了新鲜的现代气息，推动了新文学运动的向前发展，而且也有利于人们的思想解放，对中国社会产生了一定的积极影响。比如，挪威作家易卜生的作品，特别是他的"社会问题剧"《娜拉》，以冲破家庭束缚，寻找个性自由发展，成了当时中国妇女争取自由解放的象征。阿英在《易卜生的作品在中国》一文中曾写道：易卜生作品的翻译和发表，"配合了五四社会改革的需要"。因此，"在当时的中国社会里，就引起了巨大的波澜，新的人没有一个不狂热地喜欢他，也几乎没有一种刊物不谈论他，在中国妇女中出现了不少的娜拉。易卜生的戏剧，特别是《娜拉》，在当时的妇女解放运动中，是起了决定性作用的"①。

在西方文艺作品大量地被翻译介绍到中国来的同时，西方文艺复兴以来各种各样的文艺思潮、创作方法和文学体式也大量地涌进了中国，如现实主义、自然主义、浪漫主义、唯美主义、象征主义、印象主义、心理分析派、意象

---

① 转引自邹振环著：《译林旧踪》，第 141 页，南昌，江西教育出版社，2000。《娜拉》又译《玩偶之家》或《傀儡家庭》，写了一对表面上婚姻似乎非常幸福美满的年轻夫妇，丈夫海尔茂是位自负但有良知的律师和家庭之主，妻子娜拉是个被丈夫当作"小鸟儿"和"小松鼠"的弱女子，她的人格和意志全都从属于海尔茂的大男子主义。娜拉为此还感到幸福。然而，当有一天海尔茂知道她曾经为挽救丈夫，伪造签字借债一事而大发雷霆，恶毒地咒骂她是"下贱的女人"时，娜拉终于醒悟了，开始认识到自己原来是一个没有独立人格和个性自由的人，只是丈夫的玩偶，自己的家是一个玩偶之家。为了寻求独立人格和个性自由，她拒绝了海尔茂关于家庭神圣的宗教和道德说教，毅然离家出走了。在整个民国时期，《娜拉》一剧都不断有新译本问世。继 1918 年 6 月《新青年》第 4 卷的"易卜生专号"发表胡适、罗家伦合译的《娜拉》后，又有陈嘏译的《傀儡之家》（商务印书馆 1918 年 10 月出版）、潘家洵译的《娜拉》（收入潘氏译《易卜生集》，商务印书馆 1921 年 8 月出版）、欧阳予倩译的《傀儡家庭》（《国闻周报》14～16 期连载）、沈佩秋译的《娜拉》（启明书店 1937 年出版）、芳信译的《傀儡家庭》（金星书店 1940 年出版）、翟一我译的《傀儡家庭》（南京世界出版社 1947 年版）、沈子复译的《玩偶夫人》（上海永详印书馆 1948 年版）等多种译本发表或出版。与此同时，《娜拉》还成了中国作家创作有关妇女问题剧本的蓝本。如胡适 1919 年创作的"社会问题剧"《终身大事》，其女主人公田亚梅可以说就是中国觉醒了的娜拉，她反对父母利用封建迷信和风俗祠规干涉自己的婚姻自由，最后她给父母留了一张纸条，表明自己的"终身大事"，应该由自己决断，便离家与自己的心上人一起坐车走了。这正如陈平原在《娜拉在中国》一文指出的那样："世界上不知有哪个国家能像中国一样创作了如此众多的娜拉剧本。中国人把娜拉迎进家门后，进行了新的创造，使她在中国复活和再生。这里有从沉睡中醒来的娜拉，也有尚在痛苦中呻吟的娜拉；有从家庭出走以谋求自立的娜拉，也有从追求个性解放到投身社会革命的娜拉；——可以说，娜拉随着中国人民走完了整个新民主主义革命的历程。"

派、立体派、未来派、问题剧、问题小说、短篇小说、杂文、随笔、杂感小品等。西方文艺思潮、创作方法和文学体式的大量涌入，促进了新文学社团和文艺刊物的蜂起。据统计，1921 年到 1923 年，全国有各种文学社团 40 多个，文艺刊物 50 多种，而到了 1925 年，仅短短的两年期间，文学社团和文艺刊物就分别猛增到 100 多个，其中文学研究会和创造社影响最大。"文学研究会较多受俄国和欧洲现实主义文学思潮的影响，创造社主要倾向于欧洲浪漫主义文学思潮。"①

这一时期，出现了译介和传播西方先进的自然科学知识和成果的热潮。五四前后全国出版的报刊有 200 多种。而据《五四时期期刊介绍》，仅其中的 162 种报刊，刊载的有关自然科学方面的评论、介绍、通讯和译文就达 660 篇之多。如果再加上其他报刊，特别是科学专刊如《科学》、《理化杂志》等，这一时期发表的有关自然科学的文章和译文至少在千篇以上。② 当时有不少报刊，还开辟过介绍西方新科学知识的专栏，如被誉为五四时期著名的"四大副刊"之一的上海《时事新报》副刊《学灯》，开辟了"科学丛谈"专栏，先后刊载过《霉菌说考》(间渠译)、《极光之新发问》(杨潜译)、《肥皂与皮肤之关系》(清译)、《化学史略》(竞仁译)、《遗传与进化略说》(赵天声译)、《笑的生理》(沈子善译)、《无线电话》(王崇植译)、《疲倦的研究》(王以敬译)、《说空气》(曹维藩译)、《月球与金星之研究》(徐祖心译)、《科学的基础》(邹恩润译)、《空间与时间之新概念》(郑清云译)等一大批介绍科学新知的文章。另一个在当时影响很大的综合性刊物《东方杂志》，除开辟"科学杂俎"专栏，以短平快的形式介绍西方最新的科学发明和成就外，每期还有一至两篇译介西方自然科学的长文发表。1922 年，该杂志又隆重推出《爱因斯坦专号》(第 19卷第 24 期)，收入高鲁的《爱因斯坦与相对论》、郑贞文的《爱因斯坦与科学的精神》、周昌寿的《相对论原理概观》、李润章的《相对论及产生前后之科学的精神》、郑贞文的《万有引力和相对性原理》、段育华的《相对论在物理学上

---

① 韩毓海主编：《20 世纪的中国：学术与社会（文学卷）》，第 140 页，济南，山东人民出版社，2001。

② 戴念祖：《五四运动与现代科学在中国的传播》，见《纪念五四运动六十周年学术讨论会论文选》（三），第 375 页，北京，中国社会科学出版社，1980。

之位置》、关桐华的《罗素的相对性原理观》、一声的《爱因斯坦之相对性原理》、行余的《普遍相对性原理和观测事实的比较》、惟志的《爱因斯坦小传》和记者的《爱因斯坦著作目录》。当然，对西方自然科学的传播贡献最大的是中国科学社主办的《科学》月刊。据统计，在 1915～1924 年间，《科学》月刊发表的介绍西方最新理论科学、技术科学和科学方法的文章多达 1 000 多篇，内容从 19 世纪传统的电磁场学、热力学、细胞学、微生物学，到 20 世纪才开始盛行的 X 射线、放射性元素、电子三大发明以及相对论、量子论等各个方面。

追踪新发明、新成就，是这一时期西方自然科学在我国传播的一个重要特点。以爱因斯坦的相对论的传入为例。1917 年，爱因斯坦将他的狭义相对论和广义相对论融会贯通起来，合成《狭义和广义相对论》一书出版，立即在世界上产生了重大反响，被公认为是 20 世纪最伟大的科学成就之一。该学说也立即传入了中国。爱因斯坦本人于 1922 和 1923 年两次途经上海时，又应邀作了关于相对论学说的演讲。于是介绍和评价爱因斯坦的相对论，就成了各报刊的热点。据戴念祖《五四运动和现代科学在我国的传播》一文的统计，从 1917 年到 1923 年的上半年，全国报刊发表有关爱因斯坦相对论的著作、译文、报告、通讯和文章达百篇之多。除此，还有 15 种有关相对论的书籍编译出版。仅商务印书馆就先后出版有周昌寿、郑贞文编译日本石原纯的《爱因斯坦和相对性原理》、费祥编译的《通俗相对论大意》、闻齐据英国卫西曼的英译本转译的德国司密史的《相对论与宇宙观》、张君劢译述德国 H. Driesch 的《论理学上之研究爱因斯坦氏相对论及其批评》以及爱因斯坦的中国学生夏元翻译的《相对论浅释》等。特别是《相对论浅释》一书在当时影响很大。该书分上下两篇，共 32 节。上篇相对各论 17 节，浅释狭义相对论；下篇相对通论 15 节，浅释广义相对论。书后附有夏元写的《爱因斯坦小传》。1922 年 4 月该书初版，1923 年 3 月作为"共学社丛书·通俗丛书"的一种再版，1924 年 1 月又出第三版。[①] 三年三版，这在科技图书的出版史上不可多见。除爱因斯坦的相对论和上面我们提到的 X 射线、放射性元素、电子三大发明外，当时传

---

① 参见邹振环著：《译林旧踪》，第 154～156 页，《爱因斯坦的"相对论"著作的译刊》，南昌，江西教育出版社，2000。

入的还有异己染色体与基因匹配等 20 世纪初年西方生物学界刚取得的几个新发明、新成就。

(二) 1927～1937 年的西学东渐

1927 年蒋介石通过政变，建立起南京国民政府后，为巩固自己的统治，一方面实行文化专制主义政策，另一方面又采取了一些诸如成立大学院（后改为教育部）和中央研究院，扩大与外国的文化学术交流等客观上有利于文化发展和西学传播的措施。与此同时，中国共产党人在从事武装斗争的过程中，也非常重视文化斗争和文化建设，重视对西方优秀文化的引进和吸收。加上这一时期围绕中国向何处去的问题，各种思潮、思想和学术论战此起彼伏，为了在争论中战胜对手，人们需要从西方文化中寻找其理论武器。另外，人们对引进西方文化，以促进中国社会与文化发展的重要意义也有了更进一步的认识。①凡此种种，都促进了西学在这一时期的更广泛传播。

首先，我们来看人文社会科学的传播。哲学仍是这一时期西方人文社会科学传播的一项重要内容，而马克思主义哲学又在其传播中占有非常重要的位置。这一时期马克思主义哲学传播的一个突出特点，是马克思主义经典著作的大量翻译和出版。据不完全统计，仅 1928 年至 1930 年，新翻译出版的马克思恩格斯的著作就将近 40 种，列宁著作也有 14 种之多。其中包括 1928 年 5 月创造社出版的朱镜我译恩格斯《社会主义从空想到科学的发展》（当时的书名为《社会主义的发展》）；1929 年 6 月上海新生命书局出版的杨贤江译恩格斯《家庭、私有制和国家的起源》，同年 10 月上海水沫书店出版的杜竹君译马克思《哲学的贫困》（此前的 1928 年，创造社编辑出版的《思想》月刊曾于第 2、3 期上刊载过《哲学的贫困》一书的摘编，题名为《哲学底贫困底拔萃》）；这

---

① 比如林一新 1935 年在《中国思想发展的回顾及其前途》一文中就提出，要"系统地作搬运先进国家历史上进步思想的重大工作——我们对于古代希腊罗马的，十六、十七、十八、十九世纪的英、德、法、俄的一切哲学、经济、政治等思潮，应不断输入。那些都是各国民族兴盛时期之怒发的思想。我们应尽量介绍和翻译赫拉克利特、伊壁鸠鲁、培根、霍布士、笛卡尔、斯宾诺莎、拉梅特利、狄德罗、费尔巴哈、卢骚、福尔特尔、黑格尔、普列汉诺夫等等的主要著作和全集。然而我们不仅单纯的输入，主要还须加以综合的理论研究和深刻的历史探讨，俾能充分发挥其中心精神，藉以形成新的历史思想运动之丰富的源泉，同时也即可以继续和扩大五四运动的精神"。《文化建设》，第 10 卷第 4 号。

一年翻译出版的还有恩格斯的重要哲学著作《路德维希·费尔巴哈和德国古典哲学的终结》，并且有两个中译本；1930 年中共中央在上海的地下出版社华兴书局出版的华岗重译《共产党宣言》（这是继陈望道之后《宣言》的第二个全译本，该译本在质量和文字的润色上都有较大提高，译文的最后一句也由"万国劳动者团结起来呵！"改译成"全世界无产者联合起来！"）；这年初上海社会科学研究会出版的李一氓译《马克思论文选集》第一卷，共收入马克思的《哥达纲领批判》、《雇佣劳动与资本》等 9 篇文章；同年 3 月上海乐群书店出版的刘曼译马克思《政治经济学批判》（译名为《经济学批判》，1931 年 12 月神州国光社又出版了郭沫若译的该书第二个中译本）；同月上海昆仑书店出版的陈启修译马克思《资本论》第一卷；10 月上海江南书店出版的吴黎平译恩格斯《反杜林论》（同年 12 月上海昆仑书店又出版了钱如译的该书中译本，书名为《反杜林格论》）；1932 年 8 月上海神州国光社出版的杜畏之译恩格斯《自然辩证法》；1929 年上海蒲江书店出版的吴凉译列宁《左派幼稚病》；同年上海启智书局出版的刘野平译列宁《帝国主义论》；1932 年上海神州国光社出版的笛秋、朱铁笙译列宁《唯物主义与经验主义批判》。

这一时期马克思主义哲学传播的另一个重要特点，是克服了前一时期偏重于唯物史观，而较少涉及唯物辩证法的不足，开始把重点转移到唯物辩证法的宣传与介绍上，以中国共产党人为代表的广大知识分子和理论工作者除了大量翻译有关这方面的马克思主义经典著作和其他书籍外，还自己撰写和出版了一些宣传、介绍唯物辩证法的著作，如张心如的《无产阶级哲学》、《辩证法学说概论》，吴亮平的《辩证唯物论与唯物史观》，沈志远的《黑格尔与辩证法》、《新哲学词典》、《现代哲学基本问题》等，对推动马克思主义唯物辩证法在中国的传播起过非常重要的作用。比如，吴亮平的《辩证唯物论与唯物史观》就明确提出，辩证唯物论是马克思主义哲学的基础，唯物史观是马克思主义社会学的基本学说，"当唯物论转成辩证唯物论之时，唯物论才'是彻底的唯物论，同样的，辩证法只在转变成唯物论之时，它才是彻底的辩证法。辩证法的方法，被应用唯物论的基础之上，这样就形成了新的唯一的科学的宇宙观——辩证唯物论"。因此，"马克思主义哲学的实质，是唯物论的哲学，是辩证法的哲学"①。沈志远在《黑格尔与辩证法》一书的序言中强调："现代哲学不是别的，恰恰就是辩证的唯物论和唯物的辩证法，这是整个马克思主义的宇宙观。"所以，学习和掌握了唯物辩证法，也就学习和掌握了马克思主义的宇宙观，学习和掌握了马克思主义哲学的基础。

由于重视对唯物辩证法的宣传和介绍，30 年代后，马克思主义哲学在中国进入了较有系统而全面的传播阶段。许多中国的马克思主义者和进步的理论工作者都对马克思主义哲学的系统而全面的传播做出过重要贡献。其中李达和艾思奇的贡献最大。从 1929 年到 1932 年，李达先后翻译和出版了《社会科学概论》、《现代世界观》、《理论与实践的社会科学根本问题》和《辩证唯物论教程》等 5 本马克思主义哲学著作。不久他又写作并出版了《社会学大纲》一书。全书共 40 余万字，分为 5 篇 12 章。第 1 篇系统阐述了辩证唯物主义的基本范畴、原理规律，包括唯物辩证法及其诸法则和认识过程的辩证法。第 2 篇至第 5 篇分别阐述了历史唯物论、社会经济结构、社会政治结构、社会意识形态等内容。作为"中国人自己撰写的第一部马克思主义的哲学教科书"和"中国马克思哲学史上的名著"，《社会学大纲》"在中国马克思主义哲学传播史上具有重要的历史地位，有着巨大的影响力"②。《大众哲学》是艾思奇 1934 年11 月～1935 年 10 月在上海《读书生活》上连载的《哲学讲话》的结集。该书的特点不仅在于从本体论、认识论和方法论三个方面比较全面系统地阐述了辩证唯物论，更重要的是将这种阐述通俗化、大众化，使之成了对广大人民群众影响最大的马克思主义通俗读物。据统计，《大众哲学》自出版到 1948 年 12月，共印行了 32 版，其巨大的影响力由此可见一斑。

和马克思主义哲学的传播相类似，西方哲学原著的大量翻译和出版也是这一时期西方哲学传播的特点之一。比如，古希腊哲学家的著作，有张师竹译的《柏拉图对话六种》，郭斌苏、景昌极译的《柏拉图五大对话》，向达与吴颂皋等译的亚里士多德《伦理学》与《政治学》，杨伯恺译的《赫拉克利特思想

---

① 见该书第 56 页、270 页，转引自王守常主编：《20 世纪的中国：学术与文化（哲学卷）》，第 281 页，济南，山东人民出版社，2001。

② 王守常主编：《20 世纪的中国：学术与文化（哲学卷）》，第 283 页，济南，山东人民出版社，2001。

魏源

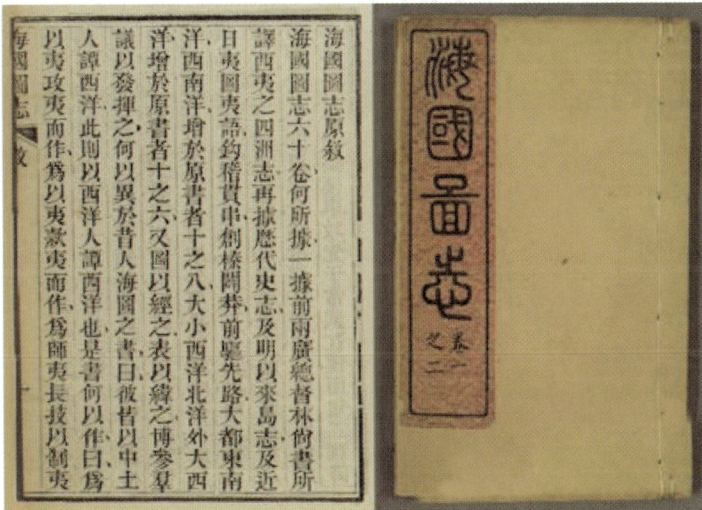

海國圖志原敘

海國圖志六十卷何所據一據前兩廣總督林尚書所
譯西夷之四洲志再據歷代史志及明以來島志及近
日夷圖夷語鈎稽貫串剟棳閎萃前驅先路大都東南
洋西南洋增於原書者十之八大小西洋北洋外大西
洋增於原書者十之六又圖以經之表以緯之博參群
議以發揮之何以異於昔人海圖之書曰彼皆以中土
人譚西洋此則以西洋人譚西洋也是書何以作曰為
以夷攻夷而作為以夷款夷而作為師夷長技以制夷

伯特兰·罗素

约翰·杜威

莎士比亚戏剧全集

朱生豪

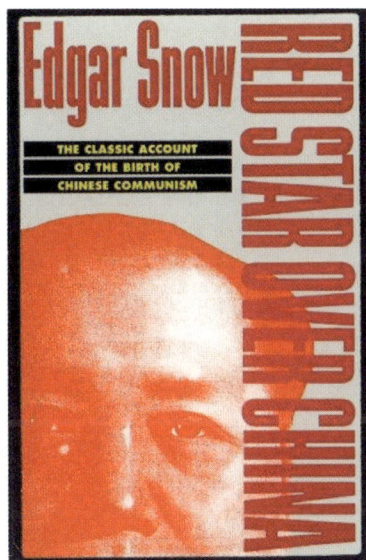

埃德加·斯诺与《红星照耀下的中国》英文版

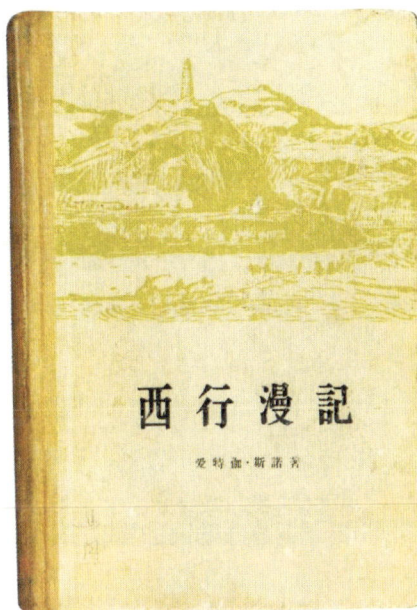

西行漫記

愛特迦·斯諾 著

《西行漫记》1938年版

史沫特莱和《中国在反击》英文版

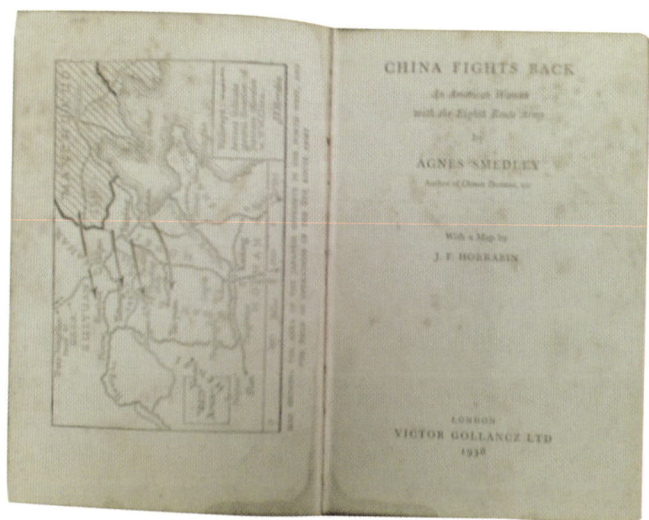

CHINA FIGHTS BACK
An American Woman
with the Eighth Route Army
by
AGNES SMEDLEY
Author of Chinese Destinies, etc.

With a Map by
J. F. HORRABIN

LONDON
VICTOR GOLLANCZ LTD
1938

集》、《德谟克利特哲学道德集》等；经验派与理性派的著作，有关其桐译的培根《新工具》，巴克莱《哲学对话三篇》、《人类知识原理》和《视觉新论》，休谟《人类理解研究》，笛卡尔《方法论》、《哲学原理》和《沉思集》，杨伯恺译的爱尔维修《精神论》、狄德罗《哲学原理》、霍尔巴赫《自然之体系》和孔狄亚克《认识论起源》，邓均吾译的洛克《人类悟性论》，伍建光译的休谟《人之悟性论》和斯宾诺莎《伦理学》，陈德荣译的莱布尼茨《形而上学序论》等；德国古典哲学家的著作，有张铭鼎译的康德《实践理性批判》，胡仁原译的康德《纯粹理性批判》，王造时、谢治征译的黑格尔《历史哲学》，周谷城译的黑格尔《逻辑学大纲》等；现代西方哲学思潮的著作，有胡适、唐壁黄译的杜威《哲学的改造》，李元译的罗素《科学的将来》，傅种孙、王光煦译的《罗素算理逻辑》，严既澄译的《怀疑论集》，蔡宾牟、王光煦译的《科学观》，王刚森译的《相对论 ABC》，张东荪译的柏格森《创化论》等。其中有的著作还有好几个译本。如尼采的《查拉图斯特拉如是说》一书，就分别有郭沫若、梵澄、雷白韦和楚图南等好几个人的译本出版。①

除大量翻译西方哲学原著外，这一时期的中国哲学工作者也非常重视对西方哲学发展过程中的各种派别及思潮的研究和介绍。据不完全统计，这一时期全面研究或介绍西方哲学发展史的著作就有 26 本之多，其中由中国学者撰写的有 11 种，翻译外国人撰写的 15 种。除此还有大量专题性研究或介绍某一哲学思潮、流派、人物的著作和文章出版和发表。如出版的研究和介绍古典西方哲学的著作有 10 多部，发表的研究和介绍德国古典哲学的文章有 150 多篇。和五四时期一样，现代西方哲学，仍是这一时期传播的重点。据不完全统计，这一时期仅发表的研究和介绍现代西方哲学的文章就在 200 篇以上。其中实用主义、唯意志论和生命哲学、罗素哲学又是重中之重，在发表和出版的有关文章和著作中占的比重很大。就这些文章和著作的整体水平来看，"如果把它们同五四时期的同类文章比较，无论对于这些西方哲学的理解，还是消化以及对

---

① 见王守常主编：《20 世纪的中国：社会与学术（哲学卷）》，第 60~62 页，济南，山东人民出版社，2001。

它们的表述，都有了一定程度的提高"①。这说明，西方哲学在中国的传播已开始从广度向深度发展。这一时期西方哲学传播的另一个值得注意的现象，是一些以前没有受到重视或新近才产生和流行的西方哲学思潮、流派和人物得到了重视和传播。如古典德国哲学，以前中国学者介绍得比较多的是康德哲学，据不完全统计，在1924年到1925年的两年中，国内介绍康德哲学的文章和著作、译著有近百种。仅1924年《学艺》的《康德号》和1925年《民铎》的《康德号》发表的研究、介绍康德哲学的论文和译文就有30多篇，其中有张铭鼎的《康德哲学的渊源与影响》和《康德批判哲学之形式说》附《康德年谱》，范寿康的《康德知识哲学概论》，罗铭诏的《康德伦理学说略评》，杨人梗的《康德理性批判梗概》等。而同样在德国古典哲学中占有重要地位的黑格尔哲学则没有得到中国学者的应有重视，不仅没有出版过有关译著或著作，就是像样一点的文章也不多见。然而进入30年代后，这种状况有了根本改变。1931年黑格尔逝世100周年时，中国不少著名学者撰写了纪念文章，向中国人民介绍这位德国古典哲学家的哲学思想。1933年，《哲学评论》第5卷第1期出版《黑格尔号》，收录张君劢、瞿菊农、贺麟、沈志远、朱光潜等人研究和评介黑氏哲学的文章数篇。这是中国最早最为集中介绍和传播黑格尔哲学的专刊。同年，朱谦之著《黑格尔主义与孔德主义》和张铭鼎译《黑格尔之历史哲学纲要》两书出版。1934年，郭本道和王造时、谢治征又分别出版了他们译的《黑格尔》和黑格尔的《历史哲学》。1935年，叶青编辑了黑格尔研究专集：《黑格尔——其生平其哲学其及影响》一书，内分黑格尔的概观、方法、学说、关系和作用五部分，共收录贺麟、朱光潜、周谷城、沈志远、张君劢、朱谦之等人研究和介绍黑氏哲学的文章30多篇。1936年，贺麟出版他译的《黑格尔》，并开始着手译述和研究《小逻辑》。与此同时，一些马克思主义哲学家和理论工作者从传播马克思主义哲学的前提出发，也非常重视黑格尔哲学的研究。如艾思奇1935年发表了《论黑格尔哲学的颠倒》一文，李达则在他的《社会学大纲》中设有专章论述黑氏的哲学思想。在传播西方新近才产生或流行的哲学思潮、流派和人物方面，可以举弗洛伊德学说的传播为代表。弗洛伊

---

① 见王守常主编：《20世纪的中国：社会与学术（哲学卷）》，第67页，济南，山东人民出版社，2001。

德学说形成于 20 世纪初，二三十年代开始在西方流行。从 20 年代末到 30 年代初，中国也掀起过一个传播弗氏学说的高潮，人称"弗洛伊德热"。1929年，张东荪出版《精神分析学 ABC》，第一次对弗氏学说作了深入浅出的系统介绍，成为弗氏学说在中国系统传播的开拓之作。次年，章士钊将弗氏的自传译成《弗洛伊德叙传》出版。同年出版的还有高觉敷翻译的《精神分析引论》和朱光潜撰著的《变态心理学派别》。1933 年，朱光潜又有《变态心理学》出版。在前后出版的这两本书中，朱氏对有关无意识、梦、泛性欲说、心理分析等理论和方法作了较为详细的介绍。1936 年，高觉敷又出版了他的《精神分析引论新编》。与此同时，国内心理学、教育学、哲学和其他方面的杂志，先后也发表了不少研究和介绍弗氏学说的文章。尽管学者们对弗氏学说的评价褒贬不一，但弗氏学说在中国得到广泛传播则是不争的事实，并对中国思想界、学术界和文艺界产生过重要影响。

这一时期，马克思主义史学的传播也有了较大的发展，翻译和出版了一批马克思主义的史学理论著作，如恩格斯的《家庭、私有制和国家的起源》、《原始基督教史论》，普列汉诺夫的《论一元论之历史观的发展》，布哈林的《历史唯物主义理论》，米丁的《辩证唯物论与历史唯物论》，梅林的《历史的唯物主义》，拉发格的《财产之起源与进化》，拉发格与弱海时的《在历史观中唯物主义与唯心主义》等。与此同时，西方和苏联一批以马克思主义史学理论为指导的史学著作，如塔尔海玛的《现代世界史》、波卡洛夫的《唯物史观世界史》等也被翻译介绍了进来。随着马克思史学理论和史学著作的大量翻译和出版，一些进步的史学工作者开始自觉地运用马克思主义的史学理论和方法对中国历史发展进程进行系统的研究和阐发，撰写和出版了一批中国马克思主义的史学著作，如郭沫若的《中国古代社会研究》(1930)，吕振羽的《史前期中国社会研究》(1934)、《殷周时代的中国社会》(1936) 和《中国政治思想史》(1937)，侯外庐的《中国古代社会与老子》(1934)，以及翦伯赞的论文《殷代奴隶社会研究之批判》(1935)、《关于"亚细亚的生产方法"问题》(1936) 和《关于历史发展中之"奴隶所有者社会"问题》(1936) 等。上述著作和论文的发表，标志着中国马克思主义史学的形成。西方资产阶级史学在中国的传播同样取得了较大进展，这一时期翻译和出版的西方史学理论和历史著作数量之多，规模之大，在民国史上是空前绝后的，其中比较著名的有威尔斯著、梁思成和向达等译的《世界史纲》（1928），绍特韦尔著、何炳松和郭斌佳译的《西洋史学史》（1929），班兹著、向达译的《史学史》（1930），摩尔根著、张栗原和杨东莼译的《古代社会》（1930），施亨利著、黎东方译的《历史之科学与哲学》（1930），桑戴克的《世界文化史》（1930），布尔著、谭建常译的《欧洲战后十年史》（1931），殷格兰姆著、唐道海译的《奴隶制度史》（1931），黑格尔著、王灵皋译的《历史哲学纲要》（1932），巴恩斯的《西洋史进化概论》（1932）和《新史学与社会科学》（1933），司各特的《史学与史学问题》（1933），海思等人的《近世世界史》（1934）和《中古世界史》（1935），罗维著、吕叔湘译的《初民社会》（1935），伯伦汉著、陈韬译的《史学方法论》等。上述这些史学理论和历史著作都对中国史学的发展产生过影响。这一时期对中国史学界产生过重要影响的还有斯宾格勒的文化形态史观。20 年代末，这一理论开始传入中国。1928 年，《学衡》杂志发表张荫麟译美国学者葛达德和吉朋斯的《斯宾格勒的文化论》，引起学术界对这一理论的重视。到 30 年代末，中国学者撰写和出版了 20 多部颇有价值的文化问题著作。"这些著作大多直接或间接地受文化形态史观的影响。"①

在文学艺术方面，首先是马克思列宁主义文艺理论在这一时期得到了迅速传播。1928 年 10 月，创造社主办的《创造月刊》第 2 卷第 3 期刊载了嘉生译的列宁论托尔斯泰的两篇文章：《托尔斯泰——俄国革命的明镜》和《托尔斯泰》。不久，《拓荒者》第 1 卷第 2 期和《萌芽》第 1 卷第 1 期又分别刊载了成文英（冯雪峰）译的列宁《论新兴文学》（现译《党的组织与党的文学》）和洛扬（冯雪峰）译的马克思《艺术形成之社会的前提条件》（由马克思《政治经济学批判·导言》中论及文学的内容而组成）。1930 年 3 月，在中国共产党的领导下，成立了中国左翼作家联盟。"左联"成立后，为推动马克思列宁主义文艺理论的译介和研究工作，在其内部成立了马克思主义文艺理论研究会。此后，一大批马克思列宁主义的文艺理论译文和译著相继发表或出版。其中有瞿秋白 1932 年编译的《现实——马克思主义文艺论文集》和郭沫若 1936 年编译

---

① 于沛：《外国史学理论的引入和反响》，《历史研究》，1996（3）。

出版的《艺术作品之真实性》，前书虽然直到 1936 年 10 月瞿秋白牺牲后，才由鲁迅编进《海上译林》（上卷），与读者见面，但其中有 3 篇文章则于此前已分别以静华、何凝和商廷发的笔名在《现代》、《现实文学》和《文学新地》上发表。后书系马克思、恩格斯合著《神圣家族》的摘译，主要内容为马克思对欧仁·苏的长篇小说《巴黎的秘密》的批判，论述了艺术的真实性与典型化原则。在马克思、恩格斯和列宁有关文艺方面的论著被大量翻译的同时，西方其他一些马克思主义文艺理论家，如普列汉诺夫、卢那卡尔斯基、拉法格、梅林格等人的著作也被大量地翻译介绍到中国，仅鲁迅就先后翻译和出版有普列汉诺夫的《艺术论》、卢那卡尔斯基的《文艺与批评》和《艺术论》。

除马克思列宁主义的文艺理论外，这一时期中国的马克思主义者和进步的文艺工作者也很重视苏联的文艺政策、文艺理论和文艺作品的译介。如画室（冯雪峰）译有《新俄文艺政策》，鲁迅译有《苏俄的文艺政策》，杨伍编译有《高尔基文学论文集》等。至于苏联的文学作品，这一时期译成中文的，有高尔基的《草原故事》、《隐秘的爱》、《初恋》、《英雄的故事》、《天蓝的生活》、《更夫及主人》、《我的童年》、《在人间》、《我的大学》、《母亲》、《奸细》、《夏天》、《三人》、《太阳的孩子们》、《高尔基小说集》等，有李别进斯基的《一周间》，革拉特柯夫的《士敏土》、《沉醉的太阳》，拉菲莫维奇的《铁流》，法捷耶夫的《毁灭》，肖洛霍夫的《被开垦的处女地》、《静静的顿河》，雅各武莱夫的《十月》，富曼诺夫的《夏伯阳》，拉甫列涅夫的《第四十一》以及绥拉菲莫维奇等的《苏联作家二十八人集》和拉甫列涅夫等的《苏联作家七人集》等。

这一时期，西方各国的文艺理论和文艺作品被译介传播的也很多。1927年后继续出版《小说月报》、《文学周报》、《语丝》以及这一时期先后出版的《未名》、《奔流》、《朝花周刊》、《朝花旬刊》、《萌芽月刊》、《新月》、《现代》、《文学》等刊物，都经常刊载西方文学作品，鲁迅还创办了专门译载外国文学的刊物《译文》，同一类型的刊物还有伍蠡甫主编的《世界文学》。这些刊物还经常出专辑、专号，比较集中地对某一作家或某一国家的作品进行译介和研究，如《奔流》分别出过纪念易卜生和托尔斯泰诞生一百周年增刊（第 1 卷第 3 期和第 7 期），《文学》出过纪念屠格涅夫逝世五十周年特辑（第 1 卷第 2

期）、翻译专号（第2卷第3期）和弱小民族文学专号（第2卷第5期），《译文》出过罗曼·罗兰七十诞辰纪念特辑、杜勃洛柳波夫诞生百年纪念特辑（第1卷第2期）、高尔基逝世纪念特辑（第1卷第5、6期，第2卷第1期）、普式庚特辑（第2卷第1期）、普式庚逝世百年纪念号（第2卷第6期）、狄更斯特辑（第3卷第1期）、西班牙文学专号（第3卷第2期），《现代》出过高尔斯化绥特辑（第2卷第2期）、现代美国文学专号（第5卷第6期），等等。除刊物发表的作品（主要是中短篇小说）外，还有大量的西方文学作品（主要是长篇小说）以单行本的形式被翻译出版。其中有俄国莱蒙托夫的《当代英雄》，屠格涅夫的《罗亭》、《父与子》、《贵族之家》、《阿霞》、《新处女地》、《屠格涅夫小说集》，果戈理的《密尔格拉得》、《死魂灵》、《外套》、《塔拉斯·布尔巴》、《两个伊凡的故事》，陀思妥耶夫斯基的《被欺凌和被侮辱的》、《穷人》、《罪与罚》、《地下室手记》、《西伯利亚的囚徒》、《白夜》，梭罗古勃的《老屋》、《小鬼》，阿尔志跋绥夫的《萨宁》，契诃夫的《坏孩子和别的奇闻》，车尔尼雪夫斯基的《怎么办?》，托尔斯泰的《战争与和平》、《忏悔》等等；有英国莎士比亚的《如愿》、《李尔王》、《哈姆雷特》、《威尼斯商人》、《麦克白》、《第十二夜》、《罗密欧与朱丽叶》，弥尔顿的《失乐园》，高尔斯华绥的《资产家》、《正义》，狄更斯的《双城记》、《圣诞欢歌》、《艰难时世》，哈代的《德伯家的苔丝》、《还乡》，谢星丹的《造谣学校》，康拉德的《水仙号上的黑家伙》，勃朗蒂的《简·爱》，劳伦斯的《查泰莱夫人的情人》、《骑马出走的女人》，萧伯纳的《人与超人》、《圣女贞德》、《卖花女》、《魔鬼的门徒》，斯蒂文生的《玛丽玛丽》，巴蕾的《可钦佩的克莱敦》，王尔德的《狱中书》，等等；有法国莫里哀的《悭吝人》、《太太学堂》、《恨世者》、《伪君子》，伏尔泰的《亨利亚德》，雨果的《爱尔那尼》、《一个死囚的末日》、《悲惨世界》，卢梭的《忏悔录》、《新爱洛伊丝》，都德的《萨福》，大仲马的《侠隐记》、《续侠隐记》，小仲马的《茶花女》，巴尔扎克的《无神论者做弥撒》、《一件恐怖时代之轶事》，莫泊桑的《羊脂球》，司汤达的《迷药》、《箱中人——西班牙故事》，左拉的《失业》、《猫的天堂》、《娜娜》、《一夜之爱》，法朗士的《红百合》、《苔依丝》、《法朗士短篇小说集》，罗曼·罗兰的《孟德斯榜夫人》、《爱与死的较量》，纪德的《窄门》、《少女的梦》、《田园交响乐》，等等；有德国歌德的《浮士德》、《威廉·

麦斯特的学习时代》、《普罗米修斯》、《迷娘》，席勒的《阴谋与爱情》、《华伦斯坦》、《威廉·退尔》、《强盗》，霍普德曼的《沉钟》、《寂寞的人们》、《珊拿的邪教徒》，雷马克的《西线无战事》，尼采的《查拉图拉如是说》，等等；有美国马克·吐温的《败坏了赫德莱堡的人》、《夏娃日记》，杰克·伦敦的《红云》、《深渊中的人们》、《野性的呼唤》，辛克莱的《煤炭大王》、《屠场》、《波士顿》、《煤油》，赛珍珠的《大地》、《儿子们》、《赛珍珠创作集》，奥尼尔的《琼斯皇》、《天外》，等等。①

　　在大量译介西方文艺理论和文艺作品的同时，这一时期还出版了不少专门论述西方文艺思潮和文学史的译著，如沈端先译的《欧洲近代文艺思潮概论》，汪馥泉的《欧洲近代文学思潮》和《现代文学十二讲》，高明译的《欧洲近代文艺思潮》，陈叔达译的《现代俄国文艺思潮》，胡仲持译的《世界文学史》、傅东华译的《比较文学史》等。中国学者也加强了对西方文学思潮和文学史的研究，先后有谭丕模的《文艺思潮之演进》、吴天石的《欧洲近代文艺思潮》、高蹈的《近代欧洲文艺思潮史纲》、茅盾的《西洋文学通论》、孙席珍的《近代文艺思潮》、余祥森的《现代德国文学思潮》、曾仲鸣的《法国的浪漫主义》、滕固的《唯美派文学》、刘大杰的《表现主义文学》、余慕陶的《世界文学史》、茅盾的《希腊文学 ABC》、《骑士文学 ABC》、《近代文学面面观》、《欧洲大战与文学》等出版。这些著作的出版说明："西方各种文学思潮这一时期在我国文学领域已有广泛的传播了。"②

　　由于科研机构的增加（据 1935 年统计，全国有各种自然科学研究机构 34 个）和科研队伍的扩大（1937 年时，全国有科研人才 2～3 万人），再加上社会环境的相对稳定，这一时期自然科学取得了比较大的进步，无论基础研究，还是应用学科，都产生了一批重大成果。与此相适应，西方自然科学的传播在这一时期也更加深入和系统。一些自然科学名著，如哥白尼的《宇宙之新概念》、牛顿的《自然哲学之数学原理》、哈维的《心血运动论》、巴斯德的《发酵的生理学》、彭加勒的《科学之价值》等，就是这一时被翻译介绍到中国来的。

---

①② 邵伯周：《中国现代文学思潮研究》，第 270～272 页，第 275 页，上海，学林出版社，1993。

（三）1937～1949年的西学东渐

1937年"七七事变"，抗日战争全面爆发，经过八年全国抗战，中国人民才取得最后胜利。但接踵而至的，又是三年多的解放战争。然而，十一年的连天战火，并没有中断西学在中国的传播进程。相反，中国国际地位因抗战的提高，中外关系特别是中美和中苏关系的加强，以及激烈而又错综复杂的民族斗争和阶级斗争的需要，为西学以更大规模和更快速度在中国传播创造了条件。

马克思主义哲学传播的进一步系统化和中国化，是这一时期西学传播的一个突出特点。早在全面抗战爆发前夕，中共中央就成立了"解放出版社"，它除了定期出版《解放周刊》和《解放日报》外，还负责出版马克思主义著作。1938年5月，又成立了"马克思列宁研究院"，下设马克思主义经典著作"编译部"。同年9月，延安"新哲学会"宣告成立。1941年8、9月，中共中央又先后成立了"中央学习组"和"高级学习组"。在中共中央的直接领导下，马克思主义哲学著作的翻译工作取得了很大进展。如果说五四时期主要是"章节片断的翻译"，1927～1937年主要是"重要著作的全译和单行本的发行"，那么，这一时期则是"对基本著作的系列化出版和有针对性的专题性编译"①。这一时期除对已有中译本的原著进行校阅或重译外，新出版的单部著作主要有郭大力、王亚南译《资本论》第1、2、3卷，郭沫若译《德意志意识形态》（部分内容），艾思奇译《列宁关于辩证法的笔记》，柯伯年译列宁《论战斗的唯物论的意义》，博古译斯大林《辩证唯物主义与历史唯物主义》等；系列化著作主要有解放社编辑的多卷本《马克思恩格斯选集》、《列宁选集》、《斯大林选集》和《马克思恩格斯丛书》、《列宁丛书》；专题性的编译著作主要有艾思奇译《马克思恩格斯关于唯物史观的书信》、解放社编辑《马恩列斯思想方法论》和周扬编辑《马克思主义与文艺》等。另外，还翻译出版了一批西方和苏联哲学家写的马克思主义的哲学著作。②

马克思主义哲学中国化的最主要代表是毛泽东。他不仅一贯倡导和坚持马克思主义哲学要与中国革命实践相结合，要与中国优秀传统相结合，用马克思

---

①② 楼宇烈主编：《中外哲学交流史》第462页，长沙，第462～463页，湖南教育出版社，1998。

主义哲学的基本原理和方法来研究中国的历史实际和革命实际，批判地整理和继承中国的历史遗产和文化遗产，而且自身就是实践这两个结合的光辉典范。马克思哲学的中国化，正是以毛泽东哲学思想在这一时期的成熟为主要标志的。"具体说来，在辩证唯物论方面，是 1937 年 7、8 月写的《实践论》、《矛盾论》以及整风运动中提出的'实事求是，有的放矢'的思想路线；在历史唯物论方面，则是 1940 年 1 月发表的《新民主主义论》和 1945 年 4 月在党的'七大'上所作的题为《论联合政府》的报告。"① 研究者认为，毛泽东哲学思想之所以能够成为马克思主义哲学中国化的主要形态，有三个方面的原因：第一，从理论渊源上，它吸收了当时国际上马克思主义哲学的最新成果。在写作《实践论》和《矛盾论》时，毛泽东除大量阅读了马、恩、列、斯的哲学原著以及西方哲学和科学著作外，还直接吸收了 30 年代苏联哲学家的研究成果，从而使自己对认识论的实践本质和辩证法的核心规律的集中阐发，达到了当时马克思主义哲学的时代水平。第二，从文化背景上，它批判地吸取了中国传统哲学的精华，对其进行了革命性的改造。毛泽东不仅旧学功底深厚，同时又吸取了范文澜等人对中国经学史的研究成果，所以能在批判地改造和继承一些传统哲学范畴和思想，特别是清代以来"汉学"古文经学派的"实事求是"的研究传统和近代"实学派"、"经世派"的"务实致用"的价值取向的基础上，把唯物主义的世界观和方法论简练地概括为"实事求是，有的放矢"，并将其规定为党的思想路线和马克思主义的学风，从而使自己的哲学思想具有了鲜明的中国气派和中国风格。第三，从实践基础上，毛泽东思想是在总结革命实践经验，指导现实革命斗争中发展和成熟起来的，是中国革命具体实践的观念升华。②除毛泽东外，刘少奇、朱德、周恩来等中共领导人和艾思奇、郭沫若、吕振羽、何干之、陈伯达、胡绳等一大批马克思主义理论家对这一时期马克思主义哲学的中国化也作出过重要贡献。

西方哲学在这一时期的传播得到了进一步深化。第一，是西方哲学原著的翻译工作有了新的进展。这方面贺麟领导的"西洋哲学名著编译委员会"的贡献最大。该委员会成立于 1941 年，是中国哲学会内具体负责西洋哲学名著翻

①② 楼宇烈主编：《中外哲学交流史》，第 464 页，第 464～466 页，长沙，湖南教育出版社，1998。

译工作的机构。在经济极其困难、环境十分恶劣的战争年代，编辑委员会将翻译和研究结合起来，有领导、有计划、有组织地翻译和出版了一批达到一流水平的译著，如陈康的柏拉图《巴门尼德篇》，贺麟的斯宾诺莎《致多篇》，刘荣俊的斯宾诺莎《论知性之改进》，谢幼伟的《忠的哲学》，樊南星的《近代的哲学精神》，任继愈的《西洋哲学名著选辑》，等等，对当时以至后来的西方哲学的传播和研究，都产生了显著的促进作用。其中，陈康的工作最出色。他译的《巴门尼德篇》，是柏拉图谈话中最难读懂的一篇，也是最为重要的一篇，对于理解柏氏前后期思想的变化具有重要意义。陈康凭借自己深厚的学术功底将其译出，并且为了帮助人们的理解，他采用"哲学的解释"方法，即通过解释一字一句，以解释一节一段，由解释一节一段，以解释全篇内容，由解释全篇内容，以解释全篇谈话在柏氏思想中的地位，分别从文字校勘、词句义释、历史考证和义理研究等四个方面对全文进行了注释，其文字是原文的九倍多。1944年，陈康的注释本出版后，立即获得了哲学界的一致好评，认为他的注释解决了柏拉图思想研究中一些长期得不到解决的难题，极大地推进了古希腊哲学的研究，"于介绍西洋哲学名著方面，尤其开一新风"。陈康本人也因此被公认为是"中国哲学界钻进希腊文原著的宝藏里，直接打通了从柏拉图到亚里士多德的第一人"[①]。第二，对以前已有传播的西方哲学的研究和介绍取得了新的进步，发表和出版了一批像贺麟的《斯宾诺莎的生平及其学说大旨》、严群的《笛卡尔与斯宾诺莎哲学比较》、倪青原的《现代西洋哲学之趋势》、郑昕的《康德学述》、贺麟的《近代唯心论简释》和《文化与人生》等具有相当水平的论文或著作。如郑昕的《康德学述》由两个"代序"、"康德对玄学的批评"、"康德论知识"和"附录：真理与实在"构成，内容涉及康德的三大批判，而以《纯粹理性批判》为重点，立论新颖，分析精到，概括简明，被公认是研究和介绍康德哲学的重要成果。贺麟的《近代唯心论简释》、《文化与人生》以及他的其他一些论著，在传播黑格尔哲学方面有两点突出贡献："一是在学术界就黑格尔哲学体系这个关系黑格尔哲学的根本性质问题提出了见解；二是揭示和阐明了黑格尔《逻辑学》中一系列重要概念与原理，以此挖掘黑格尔哲学中

---

① 贺麟：《五十年来的中国哲学》，第36～37页，沈阳，辽宁教育出版社，1989。

有生命力的东西。"① 另外，"战国策派"30 年代末到 40 年代中掀起的宣传、鼓吹唯意志主义哲学特别是尼采哲学的浪潮，虽然其目的是反动的，是为了帮助蒋介石建立法西斯主义统治，但在客观上则有利于国人对唯意志主义哲学特别是尼采哲学的系统了解。第三，对以前国人了解甚少、特别是二三十年代以后才出现或流行的西方哲学流派有了比较系统的介绍。如洪琛的《维也纳学派哲学》对维也纳派的介绍。洪琛 30 年代曾留学德国，是逻辑实证主义创始人石里克的弟子，并在其指导下完成了博士论文《现代物理学的因果问题》(1934)，同时于此期间加入了维也纳学派。1937 年他回国后，"以宣传石里克的哲学为终身职志"，除撰写论文外，于 1945 年完成了《维也纳学派哲学》一书。此书作为我国第一部全面论述维也纳学派的著作，出版后得到学术界的好评，认为是一本"亲切而有条理地介绍此派思想的书"②。直到今天对人们学习和研究维也纳学派哲学思想仍有重要的参考价值。第四，中西哲学开始出现会通并产生了一批重要成果。如冯友兰通过会通英美实在论和中国程朱哲学，建立起自己的"新理学"哲学体系；金岳霖运用现代西方哲学的科学方法、逻辑学和认识论，对"道"、"式"、"能"、"心"、"理"、"物"、"无极"、"太极"等中国传统哲学的一些基本概念和范畴进行分析和诠释，写出了有很高水平的重要著作《论道》和《知识论》；贺麟融合德国康德、费希特、特别是黑格尔哲学，构筑了自己的"新心学"哲学框架。

在马克思主义哲学的传播进一步系统化和中国化的同时，马克思主义史学的传播也有新的发展。除马克思恩格斯和列宁的有关著作外，这一时期马克思主义史学传播的一个显著特点是苏联史学著作的翻译和出版，并对中国马克思主义史学的发展产生了重大而深远的影响。其中影响最大的是《苏联共产党（布）历史简要读本》。该书是苏联共产党的党史教科书，1938 年在苏联正式出版。1939 年延安出版了该书的中译本。中译本经博古校阅过。1949 年又出了"干部必读本"。这一时期也翻译和出版了一些欧美等西方国家的史学著作，如法国史学家古朗士的《希腊罗马古代社会研究》、美国史学家班兹的《社会

---

① 王守常主编：《20 世纪的中国：学术与社会（哲学卷）》，第 73 页，济南，山东人民出版社，2001。

② 贺麟：《五十年来的中国哲学》，沈阳，辽宁教育出版社，1989。

科学史纲》、汤姆生的《西洋中古史》等。但由于这一时期先是八年全国抗战，后是三年解放战争，受战争的影响，西方史学著作翻译和出版的数量比之前一时期有明显的减少。

在文学方面，马克思主义的文学思想和理论得到了进一步的系统传播。1939年，适夷把苏联人编辑的《马克思恩格斯艺术论》译成中文，改题为《科学的艺术论》，由重庆读书生活出版社出版。此书是马克思、恩格斯的全部著作和书简有关文艺言论的摘录，是文艺思想史上第一本系统的马克思主义艺术论。同年，重庆出版社还出版了欧阳凡海编译的《科学的文学论》，内收马克思、恩格斯的四封论文学的书信和希尔莱尔的《恩格斯的现实主义论》、《马克思与世界文学》两篇论文。不久，《解放日报》、《新华日报》、《文学月刊》和《文艺阵地》等报刊又分别有《恩格斯论现实主义》、《拉法格论作家与生活》、《马克思论文学》、《列宁论作家》和《列宁论文学艺术与作家》等文章发表。1944年，周杨编辑的《马克思主义与文艺》在延安出版。全书分为一、意识形态与文艺，二、文艺的特质，三、文艺与阶级，四、无产阶级文艺，五、作家、批评家等五辑，各辑分别辑录了马克思、恩格斯、列宁、普列汉诺夫、毛泽东、高尔基、鲁迅的有关论述。此书"对于在中国传播马克思列宁主义文艺思想也起了重要作用"[①]。

与此同时，苏联文学作品的翻译和出版继续受到重视。苏联卫国战争爆发之前，介绍到中国来的主要是二三十年代的作品以及苏联作家赴西班牙前线写下的反法西斯报告文学，如马雅可夫斯基的诗《列宁》、伊凡诺夫的《铁甲列车》、绥拉菲莫维奇的《铁流》、阿·托尔斯泰的《两姊妹》、《一九一八》、卡达耶夫的《我是劳动人民的儿子》、巴甫连科的《在东方》、奥斯特洛夫斯基的《钢铁是怎样炼成的》、戈尔巴托夫的《三天》、爱伦堡等人的《在特鲁瓦尔前线》等。在苏联作家中，高尔基特别受中国读者的欢迎，他的作品，这时几乎全部有中译本出版，有的还有好几个不同版本，如《三人》和《我的大学》有两个译本，《阿尔塔莫诺夫家的事业》有三个译本。1946年茅盾在《高尔基和中国》一文中谈到他对中国文学的影响时指出："高尔基对于中国文坛影响之

<hr />

① 邵伯周著：《中国现代文学思潮研究》，第516页，上海，学林出版社，1993。

大，只要举出一点就可以说明，外国作家中的作品译成中文，其数量之多，且往往一书有两三种译本，没有第二人是超过高尔基的。"茅盾认为高尔基的作品之所以会受到中国读者如此的爱好，"是因为它抨击了黑暗，指出了光明。它虽然是为俄国人民而呼喊，但在中国读者看来，觉得是自己心里要说的话"①。苏联卫国战争爆发后，介绍到中国来的主要是苏联战争文学作品，如报告文学有爱伦堡的《六月的顿河》、《英雄的斯大林格勒》等；剧本有西蒙诺夫的《俄罗斯人》、《望穿秋水》，考纳丘克的《前线》，李昂诺夫的《侵略》等；中长篇小说有格罗斯曼的《人民是不朽的》，戈尔巴托夫的《不屈的人民》，毕尔文采夫的《考验》，梭罗维约夫的《伊凡·尼古林——俄罗斯的水兵》，卡达耶夫的《妻》、《团的儿子》，叶密良诺娃的《外科医生》，西蒙诺夫的《日日夜夜》，瓦希列夫斯卡娅的《虹》，巴甫连科的《复仇的火焰》，法捷耶夫的《青年近卫军》，肖洛霍夫的《他们为祖国而战》等；诗歌有苏尔科夫的《勇士之歌》，吉洪洛夫的《基洛夫和我们在一起》，薇拉·英倍尔的《普尔科夫子午线》，阿丽盖尔的《卓娅》，西蒙诺夫的诗集《等着我吧》，伊萨科夫斯基的诗集《喀秋莎》以及集体诗作《塔斯之窗》、《天蓝色的信封》、《苏联卫国战争诗选》等。正如茅盾当年所指出的那样，"在反法西斯战争中拯救人类命运，推动了历史前进的苏联文学"，能帮助"自己的民族解放事业尚在艰苦阶段上奋斗的"中国人民，"认识真理，提高勇气"，因此，这一时期译介进来的苏联作品特别多，不仅远远超过了卫国战争爆发之前译介的数量，而且也超过了同时期译介西方其他国家作品的总和。据研究者保守估计，卫国战争后仅各出版社出版成集的苏联战争文学作品至少在三百种以上。②

这一时期，西方文学作品的传播出现了一些新的情况：一是有些过去没有得到重视的作家的作品，得到了重视和翻译；一些已译过的作品，不仅有复译，有的还有好几个译本。③ 二是轴心国德国和意大利的作品译介大幅度减少，而同盟国特别是美国的作品译介大幅度增加。三是反法西斯主义的战争题材作品受到中国译读者的特别重视和欢迎。"在翻译文学作品的选择上，翻译

———————————

①② 黄俊英著：《二次大战的中外文化交流史》，第198～199页，第203页，重庆，重庆出版社，1991。

③ 邵伯周：《中国现代文学思潮研究》，第519～520页，上海，学林出版社，1993。

家的选择重心是紧随形势发展跃动的，而富有时代性、战斗性和全面性的作品，总是首先列入翻译之列。翻译家的目光追踪着世界战争的足迹，从西班牙而进入东欧，又从西欧漫及北欧、巴尔干半岛直至北非，因而世界反法西斯文学便从西班牙开始，一个重心到另一个重心，相继进入中国文坛，久而蔚为大观，从而使当代最活跃的反法西斯作家迅速为中国读者认识和了解。"① 具体来说，俄国作品译成中文的，有普希金的《叶甫盖尼·奥涅金》、《高加索的俘虏》、《波尔塔瓦》，莱蒙托夫的《姆采里》（《童僧》）、《恶魔》、《逃亡者》、《莱蒙托夫抒情诗选》、《毕巧林日记》，屠格涅夫的《处女地》、《静静的洞流》、《不幸的少女》、《屠格涅夫散文诗集》，涅克拉索夫的《谁在俄罗斯能过好日子》，列夫·托尔斯泰的《战争与和平》、《家庭幸福》、《高加索的囚徒》、《安娜·卡列尼娜》，陀思妥耶夫斯基的《白痴》、《死屋手记》、《白夜》，契诃夫的《樱桃园》、《三姊妹》，果戈理的《钦差大臣》等；英国的文学作品译成中文的，有乔叟的《坎特伯雷故事集》，奥斯汀的《傲慢与偏见》，狄更斯的《大卫·科波菲尔》、《双城记》，哈代的《还乡》、《无名的裘德》，王尔德的《理想的丈夫》、《莎乐美》，史蒂文生的《金银岛》，司各特的《撒克逊劫后英雄略》（今译《艾凡赫》），拜伦的《曼弗雷德》、《恰尔德·哈罗德游记》等，特别是朱生豪以其毕生心血译出了莎士比亚的三十一部半剧本（因病逝还有五部半未译完），1947 年世界书局分喜剧、悲剧、杂剧和史剧四大类出版了朱译《莎士比亚戏剧全集》，共 3 辑 27 种；法国作品译成中文的，有莫里哀的《太太学堂》、《可笑的女才子》、《屈打成医》，雨果的《悲惨世界》、《爱尔那尼》、《巴黎圣母院》、《九三年》，大仲马的《三剑客》、《基度山恩仇记》，司汤达的《红与黑》，左拉的《萌芽》、《梦》、《给妮侬的故事》，罗曼·罗兰的《约翰·克利斯朵夫》、《贝多芬传》、《歌德与贝多芬》，纪德的《窄门》、《伪币制造者》，马尔洛的《人的希望》等，原来重视不够的巴尔扎克的作品这一时期得到重视，先后有《欧也妮·葛朗台》、《高老头》、《伪装的爱情》、《外省伟人在巴黎》、《乡村医生》等十多种作品译成中文。在法国作家中，罗曼·罗兰作为一位杰出的反法西斯战士，以他伟大的人格而特别受到中国人民的崇敬。美国作品译

① 黄俊英：《二次大战的中外文化交流史》，第 92～93 页，重庆，重庆出版社，1991。

成中文的，有马克·吐温的《乞丐皇帝》，杰克·伦敦的《强者的力量》、《白牙》、《雪虎》，惠特曼的《大路之歌》、《鼓声》、《草叶集》，奥尼尔的《天边外》、《悲悼》，德莱塞的《美国的悲剧》、《嘉莉妹妹》、《天才》，赛珍珠的《爱国者》、《龙种》、《深闺里》，斯坦贝克的《愤怒的葡萄》、《红马驹》、《月亮下去了》、《前进的客车》，海明威的《蝴蝶与坦克》、《没有女人的男人》、《战地春梦》（今译《永别了，武器》)、《战地钟声》（今译《丧钟为谁而鸣》)，法斯特的《公民潘恩》，萨洛扬的《人间喜剧》，普拉脱的《温克尔先生打仗去了》，米切尔的《飘》，以及史沫特莱的《大地的女儿》、《中国红军在前进》和斯诺的《西行漫记》等。①

三、中学西传的扩大

文化的交流总是双向的、互动的。就在西方文化大规模全方位地传入中国，并对中国文化和社会产生着重大而深远的影响的同时，中国文化也在源源不断地传入西方，并同样对西方文化和社会的发展产生过一定的影响。我们以前讲中学西传以及对西方文化和社会的影响时，主要侧重于 1840 年鸦片战争之前，特别是十七、十八世纪，而对鸦片战争之后的中学西传以及对西方文化和社会的影响或轻描淡写，或避而不谈，这不能不说是民国文化史或中西文化交流史研究的一大不足或缺陷。

（一）第一次世界大战与西方"中学热"的兴起

中国是一个有着悠久历史的文明古国，其国力和文化发展在相当长的时期内处于世界的领先水平，因而也就理所当然地成了包括西方国家在内的世界各国长期学习和追赶的目标。17、18 世纪西方还出现过学习和研究中国学的热潮。然而到了鸦片战争之后，无论其国力还是文化发展中国都已远远落后于西方，并成了西方各国欺负、侵略的对象，文化发展的这种势差作用使西方各国失去了学习中国的兴趣和热情。这时虽然还有一些传教士、外交官和个别学者

---

① 参见邵伯周《中国现代文学思潮研究》，第 519～522 页，上海，学林出版社，1993。

在从事中学西传的工作，如把中国的一些典籍和名著翻译成西文，著述介绍中国的风俗人情或历史文化，但就像现代新儒家所批评的那样，这些传教士、外交官和学者大多数是以一种玩赏的态度从事中学西传工作的，他们以为中国文化作为一种存放在博物馆里的古董，已失去了生命和价值，除供人们凭吊、欣赏和研究外，没有其他任何意义。因此，他们的翻译和著述不仅问题多多，而且也没有产生多少社会影响。① 可是到了 20 世纪的第一个十年末和二十年代初，对中国文化早已不感兴趣的西方人又突然着魔似的对中国文化有了浓厚兴趣，并兴起了一股多年未见的"中学热"，尽管其热度还不能与十七、十八世纪的"中学热"的热度相提并论。这时西方"中学热"的出现与第一次世界大战有着直接的因果关系。

1914～1918 年的第一次世界大战给人类带来的灾难是前所未有的。据统计，整个战争期间，有 7 500 万人被送上战场，其中 3 000 多万人死伤；1 000 多万人死于因战争而引起的饥饿和灾害；各交战国的经济损失总计达 2 700 亿美元；许多城市和乡村变成了废墟，大批工厂、铁路、桥梁和房屋被毁坏。本来自 19 世纪 70 年代西方资本主义结束其自由发展而进入垄断阶段后，西方社会所面临的文明危机就日益严重起来。休斯（H. Stuart Hughes）于 1950 年出版的《意识与社会》一书就描绘过 1890 到 1910 年代一群西欧杰出的思想家所体现出来的对西方文明的信心危机。斯拉夫主义的传人之一但尼夫斯基（Nikolai Danielwsky）的《俄罗斯与欧洲》（1869）预告西方文明在不久的将来会出现败坏和沉沦，该书在 19 世纪末被译成多种欧洲文字，非常流行。就是在欧洲国家最自信和乐观的日不落帝国——英国，也有人对西方文明失去了信心，如亚当斯兄弟在他们各自的著作中，"表露了对西方日盛的种种政经价值的厌恶和弃绝"②。而第一次世界大战所造成的巨大灾难，更使西方文化固有的弊端暴露无遗。如果说在此之前，对西方文明失去信心还是个别现象或部分

---

① 见牟宗三、徐复观、张君劢、唐君毅于 1958 年联名发表的《为中国文化敬告世界人士宣言——我们对中国学术研究及中国文化与世界文化前途之共同认识》。

② 见（美）艾恺（Guy S·Alitto）：《世界范围内的反现代化思潮》，第 89 页，贵阳，贵州人民出版社，1991。

人的行为，那么，这时则已"成为了西方思潮、大学，甚至宗教生活的主流"①，西方人普遍觉得自己的文化已经"没落"或"衰败"。英国作家如弗里曼（Richard Austin Freeman）在1921年出版的一部著作中，宣告西方文明正在退化之中，引起退化的原因是工业主义和科学技术的过度发展，以及这种发展对诸如土地、空气、海洋等自然环境，特别是人性的破坏。小说家乔伊斯（James Joyce）在他的伟大实验小说《尤利西斯》中，用主人公的流落失魄象征和批判了"西方文明的愚蠢、污秽、无意义及其最终的荒芜"。

当时影响最大、也最能反映战后西方人对西方文明失望之感的，是德国历史哲学家斯宾格勒（Oswald Spengler）的着笔于战前、脱稿于战中、出版于战后(1918～1922)的《西方的没落》一书。正如美国著名哲学史学家列维指出的那样："该书的主要论题，即是提供西方文化目前危机的理论。"其理论"是浪漫主义的、悲观主义的、'世纪末'的"②。该书认为文化是一个生命有机体，具有自己的生命周期：青春、生长、成熟、衰败，无论何种文化都必须经历这几个发展阶段，最终逃脱不了死亡的归宿；世界上一共出现过八个文化，其中七个（埃及文化、巴比伦文化、印度文化、中国文化、古典文化、阿拉伯文化、墨西哥文化）已经死亡，只剩下一种无历史、无生气的存在，另一个西方文化虽然还活着，但其生命机制也早已进入衰败的阶段，必将为其他新的文化所取代。尽管《西方的没落》内容庞杂，晦涩难懂，但因其主题鲜明、书名醒目，特别是能满足生活在战后不安与悲观气氛中的欧洲人想知道西方文化未来命运的需要，而大受读者的欢迎，"一时风行之盛，势力之伟，其在战后德国，盖与安斯坦(今译爱因斯坦——引者)氏所为相对论并称。"③ 因买的人太多，该书出版不久就脱销，多次再版，"不到数年工夫，这部书便卖了九万多册，引来了繁多的文献，并且被翻译成数种语言"。作者本人也因此从"一位藉藉无名的中学教师立刻跻身于本世纪最有影响力的社会思想家之列"④。另一位德国当代著名思想家卡西勒对《西方的没落》一书所以会引起如此巨大的社会反

① 见(美)艾恺（Guy S·Alitto）：《世界范围内的反现代化思潮》，第89页，贵阳，贵州人民出版社，1991。

② A. W. 李维：《哲学与现代世界》，第168、178页，台北，志文出版社，1986。

③ 李思纯：《论文化》，载《学衡》，1923年10月第22期。

④ 索罗金语，转引见刘述先《文化哲学》，第1页，哈尔滨，黑龙江教育出版社，1988。

响的原因作过分析。他指出："斯宾格勒成功的原因，宁在其题目，而不在其内容。《西方的没落》这题目是个电火花，点燃了他的读者们的幻想而发出火焰。这书出版于 1918 年 6 月，正值第一次世界大战的末端。在这个时间里，我们的受到赞美的西方文明中，有些事物腐烂了。斯宾格勒的书，在尖锐得当的方式下，表现了这样一个一般性的不安。……他自诩发现了一个新方法，依之，历史和文化的事件，能在同样方式下，具有同样的精确性，正像一个天文学家预知一次日蚀或月蚀一样地可以预断。……依斯宾格勒，文明的兴起、下降与坠落，并不靠所谓的自然规律。……是命运而非因果，这才是人类历史的运力。"[①] 刘述先也认为，是第一次世界大战后西方文化突然面临的空前未有的浩劫危机，使西方人不能不由内心醒觉"西方的没落"这个沉重的大问题，而开始震惊于斯宾格勒发出的悲壮呼声！是内心凄伤战栗、饱受战争祸害和心灵疾病侵袭的人类，亟望知道未来的命运所做的一种最后的努力，使他们发狂地吞下斯宾格勒为他们准备的许多动人心魄的描述与结论！"难道这近二三百年来光辉灿烂不可一世的西方文化，竟也不能免于灭亡的命运，最后终将毁于一旦？而这样的疑问背后假定的心态，已经足够为《西方的没落》一书在现实中流行畅销的事实，找到最后自然而且合理的解释了。"[②]

在战后欧洲人感到西方文化已经"没落"或"衰败"，整个社会笼罩于"世纪末"的悲凉气氛之中的同时，西方世界兴起了一股"东方文化救世论"思潮。这股思潮认为，西方文化已出现严重危机，只有东方文化特别是中国文化才能解救其弊，从而使西方文化获得新生。1919 年法国著名文学家罗曼·罗兰在致印度诗人泰戈尔的信中便指出：大战之惨祸，已明白昭示欧洲文化弊病深重，非吸取东方文化之精髓，融东西文化于一炉，不足以言自存。[③] 英国哲人高秉德"亦叹美东洋文明，而尤渴仰中华文明，居恒指摘欧洲文明之弊害，于多数欧洲人向所冷视轻蔑之中国文明，则极力提倡，以为最宜学步"。因此，他在其新著《产业上之自由》一书中对中国文明给予了极高的赞赏，认为战后

---

① 卡西勒：《国家之精神》，载刘述先：《文化哲学》，第 2 页，哈尔滨，黑龙江教育出版社，1988。

② 刘述先：《文化哲学》，第 2 页，哈尔滨，黑龙江教育出版社，1988。

③ Cited from Stephen N. Hay. Asian Ideas of East and Wkst，p. 129，转引见沈松侨：《五四时期章士钊的保守思想》，载（台北）《近代史研究所集刊》，第 15 期。

的欧洲人欲"创造新文明之欧洲",就必须"取中国文明所有精神的特质之优越部分,以实行之",否则,"过饱于机械的欧洲文明"便不可能获得新生。[①] 1919～1920 年曾到西欧参观访问过的梁启超在他的《欧游心影录》中对兴起于战后的"东方文化救世论"思潮有过生动的描述。据他说,他们一行五六人自到欧洲以后,所到之处,目睹的是一片残垣断壁、凄惨衰落的破败景象;耳闻的是西方文明已经破产、世界已临近末日的悲观论调。有一次一位名叫赛蒙氏的美国记者和梁闲谈,他问梁回到中国干什么事,是否要把西洋文明带些回去。梁回答道,"这个自然"。但不料赛蒙氏不无感叹地说:"唉,可怜。西洋文明已经破产了。"梁启超问赛蒙氏回美国准备干什么。赛蒙氏答:"我回去就关起门老等,等你们把中国文明输进来救拔我们。"还有一次,梁和几位德国社会党的名人闲谈,梁说起孔子的"四海之内皆兄弟","不患寡而患不均",跟着又讲到"井田制",以及墨子的"兼爱"、"寝兵"等,这几位社会党名人听后都起来,埋怨中国人"家里有这些宝贝却藏起来不分给"他们,真有些对不起人。梁启超起初听见这些话,还以为别人是在奚落他,"后来到处听惯了,才知道他们许多先觉之士,着实怀抱无限状危,总觉得他们那些物质文明,是制造社会险象的种子,倒不如这世外桃源的中国,还有办法,这就是欧洲多数人心理的一斑了。"[②] 大战结束不久便到欧美游历了数月的日本人内崎博士也发现,饱受战争之苦的欧洲各国之视线,"现皆集中于中国,盖以其为世界之乐土也",以为"人类一切困难,将借东方人民以为解决。(以中国为代表的)东方人将为环球最高尚、高纯洁、最有幸福之人类矣"[③]。正是在这种心理的驱动下,不少西方人(其中包括一些思想哲人)不远万里来到中国,想从这"世外桃源"里寻找到失落的情感和医治西方文化弊端的药方,他们或发表演讲,或著书立说,对中国文化推崇备至,不仅肯定中国文化的基本精神对西方文化的自我完善具有十分重要的意义,甚至认为世界未来文化将是中国文化的

---

① 君实译日本《新公论》杂志:《新欧洲文明思潮之归趋及基础》,载《东方杂志》第 16 卷第 5 号。

② 见陈崧编:《五四前后东西文化问题论战文选》,第 349 页,北京,中国社会科学出版社,1985。

③ 日本内崎博士在南洋学术讲演会演讲:《东西两洋文化之比较观》,载《东方杂志》第 18 卷第 9 号。

复兴。如1919～1921年应邀来华讲学的大哲学家罗素在他的《中国之问题》一书中就坦然写道：他是带着"西方文化的希望日益苍白"的"疑惑的痛苦"，同时为"寻找新的希望"，开始中国之行的。而中国也确实没有使他失望。他发现中国虽然在物质文明方面远比西方落后，但中国人所发明的礼让、和气、智能、乐观的人生之道则实为西方文化所不及，因为西方人的"人生之道，以竞争（Strife）、侵略（Exploitation）、变更不息（Restlesschange）、不知足（Discontent）与破坏（Destruction）为要素。夫'功效'以破坏为目的，其结果必归于灭亡"。故此，他主张中国人要向西方人学习科学，西方人更要向中国人学习其人生之道，以实现这两种文化要素的优势互补。他并强调指出，中国人的这种已"实行之者数千年"的人生之道，"苟为全世界所采纳，则全世界当较今更乐。……苟西洋之文化采纳东方之经验仍不能补其缺点，恐去灭亡也不远矣。此予之所以远游东方，而大有望于中国也。"[1] 另一位于大战结束不久应邀来华访问讲学的大哲学家杜威也认为，中国的协调性道德与西方的进取性道德各有优点和缺点，中国应吸取西方的进取性道德以补自己协调性道德之不足，西方应吸取中国的协调性道德以补自己进取性道德之不足。他尤其对中国人"顺乎自然、安分知足、宽大和平、不怨天尤人"的人生哲学推崇备至[2]，认为"中国人的人生哲学对于人类文化有种重要而有价值的贡献，而且含有一种为急促的、燥烈的、繁忙的、营扰的西方人所无限需要的素质"[3]。当时美国还兴起过一个"中国诗运动"，投身于这一运动的诗人们力图从中国古典诗歌中寻找到现代的知音，其代表人物庞德曾再三声明，中国之于新诗运动，就像希腊之于文艺复兴。[4]

正是受"东方文化救世论"思潮的推动，战后西方世界出现了"中学热"，"最近哲学名著，所不于四子书或五千言中，撷拾一、二以自壮者弥罕"[5]，学

---

[1] 罗素：《中国之问题》，第11页，北京，中华书局，1924。
[2] 刘伯明：《杜威论中国思想》，载《学衡》，1922年2月第5期。
[3] 美国杜威著：《中国人的人生观》，载《东方杂志》第19卷第3号。
[4] 参见许苏民：《危机与探寻——"中学西渐"的分期、特点及其规律》，载《学习与探索》，1992年第6期。
[5] 狐桐（章士钊）：《原化》，载《甲寅》第1卷第2号。

习、研究和传播中国文化一时尉为战后西方知识界的风尚。① 除原有中国经典著作如"四书"、"五经"的译本外，这时《庄子》、《列子》、《吕氏春秋》等也先后有译本问世，原来只有节译本的《荀子》和《墨子》这时有了全译本，以前有译本的《论语》、《孟子》、《易经》、《礼记》等这时有了新译本。另外，中国的诗词、戏曲、小说等文艺作品这时也有大量的翻译和出版，如《中国诗选170首》、《中国诗选续集》、《中国诗作》、《中国诗选》、《中国古代抒情诗选》等，《西游记》、《水浒》、《三国演义》和《红楼梦》这四部中国古典名著，这时也都有了全译本或节译本。在大量翻译、出版中国经典著作和文艺作品的同时，西方各国的汉学家为满足社会学习中国文化的需要，还撰写、出版了大量研究和介绍中国历史和文化的著作，如葛兰言的《中国的宗教》、《中国古代舞蹈与传说》和《中国的文明》，马伯乐的《唐代长安方言考》和《中国古代史》，考狄的四卷本《中国通史》，佛尔克的《中国哲学史》，白史曼的《中国建筑与风景》，克劳色的《儒道佛》，曲梅格的《东亚美术》，弗莱彻尔的《中国抒情诗歌模式》，卫礼贤的《中国人的生活智慧》、《孔子的生平及其著作》、《老子与道家》、《中国心灵》、《中华文明简史》和《孔子与儒家》等。另外，有的国家还设立了一些以研究和传播中国文化为宗旨的文化学术组织和机构，如法国巴黎大学的中国学院，德国法兰克福大学的中国学院和达姆斯塔特的"东方智能学院"等。这些组织和机构成了研究和传播中国文化的重要桥梁。如1925年成立的德国法兰克福大学中国学院，在其院长、著名汉学家卫礼贤的主持下，每年举行一次年会，邀请国内外学者参加，进行关于中国文化的研讨和交流，内容丰富，规模宏大，吸引了包括德国学者杜里舒、马丁·布伯和作家赫尔曼·黑塞以及瑞士心理学家荣格、法国汉学家伯希和在内的无数热心参加者。在1926年举行的年会上，我国学者胡适应邀作了题为《中国的小说艺术》的学术演讲。这次年会的主题是"东方与西方"，重点是讨论中国的文学和艺术。除胡适外，在会上发表演讲的还有法国的伯希和（《中国的戏剧》）和德国的鲍恩慈（《中国的建筑艺术与景观》）。该院还经常举办中国音乐、中国绘画、中国陶器、中国剪纸、中国铜镜、中国碑刻拓片和中国建筑艺术等各

---

① 参见钱基博：《现代中国文学史》，第277页，引王国维语。

种展览。①

战后西方世界出现的"中学热"，以德国的热度为最高。这是因为作为战败国，德国所遭受的战争灾难最为沉重，通过对西方文化的反思、希望寻找新的文化出路的要求也最为强烈。据中国留德学生报道，当时"德国思想界，有两大潮流，一为新派，一为旧派。所谓新派，大都出自言哲学美术与诗学者，彼辈自欧战后，大感欧洲文化之不足，而思采纳东方文化，以济其穷，于是言孔子、释迦哲学者，皆大为社会所尊重，如凯热几林，如尉礼贤，如史奔格列儿，皆其例也。所谓旧派者，仍尊崇自然科学万能，不为时潮所动摇，——此两大潮流中，新派极占势力，所谓旧派者，几无声息"②。受此思潮影响，德国有不少青年组织崇尚中国文化，其中最有势力的要推"国际青年团"、"自由德意志青年"和"游鸟"。前者尊孔，为孔派；后者崇老，属老派。老派的势力比孔派还要大些。不少青年奉老子为神明，极力追求道家的生活境界。1919年诗人科拉邦德（Klabund）在一篇题为《听着，德国人》的文章中号召德人按照"神圣的道家精神"生活，要"做欧洲的中国人"③。有的社团的章程就写道："吾德青年，今既处于繁琐组织之巅矣。吾辈之创造精神，为社会强固之形式所束缚者亦久矣。今见此东方圣人，犹不知急引为解放我辈之良师者乎？……东方圣人老子等，其道以超脱世界一切为务，大浸稽天而彼不溺，流金铄石而彼不热者也。吾辈精神之权利与无条件之自由，与内部之统一，其事只能由吾辈奋斗与斗争而后为功，而决不可以苟得。此种工作，盖莫若寻此东方圣人以为首领。"④ 孔派的领袖为"国际青年团"的创立者、哥廷根大学哲学教授奈尔逊，他经常告诫自己的党徒和同胞："中华民族受益于博大精深之孔夫子学说已经两千年之久，深刻理解这一学说，一方面可以吸收那些对西方文化有益的和有保留价值的东西；另一方面不至于对导致世界灾难的西方文化的弱点视而不见。"在奈氏的告诫和领导下，"其党徒之言行举止，一以《论

---

① 参见杨武能：《卫礼贤与中国文化在西方的传播》，《文化：中国与世界》，第215～216页，北京，三联书店，1988。

② 魏时珍：《旅德日记》，载《少年中国》第3卷第4期。

③ 转引见（德）卜松山：《时代精神的玩偶——对西方接受道家思想的评述》，载《哲学研究》，1998年第7期。

④ 《德人之研究东方文化》，载《亚洲学术杂志》第4期。

语》为本，每有讲演，必引孔子格言，以为起落"。1923 年初刊于柏林《文艺月刊》首篇的《亚洲的灵魂》一文，也"盛赞孔子以家庭为本位，给社会国家一个感情结合的基础，不似欧洲社会以个人与群众的利害关系为基础，容易破坏堕落"。该文同时还对老子思想之所以会引起德国青年崇拜的原因进行了分析，指出："老子的思想直接道出欧洲近代社会的弊病，所以极受德国战后青年的崇拜。战前德国青年在山林中散步时怀中大半带来了一本尼采的《查拉图斯特拉》，现在青年却带老子的《道德经》。"①

（二）二三十年代中国传统文化的西传

第一次世界大战后西方兴起的"中学热"，促进了二三十年代中国传统文化的西传。首先，是以儒家著作为代表的中国古代经典这一时期被大量地翻译介绍到西方，并产生了一定的社会影响。如前所述，这一时期，除原有的"四书"、"五经"的译本外，《庄子》、《列子》、《老子》、《吕氏春秋》、《淮南子》等都有译本问世，原来只有节译本的《荀子》和《墨子》有了全译本，以前有译本的《论语》、《孟子》、《易经》、《礼记》等有了新译本。在翻译中国古代经典方面，德国的汉学家卫礼贤（1873～1930）的贡献最大。据不完全统计，他翻译和出版的中国古代经典有《论语》、《道德经》、《列子》、《庄子》、《孟子》、《易经》、《礼记》和《吕氏春秋》等十多种。其中以 1925 年出版的《易经》和1928 年出版的《吕氏春秋》最享盛名，影响也最大。瑞士著名心理学家荣格在《易经》英译本的前言中曾盛赞卫氏的德文译本"在西方，它是无与伦比的版本"。认为卫氏掌握了《易经》原文的灵活意思，从而使他的《易经》版本在看法上具有一种"仅凭对中国哲学的学术知识不可企及"的"深度"②。正是出于对卫氏德文译本的赞赏，荣格督促自己的学生将它转译成英文，并亲自为英文译本撰写了一篇热情洋溢的前言，大力予以推荐。荣氏本人也为《易经》的内容所吸引，据学者们的研究，他晚年的心理学就明显地留有受《易

---

① 转引见郭沫若：《论中德文化书——致宗白华兄》，载《五四前后东西文化问题论战文选》，第 588～589 页，北京，中国社会科学院，1989。

② 荣格：《〈易经〉英译本前言》（楼格译），载山东大学《周易研究》，1991 年第 2 期，转引见张国刚：《德国的汉学研究》，第 46 页，北京，中华书局，1993。

经》影响的烙印。

在中国古代经典被大量翻译介绍到西方的同时，中国古典小说也得到了大量的翻译和出版。[①] 1925 年英国人邓罗（布鲁威特——泰勒）出版了第一部也是迄今为止唯一的一部《三国演义》的全英译本，在东西方产生了很大的影响。在此前后，杰米森和帕克又分别有英文节译本《诸葛亮与箭》（1923 年）和《赤壁鏖兵》（1925 年）出版。《水浒传》的第一部英文全译本出版于 1933 年，译者是美国著名女作家赛珍珠。赛珍珠的这部取名为《四海之内皆兄弟》的英文全译本，出版后流传甚广，影响也很大。英国东方学者贾尔斯和德国著名汉学家库恩对该译本都曾有专文评论。他们认为，赛氏译本对原文有所删节，译文虽流畅可读，但有失原作风格。在赛氏英文译本出版前六年(1927 年)，德国汉学家埃伦旋泰因翻译的《水浒传》七十回节译本——《强盗与士兵：中国小说》由柏林一家出版社出版。这是西文中的第一部七十回的节译本，邓洛普曾将其转译成英文（1929 年），在西方有一定的影响。另一部在西方有影响的节译本，是库恩 1934 年根据一百二十回《水浒传》意译的《梁山泊强盗》。这一时期《西游记》的西文译本比较多，其中影响较大的，有海斯的英文选译本《佛教徒的天路历程》、韦利的英文选译本《猴》、莫朗的法文选译本《猴与猪：神魔历险记》、博纳和尼尔斯的德文选译本《猴子取经记》。其中韦利的译本影响最大。他译《西游记》书名为《猴》，后来为西方学术界所接受。英国《大百科全书》在介绍《西游记》时说："十六世纪中国作家吴承恩的作品《西游记》，即众所周知的被译为《猴》的这部书，是中国一部最珍贵的神奇小说。"[②] 作为中国四大古典小说之一的《红楼梦》，在西方评价很高，各国较重要的百科全书，无一例外地列有该书的专条。1927 年，美国纽约的一家出版社出版了第一个《红楼梦》全书的英文节译本，节译的内容以宝玉和黛玉的爱情故事为主。两年后，纽约的另一家出版社又出版了一百二十回《红楼梦》的节译本。《红楼梦》的德文节译本出版于 1932 年，译者是著名汉学家库恩。库恩的译本"围绕着宝玉、黛玉、宝钗三个人物，努力把原书故事

---

① 这一小节主要参考了王丽娜编著的《中国古典小说戏剧在国外》（上海，学林出版社，1988）的有关内容。

② 转引自王丽娜：《中国古典小说戏剧在国外》，第 97 页，上海，学林出版社，1988。

主要情节和故事发展的高峰表达出来"①，在欧洲很受欢迎，不少国家出版有它的转译本。除这四大古典名著外，《金瓶梅》、"三言""二拍"、《聊斋志异》、《儒林外史》、《封神演义》、《镜花缘》、《东周列国志》、《老残游记》、《浮生六记》、《龙图公案》、《彭公案》、《白蛇精记》等一大批其他中国古典小说这一时期在西方都有多种文字的节译本或全译本出版。在翻译中国古典小说方面，德国汉学家库恩的贡献最大，除上面提到的《水浒》和《红楼梦》，还译有《金瓶梅》、《好逑传》、《二度梅》、《隔帘花影》、《三国志演义》以及多部中国古代短篇小说集。他译的《金瓶梅》于1930年出版后曾多次再版，并被转译成英、法、瑞、芬等多国文字。

与中国古典小说一样，中国古典诗文这一时期也得到了大量地翻译和出版。如英文译本有《中国诗选170首》、《中国诗选续集》，法文译本有《中国历代诗选》、《中国诗文选》、《唐人绝句百首》，德文译本有《中国诗作》、《瓷亭：中国抒情诗歌模式》、《汉六朝诗选》、《唐清诗选》、《白居易诗选》，俄文译本《中国古代抒情诗选》，葡萄牙文译本有《中国诗选》，等等。在翻译中国古典诗文方面，德国的业余汉学家查赫做出过重要贡献。他翻译过不少唐诗，特别是李白、杜甫、韩愈的诗几乎都是由他翻译成德文的。他自己说过，他的翻译是纯粹给学汉学的人看的，而不是给一般读者看的；是学术性的，而不是普通性的。因此，他在翻译原作之外，还旁征博引，解释典故，考释出处。"用中国朴学的方法来治唐代诗歌，查赫可以说是西方第一人。"② 除唐诗外，他还翻译过司马相如、张华、陶渊明、苏东坡等人的作品，以及扬雄的《法言》和左思的《三都赋》等。

古典戏曲这一时期被翻译介绍到西方的数量也很多，如元代王实甫的《西厢记》、马致远的《汉宫秋》、关汉卿的《窦娥冤》和《救风尘》、明代汤显祖的《牡丹亭》、清代洪升的《长生殿》、孔尚任的《桃花扇》等都有多种译本。以《西厢记》为例，英文译本有熊式一和哈特的两种，前一种译本出版于1935年，书中附有博顿利撰写的《序言》及熊式一撰写的《导言》，博氏在

---

① 库恩为自己的节译本写的序言，转引自王丽娜：《中国古典小说戏曲名著在国外》，第257页，上海，学林出版社，1988。

② 张国刚：《德国的汉学研究》，第66页，北京，中华书局，1994。

《序言》中对中国戏剧和希腊、英国戏剧作了一番比较，认为莺莺的文雅风姿有时接近于朱丽叶，而焦虑的张生有时蒙受的痛苦很像焦虑的特雷斯登；后一种译本出版于1936年，威廉斯曾为之作序。法文译本有莫朗、徐仲年和陈宝吉的三种，分别出版于1928年、1933年和1934年，其中莫朗和陈宝吉的是全译本。陈氏是著名的华裔学者，他在译本的《导言》和结束语中对中国戏剧的发展、《西厢记》的渊源、演变及评价均作了介绍。德文译本虽然只有一种，1926年莱比锡北京出版社出版，但曾多次再版，影响很大。

中国的戏剧艺术在西方也颇受欢迎，这一时期出版的研究和介绍中国戏剧的著作有布斯的《中国戏剧研究》(1922年)、艾伦的《中国戏剧手册》(192?年)、鲁德尔斯贝尔格的《中国古典爱情喜剧家》(1922年)、朱克的《中国戏剧》(1925年)、陈锦的《中国近代戏目分类注释》(1929年)、阿林顿的《古今中国戏曲概论》(1930年)、蒋恩凯的《昆曲：关于中国古典戏剧》(1932年)、铎尔蒙译的《戏剧化装资料目录》(1930年)、阿林顿和阿克顿编译的《中国著名戏剧》(1937年)等，这些著作从不同角度论述了中国古今戏剧艺术的起源、特点、演变以及男女角色。除研究介绍中国的戏剧艺术外，一些西方国家的政府、民间团体和组织，还积极邀请中国的表演艺术家们到西方演出、考察或进行艺术交流活动。中国表演艺术家们所到之处，均受到西方各界的热烈欢迎，他们为传播中国戏剧艺术，增进中西之间的文化交流作出了重要贡献。如京剧表演艺术家梅兰芳1930年到美国访问演出时，不仅学术界非常重视，哥伦比亚大学、芝加哥大学和旧金山大学举行座谈会，请他前去讲话，波摩拿大学和南加州大学授予他文学博士荣誉学位，观众的情绪也非常热烈，他每场演出结束后，都要谢幕15次以上，喜剧大师卓别林、戏剧评论家里特尔、邓肯、阿特金逊等都对他带去的中国"国剧"京剧艺术和他本人的表演评价甚高，认为京剧"是一种令人迷惑而撩人的方式使之臻于完美的、古老而正规的艺术"，"这种艺术取得了一种风格上完整无缺的统一"。而相比之下，西方的戏剧"似乎没有传统"，"没有往昔的根基"，它的"形式尽管非常鲜明，却显得僵硬刻板，在想象力方面从来没有像京剧那样驰骋自由"。"中国大艺术家梅兰芳先生，艺术之高，世界公认"。1935年3月梅兰芳率团到苏联访问演出，受到的欢迎同样十分热烈。为满足广大观众的要求，他在莫斯科音乐厅公演了六天，演出的剧目有《宇宙锋》、《汾河湾》、《刺虎》、《打渔杀家》、《虹霓关》、《贵妃醉酒》。他还表演了六种舞，即《西施》的"羽舞"、《木兰从军》的"走边"、《思凡》的"拂尘舞"、《麻姑献寿》的"袖舞"、《霸王别姬》的"剑舞"等。苏联媒体和文艺界给了他所表演的中国京剧很高的评价。著名电影导演爱森斯坦指出："在中国戏里喜怒哀乐虽然都有一定的程式，但并非呆滞的。俄国戏剧里的现实主义原则的所有优点，在中国戏剧里面差不多都有了。"戏剧家梅耶荷德甚至预测，"再过 25 年至 50 年之久后——将会出现西欧戏剧艺术和中国戏剧艺术的某种结合。"德国著名戏剧家布莱希特 1935 年在莫斯科观看了梅兰芳的演出，梅兰芳的精彩表演给他留下了极深的印象。1936 年他的《中国戏剧表演艺术中的间离效果》一文，对中国的古典戏剧评价甚高，指出："中国古典戏剧表演艺术也懂得间离效果，它以非常巧妙的方式，运用这种手法。人们知道，中国舞台上大量采用象征的手法。一个将军肩上插着几面小旗，其数目与他统帅的军队相当。在丝绸服装上参差不一地缀上同样质料的别种颜色的碎块来表示补钉，以暗示贫穷。各种人物性格通过直接勾画的特定脸谱来表示。双手的某些动作，表示用力开门等等。舞台保持原来的样子不变，而在表演的同时，却把道具搬上台来。所有这些都久已闻名于世，并且几乎是无法照搬的。"[1] 另一位京剧表演艺术家程砚秋 30 年代也应邀到欧洲进行过考察和交流演出，他看到有些国家演剧时以木凳代马，以棒击木凳表示马跑，并自认为这是可珍贵的表演术，于是便把京剧提鞭当马的方法告诉了他们。这些西方人听后以非常折服的神气承认京剧的马鞭是一匹活马，比起他们的木凳要进步得多。《小巴黎报》的主笔对此感到非常惊奇，认为中国的戏剧已经进步到了写意的表演术，具有很高的艺术价值。[2]

这一时期西方还出版了一大批研究、介绍中国历史、文化、哲学、宗教、语言、文字、艺术、地理等方面的著作及有关资料集，如历史、文化方面有福兰阁的五卷本《中国通史》、考狄的四卷本《中国通史》、格鲁塞的《远东史》、赖德烈的《中国历史与文化》、葛兰言的《中国的文明》、卫礼贤的《中国文化史》和奥莱尔的《中国的觉醒》等，哲学、宗教方面有佛尔克的《中国哲学

---

①② 转引自施建业：《中国艺术在世界的传播与影响》，第 18～20 页，第 22 页，济南，黄河出版社，1993。

史》、克劳色的《儒道佛》、奥莱尔的《中国与基督教会》、葛兰言的《中国人的宗教》等，语言、文字方面有马伯乐的《唐代长安方言考》、高本汉的《中国音韵学研究》、《语言学与古代中国》、《汉语的读音与字形》等，艺术方面有喜龙仁的《中国早期艺术史》、葛兰言的《中国古代舞蹈与传说》、孔好古的《中国艺术史上最古之文件》、白史曼的《中国建筑与风景》、宾容的《英国搜集的中国画》、福开森的《中国艺术综览》和《中国艺术大纲》等。其中福兰阁的五卷本《中国通史》（第一卷从先秦到汉末，第二卷从两晋到唐末，第三卷是第一、二卷的注解和史料考释，第四卷为五代辽金元历史，第五卷为第四卷的注解和史料考辨）第一次在西方用丰富的历史事实纠正了18世纪以来冯秉正依据《通鉴纲目》编译的中国历史对读者的误导，批驳了兰克、黑尔格等认为中国历史对人类的思想进步无所贡献，因而应排除在历史学家的观察之外的偏见，不可辩驳的证明中国历史是整个人类发展中最重要的、最富有意义的和最吸引人的一部分。佛尔克的三卷本《中国哲学史》（第一卷《中国上古哲学史》出版于1927年，内容是先秦哲学；第二卷《中国中古哲学史》出版于1934年，内容是汉代到宋代哲学；第三卷《中国近世哲学史》出版于1938年，内容是明清至二十世纪哲学）取材宏富，考辨严谨，介绍了150多位中国哲学家，"故长期以来它都是西文著述中有关中国哲学史的最便利、完备的参考书。可以称得上是一部后人难以企及的哲学史著作。"[1] 高本汉的三卷本《中国音韵学研究》，以较科学的方法对比分析了多种汉语方言，开创性地研究了古汉语语音系统的重新构拟问题，被国际汉学界公认为是20世纪科学研究汉语语音的第一部宏伟著作。该书曾被中国语言学家赵元任等人翻译成中文出版，对中国的汉语研究产生过重要影响。

第一次世界大战后西方出现的"中学热"，也"扫清"了一些中国人昔日对中国文化的"悲观之观念"，"精神得以振作"，[2] 并开始积极主动地向西方传播中国文化。早在第一次世界大战还正进行的1915年，辜鸿铭便出版了他用英文写作的《中国人的精神》（又名《春秋大义》或《原华》）一书。辜氏写

---

① 福赫伯：《德国大学的汉学》，转引自张国刚：《德国的汉学研究》，第54页，北京，中华书局，1994。
② 梁启超：《在中国公学之演说》，载《东方杂志》第17卷第6号。

作此书的目的，是要"证明中国文明的价值，说明研究中国人、中国书籍和文学，即研究中国文明，不仅仅是汉学家们的事，而且它将有助于解决当今世界所面临的困难，从而把欧洲文明从毁灭中拯救出来"①。虽然辜氏思想保守，书中的观点多有偏颇甚至错误，但由于"书的内容，是试图阐明中国人的精神，并揭示中国文明的价值"②，同时以中国文化为参照系，对西方文化的功利主义特性进行批评，认为正是西方文化的功利主义特性导致了第一次世界大战的发生，所以该书出版后立即得到不少西方人的好评，并被译成德、法等多种文字，在西方世界特别是在战败国德国拥有众多的热心读者。进入二三十年代后，不少中国人加入到向西方传播中国文化的行列。如王光祈留德期间致力于传播中国音乐，并著有《中国古典歌剧》在日内瓦出版（1934年）；刘海棠、徐悲鸿多次在西方举办画展，介绍中国的绘画艺术；林文庆、蔡廷干分别译有《离骚》和《唐诗英韵》，在西方产生过一定影响。在二三十年代向西方传播中国文化的中国人中，林语堂最有名，贡献也最大。他用英文写有《吾国吾民》、《生活的艺术》、《京华烟云》、《苏东坡传》和《中国新闻论史》等文学作品和学术著作，并翻译有《论语》、《大学》、《中庸》、《老子》以及《浮生六记》、《老残游记》等儒家经典和古典小说。

（三）第二次世界大战期间抗战文艺的西传

1937年7月7日，日本挑起卢沟桥事变，中日战争全面爆发。面对凶恶的日本侵略者，中国人民同仇敌忾，奋起抵抗，挫败了日本速亡中国的阴谋。两年后，爆发第二次世界大战。从此，中国人民的抗战成了世界反法西斯战争的重要组成部分。从抗战全面爆发到第二次世界大战期间，中外文化交流特别是中学的西传不仅没有因战争的影响而中断，相反由于有关方面的重视和中国国际地位的提高而有了进一步的扩大，但与以前西传的内容有所不同，这一时期西传的主要不是中国的传统文化，而是中国的文艺家们在战火中创作的抗战文艺作品。

为了揭露日本的侵略阴谋和罪行，争取世界人民的支持与同情，共产党领

---

①② 黄兴涛编：《辜鸿铭文集》下册，第8页，第5页，海口，海南出版社，1996。

导的文艺界统一战线组织,如"中华全国文艺界抗敌协会"(简称"文协")、军委会政治部第三厅(简称"第三厅")和"文工会"等都先后成立了一系列对外宣传机构,如"国际文艺宣传委员会"、"国际问题研究组"、"国际新闻社"、"中外文艺联络社"、"中苏文艺研究会",等等。此外,"中苏文协"、"东方文协"、"中美文协"、"中英文协"、"中印文协"、"中捷文协"、"中法比瑞文协"等官办或民间文化团体也相继宣告成立。这些机构的成立,扩大了中国对外的文化宣传。以1939年2月2日成立的"国际文艺宣传委员会"为例。该委员会成立的当天就提出"文章出国"的口号,并召开了第一次对外宣传工作座谈会。出席当日座谈会的有戈宝权、王礼锡、胡风、安娥、郑伯奇、曾虚白、姚蓬子、王平陵等人,与会者就对外宣传工作进行了讨论,并一致决议,无论条件如何困难,都要立即有系统地将中国的一批抗战文学作品介绍到国外去!为了落实此项任务,他们聘范存忠、俞大纲、卫士生、伍蠡甫、梁宗岱、马宗融、徐仲年、钟宪民、商章荪、宗白华等人负责各类作品的编选和翻译工作。为能及时与国外联系,他们又加聘在国外的林语堂、谢寿康、肖石君为驻法代表,熊式一、苏芹生为驻英代表,肖三为驻苏代表,胡天名为驻日内瓦代表。会后,他们即以"国际文艺宣传委员会"的名义,致函世界各国文学团体和文学杂志,衷心感谢同情和支持中国抗战的文学家和文学团体,并希望他们今后能继续同情和支持中国的抗战事业。① 在成立对外宣传机构的同时,"文协"、"第三厅"和"文工会"又大量吸收反法西斯的在华外国作家参加自己的机构,以发挥他们的作用。如苏联中国文学研究专家、塔斯社远东分社社长罗果夫和苏联亚洲影片公司经理谢雅江,分别担任过"中苏文艺研究会"文学组和电影组的苏方负责人;日本反战作家鹿地亘担任过"文协"第三届候补理事和"文工会"国际问题研究小组的负责人。此外,"中苏文协"、"东方文协"、"中美文协"、"中英文协"等还邀请和接待过不少国外文化界名人和团体访问中国,如美国的海明威夫妇、英国的威尔斯先生、世界学联访华考察团,以及菲律宾、缅甸、印度等国的文化代表团,向他们讲述日本侵略者的罪行,讲述中国人民的抗战。这些活动不仅争取到了世界人民对中国抗战的同情和支持,

---

① 见黄俊英:《二次大战的中外文化交流史》,第80页,重庆,重庆出版社,1991。

同时也增进了中外文化的交流，扩大了中国文化在世界上特别是在西方世界的影响。

为了把中国的抗战文艺作品介绍到国外去，还在"八一三"抗战进行之时，中国世界语者在上海即编辑出版了一份世界语文艺刊物——《中国吼声》。这是抗战期间第一份专门对外发行的刊物。不久，另一份世界语期刊《新阶段》（后改名为《正义》）在广州创刊。广州沦陷后，一份新的世界语刊物《东方呼声》又在汉口出版。汉口沦陷后，在香港又出版了世界语刊物《远东使者》。《远东使者》是一份直接向欧洲、美洲发行的综合性刊物，虽然它只有四十页的版面，但以不妥协的反对日本帝国主义侵略和反对国际法西斯主义而享誉世界语界。在其《发刊词》中，它向全世界庄严宣告："我们产生于血泪，痛苦，与困难中。我们的父母是中日'事件'，我们的保姆是枪炮的射击，飞机的嘈音，炸弹的爆发，以及垂死的无辜的妇女儿童老人的最后吼声。"为此，它刊载的第一篇文章就是《我们控诉》。这篇万字的长文，以铁一般的事实，驳斥了日本散布的侵略谎言，控诉了日本犯下的侵略罪行，在全世界产生了强烈的反响，曾被世界销售量最大的周刊《世界语使者》称之为"恐怖时代的文献"。我国著名小说家巴金、诗人艾青等都在该刊物上发表过作品或文章。由于该刊旗帜鲜明地反对日本的侵略和法西斯主义，加上它发表的又主要是中国作家的抗战作品，因而受到世界人民特别是西方反法西斯国家人民的欢迎。瑞典著名的世界语文学家恩格霍姆和法国、荷兰等国家的读者也都曾来电或致函向它表示敬意。

除世界语的刊物外，1940年"文协"又与香港"文协"分会合作，在出版界与国际友人的帮助下，在香港创办了一份主要对西方发行的英文月刊《中国作家》，由马耳、戴望舒和冯亦代等人负责编辑，发表中国作家创作的抗战文学作品。该月刊创办不久便赢得了英美等英语国家读者的广泛赞誉，英国"批评家集团出版社"还来信称赞该刊的作品写得好，并请求《中国作家》代为收编成《中国新作品集》，供该出版社出版。为扩大中国抗战文学的国际影响，使更多的中国作家的作品走出国门，"文协"还积极与苏联对外协会和塔斯社联系，在苏联《国际文学》杂志上开辟"中国抗战文学专辑"，集中发表中国作家的作品。与此同时，不少的中国作家和翻译家也充分利用个人关系，与国际友人合作，将中国作家的作品介绍到国外特别是西方国家出版或发表。如姚雪垠的《差半车麦秸》、丁玲的《孩子们》、刘白羽的《满洲的俘虏》、碧野的《北方的原野》、张天翼的《华威先生》等，便是翻译家马耳与在香港的美国人布朗合作，翻译并介绍到美国出版发行的。

和文学界一样，中国戏剧界也为争取世界各国的同情和支持，宣传中国人民的抗日决心做出了积极贡献。全面抗战开始不久，戏剧界即组织演出队出国义演。第一次出国义演的是由武汉各大学教师、学生组成的"武汉合唱团"。他们于武汉沦陷前夕出国，从新加坡，到印度，再到英国和美国，将《满江红》、《打回东北去》、《玉门出塞》、《长城谣》、《歌颂八百壮士》、《最后胜利是我们的》等一大批爱国救亡歌曲唱遍了大西洋两岸，所到之处均受到当地人民的热烈欢迎。不久，上海戏剧界救亡协会战时流动演剧二队和厦门儿童剧团又先后出国宣传义演，演出的剧目有《保卫卢沟桥》、《民族万岁》、《台儿庄之春》、《大地劫》等一批独幕剧、"活报剧"。①

中国人民不畏强暴，英勇抵抗日本侵略，赢得了包括西方国家在内的世界各国人民的尊敬。就在中国文艺界积极宣传中国的抗日斗争，向西方反法西斯国家大量翻译介绍抗战文艺作品的同时，西方反法西斯国家的文艺界也行动了起来，他们除发表宣言或声明谴责日本的侵略行径，声援中国人民的正义斗争外，还以各种方式宣传中国人民的抗战事迹和精神，介绍中国悠久的历史和文化，翻译中国的抗战文艺作品。比如在英国，有十多万会员和一千多个分支机构的文学团体"左翼书籍俱乐部"，又称"左书会"，在中国"保卫大武汉"期间，为声援中国人民的抗战，除发行《左翼评论》、《劳动月刊》的"援助中国抗战专号"外，又在《每日电讯》栏内开辟"现代中国特刊"，围绕"中国抗战必胜"发表文章，并比较全面地介绍了抗战中的中国政治和文学艺术。据当时报刊报道，《每日电讯》是英国发布中国抗战消息最多的刊物。与此同时，"左书会"还出版了不少有关中国和中国抗战的书籍，如美国埃德加·斯诺的《红星照耀下的中国》第一版，丁伯莱揭露日本在华侵略暴行的世界名著《战争的意义》、史沫特莱的《中国在反攻》、王锡礼的《今日之中国》等都是由

---

① 黄俊英：《二次大战的中外文化交流史》，第82～91页，重庆，重庆出版社，1991。

"左书会"最先出版的。"左书会"发行的《每月选读书》是英国很有影响的文学刊物，其刊载的作品被英国读者视为佳作。抗战期间，中国的不少抗战文艺作品在《每月选读书》刊载过。当时经常刊载中国抗战文艺作品的英国刊物，除《每月选读书》外，还有《新政治家》、《新作品》等，如《新作品》就发表过姚雪垠的《差半车麦秸》、野菼的《新垦地》、张天翼的《华威先生》以及茅盾、郁达夫、陈炜谟、落华生、冰心、敬隐渔、王文显等人的作品。除了抗战文学作品，鲁迅的《阿Q正传》、沈从文的《边城》、林语堂的《风声鹤唳》等这时也被翻译介绍到英国。据说，林语堂的《风声鹤唳》和熊式一的《天桥》出版后还曾引起过轰动。① 在美国，经常发表有关中国抗战文章和作品的刊物有"美国中国人民之友会"创办的《现代中国》和《中国月报》，前美联社驻华新闻记者鲍威尔、杨格、罗布等人创办的《远东人》，以及《亚细亚》等。此外，美国一些出版社，如哥伦比亚大学出版社、华盛顿大学出版社、批评家集团出版社等也翻译出版了不少中国抗战文学作品。"因此，在美国的书店里不仅能看到鲁迅、茅盾、老舍等人的作品，丁玲的《孩子们》、姚雪垠的《差半车麦秸》、刘白羽的《满洲的俘虏》、碧野的《北方的原野》，以及艾表、田间等人的诗作，也同样时有出售。美国的出版家还特别发行了一套《中国抗战小说选》和《中国抗战诗选》。"② 在苏联，几乎所有的刊物都刊登过中国的抗战文艺作品，其中经常刊登的有《国际文学》、《文学报》、《青年卫队》、《国际灯》、《文艺鸟瞰》、《十月》、《旗帜》、《文学评论》，特别是以六种语言发行的大型国际文学月刊《国际文学》，每期都有中国抗战作品发表，1940年7月，它还出了一期《中国抗战文艺特辑》。为了扩大苏中文化交流，声援中国人民的抗日战争，苏联出版界还组织文艺家和翻译家，一方面将苏联的战争文学作品译成中文，在国内出版，向中国发行，另一方面，又将中国的抗战文学译成俄文，在苏联出版发行。如苏联国家书籍出版局出版的《中国小说集》，收有茅盾的《林家铺子》、老舍的《被占领的城市中》、张天翼的《华威先生》、姚雪垠的《差半车麦秸》和《红灯笼的故事》、端木蕻良的《风陵渡》、萧红的《莲花河》、司马文森的《栗色马》等八篇小说和陈烟桥的木刻画八幅。国家书

　　①② 黄俊英：《二次大战的中外文化交流史》，第230～234页，第257～258页，重庆，重庆出版社，1991。

籍出版局还出版有萧三的诗集《湘笛》和散文集《不可征服的中国》以及他编辑的《中国小说集》、萧军的《八月的乡村》、王熙（译音）的《中国之翼》等。儿童文学出版局出版有中国儿童评语文学集《火愤怒》，军事书籍出版局出版有《中国飞行员的故事》、《日本间谍》、《中国英勇抗战》，音乐书籍出版局出版有《中国民众歌曲》，美术出版局出版有《中国艺术品展览会目录图片》。①

    抗战期间，有许多西方学者、作家和记者为了了解中国的抗战，声援中国人民的正义斗争，不远万里，来到中国，以其亲历亲见撰写或创作了许多揭露日军侵略罪行，讴歌中国人民的英勇斗争，赞美中国悠久历史文化的通讯、文章或作品，如贝特兰的《华北前线》，奥登和伊修乌特的《到战争去的行程》），阿特丽的《日本在中国的赌博》和《扬子前线》，埃德加·斯诺的《西行漫记》（《红星照耀着中国》）和《为亚洲而战》，毛那的《卧龙醒了》，约翰·根室的《亚洲内幕》，艾格尼丝·史沫特莱的《大地的女儿》和《打回老家去》（又译《中国在反攻》），安娜·路易斯·斯特朗的《五分之一的人类》和《中国的一百万人》，温台尔·威尔基的《天下一家》，卡尔曼的《在中国的一年》等，他们为增进中西文化交流，扩大中国在西方世界的影响，争取西方各国人民对中国抗战的同情和支持做出了巨大贡献。

---

① 黄俊英：《二次大战的中外文化交流史》，第183～184页，重庆，重庆出版社，1991。

第六章

流派纷呈、日趋繁荣的文学艺术

　　民国时期，伴随着时代的风云际会和社会的新陈代谢，文学艺术的发展呈现出多元竞进、五色斑斓的蓬勃气象。这一时期文学艺术发展的总体趋势，大致可概括为以下几个方面：其一，文学思潮的流变，在不同历史阶段中随各时代社会氛围的变化而风貌各异；而流派纷呈、百家争鸣的多元性，则是不同时段中文学思潮发展格局的共同特征。其二，与文学思潮的纷纭多变相互关联，文学创作亦在多样化探索中向纵深掘进，取得了日益丰硕的创作实绩，形成了百花齐放、风格各异的创作流派。其三，民族传统艺术在保持旺盛活力的同时，不断进行自我革新与现代转换，艺术上日益炉火纯青。其四，外来新型艺术异军突起，日益勃兴，逐步实现了自身的民族化、本土化，成为中国艺术群落中一个重要的有机组成部分。

一、波澜横生的文学思潮

民国时期文学思潮的发展流变，可分为民国初年（1912～1916）至新文学第一个十年（1917～1927）、新文学第二个十年（1928～1937年7月）和全面抗战爆发至40年代末三个时期。上述不同历史阶段的文学思潮，随各时代社会、政治、文化格局的变动而色调各异，风貌不一。而在各时段文学思潮的流变中，不同文学观念、文学流派之间的论争日趋激烈，显现出纷纭绚丽的景观。

（一）民初至新文学前十年的文学思潮与论争

民国初年，文学思潮中居于主导地位的是鸳鸯蝴蝶派所倡导的消闲文艺观。该派以言情小说创作著称，因其作品"卅六鸳鸯同命鸟，一双蝴蝶可怜虫"之类的套路而得名；因其代表性刊物为《礼拜六》周刊，亦称礼拜六派。该派刊物登载的发刊词一类文章，集中阐述了以游戏、消遣、趣味为宗旨的文学主张。例如，创刊于1913年12月的《游戏杂志》，即在其发刊序言中宣称，"不世之勋，一游戏之事也；万国来朝，一游戏之场也；号霸称王，一游戏之局也；楚汉相争，三分割据，及今思之，如同游戏"，而文学只不过是"供话柄，驱睡魔"的"游戏"之具而已。创刊于1914年6月的《礼拜六》周刊，亦在其"出版赘言"中，断言读小说与"平康买笑"、"酒楼觅醉"、"戏园顾曲"一样，除供游戏、消遣之用以外，别无其他价值可言，所不同者只是"买笑耗金钱，觅醉碍卫生，顾曲苦喧嚣，不若读小说之省俭而安乐也。且买笑、觅醉、顾曲，其为乐转瞬即逝，不能继续以至明日也。故人有不爱买笑、不爱觅醉、不爱顾曲，而未有不爱读小说者"。这种论调，片面强调文学的娱乐性与趣味性，抹杀文学的社会教化功能，因而在五四新文化运动中成为文学革命的批判对象之一。

五四新文化运动兴起后，一场旨在反对文言、提倡白话，反对旧文学、提倡新文学的文学革命应运而生，由此而在中国文学史上树起一个鲜明的界碑，标示着古典文学的终结与新文学的开端。

在始于1917年的文学革命中，新文学倡导者对中国文学的变革进行深入探索，就如何建设新文学提出一系列创见。胡适在发表于 1917 年 1 月《新青年》第 2 卷第 5 号上的《文学改良刍议》一文中，基于"一时代有一时代之文学"的进化观，率先发出"文学改良"的倡议，主张废文言而用白话，实行语体革新，并提出"须言之有物"、"不摹仿古人"、"须讲求文法"、"不作无病之呻吟"、"务去滥调套语"、"不用典"、"不讲对仗""不避俗字俗语"八大改革目标。在次年 4 月刊载于《新青年》4 卷 4 号的《建设的文学革命论》一文中，他进而主张建设"国语的文学，文学的国语"，就文学改良问题作了进一步的理论阐发。陈独秀更为激进，于 1917 年 2 月在《新青年》第 2 卷第 6 号发表《文学革命论》一文，明确提出"文学革命"的口号，揭出"三大主义"的旗帜，对封建旧文学发起全面而迅猛的攻击："曰推倒雕琢的阿谀的贵族文学，建设平易的抒情的平民文学；曰推倒陈腐的铺张的古典文学，建设新鲜的立诚的写实文学；曰推倒迂晦的艰涩的山林文学，建设明了的通俗的社会文学。"继之，钱玄同、刘半农在《新青年》发表著名的"双簧信"，对抵制新文学与白话文的种种观点、言论逐一加以批驳，引起了广泛的社会关注。周作人于 1918 年 12 月在《新青年》第 5 卷第 6 号上发表《人的文学》一文，力主以"灵肉一致"的人性论和"个人主义的人间本位主义"为基础，建设以"重新发现'人'"为职志的"人的文学"。次年 1 月，他又在《每周评论》第 5 期发表《平民文学》一文，倡导"平民文学"和"为人生的文学"，号召作家以"普通"、"真挚"的文体表现"普通男女的悲欢成败"。鲁迅在其杂感、随笔中，强调"灌输正当的学术文艺，改良思想是第一事"[①]；文艺家"固然须有精熟的技工，但尤须有进步的思想与高尚的人格"，"是能引路的先觉"[②]。李大钊于 1919 年 12 月在《星期日》社会问题专号发表《什么是新文学》一文，对文学革命做出了历史唯物主义的解释，要求新文学以"宏深的思想、学理、主义"为"土壤、根基"。上述种种主张，从不同角度与侧面探讨了新文学的本质与路向，推动了文学革命的深入发展。

文学革命是中国历史上前所未有的一次伟大而彻底的文学革新运动。它承继晚清"文界革命"、"小说界革命"与"诗界革命"的未竟之业，在文学语

---

① 唐俟（鲁迅）：《渡河与引路》，载《新青年》第 5 卷第 5 号，1918 年 11 月。
② 鲁迅：《随感录·四十三》，载《新青年》第 6 卷第 1 号，1919 年 1 月。

言、形式上摒除了文言文和僵化的传统文学模式，促成了白话文的全面推广和文学形式、手法的多样化探索，在文学观念上清理、批判了"文以载道"、游戏消遣等种种传统文学思想，确立了民主主义、人道主义、个性主义的文学观念，实现了中国文学从形式到内容的全方位革新，有力地推动了中国文学的现代转换，揭开了新文学史光辉的第一页。

在文学革命的推动下，新文学第一个十年，受不同文艺思潮和艺术方法影响的诸多作家群，纷纷聚集为艺术风格各异的文学社团与流派，其中成立最早而又最具代表性与影响力的是文学研究会和创造社。前者于 1921 年 1 月在北京成立，发起者有周作人、沈雁冰（茅盾）、郑振铎、叶绍钧、王统照、许地山等 12 人。他们注重文学作为思想启蒙工具的社会功利性，倡导"为人生"的、现实主义的文学，创作上倾向于以写实手法表现和探讨种种社会、人生问题，展示新旧冲突，揭露现实黑暗，诅咒灰色人生。后者于 1921 年 6 月在日本东京成立，最初成员有郭沫若、郁达夫、成仿吾、田汉、张资平等留学生。他们初期的文学主张较为含混，既倡导"为艺术"的文学，追求艺术的"全"和"美"，又要求文学担负"时代的使命"，对旧社会"不惜加以猛烈的炮火"①。该社成员的创作倾向较为明确而一致，艺术上主要受西方浪漫主义文学的影响，兼采唯美主义、颓废主义、象征主义、表现主义等，侧重于主观抒情、自我表现和病态心理的描写。以上两社团及其后成立的浅草—沉钟社、弥洒社、语丝社、莽原社、新月社等，百花齐放，异彩纷呈，既相互竞争又相互砥砺，共同开拓出新文学前进的广阔道路。

文学革命的开展，引发了新文学阵营与文化保守主义势力的激烈冲突和论争。

新文化运动开始后不久，古文家林纾视新文学为洪水猛兽，对白话文运动大加挞伐。对此，蔡元培在 1919 年 4 月 1 日的《公言报》发表《致〈公言报〉函并答林琴南函》，义正辞严地予以回驳，宣称对于各派学说，要"循思想自由原则，取兼容并包主义"。李大钊、鲁迅等人也撰文谴责林纾等"国粹家"的历史倒退行为。《新青年》还全文转载林氏含沙射影攻击文学革命倡导者的

---

① 成仿吾：《新文学之使命》，载《创造周报》第 2 号，1923 年 5 月。

小说《荆生》，对其逐句予以批驳。

1922 年，新文学阵营与"学衡派"展开了论战。后者以创办于南京的《学衡》杂志为阵地，以"昌明国粹，融化新知"为旨趣，其主要成员梅光迪、吴宓等均曾留学美国，深受白璧德新人文主义思想的影响，持一种古典主义的、贵族化、伦理化的文学观。他们以稳健、保守的文化立场，攻击新文化运动和文学革命"标袭喧嚷，侥幸尝试"，"提倡方始，衰相毕露"，贬斥新文学倡导者为"政客诡辩家与夫功名之士"①。他们对新文学运动的某些偏颇与弊病（如白话诗创作的平庸化、对传统戏曲的虚无主义态度等）不无中肯批评，但其对文学革命的全盘否定则有违历史潮流。对于"学衡派"的责难，新文学人士纷纷予以回击。鲁迅在 1922 年 2 月 9 日的《晨报》副刊发表《估学衡》一文，以实例揭露该派文人貌似"学贯中西"，实则"于新文化无伤，于国粹也差得远"，对其予以尖锐而有力的批驳。

1925 年，新文学阵营又与"甲寅派"展开了论战。时任北洋政府司法、教育总长的章士钊复刊了《甲寅》周刊，并先后在该刊第 1 卷第 9 号和第 14 号上发表《评新文化运动》、《评新文学运动》二文，从逻辑学、语言学、文化史等角度论证文言文的优越性，断言"吾之国性群德，悉存文言，国苟不亡，理不可弃"，主张"存文言弃白话"，倡导"读经救国"。对此，鲁迅、高一涵、成仿吾、沈雁冰、邓中夏等人予以有力反击，从不同角度揭露了"甲寅派"复古守旧的实质。

（二）新文学第二个十年的文学思潮与论争

新文学第二个十年（1928~1937 年 6 月），伴随着社会、政治云谲波诡的急剧变动，文学思潮发展、演变的格局，在观念、理论上主要表现为无产阶级革命文学思潮与自由主义文学思潮的相互竞争，在创作倾向上则主要表现为左翼文学、京派文学与海派文学的多元并存。

无产阶级革命文学首倡于 1923 年前后，而它作为文学运动与文学思潮的兴起，则是在 1928 年初。后期创造社的郭沫若、成仿吾、冯乃超、李初梨和

---

① 梅光迪：《评提倡新文化者》，载《学衡》第 1 期，1922 年 1 月。

太阳社的蒋光慈、钱杏邨，是这一思潮的早期代表人物。他们认为无产阶级革命文学是"历史的内在的发展"的产物，要求作家树立无产阶级的世界观，以文学为"阶级的武器"，"为完成它主体阶级的历史使命"而斗争①。

1930年中国左翼作家联盟（简称"左联"）的成立，标志着无产阶级革命文学运动进入了向纵深发展的阶段。"左联"成立后，先后创办《拓荒者》、《萌芽月刊》、《北斗》等刊物，加强马克思主义文艺理论的译介和研究，推进与世界无产阶级文学运动的联系，积极开展文艺大众化运动，大力推广革命现实主义创作方法，推动了无产阶级革命文学思潮更为广泛、深入的传播。

以"左联"为核心的无产阶级革命文学运动，为中国现代文学的发展开辟了新的道路，具有不可抹杀的历史功绩。但与此同时，这一运动也受到当时国际、国内"左"倾思想路线的影响，存在着组织上的宗派主义与关门主义，理论上的机械论、主观论、观念论和创作上的概念化、公式化等错误倾向。对于这些倾向，鲁迅、茅盾、瞿秋白、周扬等左翼理论家从不同方面进行了批判和纠正，使革命文学中存在的"左"倾幼稚病得到了不同程度的克服。

自由主义文学思潮在一定程度上承认文学的思想启蒙、道德进化作用，但它否定文学的阶级功利性，强调文学的独立性与超阶级、超功利性，要求文学与实际人生拉开距离，与政治斗争保持疏离。其主要代表人物梁实秋、朱光潜、沈从文等，以各自的文学思想体系丰富与发展了自由主义文学理论。梁实秋推崇美国白璧德的新人文主义，以表现普遍人性为文学的最高宗旨，以古典主义的"理性"和"节制"为艺术创作的基本原则。朱光潜在《文艺心理学》等论著中，通过系统评介克罗齐的直觉说、布洛的距离说、立普斯的移情说等西方文艺心理学理论，强调文学表现人生和怡情悦性的功能，主张文艺与生活保持"距离"，推崇"冷静超脱"、"和平静穆"的美学境界。在《文学杂志》发刊词中，他还提倡"自由生发，自由讨论"，反对"某一种特殊趣味或风格成为'正统'"。沈从文在其一系列文学评论中，对海派文学与左翼文学同时予以批判，强调文学家人格的独立与文学自身的独立，反对将文学沦为追求政治、商业功利的工具。

---

① 李初梨：《怎样地建设革命文学？》，载《文化批判》第2号，1928年2月。

20世纪30年代的社会大变动，引发与激化了知识分子在传统农业文明与现代工业文明、东方文明与西方文明之间选择的矛盾与困惑，反映在文学创作的潮流与趋向上，便形成了此期左翼、"京派"、"海派"三大文学流派之间的对峙与互渗。左翼作家以鲜明的阶级意识、时代意识与昂扬的战斗精神，对封建主义与资本主义同时展开批判，艺术上追求一种壮阔、粗犷、厚实的力的美。"京派"是京、津等北方城市一批学者型作家的松散群体，以《水星》、《现代评论》、《大公报》文艺副刊等为主要阵地。他们既坚持自由主义立场，又眷恋传统农业文明，既反对文学从属于政治，也反对文学的商业化，创作上倾心于表现乡土世界未经现代文明异化的自然美、人性美。"海派"以上海的《现代》、《无轨列车》等刊为主要阵地，由一批依托于文化市场的作家组成。他们既享受着现代都市文明又感染着都市"文明病"，创作上效法西方现代派文学，以自觉的先锋意识追求艺术的"变"与"新"，侧重于表现自身对都市文明既留恋又充满幻灭感的矛盾心境。

　　20年代末至全面抗战爆发前夕，左翼文坛内部的论争与左翼文坛、自由主义文坛两大阵营之间的论争频繁而激烈地展开。通过论争，无产阶级革命文学不断克服自身的"左"倾幼稚病，确立与巩固了自身的文学主流地位；与此同时，自由主义文学也在理论上取得不俗的成就，并对创作实践产生了重要影响。

　　1928年初至1929年秋冬，左翼文坛内部展开了鲁迅、茅盾与后期创造社、太阳社之间的革命文学论争。后者在"左"倾思想支配下，无视文学的本体特征和艺术规律，将文学的阶级功利性绝对化，认定文学的任务只是"反映阶级的实践的意欲"①，并据此而全盘否定五四以来的新文学，给鲁迅、茅盾等作家一律戴上"有产者与小有产者代表"的帽子，甚至将鲁迅判定为"封建余孽"和"二重性的反革命的人物"②，声称要"替他们打包，打发他们去"③。面对这种攻击，鲁迅一方面肯定了倡导"革命文学"的正当性，另一方面又批驳了视文学为政治传声筒的谬误。在发表于1928年4月《语丝》第4卷第16

---

① 李初梨：《怎样地建设革命文学？》，载《文化批判》第2号，1928年2月。
② 杜荃（郭沫若）：《文艺战线上的封建余孽》，载《创造月刊》第2卷第1期，1928年8月。
③ 成仿吾：《打发他们去》，载《文化批判》第2号，1928年2月。

号上的《文艺与革命》一文中，他精辟地指出，"一切文艺固是宣传，而一切宣传却并非全是文艺"，主张文学作品"当先求内容的充实和技巧的上达"，反对"只挂招牌，不讲货色"。茅盾也对后期创造社与太阳社的"左"倾幼稚病予以尖锐批评，一针见血地指出该社成员的许多作品"只是'卖膏药式'的十八句江湖口诀那样的标语口号或广告式的无产文艺"①。

左翼文坛与自由主义文坛的论争，较重要的有以下几次：

一是1928～1930年与"新月派"的论战。"新月派"以1928年3月创办的《新月》杂志为主要阵地，以胡适、徐志摩、梁实秋为主要成员。其主要理论家梁实秋于1928年6月在《新月》第1卷第4号上发表《文学与革命》一文，打出"人性论"、"天才论"的旗帜，提出"伟大的文学乃是基于固定的普遍的人性"，"文学是没有阶级性的"，并认定"一切的文明，都是极少数人的创造"，因而"大多数就没有文学，文学就不是大多数的"，从根本上否定无产阶级文学。上述观点引起了鲁迅等人的反击。针对梁氏的"人性论"和"天才论"，鲁迅在发表于《萌芽月刊》第1卷第3号上的《"硬译"与"文学的阶级性"》中指出，"文学不借人，也无以表示'性'，一用人，而且还在阶级社会里，即断不能免掉所属的阶级性"；与"人性论"密切相关的"天才论"，其实质不过是"以资产为文明的祖宗，指穷人为劣败的渣滓，只要一瞥，就知道是资产家的斗争的'武器'"。但与此同时，鲁迅又反对将文学的阶级性绝对化。在发表于《语丝》第4卷第34号上的《通信·其二》中，他精辟地指出，阶级社会里的文学都"带着"而非"只有"阶级性。

二是与"自由人"和"第三种人"的论战。1931年底至1932年上半年，自称"自由人"的胡秋原连续发表文章，对于国民党发动的"民族主义"文艺运动和中国共产党领导下的左翼文艺运动同时加以攻击。在发表于1931年《文化评论》创刊号上的《阿狗文艺论》中，他明确声称"文学与艺术，至死也是自由的，民主的"，表示反对"将艺术堕落到一种政治的留声机"。继之，自称"第三种人"的苏汶与胡氏相唱和，在《现代》第2卷第1号上发表《论文学上的干涉主义》一文，反对政治对文学的"干涉"，强调文学"真实性"

---

① 茅盾：《读〈倪焕之〉》，载《文学周报》第8卷第20号，1929年5月10日。

的独立地位，要求予作家以充分的"创作自由"。对于胡、苏二人的观点，左翼理论家纷纷撰文予以批驳。瞿秋白指责"自由人"意在"要文学脱离无产阶级而自由，脱离广大的群众而自由"①。周扬在回击"第三种人"时强调："无产阶级的阶级性、党性不但不妨碍无产阶级对客观真理的认识，而且可以加强它对于客观真理的认识的可能性。因为无产阶级是站在历史的发展的最前线，它的主观的利益和历史的发展的客观的行程是一致的。"② 论战中，一些左翼理论家受"左"倾思想的影响，片面、错误地申言文艺"永远是，到处是政治的留声机"③，并对中间势力采取宗派主义态度。为纠正文艺上的"左"倾关门主义错误，鲁迅、冯雪峰等人均发出了联合"同路人"的号召；张闻天则在党内刊物上发表专文，对左翼文坛在论战中出现的失误予以系统清理和批评。

三是与林语堂等人的"性灵文学"之争。林氏自 1932 年起大力提倡以"自我表现"和"闲适"、"趣味"为旨趣的"性灵文学"，要求文学摆脱社会政治约束，回归个体自然本性。这一思想受到了鲁迅的尖锐抨击。在发表于 1933 年 10 月《现代》第 3 卷第 6 号上的《小品文的危机》一文中，他指出："性灵文学"的实质，是在"风沙扑面，狼虎成群的时候"，"靠着低诉或微吟，将粗犷的人心，磨得渐渐的平滑"，是对黑暗现实的逃避，对社会责任的推卸。

四是与"京派"的论争。1935 年底，"京派"理论家朱光潜在《中学生》第 12 期上发表《"曲终人不见，江上数峰青"》，提出"和平静穆"是美的最高境界。针对此论，鲁迅在发表于《海燕》月刊 1936 年第 1 期上的《题未定草·七》中予以批评，认为"历来的伟大的作者，是没有一个'浑身是静穆的'"，是不可能对现实采取超然态度的。与朱论相反，他提倡战斗的力的美，赞扬殷夫的诗"是对于前驱者的爱的大纛，也是对于摧残者的憎的丰碑。一切所谓圆熟简练，静穆幽远之作，都无须来作比方"④。继之，1936 年 10 月，"京派"作家沈从文批评左翼文学"记着'时代'忘了'艺术'"，导致创作上

---

①③ 易嘉（瞿秋白）：《文艺的自由和文艺家的不自由》，载《现代》第 1 卷第 6 号，1932 年 10 月 1 日。

② 周起应（周扬）：《到底谁不要真理，不要文艺？——读关于〈文新〉与胡秋原的文艺论辩》，载《现代》第 1 卷第 6 号，1932 年 10 月 1 日。

④ 鲁迅：《白莽遗诗序》，载《文学丛报》（月刊）第 1 期，1936 年 4 月。

的雷同化、公式化①。对此，茅盾在 1937 年 7 月《中流》第 2 卷第 8 号上发表了题为《关于"差不多"》的反批评文章。他指责沈将文学的时代性与艺术性对立起来，抓住"新文艺发展一步时所不可避免的暂时的幼稚病"，反对"作家应客观的社会需要而写他们的作品"。

（三）全面抗战爆发至 40 年代末的文学思潮与论争

抗日战争全面爆发后，文学思潮的发展、演变在不同政治区域呈现出色彩各异的面貌。

国统区文学的流变深受战争形势与政治形势的影响。全面抗战初期（1937年 7 月至 1938 年 10 月），在全民奋起御敌的形势下，抗日救亡的宣传动员成为文学活动的轴心，整个国统区文学的基调表现为昂扬激奋的英雄主义。1938年 3 月中华全国文艺界抗敌协会（简称"文协"）的成立，标志着不同性质的文艺流派与运动汇合起来，组成了文艺界的抗日民族统一战线。在"文协"提出的"文章下乡，文章入伍"口号的影响下，文学的时代性、战斗性、大众性、通俗性得到了空前重视和大力张扬。抗战进入相持阶段以后，随着国内政治形势的急剧逆转，作家们由激昂的乐观主义转向苦闷、抑郁中清醒的现实批判、历史反思与自我反思。文学创作在探讨民族命运这一总体思想背景中，或直面现实，深入揭露阻碍抗战、阻碍民族更新的黑暗势力，探讨民族文化传统与国民性格的优劣得失；或回溯历史，发掘民族灵魂，弘扬民族正气，总结历史经验；或面向自我，展现爱国知识分子的苦难历程与心灵搏战。沉郁、凝重而博大的史诗风格，成为此期国统区文学的基调。抗战后期（1944 年 9 月后）至 40 年代末，随着国民党政权的日益腐朽、衰败和国统区民主运动的日益高涨，对黑暗现实的讽刺、暴露与诅咒成为国统区文学的主旋律。

中共根据地与解放区的文学活动以毛泽东《在延安文艺座谈会上的讲话》为根本方针。《讲话》发表于 1942 年，是延安文艺整风运动的理论结晶，也是马克思主义文艺理论中国化的重要成果。它以文艺"为群众"和"如何为群众"的问题为中心，指明了文艺为人民大众（首先为工农兵）服务的方向，号

---

① 炯之（沈从文）：《作家间需要一种新运动》，载 1936 年 10 月《大公报·文艺副刊》。

召革命作家"站在无产阶级的立场上","深入工农兵群众,深入实际斗争",在思想情感上与工农兵打成一片,从社会生活这一"唯一的最广大最丰富的源泉"中汲取创作素材,创造出与新的生活、新的时代相适应的新型人民文艺。此外,《讲话》还就其他重大问题提出一系列理论创见。例如:关于文学与生活的关系,指出文艺源于生活,却"应该比普通的实际生活更高,更强烈,更有集中性,更典型,更理想,因此就更带普遍性";关于普及与提高的关系,阐明了"在普及基础上的提高"和"在提高指导下的普及"的辩证统一;关于批判与继承的关系,强调"必须继承一切优秀的文学艺术遗产,批判地吸收其中一切有益的东西"。《讲话》总结了五四以来革命文艺的历史经验,丰富与发展了马克思主义文艺理论,为无产阶级革命文艺运动的发展指明了方向。在《讲话》精神的指引下,根据地、解放区文学深深扎根于人民群众的生活和民族文化的土壤,吸收、改造群众喜闻乐见的传统民族文艺(主要是民间文艺)形式,热情洋溢地反映和讴歌工农兵群众火热的斗争生活,走上了一条为工农兵服务的、大众化、民族化的道路,呈现出明朗、素朴而高昂的基调。

沦陷区文学在严酷的政治高压环境中艰难生长,呈现出特异的格调与风貌。华北、东北沦陷区的"乡土文学"作家坚持五四新文学传统,着力揭示沦陷区人民的苦难境遇与抗争意志。由于政治的限制,沦陷区文学在被迫消隐了启蒙性、战斗性的同时强化了商业性与市民性,作家们在自身精神追求与文学市场需求之间努力寻求二者的契合点,由此导致了雅、俗两大文学潮流的日益接近与融合。

从全面抗战爆发到40年代末,由于社会、政治风云的急剧变幻,文学界的论争比之以往更为频繁、激烈。

全面抗战爆发后,文艺界展开了关于民族形式问题的讨论。"民族形式"作为一个口号,是由毛泽东提出的。他于1938年在中共六届六中全会上做政治报告时号召:要把"国际主义的内容和民族形式"结合起来,创造"新鲜活泼的、为中国老百姓所喜闻乐见的中国作风和中国气派"[1]。这一精神传入国统区以后,引起了文艺界的热烈讨论。论争的焦点是如何看待"民族形式"的

---

① 《中国共产党在民族战争中的地位》,见《毛泽东选集》第2卷,第534页,北京,人民出版社,1991。

来源。以向林冰为代表的一方，一味强调"应该在民间形式中发现民族形式的中心源泉"，并偏狭地指责新文学是"欧化东洋化"的"畸形发展形式"①。以葛一虹为代表的另一方，则全然否认新文学负面性因素的存在，完全否定民间形式具有可继承的合理成分②。1940年下半年，《新华日报》举办"民族形式"问题座谈会后，论争的深度与广度均上升到一个新的层次。郭沫若的观点代表了这一阶段论争的较高水平。关于新形式与旧形式、民族传统与外来影响的关系，他指出：中国新文艺应当"从民间形式取其通俗性，从士大夫形式取其艺术性，而益之以外来因素，又成为旧有形式与外来形式的综合统一"。在如何创造新民族形式的问题上，他认为必须植根于"现实生活"，因为"民族形式的中心源泉，毫无可议的，是现实生活"③。

抗战后期至1949年，进步文艺界展开了有关现实主义与"主观论"的论争。论争的焦点人物是胡风。他于1945年1月在《希望》创刊号上发表《置身在为民主的斗争里面》，针对抗战爆发以来文艺创作中存在的公式主义、客观主义通病，强调作家的"自我扩张"是"艺术创作的源泉"，认为只有在创作中充分发扬"主观战斗精神"，使"主观力量""坚强到能够和血肉的对象搏斗，能够对血肉的对象进行批判"，才是通向现实主义的正确道路。上述观点受到了邵荃麟、何其芳、林默涵、黄药眠、胡绳等人的批评。他们认为：胡风及其支持者舒芜等人的观点，"实际上都是宣扬着超脱现实而向个人主义艺术方向发展"，"也就是向唯心主义发展的一种倾向"④。通向现实主义的正确道路，"并不是简单地强调什么主观精神与客观事物紧密的结合，而是必须强调艺术应该与人民群众结合，首先是在内容上更广阔、更深入的反映人民的要求，并尽可能合乎人民的观点，科学的观点"⑤。1948年12月，胡风在上海青林社（希望社）出版《论现实主义的路》一书，修正、充实了自己的理论，对

---

① 向林冰：《论"民族形式"的中心源泉》，载1940年3月20日重庆《大公报》副刊《战线》。

② 葛一虹：《民族形式的中心源泉是在所谓"民间形式"吗？》，载1940年4月10日重庆《新蜀报》。

③ 郭沫若：《"民族形式"商兑》，载1940年6月9～11日重庆《大公报》。

④ 荃麟：《对于当前文艺运动的意见》，载《大众文艺丛刊》第1辑，1948年3月1日。

⑤ 何其芳：《关于现实主义》，载1946年2月13日重庆《新华日报》。

批评者的观点一一加以反驳。论争双方虽未达成一致意见，却从不同角度与层面深化、拓展了文艺理论界有关现实主义与主观问题的认识和探索。

二、流派纷呈的文学创作

伴随着文学观念的现代化与文学思潮的多元化，民国时期的新文学创作不断向纵深发展，日趋繁荣、成熟。小说、新诗、散文、话剧诸领域，均取得了丰硕的创作实绩，形成了风格各异、多姿多彩的创作流派。

（一）面貌一新的小说

民国初年的小说创作，呈现出新旧杂陈的过渡性特征。这一时期，小说园地中居于主导地位的是鸳鸯蝴蝶派作品。它们多以恋爱、婚姻为题材，宣扬"发乎情，止于礼义"的传统道德规范，发抒"深于情者多薄命"、"有情人不得成为眷属"的终天之恨，但也在一定程度上表达出反对封建包办婚姻和门第观念、向往与追求爱情自由的进步思想倾向；艺术上以传统小说技法为主，兼采外国文学的艺术技巧。其代表作主要有徐枕亚的《玉梨魂》、李定夷的《鸳湖潮》、吴双热的《孽冤镜》、周瘦鹃的《此恨绵绵无绝期》等。

五四文学革命发生后，小说不仅从边缘走向中心，成为新文学的正宗，而且实现了从形式到内容的现代转换，呈现出不同于传统小说的崭新风貌。

鲁迅是现代小说的开拓者与奠基人，其小说集《呐喊》与《彷徨》是中国现代小说开端与成熟的双重标志。收入这两部集子中的作品，取材"多采自病态社会的不幸的人们中，意思是在揭出病苦，引起疗救的注意"①。它们在中国旧民主主义革命的壮阔背景中，揭示出农民与知识分子的生存困境与精神危机，深入揭示出反封建与改造国民性的思想主题。其中，《狂人日记》是新文学史上发出反封建呐喊的第一篇白话小说。《阿Q正传》因其对"精神胜利法"这一国民劣根性的剖析和其"反抗绝望"的现代意识，成为中国新文学自立于世界文学之林的伟大代表。在艺术表现上，他的小说选材严，开掘深，善

---

① 鲁迅：《南腔北调集·我怎么做起小说来》，见《鲁迅全集》第4卷，第512页，北京，人民文学出版社，1981。

于以多样的形式、技法和精巧的结构、布局，"简短地、清楚地，在一些形象中表达一种思想，在一个插曲中表达一个巨大的事变，在某一个别的人物中表达一个典型"①，堪称现代小说艺术的一座奇崛高峰。

鲁迅作品以外，新文学第一个十年的小说，大致包括人生派写实小说与浪漫抒情小说两种不同类型。

人生派写实小说的最初成果是问题小说。作为五四启蒙精神与作家人生探索相结合的产物，问题小说着力开掘与表现五四思想界所关注的种种社会、人生问题，主要作者有文学研究会的叶绍钧、冰心、庐隐、王统照等。对于种种现实问题，他们往往"只问病源，不开药方"。但也有一些作家（如冰心、王统照）的作品，试图以抽象的"爱"和"美"弥合缺陷，解救人生。

20年代中后期，在鲁迅影响下，文学研究会、语丝社、未名社的部分作家掀起了乡土小说的创作热潮，推出了王鲁彦的《柚子》、彭家煌的《怂恿》、台静农的《地之子》等小说集。它们以蕴蓄着乡愁的笔触，描摹出富有地方色彩的乡土人情画卷，展现出农村宗法社会落后、闭塞、残破的图景，揭示出农民大众的生存困境和精神病苦。乡土小说克服了问题小说"思想大于形象"的通病，将人生派写实小说的创作推进到一个新的境界。

浪漫抒情小说着力于主观抒情与心理描写。郁达夫是此类小说的开创者。其小说集《沉沦》中的作品，以自叙传的口吻和率真、炽烈的自我暴露，展现出歧路彷徨的"零余者"备受压抑的苦闷心理与病态情欲，揭示出"个人病"中蕴含着的"时代病"，显示出独特的感伤、颓废、病态之美。与郁氏风格类似的作家有创造社的郭沫若、倪贻德、叶灵凤、陶晶孙，浅草—沉钟社的陈翔鹤，文学研究会的王以仁、庐隐等。他们的小说均以抒发个人苦闷和感伤情绪著称，创作手法上以浪漫主义为主，也有的作品采用意识流等现代主义表现技巧。

新文学第二个十年的小说创作，呈现出左翼小说、"京派"小说、"海派"小说与各独立作家的小说多元并进的格局。

左翼小说以茅盾的作品为杰出代表。茅盾是革命现实主义文学的奠基者，

---

① 法捷耶夫：《关于鲁迅》，载《文艺报》第1卷第3期，1949年10月25日。

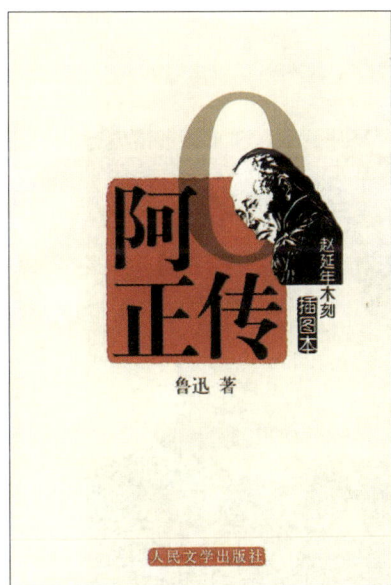

萌芽月刊

第一卷

2

1930

阿Q正传

赵廷年木刻

插图本

鲁迅 著

人民文学出版社

鲁迅

徐志摩

茅盾

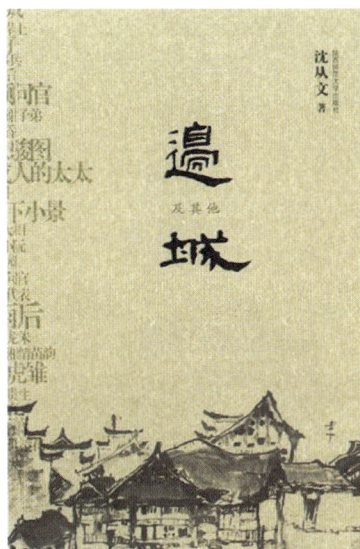

沈从文

巴金

沈淪

〈小說集〉

郁達夫著

1921

郁達夫

吴昌硕和《梅石图》

365

张大千和《深壑寻幽》

筱攀先生清正 丙戌夏 白石寄京 華菫 廿一年

齐白石 《群虾图》

367

电影《一江春水向东流》海报

电影《渔光曲》

也是 30 年代"社会剖析小说"的开创者。其作品以宏伟、冷峻的史诗风格著称，擅长以理性分析透视社会现象，以宏大叙事反映时代全貌，在典型环境中塑造典型人物。其长篇代表作《子夜》，勾画出 30 年代初期都市社会的全景，揭示了中国民族资本主义的悲剧命运。茅盾以外，丁玲、沙汀、吴组缃、叶紫、张天翼、艾芜、萧红等人的作品，从不同方面丰富与发展了左翼小说的创作。

"京派"小说以浓郁的田园风格和深厚的文化底蕴著称。沈从文是该派的杰出代表。他于 30 年代创作的中篇代表作《边城》等小说，以平和淡远、蕴藉隽永的抒情笔调与古朴简峭、空灵鲜活的个性化语言，在对湘西边地风土人情的深情描述中发掘诗意，展现乡土世界质朴、纯真的人情之美，表达返朴归真的人生理想。与沈氏风格类似的作家，有废名、萧乾、芦焚等。

"海派"小说以刘呐鸥、穆时英、施蛰存等人的"新感觉派"小说为主体。他们效法西方现代派文学，刻意捕捉稍纵即逝、新奇怪异的感觉、印象，运用心理分析、意识流、蒙太奇、象征、通感等手法，揭示现代都市人畸形、病态的心理，代表作有刘呐鸥的《都市风景线》、穆时英的《上海的狐步舞》、施蛰存的《梅雨之夕》等。

独立作家的小说创作，以巴金、老舍的成就最为突出。

巴金是一位热情澎湃而富于诗人气质的小说家。他写于 30 年代初的长篇代表作《家》（《激流三部曲》之一），在借鉴《红楼梦》艺术手法的同时融入汪洋恣肆的情感，通过五四前后一个封建大家庭的没落、崩溃和几对青年人的爱情悲剧，控诉封建家族制度和旧礼教的罪恶，讴歌了一代新青年的觉醒与抗争。他于 40 年代末完成的长篇力作《寒夜》，以一对小知识分子夫妇的婚姻、家庭悲剧，揭露了病态社会的黑暗、冷酷，笔调较之以往更为深沉、冷峻。

老舍的作品，以对市民文化、国民性格的深入剖析，以及独具风格的"京味"和幽默著称。他写于三四十年代的一系列长篇小说，以幽默平实、凝练纯熟的"京味"语言，在文化反思的视野中展现出故都北京市民生活的全景。其中，《离婚》、《牛天赐传》等对"老中国儿女"的国民性弱点和西方资本主义文明的弊病加以双重批判；代表作《骆驼祥子》从一个人力车夫的命运悲剧中揭示出病态社会对于人性的戕害；《四世同堂》则对民族振兴与文化转型的理想之路进行了探索。老舍的上述作品，与茅盾、巴金的长篇巨著一同构成了现代长篇小说创作的艺术高峰。

从抗战爆发到40年代末，小说创作在各政治区域呈现出各自不同的格局。

国统区的小说，就题材与内容来看，大致可分为抗战小说、讽刺小说、文化小说、人生探索小说等类型。

抗战小说富有战地实感与时代气息，格调粗犷、雄浑。丘东平以淞沪抗战为题材的《一个连长的战斗遭遇》，以撼人心魄的悲壮之美而引人注目。姚雪垠的《差半车麦秸》、《牛全德与红萝卜》，以富有乡土气息的群众化语言，展现了广大民众在战火中锻造民族新性格的历程。

讽刺小说直面现实，揭露时弊，抨击黑暗。张天翼的《华威先生》，以冷峭劲捷的笔调，勾画出一个热衷权力、"包而不办"的抗战文化官僚形象。沙汀的短篇代表作《在其香居茶馆里》和长篇代表作《淘金记》，以幽默质朴的"川味"语言、生动鲜活的传神细节和波澜横生的戏剧性情节，描绘出乡村地主劣绅与下层官僚面目可憎的群丑图。

文化小说在对故土与往夕的追忆中展开文化反思。萧红的长篇代表作《呼兰河传》，以自叙传的抒情笔调，描绘出一幅童年记忆中的东北乡俗画卷，对农业文明的精神痼疾进行了深入剖析。沈从文的长篇小说《长河》，在广阔的视野中展现了湘西传统田园生活在现代文明冲刷下的"常"与"变"，传达出作者对于民族文化命运的忧思。

人生探索小说的代表作是钱钟书的《围城》与路翎的《财主的儿女们》。前者采用串珠式结构和讽喻、象征手法，在叙事中糅入学贯中西、睿智幽默的点评，通过主人公渴望冲出"围城"而又不断陷入"围城"的人生遭际，从存在论意义上揭示出现代人彷徨无定的精神困境。后者运用心理现实主义手法，以抗战爆发前后一个封建大家庭的分崩离析为背景，展现了一代知识青年痛苦而激荡的心灵搏战。

根据地、解放区的小说多以农村、部队的新人新事为题材，艺术上追求通俗化、大众化和民间化。

赵树理是根据地、解放区影响最大的小说家。其《小二黑结婚》、《李有才板话》、《李家庄的变迁》等作品，展示了根据地、解放区农民在历史巨变过程中所焕发的新的精神风貌。它们吸收中国传统小说与民间说唱艺术的精华，创造出雅俗共赏的现代评书体小说样式，形成了明快简约、质朴幽默、俗中求雅的语言风格，描绘出富有地方色彩的乡村民俗画卷，在革命现实主义小说的通俗化、民间化方面作出了开拓性贡献。

赵树理以外，孙梨的短篇《荷花淀》、丁玲的长篇《太阳照在桑干河上》、周立波的长篇《暴风骤雨》、刘白羽的短篇《无敌三勇士》等，均为根据地、解放区小说的名篇。

（二）百花齐放的新诗

作为民国时期中国诗歌主体的新诗是五四文学革命的产物。1917 年 2 月，《新青年》第 2 卷第 6 号发表胡适的《白话诗八首》，宣告了中国新文学史上第一批白话诗的诞生。

早期白话诗的主要作者有胡适、刘半农、周作人、沈尹默、俞平伯、刘大白、朱自清等。其作品追求散文化、口语化和平民化，或采用白描手法，摹写民间疾苦、人情世态与自然景物，或通过托物寄兴，表现诗人对社会人生的感悟与思索。

1921 年郭沫若诗集《女神》的问世，为新诗注入一股浪漫主义的新鲜活力，开启了新诗创作中多样化的艺术探索。《女神》中的诗篇，以"绝端自由"的体式、瑰丽奇异的想象、豪放热烈的抒情、雄浑激昂的旋律，融神话传说、西洋典故与现代意象、科学语汇于一体，在飞动和呼啸中表达出破坏与创造的双重主题，体现出狂飙突进、个性解放的五四时代精神，代表了新诗创始期的最高成就。

继《女神》之后，以抒写青春和爱情著称的湖畔社诗人汪静之等和沉钟社主要成员冯至，以及擅长以"小诗"体式记录瞬间哲思的冰心、宗白华，也纷纷推出各自的诗集，为诗坛送来阵阵新风。

自由体新诗在发展中因不加节制而流于散漫。作为这一趋向的反拨，出现了主张新诗格律化的新月诗派。该派早期以创刊于 1926 年的北京《晨报副刊·诗镌》为阵地，主要成员有徐志摩、闻一多、朱湘等；后期则以 1930 年创刊于上海的《诗刊》为中心，除一些原有成员外，又有陈梦家等新人加盟。它在理论上以闻一多为代表，要求诗人"带着镣铐跳舞"，以格律化纠正散文化，以"理性节制情感"的原则抑制滥情化，以"音乐的美、绘画的美、建筑的美"力避平庸化[①]。创作上，徐志摩著有诗集《志摩的诗》、《云游》等，作品词藻华美，韵律和谐，色彩明丽，飞动飘逸，表达出"爱、自由和美"的人生理想。闻一多是一位杰出的爱国诗人，其《红烛》、《死水》等诗作，抒发了对祖国的赤子之情和对光明的热烈向往，以设想奇诡、色彩浓郁、节律和谐、格式整饬著称。

20年代中后期，受法国象征主义的影响，兴起了象征诗派。它提倡唯美的"纯诗"，注重诗的象征和暗示功能，着力于以奇特的想象、诡异的隐喻和朦胧的意境再现人生的隐秘，代表作有李金发的诗集《微雨》、《食客与凶年》等。

30年代，从象征诗派和后期新月诗派中分化出来的一批诗人，以《现代》、《新诗》等刊物为中心，形成了现代派诗人群。他们受西方现代主义和中国古典诗歌的双重影响，追求艺术表现的朦胧美，擅以隐喻、象征、通感等手法，营造内涵丰富、组合奇特的繁复意象，表达现代人复杂精微的内心隐曲，代表作有"雨巷诗人"戴望舒的诗集《我的记忆》和卞之琳、何其芳、李广田三人合著的《汉园集》等。

无产阶级革命诗派也在30年代获得蓬勃发展。"左联"成立后，发起了新诗歌运动，致力于诗的革命化与大众化。1932年9月成立的中国诗歌会，是新文学史上第一个有组织、有纲领的革命诗歌团体，办有机关刊物《新诗歌》。蒲风是该社代表性诗人，著有诗集《茫茫夜》等。

30年代艾青步入诗坛，标志着新诗中现实主义流派的成熟。他以1933年发表的《大堰河——我的保姆》而一举成名。在抗战的烽火中，他像一只奋飞的英雄鸟，以沉郁而深挚的歌喉，唱出了诗集《北方》和长诗《向太阳》等呈给土地和太阳的悲歌。艾青的诗，一方面继承和发展了左翼诗人"忠实于现实的、战斗的传统"，另一方面又克服了其"幼稚的叫喊"的弱点，以现实主义

---

① 闻一多：《诗的格律》，载《晨报副刊·诗镌》第7号，1926年5月13日。

为底色，较多借鉴了象征主义和浪漫主义，达到了现实性、理想性和现代性的有机统一。他的诗，善于捕捉瞬间的感觉、印象，将绘画的光彩和音乐的律动融为一体，伴之以新奇的联想、想象、象征和意象，以及奔放中见约束、参差中求和谐、运动中具均衡的散文化语言，通过感觉、情绪、想象和思想的统一感染读者，是继郭沫若《女神》之后自由体诗的又一高峰。

从全面抗战爆发到 40 年代末，新诗创作在国统区和根据地、解放区呈现出不同的面貌。

国统区的诗歌创作以七月诗派和九叶诗派最为引人注目。前者聚集在胡风主编的《七月》等刊物周围，主要成员有绿原、阿垅、鲁藜、曾卓、牛汉等。他们以胡风的文艺理论为依据，要求诗人发扬"主观战斗精神"，在火热的斗争中发现诗意，创造诗美，艺术表现上注重情感的激越、意象的新颖、想象的奇丽和象征的深刻。其代表作后来编选为 20 人集《白色花》。后者因 1981 年出版的 40 年代九人诗选《九叶集》而得名。它以《中国新诗》等刊物为中心，主要成员有辛笛、穆旦、郑敏、杜运燮、陈敬容、袁可嘉等。他们在西方现代派诗歌的影响下，彻底抛弃"抒情本质论"的诗学观，追求"现实、象征、玄学的综合"①，主张以表现上的客观性、间接性和戏剧化代替传统的主观抒情。九叶诗派的出现，标志着新诗中现代主义流派的成熟。

在根据地和解放区，诗的民族化、大众化受到了空前重视。许多诗人从陕北民歌"信天游"及其他民歌样式中吸取营养，创作出一大批群众喜闻乐见的民歌体长篇叙事诗，反映中国农民的苦难、抗争和解放，代表作有李季的《王贵与李香香》、阮章竞的《漳河水》等。

（三）风格各异的散文

民国初年的散文创作以章士钊、黄远庸的政论成就最为显著。章文与黄文均以宣传资产阶级民主政治、反对袁世凯复辟帝制为主要内容。前者多发表于《甲寅杂志》，以逻辑严密、条理清晰见长，代表作有《共和平议》、《复辟平议》、《帝政驳议》等。后者则以犀利深刻、幽默风趣著称，传世之作有《国人

---

① 袁可嘉：《新诗现代化——新诗传统的寻求》，载 1947 年 3 月 30 日天津《大公报》副刊《现代文艺》。

之公毒》、《新旧思想之冲突》等。

五四以后，随着新文学运动的深入发展，在融合外来思潮与固有传统的基础上，杂文、抒情散文、幽默闲适小品、报告文学等散文样式均获得较大发展，涌现出一大批才华横溢、卓有成就的散文作者和题材不一、风格各异的名篇佳作。

杂文创作兴起于五四时期。它以《新青年》作者群的"随感录"为先河，随思想解放与民主革命的脚步前行，始终洋溢着鲜明的思想性、时代性与战斗性。鲁迅是杂文的主要开拓者与奠基人，也是杂文创作实绩的主要体现者，著有《热风》、《华盖集》、《坟》、《且介亭杂文》等14部杂文集。其中，1925年以前的作品主要致力于文化、社会批评和国民性剖析，1925年以后的作品增加了政论性内容，30年代的作品则具有鲜明的左翼倾向。鲁迅的杂文，是匕首，是投枪，喜笑怒骂皆成文章，善于运用天马行空般的反常规、发散性思维，以及反讽、夸张、联想、暗示、比喻、排比、反复等多种艺术手法，以尖锐泼辣、自由无拘的个性化语言，深沉博大、奔腾激越的炽热情感，气势非凡、富于雄辩的逻辑力量，犀利深刻地反思历史，揭露时弊，抨击论敌，"个""类"统一、活灵活现地勾画出国民灵魂与社会万象，达到了思想性、战斗性与艺术性的高度统一，是新文学史上杂文创作的典范与高峰。

鲁迅以外，以杂文创作著称的作家，20世纪30年代有创作左翼"鲁迅风杂文"的瞿秋白、唐弢、徐懋庸等；40年代，在上海孤岛有巴人和柯灵等，在大后方有聂绀弩、秦似和冯雪峰等。他们的作品，紧扣时代脉搏，抨击黑暗，呼唤光明，风格上与鲁迅一脉相承。

抒情散文创作在20世纪二三十年代获得了丰收。20年代在这一领域中取得显著成就者，除鲁迅以外，还有周作人为首的"言志派"、文学研究会的冰心、朱自清等人和创造社的郁达夫、郭沫若。

鲁迅的散文诗集《野草》与散文集《朝花夕拾》，开创了"独语"与"闲话"两种不同的散文体式，是新文学史上抒情散文的经典名作。前者审视自我，拷问灵魂，"彷徨于无地"，反抗着绝望，在朦胧、奇幻、阴冷的意象中，传达出一个精神界战士负载独行的孤寂与悲凉。后者旧事重提，娓娓而谈，洋溢着真率，浸润着温情，于童年体验的回味中，展现出一个人间至爱者的博大心灵。

周作人是新文学史上影响深远的散文大家。他不仅最早倡导"美文"①，致力于散文理论的建设，而且身体力行地创出独抒性灵、闲适清涩、熔知识性与趣味性于一炉的"言志"小品一脉散文。他写于 20 年代的《苦雨》、《喝茶》、《乌篷船》等名作，以平和冲淡、舒徐自如的叙谈风格，予日常生活以性灵，点染出苦茶般精微、复杂的人生况味，抒写出作者于十字街头营造象牙之塔的隐士情怀。周氏以外，"言志"派的代表人物还有俞平伯、钟敬文、废名等。

文学研究会作家的抒情散文创作，以冰心、朱自清的成就最为显著。冰心的《笑》、《往事》与《寄小读者》，以清丽典雅、温婉隽秀的笔触，行云流水般地讴歌母爱，礼赞童心，眷念故土，吟咏大自然美好风光，抒写出心中"爱的哲学"，字里行间满蕴着挚情，微带着忧愁，闪烁着哲思。朱自清的散文，题材广泛，风格多样，功力深厚，尤以情胜，叙事抒情、即景写情均一笔不苟，细腻缜密，腴厚典雅，诗意盎然，被誉为"白话美文的典范"。《背影》是其怀人抒情的代表作，《桨声灯影里的秦淮河》、《绿》和《荷塘月色》则是其即景抒情的名篇。冰心、朱自清以外，丰子恺作于 20 年代的《缘缘堂随笔》，以佛理烛照人生，于俗相中阐发哲理，落笔平易朴实，萧疏淡远。梁遇春的《春醪集》和《泪与笑》，以絮语笔调谈论知识，探索人生，潇洒自如中透出绅士风度。许地山的《空山灵雨》，充满哲理意味与宗教气息，意境空灵幽远。叶绍钧《剑鞘集》（与俞平伯合著）、《脚步集》中的散文，以平实谨严、朴素隽永、直面人生著称。

创造社作家郁达夫与郭沫若的散文，以恣肆放达、愤激感伤的笔调倾诉自身遭遇，抒发内心苦闷，控诉社会罪恶，呈现出浪漫抒情的自叙传风格。郁氏20 年代的代表作有《还乡记》、《还乡后记》、《日记九种》等。他于 30 年代创作的山水游记《屐痕处处》和《达夫游记》，风格较前有所变化，清新秀美且富于神韵、气势。郭氏的散文，社会、政治色彩较为浓厚，多收入《星空》、《橄榄》等集。

---

① 参见周作人发表于 1921 年 6 月 8 日《晨报》的《美文》。

成名于 30 年代的抒情散文作者，主要有何其芳等京派作家、艾芜等左翼作家，以及以上二派之外的巴金、缪崇群、丽尼、陆蠡等人。

京派作家中，何其芳倾心于"为抒情的散文发现一个新的园地"，艺术上追求"纯粹的柔和，纯粹的美丽"①。其作品常以"独语"的体式，吟哦黄昏灯光下的孤独与寂寞，品味内心的激荡与迷离，意象朦胧，想象奇特，颇具晚唐五代诗词和西方印象画派的风致，代表作有散文集《画梦录》等。李广田的《画廊集》多写故乡风物人情，落笔素淡朴厚，散发出泥土的清香。吴伯箫的《羽书》亦多乡土味，笔力壮阔、沉着，语言颇富节律、韵调。沈从文的《湘行散记》，于山水景致、风土人情中发掘诗意，平和舒徐中透出股牧歌情调。

左翼作家的散文，善于在自身坎坷遭际的叙写中描摹人间世态，抒发出对黑暗的诅咒和对光明的向往。艾芜的《飘泊杂记》、《山中牧歌》，多写西南边陲的浪漫风情，落笔朴素清新。叶紫的《古渡头》等，以刻镂人物、烘托气氛见胜。萧红的《商市街》和《桥》，以清纯、明丽、哀婉的笔调，描写自己在饥饿与死亡线上的挣扎，回忆逝去的童年，表达逆境中的乐观奋发，闪烁着青春与理想的光芒。

京派、左翼以外，巴金的《旅途随笔》、《忆》、《短简》等，燃烧着爱与恨，流泻着真与善，追求光明，鞭挞黑暗，朴素率直而又奔腾激荡。缪崇群30 年代创作的《寄健康人》、《废墟集》等，多写身边凡人琐事，尤以怀人忆往之作居多，于平实的叙述中咀嚼人生百味，纤细婉曲、哀怨感伤而又真切动人。丽尼的散文诗集《黄昏之献》，多写青春之梦消逝后的感伤与怅惘，弥漫着忧郁而美丽的黄昏气氛。稍后的《鹰之歌》，感伤色彩有所淡化，笔调更为激昂、悲壮。其作品讲求节奏、韵律，擅用象征、暗示，富于诗的意境美与音乐感。陆蠡的散文诗集《星空》与《竹刀》，或写青春的幻想、沉思，或忆童年、故土，感情厚实，笔调凝重。他写于抗战时期的《囚绿记》，通过描写囚于暗室却一意向阳的常春藤，讴歌了追求光明、不屈抗争的民族正气，是现代散文中托物咏志的名篇。

幽默闲适小品不以抒情见长，而偏重于议论性、知识性与趣味性。它兴起

---

① 何其芳：《〈还乡杂记〉代序》，见《何其芳文集》第 2 卷，第 127～128 页，北京，人民文学出版社，1982。

于 30 年代前期,以林语堂、梁实秋为主要作者。林氏的小品文创作,"以自我为中心,以闲适为格调","宇宙之大,苍蝇之微,皆可取材"[①],以超然幽默、从容睿智的娓谈式笔调,品评中西文化,旁观世态人情,抒写鲜活性灵,读来饶有趣味而又益人神智,部分作品收入《大荒集》和《我的话》。梁实秋于 40 年代创作的《雅舍小品》,以博雅的知见和幽默的情趣谈论生活琐事,表达出淡泊超然、旷达俊逸的处世态度,落笔舒徐自如,流转圆熟,古朴典雅。

集新闻性、纪实性、文学性于一身的报告文学,以 20 年代瞿秋白的《饿乡纪程》和《赤都心史》为先河,随社会风云的激荡而于 30 年代蔚然兴起。夏衍的《包身工》是 30 年代报告文学的代表作。它选取典型人物与典型细节,运用电影的分镜头手法,细致入微地揭示出上海东洋纱厂女工惨绝人寰的生活真相,以阶级分析的眼光谴责、剖析了充满罪恶的包身工制度。此外,邹韬奋的《萍踪寄语》、《萍踪忆语》,范长江的《中国的西北角》、《塞上行》,宋之的的《1936 年春在上海》等,均为 30 年代报告文学的名作。

从抗战开始到 40 年代末,报告文学在国统区和根据地、解放区均获得蓬勃发展。战地报道型的作品中,影响较大的有丘东平的《第七连》、以群的《台儿庄战场散记》、周立波的《晋察冀边区印象记》、曹白的《这里,生命也在呼吸》、萧乾的《银风筝下的伦敦》等。人物特写型的作品中,较有代表性的有沙汀的《随军散记》、陈荒煤的《陈赓将军印象记》等。暴露性作品中,黄钢的《开麦拉前的汪精卫》等,以辛辣的讽喻和充满鼓动力量的政论性而引人注目。

(四)日趋成熟的话剧

话剧这一新型文学体式,虽然早在 20 世纪初即已传入中国,并在辛亥革命前后逐渐流行(时称"新剧"或"文明新戏"),但它作为中国文学的一个独立门类获得蓬勃发展,则得力于五四新文学运动的推动。新文学第一个十年,在反对"文明新戏"因商业化、职业化而流于庸俗化、消闲化,倡导戏剧"为人生"、"为艺术"的"爱美剧"(即业余剧)运动和小剧场运动中,诞生了民

---

① 林语堂:《〈人间世〉发刊词》,载《人间世》创刊号,1934 年 4 月。

众戏剧社、上海戏剧协社、南国社等话剧团体，涌现出欧阳予倩、田汉、洪深、丁西林等杰出的戏剧家。此期的话剧创作，大致呈现出写实主义、浪漫主义和趣味主义三种不同的风格与流派。

写实主义的社会问题剧遵循"为人生"的原则，体现出五四时期的启蒙精神。胡适的《终身大事》，借主人公之口发出了"孩儿的终身大事，孩儿自己决断"这一婚姻自由与个性解放的时代呼声。欧阳予倩的《泼妇》，通过婚姻问题揭露封建道德的罪恶，讴歌了被守旧势力斥为"泼妇"的女主人公反抗封建礼教的叛逆精神。洪深的《赵阎王》，袭用美国现代剧作家奥尼尔《琼斯王》的艺术手法，通过对主人公变态心理和扭曲性格的刻画，深入剖示了封建军阀统治对于下层民众的精神摧残。郑伯奇的《抗争》、熊佛西的《一片爱国心》，因表达出强烈的爱国反帝意识而引人注目。

浪漫主义抒情诗剧的创作以田汉、郭沫若为杰出代表。田汉的《梵峨嶙与蔷薇》、《咖啡店之一夜》、《南归》等剧作，吸取西方现代主义与浪漫主义的艺术手法，以诗化的语言、离奇的情节、感伤的情绪，营造出浓郁的抒情氛围和唯美色彩，表达出"用真艺术来改造人生"即"人生艺术化"的理想。郭沫若的历史剧《棠棣之花》、《湘累》、《卓文君》、《王昭君》等，以浪漫无羁的想象演绎剧情，在古人的骸骨中灌注了反抗封建礼教、追求个性解放的时代精神。

以趣味为旨归的剧作，最具代表性的是丁西林的喜剧《一只马蜂》和《压迫》等。它们一扫以往"文明戏"以闹剧为喜剧的恶习，以机智幽默的语言和精致巧妙的结构，表现生活中因观念、文化的差异而导致的喜剧性冲突与误会，使人在理性与感性的复杂品味中获取深层次的愉悦。

新文学第二个十年，剧坛上除田汉、洪深等人以外，又涌现出曹禺、夏衍、李健吾等优秀剧作家。他们以广阔的生活视野和多样的艺术探索，将话剧创作推进到一个新的境界。

作为30年代左翼戏剧家的代表，田汉、洪深此期的创作倾向与风格发生了显著变化。前者一反早期的浪漫、唯美风格，创作出《梅雨》、《洪水》、《乱钟》等洋溢着现实性、战斗性的作品。他于1935年创作的《回春之曲》，摆脱了创作转向后一度存在的概念化倾向，保持并发展了早期浪漫抒情的艺术个性，如泣如诉地表现出主人公抗日救亡的热诚和忠贞不渝的爱情。后者的创作强化了政治色彩和阶级意识，其《农村三部曲》(《五奎桥》、《香稻米》、《青龙潭》)是较早反映农村阶级对立与斗争的剧作。

代表了 20 世纪三四十年代话剧创作最高成就的是曹禺。他于 1933～1942 年间推出的《雷雨》、《日出》、《原野》、《北京人》、《家》五部作品，是中国现代话剧史上里程碑式的典范之作，标志着民国时期话剧文学的成熟。它们集社会剧与命运剧于一身，既直面现实，通过家庭、社会的悲剧透视旧中国上层社会的腐朽、罪恶与下层民众的悲惨境遇，表达出反封建的启蒙思想，又超越现实，将社会剖析提高到存在论的高度，通过对悲剧性命运的形而上思考，追索着隐藏于现实背后的人生、人性、人的生命存在的奥秘，开掘出丰富、深刻的意蕴。在艺术表现上，上述作品以"大融合"的艺术魄力，广泛借鉴古今中外各种艺术观念与手法，熔写实、写意、抒情、象征和诗性于一炉，集情节剧、佳构剧与心理剧于一体，以富有动感、激情的诗化语言和或隐或显、张弛有度的戏剧冲突，淋漓尽致地揭示出剧中人复杂的性格组合与痛苦的灵魂挣扎，形成了忧愤深沉、缠绵抑郁的独特风格，达到了"生活幻觉"效果与舞台"假定性"效果的统一，以及戏剧与诗、戏剧与散文的完美结合。

曹禺以外，30 年代最重要的剧作家是夏衍。其代表作《上海屋檐下》，采取散点透视、点面结合、以小见大的手法，在同一时空中展现出全面抗战爆发前夕一所弄堂内五户普通市民家庭、十余位灰色小人物的命运悲喜剧，并以阴郁的梅雨天气渲染出身处黑暗现实中的剧中人苦闷、压抑而又渴望光明的心境，从小市民的日常生活中折射出时代风云的激荡。

30 年代以追求艺术趣味著称的剧作家是李健吾。其创作不注重社会剖析与批判，而着力于人性剖示与心理刻画，对话俏皮利落，结构严密紧凑，构思精巧奇特，代表作有《这不过是春天》等。

全面抗战爆发至 40 年代末的话剧创作，不同政治区域呈现出不同的风貌。

国统区与上海孤岛的话剧创作，出现了以下四股潮流：一是"广场戏剧"蔚然兴起，二是历史剧创作日益繁荣，三是知识分子题材备受重视，四是讽刺喜剧获得丰收。

全面抗战开始后，伴随着抗日救亡运动的高涨，以时效性、战斗性见长的"广场戏剧"(街头剧、活报剧等)在国统区和上海孤岛风行一时，涌现出《放下你的鞭子》（崔嵬等）、《保卫卢沟桥》（于伶等 16 人）、《八百壮士》（王震之、崔嵬）等一批名作。它们短小精悍，通俗活泼，在宣传抗日救亡、激发民族热情方面发挥了重要作用。

40 年代，适应宣传抗战、反对投降，宣传民主、反对专制的现实需要，国统区与上海孤岛出现了借古喻今、借古讽今的历史剧创作高潮，涌现出郭沫若的《屈原》、《棠棣之花》、《虎符》、《高渐离》，欧阳予倩的《忠王李秀成》、《桃花扇》，阳翰笙的《李秀成之死》、《天国春秋》，阿英的《海国英雄》、《碧血花》，于伶的《大明英烈传》等一批以反映春秋战国、晚明和太平天国史事为中心的优秀剧作。其中，郭沫若的《屈原》等作品，构思奇特，诗意浓厚，感情炽烈，色彩斑斓，形成了独特的浪漫抒情风格，代表了此期史剧创作的最高成就。

抗战中后期，大后方剧坛出现了一批正面描写知识分子的作品。其中，夏衍的《法西斯细菌》，展现了一位细菌学家从不问政治到投身抗战的历程，讴歌了知识分子以文明战胜野蛮的崇高理想。他的另一名剧《芳草天涯》，以爱情、婚姻为题材，揭示出乱世知识者内心的苦闷与激荡。陈白尘的《岁寒图》与袁俊的《万世师表》，塑造出清贫自守、岁寒不凋的知识精英形象，谱写出优秀知识分子的正气之歌。于伶的《长夜行》、宋之的的《祖国在召唤》，颂扬了爱国知识分子献身民族解放的赤子情怀。

40 年代国统区的社会黑暗，激发了讽刺喜剧创作的发展。陈白尘的《升官图》，采取漫画式的手法，在荒诞中见真实，于夸张中露本相，通过两个强盗的升官美梦，淋漓尽致地揭露了国民党统治下的官场腐败。此外，老舍的《残雾》、丁西林的《三块钱国币》、宋之的的《群猴》、吴祖光的《捉鬼传》等，亦各具艺术魅力与批判力度，使人在笑声中由深思而愤怒。

沦陷区的话剧作品，因严酷的政治高压而强化了商业性、市民性与趣味性，注重情节的佳构、传奇和形式的热闹、新奇。其中，杨绛的"喜剧双璧"《称心如意》、《弄假成真》，是雅俗共赏、轰动一时的佳作。

根据地、解放区的话剧创作，多反映农村、部队火热的斗争生活，具有强烈的政治鼓动性与现实针对性，艺术上追求大众化、民族化与生活化。农村题材的作品，影响较大的有胡丹佛等的《把眼光放远一点》、洛丁等的《粮食》、崔嵬等的《十六条枪》、李之华的《反"翻把"斗争》等。部队题材的话剧，代表作有姚仲明等的《同志，你走错了路》、杜烽的《李国瑞》、鲁易和张捷的《团结立功》、林扬等人的《九股山的英雄》等。

三、传统艺术的发展和革新

民国时期，根植于民族文化土壤的中国传统艺术，在时代大潮和西方文化的冲击下仍以旺健的活力向纵深发展，并在时代思潮的激荡下开始了自我革新与现代转换的进程。

（一）传统艺术的发展

伴随着社会、文化的演进，民国以降，民族传统艺术中的各个部类——国画、书法篆刻、戏曲曲艺、民族器乐等，均获得了不同程度的发展，形成了名家迭出、流派纷呈的繁荣局面。

绘画领域中，源远流长的国画艺术在与西方美术潮流的撞击和融合中显示出勃勃生机，南北各地名家辈出，高手如林，形成了以沪宁为中心的江浙画家群、以京津为中心的北方画家群和以广州、香港、武汉为中心的南方画家群三大艺术群落。江浙画家群人数最众，主要代表人物除"海派四杰"任颐、虚谷、蒲华、吴昌硕外，还有黄宾虹、刘海粟、潘天寿、丰子恺、朱屺瞻、张大千、傅抱石等。他们在上海、杭州、南京等城市发起成立了艺观、白社、上海中国画会、百川书画会等国画艺术团体，并在上海美术专科学校、新华艺术专科学校、杭州艺术专科学校和南京中央大学艺术系开设国画专业，广传国画技艺。北方画家群包括齐白石、陈师曾、金城、溥心畬、李苦禅、叶浅予、蒋兆和、李可染等。20世纪二三十年代，以金城、周肇祥为首的中国画学研究会及其后继者创办的湖社，汇集了一批以研究和维护传统绘画为宗旨的画家，造成了一定声势。南方画家群的主要代表人物，除高剑父、高奇峰、陈树人、何香凝、关山月等岭南画派成员外，还包括黄君璧、丁衍庸、张振铎等人。也有的画家并不固定地属于上述某一群落，而是先后跨跃南北几个地区，如徐悲鸿、林风眠等。上述三个群落中的画家，或于艺术院校担任教职，或以传统方式课徒授艺，许多人还创办刊物，举办展览，共同推动着国画艺术的繁荣和发展。

南北国画名家的创作，以吴昌硕、齐白石、黄宾虹、张大千、潘天寿、徐悲鸿、林风眠等人最具代表性。吴昌硕成名于晚清，为海派画家代表人物之一。他在诗、书、画、印诸方面均卓有建树，尤擅大写意花卉，用墨浓淡相宜，着色浓重强烈，风格上颇具奇峭冷峻的金石味，传世之作有《雪梅图》、《墨荷》、《水仙》、《山茶》等。齐白石大器晚成，博采众长，人物、山水、花鸟无不精擅，尤以花鸟画最负盛名，与吴昌硕并称"南吴北齐"。其花鸟画作品常以蔬菜、水果、家禽等前人极少涉及的题材入画，尤以画虾最具神韵；画风豪放，墨气淋漓，神满意足，妙在似与不似之间，清新质朴而又生机盎然，代表了民国时期花鸟画艺术的最高水平。黄宾虹为民国时期山水画之集大成者，艺术上追求"五笔（即"平、圆、留、重、变"五种笔法）、"七墨"（即"浓、破、积、淡、泼、焦、宿"七种墨法)[1]，用笔老到成熟，乱中有序，画风深厚华滋，神韵盎然，其作品先后结集为《宾虹纪游画册》（1933 年）、《黄宾虹纪游画册》（1936 年）等。张大千擅画山水、花卉、人物，工笔、写意俱达妙境。他萍踪飘逸，遍历名山，领略造化真谛，在山水画创作上集传统精英与生活灵秀于一炉，彩墨并用，变幻莫测。潘天寿擅长写意花鸟，并擅"指墨画"，作品风格豪放，大气磅礴，浑厚苍劲，金石味浓。徐悲鸿以擅画奔马著称，其作皆形神兼备，气势非凡。林风眠的国画创作注重主观情感的抒发，用色着墨浓重大胆，线条流畅奔逸，一反近百年来国画创作中注重金石书法线条入画的风气。

书法篆刻艺术亦在此期获得显著发展，涌现出一批卓有成就、驰名海内的名家。书法方面，吴昌硕为一代宗师，其篆书参用草法，凝练遒劲，行气如虹，草书则苍劲雄伟，气势恢宏。沈曾植亦为大家，其书法博综诸家，纯以神行，尤擅以章草法写行书，气格高古。所著《海日楼札记》、《海日楼题跋》，以治学方法论艺，多发前人之所未发，代表了民国时期书学研究的较高水平。康有为初临《乐毅论》与欧阳询、赵孟頫，后改习六朝碑版，晚年则"欲孕南

---

[1] 南羽编：《黄宾虹谈艺录》，第 27～33 页，郑州，河南美术出版社，1998。

帖、胎北碑，熔汉隶、陶钟鼎，合一炉而冶之"。其楷书气势雄伟，行、草则古朴苍劲。于右任在北碑的基础上兼擅章草，傍古汲今，博采众长，形成苍劲奇宕的独特风格，并在标准草书的倡导、研究方面贡献良多，是继吴昌硕、沈曾植之后的又一书法大家。篆刻方面，吴昌硕融合浙、皖诸派，运用石鼓文意态，钝刀硬入，朴茂浑成，开前古未有之奇，艺术影响远播域外。黄士陵以利刀切石，不做破损，平中求奇，苍劲跌宕，金石意浓，与吴昌硕齐名。此外，王褆以严谨整饬、纤美绝伦著称；赵石刀笔凌厉，朴茂雄深，均为一代名家。

戏曲艺术的发展，以京剧最为兴盛。民国初年至 20 年代是京剧的黄金时代。这一时期，在京剧发展最盛的北方，出现了一批驰名中外的巨匠名家，其中包括"四大名旦"梅兰芳、程砚秋、尚小云、荀慧生，"四大须生"余叔岩、言菊朋、高庆奎、马连良，以及武生杨小楼、花脸郝寿臣等等；南方则以周信芳为代表的"麒派"和欧阳予倩领导的南通伶工学社影响为著。南北名家创造出诸多各呈异彩的艺术流派，共同将京剧艺术推向一个新的高峰。

京剧表演艺术家当中，旦角以北方"四大名旦"最负盛名。其中，梅兰芳为开创"梅派"艺术的一代京剧大师。他突破京剧旦角的行当限制，大胆实践融青衣与花旦于一身的"花衫"新行当并将其推至完美境地，又不拘一格地大量吸收昆曲、梆子和京剧其他行当（如老生）的表演技巧与唱腔音乐，创造出别具一格的水袖舞、花镰舞、绸舞、剑舞等舞蹈程式，以及众多韵味醇厚、雍容华贵、极富个性的唱腔，还在扮相、服饰、伴奏音乐、舞台布景等方面进行了一系列创造性的革新，大大提高了京剧的艺术表现力与感染力，使之跃入中国戏曲发展史上一个划时代的艺术高峰。在长期的艺术实践中，他以流畅圆润的唱腔、俊丽典雅的扮相和精美娴熟的表演，塑造了一系列神态各异的古代妇女形象，生动传神地表现出中国女性温柔、含蓄、典雅的精神气质，代表作有《贵妃醉酒》、《霸王别姬》、《嫦娥奔月》、《天女散花》、《游园惊梦》、《宇宙锋》、《抗金兵》等。程砚秋与梅兰芳齐名，艺术上号称"程派"。他根据自己的嗓音特点，创造出一种幽咽婉转、若断若续、寓刚于柔的独特唱腔，并善于以娴静凝重的扮相和委婉细腻的表演，塑造身世坎坷、外柔内刚的普通女性形象，代表作有《青霜剑》、《荒山泪》、《春闺梦》、《锁麟囊》等。荀慧生的表演吸收了河北梆子的表现技巧，以扮演开朗、天真、热情的少女见长，扮相俏丽妩媚，做派活泼洒脱，世称"荀派"。尚小云在表演上形成了行腔刚健挺拔、吐字清晰爽利的独特风格，世称"尚派"。

老生中的周信芳发扬海派京剧锐意革新的精神，博采众长，融会贯通，集生行艺术之大成，表演上讲究唱、念、做的有机结合和情感的自然挥洒，唱腔朴实雄浑，刚健豪放，念白韵味醇厚，铿锵有力，做工沉稳遒劲，形神俱备，世称"麒派"（因其艺名"麒麟童"而得名）。其代表性的舞台形象有《四进士》中的宋士杰、《徐策跑城》中的徐策、《海瑞罢官》中的海瑞、《乌龙院》中的宋江等。

除上述旦角、老生名家以外，京剧各行当的名角还有很多，如武生盖叫天、丑行萧长华等。他们各擅绝技，卓有成就，形成了各具神采的风格与流派。

京剧以外，各地方戏曲品种也有了较大发展。除历史较为悠久的剧种外，评剧、越剧、楚剧等晚出的剧种也逐渐形成声势。各剧种均出现了一批有影响的名角，产生了许多各具特色的艺术流派。新兴剧种中，评剧虽晚出于辛亥革命前夕（定名于30年代中期），却发展迅速，日益兴盛，不仅以《杨三姐告状》等优秀剧目轰动南北，而且涌现出一批工旦角的名演员。其中，李金顺号称"李派"，唱腔粗犷率真而富有激情；"评剧皇后"白玉霜以"白派"著称，擅演悲剧，演唱低回婉转，细腻真切。形成于1906年前后、定名于1936年左右的越剧，经历了由男班到女班的转变和一系列艺术改革之后，以柔美抒情的风格独树一帜，至40年代，已成为具有全国性影响的江南第一大剧种，涌现出尹桂芳、袁雪芬、筱丹桂等号称"越剧十姐妹"的著名演员。除以上两剧种之外，川剧的"天派"（天籁）、"萧派"（萧楷成）、"周派"（周慕莲，工旦）和"康圣人"（康子林），汉剧的"余派"（余洪元，工末）、"吴派"（吴天保，工生）和"花衫状元"董瑶阶，秦腔的刘毓中（工生）、李正敏（工旦，世称"敏家"），粤剧的"四大家"（文武生薛觉先、丑生马师曾、小生白驹荣、小武桂名扬），晋剧的"须生大王"丁果仙，工须生的"滇剧泰斗"栗成之，湘剧的吴绍芝（工生），蒲剧的王存才（工旦）等等，均卓然成家，驰名遐迩，形成了各具魅力的艺术风格。

曲艺也日益兴盛，一个重要的标志便是相声和京韵大鼓成为具有广泛群众影响的民间艺术品种。清末兴起的相声，继朱绍文、李德锡之后，这一时期先后出现了焦德海、张寿臣、马三立、常宝堃、侯宝林等名家。在广大艺人的努力下，相声节目日趋丰富，艺术品位不断提高，流传区域日益广泛，成为一种家喻户晓、脍炙人口的曲艺品种。由河北农村中的木板大鼓演变而成的京韵大鼓，在京、津两地出现了刘宝全、张筱轩、白云鹏三位技艺精湛的名家，形成了各具特色的艺术流派，使京韵大鼓成为北方地区最有代表性和影响力的曲种。随后出现的白凤鸣、骆玉笙也堪称一代名家，为京韵大鼓的唱腔改革作出了新的贡献。其他有影响的曲艺品种，也都出现了一批名家，在各自的领域中形成了独特的艺术风格，为曲艺的繁荣、发展作出了重要贡献。苏州弹词名家魏钰卿、蒋如庭、夏荷生、刘天韵、蒋月泉等在提高说唱艺术水平、整理改进传统书目诸方面各有精到之处。此外，单弦的常澍田、荣剑尘，梅花大鼓的金万昌，山东大鼓的谢大玉，西河大鼓的赵玉峰，东北大鼓的霍树棠，四川扬琴的李德才，河南坠子的乔清秀，山东快书的高元钧，粤曲的熊飞影等，均在各曲种的艺术创新方面取得了显著成就，堪称一代名家。

音乐领域中，传统民族器乐有了较大发展，具体而言，主要表现在以下三个方面：

一是民间社团的活跃。自民国初年开始，天韵社（1911年）、大同乐会（1920年）、今虞琴社（1934年）、上海国乐研究会（1941年）等民乐团体相继出现，致力于传统器乐的研习、演奏与传授，其骨干分子均为一代名家，是民国时期民间器乐活动的中坚。其中，大同乐会的柳尧章等人将琵琶曲《夕阳箫鼓》改编成合奏曲《春江花月夜》，使之成为享有国际声誉的中国民乐经典名曲。

二是一些地方乐种的兴盛。民国时期，以往主要流行于苏南、浙江一带的江南丝竹乐，继在上海获得较大发展后，逐渐扩大影响，成为闻名全国的乐种。这一乐种有结社合乐的传统。民国初年成立的钧天集、清平集、雅歌集等社团，在该乐种的改进和传播方面作了许多有益的工作。20年代以后，根据琵琶独奏曲改编的《春江花月夜》、《霓裳曲》和由民间曲牌发展而来的《鹧鸪飞》、《高山流水》等江南丝竹乐曲目，在全国各地颇为流行，深受人们喜爱。广东音乐也获得较大发展，成为流行于广播、歌厅、茶座中的著名乐种。此期新创作的广东音乐作品达 500 余首，代表曲目有何柳堂的《赛龙夺锦》、《醉翁捞月》、《七星伴月》、《鸟惊喧》，吕文成的《平湖秋月》、《步步高》，严老烈的《旱天雷》、《连环扣》等。弦管的发展亦十分显著。闽地林霁秋的《泉南指谱重编》(1912 年)、台湾林祥玉的《南音指谱》(1914 年)、许启章与江吉四的《南乐指谱重奏》（1930 年）等曲集，搜集了当时的指、谱类弦管乐曲，对弦管的传承和流播起了重要作用。此外，馆、阁、会、社等弦管组织纷纷出现，较为著名的有福建泉州的筠竹轩、灵裳堂、回风阁，厦门的南乐别墅、南乐研究会，台湾基隆的闽南第一乐团与鹿港的聚英社等。具有潮州音乐风格的"外江弦"，20 年代改称"汉乐"，主要在客家人中流传。30 年代百代唱片公司录制了《寒鸦戏水》、《出水莲》等汉乐曲唱片，使其影响逐渐扩大。

三是在民间艺人中，出现了以华彦君（阿炳）为代表的杰出艺术家。华氏出身贫寒，卖艺为生，一生中除大大发展了二胡、琵琶演奏技艺外，还创作了二胡曲《二泉映月》、《寒春风曲》和琵琶曲《大浪淘沙》、《昭君出塞》、《龙船》，其中以《二泉映月》最具艺术个性。该曲以江南民间音乐为素材，运用多种二胡弓法和不同力度的变化，细腻地表现了饱尝生活艰辛的社会底层人们内心的悲怆和不平，如泣如诉，委婉动人。它采用两个基本曲调多次重复的结构，兼具古代唱赚和近代双主题变奏的特色，在近代新生的民间器乐曲中极富创造性。该曲流传中外，颇负盛名，并被改编成多种器乐曲。

（二）传统艺术的自我革新与对外传播

在民国时期民族传统艺术的发展中，伴随着时代的风云际会和中西文化的冲突、融合，各艺术部类均以前所未有的时代意识和开放意识，自觉地适应新时代，吸收新文化，致力于传统艺术的现代转换和自我革新。

戏曲的革新，集中体现在各剧种中时装戏的编演。最早进行这方面试验的是京剧界。1913 年至 1916 年，梅兰芳在新思潮的影响下，尝试以戏曲的形式反映现实生活，先后上演了《孽海波澜》、《宦海潮》、《邓霞姑》、《一缕麻》四出时装戏。它们在一定程度上揭露了当时社会的黑暗现实，反映出婚姻自由等进步的思想观念。20 年代，上海京剧界捕捉当地社会新闻热点，先后演出了时装连台本戏《枪毙阎瑞生》和《黄慧如与陆根荣》。前者在一定程度上揭露了社会丑恶现象，为受凌辱的弱女子发出不平之鸣；后者则通过一起轰动一时的主仆情奔案，揭露了封建包办婚姻和门第观念的罪恶。除京剧界以外，其他一些剧种也纷纷开展时装戏试验。30年代末40年代初，越剧界竞相演出时装戏，上演了根据小说、话剧名作改编而成的《家》、《雷雨》、《啼笑因缘》等剧目。1942年10月后，以袁雪芬为代表的新一代越剧演员邀请新文艺工作者对越剧进行全面改革，树起"新越剧"的旗帜，演出了《祥林嫂》等一批思想、艺术均属上乘的优秀剧目。它们不仅在形式上大量吸收了话剧、电影等新型艺术形式的表现技巧，而且在内容上体现出鲜明的反封建意识和时代精神，取得了良好的社会效果。除此之外，评剧、豫剧、河北梆子、川剧等剧种也上演了时装戏。其中一些剧目，或反映社会黑暗，传达正义呼声（如评剧《杨三姐告状》）；或批判封建意识，表达进步观念（如川剧《哑夫与娇妻》）；或宣传爱国思想，讴歌抗日斗争（如豫剧《打土地》），在思想上和艺术上都具有鲜明的时代性。

戏曲革新真正取得实质性进展和广泛影响，是在中国共产党领导下的抗日民主根据地和解放区。全面抗战开始后，中共非常重视戏曲的宣传教化作用，就戏曲改革问题进行了深入探索。1938年，在抗战周年纪念活动中，延安鲁艺戏剧系尝试运用旧剧形式表现抗日斗争，上演了以《打渔杀家》为蓝本的新编京剧《松花江》。同年7月，以柯仲平、马健翎为首的陕北民众剧团成立。该团以秦腔、眉户两种地方戏反映现实斗争生活，编演了《查路条》等大量深受边区人民欢迎的现代戏。1942年10月，延安平剧（京剧）院问世。毛泽东在给该院的题词中，提出了"推陈出新"的戏曲改革方针。按照这一方针，平剧院先后编演了新编京剧《逼上梁山》和《三打祝家庄》。它们虽然都取材于《水浒》故事，却以现代观念重新处理了情节与人物，突出了人民群众的伟大历史作用，成为推陈出新的典范。毛泽东誉前者为"旧剧改革的划时期的开端"，并赞扬后者"巩固了平剧革命的道路"。与此同时，民众剧团编演的大型秦腔现代戏《血泪仇》也引起轰动。在边区的带动下，其他根据地的戏曲改革也轰轰烈烈地开展起来。解放战争时期，这一运动在各解放区继续推行。随着全国解放的日益临近，华北人民政府于1948年11月成立了华北戏剧音乐工作委员会，并发表有关旧剧改革的专论，提出以对人民"有利"、"有害"或"无害"为审定旧有剧目的标准。

民间歌舞也在革命根据地和解放区由群众性自娱活动转向为革命服务，在旧形式的基础上谱新曲、唱新词并加以新程式，歌颂革命斗争和人民新生活。1931年，李伯钊等苏区文艺工作者为庆祝中华苏维埃共和国临时中央政府的成立，吸取民间"走会"的形式，剔除其封建迷信色彩，在瑞金组织了载歌载舞的大型提灯游行晚会，表达人民群众对新政权和新生活的无比热爱。苏区文艺战士还以民间歌舞为基础，创作出适于迅速宣传时事政策的活报剧形式。抗战时期，在毛泽东发出"文艺为工农兵服务"的号召以后，延安掀起了声势浩大的新秧歌运动。边区文艺工作者将秧歌这一集民间歌舞与化装表演于一体的艺术形式发扬光大，发挥其诙谐活泼、欢快热烈的优势，但又摒弃了旧秧歌中常见的丑角和猥亵成分，代之以新型的工农兵形象和热气腾腾的劳动、战斗场面，编演了《组织起来》、《丰收舞》、《生产舞》等一大批深受群众喜爱的新秧歌作品。在群众性的新秧歌运动中，逐渐产生出新秧歌剧这一新型艺术形式，涌现出《兄妹开荒》等优秀剧目。新秧歌的演出轰动了整个延安，出现了"鼓乐喧天，万人空巷"的盛况，并由边区迅速推广到其他抗日民主根据地。解放战争中，伴随着人民解放军的胜利进军，新秧歌逐渐传入城市，普及全国。

民族器乐的革新是由刘天华等音乐家借鉴西洋音乐而推行的。在二胡演奏方面，刘天华不拘一格地吸收小提琴的弓法、古琴演奏的泛音等中西乐器的演奏技巧，在二胡乐曲的组织结构和音乐发展方面，既采用散板和带引子、尾声的自由多段体结构等中国传统器乐的技巧，又成功地引入了西洋音乐常用的"和弦琶音"和近关系转调、变奏曲式的结构原则、自然音与变化音的并用等技巧，大大提高了二胡的艺术表现力，使其从传统的伴奏、合奏乐器一跃而成为重要的独奏乐器。在琵琶曲乐的创作中，他的《歌舞引》、《改进操》等作品，运用了西洋曲式结构等新型手法，给人以别开生面的艺术感觉。在民族器乐的教学中，他参考小提琴、钢琴等西洋乐器的教学经验，编写了47首南胡练习曲和一套琵琶练习曲，改变了二胡、琵琶口传心授的传统教学方法，将其纳入近代专业音乐教育的轨道。

国画艺术的现代转换，主要在以下两个方面展开：一是在传统范畴内融入现代精神，创出独特风格，丰富传统绘画；二是逸出传统，折衷中外，融贯古今，借鉴西方古典写实美术或近现代美术，创出焕然一新的融合型中国画。前者以齐白石、黄宾虹、潘天寿为代表。齐白石从雕花艺匠成为国画大师，其作品熔文人画与民间艺术于一炉，既不乏士大夫的风雅韵味，又兼有真率刚健、粗犷活泼的乡土气息。黄宾虹创造性地发展了传统的笔墨技法，在山水画的表现方法上别出机杼，增强了水墨兼用的艺术效果，形成了深沉、热烈的独特风格。潘天寿的花鸟画创作，大气磅礴，奇险雄劲，生趣盎然，集文人学养与农民气质于一体，突破了明清以来花鸟画清丽柔美的定势。此外，傅抱石、溥心畬、李苦禅等人，均以各自不同的风格丰富了国画艺术。上述画家的作品，均不同程度地渗入了现代人的情感心理，在一定意义上突破了传统文人画的思想情感范畴。后者以徐悲鸿、林风眠、刘海粟和岭南画派为代表。以高剑父、高奇峰和陈树人为创始人的岭南画派，其成员多曾留学日本，注重取法西洋、日本近代美术的表现手法，强调"画学不是一件死物"，而是"一件有生命能变化的东西"，认为国画家亦应学习"解剖学、色素学、光学、自然学、古代的六法"。在山水、花鸟、走兽题材的创作中，他们将居廉的没骨画法、撞水撞粉画法和横山大观、田中赖璋等日本画家的画法糅合为一，追求一种奔放雄劲而又富于时代感的美。徐悲鸿主张"古法之佳者守之，垂绝者继之，不佳者改之，未足者增之，西方画之可采入者融之"[①]。其历史人物画《九方皋》、《愚公移山》等作品，融欧洲写实画法与传统国画技法于一体，将惟妙惟肖的造型和忧国忧民、直面现实的精神引入国画创作，创出融形似与墨趣于一体的艺术风格，增强了国画的表现力和丰富性。林风眠为"调和中西艺术，创造时代艺术"而奋斗终生，其国画创作既承继传统绘画重视意境的特色，汲取民间美术刚健有力的品格，又效法西方近现代绘画对于感性直观与形式创造的重视，打破墨色的概念化，注重光与色的表现力，加强线的力量与速度，深入表现心理意蕴，从整体上突破与超越了传统绘画模式。

　　民间美术的革新，以中共抗日民主根据地和解放区的新年画创作最有影响。新年画创作始于1939年初。当时，活跃在延安鲁迅艺术文学学院和晋东南鲁艺分校的一批美术工作者，吸收、利用传统年画的形式和技巧并在其中注

------

① 徐悲鸿：《中国画改良之方法》，载 1918 年 5 月 23～25 日《北京大学日刊》。

入时代内容，创作出一大批表现抗日斗争和生产运动的新年画，使其发挥出团结人民、打击敌人的宣传鼓动作用。毛泽东《在延安文艺座谈会上的讲话》发表后，延安及陕甘宁边区出现了新年画创作的高潮。鲁艺美术系美术研究室成立了年画研究室，针对年画创作中生搬硬套旧形式等问题进行探讨，在《解放日报》发表《关于新年画利用神像格式问题》、《新年画的内容和形式问题》等文章，为年画革新提供了理论指导。此后，新年画创作日趋成熟。解放战争时期，新年画创作在各解放区继续开展，不少作品反映了土改及参军保田运动，被群众称为"翻身年画"。

在各艺术部类日益成熟、趋新的同时，民族传统艺术的对外传播和国际影响也日益加强。戏曲领域，从1919年到1935年，京剧界的梅兰芳和程砚秋、粤剧界的白驹荣、昆曲界的韩世昌等著名表演艺术家相继出国演出或考察，加深了日、美、苏等国艺术家及普通观众对戏曲艺术价值的认识，大大提高了戏曲的国际地位与影响。其中，梅兰芳在戏曲艺术的对外传播方面尤有首倡之功。他于1919年和1924年两次应邀赴日本演出，促进了京剧艺术在日本的传播。他在《天女散花》中表演的精湛舞蹈，被日本人誉为"梅舞"，并为日本歌舞伎演员群起仿效。1930年，他又应邀赴美演出，历时半年多，先后在纽约、西雅图、芝加哥、华盛顿、旧金山、洛杉矶、圣地亚哥、檀香山等城市上演了《霸王别姬》、《贵妃醉酒》等20余出经典剧目，受到美国各界人士的热烈欢迎。斯达克·杨等艺术家发表长篇评论，对其艺术成就予以高度评价。南加州大学和波摩那学院授予其名誉文学博士学位。1935年，他应邀赴苏联进行了为期一个半月的演出，并与斯坦尼斯拉夫斯基、爱森斯坦等世界级艺术大师开展了广泛的切磋与交流。梅兰芳四次出国演出均引起轰动，使其高超的京剧表演艺术赢得了堪与斯坦尼斯拉夫斯基和布莱希特两大西方戏剧表演艺术体系比肩的国际声誉。民族器乐领域，1938年10月，著名民乐演奏家卫仲乐赴美演出历一年之久，先后在美国30余座城市演奏了以琵琶曲《十面埋伏》为主的一批民乐经典曲目，所到之处均引起轰动，使中国传统民乐得以走向世界，广为流传。美术领域，张大千等国画家多次出国举办画展，取得良好效果，加强了中国传统绘画的国际影响。

四、新型艺术的日益勃兴

民国时期，在民族传统艺术保持旺盛活力的同时，随着新文化、新思潮日益广泛、深入的传播和新教育的逐步确立，新美术、新音乐、新舞蹈、话剧（其发展概况前文已述，下略）、电影等外来新型艺术部类也获得了蓬勃发展，形成了各自的体系，扎下了稳固的根基。在各新型艺术部类中，一大批才华横溢的优秀艺术家纷纷脱颖而出，创造出风格各异的艺术流派，取得了令人瞩目的艺术成就。

（一）新美术的日渐成熟

民国时期新美术的发展，以西洋油画和近代雕塑最具代表性。

西洋油画早在明末清初即已由传教士带入中国，并在 19 世纪末 20 世纪初有了更为广泛的传播，但它真正成为中国绘画的一个独立门类，则始于 20 世纪 20 年代。1912 年，刘海粟、乌始光创办上海美术院（1919 年改为上海美术专科学校），开中国近代专业美术教育之先河。继之，中国第一所国立美术学校——北京艺术学校（后改为北平艺术专科学校）、第一所高等美术学院——国立艺术院（后改为杭州艺术专科学校），以及南京中央大学艺术系、私立苏州美术专科学校、私立武昌艺术专科学校，均于 20 年代先后成立。这些学校竞相延聘出国学画的美术人才，并陆续将油画训练纳入教学体系，成为传播油画艺术的基地。在新式专业美术教育兴起的同时，油画创作渐成气候，专业油画家群体随之形成。这些油画家大多曾留学国外，艺术上或宗写实主义，或宗印象主义和现代主义，体现出不同的创作风格与倾向。

写实派油画家以徐悲鸿、颜文梁为代表。徐氏曾在欧洲学艺八载，系统地接受了法国学院派绘画训练，艺术上严格遵循写实主义原则，尊崇坚实的素描基础和严谨的油画造型技巧，贬斥印象主义、野兽主义等画派，曾与徐志摩就如何评价西方现代绘画的问题展开论争。在美术教育上，他强调师法造化，重视基础训练，形成了中国艺术教育中的"徐悲鸿体系"，培养了一大批功力深厚的美术人才。其油画作品多以人物为题材，代表作主要有旅欧期间创作的

《女人体》、《箫声》和归国之后创作的大型历史人物画《田横五百士》、《傒我后》等。《田横五百士》(1928~1930)取材于秦末齐国旧王族田横不甘屈服刘邦而自刎的故事,通过历史瞬间的艺术再现,讴歌了中华民族志士仁人威武不屈的高尚节操。《傒我后》(1930~1933)取材于《诗经》中"傒我后,后来其苏"之句,通过"望治有若大旱之望云霓"这一画面情节气氛的渲染,曲折地表达出民族危难之际画家对于广大人民的深切同情和对民族新生的渴望。这两幅史诗性的巨作,显示了作者在素描方面的非凡造诣,代表了当时主题性人物油画创作的最高水平。颜氏曾在徐悲鸿的影响下赴法学艺,对透视学、色彩学和油画的性能有精深研究。其写实派油画创作多以景物为题材,代表作有早期作品《厨房》(曾于1929年获法国春季沙龙荣誉奖),留法期间创作的《巴黎圣母院》、《威尼斯河》和回国后创作的《潮音洞》、《普陀街市》、《远眺佛顶山》等。

艺术上倾向于印象主义和现代主义的油画家主要有林风眠、刘海粟、倪贻德、庞薰琹等。林氏早年留学法国,既受过学院派训练,又深受浪漫主义、印象主义、野兽主义、表现主义等美术潮流的影响,艺术上不拘一格,锐意革新,注重情感、个性的抒发与东西文化精神的交融。其油画作品多以象征手法表现富于哲理性的主题,形式新颖,场面宏大,结构复杂。其中,1924年在法国斯特拉斯堡中国美术展览会上引起轰动的《摸索》,将古今中外一系列贤哲、文豪描绘成摸索前行的盲人,在黑色调背景中营造出深沉浩渺的境界,以浪漫主义的表现手法和意蕴深邃的艺术形象,揭示出人类探索真理、创造文明、追求光明的艰辛。1929年创作的《人道》,以灰黑色为基调,从不同角度刻画出众多痛苦而略有变形的人体,表现出中国人民的苦难与挣扎,寄寓了作者深沉的人道主义情怀。刘氏的油画创作深受印象派、后印象派和野兽派的影响,色彩鲜明,线条突出,风格奔放,代表作有《北京前门》等。倪、庞二氏均为30年代现代派美术团体"决澜社"的主要成员。倪氏的油画创作注重结构,强调大的块面,线条粗犷,笔触简练,色调爽朗,艺术形象形神兼备,情景交融,富于诗情画意和绘画的形式美,代表作有《水乡》等。庞氏在艺术上重视形式探索与创新,追求现代风格与中国民族传统的结合。其早期作品受立体派的影响,部分作品带有装饰性,如《构图》、《藤椅人体》、《地之子》等;

1939 年后的作品，如《贵州山民图》、《白描带舞》等，画风转向单纯，以线为主，兼以装饰。

近代雕塑在中国的发展，于 20 年代渐成气候。继 1920 年上海美专首次设立雕塑科后，国立艺术学院、广州市立美术学校、国立艺专、西南美专和立风艺专也相继设立雕塑专业，中国近代雕塑教育由此得以确立。与此同时，近代雕塑创作也开始形成一定的声势。自 20 年代至 40 年代，留法归来的江小鹣、李金发、刘开渠、滑田友、王临乙等雕塑家相继脱颖而出，共同为民国时期近代雕塑艺术的发展作出了开拓性贡献。江氏成名于 20 年代，作品以纪念性人像雕塑为主，艺术表现上采取西方写实手法，代表作有《孙中山立像》(1925)、《陈英士烈士纪念碑铜像》（1929）等。李氏的代表作《伍廷芳像》(1932)、《邓仲元像》（1934）等，以善于刻画人物的内在气质与心理著称。刘氏于 20 年代末 30 年代初在巴黎高等美术学校雕塑系接受了系统的西洋雕塑艺术训练，回国后长期担任杭州艺术专科学校教授兼雕塑系主任。他积极参加抗日救亡文艺运动，创作了《八十八师淞沪阵亡将士纪念碑》（1934，铸铜，建于杭州西湖)、《王铭章骑马铜像》（1943）、《川军抗日英雄纪念像》（1944）等跃动着时代脉搏的名作。其创作在西洋写实雕塑的基础上，吸收中国传统雕塑的表现方法，形成了简练单纯、大气磅礴的独特风格，手法细腻、严谨，造型坚实、雄浑，结构、解剖准确。滑氏于三四十年代旅法期间创作的《沉思》、《女人体》、《参军》等作品，以其高超的技艺和优美的造型，受到法国雕塑界的好评，被收入该国出版的世界美术百科全书。王氏留法期间创作的《晚归妇》等作品，艺术上受欧洲写实主义雕塑影响颇深；其后期作品《大禹像》、《孔子像》等，则明显地继承了汉魏风骨，呈现出典雅大方的艺术风格。

（二）新音乐、新舞蹈的蓬勃发展

以西洋音乐为基础的中国新音乐，发端于 20 世纪初年，成型于 20 年代。清末民初，伴随着资产阶级新文化的传播，在沈心工、李叔同等一批最早出国学习西洋音乐的音乐家推动下，以学堂乐歌为核心内容的普通学校音乐教育得以确立，以采用外国既有曲调填配新词为主体的早期新歌曲创作开始起步。自 1919 年起，以萧友梅、吴梦非等为代表的一些音乐工作者，在五四新文化和蔡元培美育思想的影响下，从发起组织带有业余音乐学校性质的北京大学音乐研究会、中华美育会等音乐社团入手，进而创建了上海专科师范学校音乐科、北京大学附设音乐传习所和北京国立艺术专门学校音乐系等专业音乐教育机构，并于1927年在上海建立了中国第一所独立的高等音乐学校——国立音乐学院（1929年更名为国立音乐专科学校），为中国专业音乐教育的建立作出了多方面的努力。与此同时，在中国共产党的领导下，工农革命音乐运动也逐渐兴起。20至40年代，随着专业音乐教育和革命音乐运动的发展，新音乐创作日趋成熟、繁荣，一大批创作风格各异、艺术成就卓著的专业作曲家相继脱颖而出。

成名于20年代的作曲家，主要有萧友梅、赵元任和黎锦晖。萧氏是中国近代音乐教育的先驱和近代新音乐创作的主要开拓者，一生中作有近百首歌曲、两部大型合唱曲，以及弦乐四重奏《小夜曲》、钢琴独奏曲《哀悼引》、大提琴曲《秋思》、管弦乐曲《新霓裳羽衣舞》等。这些不同体裁的创作，在中国音乐史上均具有开创性意义。在其大量的歌曲作品中，《卿云歌》于1921年被北洋政府定为国歌；代表作《问》（易韦斋词）表达出五四时期一代知识分子的人生困惑和对祖国山河残破的悲愤之情，音乐舒展自如，亲切纯朴，深沉蕴藉，是一首广为传唱的独唱歌曲；《五四纪念爱国歌》（赵国钧词）是一首讴歌反帝爱国运动的群众歌曲，音乐属进行曲风格。赵氏作有歌曲近百首、钢琴曲若干首。其作品鲜明地体现出五四时期的科学、民主和爱国精神，音乐形象鲜明，风格清新，曲调优美流畅，富于抒情色彩，代表作有独唱曲《教我如何不想她》（刘半农词）、《卖布谣》（刘大白词）与合唱曲《海韵》（徐志摩词）等。他在歌曲创作上锐意探索，勇于创新，既广泛借鉴西方近代多声音乐的表现技巧，又善于吸收中国传统文化与民间音乐的精髓，对于曲调写作与和声配置的民族化做出了开拓性贡献。作为语言学家兼作曲家，他善于根据中国语言的声韵特点处理歌曲中的词曲关系，达到乐曲旋律与歌词声调、音韵的和谐一致，使曲调既富于韵味，又十分口语化。黎氏是中国儿童歌舞剧创作的拓荒者。他于20年代创作的《葡萄仙子》、《小小画家》、《麻雀与小孩》等12部作品，富于民族风格与儿童情趣，在民国时期的少儿音乐教育中发挥了重要作用。

成名于 30 年代的院校作曲家，以黄自、贺绿汀、陈田鹤、刘雪庵、马思聪、汪文也、谭小麟为代表。黄自的声乐作品以娴熟的技法、严谨的结构、清雅的乐韵和深厚的中国古典文化底蕴著称。其中，《长恨歌》（1932 年，韦瀚章词）是中国第一部清唱剧。它取材于白居易的同名长诗，以唐明皇与杨贵妃的爱情悲剧为内容，在融汇欧洲古典音乐和中国传统音乐艺术手法的基础上，对和声、复调的民族化作了深入开掘，以令人荡气回肠的乐曲，栩栩如生地再现出一幅幅充满悲剧气氛的历史画卷。《抗敌歌》、《旗正飘飘》、《九一八》、《热血歌》等，是气势磅礴的抗日救亡歌曲。音乐会独唱曲《玫瑰三愿》、《花非花》、《春思曲》等，是 30 年代艺术歌曲中的经典名作。器乐方面，他作有《怀旧》、《都市风光幻想曲》两部交响乐作品。贺绿汀在声乐、器乐创作上均造诣非凡，其作品艺术结构严谨，音乐发展富于逻辑性，和声、复调富有民族风格。其中，独唱曲《嘉陵江上》、合唱曲《游击队歌》和《垦春泥》是抗战歌曲中流传极广、影响深远的名作。钢琴曲《牧童短笛》在著名作曲家齐尔品发起的"征求中国风味钢琴曲"活动中荣获头奖，代表了 30 年代钢琴独奏曲创作的最高水平。小型管弦乐曲《晚会》、《森吉德玛》，是 40 年代西洋式合奏器乐的典范之作。陈田鹤以声乐创作见长，主要作品有抒情歌曲《采桑曲》、《山中》，清唱剧《河梁话别》、歌剧《荆轲》等。刘雪庵的歌曲作品，抒情易唱，旋律优美，民族风味浓郁，代表作有抗战独唱曲《长城谣》、独唱曲《红豆词》等。马思聪是民国时期最为重要的小提琴作曲家与演奏家，其代表作《摇篮曲》、《第一回旋曲》、《内蒙组曲》等，是中国小提琴音乐创作的开创性成果。汪文也是具有国际影响的交响乐作曲家，代表作有《台湾舞曲》、《第一交响曲》（作品 34）、《第二交响曲——北京》（作品 36）等。谭小麟是民国时期室内乐创作的主要代表人物，其《弦乐三重奏》是第一部在国外获奖的中国西洋式重奏器乐作品。

30 年代左翼音乐阵线的作曲家，面对"九一八"事变后日益严重的社会危机与民族危机，掀起了创作无产阶级革命歌曲与组织抗日救亡歌咏运动的热潮，创作了大量为民众呐喊而又具有较高艺术水准的革命音乐作品。聂耳是这一创作潮流最为杰出的代表。他谱写的 30 余首歌曲，既具有鲜明的时代特点和战斗精神，又具有浓郁的大众情调和民族风格，是中国革命音乐的奠基之作。其中,《义勇军进行曲》、《毕业歌》、《前进歌》、《自卫歌》等,以雄浑激昂的音调和短促有力的节奏,发出了全民奋起、抗日救亡的时代最强音;《大路歌》、《开路先锋》、《码头工人》等,以民间化、生活化的旋律和形象,表现了中国工人阶级的苦难、觉醒和抗争;《铁蹄下的歌女》以柔中带刚、深沉哀婉的乐曲,如泣如诉地发出了民族危难时代下层民众痛苦的呻吟和悲愤的呐喊,是30年代抒情独唱歌曲中的杰作。聂耳以外,张曙以抒情独唱曲创作见长,代表作《日落西山》(田汉词)、《赶豺狼》(田汉词)、《丈夫去当兵》(老舍词)等是抗日救亡歌曲中的名作。任光是电影歌曲创作的开拓者之一,其代表作《渔光曲》、《打回老家去》、《王老五》等在群众中流传极广。

30年代末至40年代延安作曲家主要有冼星海、吕骥、马可、郑律成等。冼星海继聂耳之后,以更广阔的题材、更多样的体裁和更丰富的艺术手法,反映中国民族解放和人民革命的现实,创作出大量富有革命英雄主义气概和民族风格、为广大民众喜闻乐见的史诗性作品,将革命音乐创作推进到一个新的境界。他的创作以交响乐和合唱音乐见长,善于在融汇中西音乐形式、技巧的基础上,气势磅礴地表现中国风格、中国精神与中国气派,代表作有《黄河大合唱》、《生产大合唱》、《九一八大合唱》、《牺盟大合唱》和《民族解放交响曲》、《神圣之战交响曲》、《中国狂想曲》等。其中,《黄河大合唱》(光未然词)将西洋多声部合唱音乐技巧与中国民间音乐中的劳动号子音调与形式、西北民歌曲调和对唱形式等熔为一炉,既具有浓郁的民族风韵,又具有鲜明的时代特征,是中国合唱歌曲中具有重大国际影响的、里程碑式的经典名作。吕骥的歌曲创作具有鲜明的时代性、战斗性和群众性,代表作有《中华民族不会亡》、《抗日军政大学校歌》(凯丰词)、《开荒》等。马可作有歌曲《南泥湾》、《我们是民主青年》、《咱们工人有力量》、管弦乐《陕北组曲》等富有民族风格和大众情调的作品。他与张鲁等人合作的大型歌剧《白毛女》(贺敬之等编剧),在借鉴中国民间音乐、戏曲音乐的基础上吸收西方歌剧音乐性格化、戏剧化的表现技巧,对中国新型歌剧艺术的民族化、大众化进行了开拓性探索。郑律成作有《八路军大合唱》(公木词)、《延安颂》(莫耶词)、《延水谣》等歌曲,其作品风格洒脱、豪放,个性鲜明,富有时代气息。

五四以后,中国的新式舞蹈开始起步。20年代末30年代初,著名音乐家黎锦晖先后创办中华歌舞专门学校、中华歌舞团、明月歌舞团、明月歌舞剧社，致力于新式舞蹈的启蒙教育。自 30 年代起，在左翼文艺运动的影响下，"新舞蹈"的概念正式形成，舞蹈在中国逐步发展成为一门独立的舞台艺术。在新型舞蹈艺术的探索中，吴晓邦、戴爱莲做出了开拓性贡献。

吴晓邦是中国"新舞蹈"概念的首创者。他早年受到五四新文化的洗礼，积极参加革命运动。自 20 年代末起，他曾三次留学日本，系统学习了西方芭蕾舞和现代舞，回国后创作了大量具有进步思想倾向的舞蹈作品，并在许多文艺机构中讲授舞蹈理论，培养舞蹈人才。1935 年 9 月，他在上海举办了中国近代第一次个人舞蹈作品发表会，演出了《送葬》、《傀儡》、《浦江之夜》等 11 个自编的独舞作品，以新舞蹈艺术向帝国主义、封建主义宣战，表现劳苦大众在贫困、死亡线上的挣扎和对光明、新生的渴望。1937 年 4 月，他在上海举办第二次个人舞蹈作品发表会，演出了《拜金主义者》、《懊恼的解脱》、《思想恐慌时期》、《奇梦》等现代舞。这些作品以新颖、独特的形式，反映了旧中国的黑暗现实，剖示了腐朽社会中被扭曲的心灵。全面抗战爆发后，他积极投身于抗日救亡运动，先后创作、上演了《义勇军进行曲》、《流亡三部曲》、《思凡》等数以百计的舞蹈作品，以及《罂粟花》、《虎爷》、《春的消息》等中国近代第一批舞剧。抗战结束后，他辗转奔赴解放区，发起组织新舞蹈运动，于 1948 年与人合作编演了迎接新中国诞生的舞蹈名作《进军舞》。

戴爱莲出生于华侨家庭，自幼受到良好的舞蹈训练；14 岁赴伦敦留学，先后在多林、兰伯特、克拉斯克等舞蹈名家指导下学习芭蕾，创作了《波斯广场的卖花女》、《杨贵妃》、《伞舞》等作品。留英期间，她在艺术上不拘一格，兼收并蓄，打破当时芭蕾和现代舞派之间的门户之见，力主二者在技巧上互相借鉴、互为补充，在舞蹈创作和表演上追求形体动作与内在情感、技术系统性与艺术表现力的紧密结合。抗日战争爆发后，她在伦敦多次参加为筹集抗日资金而举办的爱国义演活动，自编自演了《警醒》、《前进》等以抗日救亡为题材的舞蹈作品。40 年代初回国后，她积极参加抗日救亡文艺运动，创作并演出了《游击队的故事》、《卖》、《空袭》、《东江》、《思乡曲》等舞蹈作品，歌颂中国人民的浴血抗战。与此同时，她还从事各民族民间舞蹈的采集、整理、研究和演出工作，致力于新舞蹈艺术的民族化、大众化。不仅如此，她还热心舞蹈教育，先后任教于育才学校舞蹈组、私立上海乐舞学校、北平国立艺术学院等，为新舞蹈艺术的普及、传播与人才的培养做出了重要贡献。

（三）电影艺术的异军突起

中国电影艺术起步于清末民初。1905年，北京丰泰照相馆拍摄出中国第一部影片——谭鑫培主演的京剧《定军山》。1912年，美商出资经营的亚细亚影戏公司在上海成立。自1917年起，上海商务印书馆活动影戏部（1917～1927）、上海明星影片公司（1922～1937）、香港联华影业公司（1930～1937）、上海昆仑影业公司（1946～1949）、中国电影制片厂（1935～1948，官办）等中国人独立兴办的电影制片机构相继成立，摄制出一大批题材不一、风格各异的影片，造就了一支规模庞大、素质精良的电影艺术家队伍。

郑正秋、张石川是中国电影艺术的拓荒者，以拍摄"社会通俗片"著称，其作品与戏曲、文明戏一脉相承，注重作品的故事性、传奇性、通俗性和伦理教化性，开创了适应中国观众审美心理的"影戏"传统，为电影艺术的民族化做出了开拓性贡献。1913年，二人联合组建新民电影公司，承包亚细亚公司的编剧、导演等业务，拍摄了中国第一部短故事片《难夫难妻》。1922年，他们共同发起创办上海明星影片公司，并于次年合作拍摄了长故事片《孤儿救祖记》。该片运用传统戏曲与传奇文学的技法编排剧情，宣扬了善恶有报、惩恶扬善的传统伦理观念，契合了普通市民的欣赏习惯，上映后引起轰动。此后，明星公司又陆续推出了一系列以家庭伦理为题材的"社会通俗片"，取得了较大的社会反响。1927年，郑、张合作拍摄了中国第一部武打片《火烧红莲寺》（郑正秋编剧，张石川导演），启引了20年代末30年代初武侠神怪片的创作热潮。1930年，张石川导演了中国第一部有声故事片《歌女红牡丹》（洪深编剧）。1932年后，郑、张二人受到左翼文化运动的影响，创作风格与倾向为之一变。郑正秋导演的《姊妹花》在一定程度上反映了阶级对立的现实，张石川导演的《劫后桃花》（洪深编剧）则表达出反帝爱国的主题。

30～40年代现实主义进步电影的创作者主要有夏衍、蔡楚生、沈西苓、袁牧之、孙瑜、史东山、郑君里、沈浮等人。夏衍是30年代左翼电影运动的主要倡导者。他担任明星影片公司编剧顾问期间，先后创作了《狂流》、《春蚕》、《上海24小时》、《脂粉市场》、《前程》、《压岁钱》等优秀电影剧作,从不同侧面展现了30年代中国城乡社会的黑暗现实,为广大劳苦大众发出了不平与抗争的呐喊。蔡楚生于1934年编导的《渔光曲》,以一对双胞胎兄妹20年间的人生经历为线索,在广阔的视野中反映了旧中国下层民众的苦难境遇。该片于1935年获莫斯科国际电影节荣誉奖,成为中国电影走向世界的第一个里程碑。他于1947年与郑君里联合编导的《一江春水向东流》,通过一个普通家庭抗战前后的悲欢离合,展现了40年代中国社会的风云变幻,是中国电影史上一部史诗性的经典名作。该片将传统艺术手法与蒙太奇表现技巧加以融汇,营造出深沉蕴藉、凄美悲怆的意境,具有感人至深的艺术魅力,问世后连映3个月,观众达70万人次。孙瑜于1934年编导的《大路》,以富有诗意的画面和奔腾热烈的情感,表现一群筑路工人为抗击日寇侵略而奋勇抢修军用公路的壮举,表达了全国民众抗日救亡的共同心声。袁牧之于1937年编导的《马路天使》,娴熟地运用各种电影表现技巧,以活泼的喜剧形式表现深沉的悲剧内容,全景式地展现了都市贫民受侮辱、受损害的悲惨命运,是30年代中国电影的一座艺术高峰。沈西苓于1937年编导的《十字街头》,熔苏联蒙太奇手法与美国好莱坞电影技巧于一炉,集轻喜剧风格与社会写实于一身,表现了一代进步青年的彷徨、求索与抗争。史东山于1947年导演的《八千里路云和月》,以深沉、冷峻的史诗性风格,展现了抗战前后一代爱国青年所经历的苦难、动荡与求索。沈浮于1948年导演的《万家灯火》(阳翰笙、沈浮编剧),通过抗战结束后上海一个普通家庭的遭遇,揭示了小资产阶级知识分子的悲剧命运。郑君里于1949年导演的《乌鸦与麻雀》(陈白尘等编剧),以上海解放前夕一座里弄居民楼里几户人家的生活为背景,运用讽刺喜剧的手法,揭露了小官僚的丑恶嘴脸,展现了平民百姓与黑暗势力的斗争。

费穆是三四十年代致力于电影艺术民族化探索的主要代表人物,也是中国心理现实主义电影的开创者。他于1948年导演的《小城之春》(李天济编剧),是一部富有民族风格与文化意蕴的心理剧。影片在现代性电影语言中融入中国传统文学艺术的写意、比兴风格,寓情于景,情景交融,以阴郁的画面、衰颓的意象、舒缓的节奏和低沉的音乐,营造出细腻隽永的诗化、散文化意境,于平淡的情节中开掘出复杂、精微的人物心理,暗传出艰难时世中知识分子的苦闷、困惑与怅惘，寄寓了创作者对于民族文化命运的深切关注与思考。

综上所述，民国时期，在时代的风云际会中，在古今中西艺术形式的碰撞与交融中，各外来新兴艺术部类均获得了蓬勃发展，并逐渐实现了自身的民族化、本土化，成为中国艺术部落的一个重要的有机组成部分。

第七章

初具体系、渐成气候的
自然科学

中国古代有素称发达、领先世界的传统科学技术。然
而，至封建社会晚期，传统科技日益固步自封，未能完成从
旧质向新质的蝉蜕，逐渐落后于西方，落伍于时代。直至近
代以降，伴随着社会的新陈代谢，中国科学技术的发展才开
始步履蹒跚地走上了近代化的轨道。

民国时期，中国科学技术的近代化渐次向纵深演进，开
拓出全新的境界。比之晚清时期，此期自然科学的发展呈现
出以下几个方面的特征：一是科学启蒙运动日益勃兴，科学
思潮的传播日趋广泛、深入；二是科学机构不断增设，科研
体制逐步确立，以国立中央研究院为中心，形成了初具规模
与体系的科学共同体；三是自然科学研究逐步走上了独立发
展的本土化轨道，取得了显著的实绩，产生了一定的国际影
响，形成了各学科领域中的完整体系。

一、高潮迭起的科学启蒙

民国时期，伴随着思想解放潮流的兴起和西方文化日益广泛、深入的传播，于清末发其端绪的科学启蒙运动日益向纵深发展，先后在五四时期、30年代和抗日战争时期形成了三次具有里程碑意义的高潮。

（一）五四时期的科学启蒙运动

五四时期，在新文化运动的推动和影响下，民国时期第一次科学启蒙运动的浪潮蔚然兴起。这一运动的倡导者，主要由两大知识精英群组成：一是以中国科学社（其概况详见后文，此处不赘）机关刊物——《科学》杂志为中心的一批职业科学家；一是以《新青年》杂志为主要阵地的一批启蒙思想家。他们均信奉"科学万能"，主张"科学救国"，传播科学文化，倡导科学精神。但二者对科学的内涵有着不同的认识：前者所理解的科学主要是一种知识体系，专指自然科学以及其中所蕴含的科学方法和科学精神；后者所理解的科学则是一种价值信仰系统，一种新的宇宙观和人生观，其内容偏重于哲学、社会科学，兼及自然科学。

中国科学社的科学启蒙活动，早在《新青年》创刊前一年即已开始。它以1915年1月创刊的《科学》杂志为主要阵地，积极致力于科学知识、科学方法与科学精神的宣传、普及，为近代中国科学文化的传播和科学技术的发展作出了开拓性贡献。

在开展科学启蒙的过程中，为纠正国人对于科学的偏狭、错误理解，引导人们树立一种纯正的、知识学意义上的科学观，《科学》同仁对"科学"一词的内涵作出了严格界定。任鸿隽从广义、狭义两个方面阐述了科学的定义："科学者，智识而有统系之大命。就广义言之，凡智识之分别部居，以类相从，井然独绎一家实物者，皆得谓之科学。自狭义言之，则智识之关于某一现象，其推理重实验，其察物有条贯，而又能分别关联抽举其大例者谓之科学。"①

---

① 任鸿隽：《说中国无科学之原因》，载《科学》第 1 卷第 1 期，1915 年。

他指出："今世普通之所谓科学，狭义之科学也。"也就是说，近代欧美知识界通用的"科学"这一概念，专指以观察和实验为基础、反映自然界客观规律的知识体系，也即自然科学："科学者，发明天然之事实，而作有统系之研究以定其相互间之关系之学也。"① 胡明复则从科学活动规律的角度，阐明"狭义之科学"即自然科学的特质："科学观动察变，集种种变动而成事实，集多数事实而成通律，有条有理，将自然界细细分析，至于至微，而自然界运行之规则见焉。"②

在厘清"科学"内涵的基础上，《科学》同仁阐述了"科学万能"的理念，发出了"科学救国"的呐喊。他们在《科学》创刊号上的《发刊词》中开宗明义地指出："科学者，缕析以见理，会归以立例，有鳃理可寻，可应用以正德，利用以厚生者也。百年以来，欧美两洲声明文物之盛，震烁古今，翔厥来源，受科学之赐为多。"一言以蔽之："世界强国，其民权国力之发展，必与其学术思想之进步为平行线。"反观中国社会，由于科学技术的极端落后，"民生苟偷，精神形质上皆失其自立之计，虽闭关自守犹不足以图存"。对于积贫积弱的中国来说，"使无精密深远之学，为国人所服习者，将社会失其中坚，人心无所附丽，亦岂可久之道？继兹以往，代兴于神州学术之林，而为芸芸众生所托命者，其唯科学乎，其唯科学乎！"在发表于 1916 年《科学》第 2 卷第 10 号上的《科学社致留美同学书》中，《科学》同仁更为明确地宣称："救我垂绝之国命，舍图科学之发达，其道未由。"

基于"科学救国"的理念，《科学》杂志本着普及与专精、求真与致用并重的办刊方针，在大力普及科学常识与原理的同时，还以大量篇幅报道、评介欧美科技发展的最新动态。该刊创办伊始即对 X 射线、放射线和电子三大物理学发现详加介绍，随后又译发了多篇有关相对论与量子论的文章。对于自然科学领域内一些新兴学科（如电磁学、热力学、有机化学、微生物学、细胞学和遗传学）的发展概况，以及冶金、化工、铁路、采矿、机械制造、土木工程、电气、水利、农林、医药等实用技术领域内的最新进展，该刊均有或详或略的评述。

---

① 任鸿隽：《科学之应用》，载《科学》第 4 卷第 6 期，1918 年。
② 胡明复：《近世科学的宇宙观》，载《科学》第 1 卷第 3 期，1915 年。

在传播科学知识、追踪科技动态的同时，《科学》同仁还大力倡导科学精神与科学方法，试图以此改造国民精神，推动社会进步，实现强国之梦。

关于科学精神，《科学》同仁指出："科学精神者何？求真理而已。""崇实"与"贵确"，是科学精神不可或缺的两大要素。正因为如此，"科学家之所知者，以事实为基，以试验为稽，以推用为表，以证验为决，而无所容心于已成之教，前人之言。"然而，旧道德、旧文化却与科学精神格格不入，背道而驰："反顾吾国，则犹如西国之中世纪，斤斤焉于古人之一言数语，而不察于实事，似以为宇宙之大道至理皆可由此一言数语中得之。今日'复古'之潮流，犹是此心理之流毒。"本着真善美相统一的理念，他们极力倡导以"立真去伪"的科学精神洗刷封建蒙昧主义的思想观念："苟已成之教，前人之言，有与吾所见之真理相背者，则虽艰难其身，赴汤蹈火以与之战，至死而不悔。若是者，吾谓之科学精神。"①

关于科学方法，《科学》同仁指出："科学之方法，乃兼合归纳与演绎二者。先作观测，微有所得，乃设想一理以推演之，然后复做实验，以视其合乎。不合则重创一新理，合而不尽则修补之，然后更试以实验，再演绎之，如是往返于归纳演绎之间。"② 在归纳、演绎二法中，他们对前者尤为重视，认为此法不仅为科学研究所必需，而且如同美国教育家埃里奥特（C. W. Eliot）所云，是更新东方人思维方式与文化心理的有效途径："东方学者驰于空想，渊然而思，冥然而悟，其所习为哲理、奉为教义者，纯然于先民之传授，而未尝以归纳的方法实验以求其真也。西方近百年之进步，既受赐于归纳的方法矣……吾人欲救东方人驰骛空虚之病，而使其有独立不倚格致事物发明真理之精神，亦唯有教以自然科学，以归纳的论理实验的方法，简练其官能，使其能得正确之智识于平昔所观察者而已。"③

中国科学社成员所倡导的科学启蒙，得到了《新青年》同仁的积极响应。在新文化运动的第一篇纲领性文章——发表于《青年杂志》创刊号上的《敬告青年》一文中，陈独秀明确将"科学"与"人权"一并确立为近代新文化的本

① 任鸿隽：《科学精神论》，载《科学》第2卷第1期，1916年。
② 胡明复：《科学方法论》，载《科学》第2卷第7期，1916年。
③ 任鸿隽：《说中国无科学之原因》，载《科学》第1卷第1期，1915年。

质特征和新文化运动的基本内容："近代欧洲之所以优越他族者，科学之兴，其功不在人权之下，若舟车之有两轮焉。""国人而欲脱蒙昧时代，羞为浅化之民也，则急起直追，当以科学与人权并重。"在此基础上，他于1919年1月在《新青年》第6卷第1号上发表《〈新青年〉罪案之答辩书》，正式提出"德先生"与"赛先生"也即民主与科学两大口号，表达出民主、科学救国的理念和倡导民主、科学的决心："要拥护那德先生，便不得不反对孔教、礼法、贞节、旧伦理、旧政治；要拥护那赛先生，便不得不反对旧艺术、旧宗教；要拥护德先生又要拥护赛先生，便不得不反对国粹和旧文学……我们现在认定只有这两位先生，可以救治中国政治上道德上学术上思想上一切的黑暗。若因为拥护这两位先生，一切政府的压迫，社会的攻击、笑骂，就是断头流血，都不推辞。"

与《科学》同仁将科学的内涵严格界定为自然科学不同，《新青年》同仁宣传的科学，内容极为广泛，既包括自然科学，也包括哲学、社会科学，其核心是与迷信、盲从和偶像崇拜相对立的科学人生观与理性精神。他们倡导科学启蒙的根本宗旨，是要以科学人生观和理性精神廓清愚昧，破除迷信，反对盲从，推倒偶像。陈独秀在《敬告青年》一文中明确号召一代新青年尊重科学，高扬理性，反对主观、武断："科学者何？吾人对于事物之概念，综合客观之现象，诉之主观之理性而不矛盾之谓也。想象者何？既超脱客观之现象，复抛弃主观之理性，凭空构造，有假定而无实证，不可以人间已有之智灵明其理由，道其法则者也。""凡此无常识之思维，无理由之信仰，欲根治之，厥维科学。夫以科学说明真理，事事求诸证实，较之想象武断之所为，其步度诚缓，然其步步皆踏实地，不若幻想突飞者之终无寸进也。"在发表于1918年8月《新青年》第5卷第2号上的《偶像破坏论》一文中，他号召人们以科学态度对待传统观念和一切社会问题，破除迷信，坚持真理，打破"宗教上、政治上、道德上自古相传的虚荣、欺人、不合理的信仰"，树立"真实的合理的信仰"，将"宇宙间实在的真理与吾人心坎里彻底的信仰"统一起来。鲁迅亦积极倡导科学思想，主张以科学这味良药医治国民性中的迷信、愚昧、麻木、因循之病。他指出："科学能教道理明白，能教人思路清楚，不许鬼混"，"要救活'几至国亡种灭'的中国，那种'孔圣人、张天师传言由山东来'的方法，是全不对症的，只有这鬼话的对头的科学——不是皮毛的真正科学！"①

随着五四科学启蒙运动的蓬勃发展，社会上兴起了一股传播科学、研究科学的热潮，科学观念日益深入人心。在这一社会文化氛围中，舆论界普遍将科学宣传置于突出地位，许多报刊还开设了固定的科学栏目，如《东方杂志》的"科学杂俎"、上海《时事新报》副刊《学灯》的"科学丛谈"、《晨报》副刊的"科学新谈"和"科学世界"、《少年中国》的"自然科学"、《少年世界》的"科学技术"、《新生活》的"科学常识"等。与此同时，一些以传播新思想、新文化为己任的学术团体，亦借助于杜威、罗素来华讲学等契机，通过举办科学论坛与讲座等途径普及科学知识，传播科学文化，倡导科学精神。与舆论界、学术界的科学宣传相呼应，各级各类学校普遍加强了科学教育与实业教育。许多高等院校竞相引进科技人才，加强实科建设，增设科研机构，推进科学研究，为中国近代科技发展的体制化、本土化奠定了基础。

五四时期的科学启蒙是新文化运动的一个重要组成部分。它冲破了长期禁锢科学发展的精神桎梏，有力地推动了科学知识、科学方法与科学精神更为深入、广泛的传播，为中国科学事业的发展开辟了广阔的道路。

（二）30年代的"中国科学化运动"

30年代，在"九一八"事变后空前严重的民族危机影响下，"科学救国"的思潮再度高涨。由一批职业科学家发起组织并得到南京国民政府支持的中国科学化运动协会，在全国范围内开展了一场颇具声势的"中国科学化运动"，掀起了民国时期的第二次科学启蒙高潮。

中国科学化运动协会成立于1932年11月4日，至1938年5月终止活动。其主要发起者有30余人，以科学家、教育家为主，亦包括部分国民党政要。该会设董事会、干事会和编辑会，成立了杭州、安徽、北平、天津、上海、湖南、武汉、南京、青岛、河南、山西11个分会，会员在4年间由367人增长到2 179人。

协会发起的"中国科学化运动"，旨在以"科学社会化，社会科学化"救

---

① 鲁迅：《随感录》三十三，载《新青年》第5卷第4号，1918年10月。

治"社会的'贫''陋'与人民的'愚''拙'",即"把科学知识送到民间去，使它成为一般人民的共同智慧，更希冀这种知识散播到民间之后，能够发生强烈的力量，来延续我们已经到了生死关头的民族寿命，复兴我们已经日渐衰败的中华文化"①。基于这一宗旨，1935 年 1 月制定的协会第二期工作计划大纲②号召"以科学的方法整理中国固有文化，以科学的知识充实中国现在的社会，以科学的精神光大中国未来的生命"，并据此制定了四项工作方针：(1)"以团体组织的力量，推广科学常识于民众"。(2)"以各种的专门人才，辅助生产事业之改进"。(3)"与全国从事科学者共同努力于救亡图存的工作"。(4)"与鸿儒硕彦，备考往昔之典章文物乃至风俗习尚，更从而演明之，使社会一般人士，均谂于其真意义，而知所抉择焉"。

"中国科学化运动"的主要目标，包括相互关联的两个方面："第一，要做科学化人的运动，就是要使科学知识普遍于一般民众，不仅是学科学的人应该懂得科学，就是不学科学的人，亦应该懂得科学的法则，明白科学的用处。第二，要做科学化事的运动，就是要使一切的事都依据科学的原理法则来处理，发挥它的最大利用价值，小至家庭的日务，大至国家的政治，没有一件事不用科学原理法则来处理。能够做到这样，庶几事无废事，人无废人了。"③

"科学化人"（亦称"科学上的人本主义"），旨在以科学精神改造病态的国民性，实现国民素质与民族精神的"科学化"、现代化。对此，著名生物学家秉志解释道："吾人欲振起国人之萎敝，唯有诉诸科学之精神，对症下药而已"；"倘人人皆有科学之精神，其国家必日臻强盛，其民族必特被光荣焉。"所谓科学精神，包括"公、忠、信、勤、久"五个方面：科学知识人人可求、可得，科研成果必公之于众，此之谓"公"；科学真理须以忠诚态度探求，此之谓"忠"；研究结果是即是，非即非，不可虚饰，此之谓"信"；科学真理不能以偶然侥幸获得，此之谓"勤"；科学研究须终身不懈方能有所成就，此之

---

① 《中国科学化运动协会发起旨趣书》，载《科学的中国》第 1 卷第 1 期，1933 年。
② 载顾毓琇著：《中国科学化问题》（附录），249～258 页，中国科学化运动协会北平分会，1936 年印行。
③ 陈有丰：《中国科学化运动的进行方向和路径》，载《科学的中国》第 2 卷第 5 期。

谓"久"①。只有普及上述精神，才能根除与之背道而驰的种种国民劣根性，实现民族精神的蝉蜕与更新。

"科学化事"（亦称"科学上的国本主义"），旨在通过科学知识与方法的启蒙，实现经济建设、政府决策、国民生活等各个层面的"科学化"、现代化，彻底改变中国社会积贫积弱的局面。关于"科学化事"的具体运作，其倡导者从不同角度提出了种种方案。吴宪、胡先骕、汪敬熙、翁文灏等人从加强应用科学研究这一角度，着眼于各自的专业领域，或主张优先选择地方性强且与国计民生直接相关的研究课题，如各地的土壤和农种、中药的生理作用、中国人食物的营养价值等；或呼吁"中国亟需举办生物调查与研究事业"，主张大力开展森林、纤维植物、艺园植物、药用植物、经济植物、杀虫剂、植物病害、发酵菌类与细菌、水产生物、昆虫、寄生虫、有益有害鸟兽等12项应用生物学课题的调查与研究；或强调工业心理学"是以求用节省工人精力增加工人心理快乐的方法，去增加工厂出产品之质和量"，要求中国心理学界对这一新兴学科分支的发展予以高度重视；或放眼全局，提出开发西北与建设内地的总体设想。丁文江则从决策、管理科学化的角度立言，提出了国家经济建设应遵循的四项科学化原则与方法：第一，建设费用除非有外资输入，不能超过国民经济能力；第二，有轻重缓急标准，宁可少做几件事，但一定有始有终；第三，建设要有统一的职权；第四，建设项目在实施之前必须有充分的研究与设计②。

围绕"科学化人"与"科学化事"两大目标，中国科学化运动协会主要开展了以下几个方面的活动：

其一，面向社会发行科普读物。至1938年5月终止活动之前，协会相继编辑出版了《科学的中国》和《中国科学化运动协会会报》两种会刊，以及8部宣传科学化运动的著作。此外，湖南分会出版《科学的湖南》半月刊；北平分会推出《儿童科学画报》月刊，并在《北平晨报》开辟"科学常识周刊"，在《华北时报》上开辟"民众科学"专栏；南京分会在《中央日报》开辟"科

---

① 秉志：《科学精神之影响》，载《国风》第7卷第4期；又见《科学与中国》，第13～19页，中国科学化运动协会北平分会，1936年印行。

② 参见《科学与中国》一书中所收的有关论文。限于篇幅，不一一详列篇目、页码。

学周刊";河南分会在《河南民国日报》开辟"科学周刊";青岛分会在《青岛时报》开辟"大众科学"专栏;杭州分会在《杭州东南日报》开辟"科学世界"专栏。与此同时,北平分会于1936~1937年编印了11种通俗科学小丛书,赠送或廉价出售给各地图书馆或机关、学校。上海分会编印了30种初级中学科普丛书,由中华书局出版。南京分会约请一批科学家编著了24种科学丛书,由中正书局刊行。

其二,面向民众举办科学讲演与展览会。1933年7月~1936年7月,顾毓琇、陈立夫、陈有丰、丁文江等协会成员先后在中央广播电台发表一系列专题讲演,从不同角度与层面阐述了科学化运动的内涵、实质、目标与意义,揭示了科学技术与国计民生和社会文化的密切关联。北平分会于1934年3月至1936年7月先后举办科普演讲113次,内容广及科学原理、生活常识、国防知识、生产技术等众多领域。1935年6月,协会在北平中山公园举办通俗科学展览会,共展出科学设备与用品4 000余种,演示科学实验多种,参观者在9天中达80 000人次。该会于1935年1至5月在杭州、镇江、南京、上海等地举办的"科学化玩具巡回展览会",共展出各类玩具近900种,观众达20余万人次。

其三,面向在校学生推广科学教育。为提高在校学生的科学素养,协会与各级各类学校通力合作,定期发起组织多种多样的课外科普活动,并呈请教育部通令各校每月均举行科学讲演,在学生中加强科普教育。不仅如此,协会还针对中学生数理化成绩普遍较差的状况,在浙、皖、湘、鄂四省和京、沪、平、津、青岛五市设立了初、高中数理化毕业会考奖金,以激励中学生学习、研究自然科学的热情。

其四,面向经济建设推进科学管理与科学决策。为推动国民经济的科学化,尤其是工业组织与工业管理的科学化,任职于政府实业部门的丁文江、顾毓琇、吴承洛、梁潜翰等协会成员,本着"科学化事"的宗旨,针对经济管理与工农业建设方面存在的诸多非科学化现象,提出了以管理、决策标准化、专业化、制度化为核心的一系列合理化建议,对当时各级实业部门的实际工作发挥了一定的积极影响。

上述活动,取得了显著成效,造成了广泛影响,有力地促进了科学与社会、科学与民众、科学与教育、科学与经济的沟通，促进了科学文化更为广泛、深入的传播。

30 年代由民间论坛发起并得到国民政府支持的"中国科学化运动"，继承与发扬五四新文化科学、民主、爱国的精神，在国难当头的严峻形势下大力倡导"科学救国"，积极致力于"科学化人"与"科学化事"，为推动科学的社会化和社会的科学化做出了重要贡献。

（三）抗日战争时期的延安自然科学运动

抗日战争时期，为加强抗日民主根据地的战时经济、文化建设和马克思主义理论宣传，中国共产党在陕甘宁边区首府延安发起了一场轰轰烈烈的自然科学运动，掀起了民国时期又一次科学启蒙的高潮。

1940 年陕甘宁边区自然科学研究会的成立，标志着延安自然科学运动的正式兴起。该会以吴玉章为会长，下设机电、炼铁、土木工程、航空、数理、化学、农学、生物、医药、地矿 10 个专门学会，并在绥德、关中、米脂三地成立分会，其主要任务包括四个方面：第一，"开展自然科学大众化运动"，在群众中普及自然科学知识，破除封建迷信意识，推进新文化运动；第二，"从事自然科学的探讨"，解决自然科学理论与应用方面的问题，推进生产与经济建设，为抗战建国提供长期服务；第三，"开展自然科学与社会科学统一问题研究"，"运用唯物论辩证法来研究自然科学，并运用自然科学来证明与充实唯物论辩证法的理论"，"要使我们自然科学的工作同志研究社会科学，同时欢迎社会科学的工作同志研究自然科学，推动自然科学和社会科学更高度的发展"；第四，"与全国自然科学界取得联系"，"反对封建的倒退的一切反科学反进步的现象，反对妥协投降的思想和活动，坚持长期抗战，努力发展自然科学事业，努力促进经济建设，以增强抗战力量，为完成中华民族解放事业而奋斗"[1]。围绕上述任务，该会配合边区经济、文化建设，开展各项科学研究与普及活动，并出版了 34 期会讯。

在陕甘宁边区自然科学研究会的几项活动中，"科学大众化运动"具有十

---

[1]《陕甘宁边区自然科学研究会宣言》，1940 年 2 月 28 日《新中华报》。

分重要的地位。为适应边区经济、文化和战备建设的需要，研究会在《解放日报》开辟了《科学园地》、《卫生》等副刊，以及《自然界》、《急救常识》、《学业知识》、《建设集锦》、《知识问答》、《药用植物》等专栏，向边区军民广泛传授了各种科学常识，尤其是防空、防毒、防灾、防疫等方面的实用知识，收到了良好的效果。与此同时，研究会还通过举办科学讲座的形式，进行了卓有成效的群众性科普宣传。1941 年 11 月 21 日，边区可观测到日蚀现象。研究会利用这一时机，在群众中举办了有关日蚀现象的科普讲座，并组织了天文观测活动，以科学事实帮助群众破除诸如"天狗吃太阳"、"野太阳吃家太阳"等有关天文现象的迷信观念。1941 年牛顿诞辰 300 周年、1942 年伽利略逝世 300 周年之际，研究会先后举行了纪念大会和专题讲座，通过介绍两位科学家的生平业绩和思想脉络，对广大干部、群众进行了一次科学精神与科学方法的深刻教育。

在自然科学研究会的带动下，陕甘宁边区各机关均组织了自然科学普及小组，并制定了严格的学习制度。此外，边区还在城乡各地广泛设立识字班和读书组，在群众业余文化学习中加强科普教育。为配合"科学大众化运动"的深入开展，中宣部、中央文委和通俗读物出版社刊印、发行了大量的科学普及读物。仅 1942 年至 1944 年夏，边区出版的《司药必携》、《配偶禁忌》、《解剖学》、《耳鼻喉科学》、《王大娘养胖娃娃》等 6 种医药卫生读物即发行了 78 200 余册。①

继陕甘宁边区之后，晋察冀边区亦于 1941 年成立自然科学研究会，由陈凤桐任会长。该会下设电学、工学、农学、医学、教育 5 个专门学会，出版《自然科学界》（该会成立大会上国内外专家所作报告的结集）一书。它的成立，表明延安自然科学运动的影响已由陕甘宁边区辐射到其他抗日民主根据地。

对于延安自然科学运动的开展，中共中央和各级人民政府不仅大力倡导、支持，而且从理论上、政策上给予宏观指导。运动走向高潮之际，中共中央机关刊物《解放日报》于 1941 年 6 月 12 日发表题为《提倡自然科学》的社论，

---

① 马海平：《陕甘宁边区科学技术和自然辩证法研究概况》，见武衡主编：《抗日战争时期解放区科学技术发展史资料》第 1 辑，第 114 页，北京，中国学术出版社，1983。

阐明了在陕甘宁边区大力倡导自然科学运动的重要意义，为其深入发展指明了方向与道路："首先我们现在提倡自然科学，是为着改进边区农业和工业的生产技术，发展与提高边区物质的生产……其次我们现在提倡自然科学，是为着扫除边区人民迷信的、愚昧的、落后的思想和不卫生的习惯，普遍提高人民大众的文化水平。因为和边区经济落后的状况紧密联系着的就是文化的落后，革命以前旧势力在政治上对于人民的压迫虽然被摧毁了，可是某些束缚人们的旧思想、旧习惯，仍然在人们头脑里和生活中留下相当牢固的深根。这些旧思想和旧习惯的残余是足以阻碍进步的。现在我们要发展抗日的文化建设，发展新文化运动，提高人民文化生活的水平，就必须提倡自然科学，把最基础的知识普及到人民中间去。"在此前后，以毛泽东为首的党和政府领导人也发表一系列讲话、文章，对马克思主义自然科学观予以深入浅出的阐述。陕甘宁边区自然科学研究会成立大会召开之日，毛泽东亲临讲话，阐明了自然科学的功能、价值及自然科学与社会科学的关系。他强调："自然科学是人们争取自由的一种武装。人们为着要在社会上得到自由，就要用社会科学来了解社会，改造社会，进行社会革命。人们为着要在自然界里得到自由，就要用自然科学来了解自然，克服自然和改造自然，从自然里得到自由。自然科学是要在社会科学的指挥下去改造自然界，但是自然科学在资本主义社会里却被阻碍了它的发展，所以要改造这种不合理的社会制度……马克思主义包含有自然科学，大家要来研究自然科学，否则世界上就有许多我们不懂的东西，那就不算一个最好的革命者。"[1] 吴玉章于 1941 年在陕甘宁边区参议会上发表讲话时，仿照列宁所提出的"共产主义就是苏维埃加上电气化"这一论断，指出："新民主主义就是民主政治加上科学的新经济建设。"他强调："民主的自由是科学发展的保姆，大众的（包括为大众服务的）科学才没有资产阶级科学的垄断和独占，才没有门阀派系的分歧和自私自利的企图，才能得到充分的发展。"[2] 徐特立发表专文，深入分析了自然科学与物质生产和经济建设的密切联系："一切科学都是建设在产业发展的基础上，科学替生产服务的同时，生产又帮助了科学正常的

---

① 《毛泽东在陕甘宁边区自然科学研究会成立大会上的讲话》，载 1940 年 3 月 15 日《新中华报》。

② 吴玉章：《在发展科学方面对于边区参议会的希望》，载 1941 年 11 月 10 日《解放日报》。

发展，技术直接的和生产联系起来，技术才会有社会内容，才使科学家的眼光放大，能照顾全局。"就当前来说，"科学从生产出发，一方面加强了我们的国力，另一方面又帮助了科学自身的发展"①。因此，"科学的中心任务当然是经济建设，在目前对于军事建设更为重要"②。在抗日战争的特定时期，科学研究的"总任务只有一个：即在物质上加强和扩大我们的抗战建国力量"。他强调，"在研究自然科学时，同时研究生产方法和方式，技术社会化的过程，自然科学与社会科学联系的过程，经济是必然的媒介物，是唯一的桥梁"。如果科学离开了产业，"物理学就会成为马哈主义（作者按：即马赫主义），而数学的空间也会成为康德的先验论"，科学势必会"神秘化"。不仅如此，"离开了产业，科学必然会庸俗化，只资清谈，既无益于实际又无益于理论"③。

抗日战争时期中国共产党发起的延安自然科学运动，推动了自然科学与人民大众、与革命战争、与生产实践的密切结合，为近代中国的科学启蒙运动开辟了新民主主义的崭新方向。

二、比肩而起的科学机构

民国时期，在不断高涨的科学启蒙运动和"科学救国"思潮推动下，经由民间与政府的合力推动，不同类型的科学机构，或从无到有地建立起来，或从小到大、从少到多地发展壮大。以国民政府创办的国立南京中央研究院为核心，初步形成了一个门类齐全、结构完善、人才密集的科学共同体。中国近代科技事业的发展由此而逐步形成了一定的规模和声势，走上了体制化、本土化的轨道。

民国时期创办的科学机构，总体上可分为综合性与专门性（其中又分为基础学科研究机构与应用学科研究机构）两大类，各类当中又以其隶属关系而有官办（包括国立、省立等）、民办（包括民间学会与民办科研院、所）和校（高校）办之分。

---

① ③ 徐特立：《怎样进行自然科学的研究》，载《中国文化》第 2 卷第 4 期，1940 年 2 月。
② 徐特立：《怎样发展我们的自然科学》，载 1941 年 9 月 24～25 日《解放日报》。

（一）民办综合性科学机构

民国时期创立的民办综合性科学机构为数众多，其中最为著名的有民间学会性质的中国科学社、中华自然科学社和私立科研实体性质的中国西部科学院。

中国科学社的前身为科学社。1915年1月，就读于美国康乃尔大学的中国留学生胡明复、赵元任、任鸿隽（叔永）、章元善、过探先、金邦正、杨铨（杏佛）、周仁、秉志9人，鉴于第一次世界大战爆发后国际局势的风云变幻和中国积贫积弱、科学落后的现实，创办了以"阐发科学精义及其效用"为宗旨的《科学》月刊，并以集股公司的形式成立了附属于该刊的科学社。同年10月，该刊发起者决定改组科学社，成立综合性科学团体——中国科学社，按学科门类设股，"联络同志，研究学术，以共图中国科学之发达"，并以《科学》为该社附属刊物。25日，中国第一个综合性科学社团——中国科学社正式诞生，成立了由任鸿隽（社长）、赵元任（书记）、秉志（会计）、胡明复、周仁五人组成的第一届董事会；董事会下设编辑、营业、推广三部，分别以杨铨、过探先、金邦正为部长。1918年秋以后，该社主要成员相继学成回国，社中办事机构及《科学》杂志随之迁回国内。

自成立之日起，中国科学社围绕总章中的有关规定，开展了以下几方面的活动：（1）发行《科学》杂志，刊载通论、物质科学及其应用、生物科学及其应用、历史传记、杂俎等方面内容，以传播科学，提倡研究。（2）著译科学著作，先后刊行赵元任著的《科学的南京》、吴伟士著的《显微镜》、钟心煊著的《中国木本植物目录》、章之汶著的《植棉学》、谢家荣著的《地质学》、蔡宾牟著的《物理常数》、竺可桢著的《地文学》、秉志著的《动物学》等著作，以及《水利工程学》、《电》、《人体知识》、《人类生物学》等译著。（3）编订科学名词，以期划一而便学者。1916年设有名词讨论会，讨论结果随时发表于《科学》杂志。1922年后参加了江苏教育会、中华医学会等团体组织的名词审查会。（4）自1916年至1929年，先后在美国的三所大学和国内的一些著名学府或民间团体举办14次年会，以讨论社内事务，交流学术成果，普及科学知识。（5）举行学术讲演，普及科学知识。讲演分两种：一为长期，每年举行一次或数次，每次数讲或十数讲，约请有关专家作系统陈述；一为非定期，每逢年会，由到会社员作专题报告。此外，还邀请来华访问的国外著名科学家到社讲演。(6) 开展科学教育。1926 年，与中华教育改进社、洛氏驻华医社等团体联合举办清华大学暑期中等学校科学讲演会。此外，还设有改良教育委员会，负责调查各中等学校的科学设备与书籍，随时为之提供辅导并加以改进。(7) 面向社会开展科学咨询，于 1930 年成立科学咨询部，对各界提出的疑难问题予以解答，并将结果刊载于《科学》月刊或《科学画报》。(8) 开展国际学术交流，先后派员参加了国际植物学会议、泛太平洋第二次与第四次科学会议、国际人类学考古学会等多次国际会议。(9) 1927 年设立科学图书仪器公司，为科学著作的出版、印刷服务。

中华自然科学社的前身是华西自然科学社。1927 年 9 月，有志于西部开发的川籍大学生赵宗燠、李秀峰、郑集、苏吉四人在南京中央大学发起成立华西自然科学社。次年 7 月在南京举行第一届年会时，因社员一致认为科学落后乃全国普遍现象，而社友籍贯也已不限于华西，遂易社名为"中华"。该社组织严密，以年会为最高权力机构，负责宣读学术论文，讨论科学问题，组织专题讲演，举办科学展览，报告社会工作，决定工作计划，报告经费开支，主持理事改选。年会闭会后，以社务会为最高执行机构，执行年会决定的方针、计划。社务会由理事组成，下设总务、研究、推广三部。学术方面，设有数学、物理、化学、地学、生物、心理、农学、工学、医学九组，每组设干事三人，组织学术活动，开展社会服务。

中国西部科学院于 1930 年 9 月在重庆北碚成立，创始人为著名民族企业家卢作孚。该院以立足四川、开发西部为宗旨，由卢作孚亲任院长，行政上设有董事会及常务董事会，学术方面设有理化、地质、生物、农林 4 个研究所。其中，理化所主要研究四川及西部各省地表、地下物质资源的性质与利用，工作重点为：煤的加工利用；川康矿产及其他物料的分析；化工问题（如工业用水、软水剂和南北温泉水）的研究、试验；农产品的加工。地质所担负川内地质分布和地下资源的勘探与研究。生物所下设植物部和动物部（分鸟兽部和昆虫部），从事川内及西南各省动植物标本的采集。农林所下设棉作、花卉、蔬菜、果树、畜牧、林业、测候六部，以及农林图书馆及其编辑处、农民读书会等机构。

（二）国立综合性科学机构

南京国民政府成立后，先后设立了全国最高综合性学术研究机构——中央研究院和国内最大的地方综合性学术研究机构——北平研究院。这两所国立科研机构的成立，标志着近代中国科学技术的发展走上了国家统一领导和部署的体制化轨道。

早在 1924 年冬，孙中山即于北上之时拟设中央学术院作为全国最高学术机构，并命汪精卫、杨铨等负责筹备，后因孙中山病逝和北伐战争爆发而搁置。1927 年 5 月，南京国民党中央政治会议第 90 次会议议决设立中央研究院筹备处，以蔡元培、李石曾、张人杰、褚民谊、许崇清、金湘帆为筹备委员。7 月 4 日，南京国民政府颁布《中华民国大学院组织法》，规定大学院之下设中央研究院。10 月 1 日大学院（后改教育部）正式成立后，在院长蔡元培主持下加紧了中研院的筹备。次年 4 月，国民政府颁布法令，改"中华民国大学院中央研究院"为"国立中央研究院"，并任命蔡元培兼任该院院长。6 月 9 日，中央研究院正式宣告成立。11 月 9 日，国民政府公布修正后的《国立中央研究院组织法》，明确规定中研院直隶于国民政府，为中华民国最高学术研究机构。此后，中央研究院设总办事处于南京成贤街 57 号法制局旧址和上海亚培尔路 331 号两处。

国立中央研究院院长由国民政府特任，自成立起至 1949 年共有两任：蔡元培自建院担任至 1940 年 3 月 5 日逝世，其后由朱家骅代理。在建置上，该院包括总办事处、各研究所和院评议会三个组成部分。总办事处主管行政，设总干事一人。自建院起，先后出任该职者有杨铨、丁燮林（代）、丁文江、朱家骅、任鸿隽、傅斯年、叶企孙、李书华、萨本栋、钱临照（代）等人。各研究所为开展学术研究的基本单位。至 1930 年，全院已建成天文、气象、物理、化学、工程（1945 年改名为工学）、地质、心理、历史语言（傅斯年任所长）、社会科学（历任所长杨端六、蔡元培、杨铨、傅斯年、陶孟和）9 个研究所，并设有自然历史博物馆（钱天鹤为馆主任，1934 年改为动植物研究所）。40 年代，除将动植物研究所分为动、植两所以外，又增设数学研究所和医学研究所

中国科学社社徽

蔡元培

赵元任

竺可桢

胡经甫

卢作孚

华罗庚

侯德榜

420

筹备处。至 1948 年，全院已有 12 个研究所和 1 个研究所筹备处。自建院起，自然科学各研究所历任所长分别为：数学：姜立夫（陈省身为代理所长）；天文：高鲁、余青松、张钰哲；气象：竺可桢、吕炯（代理）、赵九章（代理）；物理：丁燮林、萨本栋（兼代）、吴有训（未到任）；化学：王琎、庄长恭、任鸿隽（兼）、吴学周；工程（工学）：周仁；地质：李四光；动物：王家楫；植物：罗宗洛；心理：唐钺、汪敬熙；医学所筹备处主任先后由林可胜和冯德培（代理）担任。各所之下设组主任及研究员若干人，研究员有专任、兼任、特任三种。评议会为全国最高学术评议机关，负责确定全院研究方针，联络国内各研究机构，讨论重大科研问题，开展中外学术合作与交流，并受考试院委托，审查有关考试及任用人员之著作或发明事项。该会由当然评议员和聘任评议员组成。中研院院长、总干事及各所所长为当然评议员，院长兼任评议会议长；聘任评议员由全国各国立研究院院长和大学校长选举产生，并经国民政府聘任。第一届评议会成立于 1935 年 7 月，结束于 1940 年 7 月，有当然评议员 12 人、聘任评议员 30 人，共举行 4 次年会。第二届评议会成立于 1940 年 7 月，终止于 1948 年 7 月，包括当然评议员 15 人、聘任评议员 30 人，共举行 5 次年会。第三届评议会于 1948 年由院士会议选举产生，有聘任评议员 22 名，但从未召开过会议。

中央研究院筹备之初即酝酿实行院士制度，但院士的选举迟至 1946 年才开始。经全国各高等院校、专门学会和研究机构的提名与中央研究院第二届评议会第四次、第五次年会的两轮选举，最后于 1948 年确定了 81 名院士，其中自然科学各学科的院士名单如下：数理组（含数、理、化、地质学、气象学、工程学）28 人：姜立夫、许宝騄、陈省身、华罗庚、苏步青、吴大猷、吴有训、李书华、叶企孙、赵忠尧、严济慈、饶毓泰、吴宪、吴学周、庄长恭、曾昭抡、朱家骅、李四光、翁文灏、黄汲清、杨钟健、谢家荣、竺可桢、周仁、侯德榜、茅以升、凌鸿勋、萨本栋；生物组（含动物学、植物学、人类学、生理学、医学、药物学、农学等）25 人：王家楫、伍献文、贝时璋、秉志、陈桢、童第周、胡先骕、殷宏章、张景钺、钱崇澍、戴芳澜、罗宗洛、李宗恩、袁贻瑾、张孝骞、陈克恢、吴定良、汪敬熙、林可胜、汤佩松、冯德培、蔡翘、李先闻、俞大绂、邓叔群。

国立北平研究院成立于 1929 年 8 月，以李石曾（名煜瀛）为院长，李书华为副院长。该院成立之初，行政方面设有总务、出版、海外三部，学术方面设有理化部之物理学研究所（主任李书华，后改严济慈）、化学研究所（主任李麟玉），生物部之生物学研究所（主任纪利彬，1934 年改生理学研究所）、植物学研究所（主任刘慎谔）、动物学研究所（主任陆鼎恒），人地部之地质学研究所（主任翁文灏），并设有博物馆。1930 年，又与中法大学合作，增设了镭学研究所（主任严济慈）和药物研究所（主任赵承嘏）。自 1935 年 7 月起，该院实行院—所（会）二级编制，取消行政、学术各部，单设总办事处和原有各研究所及新增之水利研究会、经济研究会、海地人研究会、测绘事务所（以上各新增机构及博物馆至全面抗战爆发后停办）。1948 年设立院务会议和学术会议。院务会议由院长、副院长、总干事、秘书和各研究所所长组成，负责审议全院各项规章制度、工作计划及其他重要事项。学术会议讨论学术问题及该院重大事项，并宣读研究论文，会员包括天算、理化、生物、地学、农学、工学、医药、史学、文艺、社会科学十组，其中下列会员兼为中央研究院数理、生物组院士：天算组的陈省身，理化组的李书华、严济慈、吴有训、叶企孙、饶毓泰、庄长恭、吴宪、曾昭抡、吴学周，地学组的翁文灏、李四光、杨钟健、竺可桢，生物组的陈桢、秉志、胡先骕、戴芳澜、张景钺、童第周，农学组的汤佩松、俞大绂，工学组的侯德榜，医药组的林可胜、陈克恢。

（三）基础学科领域的专门性科学机构

除综合性科研机构以外，在各学科领域中，还有为数众多的专门性研究机构。其中，属于基础学科领域的，主要有以下一些。

数学研究机构，除官办的中央研究院数学研究所之外，主要有高校数学系和民间学会性质的中国数理学会、中国数学学会。高校数学系中，历史最为悠久的北京大学数学系（原名数学门，1919 年废门改系）成立于 1913 年，创始人有冯祖荀、秦汾等。30 年代，该系先后延聘了江泽涵、程毓淮、申又枨、奥古斯都、施佩纳等一批中外知名学者，成为全国数学研究的重要基地。熊庆来、郑桐荪于 1926 年创办的清华大学数学系，罗致了杨武之、孙光远、赵访熊、曾远荣、陈省身、华罗庚等优秀人才，是 30～40 年代中国数学研究的中心之一。陈建功、苏步青于 20 年代末创办的浙江大学数学系，在函数论与微分几何研究方面成绩卓著，是中国南方最有影响的数学研究基地。上述三系于 30 年代培养出国内第一批数学硕士。此外，姜立夫于 1920 年创办的南开大学数学系、熊庆来于 1921 年创办的东南大学数学系等，亦有一定实力和影响。民间学会中，中国数理学会由冯祖荀等人在全国众多高校数理学会的基础上发起组建，于 20 年代末成立于北京。熊庆来曾作为该会代表出席 1932 年在苏黎世召开的第 9 届国际数学家大会。中国数学会 1935 年 7 月 25 日成立于上海，以胡敦复为董事会主席，冯祖荀、秦汾、郑桐荪等 8 人为董事会会员，熊庆来、江泽涵、苏步青等 11 人为理事会会员，钱宝琮、束星北、曾远荣等 21 人为评议会会员。该会成立后，举行过多次年会，并出版《中国数学会学报》和《数学杂志》。

物理学研究机构，除中央研究院物理研究所、北平研究院物理研究所、镭学研究所和高校有关系、所以外，主要有民间学会性质的中国物理学学会和官办的军政部兵工署理化研究所物理部。前者成立于 1932 年 8 月，下设理事会、学报委员会、物理学名词审查委员会、物理教学委员会和应用物理汇刊委员会，举行过 16 次年会，办有《中国物理学报》。该会会长或理事长（第 6 届起改会长为理事长）先后由李书华、叶企孙、吴有训、严济慈、周培源等人担任。后者成立于 1932 年 5 月，包括金属、弹道、光学、材料、电学 5 个实验室，主要研究特种合金钢之物理性质及金属组织、钢加热处理及物理性质和金属组织之关系、各种棱镜之制造、军用通讯设备、感光器与无线电遥控器等。

化学研究机构，除各综合性科研机构下属的研究所与高等院校下属系、所之外，较有影响的还有民间学会性质的中国化学会，官办的广西省政府化学试验所、上海市工业试验所，私立的黄海化学工业研究社、中华工业化学研究所，以及外国人办的上海雷斯德医药研究所和协和医学院生化系。中国化学会于 1932 年 8 月在南京成立，下设理事会和基金、国防化学、化学丛书、化学合作、会志编辑、杂志编辑、刊物合作、化学名词审查、化学教育 9 个委员会，并在国内 10 个城市和日本、德国设立了分会。自成立之初至 1948 年，该会先后举行过 15 届年会，并积极参与了中国化学工业的创建。陈裕光、曾昭抡、吴承洛、张洪沅、范旭东等先后担任该会会长或理事长。广西省政府化学试验所成立于 1934 年 1 月，以清华大学教授李运华为主任，下设分析化学实验室（包括有机化学室、无机化学实验室、药品室、仪器室等）、工业化学实验室、冶金室等，主要致力于为当地农、工、商、矿等业服务的化工技术研究，如蓝靛的精制、蛋黄素的提取、玻璃原料的应用、牛骨漂白及盐酸的精炼，以及造纸原料、灭光药品、镀铬及干电池的制造等。上海市工业试验所成立于 1929 年，隶属于上海市政府社会局，以沈熊庆为所长，主要从事直接面向企业的化工技术研究。黄海化学工业研究社于 1922 年 8 月在塘沽成立，系由民族企业家范旭东投资创办，以孙学悟为社长，主要从事发酵与菌学、肥料、轻金属冶炼、水溶性盐类等方面研究，并协助久大、永利两公司所属工厂解决生产技术问题。中华工业化学研究所于 1929 年 10 月在上海成立，主要致力于防腐剂、芳香油、饮食品等项技术研究，并接受企业咨询，为其解决生产技术问题。上海雷斯德医药研究所系以英国人雷斯德的遗产为基金，于 1928 年正式成立，以香港大学欧文博士为所长。该所研究工作中有相当一部分与化学有关，如中国食物中维生素含量的测定、中药的化学分析等。协和医学院系由美国洛克菲勒基金会于 1921 年创办。该校的生物化学系实力雄厚，早在 30 年代即拥有深度冷冻、微量分析、细胞和组织呼吸、生物氧化等方面的研究设备。

生物学研究机构，除综合性科研机构下属的研究所之外，主要有民间性的中国科学社生物研究所、静生生物研究所、中国动物学会、中国植物学会，以及高等院校的相关系、所。中国科学社生物研究所是第一个由国人自行创办和主持的生物学研究机构。它于 1922 年 8 月在南京成立，以秉志为首任所长，办有《中国科学社生物研究所丛刊》，是中国描述性生物学的开创者。该所成立后，主要致力于动植物调查和分类学研究，兼及生物形态学、生理学和生物化学方面的研究，并对有志于生物学研究者进行培训。静生生物研究所是民国时期描述性生物学研究的又一重要基地，1928 年成立于北京，初由秉志任所长兼动物部主任，胡先骕任植物部主任，1932 年后改由胡先骕任所长，秉志仅任动物部主任。该所专事动植物的区系调查和分类研究，办有不定期刊物《静生生物调查所汇报》。自 1931 年起，该所组团至云南开展长期生物调查，并于 1938 年成立了云南农林植物所。中国植物学会由胡先骕、张景钺等 19 人发起，于 1933 年在重庆北碚成立，先后由胡先骕、戴芳澜、张景铖任会长，举办过多次年会，办有中文期刊《中国植物学杂志》与英文不定期刊《中国植物学汇报》，曾派员出席在荷兰召开的第 6 届国际植物学大会。中国动物学会由秉志等 30 人发起，于 1934 年 9 月在江西庐山成立。该会先后以秉志、胡经甫、辛树帜、陈桢、王家楫、朱元鼎为历届会长或理事长，办有会刊《中国动物学报》。会址初设于南京，后改为上海。1935 年，厦门大学林文庆、陈子英于 1930 年发起组织的中国海产生物学会并入该会。高等院校中，1921 年秉志在南京高等师范学校建立了第一个由中国学者主持的大学生物系。至 30 年代初，已有北京大学、中央大学、清华大学等 16 所大学设有生物系。一些大学还成立了研究所，其中最有名的是陈焕镛于 1928 年创办的中山大学农林植物研究所。它拥有华南规模最大的植物标本室，并设有植物标本园，除在基础研究方面开展植物分布调查以外，还从事经济植物方面的应用研究，办有西文专刊《中山学报》，出版了《中国植物各科纲要》（英文）、《广东栽培植物图谱》、《中国经济树木学》等著作。

地质学研究机构，官办的除中央研究院地质研究所、北平研究院地质研究所以外，主要有中央地质调查所和各省地质调查所；民办的除中国西部科学院地质研究所以外，主要有民间学会性质的北京大学地质研究会和中国地质学会；高等院校所办，包括中央大学、中山大学、清华大学等校的地质学系。中央地质调查所的前身是北京政府时期的工商部地质调查所。民国初年，南京临时政府实业部在矿政司下设有地质科。1916 年该科改为工商部地质调查所，所址设于北平粉子胡同工商部内。以后政府机构名称多有更迭，其隶属机关稍有变动。1935 年迁往南京（北平成立分所），1941 年改称中央地质调查所。历任所长有丁文江、翁文灏、黄汲清、尹赞勋、李春昱等。该所下设古生物研究室、新生代化石研究室、鹫峰地震研究室、沁园燃料研究室、地质矿产陈列馆、地质陈列馆等，办有《古生物志》、《地质汇报》、《地震专报》、《燃料研究专报》、《中国矿产纪要》等多种刊物，在古生物学研究等方面具有世界性影响。1943 年，该所在兰州设立西北分所。各省地质调查所，主要有 1923 年成立的河南地质调查所、1927 年成立的湖南地质调查所和两广地质调查所、1928 年成立的江西地质调查所、1935 年成立的贵州地质调查所、1937 年设立的云南地质调查所和四川地质调查所。北京大学地质研究会由杨钟健等人发起，成立于1920年10月，是中国最早的地质学术团体。中国地质学会于1922年2月在北平成立，以章鸿钊为会长，翁文灏、李四光为副会长，谢家荣为书记。该会成立后，举行了多次年会、常会和特别会议，出版了英文期刊《中国地质学会志》和中文期刊《地质评论》，设立了葛利普奖章、赵亚普先生研究补助奖章和丁文江先生纪念奖，并派员出席了历届国际地质大会。

地理学方面，1920年后，南京东南大学、北平师范大学、清华大学、中山大学、金陵女子文理学院等高校陆续设立地理系。浙江大学等校设有史地系或史地研究所，中央大学地理系还于1941年成立了地理研究部。1940年8月，中国第一个地理研究机构——中国地理研究所在重庆北碚成立，以黄国璋为所长。该所隶属于中英庚款董事会，下设自然地理、人生地理、大地测量、海洋4组，致力于四川盆地与汉中盆地区域地理等项研究，出版了《地理专刊》、《地理集刊》、《地理》、《测量》等期刊，以及《四川经济地图集》、《东山岛海洋之考察》等专著。

气象学研究机构，除官办的中央研究院气象研究所以外，主要有民间学术团体性质的中国气象学会。它成立于1924年10月，会址初设于青岛观象台内，1931年迁往南京，历任所长有蒋丙然、竺可桢。自成立起至1949年，该会举行过多届年会，出版了《中国气象学会会刊》（1935年改为《气象杂志》，1941年改为《气象学报》），并设立了气象科学资金。

天文学研究与观测机构，官办的除中央研究院天文研究所以外，主要有全国陆地测量总局天文观测所和青岛观象台，民办的有南通军山天文台，外国人办的有上海徐家汇天文台。全国陆地测量总局天文观测所成立于1932年，所址设于南京，主要致力于一、二等天文点经纬度及方位角的测量。青岛观象台的前身是先后隶属于德、日两国的青岛测候所，后经交涉，于1924年收归中国所有，改名为胶澳商埠观象台，以蒋丙然为台长，1930年改称青岛观象台。该台下设天文磁力、气象地震两个业务科和一所图书馆，出版了《观象月刊》和《参加万国经度联测成绩报告书》等刊物与专著。南通军山天文台系由著名民族实业家张謇创办，成立于1916年，为民国时期唯一的民办天文台，其工作范围包括守时、报时，经纬度与子午线测量，日、月食的推算、预报，行星、黑子、极光、黄道光的观测与研究，潮汐观测与研究，测候人员培训，天文科普等。上海徐家汇天文台始建于 1872 年，为法国天主教耶稣会所办。该台在时间工作、天体观测、地震研究等方面居于国际领先水平，出版了《远东的大气》、《中国气象学》、《东亚气候图》等专著。

（四）应用学科领域的专门性科学机构

专门性科研机构中，属于应用学科领域的，主要有如下一些。

工程技术研究机构，官办的除中央研究院工程（工学）研究所之外，主要有中央工业试验所、中国第一水工试验所、成都航空研究院；民办的主要有各种技术学会及私立纺织机试验所；高等院校办的主要是各种相关研究所。中央工业试验所成立于 1928 年，隶属于工商部（后改名为实业部、经济部），历任所长为徐善祥、吴承洛、欧阳仑、顾毓琇。该所下设化学组、机械组和材料、机械、动力、化学分析、电气、酿造、窑业、造纸、制胰等实验室，主要致力于工业原料的研究、制造技术的改良和工业品的鉴定。抗战时期，该所内迁重庆，在兰州设立分所，并在陕西、宁夏、青海设立工作站，为西部地区的工业发展做出了重要贡献。中国第一水工试验所由李仪祉等人发起，1935 年成立于天津，以李赋为所长。该所成立后，进行了官厅坝消力、黄土河流预备、卢沟桥滚坝消力、透水坝等项试验。成都航空研究院系由研究所扩充而成，成立于 1937 年 7 月，下设器材、理工两系和 12 个组，研究飞机的结构、动力及飞行理论。民间性的技术学会，除化工、建筑、矿冶、纺织、水利、电机、自动机、机械工程、土木工程、航空工程、造纸、测量、军事交通、无线电、造船工程等方面的专门性学会以外，还有综合性的中国工程师学会。该会于 1931 年 8 月在南京成立，系由詹天佑等人创立的中华工程师学会（成立于 1913 年）和陈体诚等人创立的中国工程学会（成立于 1918 年）合并而成，下设董事会和土木、机械、电机、矿冶、化工、建筑工程材料、材料设备、材料试验、军事工程、编辑及审查、工程教科书等多个委员会，并在国内一些城市和美洲、欧洲设立 20 余个分会。该会成立后，举办了多次年会，出版了《工程》、《工程周刊》、《中国工程纪数录》等期刊，并设立荣誉金牌奖，对侯德榜、茅以升等多位成绩卓著的工程技术专家进行了奖励。私立纺织机试验所系由陈立夫等人发起，于 1938 年 11 月在重庆成立，以黄昌鼎为主任。高校研究所中，较为著名的有上海交通大学研究所，清华大学航空研究所、无线电研究所和金属研究所。交大研究所成立于 1930 年，分为工程技术和经济研究两部，前者下设材料、设计、机械、电气、物理、化学 6 组，侧重于铁路工程及相关物理问题的研究。清华航空所成立于 1936 年，下设空气动力组和高空气象组，1940 年在昆明建成国内唯一可供试验研究的航空风洞。清华无线电研究所成立于 1937 年，以任之恭为所长。清华金属研究所于 1938 年在昆明成立，以吴有训为所长。

农业技术研究机构，官办的主要有中央农业实验所等，（高）校办的主要有南京金陵大学农科、南京高等师范学校农科等。中央农业实验所成立于 1934 年，隶属于国民政府实业部，主管全国农业技术改进，占地面积 2 400 余亩。除该所之外，南京国民政府统治时期，全国经济委员会设有中央棉产改进所，行政院设有全国稻麦改进所，实业部设有全国稻米监理处与小麦检验监理处，均设于南京孝陵卫中央农业实验所内。金陵大学农科成立于 1914 年，聘请了大量美籍专家，致力于农作物品种改良、水土保持等项研究。南京高等师范学校农科成立于 1917 年，以邹秉文为科长，罗致了秉志、陈焕镛、过探先、戴芳澜等一批著名学者，在农作物品种改良与病虫害研究、蚕桑改良研究、畜瘟研究等方面有较强实力。

医学研究机构，主要包括中央研究院医学研究所筹备处、北平研究院药物研究所和中央国医馆、各种民间医学学会及医学院校。医学院校分为国立、省立、私立、教会及外人所办数种。据 1937 年教育部对医学教育的调查统计，当时全国有公私立医学院、独立医学院、医药、牙科学校及专修科总计 33 所。其中国立 4 所，省立 7 所，私立 6 所，教会办 8 所，外人办 4 所，军医学校 2 所，不详者 2 所。各医学院校中，以教会办的北京协和医学院实力最强。民间学会，西医方面主要有：中华医学会，1915 年成立于上海，下设近 20 个专科学会，并在国内一些城市和马来亚、欧洲设有分会，办有国内最具权威性的医学学术期刊——《中华医学杂志》；中华民国医药学会，成立于 1915 年 8 月，办有《中华民国医药杂志》（后更名为《东方医学杂志》），1932 年与中华医学会合并；中国药学会（原名中华医学会，1942 年重组后改名），由留日学生发起，成立于 1907 年，至 1949 年举行过 12 届年会，办有《中华药学杂志》（后改名为《中国药学会会志》、《中国药学杂志》）、《医药学》、《药报》、《医药评论》、《新医药刊》、《中华药刊》等多种期刊；中华预防痨病协会，1933 年成立于上海，主要致力于结核病的防治，办有《防痨通讯》；中国生理学会，由林可胜等 17 位生理学家发起，于 1926 年 2 月在北京协和医学院成立，在中国人基础代谢调查、病理学、药理学、解剖学、微生物学研究等方面取得了显著成绩，办有《中国生理学杂志》。中医方面主要有：中西医学研究会，由名医丁福保发起，1910 年成立于上海，致力于引进西医以改革中医；神州国医学会，由颜伯卿、葛吉卿等著名中医发起，1912 年成立于上海，办有神州医学院和神州医药专门学校，出版《神州医药学报》等刊物；上海中医学会，由丁甘仁、夏应堂发起，1921 年成立，办有《中医杂志》；太原中医改进研究会，1919 年成立，办有《医学杂志》；中医科学研究社，1936 年成立于上海，致力于中西医的会通、融合；重庆市国医学术研究会，1930 年成立，办有《国医月刊》、《中医研究》等刊物；全国医药总会，1929 年成立。中央国医馆成立于 1931 年，以焦易堂为馆长，致力于传统中医药学说的整理和研究。该馆成立后，鉴于中医药管理的混乱局面，制定出详细、完备的《中医条例》，由国民政府于 1936 年通过，确立了中医的合法地位。

三、实绩日著的科学研究

随着科学启蒙的推进、科学教育的发展和科技体制的建立，经由广大爱国科技工作者的锐意探索和奋力开拓，民国时期的自然科学研究逐步扭转了晚清以来以引进、译介为主并依赖外国的局面，在各学科领域中均形成了完整的体系，取得了显著的成就。

（一）基础科学研究

数学、物理学与化学是理论科学中最为基础的学科，也是近代中国基础科学研究中最为薄弱的环节。为改变近代中国科学技术的落后面貌，民国时期的科学家在这三大基础学科领域中辛勤拓荒，取得了一系列卓有价值的创获。

在中国，近代意义上的数学研究起步于 20 年代末 30 年代初。自此以后，一批具有国际性影响的杰出数学家相继涌现出来，推出了诸多富有开拓性的研究成果：

数学分析方面，陈建功于 20 年代末完成的《三角级数论》，为国际上最早的三角级数论专著之一。他于抗日战争时期进行的对单叶函数论中比勃巴赫问题的研究，以及对三角函数中有关可和性问题的研究，均具有国际领先水平。熊庆来于 30 年代初在其博士论文中系统提出了无穷亚纯函数的一般理论。他所引入的型函数与所定义的无穷级，被国际数学界称为"熊氏函数"和"熊氏无穷级"。

几何学与拓扑学方面，苏步青自 30 年代起致力于射影曲线论、射影曲面论研究，于 1942 年完成了具有国际前沿水平的专著《射影曲线概论》，系统阐述了射影曲线的基本理论。堪与欧几里得、高斯、黎曼、嘉当比肩的世界级数学巨匠陈省身，于 40 年代开创性地使用内在的丛——切向丛，完成了被国际上公认为现代微分几何出发点的经典定理——高维高斯·邦尼公式内蕴证明，并提出了著名的"陈省身示性类"，为整体微分几何的发展奠定了理论基础。

代数与数论领域，曾炯之留德期间于 1934 年完成的博士论文，在函数域上的代数研究方面取得重大进展，得出了著名的"曾炯之定理"，开中国抽象代数研究之先河。华罗庚自 1935 年起从事解析数论研究，创造性地将维诺格拉陀夫的三角和法推广到数论研究的各个方面。他于 40 年代初完成的重要著作《堆垒素数论》，对维氏的方法作了大量的改进，并对解决华林问题与哥德巴赫问题的方法进行了综合。该书包含了大量处于国际前沿的开创性成果，荣获教育部第一届学术审议会颁发的自然科学类一等奖。

概率统计研究以许宝騄的贡献最为卓著，其研究成果被誉为"数学严密化的范本"。他于 1947 年与罗宾斯合作发表的《全收敛与大数定律》一文，首次引入全收敛概念，开辟了极限理论的一个新方向。

自 20 年代末开始，中国物理学研究亦逐步形成气候，在各分支学科领域中取得了一系列达到或接近世界先进水平的重要成果：

相对论及宇宙论方面，周培源于 20 年代末 30 年代初得出了轴对称静态引力场方程的严格解，并证明在各向同性条件下，爱因斯坦引力场方程本身可给出弗里德曼宇宙规张量，使该问题的求解大大简化。

量子力学方面，王守竞于 1927～1928 年，用诞生伊始的量子力学成功地解决了氢分子和转动量子化问题。

应用力学、流体力学方面，钱学森于 40 年代留美期间，与其导师冯·卡门共同提出跨声速流动相似律和高超声速流动的概念，为空气动力学的发展奠定了重要的理论基础。周培源于 1945 年提出了两种求解湍流运动的方法，迄今仍被国际物理学界公认为现代湍流模式理论的奠基性成果。

热力学与统计物理学方面，王竹溪于 1936～1937 年间将贝特的超点阵统计理论推广为普通理论，在形式上给出了超点阵问题的普遍解。张宗燧于1936～1938 年间，在固溶体的统计物理研究中将 Bethe 的统计理论推广到次近邻原子对的相互作用中，1940 年在研究合作现象时建立了固溶体位形自由能的方法。

光谱学方面，严济慈对臭氧的紫外光谱吸收系数进行了深入研究，为国际气象学界测定高空臭氧层厚度提供了参照数据。饶毓泰于 20 年代末 30 年代初研究了 Rb 和 Cs 原子的倒斯塔克效应，观测到这两个元素主线系的分裂和红移，为当时量子力学微扰理论的建设提供了实验数据。吴大猷于 1939 年完成了国际上第一部研究多原子振动光谱及其结构的专著。

量子光学方面，吴有训于 1925 年确凿地证明了康普顿效应的存在，推进了国际物理学界对于康普顿发现的关注与认识。

电学方面，萨本栋研究三相电路并矢代数的论文，被美国电气工程师学会授予 1937 年度"理论和研究最佳文章荣誉奖"。

微波研究方面，任之恭对许多气体分子微波波谱的塞曼效应进行了卓有成效的实验、观测。

固体物理学方面，钱临照在水晶压电现象的研究上卓有建树。葛庭燧于40 年代后期开创了金属内耗学这一新的研究领域。黄昆于 1947 年发现了固体杂质缺陷导致 X 光散射（国际物理学界名之为"黄散射"）的现象，为研究晶体微观缺陷作出了重要贡献。

原子和分子物理学方面，叶企孙于 1921 年与人合作测定普朗克常数，得出了当时最为精确且沿用 16 年之久的数值。原子核物理学方面，赵忠尧于 20

年代末对硬 γ 射线的反常吸收进行研究，在国际上最早发现正负电子对的产生和湮没辐射现象，对正电子的发现起了重要作用。钱三强与何泽慧于 1946 年共同发现了铀核受慢中子打击后分裂为三和分裂为四的现象，并对这种核裂变机制作出了理论阐释。张文裕于 1949 年发现了 μ 子原子和 μ 子辐射现象，开拓了奇异原子物理研究的新领域。王淦昌创造性地提出了验证中微子存在的实验方案和任何粒子都有反粒子相对应的观点。胡宁在 40 年代中期，以介子场论的方法系统研究了核力理论。朱洪元于 1947 年最先对高能电子在磁场中运动时放出的电磁辐射的性质予以理论阐释。

化学研究自 20 年代正式起步之后，在各分支学科领域中均取得了重要成果：

生物化学方面，吴宪提出的"血液系统分析法"，为国际现代临床化学的发展奠定了基础。陈克恢对麻黄的药性进行了开创性研究，成功地从麻黄中提取麻黄素用于治疗，在国际上引起轰动。赵承嘏研究了延胡素、贝母、三七等 30 多种中草药的化学成分，并最早对中药所含生物碱进行分离。

有机化学方面，庄长恭关于脂环族化合物的研究，纪育沣关于嘧啶化合物的研究，曾昭抡关于酯及有机氟化合物等的研究，萨本铁关于鉴定各类有机化合物所用试剂的研究，均卓有建树。袁翰青在联苯化合物的立体化学研究方面具有国际性影响，于 1937 年荣获荷兰皇家学院颁发的范霍夫纪念补助奖。高崇熙以北方特产大麻子油为原料，制造出大量纯净有机化合物。

无机化学方面，戴安邦以配位化学的观点阐明了氧化铝水溶胶的性质、结构和生成机制。张青莲开拓了中国的重水研究，并在这一领域取得了一些国际前沿性成果。潘履结关于金属电解电镀的研究具有较高水平。

物理化学方面，傅鹰关于硅胶自溶液中吸附问题的研究，受到国际胶体化学界的重视和好评。刘树杞关于电解制造铍铝合金的研究成果，被国际化学界公认为一项具有重大应用价值的卓越发明。黄子卿精确测定了水的三相点，为热力学研究提供了重要的标准数据。李方训开创了 Grignard 试剂非水溶液中一系列性质的研究，为深入理解该试剂在非水溶液中的作用机理作出了贡献。吴学周在分子光谱方面的研究处于国际领先地位。

分析化学方面，韩组康、赵廷炳、梁树权等学者的研究具有较高水平。

数学、物理学与化学以外，民国时期生物学、心理学、地质学、地理学、天文学、气象学等基础学科的研究亦取得了重大进展。

生物学是中国近代最为成熟、发达的自然科学门类之一。自20年代初期开始，这一学科领域的两个分支——描述性生物学（包括动植物分类学、形态学即解剖学、生态学）和实验性生物学（包括生理学、生物化学、药理学、遗传学、实验胚胎学、实验细胞学、微生物学等）均获得较大发展，结束了依赖西方、单纯译介的历史，走上了本土化、体系化的轨道。

在民国时期描述性生物学的发展中，动植物分类学是首先崛起且较为发达的一个学科分支。植物分类学方面，1918～1921年，钟观光率先开展大规模植物调查，在全国13个省、市采集标本数十万份，建立起北京大学生物系植物标本室。1919年，胡先骕在浙江省境内进行植物调查，也采集了大量标本。这两次植物调查，开创了中国学者独立采集标本并以现代科学方法进行分类学研究的历史。此后，植物分类学在中国逐渐兴起，建立起中国科学社生物研究所植物部、北平静生生物研究所植物部两大研究中心，形成了一支颇具实力与规模的科研队伍，取得了一系列令人瞩目的成果。胡先骕是最有成就的植物分类学家之一，一生中发现了1个新科、6个新属、一百几十个新种。40年代，他与郑万均共同发现具有"活化石"之称的稀有裸子植物——水杉，在国际植物学界引起轰动。钱崇澍主要研究华东植物，涉及分类、区系和植被等方面。陈焕镛主要研究华南植物，主攻樟科、胡桃科和山毛榉科植物，发现了数十个植物新种。吴韫珍致力于华北植物的研究，刘慎谔则以西部和北部植物为研究重点。秦仁昌以蕨类研究著称，他于1940年提出的水龙骨科（蕨类植物中最大的一个科）分类新系统，是国际蕨类植物分类研究中的一个重大突破。戴芳澜、邓叔群在真菌类研究方面卓有成就。

动物分类学方面，昆虫学研究起步较早。胡经甫自20年代起从事昆虫学研究，所著《中国昆虫名录》（1941年出版）收录全国已知昆虫20 069种，是一部颇具价值的昆虫学巨著。陈世骧、邹钟琳、关福桢等也对昆虫分类进行了系统研究。昆虫学以外，从事鱼类研究者有陈兼善、张春霖等，从事两栖类研究者有方炳文、张孟闻等，从事鸟类和兽类研究者有寿振黄、郑作新等，研究原生动物者有王家楫、戴立生等，研究腔肠动物者有陈纳逊等，从事环节动物研究者有陈义等，以研究沿海甲壳动物和软体动物著称者分别有董聿茂和张玺等，以研究海蜘蛛著称者有陆鼎恒等，研究华北蟹类卓有成绩者有沈嘉瑞等。

实验性生物学研究也取得了一定进展。

植物生理学方面，1927年秋，李继侗与其学生殷宏章在南开大学用气泡计数法发现光合作用的瞬间效应，为日后发现光合机理有两个光反应奠定了基础。罗宗洛自1927年起，先后在中山大学、中央大学和浙江大学开展有关植物矿物质营养和微量元素的研究。汤佩松于1932年首次证明了细胞色素氧化酶在植物体内的存在，并于1948年证明了碳酸酐酶在叶绿体中的存在。

生理学方面，张锡钧等发现存在于周围神经上的神经递质乙酰胆碱也存在于中枢神经系统中，并提出了"迷走神经—垂体后叶反射"学说。冯德培对神经肌肉接头的研究，汪敬熙对皮肤电反射的研究，蔡翘对肝糖元新陈代谢的研究，均属于国际前沿性工作。

生物化学方面，吴宪从分子结构变化上阐释蛋白质变性现象，提出了国际生化界公认的"关于蛋白质变性的第一个合理学说"。他还与刘思职合作，开创性地研究了抗体与抗原的定量关系。

实验胚胎学方面，贝时璋在对动物性转变过程的研究中，首次提出了有关细胞重建的学说。朱冼通过大量实验，探讨了精子在动物发育中的作用和动物单性生殖问题。

遗传学方面，谈家桢提出了瓢虫色斑变异的镶嵌显性理论，并进行了果蝇的进化遗传学研究。陈桢则对金鱼变异及其品种形成规律卓有研究。

心理学研究亦自20年代起逐步发展起来，初步形成了较为完整的学科体系：生理心理学方面，蔡翘、卢于道主要致力于大脑结构与功能的研究，蔡乐生主要研究营养药物与心理的关系，汪敬熙等主要研究内分泌、皮电、脑电与行为的关系。基本心理过程方面，沈有乾主攻汉字知觉、图形知觉与错觉，陆志韦等主要研究学习、记忆和思维等。发展心理学方面，陈鹤琴等的儿童个案观察，孙华等对新生儿心理特点的研究，黄翼等对儿童思维特点的研究，均卓有成效。心理测验方面，陆志韦、吴天敏修订了比奈—西蒙量表，萧孝嵘修订了墨跋量表和画人测验。比较心理方面，郭任远等对鸡胚胎行为发生的实验研究，具有开创性意义。教育心理学方面，刘廷芳、周先庚、艾伟等分别就汉字字形结构、排列方式（竖排与横排）、阅读与理解、音形义的相互作用、常用字的筛选等课题进行语文学习心理上的实验和研究，并为汉字的简化和改革提供了心理学上的科学依据。此外，一些学者还对数学等学科的教学心理和学习心理、中小学生的个性品德等课题进行了深入研究。智力测验和学科测验在教育上得到广泛应用，全国编制各种测验达 40—50 种。医学心理学方面，前期主要引介西方变态心理、心理治疗和心理卫生方面的学说，后期才出版了章颐年等人所著的大学心理学教材，并开展了若干心理卫生门诊和心理咨询工作，在临床上间或使用暗示和催眠。

地质学与生物学同为民国时期最为成熟、发达的自然科学门类。这一领域中的各分支学科，均取得了大量高水平的开拓性研究成果：

古生物学方面，周赞衡于 1923 年通过系统研究山东白垩纪植物化石，首次确定了中国白垩纪地层的存在，并进而划分了上下白垩纪。孙元铸于 1924 年发表的《中国北部寒武纪动物化石》，是第一部由中国人独立撰写的古生物学专著。李四光根据蜓科内部显微构造的特点，对蜓科进行系统分类，并以此为基础划分石炭、二迭纪地层，受到国际学术界的关注。此外，赵亚曾对腕足动物化石的研究，杨钟键对中国北部及云南脊椎动物化石的研究，俞建章对中国石炭纪珊瑚化石的研究，斯行健对陕、川、黔植物化石的研究，均处于国际领先地位。1929 年底，裴文中在北京周口店龙骨山发现了第一个完整的北京猿人头盖骨及用火痕迹。这项震动世界的发现，为研究人类起源提供了重要资料，扩大了中国地质学研究的国际影响。

地层学方面，在前寒武纪研究中，高振西、高平、熊永先于 1934 年建立了冀东"震旦系"的标准剖面。李四光厘定了南方震旦系，并与喻德渊共同划分了前寒武纪地层，确定了该地层冰碛层的层位。下古生代研究中，葛利普的《中国北部奥陶纪动物化石》、孙云铸的《中国北部寒武纪动物化石》，奠定了中国北方下古生代研究的基础。李四光、谢家荣、赵亚曾、丁文江等人对下古生代奥陶系、志留系进行了深入研究。上古生代研究中，李四光、赵亚曾等人划分了上石炭纪地层，袁复礼最早发现了下石炭纪地层。二叠纪研究以黄汲清的成绩最为卓著。他在《中国南部之二叠纪地层》一书中，首次对二叠纪地层作了较为全面、系统的划分和比较，奠定了此项研究的理论基础。

矿物学、岩石学和矿床学方面，章鸿钊在《石雅》一书中详尽论述了中国古代各种珍稀石类，开创了考古矿物学研究，在国际上颇具影响。谢家荣对不同时代的煤岩进行深入考察，开创了煤地质学这一新的研究领域。翁文灏、谢家荣开拓了中国区域成矿规律的研究。翁文灏的论文《中国矿产区域论》运用法国人德洛内的成矿理论，系统研究了中国南部金属成矿的类型、区域和时代。谢家荣的论文《中国之矿产时代及矿产区域》，将造山、火山与成矿作用结合起来，探讨了中国东部燕山运动时期各幕成矿属性，并根据构造、岩浆、成矿特征划分出 11 个成矿区。潘钟祥通过对陕北、四川白垩纪地层的石油调查，最早提出了"陆相生油"的观点。黄汲清在新疆地区进行了石油地质调查，提出陆相侏罗纪地层是新疆地区的主要生油层之一。上述发现，为中国石油勘探事业的发展奠定了理论基础。

　　构造地质学方面，李四光于 1926 年首次提出地球自转速度的变化是产生地壳运动的主因，对全球地质构造及地壳运动规律作出了全新的解释。1929年，他提出"构造体系"这一概念，概括分析了东亚 7 种典型的构造型式及其对大陆运动问题的意义。1939 年，他在英国出版了第一部由中国学者独立完成的构造地质学专著——《中国地质学》，以地质力学的观点开创性地探讨了中国地质构造的体系和形成机制。40 年代，他正式提出"地质力学"的概念，并率先对地质力学的理论作了系统阐述。黄汲清于 1945 年在《中国主要地质构造单位》中第一次较为全面地探讨了中国大地构造的单元及特征，并提出著名的"多旋回造山观"，论证了"一个褶皱带的形成往往经历了多次造山运动，即多旋回的发展"这一观点。

　　民国时期，在西方科学的影响下，中国地理学研究逐步走上了近代化的轨道，取得了一批卓有价值的成果。竺可桢自美归国后，为推广近代地理学做了大量工作。其《论江浙两省之人口密度》一文，开创了中国近代新型人口地理研究。翁文灏将全国人口统计量表与地势图、雨量分布图加以对照，依此划分出中原区、扬子区、丘陵区、东南沿海区、四川盆地 5 大人口分布区。胡焕庸在《全国人口之分布》一文中，制订了全国人口分布图和密度图，并以黑龙江瑷珲向西南直到云南腾冲一线，将全国人口分布区域划为东南、西北两大部分。他还阐明了秦岭—淮河一线在中国气候上的重要意义，为制定中国农业区划提供了科学依据。

民国时期的气象学研究以竺可桢、涂长望、吕炯等人的成就最为卓著。竺可桢是中国近代气象学的主要奠基人，在中国气候学、气候区域学、历史气候学、物候学等诸多方面均卓有建树。他于 1929 年提出中国气候区域划分的三项准则（分类必须简单明确；分区界限须与一国之天然区域符合；在中国气旋与反气旋范围内，各处所受影响大异，气候区域之决定应视此范围为准），并依此划分出中国 8 大气候区。1935 年，他提出"季风系统"概念，阐述了"东亚及太平洋西部气压系统随时季而变迁，造成中国之季风系统"这一观点。涂长望于 30 年代深入研究了中国气象团分类、锋面与中国天气变化的关系、大气活动中心、世界大气浪动和海洋环流与中国降水和气温的关系等课题，为中国长期天气预报工作奠定了理论基础。吕炯在发表于 1930 年的《极面学说与长江流域之风暴》一文中，指出东亚地区寒面、暖面之性质与挪威学派的锋面学说不尽相符。

近代意义上的天文学在民国年间尚处于草创时期。由于科研条件的限制，这一领域中真正属于研究性质的工作尚不多见，与国际水平相距甚远。尽管如此，一批在国外留学、考察的中国学者仍利用国外的先进科研条件，取得了一些高水平的、开创性的研究成果，为国际天文学的发展作出了重要贡献。余青松于留美期间发明了被国际天文学界命名为"余青松法"的恒星光谱分类法，并以此测定了 63 颗 A 型星的分光视差。这一成果被公认为现代恒星能量分布研究的重要里程碑，余因此而被英国皇家天文学会吸收为第一位中国籍会员。张钰哲于留美期间观测到命名为"中华"的第 1125 号小行星，并在 40 年代末再度访美期间，发现了麒麟座 FW 星。张云于 40 年代末访美期间，发现了鹿豹座 XX 星。程茂兰留法期间对食变星大陵五进行分光光度研究，证明了爱因斯坦真空中光速不变理论的正确性。李珩于 40 年代末访美期间与史瓦西合撰的《化学组成不均匀的红巨星模型》，被公认为恒星内部结构和演化研究领域中一项颇有价值的成果。戴文赛留英期间，在其博士论文中为恒星光谱的分类研究提出了新的依据。

（二）应用科学研究

在"科学救国"、"实业救国"思潮的推动下，民国时期的科学技术工作者在工程技术、农业技术、医学等应用学科领域中亦进行了深入探索，取得了众多具有重大应用价值的理论成果和技术发明。

工程技术方面，以化工领域的侯德榜、水利工程领域的李仪祉、桥梁工程领域的茅以升与李国豪成就最为卓著。侯德榜担任天津永利碱厂（民族企业家范旭东所创）总工程师期间，通过反复研究和实践，摸索出一套具有世界领先水平的纯碱制法，使永利碱厂生产出高质量的纯碱，成为国际一流的名牌企业。1932 年，他在美国出版《纯碱制造》一书，首次将苏维尔制碱法的全部工艺流程公诸于世，为世界制碱业的发展做出了卓越贡献。英国化工学会因此而吸收他为名誉会员。他于 1939 年创造的"联合制碱法"（又称"侯氏制碱法"），联合氨碱法与合成氨法同时制造纯碱与氯化铵，是世界制碱工艺上的新突破。李仪祉于 1932 年夏主持设计了民国时期第一个大型现代化灌溉工程——引泾工程第一期。该工程竣工后，经不断扩充，共灌溉农田 70 多万亩。1933 年任黄河水利委员会委员长兼总工程师之后，他对黄河水利资源的综合利用、西北农田灌溉、水土保持与农、林、牧业综合发展、黄河中游灌区的排水治碱等课题进行了深入勘查和研究，发表论文 50 余篇，对中国水利事业的发展产生了重要影响。茅以升于 1933 年主持杭州钱塘江大桥建造工程时，创造性地提出了基础、桥墩和钢梁三项工程"上下并进，一气呵成"的方案，运用"射水法"、"沉箱法"和"浮运法"等方法解决技术难题，为中国第一座现代化大桥的顺利竣工作出了决定性贡献。李国豪于 1940 年发表的博士论文《悬索桥接变位理论的实用计算》，提出了一种新的计算理论，解决了悬索桥建造中承受压力计算的难题。西方桥梁工程学界因此而尊称李氏为"悬索桥李"。

农业技术研究，较有代表性的成果有：中央棉产改进所根据气候、水利、运输等方面的条件，作出了将棉花增产重心放在陕、豫、鲁、冀等省的规划，并大力推广美棉品种，使棉花产量逐年增加。金善宝从世界各地取得的 3 000 多份小麦材料中，选出两种适合培植于中国的品种，分别命名为"矮粒多"和"南大 2419"。沈宗瀚于 1934 年出版了中国第一部研究农作物抗病育种的专著，并于 1936 年进行了全国最早的作物区域研究。吴福祯以药剂防治棉花、蔬菜蚜虫获得成功。孙本忠以诸桂蚕与黄皮土种杂交而育成黄皮诸桂种，在蚕区推广使用。俞大绂、陈鸿逵选出小麦、大麦、粟、高粱、蚕豆等作物的多种抗病品系。管家骥改良甘蓝品种并使其在各省推广。吴耕民以纯系育种方法选出若干优良白菜品系。张乃凤等测定各种土壤的肥力，为作物施肥提供了科学依据。程绍迥、寿标研制出防治猪瘟、牛瘟的血清疫苗。

医学研究，以中国生理学会会员的成就最为突出。林可胜等揭示了脂肪阻遏胃液分泌的机理和胃肌的运动规律，并在国际上首次发现和提取出肠抑胃素。蔡翘、张锡均、吴宪、林树模等从事甲状旁腺与钙磷关系的研究，并在检测性激素以及从尿中提取性激素的实验方面取得了有价值的成果。吴宪、郑集等对中国人的膳食营养与营养性疾病进行深入研究，积累了大量有价值的资料。

综上所述，民国时期的自然科学研究取得了一定的成就，形成了自身的体系，在国际上产生了一定影响，对中国社会、经济、文化的发展起到了一定的推动作用。然而，应当指出的是，上述成果中有相当大一部分是中国科学家在国外留学、工作期间利用当地先进的科研条件取得的。由于政治的腐败、国力的衰弱和战争的破坏等多方面因素的制约，此期自然科学的发展与世界总体水平仍有极大的差距，科技落后的局面仍未发生根本变化。

第八章

民国时期的宗教

民国时期，中国宗教界为适应救亡图存的时代要求，在东西文化交流进一步加剧的大背景下，走上了现代化之路。一方面，像佛教、道教、伊斯兰教等传统宗教在民族主义思潮的影响下，不断寻求自身的变革。在外来侵略者的威胁下，他们认识到自身面临严重的生存危机，而西方文化的广泛传播，扩大了宗教界人士的眼界，于是他们借鉴西方宗教的教规、教义等内容，加紧进行宗教现代化改革，并且紧紧把宗教活动与救亡图存结合起来，以提高宗教的社会影响力。另一方面，像基督教、天主教等外来宗教，为扩大自己在中国的社会组织基础，也不得不调适既有的宗教政策。中国基督教的"本色化"运动和天主教的本土化运动大大促进了它们的中国化进程。

一、不断寻求革新的佛教

民国时期，正是传统文化与现代文化、东方文化与西方文化风云际会之时。在文化剧烈碰撞的舞台上，佛教扮演着不可或缺的角色。儒学的没落为佛教的开拓提供了广阔的空间，社会失序、信仰失落为佛教的发展提供了基础，而现代化潮流使佛教不断面临新的挑战。在历史合力的推动下，佛教走上了现代化道路。

（一）佛教组织的现代变迁

鉴于西方纷纷在华建立基督教会组织，中国佛教界为有组织地推动佛教复兴，也欲建立新式佛教团体。

现代佛教组织的建立，可追溯至 20 世纪初年。1905 年前，清政府鉴于戊戌变法的教训，是决不容许民间自组宗教团体的。1906 年，预备立宪公会、宪政筹备会、宪政公会等带有民间色彩的团体纷纷成立，为建立民间宗教组织提供了契机。1907 年，释觉先借办僧教育须联络寺院与社会各界为由，首先在北京创办僧教育会。接着，释敬安在宁波、杭州，谛闲在江苏，佛源在四川，月霞在安徽、湖北，栖云在广东等地，也先后建立了省或地方僧教育会。僧教育会是民国时期佛教组织的雏形之一。它在形式上表现为僧俗合一，在组织上也不同于传统的以子孙制为纽带的佛教宗派内部领导与被领导的关系，不再是单一宗派，成为地域性佛教组织。在俗界，杨文会于 1910 年在南京创立的佛学研究会、吴雁舟创立的湖南佛学会、刘洙源创立的成都佛学会等，也都是具有现代形式的佛教居士团体。

全国规模的现代性佛教团体出现于 1912 年以后。武昌起义胜利后，成立全国性佛教组织的政治障碍不复存在。受革命风潮的鼓舞，佛教界为维护佛教权益，推进佛教复兴，全国性佛教组织不断成立。

1912 年，杨文会的弟子李证刚、桂伯华、黎端甫等发起组织"佛教会"，谢无量等发起组织"佛教大同会"，释道阶发起组建"中央佛教公会"，释太虚、仁山等也在镇江金山寺组织了规模较大的"中华佛教协进会"。由于内部新旧两派矛盾重重，不久各会即陷入停顿。但一些有识之士并未因此灰心，敬安等人认为，民主政治以自由、平等、博爱为旗帜，正与佛教宗旨相合。为此，他专赴上海，筹划将各省僧教育会合并改组为中华佛教会，并劝说中华佛教协进会、中央佛教职工公会等加入该组织，以便实现佛教界的统一，共同维护佛教权益。

1912 年 4 月，中华佛教总会在上海正式成立，由敬安任会长，释道兴、清海为副会长，将原有各省僧教育会改为支部，各县僧教育会改为分部。此后，全国各地成立了 22 个支部，分部达 400 多个。中华佛教总会办事处设在上海清凉寺，释仁山等留处办理日常事务。同时，其他各全国佛教组织也大都并入其中。同年 10 月制定了会章，会章规定："本会系中华民国全体僧界共同组织"；宗旨为"统一佛教，阐扬法化，以促进人群道德，完全国民幸福"；基本任务是"明昌佛学"、"普及教育"、"组织报馆"、"整顿教规"、"提倡公益"、"增兴实业"等。① 从会章看，已初步体现出现代宗教的特征。后袁世凯政府、段祺瑞政府觊觎庙产，公然命令取消中华佛教总会。

中华佛教总会是民国时期第一个现代意义上的全国性佛教统一组织。它的诞生本应极大地促进佛教复兴与佛教现代化，但由于辛亥革命后处于北洋军阀的黑暗统治，这一佛教组织如一道闪电，倏亮旋灭。

中华佛教总会被明令禁止后，其下属省、县组织只有少数自动解散，大多数继续活动。五四运动后，民间社团林立，各地自发组织的佛教团体不断涌现，如蛛网一般遍布全国。这些地方性自发成立的佛教组织主要有四类：一是各寺院之间的联络与协调机构；二是讲经会与佛学研究团体；三是居士修行与弘法团体；四是救济与慈善团体。这些佛教团体，已由清末民初个别有威望的僧人串联各寺院合作的单一松散结构发展成为各地自然形成的比较严密的多种联合体，从而为再次建立全国性的佛教组织打下了较好的基础。

1929 年 4 月，佛教界十七省代表聚集上海，召开全国性佛教代表会议。会议决议，成立中国佛教会，圆瑛当选主席，太虚、圆瑛、王一亭等 9 人被选为常委。宗旨为"联合全国佛教徒，实现大乘救世精神，宏宣佛教，利益群

---

① 《佛教丛报》第 1 期，1912 年 10 月 1 日。

众"。在中国佛教会的强烈要求下,南京政府废止民国初年制定的《管理寺庙条令》,重新公布措辞和缓的《监督寺庙条例》。到1933年(东北地区到1931年)为止,各省、县、乡佛教会相继健全,形成网络。据《内政部调查统计表》第6期统计,全国21省3特别市全部都成立了省、市佛教会,此外蒙、藏等区,也大都贯彻中国佛教会的指导思想。以江苏县级会为例,当时除常熟等4县未报送材料外,全省共有寺庙12 814所,61县中有20县成立了佛教会。从这里不难看出,到20世纪二三十年代,佛教规模已十分壮大。

1937年七七事变不久,全国抗战爆发,中国佛教界也投入保家卫国之中,中国佛教会连续召开紧急理事、监事会议,号召全国佛教徒投入抗日救国的运动中。圆瑛等全力投入抗日救护、赈济难民的领导,此外的会务被迫陷于停顿。1938年7月,部分理事、监事决定在重庆设立中国佛教会临时办事处,推选太虚主持。该办事处曾筹办僧众救护队、伤兵慰劳队,募捐救济流亡难胞等,为抗战做出了很大贡献。

抗战时期,中国佛教会还做了两件大事。一是于1943年在太虚、于斌等组织下,中国佛教、基督教、伊斯兰教、天主教等宗教领袖召开了宗教联谊会。这次会议在民国宗教史上有重要意义,标志着清末民初以来佛教与基督教之间的抗衡已落下帷幕,而中日文化冲突被推到前台。与此相一致,中国佛教界太虚、胡瑞霖等人针对日本佛教界为日本法西斯侵略作宗教宣传的现象,展开了猛力回击。二是加强了与大后方各省市的联络,使得大后方的汉传佛教组织得到了加强。不仅原来较为闭塞的内地佛教开始了近代化进程,而且汉传与藏传、南传佛教之间的联系沟通更为密切。如曾从师太虚的释心道1934年来到青海,创建了青海佛教会与西北佛教居士林。抗战中,他往来于陕西、甘肃、宁夏,创建了不少地区性汉传佛教组织。他还与藏传佛教高僧密切往来,被恩久活佛与阿嘉活佛授予"丹巴增贝堪布佛"的名号。他在宁夏回族地区宣讲汉传佛教,受到当地人民的欢迎,"释穆一家"的思想广为传颂,使得佛教濒于灭绝的宁夏地区的佛教徒大增。

抗战胜利后,有感于沦陷区佛教日化现象严重而专门成立的中国佛教会整理委员会,着手接收、整顿伪日华佛教协会、伪南京佛教会等组织。1947年5月,筹划达6年之久的中国佛教会第一次全国会员代表大会在南京毗卢寺召开，大会盛况空前，民国时期的佛教组织也达到了最为壮大的顶峰。

（二）应时顺势的佛教改革思想

进入 20 世纪后，中国佛教被纳入整个文化现代化的轨道之中，改革传统佛教以适应变化的形势已是大势所趋。

中国传统佛教之所以必须改革，不仅是出于整个社会现代化的召唤，而且还由于其自身存在的种种弊端。如苏曼殊、章太炎就曾指出：今"法门败坏，不在外缘而在内因"，僧人多"不事奢摩静虑，而唯终日安居；不闻说法讲经，而务为人礼忏。属累正法，则专计资财。争取缕衣，则横生矛戟。驰情于供养，役形于利衰。为人轻贱，亦已宜矣。复有趋逐炎凉，情钟势耀。诡云护法，须赖人王。相彼染心，实为利己……"[1]。杨文会也有同感："自试经之例停，传戒之禁弛，渐致释氏之徒，不学无术，安于固陋。"[2] 释正果也抨击说：一些寺庙"当权者，贪图享受……懒惰成风，对于佛教的公共利益和存亡问题，一概置之不顾。他们甚至为了满足一己之私欲，将寺庙财产挥霍殆尽"[3]。可以说，佛教为了生存，已到了不得不图谋改革的时候了。这是当时有识之士的共识。

民国时期中国佛教改革的力行者当推太虚。太虚俗姓吕，学名沛林，1890年生于浙江海宁县长安镇。他曾就读于杨文会创办的祗洹精舍。杨文会博大的佛学胸怀和章太炎的佛教改革与反清民主革命思想对他思想影响很大。武昌起义后，南京临时政府积极推行各项社会改革，太虚应时顺势地提出了佛教革命的主张。

1912 年 1 月太虚与同学仁山有感于传统佛教论资排辈的子孙制不合理，在镇江召开了佛教改革会议。大会公推太虚为主席，宣读会章，阐明了佛教革命的宗旨；推选太虚、仁山接收金山寺，作为佛教协进会驻地；筹备成立佛教大学，以培养住持、职事等。后由于守旧势力的反对，太虚组织的佛教协进会

---

① 曼殊、章太炎：《儆告十方佛弟子启》，见《苏曼殊文集》，广州，花城出版社，1991。

② 杨文会：《般若波罗密多会演说》，见《杨仁山集》，第 23 页，北京，中国社会科学出版社，1995。

③ 正果：《重温虚大师"去私戒懒为公服劳"的训示》，载《内明》第 180 期。

被迫中止，成立佛教大学的计划也胎死腹中。

金山改革失败后太虚没有灰心，1913 年 2 月，上海佛教界在静安寺举行敬安追悼大会，太虚作为敬安的弟子出席追悼会并发言。他借发言之机发表演说，和盘托出他的改革主张佛教革命论。第一，教制革命。他吸收金山改革失败的教训，提出改革僧伽制度是佛教革新的先决条件。为此，他再次呼吁，废除传统的剃度制与子孙住持制，创办佛教大学，从学僧中选拔僧才，住持寺院。第二，教产革命。他主张积极地转换庙产的功能，使寺庙财产为佛教公有，用来兴办佛教教育与社会慈善事业。第三，教理革命。他要求剔除传统教义中的迷信成分，并提出"如果发愿成佛，先须立志做人"、"人成即佛教，完成在人格"的著名论断。此后，太虚主编《佛教月报》，不断著书立说，力谋从宣传入手推动佛教改革，后由于经费问题，《佛教月报》的出版被迫中断。

1914 年 7 月，为反省和总结佛教改革一再失败的教训，太虚到普陀山闭门不出，直至 1917 年 2 月。从他这一时期的著作看，他对佛教改革的反思主要有两点：一是佛教改革的方向没有错。他坚信，佛教改革是顺应时代潮流的，但为了适应现实需要，避免过激，须按部就班进行，当务之急是整理僧伽制度。他主张把僧尼分为住持、信众两部分，通过僧教育提高僧尼素质。二是对西方近代思想要酌情量取，应积极发掘东方传统中的精华并加以更新。为此，他深入研讨了台、贤、禅、净、三论各宗著述，特别是尽心研究唯识论，意在以大乘入世思想融贯中华佛教各宗。他认为，佛教各宗应平等地相互争鸣融会，并在汲取新知的基础上转换出新佛学。

第一次世界大战的爆发，使得太虚更切合实际地来看待东西文化，看待佛教改革。"一战"后，中国民族工商业者及其影响下的市民阶层迅速壮大，他们鉴于外国商品倾销，深感外来基督教难以满足他们的宗教需要，纷纷皈依佛教。这些居士们需要有人出面成立一宗教团体，以达到与在华基督教会相抗衡的目的。1918 年，太虚向章太炎、蒋作宾、陈裕时、张謇等谈了他的改革计划，主张要建立居士集团，整理僧伽制度，获得众人的支持。不久，上海即成立居士佛学团体觉社。该社出版专著，编发丛刊，演讲佛学，实行修持，在上海及各地影响很大。这是太虚与居士合作成功地创建佛学团体之始，标志着中国佛教改革事业开始与民族工商业阶层结合起来。此后，在太虚指导下，上海、武汉、北京等地民族工商业者又组织成立了佛教团体居士林。各地居士林的成立，奠定了太虚所领导的佛教改革事业的组织基础。

以太虚为代表的佛教改革，由于得到了居士团体特别是工商业者的支持，规模和影响不断扩大。由于经费充足，太虚在上海出版了《觉社丛书》，1920年后改为《海潮音》月刊，成为民国时期影响最大、维持最久的佛教刊物，也是佛教改革的主要宣传工具。1922年3月，湖北居士响应太虚的号召，创办武昌佛学院，成为培养新式僧才的基地和佛教改革的大本营。在太虚的带动下，不仅主张革新的青年僧人队伍大大壮大，而且得到了一批长老大德僧人的支持，各地佛教纷纷实施改革，形成了全国规模的佛教革新运动。

太虚利用国内佛教改革蓬勃兴起的时机，进而提出并掀起了世界佛教化运动。1924年，太虚在江西庐山发起世界佛教联合会，中、日佛教界代表踊跃参加，同时在华的美、德、芬兰等国佛教学者也参加了大会。为推行世界佛教化，1925年太虚又以中华佛教联合会的名义率代表团参加了在日本召开的东亚佛教大会。1928年，他远涉重洋，在巴黎、伦敦、芝加哥等地联合诸国学者分别建立世界佛学院通讯处，积极筹措建立世界佛学院事宜。回国后，太虚在国内组织成立世界佛学苑，并在北平、南京设立筹备处，还把武昌佛学院改为世界佛学苑图书馆，把闽南佛学苑列为世苑华日文系，把北平柏林教理院列为华英文系，把重庆汉藏教理院列为华藏文系。经过太虚的多方努力，融合佛教北传、南传以及近代西传各大系的世界性佛教组织和佛学体系初具规模。太虚的佛教改革事业走上鼎盛。

就整体说来，太虚为佛教佛学顺应民国社会发展和西学东渐潮流而提出的佛教改革思想，其新义主要有以下几点：

一是提出中国大乘佛教新本位说。他在《新与融贯》一文中指出："所谓中国佛教本位的新，不同于一般人倾于西化，麻醉于日本，推翻千百年中国佛教的所谓新。"而是主张："一是扫去中国佛教不能适应目前及将来的需求的病态。二是揭破离开中国佛教本位而异时异地异代的新谬见。"他依据大乘佛教的菩萨行与"契机"论，主张在"新"的基础上融贯佛教各宗派，进而迎摄近代科学、哲学、艺术等，汇成新的佛教文化。他的新佛教不仅融贯了大乘、小乘佛教各宗各派，还统摄世间一切宗教、文化。

二是对佛教人生观作了新的阐释。太虚主张，人生观既要促人们从创造性劳动与对社会贡献中获取幸福快乐的生命价值，又要超越于世俗功利之上，不计一时成败。在《科学的人生观》、《从"无我""唯心"的宇宙观到"平等""自由"的人生观》等文中，他重视佛法的应用，曾说："根据无我原理，应用到人生，就见到人生是最平等了。"他还指出，要"依唯心的宇宙观的原理构成为自由的人生观"。这里，唯心并非唯心主义，而是指佛教的"万法唯心"说；自由也并非随心所欲，而是自主的意思。他强调要发挥人的能动作用，去认识万有的真面目，"同时依自然活动力的法则，去改善人生，改进宇宙"。显然，他的人生观既受到现代科学观念的影响，强调人要遵循自然规律，又强调人的主观能动性，要为自身去争得自由、平等，从而与当时流行的科学主义思潮也有了区别。

三是一生以整理僧伽制度为目标。太虚一生思想多变，改革思想也多次修正。但他的佛教改革思想万变却有所宗，那就是志在整理僧伽制度，行在瑜珈菩萨戒行。从早期的《整理僧伽制度论》提出培育八十万新僧的设想，到《僧制今论》提出培育二十万，再到后来的《建设现代中国僧制大纲》提出建僧四万，都体现了这一点。

佛教界由以太虚为首的主流派领航掌舵，掀起改革风浪。不久，各派支流随之涌动，渐而波及全国，形成了"一波才动万波随"之势。

释谛闲及其弟子所从事的天台宗佛教事业是民国佛教改革的一朵浪花。谛闲晚年致力于僧教育，切切实实培养了一批主张温和渐进的骨干人才。他所办观宗学舍，广收青年学僧，并发行《弘法月刊》，教育出不少僧才。他的弟子常惺，支持太虚的改革，并身体力行，提出佛教徒的思想观念要进步、更新，要学术化，曾在北平主讲《佛法两性问题》，很有见地。谛闲的嗣法弟子室静把佛法与国民革命相结合，用以反对在华基督教，曾组织弘法佛学社、创办《弘法旬刊》。谛闲的另一弟子倓虚以天台宗风指导佛教改革，并着手作了五方面改革，即：改革经忏制度；改行脚参方为坐地参方；改传法传座为传法不传座；主张以佛医心，以药医身；改广置庙宇为提高僧尼素质。

净土宗是近代佛教中蔚为兴盛的一脉，它的改革是由印光领导的。印光虽未明确提出佛教改革，但他的思想行动却展示了与传统佛教的不同进路。如，他倡导佛教救世说；主张儒释合一；反对迷信；注重身教，坚持不当住持，不收出家弟子，等等。在他的支持和带动下，苏州灵岩山寺、上海太平寺僧人在填补传统伦理断层方面，南京释心净等在兴办社会慈善事业方面，上海施省之、黄涵之等在建设近代佛教居士团体方面，徐蔚如、余了翁等在佛教文化方面，都做出了许多有助于佛教现代化的工作。也正是由此，净土宗从各大中城市到乡村、从佛教居士到祈福市民中流行广泛，成为民国时期大乘佛教的重镇。

禅宗的改革较集中地体现在虚云身上。虚云一生阅历丰富，一身兼祧禅门五家法脉。其主要主张有：一是兼摄经教，并弘五家。南禅素来轻视佛经，而近代以还佛教复兴则十分强调经教。虚云一变禅宗过去仅仅参活头、背公案的古法，很重视经教。他认为，经教也可以弘扬禅宗，堪与参禅相辅相成。他注重破除门户之见，认为不但禅、净、律、教各宗诸法平等，禅宗之内各宗也应复兴。南禅门下，历来有五家七宗之说，即临济、曹洞、云门、沩仰、法眼，其中临济宗又衍出黄龙与杨岐两脉。自明清以降，唯临济一枝独秀。为了复兴禅门，虚云提出众宗平等，他一人身兼五家法脉，即承祧了鼓山释妙莲所传临济、释耀成所传曹洞、释宝生所传沩仰、释青释所传法眼，并中兴云门。二是重视戒律。他一改禅宗狂禅的纵欲主义，强调无论环境如何，传戒必须如法尊律，不可草率。三是革除陋习，迎纳新进。他不仅在早年改子孙制为十方丛林选贤制，而且后来还力创中华佛教总会滇藏分会、鼓山佛学院、南华律学院等新式佛教组织，培养了大批新式僧才。

此外，华严宗在释应慈、慈舟、妙阔等人的带领下通过改革实现了复兴，律宗在释弘一的组织下也积极从事改革。这些佛教宗派与太虚领导下的佛教改革同潮共涌，互相激荡，形成了民国时期波澜壮阔的改革图景。

（三）佛教教育事业的新变化

民国时期，伴随佛教改革，佛教文化教育事业也发生了大的变化。辛亥革命后，南京临时政府废除尊孔读经等举措为新式教育扫除了经学羁绊，也为佛教教育提供了发展契机。受杨文会等人新式佛教思想的影响，佛教普遍明确了培养僧才的办学宗旨。新式佛教教育如雨后春笋，遍及全国。从 1912 年到

1919 年，福建、台湾、江苏、四川、上海等地都成立了正规的佛教教育学院和研究机构，初步摸索出一套适应时代要求的教育模式和教学经验。

佛教改革促进了佛教教育的发展。20 世纪二三十年代的佛教教育，不仅吸引了无数青年学僧，而且为许多贫苦失学的少年提供了受教育的机会。1922 年前后欧阳渐首先在金陵刻经处附设的佛学研究部基础上，筹办成立了支那内学院。欧阳渐继承杨文会"斯世竞争，无非学问"的办学远见，使之与大乘佛教的大悲精神、五四时期的爱国主义结合起来，主张"悲而后有学"，"救亡图存而后有学"。内院设学、事两科及学务、事务、编校流通三处。事科下设阅经社、经像图书馆、讲演所、行持堂、传教团等，兼管译经场、流通处。学科设中学、大学、研究、游学四级。大学又分补习班、预科、特科、本科。研究部分设正班与试学班。可以说，内院的学制相当系统，在民国佛教教育中有典范的作用。当时，与内院交相辉映的还有武昌佛学院、闽南佛学院等。这些学院的规模、学制、教学都与内院有可媲美之处，成为二三十年代佛教教育的中坚。

"九一八"事变后，随着日本侵华的深入，中国的佛教教育也很快陷入朝不保夕的境地。以华北佛教的中心北平为例，从 1932 年起，太虚及其弟子创办的柏林教理院、中华佛学院、弘慈佛学院、弥勒佛学院都先后被迫停办，有些寺院被侵略者征用或强占，一些佛教界人士被迫西迁。西迁的佛学院虽然依然坚持佛教教育，但由于经费经常短缺，战争不断，佛教教育往往时断时续，难有作为。而沦落在沦陷区的一些佛学院，有些不顾侵略者的嚣张气焰，坚持抗日立场，勇敢地与日僧周旋，为抗日战争作出了一定的贡献。1945 年 8 月，日本投降给中国佛教现代化进程的恢复带来了希望。东南经济发达的地区佛教教育事业又有所发展，一些专业门类比较齐全的佛学院相继成立或恢复，佛教教育在各地纷纷兴起。

从总体上看，民国时期的佛教教育不仅培养了大批僧才，而且广泛宣传了佛教改革思想，促进了佛教现代化的进程。佛教教育对于佛教改革和佛教现代化的作用不可低估。

二、致力于中国化的基督教

基督教在中国传播的历史，可分为唐朝的景教、元代教廷使节的东来、明清之际耶稣会士在中国的活动、近代天主教的复归与新教的输入四个时期，其中，基督教在中国取得长足发展，当属近代以后特别是民国时期。

（一）基督教在民国的发展及其命运

以 1911 年辛亥革命和 1912 年中华民国成立为历史的标界，不仅延续两千余年的帝制寿终正寝，而且由此引来的社会变革，也是历史上任何时代所无法比拟的。此后，中国的基督教也进入了它成长的关键阶段。

1912 年中华民国成立后，政府颁布的《临时约法》从法理上肯定了公民信教的自由。这是中国国家与宗教关系史上从未有过的事情，极大地促进了教会事业的发展。新政府在孙中山的领导下，对于来自西方的天主教、基督教新教各教会都保持平和良好的关系，从而给教会发展提供了空间，信教人数迅速增加。袁世凯上台后，由于不敢得罪英、美等西方列强，因此当时西方在华教会势力的发展并未受到影响。到 1918 年，新教人数已增至 35 万人，为 1900 年以前的三倍多，到 1921 年天主教人数也由 1900 年的 741 500 人增至 200 万人。同时，由新教创办的基督教大学大批涌现，在中国教育界形成了一支特殊的教育力量。像齐鲁大学、福建协和大学等 10 余所大学都是这一时期创办的。

1919 年五四运动后，"科学"、"民主"成为知识界的主潮，宗教成为人们怀疑和批判的对象。对宗教特别是基督教的怀疑，与中国人心中积蓄已久的民族主义思想结合起来，终于形成了 1922 年到 1927 年声势浩大的非基督教运动。这是继义和团运动后，基督教在中国遭遇到的又一次大规模的反抗。非基督教运动大致可分为三个阶段：先是，1922 年 4 月，世界基督教学生同盟英、美、法、日等 30 余国代表在中国召开规模盛大的第十一次大会，讨论如何宣传和扩大基督教问题，从而激起了中国社会的强烈反对，上海高校学生成立了"非基督教学生同盟"，并通电全国，反对基督教，非基督教运动迅速席卷全国。接着，因广州圣三十学校开除学生领袖，非基督教运动进一步走向深入。

上海非基督教同盟出版了《非基督教特刊》，各地纷纷成立各种非基督教组织，制造舆论，扩大宣传。1925 年"五卅"惨案的发生，则把非基督教运动推上了高潮。非基督教组织利用全国的民族主义和反帝情绪，迫使教育部修改了章程，明确规定学校不得以传布宗教为宗旨，不得开设宗教课程，有些地方甚至发生了破坏教堂、驱逐教士的事件。非基督教运动反映了 20 世纪新知识分子以及政府的反教倾向，使得当时的教会在招架之余，不得不深入思考如何调整基督教在中国的发展方向。

面对中国社会各种思潮特别是非基督教运动的冲击，一部分外籍传教士和中国牧师人员开始尝试调整基督教和中国社会的关系。在 1920 年以前，基督教会虽然取得了快速发展，教会中中国籍的神职人员虽然有了显著增加，但外籍的牧师和神父仍然占据着中国教会中的主导地位。他们的神学思想和对各种社会问题的看法，更多地带有西方色彩，有的甚至含有种族歧视成分。1919 年特别是非基督教运动以后，一些有识之士认识到上述问题并开始谋取出路，力图实现基督教的中国化和本土化。

1919 年"中华归主会议"召开，中国代表已较从前有所增加，占与会代表总人数的一半。到 1920 年，受封立的中国牧师人数，首次超过西方在中国工作的传教士人数。1927 年，在中国教会自立进程中有重要影响的中华基督教会成立，中国信徒和神职人员的势力和影响大大增加。

在新教教会中国本土化的同时，天主教会也明显表现出自立的倾向。1922 年罗马教廷委派刚恒毅为教廷首任驻华代表。1924 年 5 月中国天主教历史上第一次全国主教会议正式在上海召开，会议主题是建立一个"政党的、自由的和中国化的"天主教会。1926 年，刚恒毅亲率六名中国主教在罗马祝圣，开创了自清初罗文藻任国籍主教以来由中国神父担任主教的先例。同时，中国籍天主教神职人员的比例，也有了明显的增加。如 1932 年划分给遣使会的华南七个教区中，华籍教士占有 196 人，外籍教士仅 115 人；在北平的宗座代牧区内，外籍神职班只有 29 人，本国籍的则多达 99 人。自 20 世纪 20 年代起，不仅中国人自觉地建立自己的教会，争取实现自传、自养和自治的目标，而且西方的教会人士在认识到中国现代的民族主义和中国教会人士的成长对教会的影响已成不可阻遏之势后，也主动地倡导中国教会独立。这两股力量相互结合，共同促进了民国时期中国基督教会的自立。

1937 年七七事变后，民族矛盾激化，中华民族被卷入全国战争的漩涡。中国基督教会的自立进程发生了转变。在战乱中，教会和国家遭受到同样的苦难，教会中的爱国人士遭到日寇的迫害和屠杀，很大一部分教会的医院和学校被日军占领和使用。太平洋战争爆发后，在中国的大批西方传教士被日军投入集中营。同时，日本为了监视和控制教会，设立了"教团"。该"教团"在上海、山东、汉口、南京、北平、苏州招募教会参加教团，否则便被解散。有些新教教会为了维持工作和聚会，参加了"教团"。天主教教会的宗座代表，在抗日战争中持独立态度。

战争虽然严重影响了中国基督教会的自立运动，但并不能割断中国基督徒的民族情结。"九一八"事变后，基督教新教联合抗议日本的侵略行径，并且把 9 月 27 日定为"国难祈祷日"。教会还通过艾迪等西方传教士的联络，致电西方各国政府和新闻机构，揭露日本侵华的滔天罪行，请求国际社会主持公道。战争的残酷唤醒那些曾持有"唯爱主义"思想的基督徒，纷纷投身抗日。基督教新教教徒和天主教教徒积极组织救护团体，上前线抢救和护理伤员，并捐款捐物支援抗日战争。天主教会的著名人士马相伯、陆徵祥、于斌，不断发表支持抗战的爱国言论，雷鸣远还亲自参军抗击日本侵略者。可以说，八年抗战时期，中国基督教充分表现了他们的民族立场和爱国情怀。从一定意义上说，这大大促进了中国基督教与中华民族的结合，有利于中国基督教的中国化。

抗日战争胜利后，教会有过短暂的复兴，新教教会发起了"三年复兴"运动，天主教则在中国建立了"圣统制"，并任命了中国第一任枢机主教。新教的"本色化"和天主教的"本地化"依然继续进行。1949 年国民党败退台湾，大批西方传教士撤离中国。

以上简要阐述了教会在民国社会政治背景下发展的历史。不难看出，基督教在民国发展的矛盾焦点主要是如何解决外来宗教中国化的问题。实际上，中国基督教教会在寻找自立方案时，也是尽量通过自身的变革来适应中国当时的社会现实。

太虚大师

453

民国时期象牙雕十八罗汉

454

陈撄宁与胡海牙

民国时期象牙雕福禄寿三星连座

创建于1904年的齐鲁大学神学院校景

民国初年的齐鲁大学校门

（二）中国基督教"本色化"运动的理论基础

在民国时期中国基督教"本色化"运动中，中国知识界的有识之士发挥了重要作用。他们顺应宗教变革之需，积极筹划引导，力图从理论上确立基督教中国化的根本方向，寻找基督教变革的依据和途径。①

首先，他们极力论证基督教在中国的发展必须与蓬勃兴起的民族复兴运动相联系，以此告诉世人基督教的变革有助于中国社会的发展，以此说明"本色化"是中国基督教改革的必由之路。

基督教要在中国获得发展，就必须改变其"洋教"身份，这样才能赢得国人的认同，获得广泛的群众基础。为此，他们反复宣传说，中国基督教"并不是帝国主义者的先锋队，也不是资本主义的附属品……"，中国基督教不仅与"洋教"有别，而且有助于中华民族的复兴。他们指出，基督教对中国社会变革的贡献表现在，民族复兴所要争取的目标是社会的自由、平等、博爱，而这正是基督教所追求的人类社会的最高境界。在社会理想上，基督教与民族利益也是一致的，基督教同样主张爱国家、爱民族的精神，它所主张的"无抵抗主义"只是指教徒的个人修养，指处理人与人之间关系时的宽容与自责，而不是对国家和民族而言的。"尤其是中国正在要求国家独立、民族解放的阶段中，唯有提倡耶稣在当时爱国家民族的精神，使人知所效法"。因此，在中国信仰基督、发展基督教非但不和民族复兴相冲突，反而有助于民族复兴："基督教在中国的前途——就是中国民族复兴的前途——不但是有它的地位，更将要发生密切的关系，有它特殊的效用，并且当此困难严重的期间，基督教应该当仁不让，为国家，为民族，准备着自己所当负的责任。"② 这不仅有助于缓解基督教与民族主义的矛盾，而且指明了基督教在中国的发展方向——必须与中华民族的复兴结合在一起。

其次，基督教与中国文化相融合，是中国基督教改革的必由之路。无论是天主教的"中国化"，还是基督教新教的"本色化"，其核心问题都要解决以基

---

① 在这一问题上，笔者参考了张西平、卓新平编：《本色之探·序》，北京，中国广播电视出版社，1998。

② 吴雷川：《基督教与中国文化》，第150页，上海青年协会书局，1940。

督教为代表的西方文化同中国本土文化的关系问题。为此，他们极力论证基督教文化与儒家文化的相融性。

方豪的《论中西文化传统》一文是从宏观角度立论的代表作。他认为，基督教与儒家文化都是世界文化的代表，这两种文化不仅并行不悖，而且有着许多共通点。诸如，在宗教思想方面，二者有许多共通性。有人认为，儒家不是一个宗教派别，孔子没有宗教信仰，证据是孔子说过"未知生，焉知死"，"未能事人，焉能事鬼"。方豪认为这种解释是错误的，并指出：孔子"敬鬼神而远之"，说明孔子并未否认鬼神；孔子说"丘之祷久矣"，"不知天命，无以为君子也"，又说"顺天者存，逆天者亡"，说明"孔子乃有宗教信仰，而其宗教信仰固无异于基督教之正宗信仰也"。在伦理方面，重孝是中国文化的根本特点之一，《孝经》有："夫孝，德之本也，教之所由生也"；"夫孝，天之经也，地之义也，民之行也。"儒家认为只有尽孝父母，方能孝天，方能治国。同样，天主教所要求的十诫当中有三首诫训人事天主之道，有七首诫训人待人之道，而七诫之中，首先就是要"孝敬父母"。方豪由此认为，"孝固我国道德中心，但亦为公教道德中心。公教与儒家学说相合而不相违"①，在伦理上是一致的。此外，方豪还从求真、博爱等方面说明，只看到儒家学说的民族性是片面的，正如天主教具有世界性一样，儒学本身也具有世界性，二者可以互补与会通。

吴雷川在《基督教经与儒教经》一文中从微观考证典籍入手，说明这两种经的相同性。其一，"《创世纪》上帝造人与《中庸》天命之谓性"是一致的。《创世纪》第二章第七节中记载了上帝用土造人，将生气吹到所造之人的鼻孔里，使其成为有灵性的活人，而《中庸》中所说的"天命之谓性"也具有同样的含义。朱熹在《中庸》注中所说"命，犹令也。性，即理也。天以阴阳五行，化生万物，气以成形，而理亦赋焉，犹命令也。于是人物之生，因各得其所赋之理以为健顺五常之德，所谓性也"，讲得已十分明白。可见，《创世纪》与《中庸》所说的是一回事，而文字表达不同，只不过是因文字发展迟早的关系罢了。其二，"《以塞亚》预言基督与《中庸》想望至圣"相同。吴雷川认为，《以塞亚》第十一章一至十节论述耶西后裔中所产生的圣人，具备各种灵

① 方豪：《论中西文化传统》，见《公教与文化》，上海编译馆，1947。

感，并能治理天下达到太平。而《中庸》第三十一章描绘理想中的圣人所具备的各种品德，他的品德为人民所爱、所敬，他这种声望功德可与天相配。吴雷川说，这两者的相同完全可以说是不谋而合了。其三，"圣灵与仁"。他认为《圣经》中对"圣灵"的论述与儒家典籍中对"仁"的解释十分接近。经此论证，他指出，这两部经书虽然东西各执，"其实宇宙间的事理，虽是万殊，终归一本。无论各民族的种性是如何差异，而于推阐事理的论说，总要发见相同之点"①。

不仅中国的宗教人员直接从典籍、理论上寻找耶教存在于中国的理由，部分来华传教士也认识到基督教要在中国扎根，必须和本国文化相结合。如，天主教"中国化"的积极推动者刚恒毅说："传教士是耶稣基督的使徒。他并没有这样的职务，要把欧洲的文化，移植到传教地区去；他却应该使那些民族，有时也许有数千年光荣文化的，准备并且合适于接受基督教生活的习惯和因素，并加以吸收。凡是善良的文化，都很容易自然地与基督教化的生活相吻合，且从它那里获得充足的能力，以确保人格的尊严和人类的福祉。当地的天主教徒应该是天主家庭里的成员，是它神国里的人民，可是，他并不因此放开自己的祖国，却仍是那个国家的人民。"②

通过反复论证，基督教与儒家文化存在相通共融性已是不容置疑的事实。进而，他们又指出基督教文化和中国文化相结合的可能性。

第一，在哲学本体论上存在结合的可能性。中国文化的根本特征是天人合一，只要人们诚心诚意地去从事人事，也就同时尽了天道，从而赞天地而化育，达到天人相通的最高境。赵紫宸在谈到这一点时说："中国的伟大在此，中国的衰弱亦在此。"中国文化这种天人合一的宇宙观，注重直觉和体验，与宗教是十分接近的，"基督教要与中国文化发生关系，在此知识方法一端大有相似之点"③。

第二，在伦理学方面存在结合的可能性。中国文化的特点是重伦理，重践

---

① 吴雷川：《基督教经与儒教经》，载《生命月刊》，第 3 期第 6 号，1923 年 3 月。

② 《零落孤叶——刚恒毅枢机回忆录》，第 33 页，转引自顾卫民：《基督教与近代中国社会》，第 504 页，上海，上海人民出版社，1996。

③ 赵紫宸：《基督教与中国文化》，载《真理与生命》第 2 卷第 9、10 期，1927。

行，做人处事的根本在于"仁"，人际关系推本便是孝，尽己为忠，及人为恕，而"仁"的根本是孝悌。在儒家文化中，伦理便是本体，本体便是道德。中国文化的这一特点提供了基督教文化融入的契机。"从今以后基督教对于中国文化要有贡献，基督教必须一方面扩广孝义，使人仰见天父上帝，在深邃的宗教经验中奠定巩固的伦理基础，一方面解放个人使为上帝的子女，既脱出旧制度的束缚而伸展个性，复保持民族性的精神，而同时恢宏新社会中平等的弟兄之义"①。

第三，中国艺术与宗教相通。中国的山水画淡墨云天山水，中国田园诗歌重韵味、富情趣，尤其值得一提的是，自魏晋隋唐以来，中国在庙宇的绘画、音乐方面，艺术灵性都为接受基督教奠定了基础。艺术在其本质上是宗教感情的表达，艺术是宗教特殊的语言。这样，"假使基督教要在中国人心血里流通，她必要在美艺上贡献"②。

上述仅是说明中国文化本身具有宗教性、超越性，具有与基督宗教文化沟通的内在基础和可能。他们认为，既然是基督教文化与儒家文化相融合，基督教本身也需进行一些调整，"追溯基督教东渐的初步，大抵致力在打破吾国旧习惯旧信仰，而代以救主赎罪末日审判天国永生的教理。因其所唱者太嫌卑陋，所以不能招吾国士大夫之一顾；一方面又太蔑人重己，入主出奴，所以引起吾国低级人等之反动与仇视"③。基督教要在自我反省、自我调适的基础上，从时代出发赋予新意，才能在中国找到自己的生存点。他们经过反复思考，认为基督教至少应建立在以下五种主义之上，才有利于在中国获得进一步发展。

这五种主义即人本主义、今生主义、实证主义、社会主义、力行主义。人本主义将基督教由以神为中心变为以人为中心，这是基督教史上的一次革命。今生主义将基督教的重来生改为重今生，将来生建立在今生的基础上，可称得上"身体是上帝所居的殿"。实证主义要求基督教放弃过去那种武断的结论，而进入科学化的实证时期，与科学相融合。社会主义使基督教由注重个人的赎罪、注重追求个人进入天堂转换为"注重社会的拯救"。力行主义由内心忏悔、个人灵修转向为人民服务的力行践履。

---

①② 赵紫宸：《基督教与中国文化》，载《真理与生命》第 2 卷第 9、10 期，1927。
③ 谢扶雅：《基督教新思潮与中国民族根本思想》，载《青年进步》，1925 年 4 月。

经此调整，基督教思想就"由神学而趋于伦理，由武断而入于实证，由来世而注重今生，由个人私利而注重社会服务……"①。他们的这种调和，实际上是用五四运动以来风行的新文化与基督教文化相调和，以此缓解基督教所含迷信成分与科学思想的对立、外来文化与民族主义的对立，以达到发展和丰富基督教文化，把中国固有的圣贤之道，融化在基督教文化之内。

最后，他们指出，经过调整后的基督教不仅适于中国，而且对于中国文化有着特殊的贡献。比如说，耶稣思想对中国文化的补充和完善就有无可替代的作用。谢扶雅就认为，"上帝是我们的父，我们彼此皆兄弟"的直觉是耶稣思想的中心，这个中心思想从两个方面是有益于中国思想的：一是它揭示了一种天人相统一的观念。天帝在上，人之仰之、敬之，天即父，地即母。中国文化的这一取向"实与耶道若出一辙"。二是"人类皆兄弟"的新伦理既可补墨子无差等爱之偏，又可补孔子等差之爱之不逮，基督教的这种伦理是一种"超越乎伦常等差之上，而复浸深乎伦常差等之中"的新伦理思想。因此，"耶稣显越亲切的天人一体观，与充溢活力的伦理思想，大足以补充我国在这一点上的固有观念"。他还认为，耶稣积极向前、有进无退、从不妥协的进步思想可以补中国之"中庸"精神："'中庸'在我国，久久弊生，渐流于妥协，瞻徇，因循，委靡之域，对于真理，不能作彻底的坚决的探讨与把持……耶稣的积极精神，正可以匡佐此弊。中庸与积极，必须相辅而行。"②

从上述看，在中国基督教"本色化"运动中，通过对中国典籍和基督教典籍的对比分析，从中寻找基督教"本色化"的理论探讨已相当深入。这在一定程度上有利于中西文化的融合与贯通。

（三）宗教仪礼中国化改革的尝试

民国时期，基督教为寻求在中国的发展，在进行内在学理探讨的同时，还尝试进行具体的宗教礼仪中国化改革。他们研究和借鉴中国的风土习俗，创立新的教会礼仪，探索新的宗教活动方式，以便营造一种表里如一的基督教与中国文化相结合的氛围。王治心在谈到基督教时说："本色教会第一紧要的问题，

---

①② 谢扶雅：《基督教新思潮与中国民族根本思想》，载《青年进步》，1925 年 4 月。

就是如何利用固有的民情风俗，而创立融洽无间的中华教会，使中华人民不会发生什么反应。这是本色教会所要达到的目的，也是近今教会所十分注重的一点。"① 为此，他们积极研究比较中国民俗习惯与基督教仪礼的异同，尽可能使中国基督教礼仪中国化。

1. 祭祀风俗

祭祀祖宗问题是基督教与中国文化的一大分歧。祭祀祖先是中国几千年来流传不息的风俗。这一风俗集中体现了中国文化的本质特征。儒家文化以孝为本，认为孝是百行之源。父母在世侍奉称为孝养，父母去世后祭祀叫作孝享。因此，《中庸》有："事死如事生，事亡如事存，孝之至也。"中国传统的这种以孝为上的风俗有着深远的哲学基础，在儒家看来，"万物本乎天，人本乎祖"，天人合一。祭天是"报本返祖"，祭祖也是"报本返始"。故此，孔子说："慎终追远，民德归厚。"祭祖不仅是对传统伦理孝道的强化和升华，而且这种祭祖活动本身就是一种教化，反映了中国这个以血缘为纽带的宗法社会在伦理传统上所表现出的宗教特点。

基督教是一神教，《十诫》规定："除上帝外不拜别的神。"因此，基督教对祭祖问题一直十分敏感。明末天主教初入中国，为立住脚根，利玛窦曾一度同意天主教徒尊孔祭祖。这一礼仪上的折衷，深受中国信徒和士大夫的赞同，从而使天主教获得了较大的发展。到清中叶，教会因内部礼仪之争而不再允许中国教徒祭祀祖先，结果招致康熙的禁教。

基督教"本色化"运动再次直面这一问题。他们认为，新教重入中国以来坚持走禁止教徒祭祖之路，从而和中国风俗发生严重冲突，是使大多数中国人视基督教为"洋教"而不愿加入的重要原因之一。因此，入乡随俗，允许中国基督徒祭祖已成基督教"本色化"运动的当务之急。况且，"基督教的信仰上帝与'不忘祖宗'的祭祀并没有什么冲突，敬拜上帝的基督教徒，定要他忘了自己的祖宗，也没有此理"。考虑及此，他们希望中国基督徒能在"不忘祖宗"的大前提下，改良祭祖仪式，"改造出一种清洁高尚的纪念祖宗仪式，不但教内的人可以遵依，也使教外的人愿意仿效"②。

---

① 王治心：《本色教会应创何种节期适合中国固有的风俗》，载《文社月刊》第1卷，1926。
② 范丽诲：《中国祭祀祖宗的我见》，载《青年进步》第109期，1928年1月。

2. 节日风俗

节日是风俗生活的重要组成部分，每个民族都有自己约定成俗的传统节日。中国与基督教在这一方面的巨大差别引起了"本色教会"推动者的重视。王治心在《本色教会应创何种节期适合中国固有的风俗》一文中明确指出："为欲使基督教与中国社会融合的缘故，不能不规定一种教会的节期，适合于中国古有的风俗。"① 为此，他们根据教会规定的礼节规矩，把节期与中国的传统节日作了相应搭配调整。他们主张：把基督教的年节安排在中国阳历的元旦，并规定上午为家庭贺年，下午二时举行教会公共团拜。灯节原在元宵，十三上灯，十八落灯，可改在阳历1月13至18日举行，由每个信徒各扎花灯一盏，悬挂于教会之中。扫墓节，定在清明之前一日，扫墓仪式变为礼拜、祈祷、唱歌、献花。洁净节，在阳历端午节举行，清扫卫生。追远节，在旧历中元节举行，祭祖祀鬼改为召集家族子弟，举行追远礼拜。孝亲节，在旧历中秋节举行，旧例"中秋拜月，有取家庭团圆的意思，故能于此日向父母有所表示，自属恰当"，节日时子女应赠送孝敬父母的礼品，上午十时在教会开一孝亲会，届时各家子女伴其父母就特别座中，子女侍立旁边，牧师主席、祈祷、唱孝亲歌、讲基督教孝道。感恩节，中国旧历有年终谢年的风俗，现改在阴历重阳举行，届时信徒各携其收获品谷、禽、蔬、果，献于教会，感谢神恩。圣诞节，辞旧迎新，可把中国的腊礼结合在其中。

上述对节日的调整，目的在于使基督教的节日与中国风俗习惯相折衷，尽管仅有少数节日在小范围曾一度实行，多数仅是理想化的设计，但却不难看出"本色化"运动煞费苦心。

3. 婚丧风俗

婚丧嫁娶是人生大事。中国号称礼仪之邦，千百年来一直十分注重婚丧礼节仪式，近代欧风东渐，中国传统的繁文缛节虽稍有改变，但毕竟去基督教礼俗甚远。对此，教会"本色化"的主张者有清楚认识："中国旧礼，既嫌其繁琐失实，而教会携来的西洋方法，又失之简陋忽略，欲保存中国旧礼的真精神，而删除其烦琐，使既不背乎民族精神，又不背乎基督教要道，这是本色教

① 《文社月刊》第1卷，第6册，1926。

会不能不注意的问题。"① 因此，必须既要考虑礼节依时代而变化，又要照顾固有的民族特点，折衷至当，规定一种适合本色教会的婚丧礼俗。

首先看他们对婚礼所持的主张。在婚姻起源观上，中国文化与基督教的说法接近。《易经》序卦下篇中的"有天地然后有万物，有万物然后有男女，有男女然后有夫妇，有夫妇然后有父子……有君臣……有上下……"，与《创世纪》中上帝创造天地、万物、人——亚当夏娃——同一次序。但在后来婚姻的历史演变中，中国、基督教则各自形成了礼仪风俗观念。中国婚礼有利有弊，其弊端如：婚姻主于父母，没有自由；一夫多妻，男女不平等；迷信鬼神，求鬼神赐福；奢华糜费；缺少纯粹爱情，等等。其长处有：有年龄规定，无早婚之弊。但总体上，中国传统婚姻利少弊多，近代以来虽提倡文明结婚，但由于习俗相沿，积重难返，并未见多大成效，必须继续进行改良。而基督教的婚姻观是：一夫一妻制；无故离婚，等于犯淫；夫妻是二人合一的爱情；丈夫是妻子的保护与指导。关于礼节，《圣经》没有说到，但是耶稣对于犹太人通常所守的摩西礼节，并不反对。他们主张，本着耶稣的这种精神，"保存中国固有的特点，洗刷其虚伪，折衷至当，以创造一种可以通行的婚礼"。并指出，中国基督教改良后的婚姻礼俗，要做到既能保存国民特性，不蹈迷信的旧俗，又能合乎基督教信条，不袭西洋的风尚，抉取二者精华，取长补短。(1) 配偶的选择，宜有相当的自由（限于教会之中）。一方相中对方后，由父母或媒人商得对方及父母同意，双方共识到可以结为夫妇，方可文定婚期。(2) 文定的礼节。双方各备戒约照相互相交换，或借礼拜堂开一文定会，祝词、唱歌、交换定礼。(3) 年龄标准：男子必须在 25 岁以上，女子必须在 20 岁以上。(4) 聘礼不可有买卖婚姻之嫌，宜废除礼金和妆奁。(5) 结婚日期。男女两家商定日期后，男方宜送道日礼贴——即古礼所谓"诹日具书"。(6) 亲迎仪式。结婚之日，上午宴客，下午二时亲迎，男新人乘舆或轿至女家，导以相当仪仗，或军乐队，及门投帖，女家稍事招待，女新人肃戒——在内堂父母兄弟同行祈祷，父母相戒以为妇之道——毕，送男女新人赴礼堂举行婚礼。此外，还要求新郎新娘自礼拜堂回家后要谒见尊长、回门会亲等等。可见，"本色化"教会

---

① 王治心：《教会的婚丧礼刍议》，载《文社月刊》第 1 卷第 6 册，1926 年。

所提倡的婚礼，大量采择了中国婚姻礼节的成分，正合了中国那句老话——"入乡随俗"。

中国自古重视丧葬之礼。儒家以"生事之以礼，死葬之以礼，祭之以礼"为尽孝，孟子且以为养生丧死无憾为王道之始，用"慎终追远"的方法，使民德以归于厚。原始儒家强调丧葬礼节文宁俭，使无我无不及之弊，只要达到施孝举哀的目的就行了。到后来丧葬带上了迷信、奢靡之风。延僧道，焚纸帛，以闹迷信为尽礼；铺张扬厉，僧道盈门，求热闹以争体面。丧葬礼流于虚伪，失去了实在的哀情。教会"本色化"运动的提倡者主张，中国应积极吸取基督教不过于注重死人的态度，"采取两方面的精华，改良中国崇尚虚文之弊，益以基督教的精神，而规定一种适当的丧礼"①。

有人还为"本色化"运动专门设计了丧葬礼的程序、仪式和礼仪。规定：(1) 讣告戚族，但注明"遵基督教仪，屏除一切僧道纸帛"字样。(2) 陈尸开吊。父母既死，更易衣衾后移尸于厅堂之上，左右上下堆积鲜花，花间杂点白烛，花山上端是死者放大照相，并悬白幔挽联。陈尸以一日二日为限，由牧师主领，进行礼拜祷告读经等。(3) 成服领帖。要按中国传统族人子侄穿素戴孝，不行婚嫁。穿孝期满释孝服时要做礼拜祈祷。(4) 出殡安葬。出殡之前，先由牧师主领礼拜，然后发引，孝子步随，亲戚送殡。至坟地入土时，再由牧师举行礼拜。②在有的省份，丧葬礼的改革还被写入了决议，并被印制成书推广。

与基督教新教相类似，天主教在"本土化"过程中也注意宗教习俗的改革。在华天主教宗座代表刚恒毅提出，传教士应有一点适应精神，应该尊重中国文化和善良风俗。③他主张：(1) 经文本土化。刚恒毅认为，佛教的经文非常美妙，值得天主教借鉴。比如"南无阿弥陀佛，救世救人慈悲之祖，弟子诚心诚意求赐重生净土，大慈大悲菩萨救我脱免尘世劫数，请照顾我，犹如水中之月的诚心"之句，"假若以基督之名代替，我们也可以颂念"④。(2) 隐修院本土化。刚恒毅认为中国佛教寺院井然有序，很适合天主教会，"假若将来

①② 王治心：《教会的婚丧礼刍议》，载《文社月刊》第1卷第6册，1926。

③④《在中国耕耘——刚恒毅枢机回忆录》(下)，第92页，第202～203页，(台北) 天主教主徒会，1980。

有一天在中国也盛行隐修院的生活，也不必把西方的方式搬过来，因为有了现存的一切，只要把启示的真理带来就够了。他们祷告的佛及其他神祇的名以他们不知的天主之名代替"①。(3) 供品本土化。刚恒毅注意到教外人向观音菩萨和其他佛教神祇摆的供桌和供品，虽完全不同于天主教信徒摆的西欧式的供桌和供品，但又与天主教的主要特征十分相似：一具供像，一张桌子，一对烛台或一个香炉。他认为，"仅把神像更换一下，为什么我们不能利用其他部分？教徒们曾经接受了罗马富于文化气氛的陈设方式，为什么我们不能在中国也这样做？"②在刚恒毅看来，弘扬其精神，而不必拘泥于教义的完整性和教规的约束性，更不能因一些形式和枝节而影响基督教的发展。任何外在的形式不利于在中国传教，那都可以变通和调整。

三、由"教门"走向"学门"的道教

道教是中国宗教的一大流派。自明至清的五百多年，道教作为一种宗教在一步步走向萎缩、衰落。到民国时期，社会变化剧烈，新旧文化更替，道教也出现新的特点——教相衰落，而它的真精神，即作为整个道教根基的"道"，则凸显出来了，或者说，民国时期道教是教衰学盛，由教相转向内学。

(一) 陈撄宁与仙学派

民国时期，道教的内丹学继明清而有新的发展，特别是在五四新文化思潮影响下，已有脱离道教而变成一种独立学术的趋势。这一趋势基本代表了民国道教的发展方向。陈撄宁及其创立的仙学派就是这一历史条件下的产物。

陈撄宁 (1880—1969)，安徽怀宁人，世居安庆。原名志祥、元善，字子修、撄宁，道号圆顿子。陈撄宁是北宗全真道邱处机所创龙门派的第十九代传人。陈氏精研《道藏》，并精通儒、佛典籍。他兼修道教的内外丹道，曾于1922～1932年间，数百次进行外丹实验，证明了古代遗传下来的外丹口诀，大多信而可行。他的这些实验，对于中国现代化学实验起了前驱作用。30年

代后，陈撄宁在上海主办了《扬善半月刊》，创办了"仙学院"，大力宣传道教丹学，并公开倡导把神仙家与道家、儒家、佛学区分开来，主张"仙学"独立形成一门专门的学术。因此，有人称之为"超人哲学"、"仙学"。

仙学学派以陈撄宁为核心，主要成员有汪伯英、常遵先、张化声、张竹铭等人。他们的代表著作，陈撄宁有《〈黄庭经〉讲义》、《〈孙不二女功内丹次第诗〉注》、《〈灵源大道歌〉白话注解》等，汪伯英有《谭紫霄真人〈化书〉浅注》、《〈金丹四百字〉注》、《〈心印妙经〉通俗注解》等，常遵先有《吕祖诗解》、《秘藏〈钟吕传道集〉注解》等。仙学学派主张将仙学从其母体——道教中分离出来，使之成为一种独立的学术。这说明道教的"术"发展到极致便与道实现了合一，道即术，术即道。在他们看来，仙学与其说是一种宗教，毋宁说是一门科学，是一门关于生命超越的科学。下面，就陈撄宁的仙学思想略作论述。

陈撄宁在《众妙居问答》等文中明确申述了仙学与儒、释、道三教的关系。他认为，仙学与中国传统的儒、释、道有很大不同，应从中单提出来，扶助其自由独立，成为一门新学问。

仙学与道家的区别在于一重"实"一重"玄"。陈撄宁指出，道家之学讲究一个"玄"字，注重对理境的玄思，注重对生命境的领悟，道家常言"玄旨、玄妙、玄悟、玄言、玄谈、玄机、玄览等，凡带上一个玄字的，都有点令人难以捉摸"；仙学则不同，"仙学乃实人、实物，实情、实事、实修、实证，与彼专讲玄理之事不同。故只能名之为'仙学'，而不能名之为'玄学'"。[①]当然，陈撄宁对于仙学与道家的联系也不全然否定，不过他认为其间的联系与其说是仙学继承道家的，倒不如说是二者有暗合之处，如他认为，老庄有关身心修养的方法就与仙学的丹术暗合。

仙学与佛教的差别在于基本宗旨不同，佛教的宗旨是要"无我"，仙学的宗旨是要"有我"。佛教认为"诸法无常"，生老病死是宇宙万物的共同规律，佛教修行就是要从这种生死轮回中解脱出来，进入最终的"涅槃"境界，即进入一种无生无死的境界。相反，仙学在生死观上力主与宇宙规律相抗争，力争

---

① 圆顿子：《众妙居问答》，见《超越心性》，第228页，北京，中国广播电视出版社，1999。

截断生死流，达至长生不老、白日飞升的境地。用陈撄宁的原话表述就是："佛之宗旨要'无我'，仙之宗旨要'有我'。佛不敢和宇宙定律相抵抗，眼见世间生老病死，成住坏空，一切现象，难以避免，故说'诸法无常'；仙要打破宇宙之定律，不肯造化小儿之戏弄，不肯听阎王老子之命令，故说'长生不死'。佛最后之结果是入涅槃，涅槃之表示就是死，涅槃之意思就是寂死；仙最后之结果是白日飞升，飞升之表示就是不死，飞升之意思就是脱离凡界而升到仙界，永远不会寂灭，但亦非如佛教行十善道死后升天，念阿弥陀死后生西之说。"① 针对《楞严正脉》等佛教经典以佛教六道轮回中的天道来附会仙道的思想，陈撄宁指出，仙道思想是中国文化固有的特色，"在印度民族脑筋中根本就没有中华民族的神仙思想"②。从比较宗教学的角度看，这一说法的确属实。

关于仙学与儒学的区别，陈撄宁在谈论理学时指出："理学乃儒家之学，如周、邵、程、朱、陆、王等所讲之学是也。彼等皆偏重世间做人的道理，充乎其量，亦不过希圣希贤而已。"③儒家主张经世入世，仙学则力主超越现世，二者的区别显而易见。

陈撄宁把仙学与儒、释、道三教相比较后，力图说明：仙学乃是三教范围以外的一门学问。他说："非将仙学从儒释道三教束缚中提拔出来，使其独立自成一教，则不足以绵延黄帝以来相传之坠绪。"④ 其目的在于从道教中开出实证的仙学来与西方自然科学抗争。尽管如此，从历史发展看，仙学并未超出道教所包容的范围，不过是构成传统道教发展的一个新的环节而已。

陈撄宁等所宣传的仙学思想主要是什么内容呢？陈氏在《众妙居问答》一文中回答说："所谓仙学，即指炼丹术而言，有外丹、内丹二种分别。"也就是说，仙学的内容即道教的丹道。不过，陈撄宁在更多情况下所说的仙学则指内丹术。

仙学派所说的内丹术，以人的生命为主要研究对象，以抗争自然造化、超

---

① ③ 圆顿子：《众妙居问答》，见《超越心性》，第 228 页，北京，中国广播电视出版社，1999。

② 圆顿子：《辩〈楞严经〉十种仙》，见《超越心性》，第 306 页，北京，中国广播电视出版社，1999。

④ 《答江苏如皋知省庐》，见《道家养生秘库》，第 153 页，大连，大连出版社，1991。

脱人类生命死亡现象为目的。他们所面对的问题是从现实角度关怀人的死亡，主张以人体中的阴阳二气为落脚点，以后天气摄持先天炁，以先天炁作为内丹结丹的种子，通过模拟天道运行的修行，对人体做炼精化气、炼气化神、炼神合道的三关修炼，将人体的物质由粗化细，然后凭借这种精微的物质达到与终极的实体道合二为一。

　　仙学以物质作为超越根基的思想具有一定科学性。陈撄宁也一再强调仙学是一种高级科学，如他在《读〈化声自叙〉的感想》一文中说："神仙之术，首贵长生，唯讲现实，极与科学相近。"又说："道家虽是由生理入手，但是要用方法改变常人之生理，所以他的目的是超人的，而非平凡的；他的学术是实验的，而非空谈的。"① 另外，从陈撄宁总结出的几条仙学箴言中，也可以看出仙学的方法与指导思想类似于科学研究："学理——重研究，不重崇拜；功夫——尚实践，不尚空谈；事业——贵创造，不贵模仿；幸福——讲生前，不讲死后；信仰——凭实验，不凭经典；住世——是长存，不是速朽；出世——在超脱，不在皈依。"② 在陈撄宁看来，他所创立的仙学不仅是科学，而且要高于一般科学。他在《与朱君亚医师论仙学书》中说："顿研究仙学已三十余年，知我者，固能完全谅解；不知者，或疑我当此科学时代，尚要提倡迷信。其实我丝毫没有迷信，唯认定仙学可以补救人生之缺憾，而能力高于世间一切科学之上。凡普通科学所不能解决之问题，仙学皆足以解决之，而且是脚踏实地，步步行去。"

　　从总体上说，由于受时代思潮特别是五四以来的科学思潮影响，陈撄宁的仙学尽量向科学靠拢，他的指导思想也尽力与现代科学接轨，但是，仙学并未从根本上跳出道教的范围，他将物质与精神打成一片进而超越物质实体、超越死亡境界的思想是典型的中国式的，是新的历史条件下对传统道家思想的发展而已，尽管具有一定的科学性，但现实性值得怀疑。

　　陈撄宁创立仙学的年代正值中华民族多灾多难，救亡图存成为时代的主题。陈撄宁的仙学也以关心现实为矢志，希图以仙学来抵抗列强的侵略。为

---

　　① 张广保编：《超越心性：20世纪中国道教文化学术论集》，第237页，北京，中国广播电视出版社，1999。

　　②《扬善半月刊》封面。

此，他甚至主张将仙学合于道教，以中华民族土产的道教来抵御西方的文化侵略特别是宗教侵略。他对侵略有着深刻的认识，曾说："武力侵略，不过裂人土地，毁人肉体，其害浅；文化宗教侵略，直可以夺人思想，劫人灵魂，其害深。武力侵略我者，我尚能用武力对付之；文化宗教侵略我者，则我之武力无所施其技矣。若不利用本国固有之文化宗教以相抵抗，将见数千年传统之思想，一朝丧其根基，四百兆民族之中心，终至失其信仰，祸福岂可胜言哉！"①的确发人深省。他提出中华民族只有提倡道教，才能振起民族精神，众志成城，结成抵御外侮的钢铁长城。"须知信仰道教，即所以保身；弘扬道教，即所以救国。"②针对有人讥诮道教为迷信的现象，陈撄宁从宗教对人的精神的激励作用切入进行反驳说："请慢嗤迷信，须知乃昔贤抵抗外教侵略之前锋。切莫笑空谈，应恃作今日团结民族精神之工具。"③陈撄宁认为，在当时的历史条件下，儒学沦落，佛学无力，唯有道教才能担当救亡图存、延续中华文明命运的重任："呜呼！笼百家之总钥，济儒术之穷途，揽国学之结晶，正新潮之思想，舍吾道教，其谁堪负此使命哉。"④这虽大大夸大了道教的地位和作用，但表达了以陈撄宁为代表的仙学派学以致用的救世情况。

（二）魏尧与内丹心性论

在民国时期的内丹修炼团体中，较有创造性的一支是活跃于北平的内丹修炼教团，教团的导师即魏尧。

魏尧，字则之，号后觉道人，原籍四川，讲学于北平，主要活动于 20 世纪三四十年代。著有《一贯天机直讲》。该书承继明清以来内丹道一贯之宗风，以儒、释、道三教互参互证为宗旨，乃三教一贯之学，时人目为"当世道书之圭臬"。《一贯天机直讲》分六讲述说内丹心性论及内丹修炼的性命功夫，多有发前人所未发、言前人所未言之处，是一部上乘的内丹典籍。

《一贯天机直讲》主要包括内丹心性论和内丹宇宙论两个层次的内容。该

---

①② 圆顿子：《论〈四库提要〉不识道家学术之全体》，见《超越心性》，第 343 页，北京，中国广播电视出版社，1999。

③④ 圆顿子：《中华全国道教会缘起》，见《超越心性》，第 328 页，第 329 页，北京，中国广播电视出版社，1999。

书所述内丹心性论注重引征佛学特别是唯识宗的理论来诠释内丹心性概念，在此基础上参照儒典构造了一套较为完整的内丹心性论范畴体系。这套范畴体系共分两组。

第一组以元性为主体，由元性分出元神（性）和识神（情），元神统合觉、意；情又分元情与一般的常俗之情，元情内容为纯善，常俗之情有善有恶。图示如下：

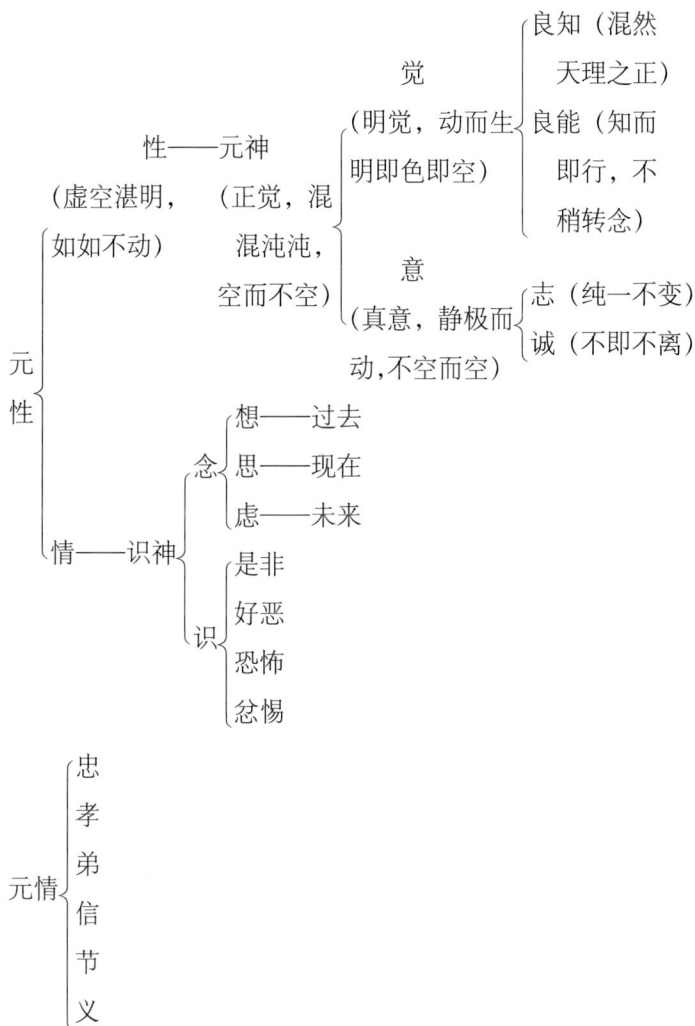

```
                                                     ┌ 良知（混然
                                         觉          │     天理之正）
                              ┌ 性——元神 （明觉，动而生┤
                              │ （正觉，混 明即色即空）│ 良能（知而
                 性——元神      │  混沌沌，            └     即行，不
                 （虚空湛明，  │  空而不空）            稍转念）
                  如如不动）   ┤
                              │                      ┌ 志（纯一不变）
          元                  │           意         ┤
          性 ┤                └ （真意，静极而      └ 诚（不即不离）
              │                    动,不空而空）
              │
              │              ┌ 想——过去
              │         念 ┤ 思——现在
              │              └ 虑——未来
              └ 情——识神 ┤
                            │      ┌ 是非
                            │      │ 好恶
                            └ 识 ┤ 恐怖
                                   └ 忿惕

              ┌ 忠
              │ 孝
          元情┤ 弟
              │ 信
              │ 节
              └ 义
```

第二组是对第一组中"觉"这一概念的进一步深化。觉派生出良知与良能。良知属于良心，良能属于行为。如果他所说的"情"主要是讨论现世人生

的心情问题，那么，这一组主要讨论了证层面的心性问题。图示如下：

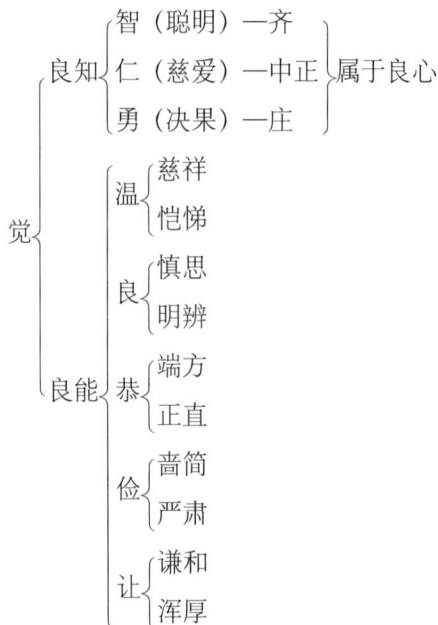

```
        ┌ 智（聪明）—齐 ┐
    良知 ┤ 仁（慈爱）—中正 ├ 属于良心
        └ 勇（决果）—庄 ┘

        ┌ 温 ┌ 慈祥
        │    └ 恺悌
     觉 ┤
        │ 良 ┌ 慎思
        └    └ 明辨
        ┌ 恭 ┌ 端方
        │    └ 正直
        │
    良能 ┤ 俭 ┌ 啬简
        │    └ 严肃
        │
        └ 让 ┌ 谦和
             └ 浑厚
```

　　对于上述概念之间的联系与区别，魏尧做了详细的论述。他所谓的"性"，属于本体层次的概念，是空体，本来寂然不动。"性"与"情"的区别在于"性处内者也，情御外者也，性主乎心，情主乎身。性本寂然不动者，感而遂通，则发为灵觉。情本随时驰动者，系于外物，则为识欲"。意可分为两层，即真意、意："意者，本心将动，似乎有一点动机，而不明白，即为真意是也。"觉与意相比，动态更为明显："觉则比意稍进，动而生明矣。"觉与意的分别，即"在明辨与浑沦之间，一似空非空，一即色即空"。念由识神发动，"与意不同，意者将动未动，仍是混然，念则明明白白，有事有物矣"。想、虑、思三者则以时间界定，已往者为想，未来者为虑，现在者为思。已往、未来、现在构成三世，又称三心。

　　内丹心性修炼的核心，即炼己，炼识神，转情为性，使性情相合，复归于元性本体。或者，将过去之想、现在之思、未来之虑相合，摄三心归于一心，统于正念，返归元性本体。魏尧这套内丹心性论范畴体系形式上大量吸收了佛学、儒学的概念，目的就在于借以力图说清修炼过程中的心性了悟问题。

　　《一贯天机直讲》另一内容内丹宇宙论是与内丹心性论紧密相联系的。他认为，宇宙的生成序列是：无极而太极，太极而元炁，元炁而天地："太极生于无极，无极算无也。由无极生太极，体仍无物，其象为〇。太极动而生一炁，其象为⊙，仍无形象，视之不可见，听之不可闻，即一阳之炁也。迨无形炁足，而生有形之气，是为静而生阴。于是无形之炁，清轻而上浮为天为乾；有形之炁，重浊而下凝为地为坤。""天上地下，而其中真空，真空之处，仍为一太极也。"人身也即一小宇宙，人之性情的分化，由祖性而元性直到性命分立，性情、精气的发生实际上是大宇宙演化过程的重复。这样，宇宙论与心性论便实现了内在贯通，合为一体。魏尧的内丹心性论特别是《一贯天机直讲》在传统道教的基础上加以深化和发展，特别是他的宇宙论与心性论相统一的理论，一定程度上对长期以来困扰内丹学的性功与命功相隔碍的问题有所突破。

（三）民国时期对道教典籍及其历史的研究

民国时期对道教典籍及其历史的研究，虽不像佛教史研究那样繁荣，但也出现了一些成果。

许地山是民国时期道教史研究卓有成就的学者。1927 年，他于《燕京学报》发表了题为《道家思想与道教》的重要论文，对道教渊源作了系统论证。许地山认为，"道教的渊源非常复杂，可以说是混合了汉族各种原始的思想所成的宗教。但从玄学这方面看来，道教除了掺了些佛教思想与仪式外，几乎全部是出于道家的理论"①，而道家与儒家皆源于上古巫祝或者巫史这么一种统一的宗教文化传统。1934 年，许地山完成了《道教史》上卷，对"道教前史"作了更为深入的论证。

40 年代，有了一些专门研究道教经典的著作。1945 年，蒙文通因唐代"重玄"一派的重要典籍成玄英的《老子疏》后来佚失，遂留心旧疏，从《道藏》中寻得强思齐的《道德真经玄德纂疏》、顾欢的《道德真经注疏》二部，重新辑成《老子成玄英疏》。这一辑录并非简单的摘引，不仅对《老子》原书多有考订，而且由此梳理出汉、唐道教"重玄"派的系统及旨归，其所述皆能出入古道家及道教内学的精义，是从学术角度研究道教经典的重要著作。

---

① 许地山：《道教、因明及其他》，第 2 页，北京，中国社会科学出版社，1994。

王明在 40 年代先后发表了《论〈太平经钞〉甲部之伪》、《周易参同契考证》、《〈老子河上公章句〉考》、《黄庭经考》等专论，皆为考证翔实、持论平允的佳作。其中，《〈老子河上公章句〉考》梳理出一条汉魏老学在道教中的发展脉络，这对道教以及道家学术史的进一步组织、整理，确有相当的贡献。

除上述外，在道藏、经文方面，还有翁独健的《道藏子目引得》、曲继皋的《道藏考略》、陈国符的《道藏源流考》、杨钟钰的《觉世宝经中西汇证》和《太上宝藏中西缵义》、邬云程的《格言汇编》等。佛教居士杨文会著有《道德经发隐》、《南华经发隐》、《阴符经发隐》、《冲虚经发隐》等四部道经发隐。在教义、教仪方面，有镇江清心堂止水坛编的《灵屏宝录》、陈让之的《入道阶梯》、逍遥子的《修真指南注介》、刘估众的《冲庸》等。在道教史方面，有陈垣的《南宋初河北新道教考》、傅代言的《道教源流》、傅勤家的《道教史概论》和《中国道教史》等。

从总体上说，民国的道教各派，除个别派别外，普遍不太活跃。民国时期的道教不很景气，一些道观成为专门赚钱的场所，很多道士以为信徒做功德谋生。尽管"教门"门前冷落，但从上述看，"学门"却有走向深化的可能，在现代科学思潮的影响下，道教由"教门"迈向"学门"是民国时期道教发展的重要趋势之一。

四、步入现代的伊斯兰教

中国伊斯兰教是中华民族宗教大家庭的重要成员之一，伊斯兰教文化在中华民族宗教文化史上有着不可或缺的一席。从一定意义上讲，伊斯兰教的现代变迁反映了中国内地特别是西北地区民众的精神生活的变化。

（一）民国时期的伊斯兰教政策

中华民国成立之初，资产阶级革命党人在对待和处理民族问题时提出了一些带有民主性质的革命口号，例如"民族平等"、"五族共和"等等。孙中山先生认为，国内各民族一律平等是三民主义的要义，理想目标是要实现"汉、满、蒙、回、藏五族共和"。当时所谓的"回",仅是指维吾尔族而言。

北洋军阀以及后来的国民政府在处理和对待内地某些信仰伊斯兰教的少数民族问题方面,大肆宣扬所谓的"宗族"理论,否认他们作为民族存在的客观性。他们只承认伊斯兰教,时称"回教",而不承认回族,甚至连回民字样也很忌讳。1929年,南京国民政府强令上海各清真寺改称"回教堂",回民开办的伊斯兰师范学校被迫更名为伊斯兰经学研究社。

中国共产党自建党之始就一直重视宗教政策。1936年1月,中国共产党在陕北根据回族的特点,发表了对回族人民的宣言,提出了11项主张,以作为团结回族一致抗日的方针。该宣言重申了中国共产党的一贯政策:"尊重回民信奉回教的自由,尊重他们的风俗习惯,发扬回教的美德,提倡抗日回教,保护清真寺,反对和禁止任何侮辱和轻视回教的言论行动。""设立阿訇训练班,提高阿訇文化政治水平,使其为抗战的文化教育服务。"1940年中共中央西北工作委员会又拟定了《关于回回民族问题的提纲》,从而对抗日战争时期党的民族、宗教政策作了进一步发展。

日本帝国主义为了达到侵略占领中国的罪恶目的,极力歪曲和破坏回汉关系。1932年日本挟持清废帝溥仪在长春建立傀儡政权后,利用日本伊斯兰教中的反动分子为其绥靖东北、侵略中国的政策服务。这些反动分子遍及中国东北、华北、西北各地,以其穆斯林身份,在中国回族及其他信仰伊斯兰教的民族中大肆活动,培养亲日情绪,挑拨回汉关系。

此外,日本侵略者在沦陷区还组织了"满洲回教协会"、"满洲伊斯兰协会"、"伊斯兰学会"等非法组织,大搞所谓的"日、满、回亲善运动",破坏回汉关系,以加快侵略中国的步伐。

1937年后,日本把利用伊斯兰教为其侵略服务的重点地区转移到华北和西北。他们在北京成立"中国回教总联合会"和"北京回教会",在天津成立"天津回教会",在呼和浩特成立"西北回教总联合会",在华北成立"回教青年团"等,这些组织往往由日本特务主持,借维护回教名义,宣扬"日回亲善",挑拨中华各民族的关系,实质是日本侵略中国的工具。

（二）新式伊斯兰教教育的兴起

辛亥革命后，内地一些伊斯兰教著名人士开始觉醒，认识到中国社会的新陈代谢已是历史趋势。他们认为，要使中国伊斯兰教得以发展，必须使信教群众的思想适应新的变化了的时代，必须依靠民族的觉悟和成长。李兴华等著的《中国伊斯兰教史》① 一书把他们的主张概括为四点。

第一，国家的命运要高于民族、宗教的命运。受当时反帝爱国思潮的影响，一些伊斯兰教界的著名人士冲破了旧观念的束缚，不再囿于"回回"、"教门"、"教派"，把民族、宗教的命运与国家的命运紧紧联系起来，并明确把爱国、保国放在首位。如民国初期中国穆斯林先进人士丁竹园就曾提出："保国就是保教，爱国即是爱身。""无论哪一教，既是中国民，就当同心努力的维持国家大事，没了国，还能保得住教吗？"②

第二，必须加强回汉团结，不必争论宗教上之是非。中国穆斯林先进人士指出，必须破回、汉民族间存在的介蒂，进一步加强回汉团结与合作。回族与汉族的宗教信仰不同，不必争执孰是孰非，可以各是其是，各非其非，"于不同之中而求同"，从而达到互相尊重、共同发展的目的。有人就发出呼吁："各信各教，各享各自由，井水不犯河水，何苦无故的结怨为仇呢？"③

第三，宗教可以改良，且必须改良。他们认为，要振兴民族，就必须改良宗教，否则宗教会因滞后于时代发展而被淘汰。北京《正宗爱国报》指出，穆斯林要进行各种社会活动，兴办各种事业，只要"不悖教中重大的规矩就行了"，而不必缩手缩脚、畏头畏尾，限制太严。

第四，宗教改良必须从谋求经济、文化和教育的发展入手。他们认为，回民的贫穷落后源于文化不发达。因此，在发展实业与教育中，教育是当务之急。丁竹园认为，"念书最能兴扬教门，不念书最能败坏教门"，"唯有多立小学堂"，教育繁荣了，宗教才能显示出其自身的魅力。

可以说，通过兴办教育事业、提高文化素质来发展伊斯兰教是当时大多数

---

① 李兴华等：《中国伊斯兰教史》，北京，中国社会科学出版社，1999。

②③ 马寿千：《辛亥革命时期回族资产阶级先进分子对待民族、宗教问题的态度》，载《中国穆斯林》，1981年第2期。

先进穆斯林人士的共识。1907 年，留学日本的中国穆斯林学生组建了"留东清真教育会"，编辑出版了一期名曰《醒回篇》的杂志。这是中国穆斯林自办的最早的一份杂志。在这期杂志中，系统提出了根据时代要求改革伊斯兰教、创建伊斯兰教新文化的主张。在民国时期，伊斯兰教实现了由旧式经堂教育向新式学校教育的飞跃。新式学校教育中，在教育内容和课程设置上，虽然也有宗教性功课，但以讲授自然、社会科学知识为主。在培养目标上，新式教育不以或者说不完全以培养阿訇为主，还造就出一批非宗教人士。具有新式学校雏形的教育机构，在辛亥革命前后在全国各个穆斯林集居区兴起，在北京、天津、镇江、邵阳、齐齐哈尔等地先后成立了这类新式学堂。到 20 世纪 20 年代，中国伊斯兰教新式教育开始进入正轨，在各个穆斯林集居区普遍建立了同普通学校对等的穆斯林学校，穆斯林的中等教育普遍受到重视。

民国时期比较有名的穆斯林学校主要是中学和师范。如北平"西北公学"、北平"新月女子中学"、云南"明德中学"、杭州"穆兴中学"、青海第一中学、济南"成达师范"、"上海伊斯兰回文师范学校"等。这些学校贯彻了"中阿并重"和"爱国、爱教"的思想，是同中国历史发展的总体方向一致的。

谈到伊斯兰教新式教育，还要提及派遣留学生。辛亥革命以后，中国穆斯林出国留学成为一股新潮，他们到世界各地特别是伊斯兰国家去寻找"救国救教"的道理。当时，中国穆斯林子弟留学各个伊斯兰国家主要有两种形式：一是无组织的个人行动，一是有组织的集体行动。在 20 世纪 20 年代以前主要是无组织的个人行动，如甘肃赵映祥、陕西马开堂等人留学埃及爱资哈尔大学即属此类。在 30 年代以后，由于中国穆斯林集居区相继建立了新式学校，这些学校有计划地派出赴伊斯兰国家的留学生。如 1931 年云南明德中学就有一批学生由训育主任沙国珍率领赴埃及学习。

（三）现代新文化伊斯兰教学术运动

20 世纪新文化运动的蓬勃兴起，使得千百万中国人为"民主"与"科学"而呐喊奋斗。中国穆斯林也积极行动起来，提出改良宗教、发展教育的主张，建立宗教组织和学术团体，创办伊斯兰刊物，进行伊斯兰学术交流活动。

现代新文化伊斯兰学术运动是一些热爱祖国、热爱民族和宗教事业，献身民族繁荣的著名学者和阿訇推动的，这一运动一直延续到中华人民共和国成立前夕。运动的主要内容除上述办教育兴学校外，还包括以下方面。

1. 创建宗教学术团体

自民国初年开始，中国伊斯兰教内关于伊斯兰教的学术研究即显现出一派新的气象。成就这一气象的，主要是那些接受过新式教育的教内知识分子。他们的视野与观点和前人有很大不同。他们不再仅仅局限于宗教本身去谈论宗教问题，而是把宗教问题同社会问题联系起来去考察，从一个新的角度去审视和把握伊斯兰教。他们的研究宗旨，不再局限于对宗教本身的疑难进行解答，而是怀有"救教、救族、救国"这样三位一体的高深用意，带着明显的政治性和社会性。与此相适应，民国时期伊斯兰教研究的一大特点是研究工作的组织化、社团化，建立了一批稍具规模的研究机构。并且，他们的研究不再附属于清真寺，而是成为一种独立的社会性行为。主持研究工作的，也不再是阿訇，已具有着明显的非神学因素。

在当时众多的学术团体中，较为有名的有：(1)"清真学社"。该社成立于1917年，由京师公立第一两等小学堂的同学创立。其宗旨为"专在研究学术，阐明教理"。对学社的宗旨、职责、入社资格、费用分配、组织机构等都有明确规定，是中国伊斯兰教现代史上最早的学术团体。(2)"中国回教学会"。1925年6月在上海由哈德成、马刚侯、刘彬如等发起。其宗旨是阐明教义、提倡教育、联络中外穆斯林情谊、扶助穆斯林社会公益事业，并创办有《中国回教学会月刊》。它在当时为中国最大的伊斯兰教学术团体。(3)"追求学会"。1925年由刘屹夫等人组织成立。宗旨是"砥砺言行，追求伊斯兰教真理，研究伊斯兰教，交流文化学习心得，锻炼身体"，为北京牛街服务。他们翻译出版了《和平的宗教》、《穆罕默德传》等书籍，在北京影响较大。(4)"伊斯兰学友会"。该会创立于1929年，成员多为北平各大学的回族青年，是当时中国伊斯兰教学术团体中文化层次较高的一个组织。他们深感中国穆斯林的"教义之湮没，知识之简陋，思想之固蔽，教育之缺乏，生计之迫蹙，实为世界所罕见"，于是"本青年纯洁之志愿，奋斗之精神，而有伊斯兰学友会之组织"。其基本宗旨为："将尽其能力之所及，以研究教义，移译经籍，发扬伊斯兰之文化，光大伊斯兰之精神，使教内教外，对伊斯兰得到真正之认识，一洗从前之误解及轻蔑。"此外，对于穆斯林的教育问题、生计问题等，同仁也"不揣简陋，莫不留意研究之，设计之"。大体上可以看出，伊斯兰学友会是一个以"振兴宗教"为目的的组织。此外，还有"中国回族青年会"、"中国回族青年学会"、"回民教育促进会"、"中国回教文化协会"、"中国伊斯兰布道会"、"中国回教文化学会"等，它们为发展中国伊斯兰学术事业作出了不可磨灭的功绩。

2. 伊斯兰教书刊的印行

民国时期，伊斯兰教书刊印行迅速发展，不仅有大量阿拉伯文原版伊斯兰教经籍大量流入中国，而且所引入原版书成批译成汉文，推动了伊斯兰教的传播。当时在这方面贡献较大的有上海协兴公司、上海回教书局、北京成达师范出版部等。从下面的译著简表中①，可以明显看出这一点。译书如：

名　　称	译　者	出　版　者	内　容　提　示
回教哲学	马坚	上海商务印书馆	论证伊斯兰教的绝对一神论
阿文论语	马坚		以阿拉伯文翻译《论语》
伊斯兰教	纳子嘉	北京成达师范出版部	阐述伊斯兰教性质、教义、教法、教派、《古兰经》概论、穆圣历史、伊斯兰文化等内容
圣论详解	李虞宸	北京清真书报社	诠释"圣训"40 章
回耶辨真	王静斋	北京清真书报社	阐述作者对于伊斯兰教和基督教的认识
伟嘎业	王静斋	天津伊光报社	关于教义、教法的说明
教心经	杨仲明	北京秀真精舍	论证认主独一

与成批引入原版伊斯兰教书籍相辅相成，中国人自己撰写的伊斯兰教著作大量问世，如：

---

①文中两表，据赵振武《三十年来之中国回教文化概况》附表。

名　称	著者	出　版　者	内　容　提　示
四教要括	杨仲明	北京秀真精舍	综论伊斯兰教、基督教、佛教、儒家
中阿初婚	杨仲明	北京秀真精舍	阿拉伯文语法著作。此为汉译之始，故谓"初婚"。四册
伊斯兰教概论	马邻翼	上海商务印书馆	综论教义、教理、天道、人道
斋月演词	"成达"第一班学生	"成达"出版部	综论教义、教理、教法、教史
回语读本		万县伊斯兰师范学校	共十二册，分高、初二级
中国回教史研究	金吉堂	"成达"出版部	穆斯林自著教史之始，分两卷，上卷《中国回教史学》，下卷《中国回教史略》
回教与人生	马松亭等	"成达"出版部	论文集，收马松亭等九人九篇文章
礼法问答	马玉龙	著者	答问体，阐述仪规问题
清真要义	马君图	著者	概要解释伊斯兰教主张，末附《古兰经》汉译数百节
历源真本	马自成	"成达"出版部	关于伊斯兰教历
中阿新字典	王静斋		
阿文新文法	埃及力腓乐博士	"成达"出版部	
西行日记	赵振武	"成达"出版部	朝觐见闻

在伊斯兰教书籍的发行销售方面，成才经书流通处、镇江山巷清真寺、云南振学社、上海中国回教书局、上海穆民经书局、北京清真书报社、北京成达师范出版部等都很出色。

民国时期中国各穆斯林集居地还诞生了大批有关伊斯兰教的刊物。截止到1949年，各种刊物发行不下百余种。这些刊物的作者队伍水平尽管高低不齐，但刊物都围绕着一个宗旨，即"阐发教义、提倡教育、沟通文化、传达消息"。

从内容上看，这些刊物分为四类：一是重于宣传教义者，二是偏向于讨论宗教文化者，三是专门研究边疆宗教者，四是学校团体刊物。当时较有影响的刊物主要有：上海的《回教学会月刊》、《改造》，云南的《清真铎报》，广东的《天方学理》，北京的《震宗报》、《月华》、《成师校刊》，天津的《伊光》，南京的《晨熹》、《回教青年月报》、《天山》、《边疆》等。这些刊物数量多，内容新，势头盛，推动了中国伊斯兰教文化的发展，但由于种种原因，存在的时间都不长。

第九章

多元竞进、迈向现代的
民国教育

　　民国时期，伴随着社会、经济、文化的发展，中国教育的近代化渐次向纵深推进。与晚清时期相比，此期教育发展的总体风貌，呈现出以下三个方面的特征：一是教育思潮的发展、演变趋于多元化；在诸多教育流派的相互竞争中，形成了民主主义教育思潮、三民主义教育思潮与马克思主义教育思潮三足鼎立的格局。二是学校制度的近代化日益深入，最终确立起一套比较成熟、完备、规范、科学，既面向世界又适合国情的新型学制。三是各级各类教育均有较大发展，办学体制日益完备，办学规模不断扩大，办学水平逐步提高，对社会、经济、文化的发展产生了显著的推动作用。

　　概而言之，思潮蜂起、流派纷呈的多元性，革故鼎新、走向现代的变革性，构成了民国教育的总体特征；而民族性、科学性、大众性、实践性、开放性，则代表了民国时期教育近代化的主导趋向。

一、教育思潮的多元竞进

伴随着传统教育的渐趋衰落和西方教育学说的传播，民国时期，在各种教育流派的相互竞争中，最终形成了民主主义、三民主义和马克思主义三大教育思潮多元并存的格局。

（一）日益勃兴的民主主义教育思潮

民主主义教育思潮主要受激于 19 世纪末 20 世纪初兴起的欧美教育革新运动，以西方资产阶级教育学说（尤其是美国教育家杜威的实用主义教育思想）为理论基础，以欧美、日本近现代新型教育为师法对象。其主要倡导者与代表人物，如蔡元培、胡适、蒋梦麟、陶行知、黄炎培、晏阳初、陈鹤琴等，多曾留学西方并深受欧洲"新教育"思潮和美国"进步教育"思潮的影响。他们承续五四新文化运动的启蒙精神，将民主、科学观念纳入教育革新的理论与实践，大力倡导以平民化、生活化、社会化、个性化、实践化、科学化、民族化为旨趣的新教育运动，力图通过发展教育、造就"新民"来实现中国的近代化。这一思潮的主导倾向和核心理念，主要表现为以下几个方面：

1. "教育救国"论与"教育独立"论

在教育的价值和功能这一问题上，民主主义教育家受杜威等人"教育万能"论的影响，视教育为救国图强和改造社会的根本途径，坚信"中国不必亡，亡不亡全在教育界。教育界可以支配中国，支配前途，改造社会"①。他们对"教育救国"论的阐扬，有着各自不同的出发点与落脚点：或着眼于如何建设民主政治，认定教育不兴、民智低下是辛亥革命后民主共和有名无实的根源，故教育实乃建设共和之根本途径；或着眼于如何制止武人乱国与官场腐败，倡言去害国之贼无他法，唯有令恶人受教育；或着眼于如何造就领袖人才，呼吁"我们在今日如果真感觉到全国无领袖的苦痛，如果真感觉到'盲人

---

① 晏阳初：《平民教育》，载《新教育》第 7 卷第 2～3 期，1923 年 10 月。

骑瞎马'的危机，我们应当深刻的认清只有咬定牙根来彻底整顿教育、稳定教育、提高教育一条狭路可走"[1]；或着眼于如何解决国计民生问题，强调"方今中国至重要至困难问题，厥为生计；日求根本上解决生计问题，厥为教育"[2]。在认同"教育救国"论的前提下，民主主义教育家从不同的角度与层面立言，就实现"教育救国"的途径提出了种种具体方案与主张，其中最具代表性和影响力的是晏阳初的平民教育主张、黄炎培的职业教育主张和陶行知的乡村教育主张。

晏阳初是20年代平民教育运动和三四十年代乡村教育运动的主要倡导者之一。他本着"民为邦本，本固邦宁"的信条，在杜威的平民主义教育学说指导下，毕生致力于平民教育事业，试图以此来实现"民族再造"的使命。1923年8月，他与陶行知、朱其慧等人联合发起中华平民教育促进会总会，亲任总干事，领导该会以"除文盲，作新民"为宗旨，广泛开展城市平民教育。1926年后，晏阳初及"平教总会"逐渐将工作重心转向以河北定县为基地的乡村建设试验。在开展定县试验的进程中，晏氏的平民教育理论日臻成熟，形成了以"四大教育"、"三大方式"为核心内容的完整体系。

晏阳初通过长期的调查研究，认定中国的立国之本在农村，而农村最根本的问题是"愚、穷、弱、私"四大病。为救治此四大病，他力主以乡村建设为依托，以养成富有"智识力"、"生产力"、"强健力"和"团结力"的"新民"为宗旨，对农民施以文艺、生计、卫生、公民"四大教育"：文艺教育"救愚"以开民智，包括文化教育、艺术教育两个方面；生计教育"救穷"以裕民生，分农业生产技术的培训、农村经济的指导、农村工艺的改良等项；卫生教育"救弱"以鼓民力，一面普及卫生常识，训练卫生习惯，一面加强医疗设施建设，建立各级卫生保健机构；公民教育旨在"救私"以新民德，培养民众的"团结力"、公共心、判断力和正义心。实施"四大教育"的方式，有学校式、社会式、家庭式三种。学校式教育包括三种组织形式："平民学校"是主体，以青年为对象，分初、高两级，分别实施业余文化教育和培养乡建骨干力量；"统一的村学"是收受学龄儿童的初级小学；"生计巡回学校"对农民授以基本

---

① 胡适：《领袖人才的来源》，见《胡适文存》第4集，第366页，合肥，黄山书社，1996。
② 黄炎培：《中华职业教育社宣言书》，载《教育与职业》第1期，1917年10月。

的农业生产技术。社会式教育以一般群众及有组织的农民团体为对象，通过平民学校毕业生同学会所开展的各项活动，对平民学校的毕业生施以继续教育。家庭式教育以各个家庭中地位相同的分子为对象，以家主会、主妇会、少年会、闺女会、幼童会为主要组织形式。

在晏阳初看来，只要采用"三大教育方式"推行"四大教育"，便可完成乡村"六大建设"——政治建设、教育建设、经济建设、自卫建设、卫生建设和礼俗建设，实现"培养国民元气，改进国民生活，巩固国家基础"① 的救国使命。本着上述理论，三四十年代，继开展定县试验之后，他又先后在四川、湖南等地推行乡村教育，并于 1940 年创办私立中国乡村育才院（后易名为乡村建设学院）。

黄炎培是民国时期职业教育救国的主要倡导者之一，终身致力于职业与教育、教育与社会的贯通。1917 年，他联合各界人士在上海发起成立中国第一个以研究、提倡、试验、推广职业教育为宗旨的全国性教育团体——中华职业教育社。在长期的教育实践中，他对职业教育的功能、价值、方针、原则等问题进行深入探索，构筑起具有鲜明中国特色的职业教育理论体系。

在职业教育的功能与价值这一问题上，黄炎培认为，职业教育不仅是救国之基，而且是救世之本。在发表于 1917 年《教育与职业》创刊号上的《中华职业教育社宣言书》中，他将中国国力衰微的根源归结为"无新学识以应用于实际，无新人才以从事于改良，教育不与职业沟通，何怪百业之不进步"，并提出"救济之主旨三端：曰推广职业教育，曰改良职业教育，曰改良普通教育，为适于职业之准备"。他宣称，只要大力发展职业教育，使教育与职业相互融通，便可使"学校无不用之成材，社会无不学之执业，国无不教之民，民无不乐之生，乃至野无旷土，肆无窳器，市无流氓，因之而社会国家秩序於乎大宁，基础於乎确立"。三四十年代，他进而从哲学角度阐述职业教育的救世功能。他指出，"求生""乐生"、"全生去杀"是人类社会的根本性问题，而职业教育正是解决这一问题的主要通道。这是因为，职业是"增进所以供给生活需求"的最佳手段，教育是"广其知以大其爱"的最佳方式，教育与职业的沟

---

① 晏阳初：《乡村改造运动十大信条》，见《晏阳初文集》，第 332 页，北京，教育科学出版社，1989。

通、结合，必将"使无业者有业，使有业者乐业"，最终使人类社会由小康进入大同。

为将教育救国、救世的理想落到实处，黄炎培提出了"社会化"、"科学化"两大职业教育的办学方针。在前一方面，他倡导"大职业教育主义"，要求"办职业学校的，须同时和一切教育界、职业界努力的沟通和联络；提倡职业教育的，同时须分一部分精神，参加全社会的运动"，必须"有最高的热诚，参与一切；有最大的度量，容纳一切"①。不仅如此，他还强调职业教育必须贯彻因地制宜、因材施教、手脑并用、做学合一、理论与实际并行、知识与技能并重等原则，遵循"敬业乐群"的职业教育规范。在后一方面，他要求"用科学来解决职业教育问题"，强调"职业教育直接求百业的进步，间接关系民生国计大问题，并不会在科学以外，别有解决的新方法"②。

本着上述思想，1928～1935 年，黄炎培领导中华职业教育社以"富教合一"为宗旨，在江苏昆山徐公桥等 30 余处乡村开展了熔职业教育、平民教育与乡村建设于一炉的"乡村改进"试验。

陶行知是 20 年代末期以后乡村教育救国的首倡者之一。他认为，中国的立国之本在乡村，改造乡村生活的中心是乡村学校，改造乡村生活的灵魂则是乡村教师。一个好的乡村教师，足以"一年使学校气象生动，二年使社会信仰教育，三年能使科学农业著效，四年能使荒山成林，废人生利"。基于这一认识，他主张"从乡村实际生活产生活的中心学校；从活的中心学校产生活的乡村师范"，造就"有农夫的身手、科学的头脑、改造社会的精神"的乡村教师；然后再由教师对学生授以"征服自然改造社会的活本领"，"从活的教师产生活的国民"。他强调，为了达到改造乡村的目的，乡村学校要与社会生活的具体环境和条件联系起来，首先是"教育与农业携手"，推广"科学农业"，改革农村交通、卫生，推进农村的民主自治，实现村民的"自立、自治、自卫"。他坚信，只要"创设一百万所学校，改造一百万个乡村"，便可"合起来造成中

---

① 黄炎培：《提出大职业教育主义征求同志意见书》，载《教育与职业》第 71 期，1926。
② 黄炎培：《我来整理整理职业教育的理论和方法》，见《黄炎培教育文选》，第 168～169 页，上海，上海教育出版社，1995。

中国文化发展史
民国卷 /486

华民国的伟大的新生命"①。基于这一信念，陶行知先后创办晓庄学校和山海工学团，开展了改造乡村教育和乡村社会的试验。

在倡导"教育救国"的同时，为了提升教育的价值，使其具有不容动摇的崇高地位，民主主义教育家又提出了"教育独立"的主张。在发表于1922年3月《新教育》第4卷第3期上的《教育独立议》一文中，蔡元培疾呼："教育事业当完全交与教育家，保有独立的资格，毫不受各派政党或各派教会的影响。"为推行不受党派与教会干涉的"超然的教育"，他还拟具了三条具体建议：(1)分全国为若干大学区，每区立一大学，凡区内各项教育均由大学办理。(2)大学事务由教授组成的教育委员会主持；大学校长由委员会举出，由各大学校长组织高等教育会议，办理各大学区互相关系的事务；教育部不得干涉各大学区事务；教育总长须经高等教育会议承认，不受政党内阁更迭的影响。(3)大学不设神学科；各学校中均不得有宣传教义的课程，不得举行祈祷式，以传教为职业者不得参与教育事业。

"教育独立"论不仅为蔡元培、胡适等文化教育界的名流所倡导，而且成为声势浩荡的社会思潮，引发了20年代一场争取教育独立的社会运动。1922年2月，全国教育独立运动会在北京高等师范学校成立，致力于通过和平请愿的方式，使"神圣之教育事业"脱离"此卑污龌龊政治军事之漩涡中"，"以期重新建设精神生活之工具"。为达此目的，该会向北洋政府提出了三项具体要求：其一，教育经费务必"急谋独立，脱离政治藩篱，明定预算，指定拨的款，由教育界直接取用，共同保管，政府既无支配之权，则挪用之道自绝"；其二，"教育基金之应急谋指定"；其三，教育制度"应急谋独立"，以免"附丽于组织不良政治之下"，"仰承鼻息于规矩谨严之政治"。对于此三项要求的意义，该会成员强调："凡此三端，均为吾人精神生活基础之所关，吾国根本存亡之所寄。"②

"教育独立"思潮还激发了20年代收回教育权运动的兴起。1924年，在各地反对教会文化侵略的运动中，一些倡导"教育独立"的人士首次提出了收

---

① 陶行知：《中国乡村教育之根本改造》，见《陶行知全集》第1卷，第653～654页，长沙，湖南教育出版社，1985。

②《全国教育独立运动会宣言》，载《新教育》第4卷第5期，1922年5月。

回一切外国人在华教育权的主张，要求教会学校向中国政府立案、注册，接受中国政府的领导、管理，并按中国政府制定的法规进行改革。同年 10 月，全国省教育会联合会在开封开会，通过两件议案：取缔外人在国内办理教育事业；学校内不得传教。收回教育权运动取得了显著的成效，迫使在华教会教育脱轨变形。1926 年后，国内教会学校多数由中国人任校长，向中国政府立案注册，将宗教课与宗教活动加以变通，并逐渐纳入中国私立大学的体制。

2. 人本主义、个性主义的教育目的论

本着以人为本、解放个性的理念，民主主义教育家要求打破封建主义、军国主义的教育宗旨，代之以人本主义、个性主义的教育宗旨。他们既批判封建主义的教育宗旨"都是一个'拯世救民'的仁政主义、牧民政策"，结果"把活泼泼的个人，做成枯落的秋草"，"把有用的人都变成了书呆子"，又指斥德、日两国的军国主义教育造成"社会之退化，国际之冲突，人类之痛苦"，实乃"魔鬼教育"。本着"教育之效力，即在尊重个人之价值"，"个人之天性愈发展，则其价值愈高"的思想，他们指出："夫教育云者，其宗旨非使儿童受之，以丰富其生活乎？养成其天生之个性，使为活泼灵敏之人，富有改良环境、认识社会种种征兆之原理，具解决社会种种问题之能力乎？"换言之，教育的根本宗旨不是造就封建主义与军国主义的驯服工具，而是培养具备以下三方面条件的新型国民：(1) 活泼泼的个人。"要认定学生是本来是活的，他们的体力、脑力、官觉、感情，自一天一天的发展。不要用死书来把他们的生长力压住"。(2) 能改良社会的个人。"学校的宗旨，是在养成社会良好的分子，为社会求进化……学生将来参加改良社会的运动，要从参加改良学校社会的运动做起"。(3) 能生产的个人。"现在我们假设百姓是羊，我们要羊自己有能力来寻草吃，不要人来牧"①。上述宗旨，体现了个性解放和人格独立的启蒙思想。

以人为本、以受教育者个性与人格的健全发展为本的教育目的论，在民国初年资产阶级临时政府制订的中华民国教育宗旨和 1922 年由民主主义教育家主持制订的壬戌学制七条教育标准中得到了切实贯彻（详见下节《新型学制的逐步确立》，此处不赘），对于民国时期的教育实践产生了重要影响。

---

① 蒋梦麟：《什么是教育的出产品》，载《新教育》第 1 卷第 2 期，1919 年 11 月。

3. "儿童本位"（又称"儿童中心主义"）的教育主体论

在民主主义教育的倡导者看来，既然教育的宗旨是陶铸受教育者的自由个性和主体人格，教育就应当以儿童为主体、重心和本位，从儿童的兴趣、经验和需要出发。他们受杜威"儿童本位"思想的影响，认定新教育与旧教育的区别，一个很重要的方面便在于"教育者非以成人教育儿童，而吾人受教于儿童之谓也"①。具体而言，在教学中，"务审察各儿童之学习力，据为教授标准。而教师在教授上之地位自认为儿童学习之周旋人"。换言之，教师只是儿童学习的诱导者和助手。就教材与学生的关系说，必须改变"教授之进行以预定教程为准则"的局面，转而"以儿童学习之状况认为本位"。就教学法的制定而言，"凡为教师者对于各个儿童须研究其每时间内应以何等方法学习课业，时时就儿童学习之方面著想，不当就自己教授儿童之方面著想"②。

随着民主主义教育思潮的日益勃兴，"儿童本位"论在教育实践中产生了日益显著的影响。1919 年 10 月，全国教育会联合大会通过有关决议案指出："从前教育只研究应如何教人，不知研究人应如何教。今后之教育应觉悟人应如何教，所谓儿童本位教育是也。"著名儿童教育家陈鹤琴于 40 年代开展的"活教育"试验，贯穿了上述理念。

4. 生活化的教育本体论和社会化、平民化的教育领域论

在教育的本质和领域这一问题上，民主主义教育家深受杜威"教育即生活"、"学校即社会"学说的影响。杜威的弟子胡适在《实验主义》等一系列文章中，对乃师的教育本体论和领域论作了系统的宣传与阐扬，大力倡导教育的生活化、社会化和平民化，要求打破传统教育脱离社会生活实际、脱离人民大众的弊端。20 年代以后出版的许多教育理论专著，均对上述思想作了阐发。而杜威的另一位学生陶行知，则在构筑其生活教育理论的过程中，对乃师的思想进行了扬弃，提出了"生活即教育"、"社会即学校"的反命题。这两大命题，在倡导教育的生活化、社会化、平民化方面产生了重大的理论与实际影响。

关于教育的本质，陶行知对其"生活即教育"论解释道："从定义上说：

---

① 蔡元培：《新教育与旧教育之歧点》，载《新青年》第 5 卷第 1 期，1918 年 7 月。
② 耕莘：《学习法之刷新》，载《中华教育界》第 5 卷第 1 期，1916 年 1 月。

生活教育是给生活以教育，用生活来教育，为生活向前向上的需要而教育。从生活与教育的关系上说：是生活决定教育。从效力上说：教育要通过生活才能发出力量而成为真正的教育。"① 他指出，"生活即教育"的具体含义是：其一，生活决定教育，教育改造生活。过什么生活便是受什么教育。过好的生活，便是受好的教育；过坏的生活，便是受坏的教育。生活教育的根本使命，是要拿好的生活来改造坏的生活，拿前进的生活来引导落后的生活。其二，生活教育是生活所原有、生活所自营、生活所必需的教育。教育的根本意义是生活之变化，生活无时不变即生活无时不含有教育的意义。

在学校与社会的关系这一问题上，陶行知指出，提倡"社会即学校"，意在拆除学校与社会之间的"高墙"，冲破"鸟笼"式的学校束缚，将笼中的小鸟放飞于天空，将学校中的一切伸张到大自然中。他强调："从大众的立场看，社会是大众唯一的学校，生活是大众唯一的教育。"在社会这所伟大的学校里，"人人可以做我们的先生，人人可以做我们的学生，随手抓来都是活书，都是学问，都是本领"②。

5. 个性化、科学化（"尚自然，展个性"）和实践化（"自动主义"）的教育方法论

本着个性解放的精神，民主主义教育家极力反对违反自然、束缚个性的旧式教育，强调教育者必须顺应儿童身心发展的自然规律及其个性、心理特点，激励、保护儿童个性的发展。蔡元培在发表于《新青年》第 5 卷第 1 号上的《新教育与旧教育之歧点》一文中明确指出："知教育者，与其守成法，毋宁尚自然；与其求划一，毋宁展个性。"教育者必须"深知儿童身心发达之程序，而择种种适当之方法以助之，如农学家之于植物焉"，切不可"挟成见以从事"，"不问其性质之动静，资禀之锐钝，而教之止有一法"，"如吾人之处置无机物然"，"如凶汉之割折幼童"。陈鹤琴在 1925 年由商务印书馆出版的《家庭教育》一书中强调：既然"儿童的心理与成人的不同样"，教育者就应当"爱

---

① 陶行知：《谈生活教育》，见《陶行知教育文选》，第 267 页，北京，教育科学出版社，1981。

② 陶行知：《普及现代生活教育之路》，见《陶行知教育文选》，第 165 页，北京，教育科学出版社，1981。

护他们的烂漫天真"，针对其好奇、好动、好游戏、好模仿、喜成功、喜称赞、合群、喜野外生活等天性因势利导。

为了将教育方法的个性化真正落到实处，民主主义教育家承续五四新文化的科学精神，积极倡导以西方近现代实验心理学、实验教育学开展教育研究，指导教育实践。他们将教育调查、教育统计、心理测验等科学方法引入中国，在教育实践中大力推广应用，以利于加强教育者对于教育成败制约因素的全面衡量，切实有效地提高教育质量。自1921年商务印书馆出版陈鹤琴、廖世承合著的《智力测验法》之后，智力测验方法先在南京、上海等大城市，继而在全国范围内开始普及。与此同时，中国儿童心理学的创始人陈鹤琴运用实验、调查的方法，对儿子一鸣出生后近3年的成长状况进行持续研究，在充分掌握第一手资料的基础上，于1925年出版了中国儿童心理学的开山之作——《儿童心理之研究》。他还将该书的研究成果运用到儿童教育学领域，于同年出版了《家庭教育》一书。经由民主主义教育家对于教育研究科学化的大力倡导，中国教育方法论的研究逐步走上了与现代实验心理学、实验教育学相结合的科学化轨道。

基于尊重受教育者独立人格的理念和杜威的"从做中学"的理论，民主主义教育家还要求打破"先生讲，学生听"、"只学不做"的传统教育方式，在教育方法上贯彻"自动主义"的原则，通过教育与社会生活、生产劳动的联系和学生的自主活动，培养学生的主体意识、主体能力和主体人格。

"自动主义"作为一种教育方法论主张提出于五四时期。在这一时期的教育改革探讨中，许多论者极力抨击扼杀儿童主体性的机械式、注入式、教训式教育方法，强调新教育必须以儿童自身的本能和活动为基础，充分调动其能动性、自主性和创造性，"使儿童不受父母、教师及他人所传达之知识技能，自进而为独立的研究，藉其自发活动以获得知识技能"[1]，不仅成为"自动的求知者"、"自动的思考者"，而且"能自动的将知识应用到实际上去"[2]。换言之，教育并非以现成的知识灌输给学生，而是授之以解决问题的方法，使其举一反三，触类旁通，通过"自得"和"自动"，成为富有创造性的主动学习者。

---

① 吴家煦：《自动主义之理科教授法》，载《中华教育界》第5卷第5号，1919年10月。
② 常道直：《自动教育略说》，载《平民教育》第33号，1921年5月。

五四时期提出的"自动主义"方法论原则，在三四十年代陶行知的"教学做合一"理论和陈鹤琴的活教育理论中得到了继承、贯彻和发展。

　　"教学做合一"是陶行知生活教育理论中的方法论。它针对封建教育"教死书，死教书，教书死"的弊端，主张"教"与"学"均以"做"为中心，"在做上教，在做上学"，通过教学与实践、理论与实际的结合，使学用归于一致。他强调："教学做有一个共同中心，这个中心就是'事'，就是实际生活；教学做都要在'必有事焉'上用功"；教学做是一件事，不是三件事，做是学的中心，也是教的中心。① 陶氏创办的南京晓庄学校，便是实践上述理论的典范。该校以"教学做合一"为校训，将全部课程分为"中心小学生活教学做"、"中心小学行政教学做"、"师范学校第一院教学做"、"征服天然环境教学做"、"改造社会环境教学做"诸项，以"做"为中心组织教学，贯彻了"从做中学"的原则。

　　陈鹤琴于 40 年代提出的活教育理论，在其课程论与方法论方面均贯穿了"自动主义"的原则。在课程论方面，他主张利用大自然、大社会做活教材，摒弃"书本中心"，打破固有的学科分类，以儿童健康、社会、自然、艺术、文学五类活动来设置课程，编制教材。在教学方法论上，为打破传统教育脱离实际、脱离社会、脱离儿童的弊端，提出"一切教学，集中在'做'。做中教，做中学，做中求进步"，要求在教学中以儿童的主体活动为中心，而置教师与书本于辅助、引导的地位，以"做"为核心，通过实验观察、阅读参考、创作发表、批评检讨四个步骤组织教学过程。为打破以教师为中心的注入式教学，他还提出了与旧式"死教育"针锋相对的 17 条教学原则和 13 条训育原则。这些原则，鲜明地体现出"从做中学"的思想。例如，教学方面，强调"凡是儿童自己能够做的，应当让他自己做"、"凡是儿童能够自己想的，应当让他自己想"、"分组学习，共同研究"等；训育方面，强调从不觉到自觉、从被动到自动、从知到行、从空口说教到以身作则等。②

　　民主主义教育思潮极力倡导教育的生活化、社会化、平民化、个性化、实

---

① 陶行知：《教学做合一》，见《陶行知教育文选》，第 77～78 页，北京，教育科学出版社，1981。

② 陈鹤琴：《活教育（理论与实施）》，前记至 52 页，上海光华书店，1949。

践化、科学化，对于教育思想的解放和教育观念的更新，对于旧教育的改革和新教育的推行，对于民国时期教育近代化的深入发展，作出了十分重要的历史贡献，堪称民国时期倡导教育革新的一支生力军。然而，也应当看到，这一思潮的倡导者，对于实用主义等西方资产阶级教育学说的思想局限性缺乏科学的、辩证的分析和批判，以致于在教育实际中带来了一些不利影响，诸如淡化教育的特殊性和学校的特殊性、忽视系统知识的传授和教师的主导作用等。

（二）盛极一时的三民主义教育思潮

三民主义教育思潮在南京国民政府统治时期居于官方教育指导思想的地位，对于国统区教育方针、政策的制定和各级各类教育的实施产生了举足轻重的影响。其核心主张，体现在蒋介石、陈果夫、陈立夫等国民党政要有关教育问题的各种训示、讲演、论著及国民政府的各项教育法规、条令中，大致包括以下两个方面的内容：

1. 以儒学化三民主义为教育的根本宗旨和"中心信仰"

南京国民政府成立后不久，以蒋介石为首的国民党便将其专制独裁统治的精神支柱——三民主义，确立为教育的最高准则和目标，视之为振兴教育乃至救国、立国的命脉所在。在 1931 年 1 月的一次讲演中，蒋介石阐明了以三民主义为教育的"中心信仰"的政治意义："教育的事业，乃是国家百年大计的基础。当军事结束之后，如果百年大计的教育没有一个正确的系统、正确的思想，不能使全国的国民了解并信仰三民主义，那么，教育失败，其结果不仅要亡国，而且将灭种！因为他们不了解三民主义，就不晓得自己国家立国的基础在什么地方，本国历史的中心在什么地方，正统思想在什么地方，当然不能发生爱国思想。既没有爱国思想，当然没有爱国的中心信仰。"[①]

蒋介石所标榜的"三民主义"，并非孙中山生前着力倡导的进步的、革命的三民主义，而是"继承尧、舜、禹、汤、文、武、周公、孔子以来的仁义道

---

① 蒋介石：《中国教育的思想问题》，见《蒋委员长言论类编·教育文化言论集》，第15页，正中书局，1941。

德思想，将之发扬光大"①，是具有浓厚封建色彩的儒学化三民主义。其核心精神，是"礼义廉耻"四维、"忠孝仁爱信义和平"八德，以及他本人亲自为国民党制定的"党员守则"十二条——"忠勇为爱国之本；孝顺为齐家之本；仁爱为接物之本；信义为立业之本；和平为处世之本；礼节为治事之本；服从为负责之本；勤俭为服务之本；整洁为强身之本；助上为快乐之本；学问为济世之本；有恒为成功之本"。以这种儒学化三民主义为教育宗旨，其根本用意，是使"家庭、学校、社会、军队一切的教育，都要以'四维八德'来做基础，使所有受教的人入以事其父兄，出以事其长上，无论饮食起居，待人接物，一切生活行动都能规规矩矩，有条有理，都能合乎礼义廉耻"②，从而达到统整人心、钳固思想、巩固国民党一党专政和集权统治的目的。

以三民主义统整教育的意旨，在南京国民政府制定的教育方针、政策和制度中得到了切实贯彻。为将国民党的官方意识形态全面渗透到各级各类教育中，维持和巩固"一个政党，一个主义"的专制统治局面，1929年4月26日，国民政府公布《中华民国教育宗旨及其实施方针》，明确规定："中华民国之教育，根据三民主义，以充实人民生活，扶植社会生存，发展国民生计，延续民族生命为目的；务期民族独立，民权普遍，民生发展，以促进世界大同。"为实施以上宗旨，"各级学校之三民主义之教育，应与全体课程及课外作业相贯通，以史地教科阐明民族主义之义务，以集团生活训练民权主义之运用，以各种生产劳动的实习，培养实行民生主义之基础，务使知识道德融合贯通于三民主义之下，以牧笃信力行之效"。"普通教育，须根据孙总理遗教，以陶融儿童及青年'忠孝仁爱信义和平'之国民道德，并养成国民之生活技能，增进国民生产能力为主要目的"。1931年9月，国民党中央执行委员会常务会议又通过《三民主义教育实施原则》，并将其发至教育部，提出了初等、中等、高等、师范、社会、蒙藏、华侨、留学各类教育实施三民主义教育宗旨的具体目标和纲要（内含课程、训育、设备等）。在该法规的各项具体内容中，"四维八德"纲常伦理的灌输备受重视，如规定初等教育课程"应注重伦理知识及实践，以助

---

① 蒋介石：《为学做人与复兴民族之要道》，见《总裁言论选集》卷三，第73页，中国国民党中央执行委员会训练委员会宣传部1942年编印。

② 《蒋介石先生嘉言类钞》，第503页，上海，商务印书馆，1940。

长儿童忠孝仁爱信义和平之德性"，中等教育首要目标为"确定青年三民主义之信仰，并切实陶冶其忠孝仁爱信义和平之国民道德"等①。

2. 以教育的党化、政治化、军事化为贯彻三民主义教育方针的途径与归依

为确保三民主义教育方针贯彻落实于各级各类教育之中，使教育成为国民党"以党治国"、一党专政的有力工具，蒋介石等人极力主张通过强化训育与军事训练、实行"管教养卫"合一、发起"新生活运动"等途径，实现教育的党化、政治化、军事化。

为实现教育的党化、政治化，以全面渗透国民党的统治思想与政治意图，蒋介石等人主张在学校教育中加强以灌输"四维八德"为宗旨的训育，实现"教"与"育"的合一。1932 年 12 月，时任国民政府教育部部长的朱家骅，秉承蒋介石的旨意，在《教育部公报》第 4 卷第 49～50 期发表《九个月来教育部整理全国教育之说明》，断言"近年以来，学潮迭起，几无一校，可以幸免，中学训育制度不良，乃为根本原因之一"，要求各级各类学校大力改进训育，使教员兼负训育责任，将教育与训育打成一片。陈果夫则从理论上对"教"（教育）"育"（训育）合一的主张进行阐述。他强调："教是知识能力之养成，为做事的基础；育是体格、品行、思想、精神之培养，为做人的基础。所以，教与育，在未达到中等教育阶段以前，与其说是二者并重，毋宁说是育比教更为重要。"②

"教""育"合一的旨意，在国民政府时期的学校教育中得到了切实贯彻。为加强训育，国民政府教育部于 1931 年通令各校悬挂书有"忠孝仁爱信义和平"八字的匾额以资启迪，并于 1939 年 9 月颁布《训育纲要》，对各级各类学校的训育目标、科目与具体措施作了详细规定。在国民党政权的部署下，各级各类学校均建立起严格的训育制度，其具体措施为：小学先后开设党义课与公民训练课，对学生施以"四维八德"训练；中等以上学校设训导处或训导组，由经挑选的国民党员担任训育主任和生活指导员，严密监控学生的学业和生

---

① 中央教育科学研究所教育史研究室编，宋恩荣、章咸主编：《中华民国教育法规选编》，第 45、48～62 页，南京，江苏教育出版社，1990。
② 陈果夫：《中国教育改革之途径》（第 5 版），第 121～122 页，上海，正中书局，1946。

活，加强三民主义与传统伦理道德的灌输，以"四维八德"制约、规范师生的思想、言行。

为实现教育的军事化，有力配合国民党的军事行动，蒋介石等人力主以古代"礼、乐、射、御、书、数""六艺"为主要内容，根据古人"文武合一"的精神与"六艺兼修"的原则，推行"文武合一"的"军事化教育"。蒋介石强调："六艺实在是现代国民所必须具备的修养和技能，这是文武合一身心兼修的教育。照此种教育的主旨来施教，才能培养受教者成为完全无缺的人。我们现在虽因时代关系，不妨变通古时所教六艺的内容，但必须认定是现代国民教育不可缺一的基础科目，尤其是达到教育军事化的必要途径。"① 本着蒋氏"教育军事化"的旨意，国民政府通令各级学校加强军事训练，规定高中以上学校须将军事教育课列为必修科目，并利用暑假组织学生开展军训，小学与初中须实施童子军训练，以培养学生对于"党国"的绝对服从。

为将教育的党化、政治化与军事化融为一体，从根本上消除中共革命运动与进步民主思潮的影响，在蒋介石的倡导下，国民党当政者极力推行以"管教养卫"为中心的特种教育和以"新生活运动"为主体的社会教育。

以党化、政治化、军事化合一的"管养卫"三者统辖德智体三育，将学校教育与所谓的"管养卫"打成一片，是蒋介石等国民党政要的一贯旨意。对于这一主张，曾任国民政府教育部长的陈立夫作过详细解释："教育既以作成人才，藉求民族之独立、民权之普遍与民生之发展，故其中心工作实即教人如何为管养卫三者以成于国而已。德、智、体三育并重训练中，由于德育之训练，使人人能自治复能治事，是管之教；由于智育之训练，使人人能自养复能养人，是为养之教；由于体育之训练，使人人能自卫复能卫国，是为卫之教。德智体三育之总合训练，使人人能自信复能信道（昔人所谓道即今人所谓主义，在吾国则为三民主义），是为道之教；在自身有立志，为国家行主义，是又教育工作中之尤中心者也。"②

"管教养卫"合而为一的主张，在教育实际中体现为 30 年代国民党政权推

---

① 蒋介石：《军事化的教育》，见《总裁言论选集》卷四，第 206 页，中国国民党中央执行委员会宣传部 1942 年编印。

② 陈立夫：《教育与建国之要道》，载《教育通讯》第 2 卷第 1 期，1939 年 1 月 1 日。

行的"特种教育"。所谓"特种教育",乃是在中国共产党领导下的农村革命根据地及周边地区,将学校教育、社会教育与地方行政、军事联成一体,建立保甲制度,加强人身控制(是为"管");实施"公民训练",钳固民众思想(是为教);实行强制劳动,增进农村产业(是为养);训练地方自卫,组织地主武装(是为卫),以消除"赤化思想"的影响。这一系列举措,将国民党统治者推行所谓"三民主义教育"的真实意图暴露无遗。

社会教育方面,以蒋介石为首的国民党力图以"新生活运动"的方式在全社会实施三民主义教育,全面实施教育的党化、政治化、军事化,以恢复传统道德,规范国民生活,转变社会风气。所谓新生活运动,便是以"礼义廉耻"为基准,以改造国民的日常生活习俗为出发点,其最终目标,"就是在教导一般国民实行新生活,要使他们的生活和行动能合乎整齐、清洁、简单、朴素、迅速、确实的要求。更要使他们的生活能达到生产化、军事化、合理化的境地,然后他们处在社会能够明礼义,知廉耻,守纪律,重秩序"①。自 1934 年起,国民政府教育部秉承蒋介石的旨意,先在学校开展"新生活运动",继而又将其广泛推行于社会各界。

三民主义教育思潮张扬封建伦理道德,维护专制集权统治,极力倡导教育的政治化、军事化和国民党化,体现出浓厚的封建性、专制性和反动性,从根本上背离了孙中山的三民主义革命、民主的真义,背离了教育民主化、个性化的历史潮流和世界大势。正因为如此,尽管它曾挟官方倡导之力而盛极一时,却最终掩入历史的尘埃。但另一方面,这一思潮当中也包含着一定的合理性成分,如重视传统教育(尤其是传统伦理教育)的传承、倡导德智体"三育并重"等。

(三) 蓬勃发展的马克思主义教育思潮

马克思主义教育思潮是在五四运动和俄国十月革命内外两种因素的合力下兴起的。它以苏俄工农革命教育为师法对象,高扬教育的革命性、阶级性、大众性、实践性,对于中国共产党的新民主主义教育实践发挥了指导作用。李大

---

① 蒋介石:《军事化的教育》,见《总裁言论选集》卷四,第 2061 页,中国国民党中央执行委员会宣传部 1942 年编印。

钊、陈独秀、恽代英、杨贤江、钱亦石、毛泽东、徐特立等，是这一思潮的主要倡导者和代表人物。其核心思想，主要包括以下几个方面：

1. 运用马克思主义的唯物史观考察教育问题，强调教育的政治属性和阶级属性，要求教育为政治革命和阶级斗争服务

早在五四前后，以李大钊为代表的早期共产主义者即开始运用马克思主义基本原理分析教育的本质。在此基础上，30 年代初，著名马克思主义教育理论家杨贤江以"李浩吾"为笔名，于 1930 年在上海南强书局出版中国第一部马克思主义教育理论专著——《新教育大纲》，在批判"教育救国"论、"教育独立"论、"教育神圣"论、"教育清高"论等思潮的同时，对教育的政治属性与阶级属性作了更为系统、深入的理论阐述。他在书中指出，教育受到经济和政治的双重制约：一方面，教育起源于人类实际生活的需要，与社会生活和物质生产密切相关，随着经济基础的变更而变化；另一方面，它作为社会上层建筑的一部分，在阶级社会中具有阶级性，并成为阶级斗争的武器；在帝国主义阶段，教育的政治化表现得更为突出。教育由经济与政治所决定，又反作用于经济、政治，而它与政治的关系尤为直接：在特定条件下，革命的、政治的教育对于政治可以发挥"率先领导或者促进的作用"。在革命的进程中，教育是革命的锐利武器之一。在革命民众获得政权之前，教育通过宣传革命思想、启发阶级觉悟，能有效地调动群众的革命情绪和潜在力量，从而使自身成为"获得政权的武器之一"。而在获得政权之后，教育又承担起教导民众、训练民众的职责，起到"保卫政权并促进政权"的重要作用。作为中国马克思主义教育学的开山之作，杨著传入中国共产党领导下的革命根据地之后，被用作师范学校教科书和教育工作者的参考读物，对于新民主主义的教育实践发挥了重要的理论指导作用。

教育为政治革命和阶级解放服务的思想，在三四十年代中共革命根据地制定的教育方针与政策中得到了切实贯彻。土地革命战争时期，"为着革命战争的胜利，为着苏维埃政权的巩固与发展，为着动员一切力量，加入于伟大的革命斗争，为着创造革命的新时代"，以毛泽东为首的中华苏维埃共和国政府中央委员会与人民委员会，在第二次全国苏维埃代表大会的报告中明确宣称："苏维埃文化教育的总方针在什么地方呢？在于以共产主义的精神来教育广大

的劳苦民众，在于使文化教育为革命战争与阶级斗争服务，在于使教育与劳动联系起来，在于使广大中国民众都成为享受文明幸福的人……每个人都明白，所有这些方针与任务，只有在苏维埃政权之下才有实现的可能，因为这是阶级斗争极端尖锐的表征，这是人类精神解放绝大的胜利。"① 抗日战争时期，根据毛泽东的意见，1938 年 11 月召开的中共六届六中全会作出了《实行国防教育政策，使教育为民族自卫战争服务》的决议，提出了适应抗日新形势的根据地教育方针："一切为着前线，一切为着打倒日本侵略者和解放中国人民。"

2. 大力倡导工农教育与社会化大教育，要求教育为人民大众服务

早在五四时期，以李大钊为代表的早期马克思主义者即痛陈旧中国广大劳工终日如机械、牛马般劳作，完全丧失受教育权的事实，疾呼"资本家夺去劳工社会精神上修养的工夫，这种暴虐，这种罪恶，却是比夺去他们的资财更是可怕，更是可恶"，强调劳工们除"在政治上要求普通选举，在经济上要求分配平均"之外，还应该"在教育上、文学上也要求一个人人均等的机会，去应一般人知识的要求"，主张多设劳工补习机构，"使一般劳作的人，有了休息的工夫，也能就近得个适当的机会，去满足他们知识的要求"②。不仅如此，他们还强调"中国是一个农国，大多数的劳工阶级就是那些农民。他们若是不解放，就是我们国民全体不解放……他们的愚暗，就是我们国民全体的愚暗"，号召广大知识青年深入农村，启发民智③。随着革命运动的发展，他们进而提出，工农教育不仅应该重视文化普及，而且必须加强政治教育，以启发其阶级觉悟，增强其革命意识。基于上述认识，从 20 年代初到大革命时期，中国共产党在开展工农运动的过程中，创办了大量的工人补习学校、工人子弟学校与农民学校，推动了民众教育的发展。

在 1927 年以后的历次革命战争中，中国共产党领导下的革命根据地十分重视民众教育与社会化大教育。土地革命战争时期，1931 年中华苏维埃第一次全国代表大会通过的《中华苏维埃共和国宪法大纲》，明确宣称"中国苏维

---

① 李桂林主编：《中国现代教育史教学参考资料》，第 45、48 页，北京，人民教育出版社，1987。

②《劳动教育问题》，见《李大钊文集》（上），第 632～634 页，北京，人民出版社，1984。

③《青年与农村》，见《李大钊文集》（上），第 648～649 页，北京，人民出版社，1984。

埃政权以保证工农劳苦民众有受教育的权利为目的"。继之，毛泽东于 1934 年 1 月在第二次全国苏维埃代表大会上所作的报告，将"广泛的社会教育"列为苏维埃文化建设的中心任务之一。本着这一精神，苏维埃政权将民众教育置于重要地位，以扫除文盲为中心，发起了一场声势浩大的群众性社会教育运动。各级苏维埃政府纷纷成立夜校、半日学校、露天学校、星期学校、补习学校、寒暑假学校、识字班、识字组、读报组、俱乐部、列宁室、研究会、巡回图书馆等各种业余学习组织，对广大工农群众施以文化教育、政治教育与生产教育。在各级政府的大力支持下，苏区民众教育发展迅速。据 1934 年的统计资料，仅中央苏区就有补习学校 4 562 所，学员 108 000 人，识字组 23 286 个，成员 120 000 人，俱乐部 1 917 个，成员 93 000 人[①]。

全国抗战开始后，以毛泽东为首的中共中央将"广泛发展民众教育"列为抗战时期的一项重要文化政策，号召根据地抗日民主政府组织各种补习学校，创办敌前敌后各种地方通俗报纸，推行"识字运动"、"戏剧运动"、"歌咏运动"和各类体育运动，以提高广大民众的文化水平和民族觉悟。循此方针，各抗日根据地均注重民众教育，充分利用农闲时节开展"冬学"教育，并在此基础上建立全年常设的民众学校，以逐步扫除文盲，提高群众的文化、政治水平。由于各级政府的重视和广大群众的积极配合，民众教育在各根据地发展迅速，成效显著。陕甘宁边区在 1944 年冬季，几乎村村都办有"冬学"，大部分青壮年均参加学习。敌后根据地的阜平县，村村都有"民校"；曲阳游击区也有约 96％的行政村建立了民众学校。解放战争时期，解放区的民众教育有了更进一步的发展。

3. 大力倡导教育与社会生活和生产劳动相结合，以培养面向社会、面向大众、全面发展的一代新人

早在五四前后，早期马克思主义者即明确提出了教育社会化、实践化的主张，要求打破旧式教育劳心、劳力的对立和脱离社会生活实际的弊端。陈独秀在发表于《国民新报》1920 年 2 月 9 日的《新教育的精神》一文中，极力主张"教育要趋重社会"，"要讲究实际的应用"，力避"主观主义"与"形式主义"

---

① 张惠芬、金忠明编著：《中国教育简史》，第 555 页，上海，华东师范大学出版社，2001。

的流弊，以造就适应社会需要的新型人才。毛泽东、何叔衡、易礼容于1921年8月创办的中共第一所干部学校——湖南自修大学，在发表于其校刊《新时代》创刊号上的《湖南自修大学组织大纲》中明确宣称："本大学学友为破除文弱之习惯，图脑力与体力之平均发展，并求知识与劳力之接近，应注意劳动。本大学为达劳动之目的，应有相当之设备，如园艺、印刷、铁工等。"

上述主张，在三四十年代中共革命根据地的教育实践中得到了继承、发展和贯彻。土地革命战争时期的苏区教育与抗日战争时期的抗日根据地教育，均将教育与生产劳动相结合、理论与实际相结合确立为基本的教育原则，将生产劳动课列为各级各类学校的公共必修科目，采取各种措施对学生授以生产知识与技能，引导学生参加生产实践，培养劳动观念，增强动手能力。解放战争时期，针对解放区教育工作的实际，陕甘宁边区政府主管教育工作的主要领导人徐特立明确指出，"目前普及教育最大的难关，正是教育与生活对立的问题"，教育的正确方向，应该是使知识与行动、用脑与用手统一起来，"知识分子普遍参加生产，使我们的人民大众都成为知识分子，使所有知识分子，都成为能生产者。这就是我们改造教育的总方针"[1]。

生机勃勃的马克思主义主义教育思潮，为中国教育的发展指明了新的方向，提供了新的动力。倡导这一思潮的中国共产党人，致力于将马克思主义教育理论与中国革命的具体实际相结合，推行民族的、科学的、大众的新民主主义教育，将中国近代的教育变革推进到了一个全新的境界。

二、新型学制的逐步确立

在教育思想日趋解放、教育理论日趋繁荣的同时，民国时期教育制度的近代化不断向纵深发展。继民初壬子癸丑学制奠定民国学制的基础之后，受激于五四新文化运动与欧美教育革新思潮的1922年壬戌学制，对学校制度进行了更为全面、深入的改革，标志着民国时期新型资产阶级学制的正式确立。该学制的主体内容，在其后南京国民政府的学制中得以沿袭、贯彻，对各级各类教

---

① 徐特立：《中国教育家陶行知先生的学说》，载《边区教育通讯》第2卷第4～5期，1946年9月、12月。

育的实施产生了重大影响。

30~40 年代，中国共产党人在新民主主义革命的实践中，逐步建立起适应战时农村环境的、新民主主义性质的革命根据地学制，为中国近代的学制变革开辟了新的道路。

（一）民国学制的诞生

中华民国的诞生，结束了长达数千年的君主专制制度，揭开了民主共和的新纪元，推动了教育近代化的深入发展。

民国成立之初，以蔡元培为首的临时政府教育部采取一系列措施，对前清封建教育加以全面改造。1912 年 9 月 2 日，教育部公布了以蔡元培"五育"（军国民教育、实利主义教育、公民道德教育、世界观教育、美感教育）理论为蓝本的中华民国教育宗旨："注重道德教育，以实利教育、军国民教育辅之，更以美感教育完成其道德。"这一方针，取代了清末"忠君、尊孔、尚公、尚实"的教育宗旨，体现了资产阶级民主主义的教育精神，为民国学制的制定确立了思想导向与精神基调。

本着新的教育宗旨，民国政府着手对前清癸卯学制（即 1904 年颁布的《奏定学堂章程》）进行改革，于 1912 年（农历壬子年）9 月 3 日颁布了新的学制系统——壬子学制。自该制公布至次年（农历癸丑年）8 月，又相继推出一系列学校法令和规程，对民元学制进行补充、修改。上述法规与壬子学制总合为壬子癸丑学制[①]，宣告了民国学制的正式诞生。

就其框架与内容而言，壬子癸丑学制在横向上包括普通教育、师范教育和实业教育三个系统，在纵向上又分为若干阶段和等级。普通教育中，受教育者从 6 岁入学至 23、24 岁大学毕业，修业 17 年或 18 年，分为三段四级：第一段为初等教育，内分两级——初等小学 4 年，为义务教育，毕业后可入高等小学校或乙种实业学校；高等小学 3 年，毕业后可入中学校或师范学校、甲种实业学校。第二段为中等教育，设中学校，修业 4 年，不分级，毕业后可入大学、专门学校或高等师范学校。第三段为高等教育，设大学与专门学校。大学

---

① 全文详见朱有瓛主编：《中国近代学制史料》第 3 辑上册，第 27~29 页，上海，华东师范大学出版社，1990。

修业期限为预科 3 年，本科 3 年（法科与医科药学门）或 4 年（文、理、商、农、医、工诸科）；专门学校修业期限为预科 1 年，本科 3 年（医科 4 年）。此外，小学以下设蒙养院，大学以上设大学院（招收大学本科毕业生或具同等学历者，主要从事高深学问研究），均不计入学制年限内。师范教育分为师范学校（预科 1 年、本科 4 年）和高等师范学校（预科 1 年、本科 3 年）两级，相当于普通教育的中等、高等教育阶段。实业学校分为甲、乙两种，包括农业、工业、商业、商船四类，修业年限概为 3 年。此外，在上述各级各类学校中，另设补习科、专修科及小学教员讲习所等，作为三个系统中特设或附设的旁支。

就其思想内涵而言，壬子癸丑学制既继承了清末癸丑学制的合理内核，又本着资产阶级民主主义的教育宗旨，剔除了其封建性糟粕与不合理成分。与清末学制相比，民初学制的进步性，主要体现在以下两个方面：

1. 全面否定封建教育，切实贯彻民主精神

民初学制一扫以忠君、尊孔为核心的清末教育宗旨，打破教育领域内的封建特权和等级限制，废除前清专为贵族子弟设立的贵胄学堂，取消奖给学堂毕业生科举出身的规定，摒弃有违民主共和精神的教科书，废止各级各类学校跪拜孔子之礼。与此同时，该学制注重教学原则与方法的改革，制定出有利于儿童身心发展的"教则"，要求在教学中遵循教育规律，严禁教育者体罚学生。不仅如此，它还本着男女平等的原则，针对清末学制对于女子受教育权的漠视，确立了女子教育的重要地位与实施办法，规定普通中学、中等实业学校、高等师范学校均可设立女校，初等小学实行男女同校，高等小学分别男女各编学级，从而在较大程度上消除了教育领域中的两性差别，保障了女子受教育的权利。以上数端，有力地荡涤了旧式封建教育的流毒，鲜明地体现出以自由、平等、博爱为核心的资产阶级民主主义精神。

2. 改革课程设置，缩短修业年限，加强师范教育，适应了民族资本主义发展对于新型人才的迫切需要

课程设置上，清末学制"以经史之学为基"，明确规定经学在各级各类学校教学内容中占有绝对优势的地位：初等小学读经课每周 12 学时，占总学时的五分之二；高等小学读经课每周 12 学时，占总学时的三分之一；中等学堂

读经课每周 9 学时,占总学时的四分之一;高等学堂与优级师范学堂均设有经学课程,大学堂还专设经学科。与此形成反差,自然科学课程虽有所安排,但课时较少;图画课作为随意科,被置于无足轻重的地位;技能课(手工、园艺、缝纫等)、音乐课则付诸阙如。对此,民初学制加以大幅度改革,废除了清末占学时量最多的读经讲经课,大大提高了数学与实科课程的教学时数,并增设手工、家事、园艺、缝纫(后三科为女子所习)等实用技能科目和艺术科目中的唱歌,还将唱歌、手工、图画一并确立为必修科目。这一改革,提高了自然科学教育、实用技能教育和艺术教育的地位,体现了四育(德、智、体、美)并举、手脑并重、文理并重的新型教育原则,有利于培养全面发展的一代新人。

修业年限上,清末学制的整个学程,除蒙养院与通儒院不计,自初小至大学长达 20~21 年(初等小学堂 5 年,高等小学堂 4 年,中学堂 5 年,高等学堂 3 年,大学堂 3~4 年)。对此,民初学制加以改革,将整个学程缩短为 17~18 年(初小、高小、中学各缩短 1 年)。这一调整,既节约了教育经费,有利于初等教育和中等教育的普及,又加速了人才培养与输送的进程。

师范教育方面,民初学制对清末师范学堂的办学体制进行了全面改革:改原省立优级师范学堂为国立高等师范学校,改原府立初级师范学堂为省立师范学校,改原初级女子师范学堂为省立女子师范学校。高等师范学校内,将原公共科改为预科,分类科改为本科,加习科改为研究科,以与大学学制相应。师范学校内,将原完全科改为第一部,简易科改为第二部,将清末应急所办的临时及单级两种小学教员养成所改为小学教员讲习所,并规定师范学校修业年限比中学校长一年。上述改革,使师范教育的学校体系更为完备,并有利于提高师范教育的管理层次与办学水平。

以上数端,均有利于培养数量更多、素质更高、更适应资本主义发展需要的新型人才。

壬子癸丑学制是中国近代第一部资产阶级民主主义性质的学校制度,是民国初年资产阶级教育改革的重要成果。它适应了辛亥革命后社会、文化变革与民族资本主义发展的时代要求,为近代中国新型资产阶级学制的确立与成熟奠定了基础,在晚清以来学制近代化的进程中有着承上启下的重要地位。

晏阳初

1935年，从事乡建运动同仁合影于邹平（前右一为梁漱溟，前左二为晏阳初）

黄炎培

徐特立

陶行知

晓庄师范校旗

507

梁漱溟与邹平14个乡学学长合影
（二排右一为梁漱溟先生）

民国版《乡村建设理论》

抗大一分校的文工团合影

中国抗日军政大学校门

孫中山，孩子時候志氣高。他看見有錢的人家，把奴婢鞭拷．他說不公道，壞風俗要改造．他看見窮苦的人家，把女孩丟掉，他說不公道，壞風俗要改造．

孫中山，孩子時候志氣高．媽媽替姐姐纏足，姐姐的痛苦難熬．中山說不好不好，壞風俗要改造．姐姐對菩薩拜跪，菩薩不說也不笑．中山說不好不好，壞風俗要改造．

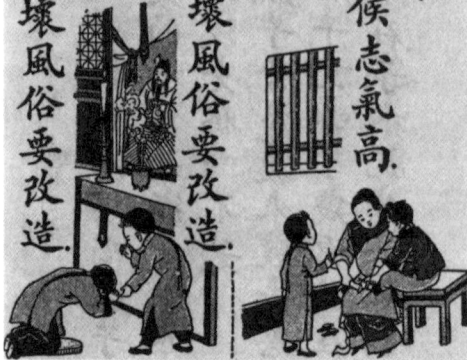

民国时期商务版国语教科书正文

510

貯蓄

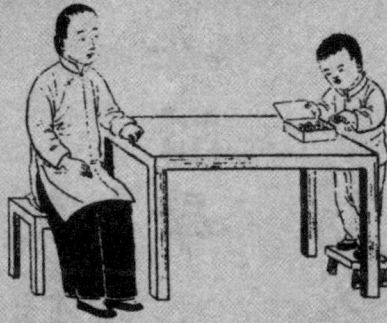

左兒家貧
母與以錢
不肯妄用
貯之匣中
用以買書

民国时期商务版国语教科书正文

511

陈鹤琴

家庭教育

陈鹤琴 / 著

由于时代条件的限制，民初学制的制订失之仓促，对现实国情和教育规律缺乏深入认识，内容上不甚成熟，局限甚多。首先，在借鉴外国经验方面，一则单纯局限于取法日本学制，对于欧美学制的优长未及吸纳；二则对日制因袭过多，对其中不合中国国情、有违教育规律者少有扬弃。其次，各级各类学校的目标定位与课程设置缺乏灵活机动性，尤其表现在中等教育单纯以升学为目的，"制度太划一，太不活动，不管社会的需要，不管地方的情形，也不管学生的个性，总将这呆板的同样科目，尽量灌输，致学生在学校里所受的知识和训练，用到社会上去，动有枘凿之虞。学校生活和社会生活，每不相适应。……中等学校之毕业生，谋生即系不易，升学又感困难"①。复次，学级划分与衔接不尽合理。以各段年限而论，初等教育修业7年，期限过长，不利于教育普及。中等教育实行4年一贯制，一则年限过短，以致学业负担过于繁重，教学任务难以完成，教学质量难以提高；二则中学校不分段，导致大批年龄较大、学力较低或经济拮据的学生因急于谋生而中途辍学。高等教育6～7年，周期过长。以教育阶段的分期而论，其划分标准因袭日制，与本国儿童身心发展的年龄阶段不尽相符。以各学级间的衔接而论，小学最后一年与中学第一年、中学与大学预科、师范学校与高等师范学校在教学内容上重复颇多，既造成时间、精力与财力的浪费，又不利于各教育阶段之间的自然过渡。最后，封建教育的影响依然存在，例如：修身等课程中仍有大量封建性内容；教育上的两性差别仍未根除，男女同校未在各教育阶段贯彻始终，女子教育仍受"贤妻良母主义"的制约，课程内容与知识含量与男子不尽相同。上述局限，在各级各类教育的实施中产生了许多负面影响。

（二）民国学制的定型

五四新文化运动的兴起，动摇了封建教育的根基，推动了教育思想的解放，促进了欧美教育革新思潮在中国的广泛传播，为民国学制的进一步改革奠定了思想、理论基础。与此同时，第一次世界大战前后中国民族资本主义的发展，为学制改革的深入发展提供了历史动力与现实需要。在这样的时代氛围

---

① 朱叔源：《改良现行学制之意见》，载《中华教育界》第 10 卷第 3 期，1920 年。

中，自1915年起，包括蔡元培、胡适、陶孟和、蒋梦麟、陶行知等知名教育家和一批普通教育工作者在内的广大文化教育界人士，以杜威的实用主义教育学说等新思潮、新理论为指导思想，以中国教育会联合会①等民间学术团体为活动基地，围绕旧学制的改革和新学制的创制，开展了持续、深入的探索。

经过长达7年的反复酝酿，1922年（农历壬戌年）10月11日至21日，中国教育会联合会在济南召开第八次全会，议决通过了以美国学制为蓝本的《学校系统改革案》。同年11月2日，北洋政府以大总统名义颁布此案，是为中国近代第三部学制——壬戌学制，或称"新学制"（区别于壬子癸丑学制）、1922年学制、"六三三学制"（因其在中小学学级划分上采用美式"六、三、三"分段法而得名)②。

壬戌学制全文包括"标准"、"学制系统图"、"说明"、"附则"四部分。"标准"凡七条，扼要提出教育原则："一、适应社会进化之需要；二、发挥平民教育精神；三、谋个性之发展；四、注意国民经济力；五、注意生活教育；六、使教育易于普及；七、多留各地方伸缩余地。"附则有二："注重天才教育，得变通年限及教程，使优异之智能尽量发展"；"对于精神上或身体上有缺陷者，应施以相当之特种教育。"

"说明"部分对各级各类教育作了新的规定：初等教育修业6年，分初、高两级。初级小学校4年，可单设，义务教育暂以4年为期；高级小学校2年。幼稚园列入初等教育段，收受6岁以下儿童。中等教育为期6年，分中学校、师范学校与职业学校三种。中学校分初、高两级，各为3年。师范学校得单设后2年或后3年，后者可酌行分组选修制。依旧制设立之甲种实业学校，均改为职业学校或高级中学农工商等科；依旧制设立之乙种实业学校，酌改为职业学校。高等教育分大学校、专门学校与大学院。大学校修业4~6年，医科与法科至少5年，师范4年（依旧制设立之高等师范学校，应于相当时期内

① 该会是由各省及特别行政区教育会推派代表组成的全国性民间教育团体，以"体察国内教育状况，并应世界趋势，讨论全国教育事宜，共同进行"为宗旨，发起人有黄炎培、沈恩孚、经享颐等。1915年四五月间在天津举行第一届年会，以后每年举行一次，至1925年，前后共举行年会11次。1926年解散。

② 全文详见璩鑫圭、唐良炎编：《中国近代教育史资料汇编·学制演变》，第989~993页，上海，上海教育出版社，1991。

提高程度，称为师范大学校）。因学科及地方特别情形，得设专门学校，修业3年以上。大学校及专门学校可附设专修科，修业年限不等。大学院为大学毕业及具同等程度者研究之所，年限无定。

在制订新的学校系统的同时，全国教育联合会还发起组织新学制课程标准起草委员会，以袁希涛、黄炎培、胡适、经亨颐、金曾澄为委员，负责制订与壬戌学制相应的课程标准。该会延聘专家50余人，经过历时8个月的反复讨论，于1923年6月正式刊布了《新学制课程标准纲要》。纲要规定小学课程为国语、算术、卫生、公民、历史、地理（初小段之后四科合为社会）、自然、园艺、工用艺术、形象艺术、音乐、体育十二科目，授课以分钟计。初级中学课程分社会（公民、历史、地理）、言文（国语、外国语）、算学、自然、艺术（图画、手工、音乐）、体育（生理卫生、体育）六科，授课以学分计。高级中学分普通科与职业科。前者以升学为主要目的，内分两组：一组注重文学与社会科学，一组注重数学与自然科学，两组之课程皆分公共必修、分科专修、纯粹选修三类；后者以求职为主要目的，内分师范、商业、工业、农业、家事诸科。后期师范学校与高中师范科课程编制相同，均分为公共必修科目（国语、外国语、人生哲学、体育、音乐等）、师范专修科目（心理学入门、教育心理、普通教学法、各科教学法等）、纯粹选修科目（含分组选修科目与纯粹选修科目，前者分为文科、理科、艺术三组，后者含教育史、乡村教育、职业教育概论等）三类。大学和专门学校之课程，仍依民初课程标准，参以各校意见而定。该纲要虽未经政府正式颁布，但在各级各类学校的教育实践中仍产生了重要影响。

较之民初壬子癸丑学制，1922年"新学制"主要有以下突出特点：

1. 久经锤炼，集思广益；博采中外，"明辨择善"

就其诞生过程而言，壬子癸丑学制产生于民国初创的特定年代，制订、颁布较为仓促，其有失成熟、完善之处甚多。与之迥然相异，"新学制"从酝酿到成型历时7年，是学术探讨与教改实验、集体讨论与专家决策、民间行为与政府行为长期互动的产物，是文化教育界广大人士不断探索、深思熟虑的结果，其成熟性自为民初学制难以企及。

就其对中外历史经验的借鉴而言，民初壬子癸丑学制单纯效法清末学制与日本学制，机械照搬、简单模仿之处所在甚多。与之相反，"新学制"的制订者则本着"明辨择善"的原则，对清末、民初两部学制和欧美、日本诸国学制加以广泛、深入的考察与比较，对于外国经验决不"舍己从人，轻于吸收"，而是"如有适用的，采取它；如有不适用的，就回避它。本国以前的经验，如有适用的，就保存它；如不适用，就除掉它。去与取，只问适不适，不问新和旧"[①]，最终确立了以美国学制为蓝本（因其相对符合中国国情）但又决不盲从美制、尽弃前制的目标定位。这种在分析、批判基础上博采中外的文化态度，体现出五四新文化兼容并包的开放气度，也体现出近代中国教育改革理论与实践的日臻成熟。

2. 以七条标准取代民初教育宗旨

"新学制"在五四新文化运动和欧美教育革新思潮的激荡下，广泛吸纳实用主义教育思想、职业教育思想、科学教育思想等新思潮、新理论的精华，制定出比之民初教育宗旨更为具体、翔实，民主性、科学性、致用性、时代性更为鲜明的教育标准。这七项标准的提出，指明了教育变革的平民化、社会化、生活化、个性化、实践化、民族化方向，鲜明地体现出五四新文化运动的科学、民主精神，体现出立足本土、直面现实而又面向世界、面向现代化的开放胸襟和成熟心态，标志着近代中国教育思想的解放与教育改革的探索进入了一个全新的境界。

3. "注意国民经济力"，"多留各地方伸缩余地"

针对民初学制单调呆板、整齐划一的缺陷，"新学制"从中国地域辽阔，政治、经济、文化发展极不平衡的现实国情出发，对各个教育阶段的办学体制均作了相应调整。整部学制中，"依地方情形"、"斟酌地方情形"、"得视地方需要"、"得酌行"、"得酌设"之类的机动性规定比比皆是：初等教育段，"小学校修业年限 6 年。依地方情形，得暂展长 1 年"；"义务教育年限暂以 4 年为准，但各地方至适当时期得延长之。义务教育入学年龄，各省区得依地方情形自定"；"小学课程得于较高年级，斟酌地方情形，增置职业准备之教育"。中等教育段，"中学校年限 6 年。分为初高级：初级 3 年，高级 3 年。但依学

---

① 陶行知：《我们对于新学制草案应持之态度》，载《新教育》第 4 卷第 2 期，1922 年 2 月。

科性质，得定为初级 4 年，高级 2 年，或初级 2 年，高级 4 年"；"初级中学得单设之"；"高级中学应与初级中学并设，但有特别情形时得单设之"；"初级中学实施普通教育，但得视地方需要，兼设各种职业科"；"高级中学分普通、农、工、商、师范、家事等科，但得酌量地方情形，单设一科，或兼设数科"；"各地方得设中等程度之补习学校或补习科，其补习之种类及年限视地方情形定之"；"职业学校之期限及程度，得酌量各地方实际需要情形定之"。高等教育段，"大学校设数科，或一科，均可"；"大学校修年限 4 年至 6 年（各科得按其性质之繁简，于此限度内斟酌定之）"。

上述规定，灵活多样，富有弹性，适合国情，适合社会实际需要，有利于各地、各部门依据自身实际情况多渠道、多层次地办学。正如胡适所指出的：推行"新学制"，"学校的种类加多了，中等学校的种类更加多了，使各地方可以按照各地方的需要与能力，举办相当的学校。……若加上现制未能即改的种种学校，那就真成了一个'五花八门'的学制系统了！这个五花八门性，正是补救现在这种形式上统一制的相当药剂。中国这样广大的区域，这样种种不同的地方情形，这样种种不同的生活状况，只有五花八门的弹性制是最适用的"[①]。

4. 打破"铸型教育"，"谋个性之发展"

民初学制的机械、单调、硬性，阻碍了受教育者个性的发展，客观地助长了传统"铸型教育"、"划一教育"的流弊。为弥补这一缺陷，"新学制"适应时代需要，规定中学校、大学校均实行选科制和学分制，并增设附则，对天才教育和特种教育予以特别关注。这一改革，不仅顺应了个性解放的时代潮流，体现了"尚自然，展个性"的新型教育原则，有利于受教育者个性的健全发展和兴趣、才智的充分发挥，而且适应了中国地域辽阔、人口众多、受教育者背景、流向殊异的现实国情，适应了民族资本主义发展对于不同类型人才的多元化需要。

5. 以儿童身心发育阶段为划分学级之标准

在民初学制中，教育阶段的划分与儿童身心发展的规律不尽相合。针对这

---

① 胡适：《对于新学制的感想》，载《新教育》第 4 卷第 2 期，1922 年 2 月。

一缺陷，"新学制"以丰富翔实的教育调查、测验与统计资料为现实依据，以现代心理学、教育学的基本原理为理论基础，以中国儿童身心发展的年龄分期为标准，制定出新的学级划分模式：童年期（6～12岁）为初等教育段，少年期（12～18岁）为中等教育段，成年期（18～24岁）为高等教育段。这一改革，使教育阶段的划分趋于完善、合理，适应了教育科学化的历史趋势与世界潮流。

6. "适应社会进化之需要"，"注意生活教育"，加强职业训练

针对旧学制重升学准备而轻职业训练，以致脱离社会生活实际、造就大量"高等游民"的弊端，"新学制"采取种种措施，加强普通教育与职业教育和社会生活的联系，增加职业教育的办学形式与渠道，完善职业教育的办学体制。普通小学高年级中，依地方需要酌增职业训练。中学兼顾升学与就业两种准备：初中视地方需要兼设各种职业科；高中实行分流，除普通中学外，设农、工、商、家事等职业科；原甲种实业学校，一部分并入普通中学作职业科；原乙种实业学校，均改为职业学校；对职业学校的年限与程度，不作统一规定。上述改革，一方面加强了普通学校尤其是中学校的职业技能训练，另一方面又建立起一个形式更为充实、完备的职业教育体系，提高了职业教育的地位，推动了职业教育的发展，促进了普通教育与职业教育的结合，在一定程度上破除了旧式教育重知识轻技能、手脑分离、学用脱节的流弊，适应了中国民族资本主义发展对于各级各类专业技术人才的迫切需要。

7. "发挥平民教育精神"，"使教育易于普及"

为促进各级各类教育的发展，"新学制"本着教育大众化、平民化、民族化的宗旨，针对民初学制中不利于教育普及的内容，对各级各类教育的学校制度作了大量调整。

初等教育方面，规定小学修业年限由7年缩短为6年，初、高级小学实行四、二分段，初级段可单设。这一调整，适应了各地社会、经济、文化发展的不平衡性，有利于各地依据自身具体情况灵活办学，为初等教育的普及创造了有利条件。规定初级小学修完后得予以相当年期之补习教育，有利于国民教育程度的提高。此外，将幼稚园正式列入学制系统，提高了幼儿教育的地位，有助于学前教育的普及。

中等教育方面，民初学制中学校设置呆板、划一，4年连贯不分段，且以省立为原则，限制了中学教育的发展。对此，"新学制"加以改革，将中学分为初、高二级，规定初级中学既可与高级中学合设，亦可视地方情形单设。这一调整，可使社会、经济、文化发展不平衡的地区对其设置办法作灵活性处理，增加了地方办学、学生择学的伸缩余地，有利于中等教育的普及。

高等教育方面，"新学制"取消民初学制中的大学预科制度，理顺了中等教育与高等教育的关系，使高等教育得以摆脱普通教育的任务，集中精力从事专业教育和科学研究，有利于高校教育水平的提高。与此同时，该学制规定大学设数科、一科均可，则有利于高等院校的增设。

师范教育方面，"新学制"对旧制的改革，主要体现在三个方面：一是增加师范教育的办学门类，规定除原有的师范学校及附设的小学教员讲习科和高等师范学校外，高级中学可设师范科，大学校教育科与师范大学均可设2年制师范专修科；此外，在相当学校内可酌设职业教员养成所。二是对师范教育的学校设置作灵活规定，师范学校既可招收高小毕业生，修业6年，又可招收初中毕业生，修业2～3年；2年制师范专修科既可附设于大学，又可设于师范学校或高级中学内。三是提高师范教育的程度，规定师范学校修业年限由5年增加为6年，原高等师范学校升级为师范大学。凡此，既有利于师范教育规模的扩大，又有利于师范教育水平的提高。作为教育的"工作母机"，师范教育的发展，又有利于各级各类教育的总体发展。

1922年"新学制"是中国教育界集体智慧的结晶，"是适应时势之需求而来的""应时而兴的制度"，是一部"适合国情，适合个性，适合事业学问需求的""独创的"[①] 学制。它的诞生，标志着中国近代新型资产阶级学制的基本成熟、确立与定型。作为五四新文化运动在教育领域的一个重要成果，该学制鲜明地体现出民主、科学的时代精神，适应了中国民族资本主义发展的历史需要，成为中国教育近代化历程中的一个重要里程碑。

应当指出的是，壬戌学制尽管总体上较为成功，但仍有其自身的历史局限性。该学制的制订者对于"教育即生长"、"教育无目的"、"儿童中心主义"等

---

① 陶行知：《我们对于新学制草案应持之态度》，载《新教育》第4卷第2期，1922年2月。

流行一时的实用主义教育学说，缺乏科学的、辩证的分析与批判，导致学制推行后在教育实践中带来了一些负面影响。此外，该学制尽管大体上适合于中国国情，但理想化的成分依然存在。例如，在中学普遍实行选科制，便脱离了当时师资条件和物质条件的客观实际。

"新学制"实行后，其"六三三"分段法等内容经受了历史的检验，得以长期沿用。1927年南京国民政府成立后，大学院（后改为教育部）于次年5月召开第一次全国教育会议，以1922年学制为基础，制定了新的学制系统草案——《中华民国学校系统》。该草案分为两部分。第一部分确定了六条原则：（1）根据本国实情。（2）适应民生需要。（3）增高教育效率。（4）谋个性之发展。（5）使教育易于普及。（6）留地方伸缩可能。第二部分为学制系统及说明，其基本框架、主体内容与1922年学制大同小异，仅在一些具体方面略有变通和调整。[1] 自该系统颁布至民国末期，国民政府又相继推出一系列法规、条令，对学校制度加以修改与调整（内容详见下节：《各级各类教育的实施》）。

（三）革命根据地的学制建设

自土地革命战争时期至新中国成立前夕，在中国共产党领导下的农村革命根据地，实行着适应革命需要和战争环境的特殊学校制度。其特色主要表现为：教育为政治革命服务；教育与生产劳动相结合；重视社会化大教育；以干部教育和民众教育为重心。上述特点，在各个历史阶段有着不同的表现形式。

土地革命战争时期，苏维埃文化建设的中心任务，"是厉行全部的义务教育，是发展广泛的社会教育，是努力扫除文盲，是创造大批领导斗争的高级干部"[2]。本着上述任务，苏维埃政权彻底改革旧的教育制度，建立了包括红军教育、干部教育、民众业余教育和儿童教育在内的初具规模的新型教育体系。

红军教育的组织形式主要有红军大学、红军步兵学校、红军特科学校、游击队干部学校、红色医务学校等，教学内容上实行政治教育、军事教育与文化教育并重的方针，教学方法上采取以能者为师、互助互学等灵活多样的形式。

---

① 教育部编：《第二次中国教育年鉴》，总第34页，上海，商务印书馆，1948。
②《中华苏维埃共和国中央执行委员会与人民委员会对第二次全国苏维埃代表大会的报告》，《中国现代教育史教学参考资料》，第48页。

苏区干部教育的机构，分为以下几种类型：苏维埃大学培养政府干部，设本科、预科，招收能阅读普通文件、有半年以上工作经验并积极参加革命斗争的干部入学，课程包括苏维埃工作的理论、实际问题和实习三项。马克思共产主义学校培养党务干部，分设高级班与初级班，课程有马列主义基本原理、党的建设、工人运动和文化课。中央农业学校分设本科、预科及教员研究班，以实习与科学实验为中心，开展农业科学的教学与研究。高尔基戏剧学校培养俱乐部、剧社、剧团干部及文艺骨干分子。高级师范学校、初级师范学校和短期师范学校培养文化教员和教育干部。

苏区民众业余教育，主要以自然村为基点，以夜校、半日校、识字班、识字牌、读报组、俱乐部等为组织形式，开展大规模的群众性识字运动和文化活动。

儿童教育方面，《中华苏维埃共和国小学制度暂行条例》明确规定，苏区儿童教育旨在"训练参加苏维埃革命斗争的新后代，并在苏维埃革命斗争中训练将来共产主义的建设者"；"小学教育的目的，要对一切儿童，不分性别与成分差别，皆施以免费的义务教育。但目前国内的战争环境中，首先应该保证劳动工农的子弟得受免费的义务教育"。儿童教育的机构为列宁小学，修业 5 年（初小 3 年，高小 2 年），凡 8～12 岁适龄儿童均可免费入学就读；实行小学学区制，3～5 里设一小学，根据农村生产需要，设半日班、全日班，农忙时放假（全年共 30 天）。[①] 在课程设置和教学方法上，苏维埃政府颁布的《小学课程教则大纲》规定，初小、高小均开设国语（初小国语含乡土地理、革命历史、自然和政治常识）、算术、游艺（唱歌、运动、手工、图画、游戏）、课外教学（劳作实习、社会工作）诸科，高小增设社会常识、自然常识。在教学中，必须贯彻三项原则：小学教育与政治斗争相联系；教育与生产劳动相联系；发展儿童的创造性，采取启发式教学。[②]

全国抗战开始后，毛泽东于 1938 年 11 月在中共六届六中全会报告中，提出了抗战期间中国共产党和抗日民主政府的文化教育政策："第一，改订学制，废除不急需与不必要的课程，改变管理制度，以教授战争所必需之课程及发扬

---

①② 中央教育科学研究所编：《老解放区教育资料》（一），第 308 页，第 315 页，北京，教育科学出版社，1981。

学生的学习积极性为原则。第二,创设并扩大增强各种干部学校,培养大批的抗日干部。第三,广泛发展民众教育,组织各种补习学校、识字运动、戏剧运动、歌咏运动、体育运动,创办敌前敌后各种地方通俗报纸,提高人民的民族文化与民族觉悟。第四,办理义务的小学教育,以民族精神教育新后代。"[①]本着上述方针,经过多年实践,抗日民主根据地形成了一整套适应抗战形势的独特学制,其主要特点为:(1)干部教育重于群众教育;群众教育原则上由群众自办,政府只居于指导、协助地位。(2)在干部教育中,现在干部的提高重于未来干部的培养。(3)在群众教育中,成人教育重于儿童教育。(4)战争与生产所直接需要的知识与技能的教育重于一般文化教育。(5)整个学制系统分四级,包括群众教育(成人教育和儿童教育)、初级干部教育、中级干部教育与高级干部教育。[②]

抗日根据地的干部教育,分为高(高等学校)、中(中等学校及各种训练班)、初(初等学校,相当于高等小学)三级。高等教育年限不定,少则半年,多则3年;课程设置上将军事知识课和军事训练课列为共同必修课,并将生产劳动列为重要的教学环节;教学方法上贯彻理论联系实际的原则,倡导启发式教学,注重集体讨论、共同研究、互相学习和学用一致。中等教育机构包括师范学校和中学,前者主要培养抗战教育所需的小学教师,后者主要培养小学教师或地方干部。1944年5月,中共西北局宣传部和陕甘宁边区教育厅联合对中等教育进行整顿,规定初级中学与师范学校一律修业3年,开设边区建设、国文、数学、史地、自然、政治常识、生产常识、医药知识等课程;高级中学修业2年。

抗日根据地的群众教育,包括儿童教育和成人教育两个组成部分。其中,儿童教育机构为初等学校(相当于初等小学),实行以抗日救国为目标的新制度:教学内容与方法上,继续贯彻教育为政治革命服务、教育与生产劳动相结合的原则,将抗日救国思想渗透于课堂教学和教材编写中,要求利用各种形式和机会开展抗日宣传,激发儿童的民族觉悟、爱国热情和革命精神;学校管理方面,实行民主治校,设学生会,负责推选代表列席学校会议,参加学校决

---

① 毛泽东:《论新阶段》,延安《解放周刊》第57期,1938年11月25日。
② 《论普通教育中的学制与课程》,载1944年7月17日《解放日报》。

策；德育方面，建立生活检讨会制度，开展集体的自我教育，使学生尝试民主生活，培养独立工作的能力和互助、协作的意识；办学方法上，贯彻因地（时）制宜的原则，采取"民办公助"的模式，按群众需要和自愿原则办校，其组织形式灵活多样，各具特色，主要有群众自办、自管、自教的学校（"米脂高家沟式"）、政府资助和领导的学校（"延安杨家湾式"）、由识字班发展而来的学校（"米脂杨家沟式"）、新式巡回学校（送教上门）、一揽子学校（成人教育与儿童教育相结合、生产与学习相结合）、游击小学（设于游击区和近敌区）、抗日两面小学（表面上是伪小，实际上是抗日小学）和隐蔽小学（设于敌占区或敌据点附近）、"联合小学"（数村联办，设于人口稀少的村庄）、"流动小学"（设于山高路远、交通不便之处）等类型。成人教育主要有识字班（组）、冬学、夜校、个别教学、炕头教学、"送字上门"、巡回教学等各种社会教育形式，教学内容密切联系生产、生活实际，教材可根据群众需要自行编写，教学方法亦因地、因时、因人制宜，灵活多样。

解放战争时期，随着人民解放军的胜利进军和工作重心由农村向城市的逐步转移，为顺利接管全国政权并为新中国大规模的经济建设准备人才，各解放区纷纷开展学制改革，建立正规学校，延长修业年限，加强文化学习，完善学校制度。自此，中国共产党领导下的新民主主义教育逐步结束了战时状态，走上了学制正规化的轨道。

初等教育方面，早在1946年春，苏皖解放区即召开宣传、教育会议，确定小学学制为"四二制"，小学毕业生可入中学深造，亦可直接参加工作。1949年5月20日至6月3日，华北解放区人民政府在北京召开了有关小学教育改革问题的会议，制定了《小学教育暂行实施办法》等文件，系统提出了小学教育正规化的具体实施方案。

中等教育方面，1946年春，陕甘宁边区召开中等教育会议，讨论中等学校的正规化问题，规定中学普通班修业3年，干训班修业12~18个月。1948年8、9月间，华北、东北解放区相继召开了中等教育会议和第三次教育会议，确定中等教育的正规化着重落实在两个方面：一是建立统一的制度；二是加强文化课教学。前一方面，规定中学采用"三三制"，初、高中各修业3年；此外，中学的入学、毕业、教学、放假、考试等各种环节均按统一规程实施。后一方面，规定中学文化课占 90％，政治课占 10％，生产劳动和社会活动所占时间每周不超过 6～8 小时。

高等教育方面，1949 年 8 月，中共中央东北局、东北行政委员会发出了《关于整顿高等教育的决定》，对高等教育实行了一系列改革：（1）调整原有高校，并新建一批院校，建立包括工科、农科、医科、师范、行政、文艺、外语、民族八种类型的高校系统。（2）确立正规学制，严格规定各类院校的修业年限与入学资格，实现学校编制从机关化、军队化向学校化的转变，改全公费制为助学金制，将高校经费列入国家预算。（3）改进教学，明确规定高校以课堂教学为主，以课外学习和社会活动为辅，加强政治教育和俄语教学。（4）采取有力措施提高教师政治、业务水平，改善教师待遇，整顿、充实师资队伍。（5）充实图书仪器设备。（6）加强组织领导。东北以外，其他解放区也先后推行了类似的正规化改革。[①]

全国解放前夕各解放区的学制正规化建设，为新中国教育改革的深入开展积累了宝贵的经验，打下了坚实的基础。

三、各级各类教育的实施

（一）高等教育

民国成立后，高等教育体制渐趋完善。1912 年 10 月，教育部颁布《大学令》与《专门学校令》，规定大学以"教授高深学术，养成硕学宏才，应国家需要"为宗旨。大学分文、理、法、商、医、农、工七科，各科再分为若干门；凡称大学者须文理两科同设，或文科兼法商两科，理科兼医、农、工三科之一；大学设评议会，各科设教授会。专门学校以"教授高等学术，养成专门人才"为宗旨，分法政、医学、药学、农业、工业、商业、美术、音乐、商船、外国语十种。1913 年 1 月，又颁布《大学规程》，对大学的学科分类和课

---

① 详见中央教育科学研究所编：《老解放区教育资料》（三），第 309～301 页，北京，教育科学出版社，1981。

程设置作了详细规定。① 继之，1922 年学制对高等教育体制作了进一步的改革与调整，使之更为完善、合理。

"新学制"颁布前后，在五四新文化运动的推动下，许多高等院校纷纷开展教育改革，其中以蔡元培主持的北大改制成绩最为卓著，影响最为深远。

作为中国第一所国立大学，民国初年的北大沿袭了其前身京师大学堂的封建习气，因循守旧，腐败成风。1917 年 1 月蔡元培出任国立北京大学校长后，贯彻资产阶级民主主义教育精神，进行一系列整顿和改革，使北大的面貌焕然一新。

在办学方针上，蔡元培"循思想自由的原则，取兼容并包主义"②，主张"囊括大典，网罗众家"③。在学术研究方面，他强调"无论为何种学派，苟其言之成理，持之有故，尚不达自由淘汰之命运者，虽彼此相反，而悉听自由发展"④。在延聘人才方面，他主张以是否有真才实学为标准，不拘思想、学派，不问年龄、资历。在上述办学思想的指导下，北大在学术上形成了百家争鸣的良好氛围，在师资上形成了精英荟萃的局面。蔡元培在实施"兼容并包"原则的过程中，更多倾向于罗致思想进步的新派人物。早在其入主北大之初，他就聘请《新青年》主编陈独秀为文科学长；其后，又相继聘请该刊主要作者和编委会成员胡适、刘半农、李大钊、鲁迅、高一涵、周作人、刘叔雅、杨昌济等人为北大教师，使北大成为新文化运动的摇篮。

为扶植学术发展，蔡元培强调"大学者，研究高深学问者也"⑤，着力加强学术研究力量和基础学科建设。他坚持教学与科研并重，率先在北大文、理、法三科设立研究所，并本着"学为基本，术为支干"、"学"重于"术"⑥的思想，在北大学科建设中以文、理基础学科为重心，鼓励师生排除功利诱惑，克服浮躁心态，投身基础研究。与此同时，他还狠抓学风建设，强调"大

① 璩鑫圭、唐炎良编：《中国近代教育史资料汇编·学制演变》，第 662～664、697～711 页，上海，上海教育出版社，1991。

②④ 蔡元培：《致〈公言报〉函并答林琴南函》，载《北京大学日刊》第 338 号，1919 年 3 月 21 日。

③ 蔡元培：《〈北京大学月刊〉发刊词》，载《北京大学月刊》第 1 卷第 1 号，1919 年 1 月。

⑤ 蔡元培：《就任北京大学校长之演说》，载《东方杂志》第 14 卷第 4 期，1917 年 4 月。

⑥ 蔡元培：《在爱丁堡中国学生会及学术研究会欢迎会演说词》，载《北京大学日刊》第 831 号，1921 年 8 月 10 日。

学学生，当以研究学术为天职，不以大学为升官发财之阶梯"①，通过在师生中组织"进德会"和各种学术团体等方式，大力扭转校园中的歪风邪气，引导学生潜心学术，刻苦钻研。

在学校管理方面，蔡元培针对旧北大一切校务均由校长和学监主任、庶务主任等少数人独揽专断的局面，设立了大学评议会、行政会议、教授会等机构，实行民主办校和教授治校。

除以上三个方面外，蔡元培在北大推行的改革，还包括开放女禁、废门改系及实行选科制、学分制和旁听生制度等。通过改革，北京大学日渐成为传播新思潮、新文化的重要基地和国内一流的学术重镇。

"新学制"放宽设立大学的限制后，一时间专门学校纷纷改称大学，私立大学亦大幅度增加。据统计，1912～1925年，全国大学及独立学院总数从4所增至50所，在校学生总数从481人增至25 278人②。但与此同时，社会上也出现了盲目设立大学的现象，导致教育质量有所下降。

南京国民政府成立后，规定"大学及专门教育，必须注重实用科学，充实科学内容，养成专门知识技能，并切实陶融为国家社会服务之健全品格"。1929年，《大学规程》、《大学组织法》、《专科学校组织法》、《专科学校规程》等法规相继颁行，规定高等院校设置分国立、省立、市立、私立四种，学校种类分为大学、独立学院和专科学校。大学以"研究高深学术，养成专门人才"为目标，设文、理、法、工、商、医、教育各学院；凡具备三学院以上者方得称大学（其中须含理、农、医、工各学院之一），否则只能称学院；修业年限，医学5年，余皆4年；大学实行学年学分制，学生每年所修学分有限制，不得提前毕业；大学及独立学院得设研究院或研究所，研究院须具备三个研究所，每所设若干学部，研究期限为两年。专科学校以"教授应用科学，养成技术人才"为目标，分为甲（工）、乙（农）、丙（商）、丁（医、药、艺术、音乐、体育、市政、商船、图书馆学）四类，修业2～3年。③

国民政府统治初期，高等院校文、实科比例极不平衡。据1931年的统计，

---

① 蔡元培：《我在北京大学的经历》，载《东方杂志》第31卷第1号，1934年1月1日。
② 据教育部编：《第二次中国教育年鉴》第14编，第4页，上海，商务印书馆，1948。
③ 《中华民国教育法规选编》，第46、404～418页，南京，江苏教育出版社，1990。

全国103所专科以上学校共有187个学院，其中文法类占59％，实科类占41％；学生总数为44 167人，其中文科类占41％，实科类占25.5％。为改变这一状况，教育部从1932年起严格限制文法类院校的扩展；自1934年起，更严格限制文科类院校招生数量，规定大学文、法、商、教育等院系所招新生数额不得超过理、工、农、医等院系所招新生数额，同时，增设实科院校及相关专业，加大对理、工、农、医等实科的投资力度。至1935年，全国高等院校文科生总数占48.8％，实科生总数占51.2％，文实科发展规模渐趋合理。[①]

国民政府统治的最初十年，经由广大教育工作者的努力，高等教育事业呈稳步发展的趋势。据统计，1928～1936年，全国高校总数由74所（大学及独立学院49所，专科学校25所）增至108所（大学及独立学院78所，专科学校30所），在校生总数由25 198人增至41 922人，毕业生总数从3 253人增至9 154人。[②]

20年代末至抗日战争前夕，在国内各高等院校的激烈竞争中，高等教育的办学水平亦有长足提高。许多国立、私立大学竞相聘任一流学者，加强师资力量，提高学术水平，力求与欧美高等教育接轨。清华学校自1928年改为清华大学后，本着校长梅贻琦提出的"大学者，非谓有大楼之谓也，有大师之谓也"这一理念，始终将延聘名家大师置于首要地位，采取各种措施，引进大批高水平人才，改善教师的教学、科研和生活条件，建设起一支名家荟萃、实力雄厚的师资队伍，迅速跻身于国内一流大学的行列。此外，北京大学、中央大学、南开大学、复旦大学、浙江大学、武汉大学等名校亦加快了发展步伐，在师资力量、学术水平等方面居于国内领先地位。

30年代，在国内高等院校竞争日趋激烈的形势下，各教会大学为保持自身的优势地位，亦采取以下措施，在办学模式上进行改革：一是在学科建设上努力加强对外联系与合作，形成特色，保证质量，扩大影响。例如，燕京大学与美国哈佛大学东方研究所建立长期学术联系，成立"哈佛—燕京学社"，获得巨额资助，用于中国历史、文化研究，为该校建成全国一流的文科专业提供了有力的保障；同时，该校还与美国普林斯顿公共国际事务学院建立合作关

---

①② 教育部编：《第二次中国教育年鉴》，总第524～525页，第1400页，上海，商务印书馆，1948。

系，成立了"普林斯顿—燕京基金会"，建成了国内一流的法学专业。此外，圣约翰大学在美国洛克菲勒基金会的赞助下，建立了设备堪称一流的理科实验室；东吴大学的比较法律学院，在法学教育方面举世闻名；之江大学在工程物理、人文、教育、天文等学科领域居于领先地位；协和医学院在教育、管理、设备、人才等方面均具世界一流水平。二是依据中国国情，增进办学的社会应用性，尤其是切实加强农业科学的教学与研究，为影响日著的乡村建设运动提供技术援助。为此，金陵大学、岭南大学、华南大学均在洛克菲勒基金会的资助下，加强了土壤改良、植物保护、化肥制造、农作物新品种开发与推广、农村调查及农业资料搜集等项工作，并派专业技术人员深入乡村，开展农业技术指导。

日军全面侵华开始后，中国高教事业遭受重创。为保存高等教育实力，国民政府采取紧急措施，将大批高等院校迁往西南、西北后方。内迁西南的高校中，国立北京大学、清华大学和私立南开大学三校，历尽艰辛，辗转迁至云南昆明，合组为西南联合大学。三校组合，人文荟萃，精诚团结，"同不妨异，异不害同；五色交辉，相得益彰；八音合奏，终和且平"①，自强不息，弦诵不辍。在和谐、宽松的学术氛围中，西南联大奉行民主办学、教授治校、学术自由的治校方针，在艰苦备至的环境中致力于学术研究和人才培养，取得了卓著的成绩。该校培养的两千多名毕业生，战后大多活跃于国内外各学科领域的前沿，其中包括诺贝尔奖金获得者李政道、杨振宁。国立浙江大学内迁贵州遵义后，在校长竺可桢领导下，恪守"求是"校训，重视通才教育，培养了一大批基础扎实、勇于探索的优秀科技人才，获得了"东方剑桥"的美誉。国立中央大学西迁重庆后，始终保持"诚朴雄伟"的校风，不遗余力地加强师资力量，狠抓基础课教学，不断增设科研机构，培养了大批高水平的专门人才。内迁西北的高校中，北平大学、北平师大、北洋工学院三校迁往陕西汉中，合组为西北联合大学（1937 年 7 月易名为西北大学）。

抗日战争时期，在广大爱国教育工作者的努力下，后方高等教育冲破重重困难，获得了较大发展。至 1945 年，全国专科以上学校增至 141 所，比 1936

---

① 《联大纪念碑碑文》，《国立联合大学校史资料》，第 134～135 页，北京大学出版社、云南人民出版社，1986。

年增长 30.6%。其中，大学和独立学院增至 89 所，比 1936 年增加 14.1%，专科学校增至 52 所，比 1936 年增长 73.3%，研究所增至 49 所，比 1936 年增长 1.2 倍；在校学生总数增至 83 498 人，为 1936 年的两倍，毕业生人数增至 14 463 人，比 1936 年增加 58%①。

抗战胜利后，后方高校陆续复员，高等教育继续有所发展。1947 年是民国时期高等教育发展的高峰。是年，全国有大学 55 所，独立学院 75 所，专科学校 77 所，高校总计 207 所，教师 17 000 人，学生 155 036 人，研究生 424 人②。

国民政府时期，中国共产党领导下的根据地高等教育亦有所发展。

苏区时期设立的中国工农红军大学、苏维埃大学和马克思共产主义大学等培养高级军政干部的高等学校，是革命根据地高等教育的雏形。抗日战争时期，与日益增长的干部需求量相适应，在抗日民主根据地的中心所在地——延安，逐步建立起门类齐全的高等学校系统。培养抗日军政干部的院校，主要有中国人民抗日军政大学（成立于 1937 年初）和陕北公学（成立于 1937 年 8 月）。据统计，抗战期间，前者（包括其分校）先后培养了二十余万名抗日军政干部；后者自创办至 1941 年并入延安大学，共培养行政、民运、文化等类干部万余名。培养各类专门人才的院校，主要有鲁迅艺术文学学院（1938 年 4 月成立）、中国女子大学（1939 年 7 月成立）、华北联合大学（1939 年夏成立，包括社会科学、文艺、教育三学院）、延安自然科学院（1940 年成立）、中国医科大学（1940 年成立）、八路军军政学院（1941 年成立）、延安马列学院（1938 年 5 月成立，后改为中央研究院）和延安大学。后者是一所规模较大、学制正规的综合性大学，于 1941 年 9 月由陕北公学、中国女子大学、泽东青年干部学校合并而成，1943 年又有延安自然科学院、鲁艺、延安民族学院并入。该校初创时设有社会科学院、教育学院和法学院，另设有俄文、英文两个专修科；后经调整、充实，确立了包括行政学院、自然科学院、医药系、鲁迅文艺学院在内的学校建制。上述各院校师资队伍主要由高级领导干部和革命知识分子组成，其中包括大量来自全国各地的文化界、学术界知名人士，如成仿

① 教育部编：《第二次中国教育年鉴》，总第 1400 页，上海，商务印书馆，1948。
②《中国大百科全书·中国历史》（缩印本），第 95 页，北京，中国大百科全书出版社，1994。

吾、艾思奇、何其芳、何干之、丁玲、艾青、吕骥等。各校生源，一部分为指战员和党政干部，另一部分为来自全国各地的进步知识青年。除延安以外，各地方根据地亦办有一些高等学校，如晋察冀边区的抗战建国学院、华中根据地的苏中公学、淮北苏皖根据地的江淮大学等。

解放战争时期，随着解放区的迅速扩大和革命形势的迅猛发展，中共领导下的高等教育获得了较大发展，建立起颇具规模的高校系统：华北解放区有华北大学、白求恩医科大学、华北工业交通学院等；西北解放区有西北军政大学、延安大学等；华东解放区有华东军政大学、华东邮电学院等；中原解放区有中原大学、江汉公学等；东北解放区有东北军政大学、东北大学、沈阳医学院、长春医科大学、哈尔滨医科大学、东北行政学院、东北鲁迅艺术学院、中国医科大学等。

新中国成立前夕，各解放区以教育正规化为核心，开展了大规模的高教改革，为建国后高等教育的发展奠定了基础。

(二) 中等教育

民国初年，教育部于 1912 年 9～10 月先后公布《中学校令》与《中学校令施行规则》，规定中学校以"完足普通教育，造成健全国民"为宗旨，中学校以省立为原则，县立为例外，允许开设私立中学，各地得设独立之女子中学。课程设置上，取消文实分科。[①]

"新学制"对中等教育体制作出进一步改革后，中等学校的办学规模有了较大发展。据统计，1912～1925 年，全国中学校数从 373 所（其中公立 319 所，私立 54 所）增至 687 所（其中公立 404 所，私立 283 所）；学生数从 52 100 人（其中公立 45 428 人，私立 6 672 人）增至 129 978 人（其中公立 78 693 人，私立 51 285 人）。[②]

1927 年南京国民政府成立后，中等教育体制进一步规范化。

学校制度方面，1929 年，教育部颁布《高级中学暂行课程标准》，废止高

---

① 璩鑫圭、唐炎良编：《中国近代教育史资料汇编·学制演变》，第 659～660、669～676 页，上海，上海教育出版社，1991。

② 教育部编：《第二次中国教育年鉴》，总第 1428 页，上海，商务印书馆，1948。

中普通科文理分组。1932～1933 年，国民政府先后公布《中学法》和《中学规程》，规定普通、师范和职业三类中等学校须分别设立，废除原有的美式综合中学制。中学分初、高两级，各修业 3 年；初级中学与高级中学可混合设立；中学分省立、市立、县立、联立、私立五类；公立初中与高中得分别附设简易师范科及特别师范科。①

课程设置方面，1932 年，教育部颁布《初中各科课程标准》和《高中各科课程标准》，作出了如下调整：以时数单位制取代学分制；取消高中选修科目，加重语文、算学、史地等科分量；改"工艺"为"劳作"，并增加每周学时，取消选修职业科目，将劳作科分为工艺、农业、家政三种；自然科细分为植物、动物、化学、物理四科。

抗日战争全面爆发后，国民政府在中等教育方面采取了一系列应急措施：首先，为安置从战区流亡到后方的中学生就学，改变以往单纯由地方教育部门主管中等教育的体制，先后设立 28 所国立中学，并对国立中学学生给予一定的经济补贴。其次，自 1938 年 12 月起，在川、滇、桂、黔、陕、宁、青等后方八省划分若干中学区，每区内对公、私立中学作适当配置，使教育与行政合为一体。复次，推行中学一贯制试验，先于 1939 年决定试办以升学为目标的 6 年一贯制中学，继又于 1940 年修订"三三制"中学课程，规定初级中学分甲、乙两组，甲组作就业准备，乙组作升学准备；高级中学分甲、乙两组，甲组侧重理科，乙组侧重文科。最后，为适应战时需要，对中学课程标准作了新的修订，如加强本国史地教学等。

抗战胜利后，国立中学陆续复员为省立，分别交各省教育厅管理。1947 年后，教育部先后设立"临时中学"和"联合中学"，笼络、收容流亡学生。

国民政府时期，国统区中等学校的规模进一步扩大。据统计，1928～1933 年，全国中学数从 954 所增至 1 920 所，在校学生数从 188 700 人增至 415 948 人。后因国民政府采取限制普通中学、扩大职业学校的举措，中学数量和在校学生人数有所起伏。1934 年，全国中学数减少至 1 912 所，学生数减少至 401 449 人。1935 年，中学数增至 1 956 所，学生数增至 482 522 人。1937 年，

---

① 《中华民国教育法规选编》，第 348～349、382～400 页，南京，江苏教育出版社，1990。

由于日军全面侵华战争的爆发，中等学校数量锐减，仅有1 240所，学生数减至309 563人。然而，在广大爱国师生的艰苦努力下，中等教育在一度遭受重创之后重新获得发展。1938年，全国中学校数增至1 246所，学生数增至389 009人。至1941年，中学校数超过战前水平，达2 060所，学生数达703 756人。1945年，中学数量增至3 727所，学生数量增至1 262 199人。抗战胜利后，中学数与学生数在1946年达到民国时期的最高点，分别为4 266所和1 945 874人。[1]

除国统区以外，中共领导下的根据地的中等教育亦有所发展。

苏区时期为培养基层干部而设立的师范学校与中等干部学校，是根据地中等教育的雏形。至抗日战争时期，以延安为中心的抗日民主根据地逐步建立起包括师范学校和中学在内的中等教育系统。至1941年，陕甘宁边区共有师范学校和中学7所，在校学生为1 062人。晋察冀边区自1938年起筹设中等学校，至抗战胜利前夕，已拥有中学和简易师范二十余所。其他根据地，亦根据自身实际情况兴办了一批中等学校。

解放战争时期，解放区的中等教育发展迅速。以东北解放区为例，至1948年8月，全区计有中学145所，比1947年增加38%，在校学生计有61 898人，比上年增长54.4%。

(三) 初等教育

民国初年，教育部于1912年9月颁布《小学校令》，规定小学校以"留意儿童身心之发育，培养国民道德之基础，并授以生活所必需之知识技能"为宗旨；小学校分为城镇乡立、县立和私立三种，原则上初等小学校由城镇乡设立，高等小学校由县设立。[2]

自民国成立至"新学制"颁布前后，公私立小学校历年均有增置，就学儿童逐年增加。1912年，全国小学校数量为86 318所，学生数为2 795 475人；至1923年，全国小学数量增至177 312所，学生数增至6 581 335人。但总体而

---

① 教育部编：《第二次中国教育年鉴》，总第1428页，上海，商务印书馆，1948。
② 璩鑫圭、唐炎良编：《中国近代教育史资料汇编·学制演变》，第653～659页，上海，上海教育出版社，1991。

言，小学办学规模依然严重不足。据统计，1912 年全国小学校平均每校有学生约 32 人；至 1922 年，平均每校学生数仍仅有 37 人。①

南京国民政府成立后，初等教育体制日益完备。1932 年 12 月和 1933 年 3 月，国民政府先后公布《小学法》和《小学规程》（后于 1936 年 7 月修正），规定小学修业 6 年，前 4 年为初级小学，后 2 年为高级小学。初小得单设，高小须与初小合设。小学由市、县或区、坊、乡镇设立，有特殊情形者由省设立，私人或团体亦得设立。除设置完全小学（指设有初级、高级两部的小学）和初级小学以外，为推行义务教育起见，各地得设简易小学及短期小学。前者以初级为限，招收不能入初级小学之学龄儿童，修业年限以授课时间计，不得少于 2 800 小时；后者收 10～16 岁失学儿童，修业 1 年。②

课程设置方面，1932 年 10 月，教育部颁布《小学课程标准》，作了如下调整：废除党义科，将其内容融入社会、自然、国语等科；增设公民训练科、卫生科；改工作为劳作，内容包括家事、校事、农事、工艺四项。

1935 年 5 月，国民党第四届中央执行委员会第五次会议通过《实施义务教育标本兼治办法》。教育部据此制定《实施义务教育暂行办法大纲》及其实施细则，规定分三期完成 4 年制义务教育的普及。

全面抗战时期，国民政府在初等教育方面实施"政教合一"的国民教育制度，于 1939 年 9 月正式公布《县各级组织纲要》，实施"管教养卫合一"的制度，规定每乡镇设中心学校，每保设国民学校，均包括儿童、成人、妇女三部分，使民众教育与义务教育合一；乡(镇)长、中心学校校长及壮丁队队长、保长、保国民学校校长及保壮丁队长，均暂以一人兼任。③ 次年 3 月，教育部公布《国民教育实施纲领》，规定国民教育分义务教育和失学民众补习教育两部分，二者应于保国民学校及乡镇中心学校内同时实施；义务教育普及以 5 年为期，分三期进行，由川、滇、黔、桂、粤、湘、闽、浙、赣、陕、甘、豫、冀、渝、皖、宁、青、新、西康等 19 省市先行实施。④

① 教育部编：《第二次中国教育年鉴》，总第 1455 页，上海，商务印书馆，1948。
②《中华民国教育法规选编》，第 243～245、271～282 页，南京，江苏教育出版社，1990。
③ 教育部编：《第二次中国教育年鉴》，总第 183、1455 页，上海，商务印书馆，1948。
④《中华民国教育法规选编》，第 283～289 页，南京，江苏教育出版社，1990。

南京政府时期，国统区初等教育的规模逐步扩大。据统计，1929年全国初等教育各类学校（其中包括幼稚园）总数为212 385所，学生数（含幼稚园学生）为8 882 077人；至1936年，学校数（含幼稚园）增至320 080所，增长50%，学生数增至18 364 956人，增长106%。同期，学校规模由平均每校42人增至57人。[1]

除国统区以外，中共领导下的根据地的初等教育亦有较大发展。

第二次国内革命战争时期，苏区儿童教育发展迅速，大部分地区均达到了乡乡有小学1~3所的水准，有些地区甚至已村村有小学。在位于贫困地区的兴国县，儿童入学率超过60%。[2]

全面抗战时期，抗日根据地的小学教育克服重重困难，获得了较大发展。以陕甘宁边区为例，红军长征到达陕北之前，全边区20多个县只有120所小学，在校学生3 000人；而至1940年，全边区小学数量增至1 341所（其中高小47所，初小1 294所），在校学生增至41 260人（其中高小生1 547人，初小生39 713人）。[3] 至1945年，全区小学数增至2 297所，其中民办小学1 957所，公办小学340所。

解放战争时期，各解放区的小学教育继续贯彻教育为政治革命服务和教育与生产劳动相结合的方针，在艰苦的战争环境中稳步发展。这一时期，小学数量迅速增长，教育普及渐趋深入。以东北解放区而言，至1948年8月，全区共有小学17 726所，比上年增长72.4%，学生1 688 446人，比上年增加90.8%。

（四）师范教育

民国初年，教育部先后颁布《师范教育令》（1912年9月）、《师范学校规程》(1912年12月)、《高等师范学校规程》（1913年2月）等一系列法令，规定高等师范学校培养中学校、师范学校教员，预科1年，本科3年，分国文、

---

① 教育部编：《第二次中国教育年鉴》，总第183、1455页，上海，商务印书馆，1948。

② 《中华苏维埃共和国中央执行委员会与人民委员会对第二次全国苏维埃代表大会的报告》，见《毛泽东同志论教育工作》，第5~6页，北京，人民教育出版社，1992。

③ 《陕甘宁边区小学教育概况》，载1944年6月3~4日《新华日报》。

英语、历史地理、数学物理、物理化学、博物六部，各部通习伦理学、心理学、教育学、英语、体操等科目；女子高等师范学校培养女子中学校、女子师范学校教员，分文、理、家事三科；师范学校培养小学教员，第一部招收预科毕业生或年满 15 岁具同等学历者，修业 4 年，第二部招收中学毕业生或年满 17 岁具同等学历者，修业 1 年；女子师范学校培养小学校教员及蒙养院保姆。[①]

办学方面，1913～1918 年，全国形成了直隶、广东、四川、江苏、东北、湖北六大师范区，每区各有一所高等师范学校。1919 年 4 月，北京女子师范学校改为北京女子高等师范学校，成为中国第一所独立设置的女子师范大学。五四前后，北京高等师范学校与南京高等师范学校南北呼应，竞相延聘人才，锐意改革，奖励学术，成为全国师范学校教育革新的楷模。1920 年 9 月，南京高师开高师召收女生之先例，并于同年首次在中国采用智力测验法。与此同时，中等师范学校也根据各地情况划有一定的学区，实行分区设置。

"新学制"对师范教育体制作出改革与调整后，高等师范学校或改为师范大学（北京高师改为国立北京师范大学，北京女子高师改为北京女子师范大学），或先改为师范大学继又并入普通大学（如武昌高师先改为师大，继又改为国立武昌大学，即今武汉大学；成都高师先改为师大，后并入四川大学），或直接并入普通大学（如南京高师并入东南大学；广东高师并入国立广东大学即今中山大学；沈阳高师改为东北大学）。在高等师范教育明显削弱的同时，中等师范教育则有一定发展。

北洋政府时期，由于社会动荡，政局不稳，师范教育发展不甚稳定。据统计，1912 年全国有师范学校 253 所，学生数为 28 525 人；至 1916 年，学校减至 195 所，学生减至 24 959 人。1922 年，全国有师范学校 385 所，在校生 43 846 人；至 1928 年，学校减至 236 所，学生减至 29 470 人。师范学校的办学规模，各个时期内亦不尽相同。1912 年，全国师范学校平均每校约为 113 人；1915 年，平均每校学生数增至 132 人。1922 年，平均每校学生数为 114

---

① 璩鑫圭、唐炎良编：《中国近代教育史资料汇编·学制演变》，第 660～661、676～690、714～717 页，上海，上海教育出版社，1991。

人，1928年，每校学生数为42人。①

南京国民政府成立后，先后公布《师范学校法》（1932年12月17日）和《师范学校规程》（1935年6月22日，1947年4月9日修正公布），以法规形式确立了师范教育的独立性，并规定：中等师范教育机构分为师范学校、女子师范学校、乡村师范学校、师范学校附设特别师范科及幼稚师范科、简易师范学校、师范学校附设简易师范科。师范学校由省或直辖市设立，但亦可根据地方需要，由县市设立，或由两县以上联合设立；修业3年，入学资格为初中毕业。特别师范科招收愿任小学教师的高中毕业生或高级职业学校毕业生。简易师范学校以县市设立为原则，招收小学毕业生，修业4年，培养简易小学、短期小学教员。乡村师范学校以培养乡村小学师资为主，学制同师范学校。简易师范科招收愿任小学教师的初中毕业生或具同等学历者，修业1年。②

抗日战争全面爆发后，为收容流亡后方的失学青年，教育部改变过去单纯由省或直辖市设立师范学校的体制，先后创办14所国立师范学校。与此同时，针对边疆师资远比内地薄弱的状况，还先后在云南、贵州、青海、甘肃、宁夏、新疆等地设立了十余所国立边疆师范学校。

高等师范教育方面，1938年7月，教育部颁布《师范学院规程》（后又于1948年12月25日修正公布），明确规定了高等师范学校的办学体制与课程标准：师范学院由教育部斟酌全国各地情形分区设立，可单设，亦可设于大学中；本科5年，专修科3年；各校得设第二部，招收大学其他学院性质相同学系毕业生，授1年专业训练；得附设师范研究所，培养教育学硕士。师范学院课程，分为共同必修科、分系专业科和专业训练科三类。③

办学规模上，国统区师范教育机构学校数和学生数均有所增加。中师方面，1928～1936年，全国师范学校总数从236所增至814所，增长245％，学生总数从29 470人增至87 902人，增长198％。④抗战时期，师范教育一度遭受重创，但由于各方共同努力，师范学校总数和学生总数逐步回升。1937～1945年，学校数从364所增至770所，学生数从48 793人增至202 163人。至

---

①④ 教育部编：《第二次中国教育年鉴》，总第1428页，上海，商务印书馆，1948。

②③《中华民国教育法规选编》，第462～463页，第511～515页，南京，江苏教育出版社，1990。

1946 年，学校数量增至 902 所，为 1937 年的 2.5 倍，学生总数增至 245 609 人，为 1937 年的 5 倍。高师方面，抗战前夕，全国仅有北平师范大学一所国立高等师范学校。此外，江苏、湖北、四川设有省立教育学院，广西设有国民基础教育学院，中央大学附设有教育学院，其他大学亦有设立教育系、科者。据统计，1936 年北师大在校学生 944 人，其他学校教育系、科（共 58 处）在校生为 3 292 人，合计为 4 236 人。自 1938 年国民政府颁布《师范学院规程》后，高师教育日益受到重视，师范学院陆续增设。至 1947 年，全国计有独立设置的国立师范学院 9 所，省立师范学院 2 所，国立大学附设师院 4 所，师范专科学校 13 所。

（五）职业教育

自民国成立至 20 年代后期，随着民族资本主义的发展和职业教育思潮的兴起，职业学校的总体规模有了较大增长。据不完全统计，1912～1926 年，全国职业学校总数从 425 所增至 1 518 所，其中，民办职校发展尤为迅速，逐渐与官办职校平分秋色。在异军突起的民办职校中，黄炎培等人于 1918 年在上海创办的中华职业学校影响深远，对于职业教育的改革作出了开创性贡献。1921 年，中国第一个民间职业教育社团——中华职业教育社（成立于 1917 年）发起中国职业学校联合会，划全国民办职校为上海、天津、汉口和广州四区。

南京国民政府成立后，自 1932 年起先后颁布了《职业学校法》（1932 年 2 月 17 日）、《职业补习学校规程》（1933 年 9 月 6 日）、《职业学校规程》（1947 年 4 月 9 日）等，规定职业学校以单科设置为宜，分初、高两级。初级以县（市）设立为原则，招收小学毕业生或具同等学历者，修业 1～3 年；高级以省、直辖市设立为原则，招收初中毕业生，修业 1～3 年，或招收小学毕业生，修业 5～6 年。社团、工厂、商店或私人可开办私立职校。[1]

针对地方财力不足、师资设备匮乏的现实，国民政府于 1936 年设立了助产、护士、工业等 4 所国立职业学校。抗战时期，为加强中级职业人才的培养

---

[1]《中华民国教育法规选编》，第 532～569 页，南京，江苏教育出版社，1990。

和弥补地方职业教育的不足，又先后增设造纸、印刷、水产、农业、机械、商业、歌剧等 7 所国立职业学校，并在西康、青海、甘肃、宁夏和四川松潘、犍为等边远地区设立 8 所国立边疆职业学校。

为推进职业教育，教育部于 1939 年 2 月 15 日公布了《各省市实施分区辅导职业学校办法大纲》，规定各省应依照省内职业、物产、交通、文化及已设与拟设各科职业学校分布情形划分职业学校区。每区须于一二年内成立高级职业学校一所、初级职业学校 2～3 所。已设有职校之区域，应调整科别，充实内容，扩充学额。各县每年小学毕业生达 200 人以上者，应单独或联合邻县筹设初级实用职业学校。①

国民政府时期，国统区的职业教育获得了较大发展。1928～1936 年，全国职业学校总数从 157 所增至 494 所，学生总数从 16 640 人增至 56 822 人，职业学校与一般中学的比例由 16.5％上升至 25.1％。1937～1946 年，全国职校总数从 292 所增至 724 所，学生总数从 31 592 人增至 137 040 人。②

---

① 《中华民国教育法规选编》，第 546～547 页，南京，江苏教育出版社，1990。
② 教育部编：《第二次中国教育年鉴》，总第 1428 页，上海，商务印书馆，1948。

第十章
中西混融、新旧递嬗的社会风俗

民国时期，伴随着社会近代化的演进与移风易俗潮流的兴起，社会风俗的新陈代谢比之晚清时期更为急剧、广泛、深入。在城乡社会仍居主流的传统习俗，既保持着旧质，又随时代的迁流而发生着异乎往古的嬗变；与此同时，受激于西潮东渐的新式风俗，逐渐流行于都市及部分市镇、乡村，对人们的生活发挥着日益显著的影响。

概而言之，矛盾性、复杂性是民国时期风俗变迁的总体特征。这一特征，主要表现在以下几个方面：一是中西、新旧风俗文化相互关系上过渡性、杂糅性与兼容性、开放性的并存；二是风俗变迁力度、广度上较之以往而言的深入性、广泛性与此期依然存在的迟滞性、不平衡性的统一；三是风俗变迁效应上进步性与负面性的并存。

一、风俗变迁的总貌

民国时期是一个由传统社会向现代社会转型的历史时期，也是一个中西文化既激烈冲突又日益融合的历史时期。与此相应，此期社会风俗的变迁，在中西新旧的关系、风俗变迁的力度、广度和社会效应等诸多方面均呈现出显著的矛盾性、复杂性特征。

（一）中西新旧关系的二重性

民国时期中西新旧文化既紧张冲突又日益融合的复杂关系，决定了这一时期风俗演变中过渡性、杂糅性与兼容性、开放性两种矛盾性状的统一。

过渡性、杂糅性的特征，是由民国社会新旧递嬗、方生方死的过渡形态所决定的。在这样一种社会形态中，中西新旧文化既激烈冲突又相互胶着，交错杂陈。正如李大钊在发表于 1918 年 5 月《新青年》第 4 卷第 5 号上的《新的！旧的！》一文中所指出的："中国人今日的生活全是矛盾生活，中国今日的现象全是矛盾现象。……矛盾生活，就是新旧不调和的生活，就是一个新的，一个旧的，其间相去不知几千万里的东西，偏偏凑在一处，分立对抗的生活。……中国今日生活现象矛盾的原因，全在新旧的性质相差太远，活动又相邻太近。换句话说，就是新旧之间，纵的距离太远，横的距离太近；时间的性质差的太多，空间的接触逼的太紧。同时同地不容并存的人物、事实、思想、议论走来走去，竟不能不走在一路来碰头，呈出两两配映、两两对立的奇观。这就是新的气力太薄，不能努力创造新生活，以征服旧的过处了。"这种过渡型、混合型的社会、文化性状，必然会在风俗演变中体现出来，使之呈现出新旧并存、中西杂糅的格局。对于民国时期风俗变迁中这一方面的特征，郑振铎曾在刊于《文学周报》1927 年第 4 卷上的《上海的居宅问题》一文中，作过十分形象、生动的描绘：

> 上海好比是一所最复杂的、最奇特的、最丰富的博物院……在那里，什么样的社会状况都有，自虹庙的烧香，哈同路某宅的宫廷生活，以至最新式的欧化舞蹈与其他娱乐；在那里，什么样的交通器具都有，自独轮

车、塌车、轿子、马车、人力车、电车，以至最新式的汽车；在那里，什么样的房屋都有，自江兆羆羆船改造之土室、草房、平房、楼房以至设备得最新式的洋房。这其间相差相距，不啻有二十个世纪。时时的到街上去默察静望一下，见那塌车与电车并行，轿子与汽车擦"肩"而过，短服革履的剪发女子与拖了长辫子戴红结帽顶的老少拥拥挤挤地同在人群里蹩……这还不够你的鉴赏么？世界上再没有一个博物院有那样复杂完备的活的"陈列品"了。

郑文所描绘的20世纪20年代末上海的人文景观，实为民国社会风情的一个缩影。文中所揭示的中西、新旧风俗层累堆积、交错杂陈的局面，在民国时期城乡社会风俗的各个方面均有显著表现。

服饰方面，长袍马褂等传统服饰依然盛行于城乡社会，男子蓄辫、女子缠足两大陋习（尤其是后者）在许多地区仍长期存在；与此同时，西装革履等洋装洋饰逐渐流行于城镇，中山装、新式旗袍等中西合璧式服装亦备受国人青睐。服饰上的这种混合性、杂糅性特点，在江苏宜兴的婚礼上表现得尤为典型："自民国以来，政体虽变，而新郎之戴顶履靴者仍属有之。然亦有喜学时髦，著大礼服，戴大礼帽，以示特别开通者。最可笑者，新郎高冠峨峨，履声橐橐，在前面视之，固俨然一新人物也，讵知背后豚尾犹存，红丝辫线，坠落及地。"至于四位陪宾，"有西装者，有便服者，有仍服满清时礼服者，形形色色，无奇不有"①。

居住方面，四合院、住宅大院、窑洞、毡包、草棚等传统中式住宅仍在城乡民居中居于主体地位，而与新型生活方式相适应的公寓大楼、里弄、洋房等西式或中西合璧式住宅也在都市中与日俱增。

交通方面，牲畜、兽力车、人力车、轿子等传统代步工具与汽车、电车、摩托车、自行车、火车、轮船等现代交通工具"摩肩接踵"。在乡村，前者位居主体；而在城市，后者日益普及，前者趋于淘汰。

岁时节庆方面，阳历与阴历并行，新式节日、西式节庆风俗与传统节日、中式节庆风俗并存；前者的影响主要限于政界、学界、工商界和新派人士中，

---

① 胡朴安：《中华全国风俗志》下编，第181~182页，石家庄，河北人民出版社，1986。

后者则通行于民间。

礼仪方面，以社交礼仪论，鞠躬、握手、互递名片等新式礼仪日渐流行，跪拜、作揖等旧式礼节仍未退出历史舞台；"先生"、"君"等新式称谓日益为人们所接受，"大人"、"老爷"等旧式称谓在守旧人士和下层民众中仍然盛行。即使在同一社会阶层中，也往往是新旧礼仪并用于不同场合，如山西翼城县"自帝政推倒，国改共和以来……现今乡间人民，通行对于官长、平辈咸遵是礼（引者按：指脱帽、鞠躬礼），间有用揖拜礼、握手礼者。惟对于家长节礼并祀祖先、鬼神者，仍循跪拜之古俗而不知改"①。以婚礼论，旧式婚礼、新式婚礼（亦称"文明婚礼"）与新旧参用式婚礼并举。其中，后者既部分采纳新式婚礼的仪式，又保留了新郎、新娘祀祖、行见家族礼等旧式婚礼的内容，新旧杂糅性表现得尤为显著。以丧礼论，旧式丧礼仍在城乡社会居于主导地位，新旧参用式丧礼亦在社会中上层开始流行，新式丧礼则在城镇新派人士中影响日增。

民国时期风俗演变中这种中西杂糅、新旧并存的局面，显示出近代中国半殖民地半封建社会形态的扭曲变态性状，体现出旧事物顽强阻滞新事物成长的沉重历史惰性，以及新事物艰难生长中的历史阵痛。然而，上述负面性特征，只是民国时期风俗演变进程中中西新旧文化相互关系的一个方面。另一方面，中西文化交融的逐步深化、拓展，又决定了民国时期社会风俗的变迁还呈现出中西合璧、迎新纳异的良性发展趋势。这一趋势，在服饰、婚礼、岁时节庆等习俗的变迁中均有显著表现。

以服饰论，民国时期有"国服"之称的中山装和新式旗袍，便是中西服饰文化与审美趣味相互会通、融合的产物。

中山装起源于辛亥革命前后，定型于1928年左右，是以日本学生装和西方军服为原型加以改造而形成的一种服装样式，因孙中山亲自设计并大力倡导而得名，其外形设计（直翻领、前襟四个口袋并五粒纽扣、袖口三粒纽扣）鲜明地体现出中西合璧的特色：一方面，它以西式服装的结构与工艺为蓝本，结合人体比例、曲线和活动规律安排裁制结构和服装造型，从而弥补了传统中装

---

① 民国《翼城县志》卷一六，《礼俗》。

宽袍大袖、不显体形、不便活动的缺点，体现了西装轮廓鲜明、造型挺括、贴身适体、潇洒干练的风格，充分反映了服饰文化的时代性，适应了服饰现代化的潮流。另一方面，它又浸润了中国传统文化的神韵，体现出服饰文化的民族性，具有鲜明的东方特色和中国特色。在外形上，与领型开敞的西服和自由、明快的茄克不同，它采用立领上加小翻领的封闭式领型，领以下的纽扣等距排列，顺垂衣襟而下，呈中轴线均衡左右；又将西服的三个口袋，改成上下、左右对称的四个口袋，使整个服装造型呈现出封闭、凝重、稳妥的方形轮廓，鲜明地体现出中国传统文化追求中庸、和谐的内在精神，顺应了国人注重对称、凝练、含蓄和既求美又求全的传统审美心理。此外，其样式设计还寓有深刻的政治涵义，如依据国之四维（礼、义、廉、耻）而确定前襟四个口袋；依据五权宪法而确定前襟五粒纽扣；依据三民主义而确定袖口三粒纽扣。新式旗袍系由满族旗人女装演变而来，自 1920 年起渐趋流行，其衣型设计同样是融合中西服饰风俗和审美文化的成功范例。在长期的发展中，其款式虽几经变化，但总的趋向是在保持民族特色的基础上，改变旧式旗袍宽袍大袖的原貌，吸纳西式女装注重人体曲线美的优长，通过缩短衣长、缩紧腰身、缩小袖口、放窄滚边、降低领高、上移开衩等方式，使旗袍日益由肥变瘦，由宽趋窄，衣显体形，方便适体，走向时装化、多样化、个性化，以充分展示女性的气质美、形体美。

以饮食论，在日益流行的西餐影响下，传统中式菜肴的原料品种和烹调方法日趋丰富、完善。例如，北京一些中式餐馆的厨师受西菜的启发，大胆引入传统菜肴中尚未使用的生菜、洋葱、土豆、西红柿、莲花白等从域外引进的蔬菜，并采纳经过改革的西餐烹调技术，创出了一些深受顾客欢迎的新式菜肴品种。广州粤菜馆的厨师吸收西菜及川、鲁、淮扬等菜系的精华，对粤菜烹调技艺加以改革，使之日臻成熟、完善，促进了粤菜体系的发展。

以婚礼论，民国时期影响日著的"文明婚礼"，既引入了宣读婚约、交换戒指、行鞠躬礼、主婚人与证婚人致词、唱文明结婚歌等西俗，具有西式婚礼隆重、热烈、简约的特点，又保留了如客人散后行新人谒见双方主婚人和全体亲属礼等旧俗，体现了中华民族的传统美德，堪称中西风俗相互融合的代表性成果之一。

以历法论，1912年1月南京临时参议院议决制定的民国历法，新旧二历并存，新历下附星期，旧历下附节气，旧时习惯可存者，择要附录，吉凶神宿一律删除。① 此历推行后，民间普遍以阳历为"官历"、夏历为"民历"，"新旧参用，官民各分"；岁时节令，既按夏历进行农事活动和过传统节日，又按阳历进行政治活动和新式节日，甚至过年也是"新历之新年，系政治之新年；旧历之新年，乃社会之新年"②。民元改历，融合中西新旧历法，使得中、西历并行不悖，相互补充，在国人的社会活动和日常生活中发挥了各自的优越性，是中西风俗文化相互融通的又一成功范例。

以节庆风俗而论，在民国时期新式节日的庆礼活动中，既吸纳了悬国旗、游行、游园、开庆祝会、上演话剧等西俗，又保留了燃放鞭炮、舞龙、舞狮等诸多旧俗，形成了既体现时代风尚又具有浓厚民族特色的新型节日民俗。

中西风俗文化的日益融合，代表了民国时期社会风俗近代化的潮流所向。伴随着这一潮流的演进，国人的生活空间日趋扩大，生活方式日趋丰富，精神面貌为之一新。

（二）变迁力度、广度的二重性

民国以降，随着辛亥革命后民主共和制度的建立和新思潮、新文化更为广泛的传播，兴起于晚清时期的移风易俗潮流，呈现出不断高涨的态势，推动着社会风俗的变迁以比之晚清更为急剧、强劲的势头，在更为广阔的范围内向纵深发展。

民国时期移风易俗潮流的高涨，首先表现为政府自上而下推行的风俗改革，具有前所未有的力度，取得了前所未有的社会影响。

辛亥革命后，帝制倾覆，共和告成。以孙中山为首的资产阶级临时政府，成立伊始便着手推行全国范围内的习尚改革，本着资产阶级民主主义的精神，革除封建社会的种种敝习陋俗。在不到两个月的时间里，临时政府颁布了一系列有关风习改革的文告、法令，内容广及改历改元、严禁鸦片、改革称谓、推

---

① 孙中山：《命内务部编印历书令》，见《孙中山全集》第2卷，第54页，北京，中华书局，1982。

② 黄远庸：《旧历新年发笔》，《远生遗著》卷四，第117页，上海，商务印书馆，1919。

行剪辫、劝禁缠足、严禁赌博、禁唱淫戏、管制娼妓、禁止体罚、禁止刑讯、禁卖人口、解放贱民、改革礼仪、树立新风等诸多方面。这些文告、法令在各地贯彻执行的力度虽然参差不齐，但仍有力地冲击了封建的陈规陋习，起到了解放思想、革故鼎新的作用。一时间，全国各地兴起了一场声势浩大的移风易俗潮流。这一时代变迁的演进趋向，正如1912年3月5日《时报》上刊载的《新陈代谢》一文所云："共和政体成，专制政体灭；中华民国成，清朝灭；总统成，皇帝灭；新内阁成，旧内阁灭；新官制成，旧官制灭；新教育兴，旧教育灭；枪炮兴，弓矢灭；新礼服兴，翎顶补服灭；剪发兴，辫子灭；盘云髻兴，堕马髻灭；爱国帽兴，瓜皮帽灭；爱华兜兴，女兜灭；天足兴，纤足灭；放足鞋兴，菱鞋灭；阳历兴，阴历灭；鞠躬礼兴，拜跪礼灭；卡片兴，大名刺灭；马路兴，城垣卷栅灭；律师兴，讼师灭；枪毙兴，斩绞灭；舞台名词兴，茶园名词灭；旅馆名词兴，客栈名词灭。"文中所云虽未立成事实，却反映出易风移俗潮流所向的力度和广度。

继资产阶级临时政府之后掌握政权的"北洋政府"，以及其后的南京国民政府，虽然均为具有浓厚封建色彩的专制政权，却仍在时势的推动下，在推行剪辫、禁缠足、禁烟、禁赌、禁娼等方面发布了许多法令、文告，并采取措施加以执行，取得了比之晚清更为显著的实绩，对移风易俗潮流的推进起到了一定的积极作用。即以禁止缠足为例，南京政府在此方面做了比以往更为积极、持久的努力，发起了一场由中央政府统一领导并在全国范围内普遍推行、以禁罚为重要手段的不缠足运动。从1927年到1937年的十年时间里，中央政府三令五申，至少五次颁布禁令、训令，或指定调查，并采取一系列奖惩措施，平均每两年即有一次举措。直至1940年以后，内政部仍多次颁布《禁止妇女缠足条例》，令各省切实查禁。

新民主主义革命时期，中国共产党在历次革命战争中建立的工农革命政权，对以封建族权、神权和夫权为中心的旧染污俗进行了前所未有的猛烈冲击，在革命运动影响所及的广大农村掀起了一场翻天覆地的移风易俗运动，对于中国农村社会风俗的变革起了巨大的推动作用。在广大的农村革命根据地，烟、赌、缠足、迷信、买卖婚姻等封建社会的陋俗敝习被加以彻底、全面的荡涤，革命、民主、文明的新型风尚逐渐形成。

在政府自上而下推行风俗改革的同时，民国时期，各种风俗改良社团发起的自下而上的移风易俗运动也蔚成潮流，蓬勃发展，对于社会风俗的新陈代谢起到了积极作用。

自民国初年起，随着民主、科学思潮的日益勃兴，各种风俗改良团体比肩而起，纷纷提出比之晚清社会改良团体更具力度与深度的改革宗旨与目标，开展了更为深入、广泛的活动。1912年2月23日，蔡元培、唐绍仪、宋教仁等发起成立社会改良会，发出"不狎妓"、"不置婢妾"、"提倡成年以后有财产独立权"、"提倡个人自立不依赖亲朋"、"实行男女平等"、"提倡废止早婚（男子十九岁以上，女子十七岁以上始得嫁娶）及病时结婚之恶习"、"提倡自主结婚"、"承认离婚之自由"、"承认再嫁之自由"等36项倡议，力主"以人道主义去君权之专制，以科学知识去神权之迷信"，对积习已深的"旧染污俗"实行全方位的改良。与此同时，李石曾、张继、吴稚晖、汪精卫等人发起成立进德会，提出"不赌、不嫖、不娶妾"三条基本戒律及"不作官吏、不作议员、不饮酒、不食肉、不吸烟"五条选认戒律。美国万国改良会在中国的全权代表丁义华在沪、津等地创设万国改良会，并在全国大中城市设立分会，以改良社会习俗为中心，其主要内容有：普及教育、严禁鸦片、禁止赌博、不收妓捐、不置奴婢、不纳姬妾、夫妇平等、尊尚道德、不缠足、不早婚等等。除此之外，禁止奴婢会、男女平权维持会、神州女界参政同盟会、中国监狱改良协会、天足会、禁烟联合会、伶界联合会、女子进德会、体育会、尚武会等团体纷纷成立并开展活动。至五四时期，随着新文化运动的蓬勃发展，全国各地风俗改良团体的数量日益增加，活动范围日益扩大，社会影响日益增长。

经由政府自上而下的倡导和民间团体自下而上的呼应，比之晚清时期，民国时期的移风易俗潮流有了更为深入、广泛的发展，社会风俗近代化的广度与力度有了显著的增长。然而，另一方面，由于近代中国社会形态与具体国情的复杂性、特殊性，这一时期社会风俗的近代化变迁，仍具有显著的迟滞性与不平衡性。

民国时期社会风俗近代化变迁的迟滞性，表现在移风易俗运动虽蓬勃发展，但传统习俗仍在城乡社会生活中居于主流地位，其中的许多蛮风恶俗依然根深蒂固，难以铲除，而新风新俗却难以普及。以缠足陋习的禁除而言，尽管政府三令五申，予以严禁，民间风俗改良团体亦大力加以劝导，却往往收效甚微。至少到 20 世纪 30 年代，缠足之风仍盛行于许多乡村地区，小脚为美的观念在民间仍广泛存在，而天足女性则往往受到社会的歧视。30 年代初，在四川绵阳乡村，"缠脚之风仍盛，不但成年妇女无不小脚蹒跚，弱不胜衣，甚至一般幼女，年龄十岁左右者，其父母仍强迫为之缠裹"。原因在于，当地通行童年议婚风俗，而男方"只以脚之大小而定其爱憎。爱憎不在乎人，而在乎脚；故强令女家，竭力缠脚，否则拖延不娶，或以退婚为要挟"。女方迫不得已，只好将女儿缠成小脚，"以迁就两家婚姻之圆满"①。以婚礼的改革而言，即使是在浙江杭州这样经济、文化较为发达的地区，据《民国杭州市新志稿·俗尚》所载，"旧式婚姻居十之七八，新式者不过十之二三"。至于浙江兰溪，更是"婚嫁全凭媒妁之言，文明结婚实属罕闻"②。以丧礼的改良而言，力主丧葬改革的新文化健将胡适，在其为母治丧的过程中，迫于亲友的压力，也不得不折中新旧丧礼。1943 年国民政府颁布的《北泉礼仪录》中关于普通丧礼的规定，虽在一定程度上对旧式丧礼加以改革，但其主体内容仍沿袭了传统丧礼，繁文缛节甚多。

至于风俗演变的不平衡性，既体现在区域之间、社会各阶层之间，也体现在风俗文化内部各个层面之间。

区域之间的不平衡性，主要表现在受欧风美雨冲击较大、近代化程度较高的中心城市和东南沿海地区，风俗的转换得风气之先，变化较为显著，而广大的乡村和中西部内陆地区，尤其是一些边远地区和山区，由于交通不便、经济发展迟缓、文化教育落后、封建宗法势力顽固等原因，社会风俗的变迁极为缓慢。

就沿海与内陆的差距而言，以生活习俗的变迁为例，在地处长江三角洲近海部分的上海南汇县，早在晚清"同光间，衣服渐渐逾格，即奴隶亦穿绸着缎。近则以钱为胜，甚厌绸布而喜呢绒者，虽有节衣之大会，不问也。至于宴会，向只六簋、八簋，今用山珍海味，甚有除鸡、肉等名称，而燕窝、鱼翅犹

---

① 《绵阳缠足风盛》，载《新新新闻》，1932 年 7 月 29 日。
② 胡朴安：《中华全国风俗志》下编，第 259 页，石家庄，河北人民出版社，1986。

粗鄙品也"①。而在地处华北内陆的山东省会济南，至民国初年，"衣服即中上社会之新人物亦不十分华丽……颇觉古道可风"；"食品寻常为馒头大饼猪羊肉，非若南方人士之盘餐精美、珍味罗陈"；"出门时较体面者为人力车，余则鸦鸦轧轧之小车耳。摩托车之踪影迄今尚绝迹"；"各大铺户所陈列奢侈品一类，实远不若南方之多……首饰铺玻璃匣中所陈设者，大抵皆南方三十年前之古旧银器"②。大人、老爷的称呼，"久之，此风于南方官场渐息，民间则依然，北方则无论官民，已相习成风，而莫之改"③。

就城乡差别而言，以服饰的变迁为例，1932年印行的《杭州市经济调查》对该市近郊市镇居民的衣着有如下议论："初至其地，见服饰之古朴，断不信乃以繁华著名之杭州市近郊也。若以妇女服装为社会进化之阶段，则城市与近郊最少相差在五百年以上。"④引文中所云或许有所夸张，但也在一定程度上反映了城乡之间生活习俗变迁上的不平衡性。以女性服饰为例，当上海等通都大邑开始流行烫发、旗袍、丝袜、高跟鞋等等装束时，在许多边远、落后的乡村，女性缠足陋习依然如故。再以婚姻礼仪和丧葬礼仪为例，新式婚礼和丧礼主要流行于大都市，而在广大乡村则鲜有人行之。1935年印行的《张北县志》载："所谓文明结婚礼……城市内结婚多仿行之，乡间仍不多觏也。"1936年印行的《香河县志》载："现在民国所定新结婚礼，通都大邑间有行之者，乡间尚少。"⑤

社会各阶层间的不平衡性，主要表现在受西方现代文明影响较深的新式知识分子和政界、工商界人士敏于移风易俗，而思想较为保守、封闭的封建遗老、地方乡绅和下层民众接受新风俗则较为迟钝。以推行剪辫为例，在河北万全，直至30年代，"男子剪发者虽云普遍"，但"泥古不化之辈尚多保存其发辫，不肯率然而去也。至女子之已天足者固多，然缠足如故者亦不乏人"⑥。1927年时，报端有文章将福建省建瓯县妇女的服饰分为三类：第一类是"县

---

① 民国《二区旧五团乡志》卷一三，《风俗》。
② 胡朴安：《中华全国风俗志》下编，第13～15页，石家庄，河北人民出版社，1986。
③ 颖川生：《间斋谈往》，载《青鹤》第1卷第2期，1932年12月。
④ 1932年《杭州市经济调查》，第136页。
⑤⑥《中国地方志民俗资料汇编·华北卷》，第148、285页，第209页，北京，书目文献出版社，1989。

中山装

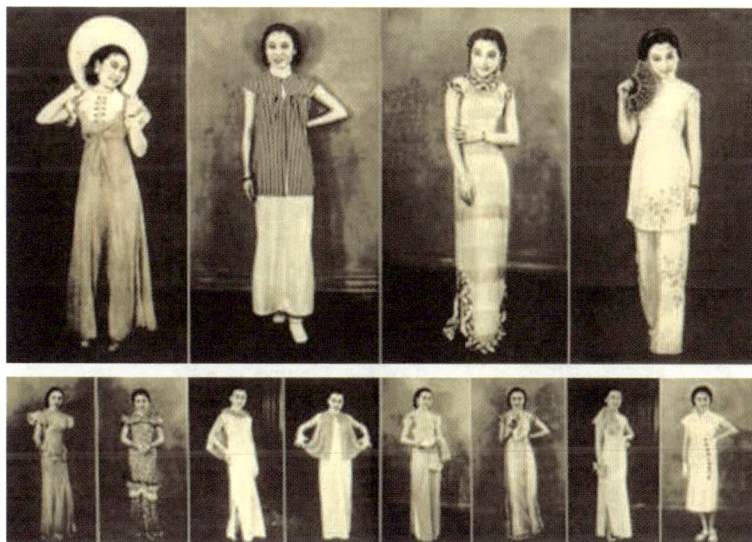
民国时期《良友》画报上的时装

549

民国时期梳妆台

民俗图案梳妆台局部

国人雕刻的第一套钢凹版
钞票殖边银行兑换券

茶担

城上、中两级的青年妇女"，其装束与前三五年的省会时髦妇女一样；第二类是"县城年长的妇女和乡村的妇女"，其服饰仍是二三十年前的式样，浓妆厚抹，"足是缠得不满三寸长"；第三类是"山乡的妇女"，服饰不讲究，但"足仍缠得窄窄的，有尚嫌不窄，用木头装在足踵下，假装小脚"①。

风俗文化内部各个层面之间的不平衡性，主要表现在衣、食、住、行和娱乐等生活习俗，变化较为显著和迅速，即使是一些封建守旧人士，对于这些方面的变迁也乐于接受；而一些制度、精神方面的习俗，如婚丧礼仪、岁时节庆等，变化较为微弱、迟缓。

（三）变迁效应的复杂性

民国时期社会风俗的变迁，总的方向是生活方式日趋近代化，其进步性十分明显。然而，由于政治的腐败、西方文化中负面因素的影响等方面的原因，社会上的奢侈之风、盲目崇洋之风亦愈演愈烈。

就奢风的日益滋长而言，正如1913年5月28日《大公报》上刊载的《不生活之生活程度》所言："官僚也，议员也，政客也，元勋伟人也，以及办学务办公益之绅若董也，惟日孳孳，莫不以攫取金钱为首策，目的达，腰缠富，取精既多，用物斯宏，溺情于声色赌博者无论矣，即宫室车马服用筵席之类，亦突过王侯而不以为泰，精神上无一事堪与欧美仿佛，惟用度之奢侈侵侵乎将凌欧而轶美。"在官场和商界，奢靡之风泛滥成灾。影响所及，在民间，此风亦有加剧之势。民国初期广东之宴会，"菜以鱼翅为主要之品，其价每碗自十元至五十元……常有以数十元之重价，而得恶劣之品者。此外若烧猪、燕窝等亦为珍品。至平常之菜，大约自八元至十元，亦颇冠冕矣"②。30年代的天津静海，"其宴，食品寻常分四盘，或四碟，或六碟六碗。婚丧大故，以物品分者，有燕菜席、鱼翅席、海参席等级；以器皿分者，有大十二、小十二、四大件、两大件等名称"③。面对饮食奢靡之风的盛行，国民政府内政部在1933年1月下达的一份文件不得不承认："淳朴之德日漓，侈靡之习日长。举凡婚丧

---

① 杨丽卿：《建瓯妇女的生活状况》，见《妇女杂志》第13卷第8号，1927年8月。
② 胡朴安：《中华全国风俗志》下编，第372页，石家庄，河北人民出版社，1986。
③ 《中国地方志民俗资料汇编·华北卷》，第72页，北京，书目文献出版社，1989。

之庆吊，岁时之馈遗，朋友之宴会，无不铺张扬厉，踵事增华，而今之所谓达官贵人、豪商买办者，此风尤甚。每遇婚丧，即夸耀矜奇，穷极奢华，一宴之费，不惜兼金。"①

盲目崇洋之风亦有愈演愈烈之势。1912年6月1日《大公报》上发表的《论维持国货》一文对此风有生动描述："革命巨子，多由海外归来，草冠革履，呢服羽衣，已成惯常，喜用外货，亦无足异。无如政界中人，互相效法，以为非此不能侧身新人物之列。""官绅宦室，器必洋式食必西餐无论矣，其少有优裕者亦必备洋服数袭，以示维新。下此衣食艰难之辈，亦多舍自制之草帽，而购外来之草帽。今夏购草帽之狂热，竟较之买公债券认国民捐，踊跃实逾万倍。"

奢侈之风与盲目崇洋之风的滋长，严重败坏了社会风气，阻碍了移风易俗运动的发展。

二、传统风俗的嬗变

民国时期，伴随着社会、文化的新陈代谢，根植于农业——宗法社会土壤的传统风俗，在保持旧质的同时渐次改变旧貌，蓄辫、缠足等陋俗日渐衰微，趋于消亡。与此同时，传统风俗内部删繁就简、去奢从朴、减杀迷信、化用西俗等方面的改良、趋新，以及国内风俗文化跨地域、跨民族、跨阶层的交流，均有日益显著的发展。

（一）两大陋俗的渐次衰亡

民国时期传统社会风俗的嬗变，首先表现在男子蓄辫、女子缠足两大陋习随移风易俗运动的日益勃兴而大受冲击，渐趋衰亡。

男子蓄辫之习，在清朝统治时期是汉人服从满人、臣民奴于君上的标志。辛亥革命爆发后，这一早在清末排满运动中即已大受冲击的陋习，成为新政权革除旧染污俗的首要目标。民军所到之处和革命浪潮波及之处，剪辫运动风行

---

① 《巴县志》（民国二十八年刻本），见《中国地方志民俗资料汇编·西南卷》上册，第45页，北京，书目文献出版社，1991。

一时。广东省宣布独立时，"无论老弱少壮之男子以及士农工商，罔不争先恐后，纷将天然锁链剪去。……统计是日剪辫者，已有二十余万人"①。在许多人的心目中，剪辫已成为去旧从新、拥护共和的重要标志。民国成立、南北统一后，南京临时政府大总统孙中山于 1912 年 3 月 5 日责成内务部通令全国，晓示蓄辫者于令到后 20 日以内一律剪除净尽，掀起了一场更为广泛、深入的"辫子革命"。北洋政府时期，由于大势所趋，当局仍继续采取有力措施推行剪辫。1914 年，京沪等地重兴除辫之风，北京政府内务部发布了 6 条劝诫剪发的条规，并以白话文形式发布劝诫文告。此外，上海淞沪警察厅和上海县知事也发布了类似通令。经由政府的倡导和社会各界的努力，剪辫浪潮渐次由城镇扩展至乡村，固守蓄辫陋俗者日渐稀少。在山西沁源，继民国元年开明士绅率先"自行剪发"之后，"二三年由官厅下令饬警下乡，强迫一律剪清；四年时已不见留发辫者"②。至 20 年代末期，蓄辫陋习已在全国范围内基本绝迹。辫子剪除后，人们的服饰随之发生变化，戴帽者渐趋增多，帽子的式样也有了改变。与此同时，讲究式样的理发业取代了以往单调的剃头业。

　　源远流长的女子缠足陋习，既渗透着传统男权社会中陈腐的两性观念和畸形的审美心理，又浸润着一代代中国妇女无尽的血泪。戊戌变法期间，维新派曾设会以劝阻缠足。清末新政中，也公布过缠足禁令。但禁缠足演化为全国性运动，则是在辛亥革命之后。1912 年 3 月 13 日，南京临时政府大总统孙中山责成内务部通饬各省劝禁缠足。此后，女子放足呼声日高，影响日著。五四新文化运动中，随着妇女解放思潮的日益高涨，缠足陋习受到了更为猛烈的批判和冲击。在新文化浪潮影响所及的城镇，尤其是在知识界，天足为美的观念日益深入人心，女性放足蔚然成风："学界已几乎全是天足"，"而'文明女学士'尤'高其裙革其履'了"③，男学生中则多有以"不娶缠足女子"为时尚者。在全国多数大中城市，至 20 年代末期，女界中天足跃居主流，小脚已趋式微。从 20 年代的成都竹枝词中，便可窥见这一时代变迁的踪迹："踏青休绣凤头

---

① 大汉热心人辑：《广东独立记》，载《近代史资料》1961 年第 1 号。
② 《中国地方志民俗资料汇编·华北卷》，第 631 页，北京，书目文献出版社，1989。
③ 周作人：《谈虎集·拜脚商兑》，见舒芜编录：《女性的发现——知堂妇女论类钞》，第 178 页，北京，文化艺术出版社，1990。

鞋，天脚于今更大佳"；"鞋穿放足近来多，裹足缠他作什么"（1924年）；"儿家雅不喜金莲，三寸弓鞋置一边；玉烂肤圆天足好，姗姗鸾步影翩跹。"（1929年）在广大乡村，尽管民间小脚美的观念根深蒂固，缠足之风屡禁不止，但经由历届政府和社会各界的持续努力，禁缠足运动仍在较大范围内取得了显著的成效。以山西沁源为例，据民国《沁源县志》所载，该县自新派妇女于清末率先放足之后，"民国六七年，官厅下令，一方导劝，一方罚办，不数年而全县一律解放矣"[1]。"不数年而全县一律解放"的记载或许有夸大之嫌，但该县禁除缠足的努力在民国前期即已大奏其效当为事实。至民国末期，天足美、小脚丑的观念最终在城乡社会趋于普及，缠足陋习已在全国范围内趋于衰微。

（二）传统习俗的改良趋新

在缠足、蓄辫两大陋习日趋衰亡的同时，民国时期，随着移风易俗潮流的演进，传统习俗的改良趋新有了比之以往更为显著的发展。这种改良从新的趋势，主要有以下几种表现形式：

1. 删繁就简，去奢从朴

在移风易俗潮流的影响下，一些地区的婚丧礼仪程序上有所简化，花费上趋于节俭。以婚礼论，山西临汾的旧式婚礼，以往"请客、款客、酬客，动辄三日，所费不赀，以至中人之家不敢轻言婚事"；至30年代，"则习俗改良，渐有提倡一日竣事者，是亦节省财力之一道。更有家中不结一彩，不悬一灯，一切布置统假城内饭庄行之，尤为便利"。以丧礼论，30年代初期的湖南，攸县丧葬"向重礼节……现在礼节，稍从简矣"；澧县"居丧有子若妇三年不脱孝服……其他礼节，诸趋简易"；绥宁县"冠婚丧祭之礼，俱主俭约"[2]。30年代初的山西安泽，"丧葬之礼……有棺无椁，大小二殓，多不能举。其魂帛、灵床、功布、云翣，以及方相险道之制，间有行者；至葬后虞祭，则概未之行"。40年代初的河北高邑，"丧礼……仪文粗具礼，趋简约矣"[3]。

2. 减杀迷信

---

① 《中国地方志民俗资料汇编·华北卷》，第631页，北京，书目文献出版社，1989。
② 曾继梧主编：《湖南各县调查笔记》下册，第126、149、157页，1931年印行。
③ 《中国地方志民俗资料汇编·华北卷》，第647、103页，北京，书目文献出版社，1989。

随着新文化、新思潮日益广泛的传播，随着移风易俗运动的日益勃兴，在社会风俗的各个层面中，迷信之风大受冲击。

以节庆习俗而论，在传统节庆风俗中，立春不仅是二十四节气之一，而且是一个重要节日。按清代旧俗，立春前一天，地方官要到城外行迎春礼，祭纸扎的勾芒神，迎神与春牛（有土做、纸做和真牛三种）而归。立春日，由地方官主持"打春"仪式，以丝鞭击打春牛，并口呼"风调雨顺，国泰民安，天子万年春"。在此仪式前后，民众亦举行"报春"、"演春"、"咬春"等庆典。民国以降，立春逐渐失去节日性质，转化为纯粹的节气。民国时期河北省的静海、昌黎、滦县、浮山、襄陵等县的县志，均有官府"迎春"、"打春"和民间"报春"、"演春"、"咬春"之俗在当地不复存在的记载。① 源于佛教佛诞节的浴佛节（农历四月初八），在旧俗中不仅是佛门节日，而且是民间节日。而至民国时期，这一节日在民间逐渐为人冷落。据1931年印行的山西《永和县志》记载，该县原来盛行于民间的浴佛节献戏贺佛寿这一习俗业已绝迹。② 相传为花王生日的花朝节（农历二月十二日或十五日）、农历十月初一的祭祖节等少数传统节日，在一些地区也渐趋淡化，甚或废止。在众多传统节日的庆祝活动中，封建迷信色彩亦有所淡化，而娱乐性、消费性因素则有所增强。例如，传统年节风俗中体现天命观念和宗法观念的拜天地、祭祖宗及家人亲友间互相拜年等活动，在许多地区逐渐简化、淡化，而群众性娱乐活动和商业活动的规模却日趋扩大。又如，民国时期许多地区虽然仍有过中元节（农历七月十五日，又称鬼节、祖宗节）的习俗，但祭鬼祀神的活动或减或废，而代之以各种游乐活动。

婚丧礼仪中的迷信色彩和蛮陋之风亦有所减弱。30年代的河北怀安县，"近年社会进步，力趋简约"，传统婚礼中"凡旧日习尚稍涉迷信者，均不袭用"。在举行旧式丧礼的过程中，四川江津"民国以来，守礼者尚不失旧制，开通之士破迷信而不用僧道、地师，近于礼也"③。天津蓟县，"从前，有延僧

---

① ②《中国地方志民俗资料汇编·华北卷》，第68、231、269页，第676、680、668页，北京，书目文献出版社，1989。

③《中国地方志民俗资料汇编·西南卷》上册，第230页，北京，书目文献出版社，1991。

道嗥经，糊纸张以表示尽人子之心者，自民国以来，风气开通，多半废止"①。河北沧县，据民国《沧县志》载："从先亲殁停枢，久厝不葬者有之。近年来风气渐开，此种情形不多见也。"

3. 化用西俗

随着西俗东渐潮流的演进和中西文化的日益融合，西俗中的一些具体内容开始渗入传统风俗内部，虽未造成质的变化，却在一定程度上改变了中俗的形态。

在女性传统服饰方面，由于时代的演进和外来服饰的影响，固有的女子短装装束在基本保持传统风格的同时又有一定程度的变化。以上衣下裙的装束而论，民国初年，由于留日学生逐渐增多，日本学生装涌入中国，对于国内的裙装产生了较大影响，在城市青年女子中流行起窄而修长的高领衫袄和黑色长裙。这种装束，不施质纹，不佩钗环、手镯、戒指等饰物，与 20 年代以前的传统服饰有所差异，时称"文明新装"。五四时期女学生中流行的上穿竹布上衣，衣长至腰，下着黑裙的装束，直到 20 年代以后仍较为常见。民国中后期，因受西方服饰的影响，上衣下裙的装束渐趋华丽，甚至出现了一些所谓的"奇装异服"。这种服装款式，一般上衣窄小，领口较低，袖长不过肘，似喇叭形，衣服下摆成孤形，裙子后裾缩短至膝下，取消折裥而任其自然下垂。以上衣下裤的装束而言，其款式亦几经变化。

就丧葬礼仪而言，许多人在举办旧式丧礼时引入了新式丧礼的某些仪节。在 30 年代的河北，滦县"丧礼率沿旧制。较前稍异者，则为黑纱与花圈也。男子左腕围黑纱，女子胸际缀黑纱结，是为新制，仿自欧西"。柏乡县"丧葬之礼，棺木衣衾，富者从半，贫者从俭，凡宾客来吊者，行脱帽鞠躬礼"②。

(三) 风俗文化的跨界交流

伴随着商品经济的发展、交通的日渐便利和社会流动幅度的加大，民国时期，国内各民族、各地域和社会各阶层之间风俗文化的交流与融合，较之晚清时期有了显著发展。这一趋势，在服饰、饮食方面表现得尤为明显。

---

① 《中国地方志民俗资料汇编·华北卷》，第 57 页，北京，书目文献出版社，1989。
② 《中国地方志民俗资料汇编·华北卷》，第 268、478 页，北京，书目文献出版社，1989。

以服饰论，人们在选择衣式、发型时，愈益倾向于打破民族、地域、等级、身份乃至性别上的界限，唯以美观、新颖相尚。在南京，"妇女衣服，好时髦者，每追踪上海式样，亦不问其式样，大半出于妓女之新花色也。男子衣服，或有模仿北京官僚自称阔老者，或有步尘俳优，务趋时髦者"①。有的地方，甚至出现了"男子装饰像女，女子装饰像男"、"妓女效女学生，女学生似妓女"②的状况。这种情形，充分体现了民国时期传统服饰文化变迁的开放性、兼容性特点。

以饮食论，国内不同地域、民族之间饮食文化的交流日益活跃。具体而言，主要表现在以下两个方面：

一是风味饭馆的跨地域发展比之晚清时期更为显著。民国以降，许多风味菜肴进一步打破原有的地域局限，纷纷涌入五方杂处、人文荟萃的中心城市，使自身的影响逐渐辐射四方，广及各地。以全国八大菜系中的后起之秀——湘菜为例，1922年以后，南京、上海、重庆、贵阳等城市，均陆续开设了湘菜馆，其中南京的曲园酒家影响尤大。20年代后期，湘人谭延闿在南京任国民政府主席和行政院院长数年，时常在曲园宴请各方知名人士，使得湘菜名噪一时，备受青睐。一些湖南名菜径以谭的字号命名，如"祖庵玉结鱼翅"、"祖庵豆腐"、"祖庵笋泥"等，更使得湘菜声名大涨。风味菜肴的跨地域发展，使都市烹饪业呈现出八方荟萃、异彩纷呈的局面。以北京而言，该市较著名的风味饭馆有：厚德福，经营河南菜，以做熊掌驰名；玉华台，经营淮扬菜；五芳斋，经营上海菜；晋阳春，经营山西菜；西黔阳，经营贵州菜；恩成居、东亚楼，经营广东菜；峨嵋酒家，以川菜著名，梅兰芳是其常客；东来顺，为回民饭馆，以涮羊肉火锅著称。这些经营外地风味菜肴的饭馆，均出现于民国成立之后。以上海而言，该市的风味饭馆，经营安徽菜的有大中楼、其萃楼、大中国等，其拿手菜为炒鳝背、炒虾腰、走油拆炖、煨海参等；经营北京菜的有会元楼、燕云楼、南来顺、回先楼、凯福饭店、洪长兴羊肉馆等；经营川菜的有锦江饭店、梅龙镇、聚兴园、小天有等；经营粤菜的有杏花楼、大三元、翠光居、新雅等；经营河南菜的有厚德福、梁园、致美楼等；经营苏州菜和无锡菜

---

① 胡朴安：《中华全国风俗志》下编，第129页，石家庄，河北人民出版社，1986。

② 《改良》，见1912年3月20日《申报》。

的饭馆，则占上海饭馆的半数以上。至 40 年代末，上海各饭馆经营的著名风味菜肴，除当地的八宝鸭、虾子大参、槽钵头以外，还有扬州的鸡火干丝、拆骨鱼头、肴肉，北京的烤填鸭、醋椒鱼、脍熊掌，杭州的东坡肉、西湖醋鱼，广东的龙虎斗、香露鸡、蚝油牛肉，四川的干烧鲫鱼、樟茶鸭子、麻婆豆腐，福建的佛跳墙、七星鱼圆，湖南的东安子鸡，无锡的青鱼甩水、蚧黄油，苏州的松鼠桂鱼、母油船鸭、黄酒煨鸡等。

二是南北各地食物结构上的差异渐趋淡化。在以大米为主食的南方，随着南北饮食风俗的日益融合，面食在食物结构中的比重逐渐上升。各工矿企业、寄宿学校、部队兵营、机关单位所办食堂，早餐均以面食为主。不仅如此，饮食行业中各类面食的经营也有了一定增长。以湖南为例，民国时期省内著名的面馆，长沙有甘长顺、杨裕兴等，衡阳有杨裕兴、九如阁等；著名的包点，有长沙德园的包子、湘潭的脑髓卷、邵阳的鸳鸯酥合等。

三、新式风俗的兴起

伴随着社会近代化的演进和新思潮、新文化更为广泛、深入的传播，民国时期，在传统风俗变化日益显著的同时，受激于西俗东渐潮流的新式风俗日益勃兴，渐趋流行，在人们的衣食住行、社会交往和精神生活等诸多领域发挥着日益显著的影响。

（一）衣食住行领域的西俗东渐

清末民初以降，在欧风美雨的冲刷之下，西式生活习俗对中国城乡社会的影响与日俱增。在都市及部分市镇、乡村，人们的日常生活中，逐渐形成了趋新从洋的风尚。

服饰方面，在通都大邑及一些市镇、乡村，崇洋求异的服饰时尚逐渐兴起。在全国的服饰中心——上海，欧美的新潮服饰，往往三四个月后便会流行开来。民国元年，有人撰文活灵活现地描述了当地新潮男女的时髦装束："女界上所不可少的东西：尖头高底上等皮鞋一双，紫貂手筒一个，金刚钻或宝石金扣针二三只，白绒绳或皮围巾一条，金丝边新式眼镜一副，弯形牙梳一只，丝巾一方。再说男子不可少的东西:西装、大衣、西帽、革履、手杖外加花球一个,夹鼻眼镜一副……"① 而在其他都市,服饰洋化的现象也日益普遍。就连北京这样的文化古都,民国初年女学生中也出现了"赤胸露臂,短袖青衣。云鬓高垂,皮鞋耸底"② 的摩登装束。这种趋新从洋的服饰风尚,在一些靠近通都大邑的市镇、乡村也有所表现,如民国《定海县志·方俗》之"服饰"条即载:该县"五十年前,敦尚质朴,虽殷富之家,男女皆衣布素",海通之后,尤其是民国时期,"往往时式服装甫流行于沪上,不数日乡里之人即仿效之……衣服之制,五十年来迭经三变……今则妇女之袖袂裤棍大几盈尺,而上则见肘,下则露膝矣。衣领亦经数变……迩年则不特去领,并袒胸矣"。

从洋趋新的服饰时尚,推动了洋装洋饰的流行。以服装款式而言,清末民初以来,随着中西交往的深化,工、商、政、学各界人士中穿西服者日趋普遍。民国元年中华民国政府颁布的服制条例,将西服确定为男子大礼服和常礼服之一,在一定程度上促进了西服的推广。经由政府的倡导和社会中、上层新派人士的带动,在通都大邑和部分县城、市镇,穿西服成为趋新慕洋者竞相追逐的时尚。在哈尔滨,民国初年"本埠之好事者,及自命维新人物者……多著用西服,以为美观。至供给斯等西服之场所,除一部分较高级人员外,其余大部分均购自于道里之八杂市之小商店。该处皆小本营业,专备偷工减料之洋服,出售于俄之下级社会及华人之号称时髦者"③。在地处偏远的四川巴县,至 30 年代,"西装短制、中山服,今士大夫、学生、工人及公家服务四十五岁以下者尚焉"④。西服以外,西式连衣裙、夹克衫、大衣、制服、衬衫、睡袍、浴衣、内衣、运动服等,亦在广大市民中日趋流行。以帽子的式样而言,与西服配套的西式礼帽和凉盔深受人们欢迎,日益与中式服装结合,成为日常服饰的重要组成部分;鸭舌帽、软帽、学生帽等,也在市民中趋于普及。以发式而言,都市男女发型日趋新潮,其中最引人注目的是 20 年代后烫发的流行。在上海,"摩登女郎和时髦少妇大都将头发烫成水波浪式和螺髻式,以为美观,

---

① 《时髦派》,载 1912 年 1 月 6 日《申报》。
② 胡朴安:《中华全国风俗志》下编,第 30 页,石家庄,河北人民出版社,1986。
③ 刘静严:《滨江尘嚣录》,哈尔滨,新华印书馆,1929。
④ 《中国地方志民俗资料集成·西南卷》上册,第 44 页,北京,书目文献出版社,1991。

此为最普通的烫发。更有一般舞女将头发左右分开，烫得笔挺，好像一只蝴蝶躲在项上……烫头发是摩登中万万不可缺少的要素……理发店的玻璃窗上现在都粘着'男女烫发'四个大字"①。以鞋袜的式样而言，男子中穿皮鞋者日渐普遍；而在女界中，20年代后，高跟皮鞋和肉色丝袜日益流行，备受新潮女性的青睐。

服饰从洋之潮的兴起，激发了都市时装文化的形成和发展。洋装洋饰消费需求的迅速增长，促使都市时装经营日趋兴盛。至30年代，各大都市的时装店已颇具规模，并日益朝专门化方向发展。在上海，30年代中期，仅以经营女性服饰为主的时装店即不下30家，其经营特色或为女式西服，或为女式裁缝，或为绸缎花边、女式内衣，或为女帽、皮货……种类繁多，一应俱全。随着都市时装业的兴起，在西方服饰文化影响下，时装设计、时装评论、时装表演等新行业应运而生。20年代中期以后，著名画家叶浅予、万籁鸣、万古蟾、张乐平等纷纷介入时装设计领域，创作了大量时装图画，推动了时装款式的革新。与此同时，各大报刊竞相开辟时装专栏，以各种方式介绍西方服饰文化及中外服装动态，并对一些服饰现象加以评论。30年代，时装表演悄然兴起于都市，对服饰西化潮流的勃兴起了推波助澜的作用。在引领国内服饰潮流的上海，甚至出现了堪称惊世骇俗的泳装表演。

饮食方面，西式风俗的影响亦有显著增长。西餐及各类西式食品、饮料越来越多地为人们所接受，成为其饮食生活的重要内容。在许多大中城市的上流社会和中产阶级中，吃西餐逐渐成为一种显示个人身份、品位的新潮生活方式。在重庆，"民国光复，罐头之品，番餐之味，五方来会，烦费日增……城追西俗，乡染市风……市新生活运动会就二十五年四月份城市调查见于报章者，一月之费……食用西餐共七百四十二座"②。南北各大都市，西餐馆发展迅速，日趋兴旺。上海西餐馆至40年代已增至上千家，其中仅黄浦江附近外商银行、洋行集中的地区即有上百家；武汉至30年代已有大中型西餐馆26家，小型西餐馆为数更多，其生意远比中餐馆红火；北京"醉琼林"、"裕珍园"、"得利"等著名西餐馆均生意兴隆，许多餐馆还增加了包伙、送菜上门、

---

① 郁慕侠：《上海鳞爪》，第194～195页，上海，上海书店，1998。
② 《中国地方志民俗资料汇编·西南卷》上册，第45页，北京，书目文献出版社，1991。

提前预订等服务项目；哈尔滨西餐馆至 40 年代已达百余家，仅中央大街两侧即有 30 余家。在西餐渐为都市新派人士接受的同时，味精、糖精、苏打、鸡汁、食用香精等西式调味品日益普遍地在中式烹调中使用，而西式糖果糕点、饮料和香烟则流行更广。民国初年的北京，"旧式饽饽铺，京钱四吊（合南钱四百文）一口蒲包。今则稻香村、谷香村饼干，非洋三四角，不能得一洋铁桶矣。昔日抽烟用木杆白铜锅，抽关东大叶，今则换用纸烟，且非三炮台、政府牌不御矣。昔日喝酒，公推柳泉居之黄酒，今则非三星白兰地、啤酒不用矣"①。就连辽宁安东这样的小县，至 30 年代，"乡村有事多饮烧酒，城市多饮黄酒，至啤酒、汽水、碧露、白兰地等，尤为夏日宴饮之所尚"②。

西餐、西式食品与饮料的涌入，既丰富了饮食品种，又完善了饮食结构。不仅如此，在西方饮食文化的影响下，一些固有的中式饮食方式、饮食惯制和饮食观念开始发生变化。例如，在饮食方式上，一些人开始效法西方的分餐制，采取"中菜西吃法"。在宴会惯制上，西餐的上菜、配菜方式也逐渐被纳入中式筵席。在饮食观念上，一些人吸纳了西餐的优长，在日常饮食中增强了食品营养的调配。

住宅方面的趋新趋洋倾向，在不同社会阶层中均有显著表现：

上流社会中，西式、中西合璧式洋楼逐渐取代传统中式住宅，成为闻人大亨们的主要住宅样式。洋楼广增，都市面貌为之一新：沈阳"建筑宏丽，悉法欧西，于是广厦连云，高甍丽日，绵亘达数十里"③；杭州"西湖多别墅，且大率为西式建筑，有改'欲把西湖比西子'之下句……为'近来西子作西装'者"④；南京成为国都后，政界要人云集于此，随之出现的大批洋式豪宅成为一道引人注目的人文景观；至于上海、天津、青岛等沿海商埠，各式洋房更是有增无已，争奇斗胜。洋楼内的配套设施和室内陈设亦以西式居多，多配有小花园、汽车房、弹子房、游泳池、运动场和西式家具等。

在中产阶级和普通市民中，公寓大楼、里弄等不同类型的西式、中西合璧

---

① 胡朴安：《中华全国风俗志》下编，第 2 页，石家庄，河北人民出版社，1986。
②《中国地方志民俗资料集成·东北卷》，第 167 页，北京，书目文献出版社，1989。
③《奉天通志》卷九七，《礼俗三》，"居室"。
④ 徐珂：《可言》卷一，第 10 页。

式租售型住宅也逐渐取代四合院、居住大院等传统住宅，成为人们的主要住宅样式之一。公寓大楼出现于 30 年代前后，一般设于商业繁华地段或环境幽雅的区域；内中所设套房，大多配有炉台、壁橱、电灶、冰箱、淋浴器等西式设备。其住户多为外国商民和本国经济实力较强的新派市民，住户的居住时间一般较长，租金的收付多以月计。里弄亦称"弄堂"，多称"里"或"坊"，是一种毗连式砖木结构的住宅，系以四合院为基础，吸纳西式建筑风格改造而成。它出现于 19 世纪 60 年代，至民国时期发展迅速，逐渐分化为石库门里弄、花园里弄、公寓里弄、平民新村等不同类型，广布于上海、天津、武汉、福州、青岛等大、中城市。在这一住宅样式最为普遍和典型的上海，里弄住户占市民总数的百分之七八十之众。

交通出行方面的西俗影响，亦在不同社会阶层中有着显著表现。

上流社会的闻人大亨，纷纷告别传统代步工具，竞相购买名牌、新款汽车，以之为显示时髦、阔绰和身份的手段。风气所及，一些人还在嫁娶、大殡等场合用上汽车以示隆重；甚至连妓女出堂差，也用汽车接送，以示身价。与此相应，各大都市的汽车拥有量迅速增加，汽车营销业日益兴旺。在上海，经工部局登记的汽车总数，1911 年为 1 400 辆，至 1936 年达 25 472 辆。各种型号的汽车，如英国的福森、美国的福特、雪佛兰、日本的三菱、法国的雷诺等纷纷涌上街头，使上海滩成为名副其实的"万国汽车博览会"。30 年代初，该市经销小汽车的商行已多达 40 余家。各大报刊登载的汽车广告层出不穷，如《申报》刊载的一则广告即云："1933 年式已是落伍的东西，而 1934 年式将成为未来主宰，各汽车厂新车，顺应环境而生。"号召人们更换新车。为推销新款汽车，有的商家还煞费心思地将样车停在百乐门夜总会前，雇女模特在车顶上跳舞以广招徕。①

收入居于中上水平的市民，虽缺乏购买私家汽车的经济实力，却也多有乘坐出租汽车和新式人力车（清末自日本传入，又名东洋车、黄包车、洋车）者。在北京、上海等都市，主要面向中上层市民的汽车租赁业和洋车业随之逐渐兴起。以北京而言，至 20 年代末期，该市出租汽车行已达近 60 家，拥有出

---

① 周源和：《上海交通话当年》，第 76 页、79～80 页，上海，华东师范大学出版社，1992。下文中有关上海交通发展概况的数据亦出自该书，不再一一注明。

租汽车200多辆。① 东洋车在当地更是发展迅猛，盛极一时："当民国元年，人力车之行于市者，多为高大铁色木轮……岂不知四五年间，胶轮之车居然盈街皆是，而所谓铁轮者，则转瞬淘汰尽矣。盖此数年之内，制车之厂，到处设立，成品之多，令人骇异。迨七、八两年，则新旧各车，合赁用、私用以计，殆不下七百万辆。"（作者按：此处"百"疑当为"八"）以上海而言，该市出租汽车行总数，至1936年达240家，当年出租汽车总数为2 801辆；全市新式人力车总数，至抗战前夕达到8万余辆。除乘坐出租汽车和洋车以外，中上层市民还是自行车这一新式交通工具的主要购买者和使用者。至于大多数普通市民，除乘坐电车、公共汽车等现代交通工具出行者人数日众以外，经济实力稍强者亦多拥有自行车。

总之，民国时期，伴随着社会、经济的发展与中西文化交流的深化、拓展，西式生活习俗在中国城乡社会的传播比之以往更为深入、广泛，对于不同阶层人们的衣食住行产生了更为显著的影响，有力地促进了国人生活方式的近代化变迁。

（二）节庆、礼仪、娱乐等领域的新潮涌动

伴随着社会、文化的新陈代谢，民国时期，在日常生活习俗日益趋新的同时，节庆、礼仪、娱乐等领域的新风新俗也日益勃兴，影响日增。

节庆方面，民国成立后，出现了一些与公历相匹配且渗透着文明风尚的新式节日，其中主要是政府法定的各种纪念日（革命纪念日、国耻纪念日等）。1934年印行的山东《临清县志》，收录有国民政府中央政务会议制定的《革命纪念日简表》：

"一月一日，中华民国成立。七月一日，国民政府成立。七月九日，国民革命誓师日。十月十日，国庆。十一月十二日，总理诞辰。以上五纪念日，全国党政军各机关以及团体、学校、工厂、商店均悬旗志庆，除国府成立日外均放假。

三月十二日，总理逝世。全国下半旗志哀，并停止娱乐、宴会，由各级党

---

① 吴建雍等：《北京城市生活史》，第342页，北京，开明出版社，1997。

部召集民众大会。是日放假。

三月二十九日，七十二烈士殉国日。全国下半旗志哀，放假一天。

三月八日，国际妇女节。五月一日，国际劳动节。五月四日，学生运动纪念日。以上三纪念日由该关系团体举行纪念大会，由各地党部派员指导。"①

以上纪念日中，中华民国成立日（公历元旦）和国庆日（双十节）不仅在军、政、学、商等界通行，而且对广大城镇居民的文化生活产生了一定影响。继民国元年北京、上海、广州、武昌、济南等地为庆祝第一个国庆节而举行隆重的纪念活动之后，每逢元旦、国庆两大节日，南北各都市均悬挂国旗，张灯结彩，燃放鞭炮，并举行集会、游行、游园、合唱、运动会、游艺会、提灯会、话剧演出、公祭烈士陵园等各种形式的新式庆祝、纪念活动。影响所及，在一些较为偏僻的县城、市镇，也逐渐形成了过元旦节和国庆节的新型风尚。在辽宁安图，每逢国庆，"官署局所、街市商店皆悬国旗，以资庆贺。各学校于晚间列队，提灯沿街游行，至国旗前行三鞠躬，三呼万岁，名曰'提灯会'，以襄盛典"②。河北宣化"一月一日，过阳历新年，官署、商号暨各学校门首悬灯结彩，互相拜节贺喜……十月十日，为武昌起义纪念日，各界悬旗庆祝，各学校开庆祝会，延请名人讲演或工办联合运动会"③。元旦、国庆等新式节日的庆祝活动和仪式，既隆重、热烈、简约而又富有纪念意义和教育意义，体现了一种健康、文明的社会风尚。这些新式节庆风俗，经由官方的倡导而逐渐普及于一般市民之中，成为民国时期新型城市民俗的重要组成部分。

礼仪方面，继民国初年南京临时政府推行礼制改革之后，体现文明风尚的新型社交礼仪、婚丧礼仪在一定范围内渐趋普及，影响日增。

民国成立后，随着民主思想的传播和生活方式的变化，体现尊卑贵贱等级观念且具有等级森严、虚文繁琐等特征的旧式封建社交礼仪受到了猛烈冲击，逐渐为体现平等精神和文明风尚的新型社交礼仪所取代。具体而言，主要体现在以下两个方面：

其一，废跪拜，代之以鞠躬等礼节。民国元年，南京临时政府着手进行礼

---

① 《中国地方志民俗资料汇编·华东卷》上册，第341页，北京，书目文献出版社，1995。

②③ 《中国地方志民俗资料汇编·东北卷》，第296～297页，第136页，北京，书目文献出版社，1989。

制改革，明令以鞠躬礼代替清代通行的叩拜、相揖、请安、拱手等礼节。是年8月17日，由南京临时政府率先提出、经袁世凯政府议定通过的《民国礼制》正式颁布，其主要内容有：男子礼为脱帽鞠躬；公宴、公礼式及寻常庆吊、交际宴会，用脱帽鞠躬礼；寻常相见用脱帽礼。女子礼公私集会同男子，但不脱帽；寻常相见用鞠躬①。1928年，国民政府内政部在民国初年礼制改革的基础上，进一步拟订《相见礼》，并在各省试行、推广。其内容包括官厅、社会、家庭三项，其中社会一项规定：朋友相见时，彼此互行一鞠躬礼，或握手礼。临行，主人送至门外，相向鞠躬，或握手而别。亲族往来，属兄弟辈者，通用前项规定；幼与尊长相见时，卑幼先行一鞠躬礼，尊长颔首或握手示意。临行，在卑幼家，卑幼送至大门外；在尊长家，尊长送至户外，鞠躬而别②。经由历届政府的倡导，被称为"文明礼"的鞠躬、脱帽、握手等社交礼节逐渐成为民间通礼。即使是在广大乡村，这些新式礼节也为越来越多的民众所接受，而跪拜之礼则日趋式微。以河北涿县为例，至30年代后期，该县"宾客周旋，如初晤面时，或脱帽，或鞠躬，或握手。此等礼节现在极为普通，若临丧致祭，亦不过三鞠躬而已。至跪拜，早经革除，惟穷乡僻壤间或仍有行之者，然亦不多见也"③。

其二，革除"大人"、"老爷"等称谓，代之以"先生"、"君"等。1912年3月2日，南京临时政府大总统孙中山发布《令内务部通知革除前清官厅称呼文》，内云："官厅为治事之机关，职员乃人民之公仆，本非特殊之阶级，何取非分之名称？查前清官厅，视官之高下，有大人、老爷等名称，受之者增惭，施之者失体，义无取焉。……嗣后各官厅人员相称，咸以官职；民间普通称呼则曰先生，曰君，不得再沿前清官厅恶称。"④ 革除"大人"、"老爷"等称谓而代之以官职和"先生"、"君"等，体现了资产阶级人格平等观念对封建等级、尊卑观念的否定。经过社会各界的努力，"先生"和"君"之类的称谓在民间渐趋流行。除上述两个方面之外，民国时期社交礼仪变革中还出现了其

① 参见《政府公报》（影印本）第 110 号第 4 册，第 481 页，上海书店，1988。
②《中国地方志民俗资料汇编·中南卷》上册，第 500 页，北京，书目文献出版社，1991。
③《中国地方志民俗资料汇编·华北卷》，第 313 页，北京，书目文献出版社，1989。
④《孙中山全集》第 2 卷，第 155 页，北京，中华书局，1982。

他一些新的现象，如贺年片和洋式名片在城市中渐趋流行等等。

在新式社交礼仪日益普及的同时，新式婚丧礼仪也在一定范围内渐趋流行。婚姻礼仪的趋新从洋，主要体现在"文明婚礼"、集体婚礼的推行。

"文明婚礼"早在清末即已出现于都会、商埠，民国时期逐渐流行于城镇新派人士之中。它以西式婚姻礼仪为主体，"变媒妁之称曰介绍人，男谐女允，证人定盟。设礼堂会宾朋，观礼有券，羼羼如云。登台演说，贺辞缤纷，指环交换，鞠躬有文，百年偕老"。其大致程序为：（1）订婚。男女双方相爱后，先由男女陈志愿于父母，得其允准，延介绍人请于女子之父母，得允准后，再由介绍人约期订邀男女会晤，双方同意，婚约始定。订婚的方式，或为男女两家邀集介绍人与亲友举行正式仪式；或为登报、发函向亲友及社会各界晓示；或由男女双方以信物自主订约。（2）举行婚礼。婚礼务求节俭，多于礼堂或饭馆举行，其仪式大致包括以下内容：奏乐；司仪员、男宾、女宾、主婚人、证婚人、介绍人及新人入席；证婚人宣读婚书，证婚人、介绍人和新郎、新娘三方用印；新郎新娘交换戒指、相对行鞠躬礼；主婚人、证婚人和来宾代表致辞、献花；新人谢证婚人、介绍人及来宾；唱文明结婚歌；行谒见双方亲属礼。1912年9月19日《申报》上登载的《自由女子之新婚谈》一文，将这一新式礼仪的优越性总结为："梳一东洋头，披件西式衣，穿双西式履，凡凤冠霞帔、锦衣绣裙、红鞋绿袜一概不用，便利一；昂然登舆，香花簇拥，四无障碍，无须伪啼假哭，扶持背负，便利二；宣读婚约，互换约指，才一鞠躬，即携手同归，无嫔相催请跪拜起立之烦，便利三。"

"文明婚礼"因其诸多优长而影响日著。民国《海宁州志》卷四十《杂志·风俗》即载："近今欧化风行，古礼蔑弃，号为文明，别成婚缔……斯礼也，始于游学泰西归国行之者为多，近则渐染于习俗，取其简俗，而礼化荡然矣。"河北宣化县"民国改建以来，有改行结婚仪式者，或备用广大礼堂，俾人共睹，以开风气；或在自己院内行礼"[1]。雄县"改革以来，（婚礼）日趋简易，世目为文明结婚。旅平、旅津之士女，间有行之者"[2]。

集体婚礼是20世纪30年代经由政府和社会团体的提倡而出现于都市的一

---

[1][2]《中国地方志民俗资料汇编·华北卷》，第134页，第334页，北京，书目文献出版社，1989。

种西式婚姻礼仪。其仪式与"文明婚礼"类似，但主办者由家庭变为政府机构或社会团体，主持人、证婚人改由政府官员或社会贤达充任，程序更为简单，气氛更为庄严，费用更为俭省。1937年，北平市社会局本着"改进风俗，提倡节约，尊重婚礼"的宗旨，专门设立了市民集团婚礼事务委员会，规定每3个月举办一次集团婚礼，凡市民自愿申请，仅交纳礼费16元即可参加；届时，由市长或社会局长亲为证婚。是年6月，该市第一届集体婚礼在中南海怀仁堂举行。在此前后，上海、南京、武汉等城市亦推行过这种新式礼仪。至40年代后期，其影响已扩展到某些县城、市镇。例如，1946年5月21日，江苏吴兴县菱湖镇的《菱湖日报》在第4版上登载征集集体婚礼志愿者的广告，晓谕各界"为提倡俭约起见"，"拟效仿京沪举办集团结婚，婚礼日期，候征满二十双，即有择定，所有新人礼服由本报向沪杭等处代办，证婚人任名，其当地声望优秀之人士，由本报代为延聘，所需开支，公开分担，本报抱服务社会之怀，一切愿尽义务，并不希望报酬"。

在新式婚姻礼昌渐流行的同时，受西俗影响而产生的新式丧礼亦出现于通都大邑，影响日著。与旧式丧礼相比，新式丧礼具有仪节简约、力行节俭、崇尚文明、破除迷信等特征，其大致程序为：（1）讣告。可采取发函或登报等方式。（2）丧服。男女可暂用旧式丧服，亦可用平时礼服，惟男之左腕围以黑纱，女之胸际缀以黑纱结；来宾亦然，不用亦可。（3）追悼会。其要点为回顾死者生平事迹，表达悼念之意，程序包括奏哀乐、献花、行鞠躬礼、述行状、致悼词、家属谢礼、唱追悼歌等仪式。追悼会一般由死者的亲友、门生、部下或地方机构、团体等主办，开会地点或为死者家，或为公共场所，或为死者灵前。举行追悼会时，一般供奉死者遗像或牌位。来宾携挽联、挽幛、花圈等为礼，并在胸前佩以白花。（4）出殡。在送葬仪式中，民国以来多有增用军乐者，亦有以汽车代替抬杠者。送葬行列以檀花提炉、盆花、挽联、挽幛、亡人遗像、祭席为导引，主人随之，后为灵枢，接着是来宾和送葬者。出殡时，不执哭丧杖，不用高粱孝子冠。

娱乐方面，随着西方文化影响的日益深化，源自西方的新式娱乐越来越多地进入人们的闲暇生活。当时较为常见的新式娱乐方式，主要有欣赏话剧、看电影、跳交谊舞和各种新式体育娱乐。

电影早在清末即传入中国，并在上海、北京等少数大城市放映，但看电影作为一种娱乐方式在广大市民中渐趋普及，则是在民国时期。自民国初年起，电影放映业自东南沿海城市扩展至西南、西北的一些边远城市，并自都市传播至部分市镇、乡村。在昆明，继1907年该市第一家私营影院问世之后，1917年至1926年又有数家私营影院和一家公立影院相继开业，1933年出现了全市第一家有声影院。在兰州，自1932年当地第一家私营影院开业以后，全市先后出现过20家影院和一个电影放映站。随着众多影院的兴起，该市发行的一些报刊竞相登载影讯以招徕观众。这些影讯，有的词锐名利，颇富鼓动性，如《甘肃民国日报》1943年1月13日所刊影片《前程万里》广告："满目倭氛凌故园，弥天烽火覆神州"；有的奇俏幽默，读来妙趣横生，如该报1944年8月23日所登美国喜剧片《大炮》广告："劳来·哈台第一度来兰，看本片必备物品之一手帕一条，观看言情片要流泪，滑稽片狂笑不止，亦要出泪。看本片必备物品之一皮带一条，由开场至终场无场不有笑料，笑破肚皮，实在担心，肚皮扎紧或可无虞。"诸如此类的报刊影讯，从一个侧面反映了电影这一新型娱乐方式在兰州市民中的普及程度。市镇和乡村的电影放映业亦有一定发展，1938年南浔镇中心市场内建有中心剧场，约500个座位，有时放映电影；西塘镇30年代初建有一所戏院，开始放映无声电影。而更多的市镇则利用茶馆等场地放电影。

交谊舞于清末传入各通商口岸，但直至民国时期方流行于都市。民国初年，北京、上海、广州等通都大邑的达官贵人及其子女开始模仿西人，在宴会和节庆中举办交谊舞会。自此，交谊舞作为一种显示身份与品位的新潮娱乐方式，逐渐由上流社会传播至中产阶层乃至部分普通市民之中。在京、沪等大城市，随着交谊舞的日益流行，营业性舞厅纷纷出现。仅上海一隅，较为著名的舞厅就有"黑猫"、"月宫"、"老大华"、"亲道"、"安尔宫"、"圣爱娜"等等。除此之外，一些饭店、旅馆和夜总会也纷纷开办附设舞厅或举办舞会。交谊舞的传入，为国人带来了男女公开社交的文明娱乐方式。然而，由于社会上腐败风气的侵袭，这种新兴娱乐方式在流行于都市的过程中呈现出严重的商业化、色情化倾向，由此而产生了大批以出卖色相为生的舞女。

在新式教育体制中产生的新型体育娱乐活动，亦在民国时期得到了迅速发展。篮球运动、足球运动、体操、登山等体育项目在教育界、知识界尤其是青年人当中逐渐普及开来，而打网球、打台球、溜冰等运动项目也在城市上流社会和市民阶层中逐渐流行起来。

除此之外，民国时期的新式娱乐方式还有赌博性的跑马、跑狗、玩回力球等。这些娱乐方式，其影响主要局限于少数大城市的上流社会和中产阶级，而未渗入普通民众的闲暇生活。

新式娱乐中体现出来的健康、文明的时代风尚，对人们的思想观念产生着潜移默化的影响，推动了传统娱乐方式的现代转换。例如，1933年开业的大众电影院，率先实行对号入座，冲破了当地政府严防男女同场看戏的禁令，结束了该市影院实行男女分座的历史。在戏剧改良运动中，一些文明戏院提高艺人的社会地位，将"伶人"改称"艺员"，不用艺名，拒唱堂会，废除旧式戏院的一些陈规陋习，并开创出男女合演、妇女赴院与男子同场看戏等文明新风。

民国时期新式社交、婚姻礼仪和新型娱乐方式的兴起，推动了文明风尚的传播与普及，促进了国人精神生活的新陈代谢。

结语

艰难的文化选择

在中国漫长的文明发展史中，发生了两次重大的转变。一次是从列国并立的先秦时代，转变到秦汉大一统的中央集权的君主专制时代；另一次是从晚清开始的，从大一统的中央集权的君主专制时代，向基于人民自治的民主的现代社会转变。本书的研究对象是自民国以来中国文化从中古的、与大一统的中央集权的君主专制制度相适应的文化，转变到与近现代的、基于人民自治的民主制度相适应的现代文化。本书主要探讨了近代中国社会结构与近代文化转型的原因、过程、结果和关系，进而提出近代中国社会变迁与文化转型具有外源性、差异性、艰巨性和不彻底性等四大特点。

（一）外源性：从社会变迁和文化转型的动力上看

近代中国的社会变迁和文化转型的一个显著特点是它的外源性。尽管1840年鸦片战争之前，中国的社会和思想内部已经孕育了某些新的社会和思想因素，这些新的社会和思想因素构成了近代中国的社会变迁和文化转型的历史起点。但是，这些新的社会和思想因素只为近代中国的社会变迁和文化转型提供了可能性，而没有成为现实性。这是因为，它们并没有突破传统的坚厚外壳，开始其近代的转变。在1840年鸦片战争之前，中国仍然是一个地地道道的封建国家，政治上是封建专制，经济上是小农经济，文化上是一元的中国传统文化。近代中国的社会变迁和文化转型是从1840年鸦片战争之后开始的，是一种外源性的社会变迁和文化转型。所谓外源性是相对于内源性而言的，意思是说这种社会变迁和文化转型不是（或不全是）"由社会自身力量产生的内部创新"，而是在西方的外来因素的刺激和作用下发生的从传统到近代的转变。正因为近代中国的社会变迁和文化转型是外源性的，"西力东侵"和"西学东渐"对近代中国的社会变迁和文化转型的启动起过十分重要的作用，所以，近代中国的社会和文化在变迁与转型的过程中，除了内源性的社会变迁和文化转型所碰到和必须解决的"古今"问题外，还有"东西"问题。"东西"与"古今"问题的并存，使近代中国的社会变迁和文化转型的任务，比之属于"内源性"的一些国家（如西欧）的社会变迁和文化转型来说要复杂得多和困难得多。

（二）差异性：从不同地区社会变迁和文化转型的节奏看

差异性是近代中国的社会变迁和文化转型的另一个显著特点。我们考察近代中国的社会变迁和文化转型时就会发现，东南沿海和沿江地区的社会变迁和文化转型的启动和发展最早、最快，中部和北部地区的启动和发展其次，西北和西南地区的启动和发展最晚、最慢，整个社会变迁和文化转型呈现出从东向西、从南向北逐渐递减的趋势。其原因就在于，近代中国的社会变迁和文化转型是在西方的外来因素的刺激和作用下启动的，"西力东侵"和"西学东渐"对近代中国的社会变迁和文化转型的影响很大，而首先受"西力东侵"和"西学东渐"影响的便是东南沿海和沿江地区,具体来讲是长江下游地区和珠江三角洲地区,位于这些地区的上海、广州和其他口岸城市是西方列强对中国进行经济侵略、输入文化的桥头堡。以文化而言,舶来的西方文化经口岸城市在向内地的其他城市和广大农村辐射的过程中,因内地的其他城市和广大农村所处的位置不同,与口岸城市尤其是作为全国文化和西学传播中心的上海之间联系的紧密程度不同,而呈现出"以上海为中心,成浪圈形向四周扩散的时代特点",离上海越近,与上海联系越紧密,其辐射力越大;反之,则越小。19世纪外国传教士办的《格致汇编》设有一"互相问答"栏目,专门回答读者提出的各种问题,在前后16年中,读者共提出问题320个,提问者注明籍贯的有260人次,除美国的2人外,其余的258人次来自于全国的18个省区。其中《格致汇编》所在地上海的提问人数最多,达到52人次,占总人次的五分之一;其次是临近上海、与上海的联系非常紧密的浙江和江苏,分别达到了45和30人次;再次是地处东南沿海、与上海交往便利的广东、福建和山东,其提问人数均在20人次以上;"其他各地提问人数的多寡,大抵因与上海的距离远近、交通便否而变化"①。提问人次的多少虽然不能说明西方文化传播的全部情况,但就一般情况而言,某地提问的人越多,说明该地阅读此刊物的人也就越多,西方文化对此地的辐射力度也就越大。除地区之间的差异外,城乡之间以及大城市与中小城市之间的社会变迁和文化转型也存在着较大差异。一般而言,城市的社会变迁和文化转型要早于和快于乡村的社会变迁和文化转型,大城市的社会变迁和文化转型要早于和快于中小城市的社会变迁和文化转型。所以,就某一地区的社会变迁和文化转型而言,又呈现出从大城市再到中小城市最后到乡村而逐渐递减的趋势。

(三)艰巨性:从实现社会变革和文化转型的阻力看

近代中国的社会变迁和文化转型的第三个特点是它的艰巨性。这主要表现为:第一,在进入近代以前,中国是一典型的传统社会,历史悠久,发展完善,不仅具有超强的稳定性,而且还具有极强的历史惰性,因此,要将这样一

---

① 熊月之主编:《上海通史》第6卷,第111页,上海,上海人民出版社,1999。

个典型的传统社会转变为近代社会，其艰巨性可想而知。事实上，在近代中国社会和文化的变迁与转型的过程中，中国的社会和文化的内部因素曾对这种变迁和转型起过非常大的阻碍作用，比如封建地主阶级及其封建专制制度对政治近代化进程的拼死抗拒，以一家一户为单位的自足自给的小农经济对资本主义商品经济的顽强阻扰，旧的封建主义思想文化观念对新的资产阶级思想文化观念在近代中国传播的负面影响，等等，这也就是马克思讲的死人抓住活人的问题。第二，除了中国传统社会和传统文化的内部因素的阻力外，西方的外来因素对近代中国的社会变迁与文化转型的阻力也是巨大的，尤其是西方列强（包括后来的日本）始终都想把中国变成它们的殖民地，为达此目的，它们不仅发动了一系列侵略战争，给中国近代的社会生产力造成了巨大的破坏，而且还强迫中国签订了一系列不平等条约，极大地破坏了中国的领土完整和国家主权。它们还和中国统治者相勾结，破坏中国人民的革命斗争和进步事业，这些都严重地阻碍了中国的社会变迁和文化转型。第三，就近代西方的社会变迁和文化转型来看，新兴的资产阶级是社会变迁和文化转型的推动者和领导者。但在中国，民族资产阶级不仅产生和形成较晚，直到 19 世纪末 20 世纪初才开始产生和形成，而且自产生之日起就是一个具有两面性的阶级：一方面，中国民办资本主义企业同外国资本主义和国内封建势力之间的矛盾，决定了中国民族资产阶级愿意参加反对外国侵略和反对封建压迫的斗争，具有历史的进步性和一定的革命性；另一方面，中国民办资本主义企业同外国资本主义和国内封建势力之间存在着的千丝万缕的联系和一定的依存关系，又决定了中国民族资产阶级反对外国侵略和反对封建压迫不坚决、不彻底，具有先天的软弱性和妥协性。中国民族资产阶级先天所具有的这种软弱性和妥协性，使近代中国的社会变迁和文化转型更为艰难。因为，许多应该由资产阶级承担和完成的历史任务，由于资产阶级的形成晚和形成后所具有的软弱性和妥协性，不得不由农民阶级、开明士绅甚至地主官僚来承担。如作为中国经济近代化之开端的洋务运动就是由清政府中的一些中央官员和地方督抚来倡导和主持的，而作为中国政治近代化之开端的戊戌变法的发动者和领导者是以康有为为代表的正在向资产阶级转化过程中的封建士大夫阶级。这也是洋务运动和戊戌变法之所以失败的一个重要原因。

（四）不彻底性：从社会变迁和文化转型的实际效果看

不彻底性是近代中国的社会变迁和文化转型的第四个特点。近代中国的社会变迁和文化转型的艰巨性，导致了近代中国的社会变迁和文化转型的不彻底性。就社会变迁而言，在经济结构上，虽然旧的封建经济在逐渐衰败、减少和新的资本主义经济在不断产生和发展壮大，但直至近代结束，封建经济依然存在，在有的地区和部门所占比重还很大，中国仍然是一个资本主义和封建主义新旧经济并存的社会；在阶级结构上，虽然产生于旧的封建经济之上的封建地主阶级已渐次退出历史舞台，而产生于新的资本主义经济之上的民族资产阶级和无产阶级相继成了历史舞台的主角，但直至近代结束，封建地主阶级并没有消亡，作为一个阶级，它们不仅依然存在，而且还有较大的政治能量，通过代理人，它们还能影响中国社会的发展；在法律制度上，虽然建立在旧的封建经济之上的、以维护旧的封建统治阶级的利益为目的的各种旧的法律制度尤其是国家的政治制度——君主专制制度已被废止和推翻，建立在新的资本主义经济之上的、以维护新的资产阶级利益的各种法律制度尤其是国家的政治制度——资产阶级民主制度在名义上已建立起来，但直至近代结束，资产阶级的民主制度只有其名而无其实，中国仍然是一个没有民主的专制独裁的国家，人民并没有享受到民主国家的人民所享受的各种自由权利；在社会结构上，虽然传统的以士、农、工、商组成的"四民社会"的身份等级结构已逐渐被具有近代意义的职业功能结构所取代，在宗法关系的基础上所形成的大家庭、大家族制度以及以血缘、地缘和业缘为纽带而产生的各种社会团体或组织，如会馆、行会、帮会等，或已发生解体和蜕变，或为新的社会团体或组织，如政党、商会、学会等所代替，但直至近代结束，宗法关系以及在宗法关系的基础上所形成的大家庭、大家族制度还依然存在，在有些地区还很严重，大多数人并没有从各种人身依附的网络中解放出来，成为真正独立的个体。从文化转型来看，虽然文化的构成要素发生变化了，从单一文化（中国文化）变成了多元文化（除中国文化外，还有西方资产阶级文化、俄国无产阶级文化等）；新的学科和文化部门也建立起来了。一方面，一些传统的部门和学科或不能适应社会现代化的需要而逐渐衰落，或接受西方近代文化的影响，变革原有部门和学科的内容和体系，从而向现代部门和学科转化；另一方面，西方的一些新部门和新学科开始传入中国，并最终得到确立和发展，从而极大地丰富了中国近代文化的部门和学科体系。与此同时，诸如纲常名教、专制独裁、男尊女卑、夷夏之辨、重农抑商、"天不变、道也不变"等一些旧的价值观念受到冲击或否定，并逐渐为民主、自由、平等、博爱、重商、进步等一些新的价值观念所取代，民主和科学开始成为近代文化核心的价值观念。但直至近代结束，不仅中西文化之间的矛盾与冲突没有完全解决，一些旧的价值观念依然束缚着人们的头脑，不民主或反民主、不科学或反科学的现象不仅存在，而且还十分严重，如政治上的专制独裁，思想上的封建迷信，学术上的政治干预，文化上的一元独尊等等。无论是社会还是文化，都没有完成其变迁和转型的过程。

主要参考书目

毛泽东选集. 北京：人民出版社，1991.

郭飞平. 中国民国经济史. 北京：人民出版社，1994.

吴承明. 帝国主义在旧中国的投资. 北京：人民出版社，1994.

许涤新. 关于旧中国的国家垄断资本主义. 上海：上海人民出版社，1985.

严中平. 中国棉纺织史稿. 北京：科学出版社，1955.

杨大金. 现代中国实业志. 上海：商务印书馆，1940.

严中平，等. 中国近代经济史统计资料选辑. 北京：人民出版社，1994.

朱斯煌. 民国经济史. 北京：人民出版社，1994.

陈真. 中国近代工业史资料（第四辑）. 北京：三联书店，1961.

陈真. 旧中国工业的若干特点. 上海：上海人民出版社，1985.

傅长禄. 中国现代文化史略. 长春：吉林大学出版社，1991.

第二次中国教育年鉴. 长春：吉林大学出版社，1991.

陈独秀. 独秀文存. 合肥：安徽人民出版社，1987.

李大钊文集. 北京：人民出版社，1984.

谭平山文集. 北京：人民出版社，1986.

十力语要（卷一）. 1947 年湖北印本.

牟钟鉴，张践. 中国民国宗教史. 北京：人民出版社，1994.

冯开文. 中国民国教育史. 北京：人民出版社，1994.

何友良. 中国苏维埃区域变动史. 济南：山东人民出版社，1999.

蒋伟. 中央革命根据地书报通览. 济南：山东人民出版社，1999.

许德珩. 五四运动在北京. 北京：中国社会科学出版社，1979.

周阳山. 五四与中国. 北京：东方出版社，1987.

李泽厚. 中国现代思想史论. 北京：东方出版社，1987.

郑大华. 民国乡村建设运动. 北京：社会科学文献出版社，2000.

陈序经. 东西文化观. 台北：牧童出版社，1976.

胡适. 先秦名学史（中译本）. 上海：学林出版社，1981.

胡适. 中国哲学史大纲. 北京：商务印书馆，2011.

林毓生. 中国意识的危机——五四时期激烈的反传统主义（增订再版本）.
贵阳：贵州人民出版社，1987.

葛懋春. 胡适哲学思想资料选. 上海：华东师范大学出版社，1981.

艾恺. 世界范围内的反现代化思潮——论文化守成主义. 贵阳：贵州人民
出版社，1991.

傅乐诗. 现代中国保守主义的文化与政治. 台北：台湾时报出版公司，
1985.

康有为政论集. 北京：中华书局，1981.

梁漱溟. 我的自学小史. 桂林：漓江出版社，1987.

蔡元培全集. 北京：中华书局，1988.

鲁迅全集. 北京：人民文学出版社，1981.

丁守和. 马克思主义在中国一百年. 合肥：安徽教育出版社，1997.

高军，等. 中国现代政治思想史. 北京：华夏出版社，1989.

黄楠森，龚书铎，陈先达. 有中国特色社会主义文化研究. 济南：山东人民出版社，1999.

梁启超. 欧游心影录. 北京：中国社会科学出版社，1985.

列宁. 青年团的任务. 北京：人民出版社，1995.

郭颖颐. 中国现代思想中的唯科学主义. 南京：江苏人民出版社，1990.

胡适. 我们对于近代西洋文明的态度. 上海：华东师大出版社，1981.

赵德志. 现代新儒家与西方哲学. 沈阳：辽宁大学出版社，1994.

胡适. 科学与人生观. 上海：华东师大出版社，1981.

张君劢. 人生观之论战. 上海泰东图书局，1928.

冯契. 中国近代哲学史. 上海人民出版社，1989.

何炳松. 中国文化建设讨论集. 上海：龙文书店，1935.

梁漱溟. 东西文化及其哲学. 北京：商务印书馆，1992.

牟宗三. 生命的学问. 台北：三民书局，1970.

冯友兰. 四十年的回顾. 北京：科学出版社，1959.

熊十力. 新唯识论. 北京：中华书局，1985.

贺麟. 近代唯心论简释. 北平：独立出版社，1942.

刘少奇. 论共产党员的修养. 北京：人民出版社，1949.

郭沫若. 郭沫若全集. 北京：人民出版社，1982.

欧阳渐. 支那内学院院训释. 北京：中国社会科学出版社，1995.

汤用彤. 隋唐佛教史稿. 北京：中华书局，1982.

陈顾远. 墨子的政治哲学. 上海泰东书局，1921.

张纯一. 墨子间诂笺. 1922.

陈柱. 老学八篇. 上海：商务印书馆，1930.

郎擎霄. 老子学案. 上海大东书局，1928.

高亨. 重订老子正诂. 上海：开明书店，1949.

梁启超哲学思想论文选. 北京：北京大学出版社，1984.

冯友兰. 中国哲学史. 北京：中华书局，1986.

萧公权. 中国政治思想史. 上海：商务印书馆，1945.

吕振羽. 中国政治思想史. 上海：生活书店，1947.

嵇文甫．嵇文甫文集．郑州：河南人民出版社，1985.

杜国庠文集．北京：人民出版社，1962.

艾思奇．二十二年之中国哲学思潮．北京：人民出版社，1981.

方松华．20世纪中国哲学与文化．上海：学林出版社，1997.

王康主编．社会学史．北京：人民出版社，1992.

丁文江，赵丰田编．梁启超年谱长编．上海人民出版社，1983.

卢绍稷．史学概要．上海：商务印书馆，1930.

翦伯赞．历史哲学教程．北京大学出版社，1990.

郭沫若．中国古代社会研究．北京：人民出版社，1982.

杨向奎．论"古史辨派"．北京：中华书局，1981.

王国维．古史新证．来薰阁影印本.

王国维．殷周制度论．北京：中华书局，1959.

陈寅恪．金明馆丛稿二编．上海古籍出版社，1980.

李大钊选集．北京：人民出版社，1959.

陈望道．陈望道文集．上海人民出版社，1981.

熊月之．西学东渐与晚清社会．上海人民出版社，1994.

夏东元编．郑观应集．上海人民出版社，1982.

李华兴主编．民国教育史．上海教育出版社，1997.

王奇生．中国留学生的历史轨迹．武汉：湖北教育出版社，1992.

王守常．20世纪的中国：学术与社会（哲学卷）．济南：山东人民出版社，2001.

王国维．王国维遗书．上海书店，1996.

蒋大椿．20世纪中国马克思主义史学．济南：山东人民出版社，2001.

韩毓海．20世纪的中国：学术与社会（文学卷）．济南：山东人民出版社，2001.

邹振环．译林旧踪．南昌：江西教育出版社，2000.

戴念祖．五四运动与现代科学在中国的传播．北京：中国社会科学出版社，1980.

邵伯周. 中国现代文学思潮研究. 上海：学林出版社，1993.

楼宇烈. 中外哲学交流史. 长沙：湖南教育出版社，1998.

贺麟. 五十年来的中国哲学. 沈阳：辽宁教育出版社，1989.

邵伯周. 中国现代文学思潮研究. 上海：学林出版社，1993.

黄俊英著. 二次大战的中外文化交流史. 重庆出版社，1991.

邵伯周. 中国现代文学思潮研究. 上海：学林出版社，1993.

A. W. 李维. 哲学与现代世界. 台北：志文出版社，1986.

刘述先. 文化哲学. 哈尔滨：黑龙江教育出版社，1988.

陈崧. 五四前后东西文化问题论战文选. 北京：中国社会科学出版社，
1985.

罗素. 中国之问题. 北京：中华书局，1924.

杨武能. 文化：中国与世界. 北京：三联书店，1988.

王丽娜. 中国古典小说戏剧在国外. 上海：学林出版社，1988.

张国刚. 德国的汉学研究. 北京：中华书局，1994.

施建业. 中国艺术在世界的传播与影响. 济南：黄河出版社，1993.

张国刚. 德国的汉学研究. 北京：中华书局，1994.

黄兴涛. 辜鸿铭文集. 海口：海南出版社，1996.

何其芳. 何其芳文集. 北京：人民文学出版社，1982.

南羽. 黄宾虹谈艺录. 郑州：河南美术出版社，1998.

顾毓琇. 中国科学化问题. 中国科学化运动协会北平分会，1936 年印行.

曼殊. 苏曼殊文集. 广州：花城出版社，1991.

杨文会. 杨仁山集. 北京：中国社会科学出版社，1995.

吴雷川. 基督教与中国文化. 上海青年协会书局，1940.

顾卫民. 基督教与近代中国社会. 上海人民出版社，1996.

张广保编. 超越心性：20 世纪中国道教文化学术论集. 北京：中国广播
电视出版社，1999.

许地山. 道教、因明及其他. 北京：中国社会科学出版社，1994.

李兴华，等. 中国伊斯兰教史. 北京：中国社会科学出版社，1999.

胡适. 领袖人才的来源. 合肥：黄山书社，1996.

晏阳初. 乡村改造运动十大信条. 北京：教育科学出版社，1989.

黄炎培. 我来整理整理职业教育的理论和方法. 上海教育出版社，1995.

陶行知. 中国乡村教育之根本改造. 长沙：湖南教育出版社，1985.

陶行知. 谈生活教育. 北京：教育科学出版社，1981.

陶行知. 普及现代生活教育之路. 北京：教育科学出版社，1981.

陶行知. 教学做合一. 北京：教育科学出版社，1981.

陈鹤琴. 活教育（理论与实施）. 上海光华书店，1949.

宋恩荣、章咸. 中华民国教育法规选编. 南京：江苏教育出版社，1990.

李桂林. 中国现代教育史教学参考资料. 北京：人民教育出版社，1987.

张惠芬、金忠明. 中国教育简史. 上海：华东师范大学出版社，2001.

朱有瓛. 中国近代学制史料. 上海：华东师范大学出版社，1990.

璩鑫圭，唐良炎. 中国近代教育史资料汇编. 上海教育出版社，1991.

中央教育科学研究所编. 老解放区教育资料. 北京：教育科学出版社，1981.

中华民国教育法规选编. 南京：江苏教育出版社，1990.

中国大百科全书·中国历史（缩印本）. 北京：中国大百科全书出版社，1994.

胡朴安. 中华全国风俗志. 石家庄：河北人民出版社，1986.

孙中山. 命内务部编印历书令. 北京：中华书局，1982.

黄远庸. 远生遗著. 上海：商务印书馆，1919.

舒芜编录. 女性的发现——知堂妇女论类钞. 北京：文化艺术出版社，1990.

曾继梧. 湖南各县调查笔记. 1931 年印行.

刘静严. 滨江尘嚣录. 哈尔滨：新华印书馆，1929.

中国地方志民俗资料集成. 北京：书目文献出版社，1991.

郁慕侠. 上海鳞爪. 上海书店，1998.

中国地方志民俗资料集成·东北卷. 北京：书目文献出版社，1989.

周源和. 上海交通话当年. 上海：华东师范大学出版社，1992.

吴建雍，等. 北京城市生活史. 北京：开明出版社，1997.

中国地方志民俗资料汇编. 北京：书目文献出版社，1991—1995.

熊月之. 上海通史. 上海人民出版社，1999.

后记

　　《中国文化发展史》民国卷在总主编龚书铎先生的具体指导下，我们充分吸纳借鉴了学界对近代文化研究的成果，并根据出版社的编写设想，撰写了这本书。

　　为了按时保质地完成编写任务，我们聘请学有专长的学者分工协作来完成本书，以期每章都能写出自己的研究心得，言之成理，论说有据，不囿于成论，勇于提出新见。本书的分工如下：

　　郑大华　撰写导论，第一、二、五章；

　　张昭军　撰写第三、四、七章；

　　吴效马　撰写第六、八、九、十章；

　　郑大华、胡峰　撰写结语。

　　书中的叙述，错误和疏漏在所难免，希望专家学者给予批评指正，以便将来再做修订。

郑大华

图书在版编目（CIP）数据

中国文化发展史．民国卷／龚书铎主编；郑大华分册
主编．－济南：山东教育出版社，2013.6（2022.7重印）
ISBN 978-7-5328-7937-3

Ⅰ．①中… Ⅱ．①龚… ②郑… Ⅲ．①文化史－
中国－民国 Ⅳ．①K203

中国版本图书馆CIP数据核字（2013）第168001号

总 策 划／陆　炎

责任编辑／白汉坤

装帧设计／石　径

ZHONGGUO WENHUA FAZHAN SHI
MIN-GUO JUAN

中国文化发展史

民国卷

龚书铎　总主编

郑大华　主　编

主　管：山东出版传媒股份有限公司
出版者：山东教育出版社
　　　　地址：济南市市中区二环南路2066号4区1号　　邮编：250003
　　　　电话：（0531）82092660　　网址：www.sjs.com.cn
发行者：山东教育出版社
印　　刷：山东临沂新华印刷物流集团有限责任公司
版　　次：2013年6月第1版
印　　次：2022年7月第2次印刷
规　　格：787 mm×1092 mm　1/16
印　　张：37
字　　数：635千
书　　号：ISBN 978-7-5328-7937-3
定　　价：92.00元

（如印装质量有问题，请与印刷厂联系调换）
印厂电话：0539－2925659